Josef Schiepek

Der Satzbau der Egerländer Mundart

Josef Schiepek

Der Satzbau der Egerländer Mundart

ISBN/EAN: 9783743326606

Hergestellt in Europa, USA, Kanada, Australien, Japan

Cover: Foto ©Thomas Meinert / pixelio.de

Josef Schiepek

Der Satzbau der Egerländer Mundart

BEITRÄGE

ZUR

KENNTNIS

DEUTSCH-BÖHMISCHER MUNDARTEN

IM AUFTRAGE DES

VEREINES FÜR GESCHICHTE DER DEUTSCHEN IN BÖHMEN

HERAUSGEGEBEN VON

HANS LAMBEL

I

DER SATZBAU DER EGERLÄNDER MUNDART

VON

JOSEF SCHIEPEK

ZWEITER TEIL

PRAG

VERLAG DES VEREINES FÜR GESCHICHTE DER DEUTSCHEN IN BÖHMEN

1908

DER SATZBAU

DER

EGERLÄNDER MUNDART

VON

JOSEF SCHIEPEK

K. K. PROFESSOR AM STAATSGYMNASIUM IN SAAZ

ZWEITER TEIL

PRAG

VERLAG DES VEREINES FÜR GESCHICHTE DER DEUTSCHEN IN BÖHMEN

1908

C. Verbindungen des Verbums.

I. Bestimmungsgruppen.

§ 238. Das Verbum wird 1. durch den Kasus eines Nomens ergänzt. Die Verbindungen des Verbums mit einem Kasus nehmen in der Mundart ein engeres Gebiet ein als in der nhd. Schriftsprache, vor allem infolge des Abganges zahlreicher ergänzungsbedürftiger Verba, sodann infolge des Vordringens der präpositionalen Ergänzung, die besonders die Erbschaft des nahezu ausgestorbenen Genitivobjektes angetreten hat.

a) Der Akkusativ bei Verben ist entweder durch die relative Bedeutung des Verbums gefordert oder nicht. Im ersteren Falle wird er zum reflexiven,[1] zum inneren und äußeren Objekt.

§ 239. 1. Als sogenanntes inneres (oder faktitives) Objekt, das erst durch die Handlung oder mit derselben in die Erscheinung tritt, kann verwendet werden

a) die durch das Verbum bezeichnete Handlung selbst, als abgeschlossene gegenständliche Einheit betrachtet (oder eine ihrer Unterarten). Das stammgleiche nomen actionis tritt in der Mundart (wie wohl überhaupt in der wirklich gesprochenen Sprache) nie als leere Wiederholung des Verbalbegriffes auf (*einen Kampf kämpfen*, *einen Schlag schlagen*), sondern es bewirkt durch seine Bildung oder durch seine attributiven Bestimmungen eine wirkliche Determination des Verbums, vgl. *ə Gsángl singə, ə r ánnəs* oder *náis* (anderes, neues) *Gsp(ü)l sp(ü)ln* (auch mit Pronominen *wos* = fragendem *was* und *etwas*, *dös singə, sp.*), *sáin gwenlingə* (gewöhnlichen) *Gáng gäiĭ, ən náiə Tāəˆz tánən, ə pàə(r) Gəbétə be(d)n;[2]* Ähnliches gilt übrigens auch von dem nicht stammgleichen nomen actionis, vgl. *ə pàə(r) Wort riə(d)n, sáin (gwenlingə) Schrid gäiĭ, ûəˆ Schri(d)l wöi s ànnə gäiĭ* (ein Schrittlein wie das andere g. = in gleich langsamem Schritte g.), *ən Troudi[3]* (auch *wos, dös* u. dgl.) *singə, ən Wálzə tánən[4]* u. dgl. Über das stellvertretende *eins (àiˆs singə, tánən, sp(ü)ln)* vgl. S. 23 Anm. 6; auch *màchn* = aufspielen wird mit *ə Stückl* oder *àiˆs* verbunden.[5]

b) Das innere Objekt ist seinem Begriffe nach von der durch das Verbum bezeichneten Handlung verschieden, aber begrifflich oder sachlich erst mit ihr gegeben, wie z. B. mit der Bewegung die Bahn, die sie

---

[1] Über die reflexiven Verba vgl. § 30, 2. 154 und das Reflexivpronomen § 451. 455—457.
[2] Andere Verbindungen sind der Mundart minder geläufig (z. B. *den Namen nennen,* dafür lieber *sagen*) oder fremd (so *ein elendes Leben leben* u. a); vielfach wird *tun, machen* bevorzugt: *ən Schĺoch, Schráə láuˆ; 's mécht ən Schnäi dási* (= es schneit einen Schnee).
[3] Vgl. § 135.
[4] Die in 1a genannten Objekte (*Troudi* natürlich ausgenommen) auch oöst., z. B. Stelzhamer Ma. D. I 88 N. 41, 9 *Sing Gsángl, schlag* (auf der Zither) *Tánzl.* Nicht mundartlich ist *einen schönen (leichten) Tod sterben* (dafür *haben*), ebensowenig öst.
[5] Ebenso oöst. Stelzhamer Ma. D. I 88 N. 41, 35 bittet die Kellnerin den Musikanten *Awá mach má nuh oans;* 37 *und aft mach i ihr oans;* vgl. steir. *aufmachen* = aufspielen Khull 33. Zu *machen* vgl. Schmeller I 1556 f. Schweiz. Id. IV 20 ff.

15

nimmt; hieher gehören Wendungen wie *sáin Wéch* (Weg) oder *Stáich* (Steig) *gäik̄* (nicht = einen vorhandenen Weg durchmessen, sondern einfach = weiter gehen auch ohne gebahnten Weg, vgl. die Abweisungsformel *Gäik dáin Stáich!* = Geh deines Weges!), [1]) *Gəbét, Fáiəràum(b)d, Mitlōch láitn* (= durch das Läuten die Gebet-, Feierabend-, Mittagszeit verkündigen, auch *swölfə, àchtə l.* = durch Läuten anzeigen, dass es 12, 8 Uhr und damit Gebetszeit ist,[2]) auch *swölfə* usw. *schlōgn* (*Öitzə schlégt mə sw.*) und früher *schráiə* (*bis daß ma*, sc. der Nachtwächter, *swölfa schreit* HTV S. 171 N. 125 Plan-Mics); am deutlichsten tritt der faktitive Sinn hervor in *ə Luəch* (Loch) *schlōgn*,[3]) *Ruəz u Wàssə wàinə* Rotz und Wasser weinen, von heftigem Weinen,[4]) *Blout schwitsn*,[5]) *Löicht brennə:*[6]) *Hái˜t hàmmə scho Löicht brennt* = Heute haben wir zum erstenmal abends die Stube mit der Kerze oder Lampe beleuchtet, vgl. *Weə bən Tōch Löicht brennt, brennt ən Tōch d'Àugn ás*, besonders wie öst. von jemandem gebraucht, der morgens das Licht bis in den hellen Tag hinein brennen läßt; *'s rengt Bläudən* regnet Blattern = Blasen, welche die Regentropfen bei längerem heftigen Regen auf den Regenlachen selbst erzeugen; *Láurenzə rengts Máis*, d. h. Regen am Laurenztage, am 10. August, bringt oder verkündet Mäuseplage, auch *'s rengt Strick*, *Schnöiələ* = die fallenden Regentropfen bilden Stricke, Schnüre, *'s schnáit Spiəhàkn* Spitzhacken, vgl. *u wenns Sp. schndit* [7]) = und wenn das Wetter noch so schlecht ist, und (wie nhd.) *ə P(ü)lln, ə Schnouə* (eine Pille, Schnur), *ən Strik* u. dgl. *drán, Broudəschàft trinkn*, früher auch *Gevaterschaft tr.* Eger. Stadtges. S. 10 [1352] N. VII 1,[8]) *Gurásché trinkn.*[9])

Über *d'Stürk* und *d'Schäï⁻ trinkn* vgl. § 277. Außerdem tritt (wie nhd.) ein inneres Objekt zu Verben von allgemeinerer Bedeutung wie *tun* [1]) (*einen Fluch, Sprung, Schritt, Lacher,* [2]) aber nicht *Eintrag*), *stiften* (*Brand,* aber nicht *Unheil, Elend*), *nehmen* (*ein Ende, Urlaub,* [3]) *Rücksicht, Abschied, Platz,* aber nicht *Stellung, Anstoß, Kenntnis, Anteil,* auch nicht, in engster Verbindung, *wahrnehmen,* ebensowenig *stattfinden*), *treiben* (ein *Geschäft, lause Dinge* oder *Schintloude,* aber nicht *Possen*), *halten* (*Haus,* [4]) *Ordnung,* aber nicht *Stand*), *aufführen* (einen *Spektakel* neben *machen*), *geben* (*acht* oder *obacht,* aber nicht *Raum, Ausdruck*). Gar nicht gebräuchlich [5]) sind *Buße wirken*; *Nutzen schaffen*; *Folge, Gewähr, Verzicht leisten*; *Verrat, Kunst üben*; *Sorge, Haß, Bedenken, Rechnung tragen.*

§ 240. Quantitative Bedeutung entwickelt der Akkusativ des inneren Objektes namentlich in Ausdrücken derber Verneinung oder Abweisung: *Du hàust ən Drék drə̃'s'riə(d̦n! Dös gäiht di ən Drék (ən Bédl, ən Schmàrrn oš⁻.* Einfaches *ən Drék!* usw. = o nein! [6]) (vgl. § 142 S. 102); ferner der Akkusativ des Indefinit-Pronomens *wos* = etwas (*Des hàut wos gschriə* Der hat stark geschrieen, *Des r is wos üng'loffen* Der ist viel herumgelaufen), [7]) und die Verbindung *wos erlés,* etwas Ehrliches (*Des hàut sé wos erlés pflàugt*).

§ 241. 2. Unter den von Behaghel Hel. § 259 ff. gesonderten und der Hauptsache nach auch in der Mundart zu belegenden Gruppen der Verba mit äußerem Objekt sind besonders erwähnenswert

a) Verba, die eine körperliche Veränderung bedeuten, wie *stechen, beißen, schlagen* (*hauen*) in wörtlichem Sinne. Der Akkusativ betont hier das Objekt der Handlung (*Hàlt st(ü)ll, sinst stich ə dé in Fingə,* sagt man etwa zu einem unruhigen Kinde, an dessen Hand man etwas mit der Nadel zu tun hat; *Də Hund bàißt d'Làit ins Boš⁻. Schlöch s Kind niət ám Kuəpf*), während der Dativ das Objekt gegen die absolut gefaßte Handlung zurücktreten läßt [8]) (*I stich də r əmàl in dáin bäisn Fingə* = ich tue dir — etwa wenn du selbst es nicht wagst — einen Stich in deinen schwärenden Finger. *Eə gäiht dàə u schlégt ərə áf d'Aksl,* Er geht hin und schlägt ihr auf die Achsel, um die Aufmerksamkeit auf den hinter ihr Stehenden zu lenken). Im übertragenen Sinne ist bei

---

[1]) In der alten Verbindung *gut tun* (Erdmann Otfr. Synt. II § 101), egerl. *ə* (*koš⁻*) *gout tùə* (vgl. § 150, 11 *c* Schluß S. 130) ist das akkusativische unflektierte Adjektiv auf dem Wege zur adverbialen Bedeutung; ebenso in *wahr haben* (*wàns ho(b)m,* vgl. § 150, 2 Schluß S. 123).

[2]) Ähnlich oöst. Stelzhamer Ma. D. I 88 N. 41, 23 *Bo dd Dirn thuats án Schnahi* (am Haspel). Im übrigen werden zu ähnlichen Zwecken wie allgemein in der Umgangsprache (auch öst.) statt der abstrakten auch konkrete Objekte verwendet, vgl. *Augn* (= erstaunte Augen = erstaunte Blicke) *màchn.*

[3]) Nur vom Soldaten und auch hier häufiger (wie öst.) *áf U. gäik⁻.*

[4]) Auch oöst. *Schintl. tr., Haus h.*

[5]) Ebensowenig oöst. Natürlich fehlen auch die der poetischen Sprache angehörigen Wendungen wie *»die Ruh des empfindenden unbefleckten Gewissens sprach sein ganzes Gesicht«* (Klopstock Messias), vgl. Erdmann-Mensing II § 170.

[6]) *Drek* (*Schoass*), *Schmarrn* auch oöst.

[7]) Ebenso oöst.; auch altenburg. Weise § 133 (zugleich ein Beispiel aus Goethes Briefen für *was Ehrliches*).

[8]) Derselbe Unterschied im Öst.

stechen (*in die Augen stechen* = die Aufmerksamkeit auf sich ziehen, Ver-
langen erwecken) der Dativ ausschließlich, bei *beißen* (*in die Augen
beißen* = die Augen schmerzhaft reizen, von scharfem Rauche) Dativ und
Akkusativ, bei *schlagen* (*aufs Maul schlagen'*) = zum Schweigen bringen,
durch scharfe, angreifende Gegenrede jemandem das Weiterreden ver-
leiden) der Akkusativ üblich.   *Treten* hingegen bevorzugt gerade im wört-
lichen Sinne den Dativ *(Eə tritt ən Láitn əf d'Hensrdaugn,*[²]*)* doch ist
der Akkusativ nicht unerhört), im übertragenen den Akkusativ (*I wiə nən
əmàl trě(d)n* = ich werde ihn einmal energisch mahnen, drängen, im
Stadtdialekt).

b) Verba, die eine körperliche Annäherung bedeuten, wie *begegnen*;
dieses verlangt im Perfektum neben dem Hilfszeitwort *haben*[³] den Akku-
sativ (*I ho döi Láit éftə bəgégnt*), neben *sein* den Dativ (*I bin dəən Láitn
b.*);[⁴] ausschließlich mit dem Akkusativ[⁵] verbindet sich *rufen* und zwar
= durch Rufen wirklich herbeiholen,[⁶] während in *auf jemanden rufen*
oder *schreien* nur die Absicht des Herbeiholens oder auch nur des Auf-
merksammachens liegt.

c) Unter den Verben, die eine Einwirkung auf die Empfindung
ausdrücken, kann *freuen* wie mhd. und nhd. nicht bloß reflexiv, sondern
auch transitiv gebraucht werden: *Dös wiəd nən* oder *ən Àltn fráiə.*[⁷]

d) Unter den Verben des geistigen oder leiblichen Hervorbringens
wird *nachmachen* (*nachahmen* ist wie im Öst. ungebräuchlich) entweder mit
dem Dativ der Person und dem Akkusativ der Sache (*jemandem etwas
n.*) oder mit dem Akkusativ der Person oder der Sache allein (*jemanden
n., etwas n.*) verbunden.[⁸]

Kosten, wie in der älteren Sprache mit dem Akkusativ des Zieles
(in diesem Falle der durch die Forderung betroffenen Person) oder mit
dem Dativ der beteiligten Person verbunden, zieht in der Mundart den
Akkusativ sinngemäß besonders dann vor, wenn die Größe der Geldfor-
derung und damit die starke Inanspruchnahme der Person betont wird
(*Dös kost mi v(ü)l Gold*, auch bei gegensätzlicher starker Betonung der
Person: *Mi kost dös néks*), sonst (und auch bei anderer Bedeutung) den
Dativ: *Dös kost mə r ən Pàppmst(ü)l*; *I ho mə 's Möih gnouch kostn
láuə*; *Dös kost mə neə r ə gouts Wort* = Da brauche ich ihm nur ein
gutes Wort zu geben; *Suə wos kost mə neə r ən Làchə*[⁹] = Das ist
zum Lachen. In Baiers Chronik begegnet auch das gleichbedeutende
stehen mit dem Akkusativ, so 171 (der Besuch des Königs Ferdinand in
Eger a. 1542) *hett die herrn beileiftig 1000 fl. gestanden.* Das verwandte

---

¹) Ebenso öst., ähnlich in der Umgangspr. *auf den Mund schl.*

²) Ebenso oöst.; der übertragene Sinn fehlt der echten oöst. Volksmundart.

³) Vgl. § 150, 3 S. 123 und jetzt H. Paul Die Umschreibung des Perfektums im Deut-
schen mit *haben* und *sein* (Abh. d. k. bayer. Akad. d. W. I. Kl XXII. Bd. 1. Abt.) bes. S. 203 ff.

⁴) Nur in gewöhnlicher Bedeutung, nicht = *behandeln*, z. B. *mit Verachtung beg.*, was
dem Egerl. wie dem Oöst. fremd ist.

⁵) Oberbayr. ähnliches *schreien* auch m. Dat. *wenns mə' schreits* DM III 239, 19,
ebenso oöst. Dat.

⁶) Vgl. Erdmann Otfr. Synt. II § 114.

⁷) Auch oöst. *D. w. 'n gfrei`*.

⁸) Erdmann-Mensing II § 191 *e*, vgl. Wunderlich Satzbau II 138 Anm.

⁹) O.- u. nost. hier Dat. oder Akk. Nagl Romad S. 241 zu V. 278 *khöust*; bayr.
Akk. (*mi*) Schmeller I 1418 *lachen*; oöst. in den anderen Beispielen Dat. oder Akk., aber
nur *I hã' məis* (Dat.) *Geld* (*Mieh*) *gnuá kostn lassn.*

gelten nimmt außer *néks, v(ü)l* nur Akkusative zu sich, die einen Geld-
(Münz-)Wert bezeichnen: [1]) *Des Töla g(ü)lt swäi῀ G(ü)l(d)n.* Akkusative
anderer Art, z. B. *jetst gilt es einen schweren Kampf*, sind der Mundart
fremd.[2])

§ 242. Wie seit alter Zeit[3]) werden auch in der Mundart gewisse
Verba durch Komposition mit Partikeln befähigt, einen Akkusativ des
äußeren Objektes zu sich zu nehmen; doch geschieht dies nicht in dem
Umfange wie in der älteren und in der nhd. Schriftsprache. Denn einer-
seits fehlen viele der hieher gehörigen Verba der Mundart überhaupt, so
z. B. unter den mit den Präfixen *be-, er-,*[4]) *ver-* zusammengesetzten *be-
antworten, beherrschen, bekriegen;* [5]) *erklettern, erklimmen, erzürnen;* ver-
bürgen, verdunkeln, sowie die meisten mit *ent-* wie *entblättern, entflammen,
entlasten, entringen* u. a., anderseits fehlen von vielen gebräuchlichen
Verben die hieher gehörigen Zusammensetzungen, besonders zahlreiche
mit *be-, er-,* wie *begaffen, begeifern, begrenzen, bekämpfen, bekränzen,
belachen, belügen, besteigen, betrauen, betrauern, betreten, beweinen, be-
wohnen* u. a.; *erbrechen, erlassen, erleuchten, erschleichen, erstehen, erstreiten,
ertrotzen, erzielen* u. a.; aber auch solche wie *entwurzeln, entzünden,
verdonnern, verfechten*[6]) u. a. Beschränkter ist auch der Gebrauch der
mit Adverbien zusammengesetzten; hervorzuheben wären etwa *angehen*
(1. = anfangen, in der Aufforderung *Gemma ·s os῀* Gehen wir's an! 2.
Etwas geht mich an = betrifft mich: *Dös gäiht di* [neben *da* Dat.] *néks
os῀*),[7]) *ausgehen* (= entdecken, ausfindig machen wie obpfälz. Schmeller I
859 *b*), *ausschimpfen, auszanken* (jemanden, im gleichen Sinne auch *ds·
schentn,* vgl. mhd. *schenden*), *ausschwitzen* (etwas), *austrommeln* (= etwas
unter Trommelschlag öffentlich verkünden), *ausstehen (1 kos῀ dean Kerl
niat ásstäik῀,* nicht leiden), *abgehen,*[8]) *ablaufen* (eine Wegstrecke), *ab-
knickern* (jemandem etwas), *übergehen* (jemanden = ihn im Gehen über-
holen), *dfréwelln* (jemanden durch *Gréwell,* Lärm, aufwecken, vgl.
Schmeller II 7 *rebellen*); *unter* wird auch in der nhd. Schriftsprache
selten verwendet, um Intransitiva transitiv zu machen; statt der Verbin-
dungen mit *durch* (in lokaler Bedeutung) [9]) werden in der Mundart in der

---

[1]) Ebenso öst.

[2]) *Gelten* = für etwas gehalten werden, der Volksmundart weniger geläufig, wird im
Eg. Fron. noch mit dem bloßen Akk. verbunden, z. B. 3651 *Er sol krin* (= keinen) *Juden
nicht mer gelten.*

[3]) Erdmann Otfr. Synt. II § 116. Erdmann-Mensing II § 173 vgl. 145. Wunderlich
Satzbau I 66.

[4]) Egerl. *da;* vgl. § 155, 1 *a* u. *d.*

[5]) Hervorzuheben sind etwa *ámöisn* beniesen = durch Niesen bestätigen (auch Zwickau:
Philipp HLZ VI 40) und das weit verbreitete abergläubische *bichrǎis* beschreien (von Menschen,
bes. Kindern, und Vieh).

[6]) Alle auch dem OÖst. fremd.

[7]) Statt *angehen* mit d. Akk. = *anwandeln* gebraucht man *zugehen* mit d. Dat.: *'s is
ara* (ihr) *a Schwǎchn (a n Ámmàcht) zougàngs.* OÖst. *angehen* in der Bedeutung 1. und 2.
und auch = *anwandeln* mit d. Akk.; bayr. *an-* und *zugehn*, ersteres aber nur in der älteren
Sprache = *treffen* Schmeller I 859. 861. *Ankommen* (noch bei Luther mit dem Akk. Erd-
mann-Mensing II § 145) verlangt eg. den Dativ (*Mi künnt a Làchn os῀*), öst. Dat. oder Akk.

[8]) Mit dem Dat.: § 254.

[9]) Über eine mehr faktitive § 244. 245.

Regel die präpositionalen Wendungen vorgezogen: *Der Kauch zieht durch die Stube* statt *durchzieht die St.* Auch neben anderen Ortsadverbien und Verben der Bewegung ist der Akkusativ seltener (*d'Stöich* oder *d'Gàss dffé-* oder *àildffm* die Stiege, Gasse hinauf-, hinunterlaufen) als eine präpositionale Verbindung: *àm Bâm affterégln* oder *dffèkràksln* den Baum hinaufklettern, *bən Tàuə àsséfàə'r)n* das Tor hinaus fahren u. a.[1])

§ 243. Wie *angehen* wird *irregehen*, das gegenwärtig wie ein trennbares Kompositum behandelt wird, an Stelle des alten Genitivs bei *irre* (Lexer I 1450, Schmeller I 131 *irr* 3) mit dem Akkusativ (der bei Pronominen schon im 15. Jahrh. auftritt: Lexer I 1451 *irr-gân*) verbunden, u. zw. in dem schon mhd. belegten Sinne von *vermissen*:[2]) *Du wiəst mi (d'Moudə) irgäih̄*.

§ 244. Eine Art faktitiven Sinnes erhalten einige Verba in der Verbindung mit *ab-* (*ən Àrm öfàlln* = den Arm durch einen Fall brechen, *s Göld ösp(ü)ln* = das Geld im Spiele abgewinnen), *aus-* (*ən Àrm àsfàlln* oder *àskégln* = den Arm durch einen Fall ausrenken), *auf-* (*ən Bügl àffign* = den Rücken wundliegen, meist neben dem Dat. *sich*), *durch-* (*Schouch, Strümpf durchtànən, durchlàffm, s Hemm durchschwitzen*) und wie in der nhd. Schriftsprache mit *nieder-* (*nidətràmpln*), *her-* (*həətelégrà-fiə'r)n*), *hinaus-* und *hinein-* (*àsst-, áĩ̄kumpləmentiə(r)n*). Gelegentlich erscheinen solche Adverbia zu adverbialen Präpositionalausdrücken erweitert, z. B. *I màcht mə d'Àugn àsschàuə* oder *d'n Kuəpf schàuə, wàinə* (Ich könnte mir die Augen aus dem Kopfe schauen, weinen).[3]) Häufig wird daneben auch das entsprechende Adverb wiederholt: *d'Àugn d'n Kuəpf àsséschàuə*.

§ 245. Auch Reflexiva treten als Akkusativobjekte zu solchen Zusammensetzungen: *sich ausschlafen, s. ausschimpfen* (= alles sagen, was man auf dem Herzen hat), *s. ausschwitzen* (auch *s. ab-* oder *erschwitzen* eg. *dəschwitən*), *s. erweinen* (*s. dəwàinə* = s. durch Weinen erschöpfen oder entstellen), *s. durahnuuuum* (*s durchnuuustn*) oder *durchfretten*,[4]) *s. durchschwindeln, s. zusammenreden* (= eine Zusammenkunft u. dgl. vereinbaren). Adverbiale Präpositionalausdrücke verlangen hier meist das wiederholte Adverb als Stütze: *Deə schwintlt sé durch s Lébm durch*. Über derartige reflexive Verba mit adjektivischen Adverbien (*ich diene mich leicht*) vgl. § 154 *d* S. 135.

---

[1]) Das Oöst. stimmt hier wie in den Verbindungen mit *aus* (*-schimpfen, -zanken, -schenten, -schwitzen*), *ab* (*-laufen*), *über* (*-gehn*), *durch* mit dem Egerl. überein. Das Altenburg. gestattet außer dem Akk. (*Er fuhr die Geraischen Linden naus* Weise § 58) auch den Dat. (*dem Berge nan, der Gasse nunter* ebda. § 56).

[2]) Auch bayr. Schmeller I 131, vgl. ebda. 859 *auſgén b*), 860 *irrgén*; Schöpf Tir. Id. 288.

[3]) Vgl. Ammann VS I 4, 13 *daß ich mir möchte die Augen aus dem Haupte weinen*. *Auskegeln, sich aufliegen, durchtanzen, -schwitzen, die Augen auschauen, -weinen* auch oöst. fakt.

[4]) S. *ausschlafen, -schimpfen, -schwitzen* (auch *s. abschwo.*), *-weinen* (auch *s. abweinen*), *durchfretten* auch oöst.

§ 246. Durch inhaltliche Analogie gelangen zu einem akkusativischen Objekt z. B. Ausdrücke für *prügeln* wie *àin ə pàə(r) dī̆ lǎichtn* jemandem ein paar (Schläge) hineinleuchten = ihm ins Gesicht schlagen, oder Neubildungen aus Interjektionen wie *dī̆ fràisln*, etwa = hineinreißen (zu der Interjektion der Verwunderung *ui Fràisl!* § 123 S. 81, von ahd. *freisa*, mhd. *vreise* = Gefahr, Verderben, Schrecken): [1]) vgl. den anekdotischen Ausspruch des Egerländer Bauern auf der Prager Moldau-(Karls-) Brücke *Ui Stràl hintənə! schöll 's owə deən dī̆ gfràislt hobm!* etwa = Alle Wetter! mag es den (den hl. Johannes von Nepomuk) hier heruntergerissen haben! (John Oberlohma S. 175).

Über die aus einem Adjektiv oder Adverb mit *sein, haben, werden* gebildeten Verbalbegriffe vgl. § 435.

§ 247. Daß der Objektsakkusativ in ausgedehntem Maße auch in den substantivierten Infinitiv hinübergenommen werden kann, geht aus den § 311, 3 angeführten Beispielen hervor.

§ 248. Über den erst in neuerer Zeit voller entfalteten Gebrauch des elliptischen Akkusativs in kurzen Befehlen und Verboten, Wünschen, Gruß- und Dankformeln vgl. § 147 β S. 113.

§ 249. Ein doppelter Akkusativ tritt zu folgenden Verben: *hàißn* mit äußerem und innerem Objekt [2]) = nennen (*nennen* selbst wird wohl nur in der Verbindung *ən Nàmmə nennə* häufiger gebraucht) und zwar in dem deutlich gefühlten Sinne einer willkürlichen Namengebung; deshalb erscheinen als inneres Objekt niemals die gegenwärtig der Willkür entrückten wirklichen Familien-, Stadt- und Dorfnamen, sondern von den Personennamen die Neben- (Hof-) und Übernamen[3]) (*Deən hàißt mə neə r ən Russn*), von den Ortsnamen die Flurbezeichnungen appellativischen Charakters u. ä. (*Deən Hīwl* [Hügel mhd. *hübel*] *hàißt mə r ən Klopfə*, daneben *dm Klopfə*) sowie Namen neuer, unbekannter Gegenstände (*Sixhst Böïwl, ən sēchn Wōgn hàißt mə r ə Autəmow(ü)l*). Außerdem wird *hàißn* gern in der Bedeutung *beschimpfen* (also wie das folgende Verbum *nàmə*) gebraucht: vgl. die sprichwörtliche Wendung *Dàu bràuchst mé niət gldi ən ràu(d)n Hund s'hàißn. Deə hàut mé ən Zipfl[4]) g'hàißn.* Heißen = *den Namen führen* [5]) zeigt keine Besonderheiten des Gebrauches. Der Familienname wird zur Unterscheidung von den Hof- oder auch von den Übernamen, gelegentlich aber auch sonst mit dem

---

[1]) Pl. *Fràism* = konvulsivische Zuckungen kleiner Kinder; bayr.-östl. auch Sing. *Frais* f. = konvulsivischer Zufall: Schmeller I 826.

[2]) Andresen Sprachgebrauch S. 255 sagt, die ältere Sprache lasse wie die heutige Volkssprache auf *nennen* und ähnliche Verba den Nom. des Prädikats folgen (*Deshalb heißt man ihn der Retter*). Das gilt also vom Egerl. nicht.

[3]) Für die Taufnamen liefert der entscheidende Taufakt meist auch den verbalen Ausdruck: *Miə kàmm unnə Mäi(d)l Maris täffm làuə.*

[4]) Grobian, also Schimpfwort wie tir. Schöpf Tir. Id. 829; ohne be·eidigenden Sinn im Bayr. Schmeller II 1144 e.

[5]) Eine besondere Bedeutung entwickelt es in Ausrufen wie *Dös hàißt mə làffm, schwitzn!* oder *Dös hàißt gloffm, gschwitzt!* = Das heißt man, Das nenne ich laufen (gelaufen) usw., auch *Dös hàißt wos!* Das h. etwas! = Das will etwas sagen, bedeuten (im einzelnen Falle z. B. = *Das ist anstrengend, schlimm* u. dgl.).

unzweideutigen *sich schreiben* verbunden. *Nàmə* (= mhd. *namen,* nennen) in der Verbindung *sounàmə* hat bloß die Bedeutung *einen Schimpfnamen beilegen*: ¹) so klagen Planer Schulkinder dem Lehrer auch in halb-schriftdeutscher Rede z. B. *Der Kraus hat mich (einen) Saubartl sugenannt.* Bei *fragn* ist der doppelte Akkusativ wie in der nhd. Schriftsprache auf den Fall beschränkt, daß das innere sachliche Objekt durch relatives oder indefinites *was,* durch demonstratives *das* oder durch *nichts, alles* (auch *etwas anderes, etwas Gescheiteres* und dergleichen Verbindungen mit *etwas*) gebildet wird.²) *Làuə* (< mhd. *lân* lassen) nimmt außer in der sprichwörtlichen Wendung *Dəs lásst unnən Hergott(n) ən gou'(d)n Moſ̃ sấ̃²*) das Prädikatssubstantiv in der Regel in flexionsloser Form zu sich: *Làu dəən ə Gàuə Vorstäiə sấ̃ = Nimm an,*⁴) *daß oder Warte, bis der ein Jahr lang Vorsteher ist. Eə lásst sáin Bou(b)m Tischlə weən*; so auch in Wendungen von der Form *Du làu ən Hánsl Hánsl sấ̃* oder *Eə hàut ən H. H. sấ̃ làuə = Kümmere dich nicht* oder *Er bekümmerte sich nicht um H.*⁵) In der formelhaften Wendung der Geringschätzung *Du koſ̃st mέ Bugl-kràtən* (vereinzelt statt *auf den Buckel steigen*) wird der doppelte Akkusativ wegen der festen Verbindung des zweiten mit dem Verbum nicht mehr als solcher empfunden.
Über *lernen* = lehren vgl. § 254.

§ 250. Von den in der Schriftsprache mit dem Akkusativ oder Nominativ verbundenen reflexiven Verben wie *sich zeigen, sich erweisen, sich fühlen* (*als Mann* oder *als einen Mann*) sind die beiden letzteren überhaupt nicht gebräuchlich; statt *Jetzt zeige dich als Mann* sagt die Mundart *Öitsə sáich dáin Moſ̃* (deinen Mann; vgl. *sáin Moſ̃ stölln* seinen Mann stellen).

§ 251. Neben den Akkusativ tritt außer dem unflektierten prädikativen Adjektiv⁶) nur noch der Dativ, nicht mehr der Genitiv. In Bezug auf die Verbindung dieser zwei Kasus, sei es daß sie untrennbar ist oder daß der Akkusativ auch allein stehen kann (Behaghel Hel. § 306 ff), zeigt die Mundart keine Besonderheiten.

§ 252. Akkusativische Ergänzungen, die nicht durch die relative Bedeutung des Verbums gefordert werden, sind
1. der lokale Akkusativ, der A. des durchmessenen Raumes: er tritt wie in der nhd. Schriftsprache zunächst zu den Verben der Bewegung wie *gehen, fahren, reiten* u. a.: den Weg, die Straße; auch mit

---

¹) Steir. in gleichem Sinne *ausnamein* Knull 39.
²) Sonst *nach etwas fragen,* so auch in der Phrase *I fràuch ən Tüifl dənàu,* wornach (wie Weise § 59 bemerkt) auch *I kümmə mi ən Tüifl dräm* gebildet ist.
³) Bei Grüner S. 49 schließt die alte Einladungsformel des Hochzeitsladers *Stellt Euch nur recht fleißig ein, Laßt mich keinen schlechten Bothen seyn.*
⁴) Ähnliche Bedeutungen hat *lassen* gelegentlich auch bei einfachem Objekt: *Làuə S' nəs döi Gwàlt! Lassen Sie nur diese Gewalt = Bedenken Sie nur diese Gewalt!* sagte ein Planer zu mir, der mir die Wirkungen eines Blitzstrahles an einem Hause zeigte. [Vgl. auch das ostpreuss. auch bei dem jungen Herder (z. B. I 298₁₀₁ u. ö. Suphan II 383 f. zu 344, Z. 10 seiner Ausgabe) im Sinne einer Annahme oder Einräumung begegnende *laß.* L.]
⁵) Vgl. *Also lassen wir diesen Baum Baum sein* (sagt Eva zu Adam) Ammann VS I 84, 2. Dieselben Fügungen zeigt *lassen* im Oöst. [zu *lassen* vgl. DWB VI 239 f. bes. 8. 10. 11 *b.* L.].
⁶) Vgl. § 432, 4.

demonstrativem *dös*, z. B. *Gäihst wiə Stund waif? — Dös gäih e scho.*
Neben anderen Verben (z. B. *ən gànən Wéch hàut ə gwàint* oder
gschimpft) bezeichnet der Akkusativ nicht bloß den Raum, auf den sich
die Handlung erstreckt, sondern auch die während der Durchmessung
des Raumes verstrichene Zeit; [1])

2. der **temporale** Akkusativ: er bezeichnet wie seit den ältesten
Zeiten zunächst den durch die Handlung ausgefüllten Zeitraum; hieher
gehören *döi Záit* (neben *derə Záit* § 497, 2) oder *d. Z. heə*[2]) = die jüngst
vergangene Zeit hindurch, bisher, bislang, auch *di gàns Záit* oder *döi
gànsə Záit* oder *Wál*[3]) = all die Zeit (Weile) her oder hindurch (vgl.
Baier 582 S. 129 *ist ein schulmeister geweßen, die zeit pettlen gangen.*
Elbogner Chron. S. 16 Z. 2 f. *bey im ist gewest Jorg vam Reytzenstein,
dy zeit hauptmann zum Elbogen*), und so wie *Tōch u Nàcht* auch *Summə
r u Wintə* = während des S. und W. (vgl. HTV S. 329 N. 539 Eger
Rewinsala, Rewinsala, Sann Summa (r) u Winta[4]) *gräi(n)*), *d'Kirwə* =
während, zur Kirchweih (vgl. HTV S. 67 N. 101 Eger-Plan *Gelf's,
d'Kirwa gif's Màmman u Vettan jà g'nough?* gibt es Muhmen und
Vettern genug?), *Deən Áu(b)mblik (D. Á. bin é widə dàu).*[5]) Die Stelle
des (nur vereinzelt) gebräuchlichen Genitivs nimmt der Akkusativ neben
Zahlenbegriffen ein wie *s* oder *àl Gàuə*, *s Mànət, d' Wochn, ən Tōch drá-
màl* = dreimal im Jahre, Monate usw. Der temporale Akkusativ be-
zeichnet auch den Zeitraum, innerhalb dessen etwas geschieht, ohne daß
er dadurch ausgefüllt würde, oft geradezu nur einen Punkt dieses Zeit-
raumes: *Dem 15. dito ist der keltəste tag diesem* (= diesen)[6]) *winter und
jahr geweßen* Baier 669 (und so noch heute *Deən Wintə wàə(r) dös də
költst Tōch). Der Mottel Kellner erscheist diß jhar dem Hansen Rudi-
schen ein knecht* ebda. 122. *Döi* (die Knochen vom Mittagessen) *kröigt
d'Sunnta r àlamàl z'sàmm dea krummbàinata Schtoolspitə* (Stallhund) Lo-
renz S. 25. *Dös Gàuə r is ə gstur(b)m. Döi Tách* (diese Tage) *kumm
é zə diə. Dös* (ein Todesfall) *wàə(r) glái di äiəschtn Táck* (gleich die
ersten Tage) *nàun Sántánnəfōch.*[7])

1) Das unter 1. Gesagte gilt auch für das Bayr.-Öst.
2) Nicht adverb. *seither* wie Goethe Wahlverw. I 17 (W 20, 179, 12 ff) *Man hatte seit-
her die Mädchen des Dorfes im Nähen . . . . zu ermuntern gesucht.*
3) Weniger einfaches *döi Wál* die Weile oder *diweil*, dafür *drwél, derə Wál* § 497, 2.
4) Ungebräuchlich ist ein einzelnes *Wintərzeit* (ohne Artikel wie oöst. *Wintərzeit*
führn mi Mörgel Stelzhamer Ma. D. II 57 N. 30, 313) und *neuzeit* (= in jüngster Zeit:
So wie's neuzeit Haustelegraphen gibt Rosegger Waldheimat II Lehrjahre S. 33. *Der Herr-
gott hat neuzeit im Amtsblatt bekannt machen lassen, daß er Schnapsschulden nicht bezahlt*
Ders. Sonderlinge aus dem Volke der Alpen⁴ S. 227).
5) Ebenso öst.; schles. DM III 248 N. 240; vgl. altenburg. *Ich komme die Minute*
Weise § 58.
6) Baier verwechselt oft die Endungen *-em* und *-en.*
7) Vgl. Weise § 58. *Dö Tag, dö ersten T.* nach auch öst. In eg. Sätzen wie *Oitə* (oder
Häi'l) ə Gàuə is ə gstur(b)m = jetzt, heute vor einem Jahre ist er gest. scheint das Substantiv
deshalb nicht als Akkusativ zum Verbum gezogen werden zu dürfen, weil es an die Stelle
hinter *jetzt, heute* gebunden ist (also noch *Heute ist er ein Jahr gestorben* = ein Jahr lang
tot). Die Unzertrennbarkeit der Verbindung *jetzt ein Jahr, j. ein Monat* usw. deutet auf eine
Verkürzung aus der Satzform *Oitə r is 's ə Gàuə, is ə gst.* Diese Verkürzung wird gelegent-
lich auch wirklich noch als selbständiger Satz gebraucht, vgl. *Ei, öitə r a Gàuə* (= von
jetzt in einem Jahr) *bir wieda ûwə 's Gàuə* (also: wenn von jetzt an zwei Jahre um sind),
Schái(n)ə Löiwl, àffə bist mei(n) HTV S. 191 N. 162 (Eger-Plan). In vielen Fällen ist eine
Beziehung des Substantivs auf das Verbum überhaupt nicht möglich, z. B. *und* (sollen) *heut*

Beide Bedeutungen des temporalen Akkusativs sind wie in der nhd.
Schriftsprache möglich bei *Voəmittōch, Naumittōch* = am V., N.,[1]) bei
àl Tōch, àl Nàcht u. a.

3. Der bloße Akkusativ des Ausrufes (altenburg. *Den
Kuckuck auch!* Weise § 59) ist dem Egerländischen fremd, ebenso der
Akkusativ bei Interjektionen[2]) (§ 129).

Über den Akkusativ bei Präpositionen[3]) §§ 512. 513*a*. 516. Über
adverbial erstarrte Akkusative § 495.

b) Dativ.

§ 253. Der Dativ bei Verben ist durch das Fehlen mancher
Verba immerhin auf ein etwas engeres Gebiet beschränkt als in der nhd.
Schriftsprache.

§ 254. Unter den Verben, die ein durch ihre relative
Bedeutung gefordertes Dativobjekt zu sich nehmen, fehlen ein-
fache wie *ähneln, gleichen, nahen, zürnen, dünken, heißen* (= befehlen);
folgen ist auf die Bedeutung *gehorchen*[4]) beschränkt. Von den mit Par-
tikeln und Adverbien zusammengesetzten fehlen z. B. *anliegen* (jemandem
mit Bitten), *entgehen, entfallen, entfahren, entkommen* (dafür *áskummə,
auskommen, mit Dat.), nachahmen. Bedeuten (bədáitn)* kann keinen Dativ
zu sich nehmen; ferner sind der Bedeutung halber erwähnenswert *vəgê(b)m*
vergeben, wie mhd. = vergiften[5]) (*ən Kàtzən), bəkummə* bekommen =
begegnen[6]) (Neubauer Id. S. 38), vgl. die Segensformel aus der Tepler
Gegend *Es seien drei Würmer ausgangen, Scien unserm Hergott bekom-
men* W. Toischer Mitt. XVI 236, 1; *bəgégnə*[7]) ist ebenfalls, doch nur
in sinnlicher Bedeutung, gebräuchlich, also nicht *einer Schwierigkeit b.,*

---

acht tag umb Eisenach ankommen Egerer Urk. v. 1553 N. 1212 (Eg. Chron. S. 388) und so
noch heute: *Hàrt àcht Tōch = II. in* oder *vor àcht Tōgn;* obst. bezieht sich *keint d Jahr
(ð Tag* u. dgl.) oder *h. über d J.* auf die Zukunft, *h. vor án J., h. is 's d J.* auf die Ver-
gangenheit.

[1]) Andresen Sprachgebrauch S. 259 sagt, unter den Tagzeiten komme der allein-
stehende Akk. *nachmittag = am N., nachmittags* nicht vor. Unsere Ma. wie das Oöst. kennt
bei *Vormittag, Nachmittag* überhaupt keine andere Form der Zeitbestimmung (gegenüber
Au(b)mds, s' Mittôgs, s' Nachts).

[2]) Beide Arten des Akk. fehlen auch dem Öst.

[3]) Die mit den Präpositionen verbundenen Kasus könnten insofern hier angereiht wer-
den, als diese Kasus von Haus aus z. T. nicht von den Präpositionen, sondern von der Be-
deutung des Verbums abhängig sind (Behaghel Heil. S. IX und ebda. § 165).

[4]) *Gehorchen* fehlt, dafür *áf àin áfhurchn* auf jem. aufhorchen = seinen Ermahnungen
Gehör schenken.

[5]) Das bisher in § 254 Angeführte gilt auch für das Öst.

[6]) Auch mhd. und noch bei Fischart mit dem Dat.: Erdmann-Mensing II § 262 f.;
ebenso bayr.-öst., 7 und 13 comm., Ins. Schmeller I 1247. Khull 64, 2. Schöpf Tir. Id. 310.
Lexer Kärnt. WB 164. Schmeller Cimbr. WB 135 [197]. Zingerle 37; vgl. Fischer I 826.
Bekommen ist auch = *gedeihen* (vgl. § 150, 3 S. 123)), nie = *erhalten* (dafür *krāign;* ebenso öst.).

[7]) Jakob Grimm gebraucht *sich mit jem. b.: Mit dem Werner Haxthausen bin ich mich
gleich den Tag nach seiner Ankunft auf der Straße begegnet* Grimm Br. S. 369 N. 110 Z.
14 f. v. u.

jemandem freundlich b.), *ōgäik* abgehen = fehlen (vgl. das ironische *Dös gáng ma nū ō!* = Das fehlte mir noch! als Abweisungsformel), *oʒ̄ghäian* angehören ¹) (im Sinne der Familienzugehörigkeit: *Wea ghäiast ann oʒ̄?* fragt man Kinder; in übertragenem Sinne: *Ea wàiß niat, wea r a oʒ̄ghäiat* = Er fühlt sich vereinsamt, fremd, auch = Er ist verwirrt, stark betrunken), *oʒ̄gäik* (vgl. § 242), *oʒ̄stäik* anstehen = gefallen (meist in spöttischem oder unwilligem Sinne: *Mā̄ Mutsn :;d dean Lumpm d̄ oʒ̄gstànīn* = Meine Mütze hätte dieser Lump auch gerne gehabt. *Dös stäiht nan d̄ niat oʒ̄!* Das mag er auch nicht!), *nàugäik* nachgehen = nachwirken, schwer zu vergessen sein: ³) (*Dös Màlea gäiht da Mouda hàlt àlawàl nū̄ nàu* = Die Mutter kann das Unglück noch immer nicht verwinden), *zougäik* zugehen = zu jemandem gehen (*Dea Hund gäiht ma niat zou*), ferner = jemandem zur Hand gehen (daher *Zougäiaré* Zugeherin = Bedienerin) und = anwandeln (*Mia gäiht a r Ammàcht zou* S. 211 Anm. 7).³) Unter den Verben, die sich nur mit reflexivem Dativ verbinden, ist *sich einbilden* erwähnenswert, das nicht nur *wähnen*, sondern allgemein = *sich vorstellen, denken* bedeutet; vgl. *Dös koʒ̄st da r d̄b(ü)ltn* = Das kannst du dir denken.⁴)

Von diesen Abgängen und Bedeutungsverschiedenheiten abgesehen weist die Mundart in der dativischen Fügung bei relativen Verben nur einzelne Besonderheiten auf: *dabàrma* erbarmen, nimmt außer dem Akkusativ auch den Dativ⁵) zu sich; *làua* lassen, verlangt neben dem mit einem Objekt verbundenen Infinitiv den Dativ⁶) (*Laß't mir die Leich' anschauen* HTV S. 109 N. 20 b Steinbach), neben bloßem Infinitiv gewöhnlicher den Akkusativ⁷) (*Làu s Mài(d)l amàl trinkn*). *Làrna* = lehren (vgl. § 169) verlangt im Gegensatz zum gemeingermanischen Gebrauch von *lehren* (Erdmann-Mensing II § 187. Behaghel Hel. § 305) und zu anderen Mundarten (z. B. zum Mainz. Reis I § 43, 2 b), aber überein-

---

¹) *Gehören* mit dem Dativ ist = *Eigentum sein*, mit *zu, für* = *bestimmt sein*. Vereinzelt werden beide Fügungen auch gemischt; vgl. HTV S. 196 N. 174 (Lobs) *Er* (sc. der Wein) *g'hört für 's Wirth's sein' Gästen* (der Dativ bei *für* ist im Egerl. wie im Öst. unerhört). Jakob Grimm gebraucht noch *hören zu*: *Zum Märchen vom Großvater hören mehre alte Schwänke* . . . Grimm Br. S. 371 N. 110 Z. 8 f., vgl. ebda. Z. 13 f.

²) Ebenso bayr. Schmeller I 860, tir. Schöpf Tir. Id. 186, 4, ähnlich elsäss. Martin-Linhart I 190ª; oöst. dagegen *nachg.* wie schriftd. u.: *öz geht eahm gern so nah* = trifft gerne so zu und *anstehen* in den Raa. *das Kload steht ihr (eahm) guat an* = paßt gut (eig. *s Kläad stäiht ara gout*), *er hat mi um á Geld angstandin* = angegangen.

³) *Abgehen* (außer = *fehlen* in der Wendung *mir wird [gans] agehàd* = mich überkommt eine Schwäche, *mir läuft die Farbe ab*, vgl. mhd. *er vorhte in sotte von dem bluote* [Blutverluste] *an kreften und an muote im kurzem ziten abegàn* Tristan 16073. Mhd. WB I 467), *gehören* (in beiden Bed.), *angehören* (in ersterer Bed.), *angehen* (in ersterer Bed.) auch öst. mit dem Dat.

⁴) Ammann VS I 6, 26 f. *Liebe Mutter* (sagt Christus zu Maria), *warum förchtest du dieses* (daß ich dir unversehens genommen werde), *du kannst dir ja wohl einbilden, daß ich nicht eher werde mein Leid anfangen, ehe ich dir dasselbe offenbart habe.* In der Mieser md. Sprachinsel hört man bisweilen refl. Dat. bei *fürchten* u. ä.: *ich fürcht ma*, vgl. berl. *'k firchte ma so sehre* H. Koppel Sanders Zs. f. d. Spr. IV 222.

⁵) Oöst. nur den Dat. Letzterer gehört schon der älteren Sprache an: Kehrein Gr. d. 15.—17. Jh. III § 202.

⁶) Die gleiche Fügung findet sich gegen den herrschenden Gebrauch bei einzelnen nhd. Schriftstellern: Andersen Sprachgebrauch S. 285.

⁷) Denselben Unterschied der Fügung zeigt das Oöst.

stimmend mit dem Bayr.-Öst. (Schmeller I 1502; vgl. jedoch Lexer Kärnt. WB 178) den Dat. der Person: *l lárn dɔ* (dir) *dɔs Gsp(ü)l.*[1])

§ 255. Die Umschreibung einfacher Verbalbegriffe durch *machen*, *tun* (vgl. § 150, 11. 12) mit einem prädikativen Adjektiv richtet sich in betreff des Kasus nach der entsprechenden Fügung des Adjektivs mit *sein*: tritt zu diesem in unpersönlicher Wendung der Dativ, so steht er auch bei *machen*, *tun*; hingegen entspricht dem Nominativ bei *sein* der Akkusativ bei *machen* (*tun* kommt hier kaum in Betracht); es heißt daher wie im Nhd.[2]) *Ich mache dir angst und bange, heiß* (: *Dir ist a. und b., h.*), *Das tut dir gut* (: *Dir ist g.*); hingegen *Ich mache dich naß, traurig, irr*, (: *Du bist n., tr., irr* = im Irrtum). Auch den von alters dativischen Fügungen *ànt, wäih, reɔt tàu͞*[3]) (mhd. *ande, wê, rehte tuon*) stehen dativische Fügungen mit *sein* gegenüber (vgl. § 256).

§ 256. Dative, die nicht durch die relative Bedeutung des Verbums gefordert werden, treten

1. zu *sein* und *werden*; und zwar steht der Dativ neben einem pronominalen Subjekt (indefinitem und fragendem *was*) oder einem Vergleichungssatz mit *als wenn* (an Stelle des Subjektes) in den Wendungen *Jemandem ist etwas, nichts* = Jemand hat einen (keinen) körperlichen oder seelischen Schmerz, ist leidend (gesund)[4]) (z. B. *dɔ Moudɔ is wos* und *Wos is ɔnn dɔ Moudɔ?*) und *Jemandem ist, als wenn* = Jemand hat das Gefühl, die undeutliche Empfindung, als wenn (vgl. § 150, 1); neben einem substantivischen Subjekt ist dieser Dativ auf die Formel *Gott sái Dànk* beschränkt.[5])

Etwas zahlreicher sind die unpersönlichen Wendungen mit dem Dativ neben Adjektiven, die körperliche oder seelische Zustände ausdrücken, vgl. *Miɔ r is* oder *wiɔd hàɔß, kold, schwá* (= ich bin betrübt), *láicht, gout* (= wohl), *äid* (öde, von nüchternem Magen), *iwl, schleɔt* (schlecht), *okwɔ* (albern, mhd. *alwœre*, jedoch = absonderlich), *löi* (obpf. *lê* schwach, krank Schmeller I 1401, die letzten vier ungefähr = *niɔt gout* oder *niɔt reɔt*, unwohl)[6]) u. a. Regel ist der Dativ auch neben adverbialem *ànt, wäih, reɔt* (vgl. § 255), seltener neben anderen Adverbien wie *wohl* (in der Phrase *Miɔ r is häi͞t niɔt wûl u niɔt wäih* = Ich bin nicht gesund und nicht ausgesprochen krank, also matt, verstimmt) oder *extrɔ* (= gut: *Miɔ r is niɔt extrɔ*). Hieher gehört auch *Miɔ r is*

---

[1]) Auch in der Zusammensetzung mit *an-*: *jemandem etwas anlernen* = zu etwas anleiten (tir. wie öst. *einen zu etw. anl.* Schöpf Tir. Id. 386).

[2]) Ebenso öst.

[3]) *Ànt t.* nur unpers.; um Eichstätt auch pers. *der tut mir a.* = ich möchte ihn haben, vermisse ihn: II. Weber III.Z. V 136; ähnlich in Zwickau O. Philipp III.Z V 9. Diesen Wendungen schließt sich offenbar auch *einem schön tun (schäï͞ tou͞)* = schmeicheln an.

[4]) Ebenso nöst. (Nagl Roanad S. 255 zu V. 295 Schluß) u. oöst.

[5]) Nicht so im Schles. Vgl. das Breslauische Sprichwort *Wäm de kû is, dɔr eise bem zůle* DM III 243, 73. Auch die ohne Verbalform gebildeten Fügungen wie *Heil dem Lande!* sind unserer Ma. wie der öst. fremd.

[6]) In gleichem Sinne auch *Miɔ r is niɔt reɔt áuthentiɔch* oder *M. is n. r. käuɔchɔ* (< jüd.-chald. *kåschér* rein, vorschriftsmäßig: Kluge Et. WB 210). Mit Ausnahme von *etwɔ, löi* (dafür öst. *lab*) *wûl* sind alle Verbindungen auch oöst.

ncə r üm, Mir ist nur um (z. B. um das Kind, vgl. § 30, 3 S. 20). *Dem ist nicht so* ist unbekannt (in der städtischen Umgangsprache in gleichem Sinne *'s is niət in dem*). Über das elliptische *Dàu wá məl* vgl. §§ 38. 142. 147 *β*.

2. Gar nicht geläufig ist dem Egerländischen wie dem Öst. der Dativ neben *sein* und *werden*, wenn diese mit einem Prädikatssubstantiv zu einem Begriffe verbunden sind wie in den Sätzen *Du warst mir ein Vater*. Ein *Gott bist du dem Volke worden*; dafür heißt es wenigstens in der Stadt *Du wàəst əə miə r ə rettə Vàttə* oder *wöi ə r. V*.; *Füə(r) deən* (auch *Bə deən* oder *Və deən ás, In deən sáin Áuchən*) *bist du öitəə r ə gràußə Moś*. [1])

3. Um so verbreiteter ist der alte[2]) Dativ bei nichtrelativen Vollverben neben einem Akkusativobjekt, zu dem er in enger Beziehung steht; und zwar ist es in der Mundart in der Regel der Dativ der Person, welche die durch das Verbum bezeichnete Einwirkung nicht nur empfängt, sondern auch empfinden kann; doch braucht dabei die Vorstellung, daß die Person an jener Einwirkung ein Interesse hat, in diese Bedeutung des Dativs noch nicht einzufließen. So sagt man in der Mundart zwar *Ich schüttle (drücke) dem Gaste die Hand,*[3]) aber nicht *Ich schüttle dem Baum die Äste* oder *Ich drücke der Tür die Klinke*; ebenso *Ich breche dem Käfer einen Fuß*, aber nicht *Ich breche dem Kasten einen Fuß*.[4]) Doch tritt dieser intimere Sinn des Dativs nur bei einfachen Verben hervor; bei zusammengesetzten ruht der Dativ zugleich auf der Unterlage der Partikel und erhält so seinen besonderen (z. B. ablativischen) Sinn, z. B. *Ein ungeschickter Träger bricht dem Kasten einen Fuß ab*.

4. Der Dativ des Interesses betont nicht nur, daß, sondern auch wie die Person die durch das Verbum bezeichnete Tätigkeit empfindet (angenehm oder unangenehm): *Ich reibe dem Alten* (der dadurch eine Erleichterung seines Schmerzes empfindet, *den Arm*. Natürlich tritt dieser Dativ wie in der nhd. Schriftsprache auch neben Zustandsverba, z. B. *wissen*[5]): *I wàiß də* (dir) *koin Ràut* (Rat). Auch einen reflexiven Dativ des Interesses (*Deə làcht sé gnouch*) kennt die Mundart.

Verstärkt und verdeutlicht wird der Sinn dieses Dativs durch beigefügtes *ə'lòi* (zuliebe; *suleide* fehlt), *ə'flaiß* (geflissentlich, *de industria*), *əən Schuə(r)* (§ 316, 1 a und Z. f. d. U. XIII 63. 67. 352); eingeengt wird sein Gebiet durch Wendungen mit *für*; so ist z. B. der Dativ bei *leben, sterben* außer in der Gebetformel *Jesus, dir leb ich, dir sterb ich* gänzlich unbekannt[6]) (sonst *Deə lebt u stirbt öitəə füə sá Wirtschàft*).

---

[1]) So fehlt auch wie im Öst. bei adjektivischem und verbalem Prädikat der Dativ, der den Standpunkt der Auffassung kennzeichnet: *Mir ist er tot* (Erdmann-Mensing II § 286), *Mir lebt er*; dafür ebenfalls *füə mi* oder *və miə r ás*.

[2]) Vgl. Erdmann Otfr. Synt. II § 254. Wunderlich Satzbau II 147.

[3]) Hieher gehört die nicht ganz klare sprichwörtliche Wendung *(einem) ə Buttəbràut ötr(ə)dn* das Butterbrot abtreten = ihm auf die Ferse treten, vgl. steir. *Heiratəbtretn* einem Mädchen oder einem Junggesellen auf das Kleid oder die Ferse treten Khull 339.

[4]) Daß (neben der Personifikation) gewohnheitsmäßige Erweiterung des Gebrauches allerdings auch Sachnamen in diesen Dativ setzt, belegt Wunderlich Satzbau II 148 aus Hans Sachs.

[5]) Wunderlich Satzbau II 143.

[6]) Auch öst ; dagegen *ə' liəb, ə' fleiß* gebräuchlich.

Bei *sein* und *werden* mit einem Prädikatsnomen (etwa *dir*, d. i. *dir zu-liebe, ist er ein schlechter Kerl geworden*) ist der Dativ des Interesses überhaupt unmöglich. [1]

§ 257. Ist der Dativ der unter 1. und 2. bezeichneten Art ein Pronomen (*Du drückst mir die Hand*, so erscheint das Possessivum (*Du drückst meine Hand*) ungefähr gleichbedeutend; die Mundart kennt jedoch diese possessive Fügung nicht, eher verstärkt sie den Dativ noch durch das Possessivum (*Du drückst mir meine Hand*), wobei jener allerdings vielfach schon in die Bedeutung des Interesses hinüberspielt (= *Die Emp-findung deines Druckes ist stark* oder *unangenehm*).

Ist der Dativ hingegen ein Substantiv, so scheint er sich ungefähr mit dem Genitiv des Besitzers zu decken (= *Ich drücke die Hand des Gastes*). Tatsächlich ist dies jedoch mindestens beim Dativ des Inter-esses nicht der Fall, dessen eigentümliche Bedeutung dem Genitiv nicht anhaftet (*Ich reibe den Arm des Alten* könnte sogar von einem abge-trennten Arm gesagt werden). Die Mundart kennt den Genitiv in solcher Fügung überhaupt nicht, sondern verstärkt auch hier den Dativ des Interesses allenfalls durch das Possessivum (*Ich reibe dem Alten seinen Arm*). [2]

Diese Fügungen des Dativs mit dem Possessivpronomen neben nichtrelativen Verben [3] sind der Ausgangspunkt der in hoch- und nieder-deutschen Mundarten weit verbreiteten Umschreibung des besitzanzeigen-den Genitivs durch den Dativ mit dem Possessivum, auch in Fällen, wo kein Dativ zum Verbum treten kann [4] (*Den Bräut'gam sein Vatter war a derbei* HTV S. 97 N. 10 Eger), wobei die gleichlautende Form des Genitivs und Dativs im Femininum unterstützend gewirkt haben mag (vgl. Müller Z. f. d. U. XI 662). [5] Doch ist der eigentliche, als selb-ständiger Kasus empfundene Dativ des Interesses auch neben dem Pos-sessivum der Mundart durchaus geläufig geblieben (vgl. die Beispiele unter 2. und 3.) und wird in dieser Auffassung sowie als Objektkasus bei relativen Verben wohl auch vom Pronomen abgerückt; vgl. die In-schrift auf der Zunftlade der Sattler in Eger aus d. J. 1633 (John Mus.

---

[1] Ebenso öst. Auch in der Schriftsprache würde (abgesehen etwa von poetischem Gebrauche) der Dativ *dir* in dem gegebenen Beispiele nur als Dativ der freieren Beziehung (= *nach deiner Auffassung*) verstanden werden.

[2] Das bisher Gesagte gilt auch für das Öst.

[3] Nicht aber der Dativ bei relativen Verben, die durch die engere Verbindung dieses Kasus mit dem Possessiv der nötigen Ergänzung beraubt würden; vgl. *Ich gebe dem Kinde sein Spielzeug*; jene engere Verbindung ergäbe *Ich gebe das Spielzeug des Kindes . . .* (wem?)

[4] Vgl. Grimm Gr. IV 351. Schmeller § 873. 744. Erdmann-Mensing II § 248. Behaghel Gesch. d. d. Spr. § 159 (132), 3. Ders. Deutsche Spr. S. 320. Wunderlich Satzbau II 147 fl. Pers. Mundart S. 51. Lessiak § 122 c β. Schwäbl § 53, 1. Wirth § 12. Schleicher 60. Andere Literatur bei Weise § 52, 3 S. 38 [dazu Kottsches Krefelder Ma. 133 DM VII 60. Holthaus Rorsdorfer Ma. Z. f. d. Ph. XIX 434 § 1. Mayrnann § 207. L.].

[5] Behaghel stellt Zeitformen S. 11 die Erscheinung mit dem romanischen und slawi-schen Dat. poss. in Parallele. Hinz verweist § 90 auf franzos'sche und englische Konstruk-tionen (auf engl. nuch H. v. Dadelsen Z. f. d. U. XII 665 f.). Wirklicher Einfluß dieser fremden Fügungen auf das Deutsche bliebe aber doch erst zu erweisen. In dem Beispiel *Den Teufel sein rußiger Bruder*, das Andresen (Sprachgebrauch S. 256 Anm. 2, aus Grimms Märchen) als Beleg der Verbindung des Akk. mit *sein* anführt, liegt gewiß (wie durchwegs im Egerl., vgl. das im Text gegebene Beispiel) nur formelle Angleichung an den Akk. vor.

S. 18 N. 439): *deme* (Gott) *befehlen wir vnns in seine Hendt diesse Laden* (in dem seine Hand oder Hände = in dessen H.)

§ 258. Bezüglich dieser Umschreibung sei für unseren Dialekt hier noch Folgendes bemerkt:

a) Das Egerländische gebraucht hiezu außer substantivischen Dativen nur noch die Dative des Demonstrativpronomens *der*,[1]) *derselbe* und allenfalls des fragenden *wer* (*Dös is deɔn* oder *ɔn selln sɑ̃ᷓ Mutɐn*, weniger schon *Weɔn sɑinɔ r is dös?*),[2]) ferner von *ein* und *ander* (*ɑin sɑ̃ᷓ Unglück is ɔn ɑnnɔn sɑ̃ᷓ Glück*).

b) Der umschreibende Dativ steht wie im Bayr.-Öst. auch nach Präpositionen: *in 'n Nɑuchbɔn sɑin Gɑ́rtn*.[3]) Durch Angliederung des Dativs an die Präposition entsteht bisweilen eine veränderte Struktur, so bei plur. Substantiven: *Dös ghɑ̈iɔt ɑls scho füɔ unnɔ Mɑ̃i(d)lɔ irɔ Hɑuchzɔt*, Das gehört alles schon für unsere Mädchen (statt *füɔ unnɔn Mɑ̃i(d)lɔn* f. unseren Mädchen) ihre Hochzeit.[4])

§ 259. Häufung von Dativen sowie von Possessiven werden nicht gemieden: *ɑ̃f mɑin Schwɑuchɔ sɑinɔ Hɑuchzɔt* auf meinem Schwager seiner Hochzeit, *ɑ̃f sɑin Schwɑuchɔ sɑinɔ Hɑuchzɔt*. Auch mehrere von einander abhängige possessive Dative (*mɑin Schwichɔvödɔ sɑin Broudɔn sɑinɔ Kinnɔ*) sind nicht unerhört;[5]) doch werden zwei vorgesetzte Genitive (*Mɑ̃iᷓs Schwichɔvödɔs Broudɔs Kinnɔ*) oder eine Wendung mit *von* (*Kinnɔ vɔ mɑin Schwichɔvödɔ sɑin Broudɔ*) vorgezogen.[6])

§ 260. Die Umschreibung des Genitivs durch den Dativ und das Possessiv erzeugte wahrscheinlich auch die pleonastische Verbindung des possessiven Genitivs mit dem Possessiv (vgl. § 372) als Kompromißform mit dem Schriftdeutschen.[7]) Das Auftreten beider Formen in älteren Urkunden gibt keine verläßlichen Anhaltspunkte für deren Alter und Abhängigkeit, denn es ist sehr möglich, daß alle Umschreibungen des Ge-

---

[1]) Nicht das Relat. *der* wie fränk.-henneberg. *der mɔ, dan sɔ vermögɐ die jüɔde in hünne honn* (der Mann, dessen Vermögen die Juden in Händen haben), *es in'ß wɑsser gesprängɐ* Spieß 52.
[2]) Ebenso öst. *Wem sein* = wessen auch Sonneberg. Schleicher 46; Heidelberg. auch *ihm sein Haus, ihre* (und *Ihne*) *ihr Haus* Sütterlin Genitiv S. 8 f.; *wɑu il n iins iɔ hɑut?* auch in Rappenau Meisinger HLZ II 261 § 36; das Altenburg. fügt den Dat. sogar zu *seinetwegen* (*-halben*): *dem seinetwegen* (in Plauen *Ihnen Ihretwegen*) Weise § 52, 3. Das Berlinische setzt statt des Dativs sogar das Possessivum nochmals: *Wem sein Federhalter is 'n det?* *meinen* (*deinen*) *seiner* (H. Koppel Sanders Z. f. d. Spr. IV 223). Über die Form *Ihnen*, *Ihner* § 454.
[3]) Baselstädt. ist das unmöglich, da dort *am*, *im* nicht als Präposition, sondern nur als Dativbezeichnung gefaßt würde: Binz § 99. Übrigens ist auch eg. die Umschreibung unstatthaft, wenn das Pronomen den Charakter des Attributes verloren hat, wie vor *wegen* in der Präp. *von* — *wegen*; dagegen bei O. Ludwig Heiteretei (Leipzig o. J.) S. 163 *das* (mich zur Arbeit anzubieten) *will ich noch tun um dem Liesle seinetwegen* um des L. wegen.
[4]) Vgl. Ammann VS II 65, 12 f. obwohl uns auch für unsere Freunde ihre armen *Seelen zu sorgen obliege*. Lamhel hält hier *unsere Fr. nɔr* für halbhochd. Wiedergabe des ma. Dat. f. *unsern Freundɔs eᷓ nɔ a*. S.
[5]) Altenburg. wird diese Häufung bevorzugt Weise § 52, 3.
[6]) Das Öst. kennt mit Ausnahme der gehäuften Genitive alle in dem Paragraphe genannten Fügungen.
[7]) Behaghel Zeitformen S. 49.

nitivs im Volksmund schon Jahrhunderte lang eingebürgert waren, ehe sie in die Sprache der Urkunden eindrangen. Der Umstand nun, daß in den halbmundartlichen älteren Egerlandischen Urkunden die pleonastisch verstärkte Genitivform früher erscheint als die dativische Umschreibung, stünde mit dem Charakter einer Kompromißform sehr wohl im Einklange. Während beispielsweise in den Egerer Achtbüchern v. J. 1310—1390 sowie in den Egerer Stadtgesetzen v. J. 1352—1460 überhaupt noch keine Umschreibung oder pronominale Stützung des Genitivs begegnet, weist Baiers Chronik aus dem 16. Jahrh. zwar Beispiele für den Genitiv mit dem Possessiv *sein* auf (z. B. 268 *des Christof von Zedtwits seine sohne*, vgl. 416), der Dativ jedoch ist hier wie in den Achtbüchern neben dem Possessiv noch nirgends Bestandteil einer bereits zur Formel erstarrten Umschreibung des Genitivs, sondern überall noch echter Dativ des Interesses, z. B. 355 (v. J. 1570) *hatt das weiter dem Mattes Christel, leder* (= Lederer), *sein tochter in der stuben erschlogen*; vgl. 362. 517. 542. 699. 994.

§ 261. 5. Der dynamische Dativ ist auf das Reflexivpronomen beschränkt, vgl. Lorenz S. 18 *Si wüßt si' niad wàu as, wàu aā* Sie wüßte sich (= aus sich) [1]) nicht, wo aus, wo ein.

§ 262. 6. Zu jedem Satzinhalt, auch, soweit keine Zweideutigkeit entsteht, neben jeden anderen Dativ, kann endlich noch ein sogenannter ethischer Dativ treten, mittels dessen der Sprecher gewissermaßen nur die gemütliche Anteilnahme des Hörers für seine Mitteilung anruft, z. B. *Der läfft dr zeəmàl hinzwidr,* Der läuft dir zehnmal hin und wieder (vorausgesetzt, daß der Dativ nach dem besonderen Zusammenhange nicht ein stärkerer Dativ des Interesses ist: *Er läuft, wenn du es verlangst,* usw.); oder (neben anderen Dativen) *Der schü(d')t dr deən Herrn d'Henl, àls wenn ə mit in d'Säu ghöut häit. Der ráibt dr deən Altn ən Arm wöi ə gldrnlr Doktr. Der siəht dr r ən Lumpin gláich* [2]) usw.

Über den Dativ bei Präpositionen vgl. 511. 513. 515. 516.

§ 263. Erstarrte Dative liegen vor

a) in Beteuerungsformeln wie *mäinə Träi (Sell, Seks,* vgl. § 144 S. 108);

b) aus Präpositionalverbindungen stammen *Wäi˜nàchtn, Pfingstn* (beide als Nom. gebraucht);

c) aus ähnlichen Verbindungen stammen Ländernamen wie *Bàiən, Ungən,* sowie die Ortsnamen *Fischern* (< bei den Fischern), *Franken* (Ort bei Weißenstadt), *Glasern, Schildern, Schlawitzen, Waldsassen* u. ä. (Gradl Ortsnamen S. 123 ff. N. 88), *Heiligenkreuz* (ders. ebda. S. 161 N. 122), die älteren Formen *Neunhaus* (ebda. S. 140, heute *Neuhaus*),

---

[1]) Auch die Bedeutung des Interesses (für sich) klingt wohl in dem Reflexiv mit an; so erklärt auch Nagl (Koanad S. 252 zu V. 292 *ss*) den Dativ *sich* in dem Satze *dä schlä siŋà woās-si khoān roud nit* als Dat. commodi und zugleich als dynamischen Dativ.

[2]) Alles auch bayr.-öst.; vgl. Schwäbl § 69, 4.

Neundorf (ebda S. 150, jetzt *Neudorf*), *Böseneck*, *Liebeneck* (ebda. S. 31, vgl. noch ebda. S. 154 N. 104 unter -*markt*, S. 155 N. 105 unter -*stadt* u. a.);

d) in Adverbien (vgl. § 496).

c) Genitiv.

§ 264. Vom Genitiv bei Verben zeigt unsere Mundart sehr geringe Reste.

Sie kennt bei *sein* den prädikativ gebrauchten possessiven Genitiv: *Dös is s Michlas* = Das gehört dem Michel, ebenso *da r Äwa sa* der Eva, d. h. verloren sein, Neubauer Mitt. XXXIII 111, möglicherweise erst aus dem gleichlautenden *träifa* = hebräisch *treffa* = unrein, verboten (Schmeller I 650) umgedeutet; *da Kätz,n) sa* in gleicher Bedeutung :[1]) Neubauer a. a. O. und Z. f. öst. Volksk. II 206;[2]) den qualitativen nur in der Formel *seines, ihres Kopfes sein*[3]) = eigensinnig sein (in der Zebauer Gegend *Si is a weng irs Kopfs*, aber nicht *Ich bin der Meinung, Willens, guter Laune, guter Dinge*),

bei *haben* den partitiven Genitiv[4]) in der Wendung *Dös haut gouta Wech* Das hat guter Wege, d. h. keine Eile, keine Gefahr (der Nom. Akk. lautet *gout Wech)* und in der Verbindung *in Wju;llns(t) ho(b)m,*[5]) worin der Verbindung *Willens haben*[6]) die Präposition *in* aus *im Willen h. = im Sinne h.* vorgesetzt wurde.[7])

Von anderen Verben hat, abgesehen von *gehören* (mit *mein, dein, sein*[8]) usw.) nur *spielen* einen sicheren Rest der alten[9]) genitivischen Er-

[1]) Ebenso tir. Schöpf Tir. Id. 307; nordböhm.-schles. Knothe WII 327; vgl. bayr.-ost. *das gehört der Katz (is für di K.)* = verdient verworfen, ausgeschlossen zu werden: Schmeller I 1314.

[2]) Analoges *des Teufels sein* in gleichem Sinne (in Ruhla – außer sich vor Leidenschaft sein Regel 179) wird egerl. wie öst. öfter durch *bm Täifl s* (*s Göld is b. T.*) ersetzt; fränk.-henneb. auch mit *werden: de möchl me gleich deß Guckucks gewèèr* des K. werden Spieß 86.

[3]) Auch handschuhsh. *er ist seines Kopfes* = er ist eigensinnig Lenz 23.

[4]) Unbekannt sind die Verbindungen mit dem Genitiv *der Zeit, der Weile,* so bayr.-ost. *nicht der Zeit haben* Schmeller II 1161. Nagl Roanad S. 261 zu V. 303 *d, der Weil haben (sich lassen, s. nehmen)* Schmeller § 762. II 888, vgl. Schöpf Tir. Id. 808. Lexer Kärnt. WII 253. Lessiak § 122 b a; um Eichstätt *der Weil lassen!* als Grußformel Weber III.Z. V 184, an der schwäb. Retzat *der Weil* oder *der Zeit haben* DM VII 397, letzteres auch heidelbg. Sütterlin Genitiv S. 4, in Rappenau *khaia totsait* Meisinger III.Z. II 249 § 5, 2. Eine andere Erklärung gibt Nagl a. a. O. Ebenso fehlen egerl. die fränk.-henneb. Verb. *Worts, Kats haben* Spieß 86.

[5]) Ebenso öst. Nagl Roanad S. 110 zu V. 143 *in wearädn* und altenburg. Weise § 52, 1.

[6]) So im Bramauer Weihnachtspiel *Ho a wul ne Wellas* HTV S. 457; vgl. Rosegger Waldheimat II Lehrjahre °S 176 *Was haut denn wieder Willens?*

[7]) *In Willens* belegt Weise § 226 aus einer Dresdener Korrespondenz v. J. 1687; ohne *haben* begegnet sie auch in der Zimm. Chron. (1564—66) I 408 Z. 16 f. *dringt er durch die bettler und andere zuscher, in wiliens, sein dienst dennost zu versehen.* Baier bietet 476 ein aus ähnlicher Mischung entstandenes *in gegenwarts (der edelleut).*

[8]) Über die Verbreitung dieser Verbindung vgl. DWB IV 2508 f.

[9]) Vgl. Grimm Gr. IV 673, 14. 962. Erdmann-Mensing II § 230, 3 S. 206. Andere Literatur bei Weise § 48, 1.

gänzung bewahrt, und zwar in den Bezeichnungen der Kinderspiele wie
(sə) Fàngəs, Nàuláffəs tàu [1]) oder *sp(ü)ln* (denen bei *tun* regelmäßig, bei
spielen gewöhnlich *su* [2]) vorgesetzt wird), worin *Fàngəs* die lautgesetz-
lich richtig entwickelte Genitivform des Infinitivs ist (*fàngə < fàngen*:
fàngəs < fàngens), [3]) während *Nàuláffəs* (statt *Nàulaffms*) eine Analogie-
bildung ist. Auch eine verkleinerte Infinitivform (*fàngəln = fangerln*),
die dem Begriff des Kinderspieles sehr angemessen ist, erscheint mit der-
selben Genitivendung *-əs : sə Fàngələs, Nàuláffələs, Dorf-Vəstéckələs* (John
Oberlohma S. 133), *Klunzələs, Hàuchələs* [4]) *tàu*. Nicht bei den einfachen,
wohl aber bei den verkleinerten Infinitiven, die für das mundartliche
Sprachgefühl in die Bedeutung eines nomen agentis hinüberspielen (man
denkt etwa an *Fàngələ*, die lautgesetzlich richtige Pluralform von *Fangerl*,
dem Dim. zu *Fanger*), hat sich nach *su* auch die Dativendung durchge-
setzt, entweder allein (*sə Fàngələn*) oder hinter der Genitivendung *sə*
Fàngələssn, sə Vəstéckələssn, sə Nàuláffələssn). [5]) Bei den analog behan-
delten substantivischen Spielnamen fehlt unserer Mundart der Genitiv
der unverkleinerten Form, [6]) dafür kommt der Dativ dieser Form hinzu
(*sə Seldàtən tàu*); also sind genitivische Verbindungen nur bei verklei-
nerten (*sə Kàfmánnələs*), [7]) dativische bei allen Formen vertreten *sə*
Seldàtən, sə Kàfmánnələn, weniger *sə Kàfmánnələssn* ; [8]) bei den infini-

---

[1]) Auch schles. *tun = spielen* Weinhold Schles. WB 101, ebenso ausschließlich in
Rappenau: O. Meisinger IILZ. II 248 § 4; egerl. nie *machen* wie z. B. baselstädt. Binz
§ 15, 2 S. 14.

[2]) Dieses *su* läßt sich aus der von der räumlichen abgezweigten distributiven Bedeu-
tung verstehen, vgl. *su dreien spielen*.

[3]) *Fàngens, Fangerlis* im Elsäss. Martin-Lienhart I 121 b, *Jugis, Fehis, Verbergis* im
Schweiz. (-*is < ens*) E. Hoffmann-Krayer HLZ. III 41. Schweiz. Id. IV 21, 5: *fanges* im
Mainz. Reis II § 16. Weise führt § 48, 1 an *Versteckens machen* oder *spielen*; obhess.
heißt ein Kartenspiel *Globbes* (= *Klopfes < Klopfens*) Crecelius 507.

[4]) Ersteres von *klunsn* aus einem Versteck, durch eine Spalte u. dgl. hervorlugen,
zu mhd. *klumse, klunse* Spalte, letzteres von *háuchn* hucken, kauern, mhd. *hüchen* (beide
noch heut auch sonst ma. verbreitet). Andere Spielnamen verzeichnet M. Bayerl in Haber-
landts Z. f. öst. Volksk. VI 200 ff. Schles. Formen dieser Art (*fanglas*) bei Weinhold Dial.
S. 133, vgl. Knothe WB 314 (*joalas < jageles, funglas*), heidelberg. (*verschleckels, fangerles,
noochspringerles*) bei Sütterlin Genitiv S. 3 f.; schwäb. (*auftätscherles*) Fischer I 427; in
Rappenau (bes. viele Dim.-Formen) Meisinger IILZ. II 248 § 4; *versteckels* schon bei Elis.
Charlotte Briefe S. 128. Mundarten, denen das *k*-Suffix der Diminutiva zukommt, zeigen es,
wie zu erwarten steht, auch in den hier erörterten Fällen, vgl. obhess. *Fangchis* Crecelius
234 *-ches*.

[5]) Z. B. bei Urban (Alladah, G. S. 143), der ebda. und S. 144 auch ein mir unbe-
kanntes *di* oder *d'* (*di l'asteckolassn, d' Nàuláff*.) vorsetzt. Sehr gebräuchlich ist dieser Vor-
schlag in der Form *de(r)* in den Sechsämt.: *de(r)fanxtln* Fangerles, *de(r)jäge(r)ln* = Jäger-
spiel u. a. Wirth § 20, 3 (< *der Fangenden* sc. *spielen*, oder *der Fanger, Jäger tun*
[= spielen) oder aus beiden Fügungen in einander geflossen?).

[6]) Vgl. nordböhm. (Mergtal) *wurde Soldotens gespielt* Tietze Hejmt II 64.

[7]) In anderen Maa. ohne *su*, so in Teplitz *Handwerkerles* spielen Laube VČ S. 80,
baselstädt. *Jegerlis, Kauberlis mache* Binz § 15, 2 S. 14 (mehr schweiz. Beispiele wie *Biri-
binggis* Blindekuh, *Gvätterlis* m. v. a. bei Hoffmann-Krayer HLZ III 41); heidelberg. *Kei-
werles, Soldatels, Reiderles, Handwerkerles, Jägerles, Klickerles* usw. Sütterlin Genitiv S. 4, vgl.
Meisinger HLZ. II 248 § 4; DM IV 238 f. N. 6, 10 (fränk.-henneb.). VI 133, 29 (Winls-
heimer Ma.): ebenso mainz. mit der *-k*-Form der Dim. *Soldätlches, Kaiwerches spiele* Re's II
486, vgl. obhess. Crecelius 234.

[8]) Wenig geläufig ist der Kindersprache der Akk. des inneren Objektes von Mask.
(etwa *Kàfmoǐ* oder *Kàfmànn sp(ü)ln*, eher *Seldà(d)n sp*.), wohl aber von Fem. wie *blints
Kou sp*. (der Form nach = *blinder Kuh* und *bände K*., aber als Akk. gefühlt). Andere Maa.,
so das Oöst., kennen überhaupt nur den Akk. bei spielen (*Fàngd, Soldau*).

tivischen Namen dagegen werden gerade umgekehrt die genitivischen
Ausdrücke von allen, die dativischen nur von den verkleinerten Formen
genommen.

Das ebenfalls der Kindersprache angehörige *Schäntɔs* (in *Sch. kröign*
= Schelte bekommen, zu *schäntn*, wie mhd. = schelten) läßt sich den
Infinitiven *Fàngɔs, Nàulàiffɔs* usw. anreihen.[1]) Einmal hörte ich auch ein
analoges *Wìksɔs kröign* = Schläge bekommen (statt *Wiks kr.*, über
Wìchs vgl. Schmeller II 842 c).

In *drittɔ Kláss fàɔ(r)n* (gewöhnlicher *in dɔ drittn Kl. f.*) ist wegen
des formellen Zusammenfalls aller Singularkasus der starken Deklination
der Feminina der Kasus nicht bestimmbar und auch das Sprachgefühl
schwankt zwischen *dritter* und *dritte Klasse fahren.*[2])

Dànk dɔ Nàuchfràuch![3]) (Erwiderung auf die Frage nach dem
Befinden) ist entweder = *Ich dank'* oder *Habe Dank der Nachfrage.*

§ 265. Einige Verba, die in der nhd. Schriftsprache genitivisch
ergänzt werden, gebraucht die Mundart nur absolut, so *berauben* (*I
wiʲl enk niɔt bɔràu(b)m*, höfliche Ablehnungsformel einer angebotenen
Gabe), *walten* (*wàl Gott dɔ Iler*, vgl. § 188, 3); andere, die gegenwärtig
den Genitiv' oder den Akkusativ zulassen, verlangen stets den letzteren
oder Präpositionalergänzungen, so *achtn* (*Eɔ hàut s Göld niɔt g'àcht*),
denkn (*sich einen, etwas d.* = sich jemanden, etwas in der Vorstellung
vergegenwärtigen, auch *das, was, etwas* usw.; sonst *auf etwas d.* = mit
seinen Gedanken auf etwas geraten: *Wàu hàit ɔn i đf d ös denkt!* und
an etwas denken wie nhd.), *gebrauchen, vergessen* (*etwas* und *auf etwas*),
genießen, pflegen, schonen, sparen (auch *mit*); statt *Es erbarmt mich je-*
mandes heißt es *Jemand erbarmt mich* und *mir*, oder *Ich erbarme mich*
über jemand; nur präpositionale Ergänzungen oder ganze Sätze nehmen
zu sich *warten, sich besinnen, s. erinnern* (beides mit *auf*, letzteres auch
an),[4]) *lachen, spotten, s. freuen* (alle drei mit *über*, freuen auch mit *auf*),

---

[1]) Vgl. das wenigstens formell entsprechende *Brummes kriegen* bei Cl. Vieblg D.
Wacht am Rhein (Berlin 1902) S. 126 *Fina, bleib, du kriegst nur Brummes.* Doch öffnen
sich hier auch noch andere Wege der Erklärung: es könnte entweder = *Schänters* sein, dem
es wenigstens lautlich genau entspricht, und wäre dann Genitiv von *Schänter*, einem nomen
actionis, das bei Rank (Aus d. Böhmerw. I 369, Das Hoferkätchen) begegnet: *aber dem*
wollen wir Schänter geben, ujede!: oder es wäre < *Schäntets* (nürnberg. *ɔn Ausschendɔts*
ein Verweis Schmeller II 420), also eine Bildung auf *at* (darunter auch m. n. Weinhold
Bayr. Gr. 205. Wilmanns D. Gr. II § 261, 2): endlich ist auch die Möglichkeit der
Vermischung eines derartigen Substantivs mit dem neutralen Partizip auf *-ɔt* < *end* (*Schän-*
dɔds) nicht ausgeschlossen, vgl. bayr.-öst. Greinats *kriegn* gescholten werden, das Schmeller
I 999 in der Form *ein Greimends kr.* anführt und analoge Part. Prät. wie steir. *Ausgemachtes*
kr. Kholl 37, Zwickau. *Ausgezanktis kr.* O. Philipp HLZ V 10.

[2]) Wahrscheinlich ist *drittɔ Kláss* der Nominativ und zwar der Nominativ als Ver-
treter der kasuslosen Form wie in *Ich wohne erste Gasse links, drittes Haus, erster Stock* usw.
Der Genitiv bei *gehen* (*Geh deines Weges, deiner Wege* noch z. B. in Ruhla *minner wá,*
sinner w. Regel S. 281, vgl. ebda. 85, 1 e und 313) ist ungebräuchlich.

[3]) Auch elsäss. Martin-Lienhart I 179 ª, vgl. Schweiz. Id. I 1290.

[4]) Fremd ist unserer Ma. auch Akk. und Dat.: *Das Märchen vom Hans . . . erin-*
nert sich Eckstein . . . aus seiner Kindheit auch noch . . . ein anderes von einem Königssohn
. . . erinnerte ihm auch noch J. Grimm in Grimm Br. S. 389 N. 115 Z. 8 ff. v. u.

16*

s. enthalten (*s. dəháltn*, mit *von*), *s. annehmen* [*um*], *s. \er\wehren* (einfaches *wehren* auch mit *gegen*), *s. scheuen*,[1] *s. fürchten*[2] (alle drei mit *vor*), *s. schämen*[3] (*wegen*;[4]) eine Reihe anderer hieher gehöriger Verba endlich ist der Mundart fremd,[5] so *bedürfen*,[6] *entbehren, erwähnen, gedenken*,[7] *harren, entheben, entledigen, genesen, gewahren, würdigen, zeihen*; *sich entäußern, s. bedienen, s. befleißen, s. (nicht) entblöden, s. erkühnen, s. lohnen*,[8] *s. bemächtigen, s. anmaßen, s. entschlagen, s. versichern*; über *gehören* (mein) vgl. § 466.

Über die genitivischen Adverbia und adverbialen Formeln vgl. § 497, über Präpositionen mit dem Genitiv § 514—516.

§ 266. 2. Die Ergänzung des Verbums durch **Adverbia und adverbiale Präpositionalverbindungen** weist wenig Besonderheiten auf.

Jene **Adverbia**, die eigentlich einen Prädikatsbegriff zu dem Satzgedanken darstellen, in den sie eingefügt sind (*Er hätte besser geschwiegen, Er hätte vernünftiger gearbeitet statt zu faulenzen*), erhalten in der Mundart mit Ausnahme der üblichsten wie *natürlich, vielleicht, unmöglich, wahrscheinlich, gewiß, sicher, richtig*,[9] (auch *fein* und *schön* als Zusätze des Imperativs und des Indikativs § 182 gehören hieher)[10] die wirkliche Prädikatsform, während jener Satzgedanke zum Subjektsatz geformt wird[11] ('*S wd gscháidə gwést, es häit gschwign* oder *wenn ə gschwign häit*; daher heißt *Eə häit béssə g'árwət* nur *Er hätte eine bessere Arbeit geliefert*, nicht *Er hätte besser getan zu arbeiten*). Eine Reihe solcher Adverbia wie *offenbar, klärlich, bekanntlich, wahrhaftig, vermutlich, unzweifelhaft* (oder *zweifelsohne, ohne Zweifel*) sowie die mit -*maßen* zusammengesetzten, z. B. *eingestandenermaßen*, sind der Mundart über-

---

[1] *Spotten, s. freuen, s. annehmen, s. wehren, s. scheuen* altenburg. noch mit Genit. Weise § 46, 2, *s. freuen, s. wundern, s. wehren* auch noch in Rappenau Meisinger III.Z. II 249 § 6, 2.

[2] Bayr. *sich Sünden fürchten* Schmeller II 306. Schwäb § 58. Handschuhsh. *i teet mi sin* (der Sünde) *fercts* Lenz Nachtrag 19; aber oöst. m. Dat. u. Akk. *i furchtét mə-rə-d Sünd*. In einem Breslauischen Sprichworte *Ja, dər gebrante fercht sich 's foiərs* DM III 247, 203.

[3] Erzg. *sur schomt sichrer* (sich ihrer) Göpfert S. 25.

[4] Das Oöst. stimmt bezüglich der von *achten* ab angeführten Verba mit d. Eg. überein; bei *erbarmen* steht nur Dat., bei *wehren gegen*. (Vgl. auch oben Anm. 2.)

[5] Ähnlich im Mainz. (Reis I § 46, 1), Heidelberg. Sütterlin Genitiv S. 6.

[6] Sinnesgleiches *brauchen* mit Gen. noch in der Rappenauer Ma. Meisinger III.Z II 249 § 6, 2.

[7] In einem Breslauischen Sprichwort *Wenn ma 's wuiwes gedenkt* DM III 248 N. 220.

[8] Es *verlohnt der Mühe* in den Sechsämt. Wirth § 12, altenburg. *es* (*ver*)*lohnt sich der Mühe* Weise § 46, 2.

[9] Z. B. *Háist ə 'n richté bətruəgn!* Hat er ihn richtig betrogen!

[10] Dazu kommt *frái* = wahrhaftig, wirklich, sicherlich, richtig: *Deə tout frái des niat wos i w(ü)l* Neubauer Erzg.-Ztg. X 249, ähnlich bayr. Schmeller I 813 und oöst., z. T. in den Sinn von *fast, beinahe* hinüberspielend: *frei* = sehr stark im Steir. Khull 252, Tir. Schöpf Tir. Id. 152, vgl. Hintner S. 63, Kärnt. Lexer Kärnt. WB 102, Henneberg. DM III 221 Z. 5. 11. 17. 23. 29 (im Gedichte *Überal is se debei*), vgl. elsa. VII 265: obhess. Crecelius 390; elsäss. u. schweiz. Martin-Lienhart I 177 a, Schweiz. Id. I 1256.

[11] Auch öst.

haupt nicht geläufig.[1] – Andere wie *rein, heilig* [2]) können (wie im Öst.) sowohl steigernde Determinationen zum Verbum (*I ho ráin* oder *hále dráf vɔgessn = Ich habe ganz und gar d. v.*) als auch prädikative Bestimmung zum Satzganzen sein [3]) (*Dɔ háut ráin* oder *hále dráf vɔgessn = Es ist ganz gewiß, daß er . . .*; vgl. *I häit möin rein an Iluaf vakaffm láua =* Es wäre mir nichts übrig geblieben als den Hof verkaufen zu lassen EJ XIV 120).

§ 267. Unter den adverbialen Bestimmungen des Ortes seien jene Richtungsadverbia hervorgehoben, die sich als Träger eines mitzuverstehenden Begriffes der Bewegung darstellen, da das Verbum selbst überhaupt keine oder eine solche Bewegung ausdrückt, zu der jene Richtungsbestimmung nicht gehört; vgl. *Asséwárts* (hinauswärts) *háut ·s gschnáit, hexɔwárts wáɔ ·s schäi͡ =* Als ich hinausging (·fuhr), schneite es, als ich zurückging (·fuhr), war es schön; *Zendstássé* (bis zum Ende heraus) *háut ɔ gschimpft u brummt =* Während er aus dem Hause (Hofe, Dorfe usw.) ging, schimpfte und brummte er.[4])

§ 268. Unter den den Verbalbegriff steigernden Adverbien sind außer den schon genannten *rein, heilig, schön* noch zu nennen *hart* (nur mit *zu*, z. B. *dàu zöigt ·s r hárt =* da zieht es zu stark), *hell (hell ärchɔn kánnt mɔ sé,* vgl. Schmeller I 1081 *c), nárisch, dámisch* [5]) u. dgl. *Sehr* fehlt in der heutigen Verkehrssprache.[6])

§ 269. Wird das Verbum in der Infinitivform substantiviert, so erfährt das Adverb in der Regel die entsprechende Verschiebung zum Adjektiv: *Eɔ rédt olwɔ, Dös is ɔ olwɔs Riɔ(d·n.*

[1]) Auch der öst.

[2]) Adv. *heilig = gewiß* auch bayr.-öst. Schmeller I 1078. Schöpf Tir. Id. 254, nordböhm.-schles. Knothe WB 290; von Sanders Z. f. d. Spr. V 223, 3 auch aus W. v. Humboldts Jugendbriefen belegt. *Heilig – gewiß* als Adjektiv (*heilige Schläge* im Heuneberg. DM VII 295) kennt das Egerl. nicht.

[3]) Diese doppelte Beziehung ist (wie öst.) auch dem ironischen *schön* eigen; vgl. *Nö͡ deɔ r is schäi͡* (betont) *krɔ͡k! =* Der ist ja schwer krank! vgl. *Eine schöne Bescherung!* und das spöttische *Deɔ wɔ͡ mɔ schäi͡ krɔ͡k! = Das wäre (mir) schön, nicht übel, wenn ich den als krank gelten lassen sollte!* Von einem Kinde erzählt man etwa : *Dàu is ɔ schäi͡ w dɔ Muɔm gàngɔ . . .* Es war hübsch, brav von ihm, daß er zur Muhme ging. [*Do wern mi saubá voll Drek* hörte ich in Krummau (Südböhmen) auf der Schwimmschule zwei junge Leute sagen angesichts des durch Regengüsse getrübten Wassers. L.]

[4]) Vgl. ergeb. *·s werd ner a sengsl no* (während der ganzen Fahrt in den Schacht hinunter) *gelicht* HTV S. 252 N. 270 (Umgebung von Joachimsthal).

[5]) Die drei letzteren auch öst.: das bloß steigernde *toll,* vielleicht aus der mhd. Bedeutung *von stattlicher Schönheit, ansehnlich* (Lexer II 1458) entwickelt, im Tir. (*toll schlafen* Schöpf Tir. Id. 746), Kärnt. (Lexer Kärnt. WB 63), Allgäu. (Schmeller I 602) ist unserer Ma. fremd; den Begriff *närrisch* (– sehr stark) umschreibt sie auch gerne durch den verkürzten Vergleichungssatz *wöi nist (rest) gschäit (hau ik, wöi neat reat g'scheidt* HTV S. 357 N. 786 Plan; auch öst. *grennt is á, wil nöt gschaid)* oder *wöi tol.*

[6]) Auch öst.; aber nicht im eg. Volkslied, vgl. *Fui(n)s Maidl, wai(n) niat asua sáia, sáia* (weine nicht so sehr) HTV S. 151 N. 75 (Eger-Plan).

II. Erweiterungsgruppen.

§ 270. Erweiterungsgruppen, in denen grammatisch gleichberechtigte Glieder zusammentreten, ohne daß ein Glied das andere bestimmt, dienen entweder
1. der Erweiterung oder der Verstärkung des Einzelbegriffes oder
2. der Erweiterung der ganzen Aussage, und zwar werden hiebei entweder *a*) inhaltlich gleiche Wörter (zur Verstärkung eines Einzelbegriffes) oder *b*) inhaltlich verschiedene (zur eigentlichen Erweiterung eines Einzelbegriffes oder einer Aussage) aneinandergereiht.

§ 271. *a*) Verstärkungsgruppen aus inhaltlich gleichen Verbalformen (*Alles rennet, rettet, flüchtet*) werden in unserer Mundart [1]) durchwegs mit *und* verbunden (*Des haut gschimpft u gsloucht u g'sakromentist*; ebenso Infinitivgruppen: ich soll *neks als rewelln u Spetakl màchn*, sagt der Hund: Lorenz S. 26); dasselbe gilt von der steigernden Wiederholung desselben Begriffes (*I schau u schau* = Ich schaue, spähe fortwährend, nicht, wie im nhd. poetischen Stil, *Ich weine, weine*).[2])

§ 272. *b*) Auch bei Erweiterungsgruppen aus inhaltlich verschiedenen Begriffen, soweit sie der Erweiterung eines Einzelbegriffes dienen, ist die Verbindung durch *und* Regel: *ɔ Gschäitɔ is stád u denkt sé sáin Tàl* = Ein Gescheiter denkt sich im stillen sein Teil. *Kinnɔ lâchn u wâinɔ in àin Au(d)n* oder infinitivisch *Kinnɔ ho[b]m Lâchn u Wâinɔ in àin Sök* = Kinder gehen schnell und unvermittelt vom Lachen zum Weinen über.[3])

§ 273. Die Erweiterungsgruppen der anderen Art können auch mit unverbundenen Teilen auftreten, bei Verbalformen am häufigsten zu dem Zweck, um die rasche Aufeinanderfolge der Stadien einer Handlung zu kennzeichnen. Ein solches Asyndeton umfaßt in der Regel 3—4 Glieder; zwei Glieder allein werden nicht leicht asyndetisch verbunden,[4] am wenigsten, wenn sie ohne alle nähere Bestimmungen sind (*Er läuft, stürzt*). Doch besteht eine gewisse Abneigung, nicht nur längere, sondern auch schon viergliedrige Reihen bis zum Ende asyndetisch fortzuführen;[5] in

---

[1]) Auch öst.

[2]) Nur der wiederholte Imperativ wird ohne *und* aneinandergereiht: *No wâi(n)*, *no wâi(n)*, *no wâi(n)*, *traufs Bräutel wâi(n)!* (als stehender Eingang und Refrain eines Hochzeitsliedes) HTV S. 214 N. 205 Plan-Eger. *Kumm, kumm! Kou, rou!* (= Gib Ruhe!) u. dgl., das öst. *schau, schau!* (verwunderter Ausruf) und das halb abwehrende *geh, ge'!* sind auch egerl. bekannt.

[3]) Dagegen *Kinnɔ lâchn u sp[ä])ln gern* = Kinder lachen gerne, Kinder spielen gerne (Erweiterung der Aussage), nicht *Kinder spielen gerne lachend* (Erweiterung des Begriffes in der Form der Nebenordnung). Alles das gilt auch vom Öst.

[4]) Ein Beispiel § 48.

[5]) Nur wo ein anaphorischer Teil (die Negation, gleiche Präposition bei Infinitiven) die Verbindung in anderer Weise besorgt, endet die Reihe auch asyndetisch: *niad lign, niad stäiñ, niad sitzn hâut a künnɔ* Lorenz S. 22. Eine solche Fügung wäre auch öst. möglich.

der Regel tritt spätestens nach dem dritten oder vierten Gliede (übrigens häufig wie in der nhd. Schriftsprache auch schon nach dem zweiten Gliede einer dreigliedrigen Gruppe) *und* ein: [1]) *Eɔ láfft, sturɐl, stäiht wids r ɗf u zv(ii)l rennɔ* (histor. Präsens).

§ 274. Wie das Asyndeton in der Mundart hauptsächlich zur Schilderung des rasch aufeinander Folgenden, so dient das Polysyndeton, dem in der Gliederzahl keine so engen Grenzen gezogen sind, in der Regel zur innigen Verbindung des Gleichzeitigen: [2]) *Durt gáign s'* (geigen sie) *u tänɐn s' u guɔchɐn s' u singɔ s'* usw. Das Asyndeton würde in diesem Falle das Durcheinander des Gleichzeitigen nicht so anschaulich hervorheben.

Über koordinierte Aussagen vgl. auch § 48 f. Die Verbindung durch *aber, oder* bietet keine mundartlichen Besonderheiten.

3. Substantivum.

A. Bedeutung des Substantivs.

I. Abstrakta und Konkreta.

§ 275. Die individuelle Wortbedeutung greift mit dem Unterschiede des abstrakten und konkreten Sinnes kaum irgendwo unmittelbar in die Syntax einer einzelnen Sprache ein. Wer es jedoch unternimmt, den Satzbau [3]) einer Mundart gegen die neuhochdeutsche Schriftsprache, die Umgangsprache und andere Mundarten abzugrenzen, wird die Verschiedenheiten des Ausdruckes nicht ganz unberücksichtigt lassen können, die durch das Fehlen oder durch die verschiedene syntaktische Verwendung eines Abstraktums zwischen diesen Sprachen hervortreten.

Vielfach hat die Mundart den schriftdeutschen Abstrakten nur ganze Sätze oder die verbale Form der Aussage statt der nominalen gegenüberzustellen; aber auch wo ihr ein Abstraktum geläufig ist, kann es noch nicht alle Funktionen im Satze übernehmen; statt *Die Vergeudung des Geldes ist sein Unglück* oder *Jetzt muß er die Vergeudung seines Geldes büßen* lautet mundartlich *Dá r ɔ* (daß er) *s Göld vɔtàu᷉ hàut, is sá᷉ Unglück* oder *Öitzɔ mou ɔ ·s böußn, dá r ɔ s Göld vɔtàu᷉ hàut*; *Sein Verlust ist groß : Eɔ hàut v(ii')l vɔlàuɔn; Die Frische dieses Wassers ist auch im Sommer dieselbe : Dös Wàssɔ r is in Summɔ grod suɔ frisch.* Im ersten Fall fehlt der Mundart Verbalnomen und Verbum (*vergeuden*) und so kann das Subjekt oder Objekt nur durch einen ganzen Satz mittels eines synonymen Verbums gegeben werden; [4]) im zweiten Falle

---

[1]) Auch öst.
[2]) Ebenso öst.
[3]) Über diesen Begriff vgl. II. Wunderlich Satzbau I S. XIX.
[4]) Andere Beispiele sind *Über diese Äußerung habe ich mich gewundert : Dá r ɔ dös gɔsàgt hàut, hàut mé gwunnɔt; Er folgt den Eingebungen des Augenblickes : Eɔ tout, wos nɔu ä᷉föllt.*

besitzt die Mundart zwar das Verbum (verlieren), aber nicht das Verbal-
nomen, und daher kann die Aussage allenfalls in die verbale, aber nicht
in die nominale Form gekleidet werden, [1] soweit nicht wiederum ein
ganzer Satz für den Begriff eintritt; [2] im letzten Falle ist der Mundart
das Abstraktum (*Frischn*) selbst zwar geläufig, doch wird es nicht gern
zum Subjekt der Aussage gemacht, [3] läßt also wenigstens die Entwick-
lung zur vollendetsten Form der Abstraktion bei Eigenschaftsbegriffen
vermissen, die gerade darin besteht, daß diese, von Haus aus im Prädi-
kate heimisch, als abstrakte Substantivbegriffe an die Stelle des Subjektes
rücken, vgl. *der Graben ist breit*; *die Breite des Grabens ist bedeutend*.

Über die Verbreiterung adverbialer Bestimmungen (namentlich präpo-
sitionaler Verbindungen, z. B. nach Sonnenuntergang) durch ganze Sätze
vgl. § 56, 4.

Es ist ferner auch auf dem Gebiete der konkreten Substantiva für
den Satzbau nicht gleichgiltig, ob der Gedanke *Jeder, der spart, findet
einen, der das Ersparte) vertut* nur durch dieses Satzgefüge oder durch
den einfachen Satz *Jéd₂ Spàr₂ hàut sain Votou₂* (Vertuer) [4] ausgedrückt
werden kann.

a) Abstrakta.

§ 276. Schon ein allgemeiner Überblick über den Besitzstand der
Mundart an abstrakten Substantiven läßt die auch an den bisher gege-
benen Beispielen ersichtliche Tatsache hervortreten, daß es dem volks-
tümlichen Denken immerhin noch näher liegt, Eigenschaften gegenständ-
lich zu fassen als Tätigkeiten (Zustände), [5] soweit die letzteren nicht
infolge eines besonderen Sinnes (der einmaligen oder wiederholten oder
gesteigerten Handlung) sozusagen lebensvollere, der Anschauung ent-
lichene Farben tragen.

§ 277. In der Gruppe der Eigenschaftsabstrakta ist
z. B. unter den schriftdeutschen Abstraktis auf -*e* < ahd. *f.n* (*hôhî₁n*)
kaum eines oder das andere der Mundart nicht geläufig (so z. B. *Fülle*,
das nur konkret = das zur Füllung von Krapfen u. dgl. verwendete
Kompot oder die Bratenfüllung gebraucht wird), [6] wobei die -*n*-Formen
einen breiten Raum einnehmen: *Bràitn, Töiftn, Wàitn, Fettn* Fettheit,
Fäichtn Feuchtheit, *Frischn, Hirtn* Härte, *Helln, Häign* (neben *Häich*),
Kölln Kuhle, *Költn* (und *Költ*, *Schwéchn* Schwäche, *Dickn*, [7] *Schwá(r)n*

---

[1] Andere Beispiele: *Das war sein Vorhaben — Dös haut ₂ furghätt: Es ist dies kein
eigenes Erlebnis = I ho dös niat selwa daleht.*

[2] *Wos ₂ fürhaut — sein Vorhaben, wos ₂ daleht ho — mein Erlebnis usw.; vgl.
Reis II § 15.*

[3] Vgl. statt *Die Kälte einer einzigen Nacht : ₂ n ainzichₐ kaltₐ Nächt u. a.* Ähnlich
in präpositionalen Verbindungen: *Bei der Länge des Weges : áf sₐ₂ r ₂n längₐ Wéch.*

[4] Oost. *Dá Spárá findt àn Zₐrá.*

[5] Vom substantivischen Infinitiv wird hier vorläufig abgesehen.

[6] Auch das sonst weiter verbreitete *Kränke* (*Da möchte man die Krenke oder die
Umfalle kriegen* Göpfert S. 20) ist meines Wissens eg. wie öst. unbekannt.

[7] Hingegen *Dick* f. — Dickicht (Mannl S. 28).

Schwere, sogar *liftn* (gewissermaßen »Oftheit«),[1] und (ohne *-n* Gräiß Größe, *Käit* Röte, *Schwürz* Schwärze, *Würm* Wärme, *Leng, Stürk, Schäï*[2]) Schöne (ahd. *scôni*, mhd. *schœne* f.), *Fröi* Frühe (*in da Fröi*[3]) wie in der nhd. Schriftsprache), *Finza* Finster (ahd. *finstri*, mhd. *vinster, vinsterin, vinsteri, vinstere* f. Lexer III 358. DWB III 1668) in der Wendung *in da Finza*[4]) (auch *in da Stuskfinza*, *Ghàim* (z. B. Planer Pass. S. 93 *in größter Geheim*, ebda. S. 94 *in der höchsten Geheim*,[ ]) *Äischt* Erste (mhd. *êrste* f., *in da Äischt(n)*[ ]) = zuerst, anfangs, vgl. mhd. und noch nhd. *an, in der êrste* Lexer I 675. DWB III 1004[ ] u. a.

Auch an den bedeutungsverwandten, von Adjektiven abgeleiteten Abstrakten auf *-heit* (*-keit*) fehlt es nicht; volle Endung zeigen z. B. *Äignhäit, Käckhäit, Dummhäit, Fäï~häit, Gouthäit, Gschäithait, Gsundhäit, Schäï~häit* u. a.; abgeschliffene Endung[ ]) *Wäurzt* Wahrheit, *Kränkzt, Bäuθz(r)t* Bosheit, *Fälk(z)rzt* Faulheit u. a.; die Endung *-ékäit* oder *-ikäit*[ ] *< mhd. *-echeit, -icheit* z. B. *Africhtikäit, Erlikäit, Äiwikäit, Fräindlikäit, Häisrikäit* (von *hàisri* heiserig = heiser), *Hälikäit* Glattheit (von *häl* = glatt), *Häflikäit, Lidslikäit, Lustikäit, Mänirlikäit, Möudikäit, Schäï~hälikäit, Gschicklikäit, Schuldikäit, Gschwindikäit, Trdurikäit,* selbst *Finzrikäit* Finsternis, *Gschwülchikäit* Schwüle, *Olwrikäit* Albrigheit = Albernheit, *Gröuzrikäit* Gerührigheit = Ruhrigkeit, körperliche Regsamkeit u. a.[ ])

Abstrakta auf *-schaft* und namentlich auf *-tum* sind auf einen engeren

---

[1] Nur im emphatischen Ausruf (z. B. *Da r is zn É. dazgrennt!*), bei Anzengruber (Dorfgänge II 1890 S. 53 Ges. W. IV 53 *Ein' Often, wann ich .... durchs G'hölz g'strichen bin*) auch in einfacher Aussage oftmals. Das Substantiv ist auch bayr.-öst. Schmeller I 47 *oft*, Schöpf Tir. Id. 480, Lexer Kärnt. WB 201. Der bayr.-öst. Dialekt geht in solchen Bildungen noch weiter. Viele der von Schmeller (§ 856) angeführten Bildungen wie *Dünkeln, Frechn, Ilaitern, Holen, Mieden, Rären* u. a. fehlen unserer Mundart. Nagl (Roanad S. 411 Anm. 8) unterscheidet *Schwäzn* = Schwarzheit und *Schwäîz* = schwarze Tinktur; vgl. Schwäïbl § 57, 3.

[2] Am Neujahrstag trinken die Mädchen in Plan im Wirtshause *d'Schäï*, die Burschen am Dreikönigstage *d'Stürk* (John Oberlohma S. 125. Ders. Sitte S. 24. 28., vgl. Meyer DVK S. 252). Über einen ähnlichen Brauch in Südböhmen vgl. Rank Aus d. Böhmerw. S. 136.

[3] Oöst. auch *die Spüte* der Abend (*óf d'Spät* gegen Abend Stelzhamer Ma. D. I 232 N. 31, 10; bei Schmeller II 690 nur *auf spád* = abends, auf den Abend).

[4] O.- u. nöst. *i-dä Fint(zäin)* Nagl Roanad S. 46 zu V. 10, vgl. Mareta Proben I 17 f. Der Nominativ im Altbayr. Schmeller I 734, Oöst. Stelzhamer Ma. D. II 203 N. 32 I 7 *wia dicker dö Finstern*, Tir. Schöpf Tir. Id. 138, Kärnt. Lexer Kärnt. WB 96 (*finstre* finsterer Ort); vgl. Khull 235. — Im südböhm. Volkslied *In da Still und in da Gham geht da Föda zu da Mähm* HTV S. 350 N. 733 (Budweis, sprichwörtlich auch oöst.); das Subst. ist auch bayr.-öst. Schmeller I 1110. Mareta Proben I 22.

[5] Die schwache Form schon bei Baier 332 *in der ersten*, auch bayr. neben der starken Schmeller I 122; *in der erst* auch Tir. Schöpf Tir. Id. 109, els. Martin-Lienhart I 69 b, ob.-hess. Crecelius 355, nordbohm. (*ei r a iäscht*) Knothe Markersd. Ma. S. 57. Die Verbindung mit *an, am* (Schmeller a. a. O., Schöpf a. a. O. 98, Lexer Kärnt. WB 86) ist egerl. nur in der flektierten Form *äm äischtn* (*Des kinnt nu äm ä. wäus sä*) üblich.

[6] *-häit > -zt*. einige mit dem Gleitlaut *r* : *-(z)rzt, -z(r)t*.

[7] In der Stadt auch *-ikk äit*.

[8] Die meisten auch oöst. Andererseits fehlen wie öst. auch einige, namentlich Bildungen auf *-keit*, so abstrakte Zahlbegriffe wie *Einheit* (und *Einheitlichkeit*), *Zweiheit, Dreiheit, Vielheit,* ferner *Mehrheit, Minderheit, Hoheit, Großheit, Kleinheit, Reinheit, Ge-(Ent)-schlossenheit, Vermessenheit, Zerrissenheit, Vergangenheit* und andere von Partizipien gebildete.

Kreis beschränkt; man kennt *Vormundschàft*, *Gvàttoschàft* (aber nicht *Vaterschaft*, *Mutterschaft*, *Kindschaft* u. a.), *Fáīdschàft*, *Fráï̄dschàft* Verwandtschaft [1]) (öfter jedoch konkret [2]) = die Verwandten), *Gsellschàft* (*G. làistn*, aber auch konkret = die Versammelten', *Löibschàft* (auch konkret), *Kumràdschàjt*, ferner *Wirtschàft* (auch konkret = ländliches Anwesen, dann dessen Bewirtschaftung, prägnant = Unordnung', *Schwàngsschàft* u. a.; [3]) ferner *Kristutum*, *Aigntum*, *Irtum*, (aber nicht *Witwentum*, *Junggesellentum*, *Priestertum* u. a.). [4])

§ 278. Mehr als in den nominalen ist die Mundart in den **verbalen** Bildungen der Abstrakta hinter der Schriftsprache zurückgeblieben. Hier zeigt sie die größte Lucke in der Gruppe der abstrakten weiblichen Verbalnomina auf *-ung*. [1]) Allerdings fehlt eine große Anzahl schon deshalb, weil die zugrunde liegenden Verba der Mundart fremd sind, so *Äußerung*, *Mitteilung*, *Besprechung*, *Bekräftigung*, *Erörterung*, *Erwähnung*, *Erwiderung*, *Entgegnung*, *Schilderung*, *Bejahung*, *Verneinung* (vgl. § 149 c); *Ahnung*, *Befurchtung* § 149 d), *Erwägung*, *Wahrnehmung*, *Fühlung*, *Berücksichtigung*, *Vergewisserung*, *Außerachtlassung*; *Erhöhung*, *Vertiefung*, *Verbreiterung*, *(Ver-)Schmälerung*, *Verlängerung*, *Verkürzung*, *Verdickung*, *Verdünnung*, *Verminderung*, *Verkleinerung*, *Erschwerung*, *Erzürnung*, *Besänftigung*, *Entfremdung* (§ 150, 12) und andere von Verben des Sagens, Denkens und Bewirkens abgeleitete, endlich noch *Wahrung*, *Sendung*, *Annäherung*, *Entfernung*, *Beendigung*, *Beteiligung*, *Vergeudung*, *Verübung* u. v. a. Aber auch von durchaus geläufigen Verben fehlt wie im Öst. die Bildung auf *-ung*, so *Darstellung*, *Darle-*

---

[1]) Wie in der älteren Sprache und noch jetzt allgemein obd. Schmeller I 822, Schweiz. Id. I 1307, 2; auch obhess. Crecelius S. 301, schles. Weinhold Schles. WB 23.

[2]) So ist auch *Herschaft* wohl nur konkret Familie eines adeligen Gutsbesitzers und das Gut selbst.

[3]) Auch ein paar Tätigkeitsabstrakta auf *-schaft* seien gleich hier genannt, so *Zdignschaft* Zeugenschaft, *Läi(d)nschàft*, *Wannoschaft* Wanderschaft, *Wissnschaft* das Wissen um eine Sache (oft mit *Vorti* Vorteil Handgriff verbunden), *Greomschaft* (von Weinhold Schles. WB 29 aus Opitz u. a. belegt; *dau hàut o velb o Gr. ghàtt* = da hat er sich immer gegrämt, abgesorgt); aber nicht *Machenschaften v. o.* Alle auf *-schaft* und *-tum* angeführten Wörter mit Ausnahme von *Irtum*, *Wissenschaft*, *Grämschaft* auch ost.

[4]) *Altutum* ist nur konkret alter Gegenstand. Die Ableitungssilbe *-tac* ist durch *Wäiding* (mhd. *wêtac*) = Schmerz (auch konkret schmerzende Verletzung, Geschwulst u. dgl.) vertreten. Lambel bezeugt (bei Schmeller I 1408 fehlendes) oost. *Lewàtag* Freude neben dem auch bei Stelzhamer und Purschka begegnenden *wètac* (*Wchdogn*, *Wchdam*); vgl. Schmeller I 505.

[5]) Unter den gebräuchlichen Bildungen dieser Art zeigen einige fast durchwegs oder ausschließlich konkreten Sinn, z. B. *Éláding* gewöhnlich Einladungszettel, *Ferting* Fertigung Brautausstattung (vgl. E. J. N 165: Gruner S. 40), *Zenghäiring* Zugehörung Zubehör zum Dienstbotenlohn, bestehend in Kleidern, Leinwand u. dgl. (Neubaur Id. S. 100). Das durch die allgemeine Wehrpflicht eingebürgerte *Stollng* geht bezeichnenderweise über den engen militärischen Sinn (Rekruten-Assentierung nie hinaus. *Asseiring* ist nur Phthisis. Über das beachtenswerte abstrakte *Kàcking* vgl. § 150, 1 S. 121, über *Sticking* § 30, 1 S. 10. Über die *Afràiding* Anredung, *Zouäcking* Zusagung und *Islàiting* Auslosung (der Braut) und deren Bedeutung in der egerl. Brautwerbung vgl. Gruner S. 42. John Oberlohma S. 138. Ders. Sitte S. 138. Abstrakt sind auch *Anring* Änderung, *Fristing* Fristung Aufschub, *Màiring* Vermehrung Neubauer Id. S. 24. 50. 82): statt *Bekehrung* in der Wetterregel über den 25. Januar *Pauli Bekehr ist do Winto hi̇̀ u her*; vgl. Schmeller I 1282; auch schwäb. Fischer I 824. 709.

gung,[1]) *Nachweisung, Anhörung, Ansehung, Behauptung, Legung, Setzung, Hebung, Lagerung, Eingebung, Vergebung, Verschiebung, Zerrung, Zerreißung, Leugnung, Vermutung, Ausbreitung, Ausdehnung* u. v. a. Für die letztere Gruppe besitzt die Mundart auch keinen Ersatz in anderen gleichbedeutenden abstrakten Nominalbildungen, sondern nur im substantivierten Infinitiv, soweit dessen Bedeutung sich wirklich mit dem Verbalnomen einigermaßen deckt.[2])

Etwas besser vertreten sind die Verbalabstrakta auf *-e* (< ahd. *-a* der *ô-, jô-, wô-*Stämme), das im Egerländischen entweder abfällt,[3]) wie in *H(ü)lf, Bitt, Aia, Läia* (Ehre, Lehre, mit vokalisiertem *r* wie im folgenden) *Stäia* Störe,[4]) *Sünt, Riad, Ai* Ehe, *Rái* Reue, *Trái* Treue, *Hia* Hebe = das Heben = das Erbrechen M. Müller UE II 47, *Wal* Wahl, *Furcht, Schäiß* (mhd. *schiuze* f. neben *schiuz* m., *in d' Sch. trái(b)m* in Angst jagen' u a.,[5]) oder bei der Mehrzahl der Feminina durch das aus dem obliquen Kasus stammende *-n* ersetzt wurde,[6]) wie in *d'Heustn* (ahd. *huosta* f. oder *huosto* m.), *d'Stráuchn* die Strauche = der Schnupfen, *d'Schluckn* die Schlucke = der Schlucken, das derbe *d'Schäißn* die Scheiße = der Durchfall u. a. Auch einige *-t*-Stämme wie *Táff* Taufe, *Wáih* Weihe und der i-Klasse angehörige Bildungen auf *-t* wie *Fárt, Flucht,*[7]) *Goburt, Vonumft* (aber nicht *Tat, Macht, Notdurft, Ankunft* u. a.) besitzt die Mundart. Unter den Bildungen anderer Art nenne ich die Maskulina *Ōdrūk* Abdruck[8]) = Ende (*'s gäiht ám O.* = es geht zu

---

[1]) *Dústelln* und *dál'gn* sind, allerdings nur im wörtlichen Sinne (= hinstellen, hinlegen), bekannt.

[2]) So kann *Stellung* (= Amt) im allgemeinen weder durch *das Stellen* noch durch *das Sich-stellen* ersetzt werden; soweit aber das Verbalnomen sich etwa mit dem reflexiven Infinitiv ungefähr deckt, ist ein Ersatz von dieser Seite auch nur dann möglich, wenn der substantivierte Infinitiv durch die notwendige Abstreifung des Reflexivpronomens (vgl. § 3 11, 3) nicht eine veränderte Bedeutung erhalten kann (vgl. etwa *s Ausdenn* gegenüber *Ausdehnung*).

[3]) Ob *Micha* = Behandlung, Bearbeitung, Gewalt (jemanden *in d'M. kráign* oder *in da M. ha(b)m*, beides auch schles. Weinhold Dial. S. 92. Schles. WB 50, 2. Knothe WB 391: altenburg. Weise § 9, 2; letzteres in etwas anderem Sinne auch schweiz. Schweiz. Id. IV 55 f.) hieher gehört und also mit der erhaltenen Endung eine Ausnahme darstellt, ist wie die Ableitung des Wortes zweifelhaft. Von nhd. *Mache* f. (vgl. Schmeller I 1556) ist es durch den Umlaut getrennt (vgl. *Gmächt(a)* n. = Gemächte, Kunst- oder Handwerksarbeit zu *machen* Schmeller a. a. O. 1557 und *Gmächt* n. = genitalia zu *mögen* Schmeller I 1564), es müßte denn unmittelbar mit unverändertem Vokal aus dem Schriftdeutschen entlehnt sein.

[4]) Schneider- und Schusterarbeit von wandernden Handwerkern, in der Bauernwohnstube, also = Störung des Stubenfriedens, der Hausordnung (Schmeller II 779 *b*), oder der Handwerksordnung (Meyer DVK S. 196); auch oöst. (*Ster*); über das Wort vgl. noch Phil. Keiper III.Z. IV 226.

[5]) Bemerkenswert sind auch *Isnám* m. Ausnahme (*di Altn táun in .i.* haben sich auf das Altenteil zurückgezogen und den Jungen die Wirtschaft übergeben; auch bayr.-ost. Schmeller I 1742 *Năm*: obhess. *Auszug*: Crecelius S. 74), *Lisch* f. in *Sichl-* oder *Drischllisch* = Sichel-, Dreschflegel-Lege; über dieses Entetest vgl. Grall E. J. VI 145 (auderwärts auch *Drischel'ienkels* Schmeller I 608 *Tenn*, oder *Sichellenke* Meyer DVK S. 233). Schles. *Lache* (auch nhd.) und *Hane* (Weinhold Dial. S. 92). *Sehe* (= Pupille, ders. ebda. S. 93) fehlen.

[6]) Paul Mhd. Gr. § 130 und Anm. 2.

[7]) *Dea r is m ganzn Tóch in da Flucht* oder *gäiht . . . in da Fl. üm* = rennt den ganzen Tag ruhelos herum.

[8]) Bayr. *Abdruck* = Moment des Sterbens: Schmeller I 647 (der es zu *trucken* = ziehen, rücken stellt), ebenso tirol. Schopf Tir. Id. S. 92; steir. = äußerstes Ende, letzter

Ende, nicht bloß vom Sterben`, *Schâu* und *O.ï schâu* Anschau = Anblick
[ahd. *scou*, mhd. *schou*; etwas *âm Sch.* d. i. für den äußerlichen Eindruck
herrichten;[1] etwas *hâut koin O.* oder *koï Oï sergn* = gewährt keinen
schönen Anbl'ck, sieht übel oder unscheinbar aus,[2] hingegen *'s hâu
koin O. son rengo = 's schaut* oder *sioht niot donâu ds, als wenn 's rengo
wellto.*[3] *Vuogàng* Vorgang ist nicht = Geschehnis, sondern in der alten
Bedeutung = das Hervorgehen, u. zw. der Wöchnerin (sc. aus dem
Hause in die Kirche zum sogenannten *Füosegno*);[4] das Fem. *Hout* Hut
bedeutet nicht Schutz, Geborgenheit, sondern das Hüten des Viehes auf
freier Weide, auf abgemähten Wiesen, Stoppelfeldern,[5] die »Hutweide«
und den'Ort derselben. Über *Schur* m. = Ärger vgl. § 316, 1.

§ 279. Der auch sonst[6] beobachtete sinnlich-plastische Zug der
Mundart tritt darin scharf hervor, daß den Abgängen an Verbalsubstan-
tivis ohne besonders gefarbte Bedeutung eine geradezu überquellende
Fülle von Bildungen gegenübersteht, in denen der Tätigkeitsbegriff durch
die Beschränkung auf die einmalige Ausführung, also sozusagen durch
eine energische Zusammenballung, oder durch Vervielfältigung und Stei-
gerung dem konkreten Denken leichter erfaßbar wird. Bildungen der
ersten Art sind die Verbalnomina auf *-er*,[7] der zweiten die mit *Ge-* und
auf *-ei*.

Die Verbalnomina auf *-er* (> eg. *o*) bezeichnen[8]

a   Gehörseindrücke, u. zw. Naturlaute (in schallnachahmender Weise,
z. B. *Pflumpfo, Puscho,* vgl. § 131 und 150, 11 c S. 129 f.), oder mensch-
liche und tierische Laute wie *Lächo (Dös kost mo r on L.), Bäicho* (von
bäign = schreien, mhd. *bögen* Neubauer Id S. 38), *Kirro* oder *Kerro*
von *kirrn* oder *kerrn* = schrill schreien, mhd. *kerren, kirren* ebda.
S. 75), *Hëscho* (von *hëschn* = hörbare kurze, stimmlose Atemzüge tun,

---

Angenblick, *abdrucken*   sterben Khull 2; kärnt. *A.* der äußerste Notfall, Ende, Tod Lexer
Kärnt. WB 73. Auch oost. *es auf den letzten A.* (auf den äußersten Augenblick) *ankom-
men lassen.*

[1] Vgl. bayr. *aufs Gsicht* (auf den Schein) *arbeiten* Schmeller II 247; *auf Gschau* in
gleichem Sinne oder ohne Bestellung, bloß für auswählende Käufer arb. ebda. II 351.
Über oost. *Gschau* vgl. Lambels Zusatz zu S. 141 Anm. 4.

[2] Oost. in ähnl. Sinne *d' Sach hat ga(r) koan Gsicht,* vgl. *etwas siacht mi net a`,*
ich halte nichts davon (DWB I 456, 12. Schmeller II 245): vgl. steier. *ich hab kein Zu-
sammensehen mit dieser Person* Rosegger Heidepeters Gabriel[4] S. 120.

[3] *Etwas schaut (net) aus, as . . .* auch oöst.: Altenburg, Zwick. in ähnlichem Sinne
Es hat keine Art (zum Regen) Weise § 9, 2. O. Philipp III.Z. V 8.

[4] Vgl. den Abschnitt »Vorgang oder Einsegnen der Wöchnerin« bei Grüner S. 38 f.,
John Sitte S. 117; vgl. Schmeller I 745 (*Fürs'gé* auch oöst.), 022 (*Fürogang*), II 240 (*Fürs'seg-
no'd* n.); die beiden letztgenannten Subst. scheinen dem Oost. minder geläufig zu sein (wohl
aber der subst. Inf. *Furögigni* n.); els. *ansgehen* Martin-Lienhart I 190 b.

[5] Gruner S. 65 *Ist die Ernolte voruber,* (werden die Ochsen) *auf die Stoppeln auf die
Hut getrieben*; auch bayr. überwiegend in gleichem Sinne Schmeller I 1100.

[6] Vgl. z. B. S. 119 (§ 149, 1). 131 Anm. 1.

[7] Das Egerländ. schließt sich mit seinem Reichtum an solchen Bildungen den süd-
deutschen Mundarten an, vgl. Behaghel Wiss. Beih. 11/15 S. 138, Schmeller § 1049. Schatz
§ 108 Anm. Lessiak S. 107 Anm. Regel S. 80 b. Schleicher 36.

[8] Im ganzen nach Behaghels Gruppierung (vgl. Anm. 7). Die meisten werden mit
tun verbunden.

von Erschöpften, Sterbenden, vgl. mhd. *heschen*, schluchzen ebda.
S. 71), *Kráißə* oder *Kráißtə* (von *kráißn*, *kráißtn* = infolge körperlicher
Anstrengung den Atem mit rauhem Kehlgeräusche hervorpressen, mhd.
krizen, *kristen* ebda. S. 78), *Grölzer* (von *grölzn*, mhd. *grölzen* ructare),
Groʃ·nə (von *groʃ·nə* = ärgerlich brummen, auch grunzen, von Schweinen,
vgl. mhd. *grannen*, *granen* weinen), *Brummə* (von *brummə*, *Guʃchə*
(von *guʃchən* juchzen, jauchzen), *R(ü·lpsə* (mehr städtisch, von *r(ü·lpsn*).
Schnūdərə (von *schnūdən* durch die verstopfte Nase Atem ziehen, auch
schneuzen, mhd. *snuderen* Neubauer Id. S. 95), *Schluəbərə* (von *schluəbən*
schlürfen, vgl. Schmeller II 531, *schluppern* iterat. zu mhd. *slupfen*
schlürfen), endlich Klänge und Geräusche anderer Art wie *Kliəpərə* (von
kliəpən klirren, vgl. mhd. *kleppern* klappern Lexer I 1606; über *e* > *eg*.
iə vgl. Gradl MW 29), *Scheppərə* (von *scheppən* tönen wie zersprungenes
Glas oder Tongeschirr, wie Münzen in einem Beutel u. dgl., vgl. Schmeller
II 354 *schebern*), *Tämpərə* (von *tämpə(r)n* tämpern, mhd. *temeren* klopfen,
Schmeller I 506 *dammern*, *Dunnərə* (das Verbum *donnern* lautet gewöhn-
lich *doənə*), *Kráchə*, *Schnàppə* (zu *schnàppm* = ein schnappendes Geräusch
machen) u. a.;

b) andere Sinnesempfindungen wie (*Kráiz-*) *Wédə- Láichtə* (Kreuz-)
Wetter- Leuchter = Blitz, zu *wédəláichtn* oder *láichtn* = blitzen), *Fräiərə*
(*ən Fr.* *kröign* = Schüttelfrost, kaltes Fieber bekommen, zu *fräiən*
frieren) ;

c) Bewegungen und Veränderungen des Körpers, ohne Beziehung
auf ein Objekt, wie *Stolpərə* (von *stolpern*), *Schnälzə* (der Fisch tut einen
Schn., vgl. mit der Zunge schnalzen), *Wáchlə* (von *wáichln* fächeln, vgl.
mhd. *wecheln* wehen, flattern Neubauer Id. S. 106), *Tāmlə* (von *tāmln*
taumeln, *ən T.* *kröign* von Taumel, Schwindel befallen werden), *Kláp-
pərə* (von *kláppən* klappern, auch = vor Kälte zittern), *Oʃ·hiəwə* (An-
heber, die ersten Anzeichen der nahenden Entbindung [1]) Neubauer Erzg.
Ztg. X 245, zu *anheben*), *Schü(·d)lə* und *Knáppə* (Verneinen durch Schüt-
teln, Bejahen durch *Knáppm* = Nicken; vgl. DWB V 1344, 3. Schmeller
I 1351), *Muckə* oder *Mucksə* (wie nhd.), *Nàtzə* (von *nàtzn* außer Bett
einschlummern, vgl. mhd. *nafzen* [2]) Neubauer Id. 85), Tänze wie *Wálzə*,
Schárə (über letzteren vgl. John Oberlohma S. 137) u. a.; eine Beziehung
auf ein Objekt oder Ziel enthalten z. B. *Schepplə* (von *scheppln* ein
Büschel Kopfhaare zwischen die Finger nehmen und rasch hin- und her-
ziehen, als Züchtigung für Kinder, in sanfter Form auch als Liebkosung,
vgl. nürnberg. *schäbbeln* in anderer Bedeutung Schmeller II 352, vgl. aber
Schübel Büschel Haare u. dgl. und *schübeln* am Haar ziehen ebda. II
362; beides auch öst.), *Schuckərə* oder *Schuppərə* (von *schuckən* oder
schuppən stoßen, mhd. *schocken*, *schucken*, vgl. *schüpfen*, *schupfen* Lexer
II 766. 808 f. 826 f. Neubauer Id. 97), *Hirzə* oder *Hirzərə* (von *hirzən*
stoßend fortbewegen, mhd. *hürzen* Neubauer Id. 73), *Bléschə* [3] (von
bléschn schlagen Neubauer Erzg. Ztg. X 247; vgl. Schmeller I 331),

---

[1] Schwäb. *Anheber*, *-hebel* Anfang der Schwangerschaft Fischer I 219.

[2] Bayr.-öst. *naffən*, *naffzn*, der *Naffzə²*, *Naffzə²*, auch konkret — Schläfer Schmeller
I 1729 f. Kbull 470.

[3] Auch konkret in *Fleiznbléschə* Fliegenklappe.

Krölla (von *krölln* kratzen, mhd. *krellen* Neubauer Id. 78), *Ràppa* (von *ràppm*, *an R. tàu* nach etwas = heftig die Hand nach etwas ausstrecken, um es an sich zu raffen), *Schnàppa*[1]) (von *schnàppm* nach etwas), *Dàitara* (Wink, von *dàitn* = mit der Hand deuten Neubauer Erzg. Ztg. X 248), *Putza* (Verweis,[2] *an ghöringa P. kröign*) u. a.;

d) Wettererscheinungen, so außer den unter *a)* und *b)* erwähnten *Dunnara*, *Wédaläichta* noch *Spräidara* oder *Spröidara* (E. J. X 188, leichter Sprühregen, von *'s spräidat* »spreidert«, spritzt, mhd. *spriden* = zersplittern Lexer II 1116), *Stüxwara* Stöberer = kurzes Regen- oder Schnee-Gestöber. *Schüdla* (kurzer, starker Regen, von *sch üdln*, dem Sinne nach zu *'s schütt* es schüttet), *Wàika* (stark einweichender Regen, zu *d'wàikn* einweichen) u. a.;

e) geistige Vorgänge, so *Schenira* (von *schenian* genieren; *nō koin Sch.l* = geniere dich nur nicht!),[3] *Gaiwa* (zu älterem *gönwen*[4]) gierig, lüstern nach etwas sein Lexer I 1063; Kinder gehen *àm* [auf den] *G.*, indem sie bei Hochzeiten bei der offenen Türe stehend dem Mahle zusehen, um etwas davon zu erhalten).[5]

§ 280. Verbalabstrakta mit *Ge-* können nahezu von allen starken und schwachen Verben gebildet werden. Daher stehen mit geringen Ausnahmen neben den nominibus actionis auf *-er* (etwa abgesehen von *Fräiara*, *Ofhiawa*, *Muka*, *Schenira*, *Gaiwa*) sowie neben den nominibus actoris auf *-er* (vgl. weiter unten § 283) fast durchwegs nomina actionis mit *Ge-*;[6] von anderen Gruppen wären hervorzuheben *Gmirk* Gemerke = Gedächtnis (auch bayr. Schmeller I 1651): *Gschàu*[7] Geschaue, Blick, z. B. *dea hàut a r ohwas G.* = er hat einen unschönen, z. B. schielenden Blick; *Gschick* = das Sich-schicken: *fua mi, dàu hàut 's kàa G.*, für

---

[1]) Auch konkret = Messer mit zuschnappender Klinge (Dim. *Schnàppa(r)l*).

[2]) Auch steir. Khull 127 u. öst.; vgl. Schmeller I 417. Eine besondere Stellung nimmt der Be deutung wegen *da Herdäpflgròan* ein (= die Zeit des Kartoffelgrabens, in *H. = zur Zeit der Kartoffelernte*, vgl. Mannl S. 11), insofern das Wort nicht . die einmalige Handlung des Grabens, sondern die ganze, allerdings ebenfalls als Einheit betrachtete Zeit des Grabens bezeichnet.

[3]) Auch ost. Th. Gartner III.Z V 100.

[4]) Els. *geien* hungrig zusehen, dazu nom. actor. *Geier* Martin-Lienhart I 191 b, nordbohm. *geiben* lüstern sein nach etwas, gierig auf etwas hinschen Petters I 12; Knothe WB 236; vgl. erzgeb. Göpfert III.Z I 50.

[5]) Konkrete, namentlich persönliche Bedeutung kommt diesen Bildungen im ganzen seltener zu, wohl deshalb, weil entweder ein bestimmter Träger gar nicht in Betracht kommt wie bei den Wettererscheinungen, oder wie bei den unwillkürlichen Körperbewegungen sehr zurücktritt, oder weil wie bei den Tänzen mehrere Träger zusammenwirken (diese Gründe führt Behaghel Wiss. Beih. 14/15 S. 141 an): vielleicht aber auch, weil viele Schallempfindungen im ersten Augenblick über ihren Träger im unklaren lassen (man hört einen *Schéppara* usw.), und endlich, weil in den mundartlichen nominibus actoris das Merkmal der dauernden oder wiederholten Handlung immerhin so lebendig ist, daß manchen Verben der Eintritt in diese Gruppe schon durch ihre Bedeutung versagt ist. Was konnte ein persönlich gedachter *Deutara*, *Schnàlta*, *Hirza* usw. für die Erfahrung des Volkes sein? Wo diese Schwierigkeit nicht vorhanden ist, steht dem nomen actionis oft genug das gleichlautende nomen actoris zur Seite, wie bei *Ràicha* = Schrei und Schreier, und ähnlich bei *Stelpara*, *Schnalbra*, *Gro?na* u. a. (hie und da bei *Wàchla* = Rock mit fliegenden Schoßen).

[6]) Über ihre Bedeutung und Verwendung vgl. § 150, I S. 121.

[7]) Auch bayr.-öst.; vgl. S. 234 Anm. 1.

mich schickt es sich nicht E. J. X 164; *Gris* Gereiße (vgl. § 158, 3 und Schmeller II 148 *Riß* und 145 *reißen*). Auch einige nominale Formen dieser Art haben abstrakte Bedeutung, so *Gschéß* Gechaise (von *Chaise* = Kutsche) = Gefahre, Hin- und Herfahren der Kutschen.

§ 281. Auch die Bildungen auf -*ei* haben, abgesehen von den Handwerksbezeichnungen wie *Schoustɔráí* u. ä., frequentativen oder intensiven Sinn, wohl auch beides: *Wunnɔrái* Wunderei, z. B. *dös wàɔ r ɔ W.!* = da gaben sie ihrer Verwunderung wiederholten oder lebhaften Ausdruck; vgl. auch *Löuchɔrái* = zusammengelogenes Zeug; *Scherɔrái* = umständliche und unliebsame Geschäfte, in die man verwickelt wird: *Schintɔrái* = große Anstrengung, aber auch konkret = Anwesen des Wasenmeisters; *Dàlkɔrái* = dummes und ungeschicktes Reden und Tun; *Gràußtouɔrái* u. a.; zumeist haben sie auch stark tadelnde Bedeutung wie *Kochɔrái*, *Bé(d)ɔrái* Bettlerei = Bettelei, [1]) *Schmäichlɔrái*, *Sp(ü)lɔrdi* Spielerei u. ä. [2])

b) Konkreta.

§ 282. I. Unter den Nominibus agentis auf ɔ (< *er*, mhd. *ære*, ahd. *ǣri*, fem. egerl. *ɔri* oder *ɔré* < *erin*) fehlen mit geringen Ausnahmen (etwa *Tänzɔ* Tänzer, *Gêwɔ* Geber, der beim Kartenspiele die Karten austeilt) jene, die keinen bleibenden Charakter bezeichnen, wie *Leser*, *Hörer*, *Spaziergänger*, *Sprecher* (außerhalb der Vereine), *Schreiber* (eines Briefes), *Empfänger*, *Betrachter*, *Beleidiger*, *Ankläger* und *Verteidiger* (außerhalb der gerichtlichen Sprache), *Erbauer* u. ä., deren Begriff durch Relativsätze umschrieben [3]) wird (vgl. § 56, 1).

§ 283. Eine umso größere Fülle von Nominibus agentis hat sich die Mundart zur Bezeichnung von (meist üblen) [4]) Charakterzügen geschaffen. Sie bezeichnen

1. Personen oder bestimmte Körperteile derselben als aktive Träger

---

[1]) Z. B. in dem ironischen Sprichwort: *Wɔs bràuchn miɔ* (wir) *dɔi* (diese) *Bé(d)ɔrái*, *miɔ kunnɔ vɔn Fechtɔgái'ʔ ä lé(b)m*.

[2]) *Schererei*, *Schinterei* usw. auch öst., *Dalkerei* steir. Khull 140. Wie in diesen Verbalnominibns, so tritt die Verstärkung des Sinnes auch in Nominalbildungen hervor wie in eg. *Schwäimɔrái* physische und moralische Unsauberkeit, auch konkret — Schmutz, *Gùstɔrái* reiche Bewirtung, *Armɔtái* bittere Armut (ebenso bayr. Schmeller I 144 *Armuet*, § 1033, wien. Th. Gartner III.Z. IV 272, schwäb., els.. schweiz. Fischer I 324, Martin-Lienhart I 67 ª, Schweiz. Id. I 457, obhess. Crecelius 47), *Engɔtái* Enge, *Nárɔtái* u. a. Vgl. Willmanns D. Gr. II § 192 (Ge-). 287 (-ei).

[3]) Ebenso altenburg. Weise § 10, 2; mainz. Reis II § 15.

[4]) Dieser Umstand bekundet nicht etwa eine ungewöhnliche Verbreitung solcher Züge, sondern nur den auch sonst zu beobachtenden scharfen Blick des Volkes für das Böse, Haßliche, Lächerliche. Von den Berufsnamen wie *Schmids*, *Fläischácks* Fleischhacker (meist mit ausgefallenem *h* gesprochen; *Fleischer* ist unbekannt, ebenso *Bäcker*, dafür *Péck* — Weißbäcker, vgl. mhd. *becke* Neubauer Id. 39 f., und *Bácks* Bacher — Schwarzbäcker, vgl. John Oberlohma S. 127, *Péck* ارch öst., wo *Fleischer*, *Bäcker* ebenfalls fehlen), sowie von den zeitweiligen besonderen Verrichtungen der Landwirtschaft wie sie dem *Meɔnɔ* (von *meɔnɔ* beim Pflugen die Zugtiere führen, vgl. Grüner S. 70, mhd. *menen* Neubauer Id. 83), dem *Möhdɔ* Mäher, *Naubindɔ* Nachbinder, *Dretchɔ* usw. zukommen, ist dabei abgesehen.

der Handlung, ' z. B. *Bårsə* (von *barzn* = sich strecken, großtun, prah-
len, mhd. *barzen* strotzen Neubauer Id. 39), *Båsslə* (ohne tadelnden
Sinn, [2]) von *bássln båstln* = kleine Schnitz- oder Klebearbeiten u. dgl.
mit Geschick verrichten Neubauer Erzg. Ztg. X 246, vgl. bayr. *poßeln*,
pößeln, *posteln* Schmeller I 410 *poß*. Khull 52, vgl. O. Philipp HLZ
VI 40 *pestln*), *Båwlə* (von *båwln* = unverständlich oder unverständig
reden Neubauer a. a. O., vgl. *pappeln* und *pappern* Schmeller I 398),
Brēśmlə (von *brēśmln* verdrießlich zanken, zu mhd. *bremen*; über eg.
ēś < mhd. *ē* vor Nasalen Gradl MW 43), *Bruəslə* (von *bruəsln* wortreich,
besonders leise, zanken, obpf. *broseln* Schmeller I 378·, *Broglə* (von *brogln*,
wie mhd. *brogen* = großtun Neubauer Id. 44), *Krāchə* (*åltə Kr*. alter,
gebrechlicher Mann). [3] *Krāutərə* (von *kråutə(r)n* = mit der Arbeit nicht
vorwärts kommen Neubauer Erzg. Ztg. X 269; auch bayr.-öst., vgl.
Schmeller I 1386. Khull 409 und DWB V 2114), *Kripfə* (z. B. *Wårt*,
Kr.! zu [*s'såmm-*] *kripfm* = [zusammen-] knittern, verbiegen, vgl. obpfälz.
krüpfen = sich krümmen Schmeller I 1380, daneben *Kropfə* von *Kruəpf*
= Kropf; letzteres auch selbst als Schimpfwort gebraucht), *Låppərə* (E.
J. X 187) oder *Löfərə* (von *låppə(r)n*, *löfə(r)n* = einfältig reden Neubauer
Erzg. Ztg. X 270), *Luəsə* (von *luəsn*, mhd. *losen* zuhören, horchen, also
Horcher, Aufpasser Neubauer Id. 82), *Meədərə* (von *meədə(r)n*, in *s'såmm-*,
ås-, *də-*, *üm-m*. = durch schonungslosen Gebrauch eine Sache gänzlich
zugrunde richten, z. B. zu Brei, zur gestaltlosen Masse zusammenquet-
schen u. dgl., vgl. Schmeller I 1646 *merdern*, 1640 *merren*), *Mottərə*
(von *mottə(r)n* ärgerlich zanken, schelten, vgl. mhd. *mutilen* und Schmeller
I 1570 *maudern*, 1694 *mutern*), *Påtzə* (von *påtzn* = stümpern, vgl. *Påtzn*
= Klumpen weicher Materie, bayr. *båzz·n* Schmeller I 314), *Quåcklə* (von
quåckln = wackeln, also einer, der einen wackelnden Gang hat, beson-
ders kleine Kinder Neubauer Erzg. Ztg. X 271; in derselben Bedeutung
auch *Quåckərə*, in Plan z. B. *Huəsn-Quåckərə*, und *Quåckəs*; vgl. bayr.
quauckeln = schwerfällig gehen Schmeller I 1391), [4] *Råffə* Raufer, *Säffə*
Säufer, *Såichə* (*Bétt-S*. der ins Bett uriniert, auch *Bettprunəs*, *Schåüßə*
Scheißer (*åltə Sch.* alter, auch energieloser Mensch, *Dukå'(d)n-Sch*. ein
Figürchen in entsprechender Haltung, Ra. *Dåu möißt é ən D. ho(b)m* als
Zurückweisung übergroßer Ansprüche an den Geldbeutel, *Huəsn-Sch*. scherz-
haft für kleine Knaben), *Bschellərə* Beschälerer, Soldat der Gestütsbranche,
Schenkə (*Də Sch. is gstur(b·m, də Géwə håut s Gnick brochn* = Man schenkt
nichts mehr), *Schmeckə* verächtlich = Nase [5] (von *schmecken* = riechen Neu-

---

[1] Die Bedeutung der von der Handlung betroffenen Person (z. B. *Jchter* *Geächteter*,
Behaghel Wiss. Beih. 14/15 S. 138) weiß ich aus dem Egerl. nicht zu belegen.

[2] So auch öst. *Båstlå*.

[3] Auch öst., vgl. Stelzhamer Ma. D. II 248 N. 50 II 17 f. *Gåt schan Kracher*,
stoanalde, *l'on å achtzg å neunzg Jahr*; steir. *Kr*. Schimpfwort = Kerl Khull 406.

[4] Nicht mehr lebendig ist die Verbalbedeutung in *Quäzərə* (= kleines Kind, dann über-
haupt kleiner Mensch, wohl zu *quåken*) sowie in dem gleichbedeutenden *Querzə* (eigentlich
kleiner Schreier, vgl. kärnt. *kwerrazn*, intens. zu *kwerr·n · kerren*, *kirren* Lexer Kärnt.
WB 170; Neubauer BH II 200).

[5] Der *Putzer*, *Raufer*, *Saufer*, *Bettprunzer*, *Scheisser* (*alter*, *Bett-*, *Dukaten-*, *Hosen-Sch.*,
letzteres auch von Furchtsamen), *Bschällerer*, *Scheuker* (samt der ersten Hälfte der Ra. mit
der Fortsetzung *Der Henki lebt no(ch)*), *Schmecker* = Nase auch öst.; *Schmeeker* (neben
Schmecke f.) auch steir. Nase (und = Nasenstuber) Khull 547. Altbayr. ist *der Schm*.
außerdem = riechende Pflanze, riechender Strauß Schmeller II 543. *Riecher* = Nase, von

bauer Id. 95: ders. BH II 204), *Sterzə* (wie mhd. *sterzer* = Vagabund, auch stolz tuender Mensch Neubauer Id. 100), *Sûrə* oder *Ùmsûrə* (der wählerisch in den Speisen herumstochert, dann ein Mensch, der sich in fremde Angelegenheiten mischt, Unruhestifter, vgl. Neubauer Id. 101, dazu auch *Pfáifm-* und *Zoʃsûrə* = Pfeifen-, Zahnstocher,[1]) zu mhd. *stürn*, *stüren* = stochern Schmeller II 780), *Stràiˉnə* (von *stràiˉnə* = herumschweifen, von Menschen und Tieren Neubauer Id. 100, zu mhd. *striunen* Schmeller II 815. Weinhold Schles. WB 95 unter *Strunze*), in ähnlicher Bedeutung auch *Strdwánsə* (vgl. mhd. *stransen*, *strensen* Lexer II 1225; auch öst. Mareta Proben II 70 f., Th. Gartner HLZ V 117 f., nordböhm.-schles. Knothe WB 520), *Sulfərə* (Schmierer, von schlechter Schrift Neubauer Id. 102; vgl. mhd. *sülwen*, *sulwen* beschmutzen Lexer II 1294, *besulwen*, *besulwern* = besudeln ebda. I 230, und Schmeller II 271 *sulfern*), *Tádərə* oder *Tödərə* (von *södəʃrʃn* = schwätzen, mhd. *tateren* Neubauer Id. 46 f. Mannl S. 27. Ph. Keiper HLZ IV 235), *Trockə* (von *trockn* stottern Schmeller I 647), *Weʃmərə* (von *weʃmaʃrʃn* wimmern), *Würglə* (der sich ohne rechten Erfolg abarbeitet, sich mühsam »durchfrettet«, von *würgln*, Ra. *Wes néks haut u néks dəháist* [erheiratet], *des bláibt ə W. sáˉ lʃbʃm láng*; vgl. altbayr. *Wurger* in ähnlichem Sinne Schmeller II 999, 2), *Zödərə* (Mensch in zerlumpter Kleidung, mhd. *zoten* in Zotten niederhangen Lexer III 1154. Neubauer Id. 110 *zuatal*, *Zintlə* Zündler (wer gerne mit Feuer spielt, von *zintln*; auch bayr.-öst. Schmeller II 1133 *Zundel*. Khull 656) ; hieher gehören auch zusammengesetzte wie *Gràußtous* Großtuer, *Knòischöriˉs* (der beim Gehen die Knie vorschiebt, »knieweich« geht), *Máidlschméckə* (z. B. im Schmähreim *M.*- oder *Wáiwətsschméckə*, *Kiʃdʃldfdéckə*! Kittelaufdecker; vgl. in Sonneberg *Méˉedləsschméckər* = verliebter Mensch Schleicher 37; 7 und 13 comm. *Smeckar* = Hurenjäger Schmeller Cimbr. WB 171 233)), *Máltirə* von s *Mál btəʃrʃn* = sich über etwas unwillig oder unzufrieden auslassen, vgl. Schmeller I 259 *beren das Maul*), *Ndigûˉnwə* Neugläuber (ein Bauer, der städtisches Wesen, besonders städtische Tracht angenommen hat,[2]) vgl. Urban Allad. G. S. 31), die Diminutiva s *Náckəpritschʃrʃl* (= nacktes Kind[3]) Neubauer Erzg. Ztg. X 270, vgl. ein Kind mit der Hand auf den Hintern *britschn* Schmeller I 374 u. oöst.) und s *Náuwutschəʃrʃl* oder *Náuwuətschʃrʃl* (= das letztgeborene unter mehreren Kindern[4]) Neubauer Erzg. Ztg. X 270, von *náuwutschln* = nach Art kleiner Kinder unbehilflich nachtrippeln, vgl. Schmeller II 1057 *watscheln*, *wutscheln*), *Tipflgutə* Topfgucker (ein Mann, der sich viel in der Küche zu schaffen macht,[5]) Neubauer Id. 67), *Ùmgäiə*

Wackernagel S. 60 Anm. 1 ohne ma. Beschränkung angeführt, in Obhess., Ruhla Crecelius S. 694. Regel 253. Andere Bezeichnungen dieser Art sind die Namen der einzelnen Finger im Kinderreim, z. B. *Lдusknickə* = Daumen, *Tорfstráickə* Topfstreicher = Zeigefinger HTV 379 N. 5 (Plan), der letztere auch *Frdüstrupfə* ebda. N. 7 (in Budweis heißen diese beiden Finger *da Laustödter*, *da Häfenlecker* ebda. N. 4); ferner *d'Gutə* - Augen, von *gutən* = gucken, mhd. *guckeuen*, *də Schnurə* = Schnurrbart (Eichstätt *Schnurrn-Schnauˉtə* II. Weber HLZ V 183 N. 647) und einzelne Bezeichnungen für *penis* Neubauer Id. II 206.

[1]) Beides (und das Verb. (*uma*)*stürn*) auch öst.
[2]) Man nennt das *ümkláiʃdʃn* umkleiden. In anderem Sinne bayr. *Allgláuber* = griechischer Katholik, *Abergláuber* = Nicht-Katholik (Schmeller I 1407, ersteres auch oöst.).
[3]) Steir. *Nackerbatul* = im Hemdchen laufendes Kind Khull 472.
[4]) Oöst., steir. *Nestrcheisserl* Khull 476.
[5]) Obhess. ebenso *Dibbegucker* Crecelius 282: bayr.-öst. *Háfə-l-(Häfel-)ʃguckə* Schmeller I 1055 *Hafen*, vgl. *Hefen* ebda. 1057. Khull 320.

17

Umgeher = Hausierer, *Votous* Vertuer = Verschwender, *Vrecks* Verrecker
;Schimpfwort E. J. X 187, aber auch, besonders im Dim. *Vrecks'l* wie
öst. *Väröckál* von kleinen, schwächlichen Wesen, namentlich von Tieren,
z. B. Hunden; vgl. Schmeller II 43 f.), *Zoŝbrechs* Zähnebrecher (*Des schräit
wöi s Z.*, auch bayr.-öst. Schmeller II 1126 *Zan*, eine Erinnerung an die
Marktschreierei mittelalterlicher Ärzte); auch einige Fremdwörter wie
Kritssirs, Lámentirs, Sékirs (von *sékiən* = quälen) u. a. Über die Doppel-
bedeutung von *Bäichs, Stolpsrs, Schnudsrs, Groŝns, Wächls* vgl. S. 236
Anm. 5. [1])

Hieher gehören auch ein paar Tiernamen, so *Schnêrs* Schnärrer =
Schnarrheuschrecke, dann ein kleines Blasinstrument aus Holunderrinde
(John Oberlohma S. 133, bisweilen auch = schwächlicher Mensch; zu
mhd. *snarren, snerren*), *Surms* ein großes summendes Insekt (von *surms*
summen, surren Schmeller II 327, das Verbum auch oöst.), *Bámhàcks*
Baumhacker = Specht, die Diminutiva *Säuchs'r,l, Láffs'r)l* Saugerlein =
Saugschweinchen, Läuferlein [2]) = ein einige Monate altes Schweinchen,
das noch nicht zum Schlachten taugt u. a.

An Stelle der einfachen Nomina agentis oder neben ihnen gebraucht
die Mundart auch Zusammensetzungen, und zwar teils bedeutungsgleiche
mit *Mann, Weib* ;so, wie neuhochdeutsch, *Zimmsmoŝ* für *Zimmerer*, aber
auch *Bŝ(d)lmoŝ, Bŝ(d)lwäi* durchwegs statt *Bettler, Bettlerin*),[3]) teils verstär-
kende wie *Häï̂àrsch* (E. J. X 187) statt *Häï̂ns* Greiner = viel weinen-
des Kind [4]) (von *häï̂ns* = weinen, auch von Hundelauten, ebenso bayr.-
öst. Schmeller I 1120, mhd. *hönen, hœnen* Neubauer Id. 68), *Näidhäml*
(nicht bloß ma.) statt *Neider, Schläufrätz* statt *Viel-* oder *Langschläfer,
Sp(ü)lräts* [5]) statt *Spieler, Spässé'd̂lmàchs* oder *Spâßm.* statt *Spasser, Spaß-
vogel* [6]) u. a., ferner *Fresssök* Freßsack neben seltenerem *Fresss, Sáff-
brouds* [7]) neben selteneren *Säffs, Vreckbolch* Verreckbalg (z. B. Lorenz
S. 26 *I du V.*) neben häufigerem *Vrecks, Kritssisräits* Kritisierreiter (vgl.
auf jemandem herumreiten) neben *Kritssirs* [8]) u. a.

2. Sie bezeichnen Dinge, [9]) zunächst wiederum als die Träger der
Handlung, z. B. *Glitschs* Erdäpfelknödel (John Oberlohma S. 124, von

---

[1]) Eine halb hochdeutsche Bildung ist *Hierbleiws* Hierbleiber, womit unter Schulkin-
dern in Plan ein nach dem Unterrichte zur Strafe zurückbehaltenes Kind geneckt wird.

[2]) In Kurhessen in gleichem Sinne *Läufling* Schmeller I 1449.

[3]) Ebenso öst. *Bettelmann* auch fränk.-henneb. bevorzugt Spieß 68 VI; auch in no-
minalen Bildungen wie eg. *Witmoŝ, Witwdi, -frdu* (= Witwer, Witwe), das erste und
letzte auch steir. Khull 631, namentlich das letzte auch oöst., bayr. außer diesen drei *Wits
leut* Schmeller II 1056.

[4]) Steir. nach Khull 346 in ähnlichem Sinne *Hiunfnd* m. f., dagegen *Hienarsch* m.
Hienpel (öst. *Hea'bil*) m. dummer oder körperlich schwacher Mensch.

[5]) Vgl. Schmeller II 193 *Kals*; beide Verbindungen mit *Kalz* = Ratte auch öst.,
obhess. Crecelius S. 679.

[6]) Altenburgische Bildungen dieser Art bei Weise § 10, 2.

[7]) Die drei letztgenannten auch öst.

[8]) Vgl. obhess. *Krittelarsch* = ärgerlicher Mensch Crecelius S. 48. Andere wie *Schreihals*
sind kaum volkstümlich.

[9]) Vgl. Wackernagel S. 60.

glitschen), *Köitátscha* Kuhtatscher = Exkremente des Rindes [1]) (von dem lautmalenden *tátsch, tàtschn*, letzteres = die Füße beim Gehen breit und kraftlos aufsetzen, auch = mit flacher Hand schlagen u. ä.), *Schnàppa* Schnappmesser,[2]) auch eine Käferart, die sich aufschnellt, Elater (vgl. Neubauer Erzg. Ztg. X 272), *Wüchlа* (vgl. S. 236 Anm. 5), *Zidara* Zitterer, der leicht in zitternde Bewegung geratende obere, durchscheinende Teil des *Gstàndnаn* Gesulzten, Aspik (vgl. Schmeller II 1164 c), *Pfludara* Tonkrug mit engem Hals, meist zur Einfüllung von Säuerlingen, in welchem das Wasser eigentümlich glucksende, gurgelnde Töne hervorbringt (vom tonmalenden *pfludаn*, vgl. mhd. *vlödern, vlüdern* Lexer III 410. Neubauer Id. 41); [3]) oder als Objekt der Handlung, z. B. *Belsа* Pfropfreis (mhd. *belzer*, von *belzen* Lexer I 176. Neubauer Id. 40), *Druckа* Türklinke, *Böichа* das biegsame Ende des Peitschenstieles, auch der elastische Einsatz des ·Pfeifenrohres (Neubauer Erzg. Ztg. X 247, zu *biegen*); eine kleinere Gruppe bezeichnet den von der Handlung berührten Gegenstand (vgl. *Schmücker* Behaghel Wiss. Beih. 14/15 S. 138): *Guckа(r)l* oder *Gutzа(r)l* Guckerlein = kleines Fensterchen, z. B. in einer Türe (von *gutzen*, mhd. *guckezen*, vgl. S. 239 Anm. 5 zu S. 238 *Guckerl* auch öst.), *Gutzа* Eisengestell mit aufgesteckten Leuchtspänen aus Kienholz in der altegerländischen Bauernstube (ebenfalls von *gutsn*), *Antn-Schnödаrа* Enten-Schnatterer, kleine grüne Wasserlinse, die von den Enten gerne mit schnatterndem Geräusch gefressen wird, *Köischáißа* Kuhscheißer, Butterpilz, der auch auf Kuhweiden wächst,[4]) vielleicht auch *Bèttsàichа* (zu *sàichn* mingere) = Hagebuttenstrauch mit scharfem Geruch;[5]) oder end-

---

[1]) Bayr.-öst. *datschen, dätschen, detschen, dotschen* niederdrücken (etwas Weiches), mit der flachen Hand schlagen, *datscheln* = nhd. tätscheln, auch vom Geräusch des Regengusses (dagegen schweiz. *daaschen* langsam sein Stahler I 253); *Detsch* Schlag, Schaden, *Detschn* Maulschelle; *Detsch, Datsch(n), Dotsch(n)* Brei (Äpfel-, Zwetschken-D., eg. [*Erdöpf-*] *Dötsch* Hefenspeise aus Erdäpfeln und Mehl), auch mißratenes (»sitzen gebliebenes») Gebäck, dummer Mensch (dazu Adj. *datschat*) Schmeller I 555 (vgl. 627). Lexer Kärnt. WB 43. Schöpf Tir. Id. 77. 81. 738 (l. Höfer III 212 st. I 212). 739: dagegen in gleicher Bedeutung wie eg. *Kói-T.* vorarlberg. *der Dascho* Schmeller a. a O. schweiz. *Daasch, Taasch, Doosch* Stalder a. a. O., handschuhsh. *Plattcha* Lenz S. 36.

[2]) Ein einfaches Taschenmesser ohne federnde Schlußvorrichtung mit hölzernem Griff heißt *Knir(d)henkа* Knodelhenker (auch bayr. Schmeller I 1349).

[3]) Hieher gehört wohl auch der Pflanzenname *Altаwichа* Alterzieher = Huflattig, Tussilago farfara (mit Rücksicht auf die in der Kaadner Gegend gebräuchliche Bezeichnung *Altаzie(h)er, Altаzieh-Blätter* Eiter-Zieher, Eiterziehblätter, die auf Geschwülste gelegt werden, wohl entstellt aus *Ältаwichа*, wozu auch die sonst unverständliche eg. Betonung auf dem ersten Bestandteil stimmt) und das etwas unklare *dа Bí˚hückа* = schmerzhafte, durch die rauhe Witterung verursachte Hautrisse an den Füßen der Dorfkinder, vgl. Mannl S. 19 (sonst im Egerl. *dа Bímhückl* = Entzündung oberflächlicher Hautrisse, Schramnen M. Müller UE II 47, ebenso um Eichstätt II. Weber HLZ V 137, vgl. bayr.-öst. *Bdmháckl* = Specht, im Bayr.-Tir. auch jenes Hautübel Schmeller I 240. Schöpf Tir Id. 28; steir. *mт* = Specht Khull 55; das egerl. Wort scheint volksetymologisch eher mit *Bí˚* = Biene als etwa mit *Bí˚* = mhd. *bün, büne* Bühne, Brett, Latte in Zusammenhang gebracht).

[4]) Vgl. Eichstätt, *Stecker* mit Nadeln angesteckter Frauenschurz H. Weber III.Z V 179 N. 588. Nomina agentis, die den Ort der Handlung bezeichnen, kann ich aus dem Egerl. nicht belegen. *Läufer* = Lautteppich (Behaghel Wiss. Beih. 14/15 S. 138, vgl. *Tischläufer*) könnte übrigens doch wohl unter die »Träger der Handlung« eingereiht werden, da man von einem Teppich in demselben Sinne sagen kaun, er laufe die Stiege hinauf, den Korridor entlang rsw., wie von einer Kette, einem Wege, sie laufen durch oder an etwas hin.

[5]) Mit Bezug auf eine Legende, nach der die hl. Maria die Windeln des Jesukindes darauf getrocknet hat; die apfelrunden, buschigen, grünen oder roten Wucherungen dieses Strauches (Rosenäpfel) galten auch als Heilmittel gegen das nächtliche Bettnässen der Kinder.

17*

lich als Werkzeug, z. B. (abgesehen von *Bohrer, Heber* und oben S. 239 *Pfáifm-, Zos̄stirs̄* *Fuchsrs* Federfacher zum Anfachen der Kohlenglut bei Metallarbeitern, z. B. bei Kupferschmieden (vgl. Schmeller I 686 *Fucher*; dazu eg. das Verbum *fuchs̄r̤n̤*, *Huosno s̄toudsrs* Hosen-Antuer (-er), der große, glänzende Hauptknopf an der Hose des Egerländers [1]) (Neubauer Id. 34 Anm. 2), *R̈aitls* ein Holz zum *r̈aitln* = zusammendrehend binden (vgl. mhd. *riden* Neubauer Id. 89).

§ 284. II. Die Endung *-er*, gelegentlich, wie schon bei *Fuchsrs*, *Huosno s̄toudsrs*, auch verdoppelt *-erer* eg. < *srs*, tritt auch an nominale Stämme an.

Hieher gehören von den Personennamen außer den von Orts- und Ländernamen abgeleiteten, z. B. *Plo s̄ns*, *Östraichs*, wie anderwärts viele Familiennamen, so *Huler* (von mhd. *hülwe, hulwe* = Sumpflache Lexer I 1382), *Lochner* (von mhd. *löch* = Gebüsch, Gehölz), *Puheler* (mhd. *bühel* = Hügel, eg. *Biol*, *Layner* (vgl. etwa *Lain*, den Namen vieler Gebirgsbäche Schmeller I 1477; kärnt. *lain* kleines stehendes Wasser oder Lache Lexer Kärnt. WB 171, der auch den Haus- und Geschlechtsnamen *Lȧner*, urk. auch *Lainer*, davon ableitet), *Perckfrider, Stainhauser, Vorburger, Tischer* (letzteres auch noch appellativisch = Tischler Neubauer Id. 49)[2]) u. a., ferner Appellativa wie das weiter verbreitete *Brnniwuhns* Branntweinhändler, *Flours* oder *Flousrs* Flurer, Flurwächter (über eine besondere Bedeutung vgl. John Oberlohma S. 157), *Liuss* junger Mensch, auch bübischer, verächtlicher M. [3], (Neubauer BH II 200, ebda. auch *Nusss* = kleiner Knabe, wohl Umbildung aus *Nisser* von *Niss*, mhd. *niẓ, niẓẓe* = Lausei Lexer II 98, *Niss* auch bayr.-öst., *Nisser* bayr. Schmeller I 1760 f., also eigentlich = *Lauser*, *Sȧkrsments* derjenige, dem der Fluch *Sȧkrsment!* gilt, also = verfluchter Kerl o. ä. (vgl. § 321, 3), *Urláws* Urlauber; mit *-ner* gebildete wie *Fläschns* Spengler, *Kȧlupms* [4]) = *Hȧisls* Klein-Häusler ohne Grundbesitz (von *Kȧlupm* Kaluppe, [5] tschech. chalupa Hütte DWB V 95. Schmeller I 1233, auch öst.), mit doppelter Endung versehene wie *Bȧnsrs* Bahnerer = Bahnbediensteter, *Houtsrs* Hutmacher, [6] *Röimsrs* Riemer, *Sfȯdsrs* Städter, *Stȧmpsrs* Stämperer = kleiner dicker Mensch [7]) und das merkwürdige *Schȧmstsrs* Geliebter, Liebhaber, aus der Grußformel *Gehorsamster* (Diener) gekürzt; [8] andere Bildungen dieser Art

---

[1] Solche Knöpfe sind im Egerer städtischen Museum (N. 1163—1180 John Mus. S. 24) in älteren und neueren Formen zu sehen.

[2] Alle diese Namen schon im 14. Jahrhundert in Eger nachgewiesen von Trötscher S. IV. V. VII.

[3] In letzterer Bedeutung auch obbess. (früher Geizhals) Crecelius 542.

[4] Besonders in der Mieser Gegend.

[5] Auch schles. Weinhold Schles. WB 39.

[6] In den Sechsämtern *Houte(r)* Wirth § 29, 2. *Bahnerer, Huterer* auch wien. Th. Gartner HLZ IV 274, *Urlauber, Huterer* auch ost.

[7] Bayr.-öst. *der Stempen* = kurzer Pflock, Pfahl, bayr. auch kurzer, dicker Mensch Schmeller II 759; dazu egerl. dim. *Stȧmp(r)l* Stämperlein = kleines Schnapsgläschen, ebenso öst.-steir. Schmeller a. a. O. Khull 568, schles., wo (wie steir.) auch *der Stamper* in demselben Sinn gebraucht wird; Weinhold Schles. WB 93. Khull a. a. O.

[8] Auch in Prag *Schamster* = Liebhaber der Dienstboten; die gekürzte Grußformel *Schamsti Diend* hörte ich auch in Oöst. L.]

bezeichnen Körperteile, z. B. *Schnáu̇zə* ') = Schnurrbart, Tiere wie *Kögnə*, *M(ü)lchnə* = Fisch-Weibchen und -Männchen, ') Zahlen und Geldsorten wie *də Zeənə* ') die Ziffer 10 und eine Banknote zu 10 fl. (letztere heißt auch *ə Hulzbuək* Holzbock); in Plan wird *Elfə* Elfer im Plur. wie in Wien auch = lange Füße gebraucht (vgl. das Verbum *ásclfə(r)n* mit langen Füßen weit ausschreiten) u. a. ')

§ 285. Als konkrete Appellativa werden auch Taufnamen ') verwendet, u. zw. allein ') oder mit bezeichnenden Bestimmungswörtern. Es ist dies eine Art rückläufiger Entwicklung, insofern der Eigenname, der von einer appellativischen Bedeutung ausgegangen ist, wieder in eine solche zurückmündet. Doch fehlt unserer Mundart gerade ein gemeindeutscher Fall wie *Melse* = *meretrix*, ') das mit Verlust des Eigennamen-Charakters ganz zu den Appellativen übergetreten ist.

In der Regel sind es Schwächen wie Langsamkeit, Ungeschicklichkeit, Albernheit, närrisches Wesen, Unsauberkeit usw., zu deren typischen Vertretern gewisse Vornamen gestempelt werden; letztere erscheinen dabei mit wenigen Ausnahmen (z. B. *Hàns, Kàschpə, Michl, Päitə, Seff, Zyprián, Dámián, Áivə, Krésens*) in der einfach verkleinerten Form. ')

So bezeichnen von den männlichen Vornamen *Hàns* oder *Kànəs* (< *Gəhànəs* < Johannes) sowie *Kàschpə* Kaspar einen albernen, einfältigen, närrischen Menschen (*nárischə* oder *okwərə H.*, ') *K.*), *Kànəs* einen Men-

---

') Auch öst. Für das Bayr. bezeugt Schmeller II 590 nur *Schnau̇z* (neben auch öst. *Schnaus-Bart*), dim. *Schnáu̇zə-l* (ebenso kärnt. *Schnaut̉s* Lexer Kärnt. WB 223, tir. *Schnaunə̇n* Hintner Jahresber. d. ak. Gymn. Wien 1879 V C 15).

') Ebenso obhess. *Milcher*, aber auch = Brustdrüse bei Kälbern Crecelius 591, bayr. hingegen ist *der Milcher* das Stierkalb, das in den ersten 14 Tagen verschnitten wird: Schmeller I 1591 f. Khull 462. Andere Namen männlicher Tiere wie *Goʾsərə, Tdwərə, Aʾtərə, Kápáunərə, Kódərə* oder *Kátulunərə* werden mit Schmeller II 20 -*rich* besser als Bildungen auf -*erich* (Ganserich, Täuberich, Enterich, Kapaunerich, Katerich) denn auf -*erer* gedeutet.

') In beiden Bedeutungen auch öst. Also nicht *eine Zwei* = die Ziffer 2, oder wie in der Kerenzer Mundart *ęs* (< *eines*) *sibni* Winteler S. 189 § 6.

') Pronominale Ableitungen wie *der Icher* = der Egoist (südtir., vgl. Richard Bredenbrücker Unterm Liebesbann I 5, vgl. das Wörterverzeichnis ebda. II 297) fehlen wie im Öst.

') Über den appellativischen Sinn von Zunamen (*Maccenates, ein Napoleon*) vgl. § 345. 401, I a.

') In diesem Falle ist es (wie öst.) neben dem Ton und dem Zusammenhang besonders die Verbindung mit dem unbestimmten Artikel (*ə Kàschpə*) und anderen Pronominibus (*des* dieser oder *sus r ə* so ein *K.*), die den appellativischen Sinn sichern.

') Vgl. Wackernagel S. 167. Im 17. und 18. Jahrh. in demselben Bedeutung *Agnes* (*Angerl*, dim. zu *Agnes*, noch heute in gleichem Sinne steir. Khull 21, andere Bedeutungen bei Meisinger II 84, 1), *Käthe*; vgl. auch *Louis* = Zuhälter: W. Schoof HLZ I 291 Anm.; über *Els* Meisinger II 86, 11.

') Auf -*l*, nicht in der Imminutivform auf *dl, d(r)l*, vgl. § 329.

') Schles. geradezu *Narrhans* Weinhold Schles. WB 33; vgl. *Hans Narr* Wackernagel S. 136. Harmloser ist der *làng Hàns* = Mittelfinger der Hand im Kinderreim, z. B. HTV S. 379 N. 7 Plan, N. 4 Budweis (derselbe Finger heißt übrigens auch *de làng Annamáriə* a. a. O. N. 5 Plan). Andere Bezeichnungen von Körperteilen durch Eigennamen wie z. B. altbayr. *Nanl* = Nase Schwäbl § 62, 4 S. 59 Anm., nürnberg. *ʾs Päiterlə* = *penis* des Knaben, *Pédər und Pauli* = die weiblichen Brüste Schmeller I 414 *Peter* (in gleichem Sinne steir. *Peterl und Pauterl* Khull 59) sind, abgesehen von *Zipídius* (= Zebedäus), das man hie und da für *penis* hört (auch steir. *Zebedé* Khull 644), dem Egerl. meines Wissens nicht geläufig.

schen von verworrenem Wesen (Neubauer Mitt. XXX 112 f.), das Diminutiv *Hänsl* in *Sträit-* oder *Prozesshänsl* einen Streitsüchtigen, *Käschp(r)l* Käsperlein einen Menschen, der gerne kindische Narreteien treibt.[1] Zusammensetzungen (durchwegs mit dem Ton auf der ersten Silbe)[2] sind *Hänsmätz* Hans-Matthias (*Düs koš də H. d̄* = Das ist keine Kunst UE V 33 N. 407), *Hänsàd̄l* Hans-Adam (vgl. S. 249),[3] *Hänswurscht* närrischer Kerl, würdeloser Spaßmacher,[4] auch eine beliebte Figur unter den *Mäschkərən* der Faschingsumzüge, das derbe Schimpfwort *Hänsàrsch*[5], (*Du bist ə rettə H.*; vgl. E. J. X 186; mit dem Namen als Grundwort sind zusammengesetzt *Sträithänsl* (vgl. oben Z. 2) und *Schintəhänəs*,[6]) der 1803 in Mainz hingerichtete Räuberhauptmann Joh. Bückler, dann = grausamer Mensch. Außer *Häns* und *Käschpə* müssen zur Bezeichnung des dummen, ungeschickten, einfaltigen Wesens auch *Zipriän* und *Dämiän* (Neubauer Mitt. XXXIII 111) sowie *Tättüsl* Thaddäus (ders.

---

[1] Andere Bedeutungen bei Schmeller I 1304. Schwäbl § 62, 4 S. 50. Martin-Lienhart I 475 f. Schweiz. Id. III 532. Wackernagel S. 150. Die komische Hauptfigur des Puppentheaters heißt *K.* oder *Pimp(r)l*, das Puppenspiel daher auch *Pimp(r)l̄-sp(ü)l*, in der Stadt (wie öst.) auch *Käschpəlthiatə*; nach Al. Brandl (Lit. Echo VII [1905] 625) hieß es in Innsbruck auch *Peterlspiel*, *7addädl*- oder *Hansel-Theater*, vgl. A. R. Jenewein Das Höttinger Peterlspiel, Innsbruck 1903; ders. Alt-Innsbrucker Hans Wurst-Spiele. Nachträge zum Höttinger Peterspiel, Innsbruck 1905. Über *Lipp'ltheatə* vgl. S. 245 Anm. 3. Vgl. auch egerl. *heskäschpən* = einfältig reden Neubauer Mitt.XXXIII 113, bayr. *häschp̄ln* necken, plagen Schmeller a. a. O., kärnt. *Gäschper* = läppischer oder »schuseriger« Mensch, *gäschpern* sich läppisch betragen Lexer Kärnt. WB 156; vgl. Meisinger I 15, 52.

[2] Verbindungen wie die schles. *Hans Dampf* = einfältiger Mensch, *Hans Hoppe* = Hopfengeist, *Hans in allen Gassen* (Weinhold Schles. WB 33) fehlen.

[3] Verbindungen mit anderen Vornamen im Obhess. *Hannlips, Hannichel, Hannickel, Hannjerg* oder *Hannfer*, alle in verächtlichem Sinn Crecelius S. 450. In Ulm *Hanswore* Hans Ulrich = ungeschickter Mensch W. Unseld HLZ III 373 N. 368.

[4] Vgl. die Ra. *Es mecht nən ən H.* In anderem Sinne im Erzgeb. *Dən ward ə noch amol dr H. begegnə* = Der wagt zuviel, ist noch nicht gewitzigt, das Glück kann ihn auch einmal verlassen: Erzg. Ztg. VIII 214. Eine Verbindung von ähnlicher Bedeutung wie eg. *H.* ist obhess. *Hammfat*: = einfältiger Mensch (vgl. *Fatze* Possen) Crecelius S. 367.

[5] Auch altbayr. Schwäbl § 62, 4 S. 50. Wackernagel S. 135 verweist bezüglich dieses Wortes auf Tiecks Vogelscheuche u. DWB I 565 und führt eine Reihe anderer ähnlicher Verbindungen an wie *H. Dampf, H. Knickler* (= Tod), *H. Leard*, ferner (S. 136 f.) Verbindungen wie *H. acht sein nicht* (bei Braut = Tod), *Hans in allen Gassen* [bei Goethe Hanswursts Hochzeit Paralipomena (W. 38, 430 ff.) *Hans Arsch v. Rippach* (vgl. Faust 2189 f. Weigand I[8] 763) und *Hans Arschgen von Rippach* empfindsam 1, 5 f. 1 c, 7. 8; *H. Tuf ins Mus. Stambalter* 1, 27. 1 c, 28; *H. Hasenfus* 1, 33. 1 c, 34; *H. Dampf Haushofmeister* (*Maitre d'hôtel*) 1, 47. 1 c, 41; *Fuselhans* 1, 69. 1 b, 5; *H. Käsper* 1 a, 33; *H. Maulaff* 1 c, 16; *Groshans, H. Schiss* 1 a, 17 f. Vgl. DWB IV 2, 459 ff. L.] Andere Verbindungen bei Wackernagel S. 134 f. Meisinger I 13 f., 47. Martin-Lienhart I 356 ff. Schweiz. Id. II 1468 ff.

[6] Die Form *Häns* ist an der südlichen Sprachgrenze häufiger als im Egerland. Andere Zusammensetzungen fehlen, z. B. *Prahlhans, Schmalhans, Fabel-* oder *Faselhans*, steir. *Freßhansel* Khull 253, altenburg. *Spielhans* Weise § 10, 3, schles. *Laberhans* (von *läbern* = langsam und einfältig reden) Weinhold Schles. WB 50, *Blasenhans* (aussehen wie ein *B.*, so pausbäckig Knothe WB 94; eg., auch öst., *wiə ə Blousengl* Blasengel); Frau Rat nennt Goethe öfter den *Häschelhans* (< *Hätschelk.*, vgl. Goethes M. Br. I 15, 130 Anm. II 140, 7). Die Form *Dummian* und die minder volkstümlichen *Grobian, Stolprian, Schlendrian* u. a. scheinen, weil sie mit *j* gesprochen (wie etwa nordd. *Lüderjahn*), in Worte mit der lateinischen Endung *-ianus* wie *Damian* angelehnt; ihre Zugehörigkeit zu *Jahn* (*Stolper-Jahn* usw.) ist nicht sicher. Vgl. Wackernagel S. 139 ff., bes. 142 f. Phil. Keiper HLZ IV 222 ff. Th. Gartner HLZ V 131. Z. f. d. U. XIV 341. Schwäbl § 13, 3 Anm.

ebda. 116, öst. *Taddé-l* Th. Gartner HLZ V 120. Khull 135` herhalten,[1] z. T. auch *Philipp* in *Bàtznlippl*,[2] wobei man mehr an *Pàtsə* = Pfuscher (§ 283, 1) denkt,[3] während es in der Bedeutung *eingebildeter Tropf*[4] an *sich pàtzəd màchn* s. patzig m. = prahlen angelehnt wird. Ein *Màtz* < *Matthias* und *Matthäus* ist hingegen weniger ein dummer Mensch[5] als ein feiger, unmännlicher, kraftloser Charakter,[6] besonders in der Verbindung *ə làrə* (leerer) *M.* Neubauer Mitt. XXXIII 114; vgl. auch die Wendung *dàu w'ù'l é M. hàißn* (sc. wenn das wahr ist);[7] *Bàrtl* Bar-

---

[1] Der »dumme August« ist aus den Clownspäßen herumziehender *Sàltànz* (Seiltänzer, Akrobaten) bekannt. Ähnliche Bedeutung haben auch steir. *Jörgel*, *Jurgel* Georg, Khull 368. els. *Kobes* < Jakobus, Martin-Lienhart I 418ᵃ (ebda. 411 über *Jörg* und *Schortch*), schles.-nordböhm. *Jockel* Jakob, Knothe WB 318, auch handschuhsh. als Scheltwort gebraucht Lenz S. 20 *Jokzp* (wogegen bayr. *Jägkel*, *Jzghel* eine mannigfachere Verwendung findet: *Huren-*, *Schmier-*, *Tauben-J.* Schmeller I 1204), ferner altbayr. *Stäffl* < Stephan und *Stoffl* < Christoph, Schwäbl § 62, 4 S. 59, altenburg. *Stoffel* oder *Toffel* Weise III.Z. IV 353, handschuhsh. außer *Stoß* (Lenz S. 47) auch *Tepolt* Theobald (ebda. S. 49), *Sims* Simon (ders. Nachtrag S. 10 *Slaums*), im Obhess. *Staches* < Eustachius (Crecelius S. 803, vgl. Meisinger I 9, 25) u. a.

[2] Auch Wackernagel leitet S. 172 wie Schmeller I 1496 bayr.-öst. *Lippel* von Philipp ab, während Grimm Altd. BL I 370 = Kl. Schr. VII 9 es zu mhd. *lüppel* stellen will, dessen Bedeutung jedoch zu wenig feststeht, vgl. Lexer I 1988.

[3] Neubauer Mitt. XXXIII 115. *B.* = ungeschickter Mensch auch bayr.-öst., schwäb. Schmeller I 416. Schwäbl § 62, 4 S. 59. Fischer I 687: ersterer stellt es unmittelbar zu *putzen* = schlagen, während Lexer Kärnt. WB 18 dieses »Schimpfwort« unter *Pàts* = Sprung einreiht. Schwäbl verzeichnet a. a. O. auch den Ausdruck *Lippl'l* (= Kasperl-)*theatr*.

[4] Beide Bedeutungen auch nöst. Nagl Ronnad S. 161, vgl. Khull 45. 438; um Eichstätt auch = schüchterner Mensch II. Weber HLZ. V 136 f. Auf andere Eigenschaften deutet der obhess. *Dreck-*, *Säu-*, *Schmierlips* Crecelius 562. 747; vgl. Meisinger I 23, 79.

[5] Wie bayr. Schmeller I 1701, schles. (auch = armer, gemeiner Kerl) Weinhold Schles. WB 61.

[6] Nach Wackernagel S. 169 (der darin wie in *Matthäi am letzten* einen Bezug auf *matt* findet) ein armseliger, nichtsnutziger Mensch; also wie anderwärts *Matsfots* Weigand DWB II 481. Khull 446. Crecelius S. 581. Wackernagel a. a. O.; [Goethe Hanswursts Hochzeit 123. 128 (W. 38, 51 f.) u. Paralip. (439 ff.): *Matsfos von Dresden* 1, 7. 1 c, 8: *Scheismatz* 1, 18. 1 c, 19; *Matspumpes* 1, 79. 10; *Matstasche* 1 a, 1: *M. v. Weimar* 1 a, 12: *Matze Magen* (?) *Regenwurm* 1 b, 17; *Mats Pumpe* nennt sich im alten Singe-Spiel (her. v. Ellinger Neudr. Halle N. 90. 91.) 465 (S. 64) Harlequin von dem Richter. Vgl. Weinhold Schles. WB 61 a (2). DWB VI 1768 f. I..] In Ruhla ist *Mäts* m. = unreinlicher oder unsittlicher Mensch (auch *Dräck-*, *Säu-*, *Schwinns-M.*) Regel S. 236, der jedoch auf thüring. *Mäts* = verschnittener Eber und bayr. *Möts* m. = Hammel als Stütze dieser Bedeutung verweist; über *Matthäus* vgl. Martin-Lienhart I 736 ᵇ. Schweiz. Id. IV 553.

[7] Hingegen bayr. *Hans heißen* = in seiner Art vorzüglich sein: *Dés is s' Fixrl, dés hasst H.* Schmeller I 1134 *Hänsel*; steir. *ich will Veitel heißen* = ich will Unmögliches möglich machen Khull 217. [Vgl. DWB IV 2, 456 (a). 458 (c). VI 1768 (1); zu *Veitel* XII 47 (4) I..]. Anekdotischen Ursprunges ist wohl die egerl. Redensart *grodoi woi s Màtzn Schlô(d)n* = gradau wie des M. Schlitten; eine Erinnerung an die Hochzeit *Màtzns* oder *der Mats* (aus welcher mißverständlich ein Maask. gemacht wurde) mit Berthold Triefnas in H. Wittenweilers in Süddeutschland erschienenem »Ring« (vgl. Weise III.Z. IV 354, der auf Söbus Schrift über die Parias unserer Sprache S. 5 verweist,) könnte (vgl. jedoch DWB VI 1768 l. 2149 f. 2—4) die Wendung enthalten *Dàu gàiht 's sou wöi óf s Màtzn Hauchwil* (UE V 33 N. 368). Dieselbe Formel *Da soll es hergehen bl off Matzen hobuck* in Ruhla Regel 236, der auch auf schles. *Mattheshochzeit*, *Matzeshochzeit* = ärmliches Fest (Weinhold Schles. WB 61 a Matz 1) verweist; els. *s is(t) uffgang(en)* (es ist alles aufgegessen worden) *wi(e) bi Matse(n) Hochzit* Martin-Lienhart I 736 ᵇ. Im Altenburg. heißt der Stotterer *Stottermats* Weise § 10, 3: über *Hosen-*, *Lumpen-*, *Gauch-*, *Plander-M.* u. dgl. vgl. Wackernagel S. 169. Meisinger I 19, 67; über *Hemd-M.* S. 246 Anm. 8. Die Form *Hies l* < Matthias (Schmeller I 1180. Schwäbl § 62, 4 S. 59) ist wenigstens in meiner Heimat unbekannt.

tholomäus vertritt als *Schüßbärtl* ein voreiliges, *schussarats* (schusseriges) Wesen, [1] als *Saubártl* physische und moralische Unsauberkeit; [2] *Kaußpáita* Rußpeter bezeichnet einen Menschen von rußigem Aussehen, *Zua(d.lpáita* Zottelpeter einen mit langem, wirrem Haar, [3] *Háĩns*, deutlicher *Schláufháĩns*, einen Langschläfer, [4] *Puitl* Leopold einen kleinen, dicken Mann oder Knaben (Neubauer Mitt. XXXIII 114), [5] ähnlich *Wástl* ‘ Sebastian, deutlicher *dicka W.*, einen dicken Mann oder Knaben [7] (vgl. das Verbum *wástln* = sich nach Art solcher Personen bewegen), *Hemmwástl* (in Plan mit Umlaut -á gesprochen, also wohl als Diminutiv gefaßt) ein bloß mit dem Hemde bekleidetes Kind; [8] auch in *bäisa Nickl* = jähzorniger kleiner Mann ist wohl eher die Verkürzung von *Nikolaus* *Nickl* oder *Nigl*) als der dem Binnenlande kaum bekannte Wassergeist *Neck* zu sehen. [9] Däumling, wohl auch Daumen selbst heißt *Dáma-*

[1]) Neubauer Mitt. XXXIII 110. Vgl. 2 Gichossma § 302.

[2]) *Schussb.* auch bayr. öst. Schmeller II 480, obhess. Crecelius S. 769, andere Belege bei Wackernagel S. 159; Meisinger I 7, 10. *Sau-B.* steir. Khull 518; *Dreck-, Sau-P.* auch in Zwickau O. Philipp HLZ V 11; *SchuB-, Sau-* und *Schwein-B.* oöst., wien. Th. Gartner HLZ IV 277, kärnt. Lexer Kärnt. WB 17; alle drei und außerdem *Latsch-, Schmutz-* und *Trotz-B.* schles. Weinhold Schles. WB 8. *Gißbartel* = ungeschickter Mensch, *Schmutzb.* und *Bärtel* als steir. Kobohlnamen, *Bartel* = Narr, einfältiger Mensch, *dummer B.*, *Lackb.* Wackernagel S. 158 f. u. 159 Anm. 51; vgl. Fischer I 659, 2. 3. Im Altenburg. gibt es außer dem *Saub.* einen *Dreckpitn*, *Schmutzpitn*, *Plumpsmichel* Weise I 11, 31 im Schwäb. einen *Dreck-Michel* W. Uosekl HLZ IV 38 N. 501. Meisinger I 20, 72; über *Dreck-, Schmierjockel* u. a. Meisinger I 12 f., 43, über *Dreck-, Säu-Michel* Wackernagel S. 61.

[3]) Über *Peter* vgl. Wackernagel S. 153 und oben S. 243 Anm. 9, S. 244 Anm. 1. Der *Struwelpeter* ist wenigstens in der Stadt aus Kinderbüchern bekannt. Das Österreichische und Steierische kennt einen *Kutscha-P.* (= unrubiger Mensch) Th. Gartner HLZ IV 279. Khull 512, das Steir. einen *Scheck-P.* (= buntgekleideter, geckenhafter Mensch ebda. 535), die Eichstätter Gegend einen *Lalle-P.* (= dummer Schwätzer) H. Weber HLZ III 75 N. 341, das Schles. einen *Marr-P.* (Schwätzer, Gegenstück zur *Maerlist* Weinhold Schles. WB 60). [Ein *Farzpeter* bei Goethe Hansw. Paral. (W. 38, 439 ff.) 1, 74, ein *P. Leckars* 1 a, 19, *P. Sauschwans* 1 c, 18. L.]

[4]) Wohl durch Vermittelung von *Háĩns* Heinrich = Kater (auch obpf. Schmeller I 1138, 3, ebda. 2 auch *H.* = dummer, läppischer Mensch, vgl. Meisinger I 10, 38.) Eine andere Bedeutung von egerl. *Schláufháĩns* § 286, 3. Ob das Schimpfwort *Háĩchl* (*Düs is a rett*) *H.* = ein roher, einfältiger Mensch) = obpf. *Háĩl* (Heinrich, Schmeller I 1115 *Hainel*) oder = bayr. *Hanschal* (Zaunpfahl ebda. 1 1114) zu setzen ist, weiß ich nicht zu entscheiden. Über den *groben, faulen Heins* vgl. Wackernagel S. 149.

[5]) Altbayr. *Poltl* = ungeschlachter, auch widerspenstiger Knabe Schwäbl § 62, 4 S. 59; wien. *Affenpoldl* = alberner, eingebildeter Junge Th. Gartner HLZ IV 286.

[6]) Dieselbe Koseform, aber ohne appellativische Bedeutung, im Bayr. Schmeller II 208 1043. Über *Westel* vgl. Wackernagel S. 173. Meisinger I 25, 88.

[7]) Ebenso im oberen Aubachtal Wilhelm Erzg. Ztg. XVIII 196, auch wien. Th. Gartner HLZ V 133; ähnlich *Wástl* = großer, ungeschlachter Mann im Kärnt. Lexer Kärnt. WB 251, der es aber wegen des lautlichen Unterschiedes von *Wastl* Sebastian eher zu *wachsen* stellen möchte; die egerl. Bedeutung auch schles.-nordböhm. Knothe WB 537, anders schwäb. Fischer I 673. Handschuhsh. *Lijs-paltl* = Lägen-Seb. Lenz S. 28. Der Volkswitz hat das 1584 von Wolf Hampff verfertigte Roland-Standbild auf dem Marktbrunnen in Eger (John Mus. S. 37) *Kävkastnwástl* Röhrkasten-W. getauft; vgl. den *Gabeljürgen* (Neptunstatue) in Breslau Weinhold Schles. WB 28 *Görge*.

[8]) Ebenso (und *Hěmnáckl*) im oberen Aubachtal Wilhelm Erzg. Ztg. XVIII 197; bayr. in derselben Bedeutung der *Hemedknsel* Schmeller I 1110, 1495 (auch oöst.), tir. *Hemetlens* Schöpf Tir. Id. 256; nordböhm. *Hemmots* (< Matthias?) Petters I 13.

[9]) Steir. *Nickel* = kleines, niedliches, herziges Wesen, Kindchen Khull 477. Andere Bedeutungen bei Schmeller I 1722. Martin-Lienhart I 766 f. Schweiz. Id. IV 705 ff. Zusammensetzungen mit *Nickel* bei Wackernagel S. 170 ff. Meisinger I 21, 74 [bei Goethe Paralip. zu Hansw. Hochz. (W. 38, 439 ff.) 1, 28 (vgl. nach 17). 1 c, 29 *Quirinus*

nickl.[1]) Aus dem Evangelium entlehnt ist der *ungläiwe Tomás,*[2]) aus dem klassischen Altertum der *Báchəs* (wohl < *Bacchus*, mit der schon mhd. auftretenden Abschwächung *us* > *es*) = dickbäuchiger Mann.[3])

Den spöttischen Sinn auch der harmlosesten dieser Bezeichnungen wie *Poitl, Wàstl* teilen meist auch die vereinzelt auftretenden l o b e n- d e n Attribute, z. B. in *schäinə Seff*[4]) = schöner Mann, mit Ausnahme etwa von *grödə*[5]) oder *dáitschə Michl*[6]) = ein Mensch, der die unge-schminkte Wahrheit sagt, auch wenn sie eine Unhöflichkeit ist.[7])

Das weibliche Gegenstück zum dummen, albernen *Hàns* und *Kàschpə* ist vor allem die *Grếd,l* Margareta[8]) als *dummə* oder *olwərə* (auch *fǎlə* faule,[9]) *dürə* magere) *Grếd,l*, ferner mit den beiden ersten Attributen auch *Urschl*[10]) Ursula (Neubauer Mitt. XXXIII 116) und *Pollə* Apollonia[11])

Schweinigl bel esprit; vgl. 8. 9. L.] Hingegen sind eg. *Lausnigl, Giftnigl, Sáunigl* wohl mit *Nigl = Igel* zusammengesetzt; vgl. schles. *Lausichl* Langer Aus d. Adlergeb. I 53 Z. 16. *Gift-, Sau-, Schwein-N.* und einfaches *N.* auch ööst.; wien. Verbindungen mit *-nigl* bei Th. Gartner HLZ IV 270. *A7aus* (Wackernagel S. 170) fehlt egerl. Vgl. Sonneberg. *daawrr* (tauber = toller) *A7uues* tolle Mansperson (mit Aulehnung an *A7uueß* = Kloß) Schleicher 37; obhess. *A7owes* (< Nikolaus) = plumper Mensch Crecelius 508; anderes bei Meisinger a. a. O. [*A7aus Narr l'etter* bei Goethe Paralip. zu Hansw. Hochz. 1, 25. 1 c, 26, vgl. DWB V. 1035 (3), *Claus A7umpe* nennt sich im alten Singe-Spiel Des Harlequins Hochzeit-Schmauß (vgl. S. 245 Anm. 6) 464 der Ursel Vater vor dem Richter. L.]

[1]) Oöst. ist *dá d.imlange Hànsl* nur die Märchengestalt.

[2]) Auch öst.

[3]) Ebenso schwäb. (*Bachele*) Fischer I 563, 2, in Zwickau O. Philipp HLZ V 11: vgl. Ph. Keiper ebda. III 368 Anm. und Meisinger I 6, 7. Andere fehlen, so *Gregor*, vgl. um Eichstätt *ein rechter Gregori* ein spassiger, seltsamer Kerl (auch eine sp., s. Wirtschaft) II. Weber HLZ V 163, der els. *Tölpelfranz* Martin-Lienhart I 182ª und viele andere bei Mei-singer I 6 ff. angeführte.

[4]) Nur = *Josef*, nicht wie tir. auch = *Josefa* Schöpf Tir. Id. 665 (hingegen schweiz. *Du wüester Sepp!* appellativisch in Scheltreden Wackernagel S. 164); über els. *Josep* Martin-Lienhart I 412ª.

[5]) Auch öst. Th. Gartner HLZ IV 266.

[6]) In Luzern *Michel* = Teufel Zingerle 43; andere Bed. els.-schweiz. Martin-Lienhart I 647 f. Schweiz. Id. IV 59.

[7]) Steir. *Loidel, Luidel, Ludel* (< Ludwig) = gutmütiger Mensch, *Milchmariandel* = Inhaberin einer Kaffeewirtschaft mit ländlichen Stuben und Gärten (in Graz) Khull 411. 462; über steir. *Nickel* vgl. S. 246 f. Anm. 9, über *Wetter-Antoni* = Tausendkünstler in St. Gallen Meisinger I 6, 4, über steir. *Gretl* die folgende Anm.

[8]) Auch altbayr. = etwas beschränktes weibliches Wesen Schwäbl ? 62, 4 S. 58 f., öst. Gr. und dumme *Gr.*, bayr. *Bauern-, Putz-Gr.* u. dgl., steir. auch einfach *Gr.* = lustiges, flinkes Mädchen Schmeller I 1017. Khull 54. 127. 305; nordböhm.-schles. *Gr.* = aufgeputztes Mädchen Knothe WB 267; in Wien *Putz-Gr.* ein putzsüchtiges Frauenzimmer; obhess. *Kriers-gretchen* = ein beständig klagendes Mädchen Crecelius 254; über els. *Margret* Martin-Lien-hart I 707ª; vgl. Schweiz. Id. IV 402. Meisinger II 23.

[9]) Vgl. handschuhsh. *Salome* = träge Person, Taugenichts: Lenz Nachtrag S. 19.

[10]) Appellativ *U.* (und *dumme*, wien. auch *Wasch-U.* = Plaudertasche) auch öst. Th. Gartner HLZ V 132, steir. meist mit Attrib. Khull 612, kärnt. ohne Attrib. Lexer Kärnt. WB 248; els. dummes und unbeholfenes Mädchen Martin-Lienhart I 68 b, handschuhsh. *U.* üppi-sches Frauenzimmer Lenz S. 33, obhess. (rheinhess. Mass.) = einfältige oder wunderliche Weibsperson Crecelius S. 858. Ph. Keiper HLZ IV 223 (in ersterem Sinne obhess. auch *Bärbel* ebda. S. 92). [In Goethes Hansw. Par. 1 u. 1 c (W. 38, 430. 444) *Ursel mit dem kalten Loch* (an 2. St. mit dem Reim *klingetts nicht so klapperts doch*) als *Tante* neben *Ursel Blandine Braut*; oöst. *U. mi(f)n kalten Arsch* L.]. Zu *Urschl* vgl. noch Wackernagel S. 174. Meisinger II 91, 32.

[11]) Bayr., els. *Appel* = unflätige Weibsperson oder schwatzhafte Person Schmeller I 113. Martin-Lienhart I 57 b, schwäb. dumme *Appel* Fischer I 295. In Zürich *Appel* als freund-licher Schimpf für Männer = Narr: Wackernagel S. 158; anderes bei Meisinger II 84, 2.

(Neubauer a. a. O. S. 110); endlich *Miə̯r)l* Maria,[1] *Anəmiə̯r)l*, *Rosəmiə̯r)l*, hie und da auch *Rosl* allein (daher das Verbum *heərosln* = *heəkàschpən* S. 244 Anm. 1, vgl. Neubauer a. a. O. S. 114. 116) und *Wàlpl* oder *Wàipl* Walburga, *Wàlprl*, *Wàiprl* (ebda. S. 117);[2] zum verworrenen *Kànəs* die *Sàcǝl* Sabina (ebda. S. 116) und *di d̄gwirt Àivə* die eingewirrte Eva,[3] zum *Sàubàrtl* die *Drékmiə(r)l*[4] oder *Dréksàə̯(r)l* (Sara), auch die *schlàmpət Süsl*[5] schlampichte Susanna; eine böse, magere Weibsperson wird *Krésenə* Crescentia, eine alte, häßliche *ən àltə Ràchl* oder *Ràchl* Rachel gescholten.[6] Eine geringschätzige Bezeichnung weiblicher Personen, gegenwärtig ohne Hervorhebung einer bestimmten Eigenschaft,[7] ist *Duə(r)l*[8] Dorothea (Neubauer Mitt. XXXIII 111. Mannl S. 29);[9] der ältere Gebrauch, z. B. in den Egerer Stadtbüchern, scheint hingegen auf bestimmtere Bedeutungen hinzuweisen; [10] so wird daselbst zum J. 1615 berichtet, jemand habe sein Weib *salvá veniá eine durl gescholten* (Gradl-Pistl in Nagls DM I 164); zu 1617 *eine zauberische Schwäbische hex vnd*

---

[1] Auch wien. (einfach und in Zs. *Plausch-, Tratsch-, Wasch-Mirl*) als »gelindes Scheltwort«. Th. Gartner HLZ IV 266; steir. *Plauder-, Plausch-, Tratsch-Mirl* Khull 90. 91. 164; als schwatzhaft gelten sonst auch die *Liesə* (schles. *Maerliese* S. 246 Anm. 3, altenburg *Bapelliesə* Weise § 10, 3, dagegen els. *laurvi Lis(i)* dummes Mädchen Martin-Lienhart § 613 f.; vgl. Schweiz. Id. III 1423), *Susanna* (*Märsuse* Weise a. a. O.), *Katharina* (steir. *Tratschkatel* Khull 164), anderwärts die *Apfel* (S. 247 Anm. 11) und *Eva* (*Schwäis-Evel* unten Anm. 3); über *Maria* vgl. Wackernagel S. 168, über steir. *Moidel* Khull 464, über els. *Marie*, *Meile* Martin-Lienhart I 698, altenburg. *Miecke* (< Mariechen) Weise HLZ IV 353 über *Meichəl* S. 251 Anm. 5, unten Anm. 10 und zum Ganzen noch Meisinger II 89, 24.

[2] Auch bayr.-öst. Schmeller II 907 *Walp*, vgl. Wackernagel S. 175.

[3] Vgl. die eg. Redensart *Dei* oder *Der zirt si d̄ wöi d̄Àivə* (oder *d̄Walpə*) in Zwirn. Anderwärts *Schwäis-Evel* und allgemein *Meine Eva - Mein Weib* Wackernagel S. 161, vgl. Meisinger II 87, 13.

[4] Über die *Mirl* in anderen Maa. vgl. oben Anm. 1.

[5] Nach Neubauer Mitt. XXXIII 116 ist *Züsl* (offenbar < *d̄Süsl*) = hinterlistiges Frauenzimmer. Vgl. auch Köferl Suppl. S. 289. Altenburg. *Märsuse*, vgl. oben Anm. 1; über *dumme, Brumm-, Schlaf-Susə* u. a. vgl. Wackernagel S. 174.

[6] Auch öst. Die Anlehnung an den jüdischen Namen ist gegenwärtig zweifellos. Trotzdem dürfte die Ableitung aus mhd. *rahe* Stange nicht ohne weiteres von der Hand zu weisen sein, vgl. die bayr. Ausdrücke für Holzstange *Rahen, Rächl, Rachl*, öst. *saunrachklürr*, kärnt. *Rach'l, Ràgg'l* Schmeller II 81 f. Lexer Kärnt. WB 201. 203 und das analoge *Heugeige* Schmeller I 879. 1028. Lexer a. a. O. 111; s. auch Crecelius 672, wo aus Liedersaal III 150, 19 = *Diu halbe bir* 245 Wolff (auch Gesamtabent. I 217) u. II 639, 92 (= Gesamtab. I 195) *ain alti kamer rach* (Var. zu *kamerritze*) und *der alten rechelen* (Dat.) beigebracht wird. Ein häßliches Weib heißt steir. eine *zvilde* oder *schiechε Trantel* (< Gertraud) Khull 166.

[7] In diesem Sinne wien. *Nauni, Nannel* (mit »gelindem Spott« = Mädchen) Th. Gartner HLZ IV 269.

[8] Altbayr. *Du'l* n. = etwas beschränktes weibliches Wesen : Schwäbl § 62, 4; bayr.-tir. *Durədé*, *Durathé* (Schmeller I 533. Schöpf Tir. Id. 96) haben bestimmtere Bedeutungen.

[9] Für das in anderen Maa. gerügte weinerliche Wesen (vgl. die *Flennelə* Crecelius S. 336, das *Krierzgretchen* S. 247 Anm. 8) oder für Naschhaftigkeit (vgl. tir. *du blangige, gschleckige Eav* Schöpf Tir. Id. 112) sind mir im Egerl. ebensowenig typische Vertreterinnen bekannt wie für körperliche Gebrechen oder was man dafür hält, vgl. els. *Gichterfranə* Mensch von kränklichem, bleichem Aussehen Martin-Lienhart I 182ª, *roter Jekef* rothaariger Mensch ebda. I 405ª, *Skel-* (schieleməle) *Apfel* ebda. I 58ª, handschuhsb. *rouri Apləpə* rote Apollonia Lenz S. 8. [Bei Goethe Paralip. zu Hansw. Hochz. (W 38, 439 ff.) *Rauch Else* I, 54. 1 c, 46. *Kropfliesgen* 1, 70. 1 b, 13. *Metze Dreyhaar Küpflerin* 1 b, 15. L.]

[10] Ebenso die Zusammensetzung *Flauch-*(Floh-)*Duə(r)l*; vgl. in Meiningen *Fläämeichəl* Flohmariechen Schleicher 37.

thurl geschollten und weiterhin *vnd ein Siebenschlappermentische dicke thurl*[1]) (ebda. S. 165), *ein gelbe Durl geschollten* (ebda. S. 170).

Als typische Vertreter eines ganzen Standes oder Berufes, ohne Hervorhebung schlechter oder lächerlicher Eigenschaften, wird der Taufname im Egerländischen kaum gebraucht.[2]) Die größte Erweiterung der Bedeutung endlich, jene auf den ganzen Volksstamm,[3]) die vielfach von dem Namen des Haupt-Schutzheiligen des Stammes oder Landes ausgegangen ist, der daher auch ein beliebter Taufname ist, zeigt egerl. *Hàns-A̅d̲l̲* Hans-Adam[4]) = Egerländer, *Åiva-Lena* Eva-Magdalene = Egerländerin; daher die Redensart *Dös is a retta H.* und das Verbum *hànsà̲d̲ln* = in der reinen Volksmundart sprechen (vgl. S. 198 Anm. 2 zu S. 197). Eigennamen für *Mann, Frau, Kind*[5]) oder *Mensch* über-

---

[1]) *Dicke D.* auch noch heutzutage egerl. wie öst. (auch in Wien Th. Gartner III.Z V 131).

[2]) Wie in älterer Zeit der Landsknecht *Bruder Veit*, der Metzger *Meister Martin* hieß usw. und noch heutzutage im Mecklenburg. der Knecht *Christian*, in und um Berlin das Dienstmädchen *Guste* oder *Jette* (in Dresden *Marie*) gerufen wird: K. Needon Z. f. d. U. X 204. Vgl. auch den Rufnamen *Johann* für Kutscher, Hausknechte, Kellner u. ä., in Wien *Schani*, besonders die im Prater mit Brot hausierenden Jungen; Th. Gartner III.Z V 108 (franz. *Jean*, engl. *John*, russ. *Iwan* z. T. auch für andere Stellungen, ders. ebda. S. 202). Hie und da bürgert sich auch im Egerland in Gasthäusern ein Kellnername ein; vgl. auch den steir. *Geigenfransel* = Geigenspieler Khull 275. [Ich erinnere noch an die bekannten typischen Bauernnamen *Hans, Els, Greth, Kumpolt* u. a. vom Fastnachtspiel her bis in die Humanisten- und Schulkomödie (vgl. meine »Bemerkungen zu Clemens Stephanis Satyra« in der Festschrift des Ver. f. Gesch. d. Deutschen in Böhmen zur Feier des 40jähr. Bestandes, Prag 1902, S. 94), auch an den Knecht *Rubin* u. ä. (*Robin* und *Marion* in d. altfranz. Pastourellen). Vgl. W. Arndt Die Personennamen der deutschen Schauspiele des Mittelalters (Germ. Abh. 23) Breslau 1904. In M. Lindemayrs oöst. Lustspielen und Operetten kehren als typische Bauernnamen wieder *Jodl, Hanns, Kiepl, Jöri* oder *Juri, Treinsch, Margareth.* L.]

[3]) Vgl. Schmeller I 1722 *Nickel*, der auf den bayr. *Niesel*, den schwäb. *Jackel*, den deutschen *Michel* verweist; über letzteren auch Wackernagel S. 61; über den tirol. *Waitel* ders. S. 173 und über derlei »in gewissen Familien, Ständen Berufsarten, Ort- und Landschaften« besonders häufige, zuweilen sogar ausschließlich angewendete Namen, darunter auch *Hans* und *Grete* ebda. S. 128 ff. Das altenburg. Bauernpaar (des Ostkreises) in seiner Nationaltracht heißt *Melchior* und *Marje* Weise § 10, 3; els. *Schwabenlisel*(*e*) Mädchen aus Schwaben Martin-Lienhart I 614ᵃ. Der populäre Vorname der polnischen Landleute ist *Matthias* (über die Krakauer *Maxken* J. Flach Lit. Echo IV, 1902, S. 1674); vgl. noch den tschechischen *Wenzel* (*böhmischer W.* oder *W.* allein = Tscheche Th. Gartner III.Z V 133), den irländischen *Patrik* (*Paddy*), den wälschen *Stoffel* (Schmeller I 1722; andere Bedeutungen bei Meisinger I 7, 15), den engl. *John Bull*, den amerikanischen *Bruder Jonathan*, den Neger *Tom* u. ä.

[4]) Dieselbe Verbindung, aber ohne appellativische Bedeutung, im els. *Hans-Adel* Martin-Lienhart I 14ᵃ, im Sonneberg. *Hànsàädm* Schleicher S. 38, im Handschuhsh. *Hànàrsm* Lenz S. 8 *àrsm* und obhess. *Hann Arm* Crecelius S. 47. Goethe gebraucht im Verst-östl. Divan I Erschaffen und Beleben (W. 6, 16, 1) *Hans Adam* als Name des ersten Menschen.

[5]) Weinbold Schles. WB 41 setzt schles. *Kasche* (poln. *Kasza*, Koseform zu Katharina) ohne weitere Bemerkung = Mädchen oder Frau überhaupt, während *Katharina* anderwärts in besonderen Bedeutungen auftritt, vgl. bayr. *Treinl* Schmeller I 666, steir. *Tratschkatel* S. 248 Anm. und *Treinl* Khull 169, els. *Dreckkäter* Martin-Lienhart I 479ᵇ; vgl. wetterau. *Drine* Crecelius S. 298, erzgeb. *Driene* Göpfert S. 40; vgl. Knothe WB 155 *derfurdrin* (*meretrix*) und Wackernagel S. 148. Goethe Nachspiel zu Iflands Hagestolzen (W. 13, 1 S. 146, 225 f.) Margarethe: *Mit harter Stimme, herber Miene, hier sie zuletzt mich eine Trine.* Steir. heißt ein Knabe, der erst kurzem Hosen trägt, *Hosentomerl* m. n. (< Thomas) Khull 356, Kindchen, kleiner Junge überhaupt *Lenz*(*i*), *Lenzel* (< Lorenz) ders. 437, 3; dagegen els. *Lenz* fauler Mensch Martin-Lienhart I 600ᵃ, vgl. Schweiz. Id. III 1346 und S. 251 Anm. 7.

haupt (*Hins* und *Kunz*, *Peter Zapfl*, letzteres in Wien Th. Gartner HLZ
IV 279, els. *Hans wie Heiri* Heinrich = der eine wie der andere : Martin-
Lienhart I 341[b]) fehlen. In der Stadt ist wie in der Umgangsprache
die Wendung *von Pontius zu Pilatus* (zu vielen Personen) *rennen* bekannt.

§ 286. Mit menschlichen Eigennamen werden endlich (abgesehen
von einzelnen Körperteilen, vgl. S. 243 Anm. 9) noch bezeichnet

1. Tierarten:[1] *Haînz* Heinrich (anderwärts *Hins*, *Hinze*) = Kater,[2]
Mätz, dim. *Mätzl* = Stubenvogel;[3]

2. Blumen: *Durǝtäiǝlǝ* Dorothelein = Gänseblümchen,[4] *stinkǝdǝ*
Lisl = Pelargonien u. a.;[5]

3. leblose Dinge und Vorgänge; hieher gehören die zunächst den
männlichen Figuren gewisser Spielkarten und dann diesen selbst beige-
legten Namen wie *Bästǝrǝ* Sebastian = Grün-Ober,[6] *Wenzl* Eichel-Ober,
vgl. Köferl Suppl. S. 288. Das Kartenspiel *Schwärzǝ Päitǝ* (Fischer I
952, 2) ist auch im Egerlande bekannt. *Niklǝs* wird außer für den Tag
des hl. Nikolaus (6. Dez.) gleich *Kristkinnl* (nicht *hl. Christ*) auch für
das an diesem Tage gegebene Geschenk gebraucht.[7]

Minder äußerlich erscheint die Namengebung vermittelt, wenn das
Volk die kirchliche Zeremonie der Verbrennung der Reste des Salböles
am Karsamstag mit einer Art frommen Rachedurstes zur Verbrennung des
Judas umdeutet (auch oöst.) und weiterhin diese Überreste selbst den *Gudǝs*
nennt;[8] die geringschätzige Bedeutung von *Hans* hat in dem Ausdruck
Hänsl Hänsel = Tropfbier,[9] unter dem Faßhahn angesammelter Bier-

---

[1]) Hieher gehören die bekannten Namen des Tierepos.

[2]) Vgl. darüber (und über *Heyntzlin* = Schwein) Wackernagel S. 87. Schles.-nord-
böhm. *Heinze* = Ochs, Stier Knothe WB 201; hier auch *Martin* = Ziegenbock ebda. S. 398,
wie in den 13 comm. *Martin* = Widder Schmeller Cimbr. WB 146 [208]; über *Märtin* als
Name des Affen und des Bären, *Hermann*, *Moses* als Namen des Bockes vgl. Wacker-
nagel S. 87.

[3]) Anderwärts besonders der Staar Wackernagel S. 89; vgl. S. 91 Anm. 5.

[4]) Els. *Margrit(le)* Martin-Lieuhart I 707 a, ebenso in Saaz *Margaritln*.

[5]) Steir. *Wasserbenedikt* = *Geum urbanum* Khull 619. Schwäb. *Annele* Kuckucksnelke
Fischer I 241, 2 b.

[6]) In der Zwickauer Ma. *Fästǝ* f. in gleichem Sinne O. Philipp HLZ V 11.

[7]) *Nikolaus* (in verschiedenen Formen *Niçolǝ*, *Niklǝ*, *Nikla*, *Nikel*) in gleichem Sinne
auch öst.-steir. Nagl-Roanad S. 183 zu V. 216 *niglǝu*. Th. Gartner HLZ IV 270. Khull 477;
Christkind = Weihnachtsgeschenk auch els. Martin-Lieuhart I 449 a, *heiliger Christ* z. B. bei
Goethe Einl. zum Neuesten aus Plunderweilen W. 16, 43, 4 ff : *Herzogin Amalia hatte die
gnädige Gewohnheit eingeführt, daß Sie allen Personen Ihres nächsten Kreises zu Weihnachten
einen heiligen Christ bescheren ließ.*

[8]) Auch schles.-nordb. Knothe WB 319 *Judas.* [In Prag heißt ein Ostergebäck *Ju-
dasl.* L.]

[9]) Steir. *Bierhansel*, *Hanselbier* und einf. *Hansel* Khull 82, 327. Bayr.-öst. u. schwäb.
sonst in gleichem Sinne *Hainsel* (zu *Heinrich*) Schmeller I 1138. Khull 339, 3. Schöpf
Tir. Id. 236 *Haina*. Fischer I 1102, auch in Dietfurt II. Weber HLZ V 167 N. 396.
Eg. unbekannt sind bayr. *Hänsel* = weiblicher Unterrock, im Pinzgau ein weibliches Ober-
hemdchen, oöst.-steir. = *cul de Paris* Khull 327, 3, dazu *Tanzhänsel* ein Unterrock, der zum
Tanz getragen wird, *Stiefelhänsel* = Stiefelzieher Schmeller I 1134, 3 *Hänsel.* Khull 576,
aschaffenburg. *Handdemchi* = eine Art Brotes Schmeller I 1134 *Hans*, nordböhm.-schles.
birkener Hans = Birkenrute zur Züchtigung Knothe WB 91.

abfall eine besondere Schattierung erhalten; die Allerweltsnamen *Hinz* und *Kunz* begegnen in Sachnamen wie *Schlaufhài͡ns* [1] = gewärmtes Brett, das in kalte Betten gelegt wird, und *Schlafkunz* = Rosenapfel, den nach Meyer DVK S. 167 die Mädchen in Böhmen den Burschen heimlich ins Bett legen; *di bàirisch Duə(r)l*, ein egerländischer Tanz, hat den Namen von dem dabei gesungenen Liede: John Oberlohma S. 137; *di schnell Kátrinə* = Durchfall (in der Stadtmundart). [2]

§ 287. Diese Bedeutungserweiterung des Eigennamens kann auf verschiedene Ursachen zurückgehen. Die allgemeine Verbreitung eines Namens, die schon durch das Ansehen des Haupt-Schutzheiligen eines Ortes, eines Stammes oder Landes begünstigt wird, [3] kann schon an und für sich zur appellativischen Verwendung führen [4] (vgl. § 285 Schl.); namentlich gilt dies auch für Zeiten, in denen man nach neuen, moderner klingenden Taufnamen greift und geringschätzig auf viel gebrauchte ältere herabsieht, an denen das »gemeine« Volk (»Hinz und Kunz« Wackernagel S. 145 f.) noch festhält. [5] Seltenere Namen wiederum werden schon um ihres absonderlichen Klanges willen zu Sonderzwecken verwendet; [6] anderen mag der Anklang an bestimmte Appellativa zu ihrer Bedeutung verholfen haben, [7] wieder anderen die fortlebende Erinnerung

---

[1] Über *Stiefel-*, *Hew-Heins* u. a. Wackernagel S. 150. *Stiefelheinzel* auch steir. Khull 576.

[2] Auch steir. Khull 552; bayr. in gleichem Sinne auch *'s Liffi͡s' Kätta-l* (vgl. *Käthrin* Martin-Lienhart I 479 b), und *Jungfer Küttl* = Menstruation Schmeller I 1309 Vgl. noch wien. *Schmaus-Wawrl* = wohlfeile Speiseanstalt in Wien, *Tradl-(Dreh-dich-)W.* = Kreisel Th. Gartner HLZ. V 133 (steir. dagegen ist *Tr.-W.* = tanzendes oder tanzlustiges Mädchen Khull 165), bayr. *Kuchel-Michel* = eine Art Backwerk Wackernagel S. 61 u. Anm. 4, steir. *Birkenkiesel* = Kinderrute Khull 85, *Zwetschgentattl* = Menschengestalt aus getrockneten Zw. ders. 658, schles. *große Barber* (< Barbara) = große Baßgeige Weinhold Schles. WB 8, altenburg. *August* = Mond Weise ½ 10, 3 und zu dem Ganzen R. Needon Z. f. d. U. X 198 ff. O. Weise HLZ V 353 f.

[3] Über andere Ursachen vgl. O. Georges Z. f. d. U. X 707, 2. Über die Häufigkeit der Taufnamen im Egerl. liegt noch wenig Statistisches vor; über die Verhältnisse in einzelnen Orten vgl. II. Uhl UE IV 60 (Absroth). John Oberl. S. 186.

[4] Vgl. G. Steinhausen Z. f. d. U. VII 625 f.

[5] R. Needon Z. f. d. U. X 198 ff. Wie hier soziale, so haben anderwärts nationale oder konfessionelle Antipathieen die Bedeutung des Namens ungünstig beeinflußt. So wird der im Polnischen weit verbreitete Name Stanislaus in den deutschen Gegenden Polens in der Form *Stenzel* = dummer Tölpel gebraucht: Weinhold Schles. WB 94; in Meiningen heißt eine Frau aus dem benachbarten Bayern a *kàdoulischa Meichəl* (katholisches Mariechen; *M.* ist in Meiningen sonst ungebräuchlich, dafür *Kiila* Schleicher S. 37; über *Meichəl* vgl. auch Schmeller I 1561).

[6] Wie ein derartiger Name geradezu zum Stigma seines Trägers werden kann, zeigt die vom Pfarrer beeinflußte Wahl des Taufnamens für uneheliche Kinder in früheren Zeiten; so hießen die unehelichen Mädchen in Wallürn bis in die vierziger Jahre des 19. Jahrh. Eva und *Genovefa* Meyer DVK S. 113; H. Hansjakob erzählt (Bauernblut, Heidelberg 1901, S. 42), daß ein Pfarrer in Zell alle unehelich geborenen Knaben und Mädchen *Justus* und *Bibiana* taufte.

[7] So klingt eg. *Dámiän* an *dámisch* (vgl. die von Schöpf Tir. Id. 75 aus Abraham a St. Clara Reimb dich oder ich lies dich, Cöln 1691, S. 93 ausgehobene Stelle *Wer ist daran schüldig, dass mancher Sohn Damiän su einen Damischen wird?*) und an *Dummian*, *Tattösl* an *Tàttl* (letzteres wie öst. auch = kindischer alter Mann: Schmeller I 631 *Tátt*, vgl. Schöpf Tir. Id. 87 *dott*) u. a., nöst. *Leə'l* Leonhard (Schmeller I 1481; *Lenl* = *Lenzel* auch steir. Khull 437) nach Nagl Ronnad S. 161 an *i löə'* ich lehne, *Lipl* an *Lop* Lappe (über *Müts* vgl. S. 245 Anm. 6, über *Alous* S. 247 Anm. 9 v. S. 246). Minder sicher scheinen meinem Sprachgefühle Nagls übrige Parallelen.

an eine bestimmte Person von besonders hervorstechenden Eigen-
schaften. ¹)

§ 288. Übergänge, und zwar ı. von der abstrakten zur
konkreten Bedeutung sind nicht selten; einige Eigenschafts-, Tätig-
keits- und Zustandsbegriffe bezeichnen neben der Eigenschaft usw. die
Person oder Sache, der sie zukommt. Hieher gehören außer nhd. Bei-
spielen wie *də Vədäĭˉst*²) der Verdienst, *d'Hauchʒt* auch = Hochzeitsgesell-
schaft, ²) *Menschheit* = viele Menschen *(Dàu wàʒ r ʒ M. bʒsàmm!* vgl.
ahd. mhd. *menscheit* f. auch = die Menschen und der Mensch Lexer I
2104), oder Wendungen wie *Eʒ r is d'Hẹ̄flẹ́kàit sekwʒ* und den schon
erwähnten *(Fräĭˉdschà̀ˌt,*⁴) *Löĭbschàft, Wirtschàft*⁵) § 277, *Wäiding* S. 232
Anm. 4, *Hout* § 278 Schluß, *Schnàppʒ* § 279 c, *Bäichʒ, Stolpʒrʒ* usw.
S. 236 Anm. 5, *Gleck, Gschäfft, Gschläidʒ, Gstemm* § 334, *Schintʒrái,
Schwäinʒrdi* § 281, auch, wie öst., *Bàchʒrdi* = Gebäck u. a.) noch *Grép-
mʒs* Gräbnis, Begräbnis, auch = Leichenzug,⁶) *Klŏch* Klage = die Klagen-
den⁷) in der Verbindung *in* oder *mit dʒ K. gäik̄* = beim Leichenbegängnis
unter den nächsten Angehörigen gehen, *Glẹ́gnʒt* oder *Glẹ́gnhàit* (wie öst.)
= Fahrgelegenheit, Kutsche ⁸) (z. B. *mit dʒ G. fàʒ(r)n)*, *Gàuʒmárk* Jahr-
markt = Jahrmarktsgeschenk (z. B. jemandem *ʒn G. kàffm* ⁹) oder *mit-

¹) So beobachtete ich in meiner Heimat, daß der Name *Schnàpskàtl* Schnapskatharina
von einer berüchtigten Person dieses Namens gelegentlich auch schon auf andere übertragen
wurde *(Dʒt iʒ ʒ rettʒ Sch.!).* Noch äußerlicher ist der Zusammenhang zwischen Name und
Bedeutung, wenn das charakteristische Beiwort von dem Tage des Kalenderheiligen hergenom-
men ist, wie z. B. im Schles. Elisabeth deshalb die *beschissene Lise* heißt, weil der Elisabeth-
tag (19. November) gewöhnlich schlechtes Wetter hat (Weinhold Schles. WB 17 *Elisabeth),*
oder wenn man, ebenfalls in Schlesien, einen steifen Menschen mit Beziehung auf die zahl-
reichen hölzernen Georgsbildsäulen *a hilʒern Girgl* (in anderer Bedeutung in Basel, Zürich:
Meisinger I 9. 33), in Oberhessen einen wüst aussehenden Menschen mit Bezug auf die am
Nikolaustage zu den Kindern kommende Schreckgestalt einen *Nickel (Neackels)* nennt (Crece-
lius S. 627).

²) Abstr. *das Verdienst* ist kaum mundartlich; vgl. die *Dienste* in der Architektur;
mhd. *der dienest* auch der Diener: Lexer I 426.

³) Weiter verbreitet, vgl. Eichendorff Im Walde Str. 1 *Es zog eine Hochzeit den Berg
entlang;* in ähnlichem Sinne hörte ich in Plan *Öitzʒ künnt ʒ Tüff g'fàʒ(r)n* Jetzt kommt eine
Taufe gefahren.

⁴) Nur kollektiv, nicht wie schles. *Mir sein doch Freindschàft,* *Mir sein doch Ver-
wandtschàft* = Wir sind doch befreundet, verwandt: G. Hauptmann Schluck und Jau (Berlin
1900) S. 160.

⁵) Auch *Gvàttʒschàft* nähert sich der konkreten Bedeutung, insofern es nicht bloß das
Verhältnis und die Würde des Gevatters (Taufpaten), sondern das Tauffest, den Taufschmaus
bezeichnet. Man schickt Bekannten *etwas von der Gv.* = Kaffee und einiges Gebäck.

⁶) In dieser konkreten Bedeutung auch *Láich;* über die abstrakte vgl. § 290.

⁷) Anderwärts in gleicher Bedeutung *das Leid* = die trauernde Freundschaft, an deren
Spitze der *Leidführer* geht: Meyer DVK S. 273. Bayr. hingegen *die Klag, Klā'* außer
= Leichenbegängnis auch = Trauerkleider (die Kl. *an-, ausziehen),* ferner = gespenstische Er-
scheinung (feurige Kugel), die nahen Tod verkündet: Schmeller I 1328 *klagen;* ähnlich
tir. (= Trauerkleider und Toten-Kätzchen) Schöpf Tir. Id. 319 *klagen.*

⁸) Ebenso steir. Khull 278. Zu Butzbach in Obhess. ist *Gelegenheit* = die Geliebte:
Crecelius S. 408. Wilhelm Grimm gebraucht *G.* = Wohnung: Grimm Br. S. 316 N. 95 Z. 1.

⁹) Bayr.-öst. *einen Markt* = etwas vom M. *kaufen* Schmeller I 1652. Khull 451.
Lexer Kärnt. WB 186 (vgl. Goethe an Cornelie 12. Okt. 1765 Br. 1, S, 21 f. *Hier schick
ich dir eine Messe).* Bayr. in demselben Sinne auch *Kîrtʒ* Schmeller I 1289 *Kîrchtag* 3;
ebenso oöst. *Drum han i mдn' Schatz . . . ʒn schen'n Kiritag käft* Stelzhamer Ma. D. .

brings, *Aʃ·näid* Einöde = alleinstehendes Gehöfte oder Haus, [1] auch = *Aʃ·schicht* (dies auch oöst.), *Marts* Marter oder dim. *Márts·(r)l* = Wegkreuz, [2] wie schon mhd. *marter* und *martel* = Kruzifix (Lexer I 2053; vgl. Neubauer Id. 82), *Nutsn* = Gebrauchsstück (das Holz wird in 2, 3, 4 *N.* zersägt, [3]) vgl. mhd. *nuz*, *nuts* = Gebrauch Lexer II 125), *Unrou* Unruhe, ein Bestandteil der Taschenuhr, *Stät* Staat = Festkleidung (*Döi is äiha r af d'Arbat als wöi am St.* E. J. X 165), *Trám* Traum, in der Wendung *Dös is d suʒ r ʒ Trám* Das ist auch so einer, der fortwährend wie im Traum herumgeht, ein Wirrkopf (vgl. bayr. *trámháppʒt* Schmeller I 662), endlich einige Nomina actionis, so (wie nhd.) *Bund* = das Zusammengebundene, [4] *Ófal* Abfall = das Abgefallene, *Fluß*, *Grif* Griff, *Raut* Rat, *Kiß* Riß, *Schund* = schlechte Ware (wie nhd.), [5] *Sprung*, *Zouwáks* Zuwachs, ferner *Gàng* als Hausteil, *Láuf* (abgesehen von *Gewehr-*, *Hasenlauf*) in *Afʒldf* Auflauf, Mehlspeise, [6] *Lích* f. Lege = breites, ebenes Ackerbeet (vgl. John Oberlohma S. 117, mhd. *lege* f. das Legen, das Gelegte, Reihe Lexer I 1857), auch = Legeorgan der Henne, also = das Legende (vgl. im älteren Bayr. *kintlege* = matrix [7]) Schmeller I 1456), *Lisch* f. Lege in *Cwʒlisch* hölzerne Stubendecke (vgl. John Oberlohma S. 112; dem Vokal nach ebensogut < mhd. *lege* f. [s. o.] als *lige* f. das Liegen, Lager, vgl. Gradl MW 29. 54, aber wohl ebenfalls zu ersterem zu stellen wie *Sichl-Lisch* S. 233 Anm. 5), [8] *Asschlöch* Ausschlag außer als Hautkrankheit auch = Mehl erster Güte (wie anderwärts [9] *Auszug*), *Söz* Satz, nie im grammatischen Sinne, sondern (wie oöst.) außer Sprung auch = Niederschlag von Flüssigkeiten, Bodensatz, [10] *Schiß* Schiß in *Kráuʒ* (Krähen)-*Sch.* ein runder, weißer Schwamm, Bowist; in Plan hört man auch *Furchtn-Sch.* = Feigling, *Schláuf* in der Tepler Gegend = Gallen-

290 N. 60, 4. Vgl. Meyer DVK S. 250 *eine Kirmeß schenken*, und nordböhm. *die Fàrt* = das Geschenk (meist Pfefferkuchen), welches der Bursche seinem Mädchen von der Wallfahrt, vom Kirchenfeste mitbringt: Knothe WB 211, 3: schles. in ähnlichem Sinne *Weinachten*: *und do mechte och noch a Weinachten* (ein Weihnachtsgeschenk für den ohnehin teuer bezahlten Knecht) *und a Ernteschcffel sein* W. von Polenz Der Büttnerbauer S. 26.

[1] Auch bayr. Schmeller I 39 *wd*; kärnt. *die Eade* als Ortsname Lexer Kärnt. WB 201 *ßd*; in Lus. *ßad* n. Brachfeld, unbebautes Grundstück: Zingerle 45.

[2] Ebenso bayr. Schmeller I 1655 *Marter*; das Dimin. auch südböhm.-oöst. tir. kärnt. Schöpf Tir. Id. 425. Lexer Kärnt. WB 187. In der Eifel heißt ein Heiligen-Häuschen am Wege ein *Fußfällchen* Cl. Viebig Das Weiberdorf [1] (Berlin 1900) S. 165.

[3] In Memmingen 1, 2 *Nutsen* (= Jahreseruten) *Hopfen* Schmeller I 1776.

[4] Der *Fund* = oberer fester Streifen, an den Falten u. dgl. angenäht sind, schwäb. *das Bund* Fischer I 1521, 1: eg. auch *Asbund* = nhd. *Ausbund*, vgl. steir. *Band* n. = liederliche Person, bes. l. Weib Khull 47, 6. Das Dim. *Bunderl* bezeichnete in Plan ein Kleidungsstück kleiner Kinder.

[5] Aber weder *Abhub* in ähnlicher Bedeutung (eher *Aurwurf*) noch *Hub* = das Ausgehobene, Vorzügliche wie in Ruhla: Regel S. 80 *ß* u. 206.

[6] *Auflauf* in gleichem Sinne bayr.-öst. Schmeller I 1449. Khull 33.

[7] Vgl. das analoge *Trácht* Tracht = das Tragende, der Uterus (der Kuh): *D'Kou háut bʒn Kàl(b)m* (beim Kälbern) *d'Trácht kʒgnáil* (hergenötet = herausgepreßt, sie erlitt einen Uterus-Vorfall): für das Bayr. bezeugt Schmeller I 644, vgl. Khull 163 (wie mhd. Lexer II 1493) nur die Bedeutung *Schwangerschaft*.

[8] Das ähnlich gebildete *Trüiputs* f. die Getreide-Putze (John Oberlohma S. 113, 120), wie die Sache jungen Ursprunges, beruht auf ursprünglicher Ergänzung von *Maschine*.

[9] Z. B. steir. Khull 41, 2.

[10] Schles. eine bestimmte Zahl, z. B. ein S. (9 Stück) *Kegel* Weinhold Schles. WB 80.

Auswuchs der Hagebutte (in Plan *Schlauf-Epfl*), *Schlöch* Schlag außer =
Art auch in *Tau(b)mschlöch*, *Schnid* Schnitt (*Nu̇* ən *Sch.! Noch ein halb
gefülltes Glas Bier!), *Schrit*, z. B. *D'Huəsn* (die Hosen) *sánn in Schr.* (in
der Schamgegend) *z'eng*, *Schub* = Schiebvorrichtung, z. B. Schublade,[1]
Schüß Schuß = übereilter, »*schussərələ*« Mensch[2] (neben *Schüßbártl* § 285),
außerdem wie in der Umgangsprache *ein Schuß Pulver* und *Ausschuß* =
schlechte Ware, *Stánd* = Marktbude oder Kirchenstuhl,[3] ferner der durch
Planken abgeteilte Platz im Stalle für Kälber, Ziegen, *Stàuß* ein Stoß
Holz, Leinwand, *Zúch* Zug = Zugluft (*in Z. stäik̄*), dann = Eisenbahn-
zug,[4] endlich = Band zum Zusammenziehen, am Taillenteil der Jacke,
am Tabaksbeutel usw. (außerdem in *Anzug*, *Übenzug* wie nhd.), *Zucht* in
Auchzət Ablaufgraben, *Zwik* Zwick in *Tau(d)nzwik* Totenzwick = blauer
Fleck auf dem Arm, gewissermaßen das Mal von dem zwickenden Griff
eines Toten oder des Todes,[5] das fremde *Músi* Musik = Musikkapelle,[6]
z. B. *Wàu sp(ü̇)lt denn häi̇t d'Músi?*; substantivierte Infinitive im Neutrum
wie *Wɨsn* = Anwesen,[7] *Essn* = Speise,[8] derber das *Fressn*,[9] *Lɛ(b)m*
= das Lebendige; vgl. Grüner S. 74 *daß das Brandige* (an einem Baum)
bis aufs Leben (= bis auf das gesunde, lebende Holz) *ausgeschnitten*, *die
Wunden verschmiert werden* usw.; *Oȷ̇denkn* = Andenken und der das
Andenken vermittelnde Gegenstand.[10]

---

[1]) Vgl. Schmeller II 361 (*schieben*); nordböhm.-schles. Knotbe WB 493.

[2]) Auch bayr.-öst. Schmeller II 480. Mareta Proben II 36; im Westerwald und in
Nassau : Crecelius S. 769.

[3]) In beiden Bedeutungen auch Dim. *Stántl*; gleichbedeutendes *Stand* auch obhess.
Crecelius S. 804, 2. 3.

[4]) *Stand*, *Zug* (in allen Bedeutungen) auch oöst.; *Zug* m. ist steir. = Weinbeber
Kholl 655.

[5]) Ähnlich wird zwar nicht *Haft* m. = Halt, Festigkeit (Neubauer Erzg. Ztg. X 268).
aber dim. *Häftl* wie öst. konkret - Häkchen am Kleide gebraucht. *Büf* m. Besuff (wie
bayr.-öst. auch *Süf* Schmeller II 231 *b*. Mareta Proben II 20) = Säufer, kaum aber *Süf* =
Getränk.

[6]) Auch öst. Weniger wird eg. *M.* = Musikinstrument gebraucht, wie oöst.; auch
steir. *er kenn a Musi* = er versteht ein Musikinstrument zu handhaben: Rosegger Die
Älpler • S. 188.

[7]) Auch eg. *Wɨsn* n. = Kleidung gehört dem Vokal nach zu mhd. *wesen* n. (Lexer
III 800), nicht zn *wit*, wie Neubauer Erzg. Ztg. X 273 annimmt, der es aus *wätsen* ableitet
und auf nordböhm. *Wəsche*, *Wət* = Kleidung, *wətsen* = kleiden (vgl. Weinhold Schles.
WB 103) verweist; im bayr. Oberland und im Öst. ist *ein (ganzes) Wesen* auch = eine
Menge : Schmeller II 1021, vgl. Schopf Tir. Id. 813. Lexer Kärnt. WB 256; ebenso obhess.
Crecelius S. 908.

[8]) Aber nicht = *Tracht* wie bayr.-öst. (Alt. Spr. *ein Essen Fisch* Schmeller I 161, vgl.
ì rindɨs l'ouriszn zerschnittener Rindermagen in brauner Brühe ebda.; ebenso *ein Trinken*
= eine Getränkeportion ebda. 669. MB § 1047. [Beispiele aus öst. Weistümern: Stiftartikel
der Pfarre St. Veitsberg (bei Leoben) 16. Jh. Österr. Weist. VI 313, 9. 14. 19. 25. 26. 35.
36. 314, 7 f. 11. 12. 16. 19. 21. 37. 38 *zwai (drei) essen*, *kraut* (, *underricht* Zwischen-
gericht: abgeschmalzene Brot- und Griessuppe) *und prein*. Lexers (I 719) aus Grimms
Weist. 3, 631 und 693 (= Öst. Weist. VIII 1056, 36) beigebrachte Zitate belegen *essen* nur
= soviel man zu einer Mahlzeit braucht. In den Belegen aus Megenberg (nach Pfeiffers
Glossar sind ihrer noch mehr; das 1. Zit. ist zu berichtigen 160, 25) ist *essen* einfach =
Speise, Nahrung. I.-]; *ân Essen* (Fisch etc.), *á Trinkn* (Wein etc.) auch heute noch oöst.
Bei Mörike, Mozart auf der Reise nach Prag • (Leipzig 1905) S. 88 *will ich mein Mitbringen*
(= die von mir mitgebrachten Gegenstände) *halbieren und Sie haben die Wahl* etc., vgl. § 309.

[9]) *D'Fretsn* (= Die Fresse) ist kein Infinitiv.

[10]) In letzterem Sinne auch öst.

§ 289. Herrschend ist die konkrete Bedeutung außer in *Kloinikáit,*
Náiikáit (wie nhd.) sowie in *Herschàft* (S. 232 Anm. 2), *Altɔtum* (ebda.
Anm. 4), *Ferting* (ebda. Anm. 5) auch bei anderen Nominibus actionis wie
Áˑfàrt Einfahrt = Einfahrtsstelle, Einfahrtstor (abstrakt nur *s Áˑ*- oder
Áiˑfàɔn das Ein- oder Hineinfahren, [1]) *Áswurf* das Ausgeworfene (*ɔ n
Áswurf vɔ r ɔn Mènschn*, milder *ɔ n Àsbund*),[2]) *Bèck* = so viel auf ein-
mal gebacken wird (schon im 14. Jahrh. im Meraner Stadtrecht *bècke* f.
Lexer Nachtrag S. 46 [3]) gegenüber mhd. *bècke* f. = Bäckerei, das Recht
zu backen Lexer I 138), *Fèksiug* nur = das Geerntete (wie bayr.-öst.
Schmeller 1 686, zu *àˑfèksnɔ* = einernten, mhd. *vchsenen* und *vchsunge*
Lexer III 43), *Kundschàft* = Kunde,[4]) Abnehmer der Ware, *Kránkɔt* in
Bécknkrànkɔt Bäckerkrankheit = eine aus alten, übrig gebliebenen Semmeln bereitete Speise,[5]) *Làstɔ* in der Wendung *Dɔ hàut owɔ r áˑ ɔ L.*
dfgløˑ(d)n Er hat für die Kräfte seines Zugviches zu schwer geladen,[6])
im Fremdwort *d'Intressè* = Zinsen u. a.

Unbekannt ist der konkrete Gebrauch von *Alter* (*Jugend* sowie
Beamtenschaft u. a. sind überhaupt nicht geläufig),[7]) von *Schrecken*,[8])
Schande (in den Wendungen *Er ist der Schrecken der Gegend, die Schande*
der Familie), *Schönheit* (*Sie ist eine Schönheit*, vgl. jedoch unten Anm. 2).

§ 290. 2. Den selteneren Übergang von der konkreten zur ab-
strakten Bedeutung, der sich jedoch vom Standpunkt der Volkssprache
häufig als ein Ersatz des abstrakten durch den konkreten, oft bildlichen
Ausdruck darstellt, zeigen *Altvàtɔ* Altvater (Grüner S. 36 berichtet, was
man im egerländischen Bauernhause tue, *wenn das Kind den A., d. i.*
wenn es ein altes Aussehen hat),[9]) *Bràut* Brot = Beruf [10]) (*ɔ bittɔs B.*),
Gàl Galle = Zorn, vgl. § 294, 1, *Kirchn* = Gottesdienst (*Is hàiˑt ɔ K.?*;
Hàiˑt is koɔˑ K.; *K. is às*; *Nàu dɔ K.*) [11]) und so auch einzelne Arten

---

[1]) Und so entsprechend auch bei den beiden folgenden.

[2]) Vgl. auch *Schönheit* in Wendungen wie *Dös is ɔ Schäiˑhàit vɔ r ɔn Tràid* = ein
schönes Getreide. *Einfahrt*, *Auswurf*, *Schönheit* ebenso öst.

[3]) Auch steir. *Khull* 43, schwäb. (früher; jetzt = so viel Frucht auf einmal in die
Mühle geführt wird) Fischer I 742. Gegenwärtig im Tir. *Bàchet* n. Schöpf Tir. Id. 24;
ebenso bayr. (*Bàcheˑd* f. Schmeller I 194, kärnt. *Pàchade* n. Lexer Kärnt. WB 13 *pàchˑn*;
vgl. henneberg. Bildungen wie *Einmachet*, ein *E.* Hefe = so viel Hefe als man zum An-
machen des Kuchenteiges braucht: Meyer DVK S. 289); ostfränk. (*Pfersdorfer Ma.*) *koɔt*
O. u. L. Hertel III.Z III 114; alemann. (*Kenzinger Ma.*) *budɔɔdɔ* f. u. dgl. O. Heilig ebda.
III 88 N. 34. 52 und S. 92 N. 182.

[4]) Auch öst., tir. Schöpf Tir. Id. 352 *kund*; vgl. Schmeller I 1264 *Kundschaft* 6.

[5]) Der Sinn des Wortes ist entweder *Krankenspeise des Bäckers* oder *Speise des Bäckers*,
dessen *Geschäft ,krank*' ist, d. h. nicht gut geht.

[6]) Vgl. Thüring. *Hette* = Menge: *eine* (*ganze*) *H.* *Jungen*, *Äpfel* Regel 204.

[7]) Ebensowenig *Bedienung*, *Aufwartung*, *Verzierung*.

[8]) Etwas Ähnliches findet sich nur in der Wendung *Döi sieht wöi d'Forcht vɔ Plɔiˑ*
oder *vɔ Màschɔ* Sie sieht aus wie «die Furcht» von Plan (Maschau), was sich auf ein altes,
als Hexe verschrieenes Weib beziehen soll, die zur Zeit der letzten Pest die Krankheit in
Plan einschleppte. Vgl. mhd. *vorht(e)* = was Furcht erregt.

[9]) In Teplitz heißt die Darrsucht der Kinder *das Alter* Laube VU S. 67.

[10]) Öst. *A lustiga Spielmann sein Is a schön's Brod* Seidl bei Marela Proben I 58.

[11]) Ebenso öst.; kärnt. Lexer Kärnt. WB 158. Vgl. Goethes M. Br. II 88 N. 48
Sontags wenn die Catharinenkirche aus ist; natürlich auch *Schule* = Unterricht wie in der
Umgangspr. W. Grimm Freundesbriefe S. 146 gebraucht einmal *Bibliothek* = Arbeit auf der

kirchlicher Andachtsübungen, vgl. *I gaih in 'n Rausnkranz* zur Rosenkranzandacht, *Kuapf* Kopf (z. B. *Dǝ hàut ǝn K.! =* ist geistig begabt),[1]) *Laiich* mehr in der Stadt = Leichenbegängnis,[2]) vgl. *Grépmǝs* § 288, z. B. *ǝm Sunntǝ is ǝ L.*,[3]) *Luft =* Bewegung der Luft, Wind (*Hái˜t is ǝ schàrfǝ L.*), *Mǎl* Maul (z. B. jemandem *ǝ M. oˀheukn =* Schimpfreden »anhängen«, auch *ǝ M. ho˙b˙m =* maulen, schimpfen),[4]) *Founwárk* Fuhrwerk, auch = die Art zu fuhrwerken (*Dǝ hàut ǝ Founwàrk?*), *Sàˀdhōs* Sandhase = ein das mittlere Brett der Kegelbahn verfehlender Wurf beim Kegelspiel und *Pu˙dˀl* Pudel, ein Wurf, bei dem die Kugel ein Seitenbrett berührt,[5]) leiten in die Gruppe der rein bildlichen Bezeichnungen hinüber.

§ 291. Die volkstümliche Neigung zu konkretem Ausdruck zeigt sich außer in der Bevorzugung konkreter Subjekte (§ 275) auch in der besonders in emphatischer Rede hervortretenden Vorliebe für das konkrete Substantiv im Prädikate. Der prädikative Eigenschaftsbegriff wird nämlich

1. gerne substantiviert: *Dös is wos* (oder *néks*) *Seltns! =* Das ist (nicht) selten! *Nď˜, is dös wos Schai˜s! =* Nein, ist das schön! *Suǝ wos Ohrǝs! =* Wie albern! *Hái˜t heǝ ǝ mǝ wos Gouts* [6]) *tàu˜ =* Heute habe ich mir etwas Gutes vergönnt, oder

2. er wird durch ein konkretes Substantiv wie *Mensch, Mann, Kerl, Ding, Dingerich* usw. gestützt: Der ist böse, gescheit : *Dös is ǝ bäisǝ Kerl* (in der Planer Gegend *Kárl*, *ǝ gschditǝ Moˀ*; Er ist lang gewachsen: *Eǝ r is ǝ làngǝ Dingǝrich* (vgl. Das ist böse : *Dös is ǝ bäisǝ Gschicht* oder *ǝ làuss Zäich* u. a.),[7]) oder endlich (und dies führt zur metaphorischen Bildlichkeit) er wird

3. durch einen charakteristischen Repräsentanten ersetzt: Er ist unsauber, schlau, faul, klein : *Eǝ r is ǝ Sau, ǝ Fuks, ǝ Strik, ǝ Stépsl*

B.: *Ich war vor der Bibliothek mit ihr in der katholischen Kirche gewesen.* Verwandt ist der Gebrauch von *Glocke =* Glockengeläute (Eg. Stadtges. v. J. 1460 S. 21 N. 67 *so sol auch . . . des nachtes nach der pirglocken nimant auf dem markt . . . . umbgeen*; vgl. in einem volkstümlichen Lied Mitt. XXI 132 *des Abends nach der Glocke*) und = Glockenschlag (*Glock 1*, nicht egerl.). Nicht eg. ist *nach Tisch* (vor *Tische las man's anders*).

[1]) Auch öst. Umgekehrt ist obhess. *Vernunft =* Kopf: *hàg 'm uf die vernunft* Crecelius 874.

[2]) Ebenso öst. altenburg. Weise § 10, t S. 10, wetterau. *die Leicht, Leichte* Schmeller I 1424. Crecelius 549 (DWB VI 614/5). *Läich =* Leichnam (wie z. B. obhess. Crecelius a. a. O., nach Khull 434 und Lexer Kärnt. WB 176 wohl auch steir. und kärnt.) findet sich kaum mehr: Falk. S. 35 Z. 10 v. u. ist *Grépmǝs* und *Läich* noch als Abstraktum und Konkretum getrennt: *zu grepnuss einer leich.*

[3]) Fremd ist mir der analoge Gebrauch von *Spielleute =* Musik, Tanzmusik : *Am Suntǝ sǝn Spielläd* Rank Aus d. Böhmerw. S. 289.

[4]) Die Raa. mit *Maul* (auch *Goschc*) ebenso bayr.-öst. Schmeller I 1585, Khull 300. *Mäulchen =* Kuß ist wie öst. unbekannt.

[5]) *Sandhas* und *Pudl* wohl mehr in der Stadt, aber auch auf dem Lande bekannt.

[6]) Neben dem abstrakten *ǝ gràußǝ Gittn* eine große Güte; vgl. HTV S. 35 N. 53 (Plan) *Wull da thàu(n) a gràußa Gutn.*

[7]) Das in 1. 3. Gesagte gilt größtenteils auch öst. (*Dingrich* und Anm. 6 *Gute* fehlen).

(Stöpsel); [1]) zu den letzteren tritt wiederum die Eigenschaft verstärkend hinzu: *ə dreckədə Sáu, ə schláuə Fuks, ə fálə Strik, ə blində Héss* blinder Hesse usw.; hieher gehört auch *Dös is ə Kráiz* = Das ist schlimm, bitter, beschwerlich; [2]) *Suə r ə Kráiz!* = Wie bitter!

§ 292. Die Metapher der Mundart dient im weitesten Umfange der sinnlichen Veranschaulichung des Geistigen: [3]) *Eə r is zən Áslöschn* = liegt im Sterben, [4]) *Eə r is glái ás də Wöign gschmissn* = ist aufbrausend (Neubauer Id. 68), *Du kröigst dá⁺ Brummilsuppm* = wirst grämlich ausgezankt, [5]) *Mit deən háut ·s áinə glái vəschütt* = hat man es gleich verdorben, hat ihn beleidigt, *Du wirst də scho nú⁻ əmàl s Mál* (Maul) *vəbrennə* = Dein unvorsichtiges Geschwätze wird dir empfindlichen Schaden bringen, [6]) *Deən* (einem windigen Prahler) *scháut s Stràuh bən Schouchən ássé* (sieht das Stroh bei den Schuhen heraus) = seine kümmerliche Lage oder seine mangelnde Bildung verrät sich, *s gáiht ám Ōdrük* auf den Abdruck (etwa vom Kerzenlicht, das mit den Fingern •abgedrückt• wird? vgl. § 278), *Dàu stáiht néks dəgé⁺gən áf* [7]) = Das ist unvergleichlich in seiner Art, *Dàu wirst dé schndi(d)n* = Darin wirst du dich irren (auch bayr.-öst. Schmeller II 568), *Deə hàut s Blàusn vəhurcht* [8]) = hat die günstige Gelegenheit versäumt (Mannl S. 20), *Deə hàut (wos) láitn hàiən, owə mət ssàmmschlögn* = ist ungenau (und daher falsch) unterrichtet, [9]) *Də Busk stáüt nən* Der Bock stößt ihn (von heftig Schluchzenden), *Láu dé niət ins Bockshorn jàgn* (wie allgemein), *Deə háut nən d'áugn ásgwischt* = ihn betrogen, [10]) *Deə w(ü)l də r ən Bää(r)n áfbintn* oder *w ü)l dé blàu os⁻láffm láuə* = will dich belügen, [11]) *Dös wiə r ə də gröd áf d'Nösn bintn* Das werde ich dir gerade auf die Nase binden = dir wohl nicht

---

[1]) Hieher gehört auch der appellativisch gebrauchte Eigenname *Du bist ə Kàschpə* u. dgl. (§ 285). Vieles dieser Art geht auch in das attributive Verhältnis ein *ə Sáuwŏch* (Sauweg) = schmutziger Weg u. a.

[2]) Der Zusatz *u koî⁻ Hergott droî⁻!* (ähnlich im bayr. Wahl Schmeller I 1389 *Kreuz*) erinnert an den konkreten Sinn des Wortes, der jedoch wiederum die Unterlage des bildlichen Sinnes bildet: *und kein Trost dabei!*

[3]) Aber auch der erhöhten Veranschaulichung des Sinnlichen; vgl. z. B. *Hex(r)l, Zöpfl, Schneckl* Hörnlein, Zöpflein, Schnecklein = Weißgebäck von diesen Formen. Die Cirrus- oder Federwolke heißt (wie um Eichstätt: H. Weber HLZ. V 174 N. 524), weil dieser Wolkenbildung gerne Regen folgt, *Rengmouds* Regenmutter (öst. *Regenwaran*). Eine Wiesenstelle, die wegen des darunter liegenden Moores unter den Tritten schwankt, ohne daß man einbricht, heißt *Koihwàmpm* Kuhwampe. Bei einer Schwangern *is də Mou⁻ áfgàngə* (ist der Mond aufgegangen), vgl. noch *ən Hund áslàitn* ausläuten = mit den Füßen baumeln (auch öst.).

[4]) Auch öst.; altenburg. = ist sehr krank Weise § 10, 1 S. 10.

[5]) In gleichem Sinne steir. Khull 121, nordböhm. *Fn tüchtig Bramlsuppe thouts freilch setzen* Tieze Hejnut II 57 (Rosendorf). Bayr. *Br.* = brummende Person Schmeller I 356 *brummen*; in beiden Bed. auch oöst. Egerl. auch *Brumm.iitn* n. = alter Griesgram (Nik. Krauß Lene S. 97), auch öst.

[6]) Die zwei letzten Raa. auch öst.

[7]) Auch öst. D. st. n. a. ddg.

[8]) Auch in der Brüxer Ma. Harsenblas S. 42 N. 20.

[9]) Oöst. *Er hat láutn ghort awá net schlagn* = ist oberflächlich, ungenau unterrichtet, weiß nur ungenau Bescheid.

[10]) Urban Allad. G. S. 149; auch öst. Weise (HLZ II 40) führt *einem eins* (ein Auge) *auswischen* unter den Ausdrücken für *prügeln* an.

[11]) Vgl. *einem was (oder ein) Blaues vormachen* Schmeller I 320 (öst. *dn bl. Dunst v.*).

verraten, [1] *Deɔ hàut uɔu s l'éch àitàu* das Pech herab getan oder
d'Schudid ōkǟfft = Er hat ihn gedemütigt, seine Anmaßung zurückge-
wiesen, [2] (*Dàu zwɔu 2ou Gú̄,Ld)n wę́,ɔ) bɔu truckɔ Mắl* beim trockenen
Maul = ohne den geringsten Genuß, Vorteil ;auch, wie öst., sich *s Mắl*
ōwischn künuɔ = leer ausgehen), *Döi Sorch biut' dɔ uutɔ s Knöi!* Diese
Sorge binde dir unters Knie = sei unbesorgt!, [3] *Deɔ koɔ̄ néks zwöi d'Sàu-*
glockn kàitu = Zoten reißen, [4] *Öitɔɔ sitst ɔ r in dɔ Pùtsch'u)* [5] = Jetzt ist
er in Verlegenheit, bedrängter Lage, *Dàu bǟißt d'Màus koiu Fȫ,d,n ō* =
Davon, von dieser Tatsache oder Behauptung, ist nichts abzudingen, sie
ist richtig, [6] und so *ɔn Schwàrm gäih̄ làuɔ* = eine närrische Stunde haben,
auch von Quartalsäufern (*Hiu ɔ wùɔ làßt ɔ scho nū̄ ɔn Schw. gäih̄*),
Mắlǟffm fǟlhàltu = müßig gaffend herumstehen, *SöußhuIz ràschpln* Süß-
holz raspeln, weit verbreitet = den Mädchen im Liebesgetändel süße
Worte sagen, *dɔhösu* erhasen = erschrecken, *pàpiɔlu* = zum besten haben, [7]
jemanden *ōsȫi,d)n* absieden = jemandes Gastfreundschaft ausnützen, [8] *sich*
ắfmànnlu »aufmänneln« = sich als Beleidigten oder Überlegenen auf-
spielen, [9] *ōdrǟht* (abgedreht = glatt gedrechselt) oder mit *àln Sàlbɔn*
gschmiɔt sd̄ [10])beides = gewandt, schlau sein usw.; auch in mancher an eine
Fabel anklingenden Formel steckt ein Vergleich, z. B. *Eɔ r is mi,d)n*
Storch üm d'Wàdl gàugɔ um die Waden gegangen, hat mit dem Storch
Waden geholt = hat dünne Waden. [11]

§ 293. Personifikation [12]) begegnet nicht gerade häufig, am ehesten
noch in sprichwörtlichen Wendungen wie *Ghàtt ho,b)m sé néks, wöi mɔ*

[1] Die letzten drei Wendungen auch öst.

[2] Öst. *d'Kurátschi ak iffn*; vgl. auch ost. einem '*ɔ Wùlde ab ir.imɔ* (von s.harfer Zu-
rechtweisung).

[3] Vgl. mhd. *min leit bant ich ze beine* (achtete ich gering) Walther 101, 31, wozu
Wilmanns auf Winsbekin 21, 7; 1. Büchlein 1742. DWB I 1384 verweist. Lambel erin-
nɔrt mich auch an Neithart 27, 21 *giuɔt mir den meier an die rerɔen* (vgl. Hampts Anm.).

[4] Auch bayr.-öst. Schmeller I 1539. Schöpf Tir. Id. 582.

[5] Auch öst.; vgl. *im Thee, im Thran, in der Tinte* (*Suppe*) *sein r. 8.* O. Weise
III.Z. I 36 f.

[6] Ähnlich bayr. Schmeller I 1665; in der Brixer Ma. Hansenblas S. 42 N. 28;
handschuhsh. Lenz Nachtrag S. 16.

[7] Bayr.-ost. Schmeller I 399.

[8] Weniger geläufig sind mir die Bedeutungen *im Spiele alles abuchmen, betrügen*
(so steir. Khull 10; auch öst., aber ohne notwendigen Bezug auf mehrliches Spiel).

[9] Vgl. Schmeller I 1601 *Männlein*.

[10] Beides auch öst. (neben *agwixt*).

[11] Reiche Ausbeute gewähren in Bezug auf metaphorische Bildlichkeit die Ausdrücke
für *lieben, betrunken sein, prügeln* (vgl. S. 110 Anm. 2). Seltener ist metonymische Bildlich-
keit, z. B. *Sàu* = Glück, *Deɔ hàut ɔ S.*, mit Beziehung auf die Figur des Karten-Aß, (übri-
gens auch metaphorisch = *Klecks*, wie bayr.-öst. Schmeller II 199 d); in Plan heißt die
Süd- und Nordfront des Hauptplatzes *d'Summɔ-* und *d'Wiutɔ-Sàitn*; etwas häufiger ist synek-
dochische: *Eɔ steckt in koiɔ gou(d)n Hàut* = in keinem guten Körper, ist kränklich (auch
bayr.-öst. Schmeller I 1187), auch *Eɔ stàiht in koiɔ gou(d)n Schouchɔn* Urban Erig. Zig.
XVIII 248. *Stǒd* Stadt hört man in Plan häufig = Marktplatz, Ring: *Eɔ gäiht im ǒder ǎf*
dɔ Stǒd üm; ferner *Kàutkuɔpf* = rothaariger Mensch, *Dickkuɔpf* oder *-sch(d)l*, auch *Schnizkuɔpf*
Schnitzk. = eigensinniger M., *Kinds-, Kindes-K̄. v.* dgl. wie in der Umgangssprache (aber nicht
Weiß-, Locken-, Quer-K̄. u. dgl.); *Kruɔpf*, vgl. § 283, 1.

[12] Ein hübsches Beispiel bietet Tieze Hejnt I 29 (Windisch-Kamnitz) *guckt dɔ Fleisch-*
hacka zun Leinwaba (das nackte Fleisch durch das zerrissene Hemd) *raus*.

sägt, d'Naut haut am Fenzəbrè dylə tänzt (die Not hat auf dem Fenster-brett getanzt). *Martini sägt də Schnäi: Dau bin i* (John Oberlohma S. 11). Kindern mit unsauberer Nase *hängt s Bè(d)lmännl di*. [1]

§ 294. Von dem Übergewicht des sinnlichen Eindruckes [2] über das Geistige in der Volksmundart zeugt auch noch eine Reihe anderer Erscheinungen; das Volk, das auf Körperempfindungen auch sonst sehr wohl achtet und ihnen oft einen sehr bezeichnenden Ausdruck zu geben weiß, [3] greift

1. für die Bezeichnung seelischer Vorgänge, namentlich der Gefühle und Affekte gern zu den begleitenden Körperempfindungen (*Miə drẽht sè də Mōgn* oder *s Gschling*, d. i. das Eingeweide, *üm* = Ich empfinde Ekel, Abscheu, *Miə stäigt (dʾ > g) Gàl* oder *I kumm in dʾ Hitz* = Ich werde zornig usw.), *I häit koin Tropfm Blout həəgè'b)m* = Ich war sehr erschrocken; oder noch öfter zu ihrem sichtbaren Ausdruck in Körperbewegungen: [4] *Dəə haut dʾAugn əfgrissn* oder *Dəə möcht (gräuß) Augn !* = war, ist erstaunt, *Dəə möcht ə* (sc. finsteres) *Gsicht* = ist beleidigt, *Eə lässt ən Kuəpf* (oder *dʾNosn*), *henken* (hängen) = ist mutlos, traurig, *Eə trẽgt dʾNosn hauch* = ist hochmütig, *Eə blässt* (bläst) *sè ẽf* = ist voll Selbstgefühl, stolz, [5] Das Kind macht *ə Pfännl* oder *ə Schnüd* ein Pfännlein, eine Schnauze, von den beim Schmollen oder Weinen weit vorgeschobenen Lippen. [6]

2. Auch sonst setzt das Volk gern die nächste, sinnfällige Folge für deren Ursache: *Hãi˜t lign ərə drã dm Brẽt* (auf dem Brett) [7] = sind gestorben, *Wenn ə r əmàl ən Kuəpf lẽgt* den Kopf legt = stirbt, *Dàu*

---

[1] Auch in der in Man gebräuchlichen Ra. *Sãds əmàl və də grãußkopfətn Bärmhərzich-klit* (oder *Gitm*) Seid einmal von der großköpfigen B. (Güte), iron. *Seid einmal so gefällig* steckt eine Personifikation.

[2] Davon zeugen auch viele Bezeichnungen des Sinnlichen. Die Luft macht sich nur in ihrer Bewegung, als Wind, bemerkbar; daher ist *Luft* geradezu = *Wind*: *Hãi˜t is kos Luft*, vgl. § 290 (im obhess. Eschenrod *Oberluft* = Nordwind G. Schöner III.Z V 275); ein Wirbelwind heißt *ə Kã(d)twind* Rädleinwind.

[3] Vom Genusse sehr sauren Obstes bekommt man *lãng Zã˜* »lange« Zähne (ebenso oöst.), wer Sodbrennen im Magen empfindet, den *braucht də Hirzəwurm* bepißt der Herz-wurm, beim Stoß auf den Ellenbogen *häft s Mäusl viə* (M. Müller UE II 47, ähnlich um Eichstätt H. Weber III.Z III 76 N 362) u. dgl.

[4] Vgl. S. 131 Anm. 1.

[5] Auch in *gəschwolln riə(d)n* (*Kind niət tuə g.!*) spie't in die metaphorische Bildlich-keit der »geschwollenen Rede« auch der körperliche Eindruck mit hinein. Die mit *Magen, Galle, Augen, Gesicht, Nase* gebildeten Ra., s. *aufblähen, geschwollen* r. auch öst. Die um-gekehrte Bezeichnung eines sinnlichen Vorganges durch einen geistigen ist selten: eine kalte Flüssigkeit, die man einige Augenblicke einer höheren Temperatur aussetzt (z. B. durch flüch-tiges Eintauchen der Flasche in heißes Wasser), um sie augenblicklich etwas zu erwärmen, wird *abgeschreckt* (*ĝəschreckt*); ebenso handschuhsh. Lenz Nachtrag S. 20 *sreks*. Bayr. wird *einfaches schrecken* im umgekehrten Sinne (Abkühlung heißen Wassers, heißer Luft) gebraucht (Schmeller II 596 *b derschrecken*, der an die ursprüngliche Bedeutung von *schrecken* anknüpft, was bei egerl. *abschrecken* jedoch kaum mehr möglich ist). Das Oöst. kennt *abschr.* in beiden Bedeutungen = erwärmen (zu kaltes Wasser), abkühlen (kochenden Kaffee, daß er sich setzt und klärt).

[6] *Ein Pf.* auch schwäb. Fischer I 101. In etwas anderem Sinne (einen breiten, viereckig verzogenen Mund machen) um Eichstätt H. Weber III.Z V 139.

[7] Auch öst. *am Laden l.*; in Lus. *Dar ist af die Flöck* = Er liegt auf dem Rech-brette, a's Leiche: Zingerle 30.

kánnt mə sí vəseəh [⁰] = Der Gegenstand ist zum Erschrecken häßlich, *Deə r is mit Bödə r ə* (< *u*) *Pátə vəseəh* oder *bráucht B. ə P.* ist versehen mit (oder braucht) Bader und Priester = ist lebensgefährlich krank (Mannl S. 14 *Bödə*. Neubauer Mitt. XXVII 181), *Dàu moußt fröiə áfstáih* Da mußt du früher aufstehen = mußt dich besser rüsten, es klüger anfassen;[2] so werden auch seelische Zustände an drastischen, hyperbolisch gefärbten Beispielen ihrer sinnlichen Erscheinung erläutert: *Deə siəht ən Himml fuə r ə Bàssgnign oš* = ist vor Freude trunken, auch = ist betrunken, *Deə schind't* ˏschindlet) *d Làus üm ən Bolg* = ist geizig,[3] *Deə häiət d' Fläich houstn* oder *nüiłn* (Der hört die Flöhe husten,[4] nießen, auch wie anderwärts *s Grös wàksn)* = meint ein überaus scharfer Beobachter, Denker zu sein, dem nichts entgeht; umgekehrt tritt auch eine bestimmte, oft nur von der Phantasie oder vom Witz untergeschobene Ursache für die Wirkung ein: ein Rind mit einem auf dem Nasenrücken gerade aufsteigenden dunklen Streifen heißt *schäi˜ brennt* schön gebrannt, ein solches mit dunkler Umrahmung des Vorderkopfes *schäi˜ broußt* schön berußt u. dgl.; *Eə sitzt ám Àuəwàschlən* (auf den Ohren) = hört nicht, überhört etwas (auch in Frageform). [1]

3. Das Volk ersetzt das Allgemeine oft durch ein möglichst charakteristisches Besonderes, z. B. *schlecht, übel* durch *dreckət, láusi* dreckicht,[6] lausig *(s gäiht nən dr., l.; miə r is l. in Mogn)*, *nicht leiden konnen* durch *niət schmeckn* (= riechen) *künnə, täuschen* (wie anderwärts) durch *ən X füə r ən U fuəmàchn*; *mit zwàiə Rouchtən hauə* mit zwei Ruten hauen = verschwenden, *Dàu sán mə ál (mái˜) Tàutsüntn d˙gfáln* Da sind mir alle (meine) Todsünden eingefallen = Da befiel mich Angst und Sorge u. dgl.,[8] *Deə nimmt sé ə weng v˙ü˙l Kráut ássé* Der nimmt sich viel heraus = ist frech; oder es determiniert den Begriff wenigstens durch allerlei sinnliche Züge: *Hend və də Buttn!* = *manum de tabula!,*[9] *Deə kennt sé ás bən Wurschtkéstl* = Er kennt sich aus, ist erfahren,[10] *Dös is ə Moš və də Spritzn* (humoristisch) = ein tüchtiger Mann,[11] *Eə r is* (oder *is nu˜) bən (ám) Zàich* (beim, am Zeug) = ein erfolgreich tätiger, leistungsfähiger Mann (auch in bezug auf die männliche Potenz *Eə r is nu˜ ə Moš bən Z.*),[12]

[1]) Über das *Versehen, Verlugen, Ablugen* der Schwangeren vgl. Meyer DVK S. 185 f.

[2]) Ähnlich in Ruhla: Regel 120.

[3]) Auch bayr.-öst. Schmeller I 1511; in der Brüxer Ma. Hausenblas S. 41 N. 12.

[4]) Auch öst.

[5]) Auch öst. Ähnlich dürfte auch in den weiter verbreiteten Ra. *Deə meu* (muß) *Tinkn gieifm he(b)m* und *Deə r is vənüglt* — *Der ist sehr dumm* das Tintesaufen und Vernageltsein in scherzhafter Weise eher als Ursache denn als Wirkung der Dummheit gedacht sein, obwohl die umgekehrte Auffassung näher liegt. Alex. Büchner Das tolle Jahr (mir nur bekannt aus der Bohemia 1903 N. 334 S. 3) bringt folgende Erklärung der Ra : Die Rheinbundtruppen, welche als französische seit 1808 in Spanien fochten, brachten von dort die Ra. *Da müßte ich ja Tinte* (span. *vino tinto* Rotwein ohne Wasser) *getrunken haben.*

[6]) Auch altenburg. Weise § 10, 1 S. 10. Vgl. bayr. *Ei'n Drék dəhàəm* (in üblen Umständen) *səi˜* Schmeller I 565.

[7]) Dies und die folgende Ra. auch öst.

[8]) Auch öst.

[9]) Auch bayr.-öst. (mit der Ergänzung *əs sán' Wei˙bərln drinn*) Schmeller I 310.

[10]) Öst. *bein W.* oder *bein Zwirn*, Wien. *Du kennst an Dreck bein Monschein, brauchst koə Latern dazuə* (iron. gegen Naseweise und Vorwitzige).

[11]) Bayr.-öst. *ein M. bei d. Spr.* Schmeller II 708. Marcta Proben II 64.

[12]) Auch bayr.-öst. Schmeller II 1091.

WeƏmƏ schduƏ (= werden wir sehen), *wöi dƏ Kätl d'Häiu(b)m stäiht* [1]) (etwa = wie sich die Sache macht); auch äußere Vorgänge treten durch sinnfällige Einzelheiten noch plastischer hervor: *EƏ möcht sé áf d'Strümpf* = macht sich auf die Beine, geht eilig fort, etwa = macht sich aus dem Staube, *EƏ hàut d'SchpendiƏhuƏsn* (die Spendierhosen) *oƷ* = ist zur Freigebigkeit aufgelegt; oder sie werden geradezu durch die einzelnen Akte dargestellt, in denen sie sich vollziehen: *Kàmm hàut Ə r Ən Löffl d'n Mäl ghàtt* oder *wéggléegt* Kaum hat er den Löffel aus dem Munde gehabt, weggelegt [2]) = zu essen aufgehört usw.

II. Absolute und relative Bedeutung.[3])

§ 295. A. Neben der absoluten haben einige Substantiva eine relative Bedeutung und zwar

a) von räumlichen Maßen entwickelt; diese Entwicklung knüpft

α) an Ausdehnung und Umfang des Gegenstandes an: so bei Körperteilen wie *Elln, Gáusl*[4]) f. (Ə *G. vul Möll* = soviel Mehl die beiden hohl aneinander gelegten Hände fassen können), gelegentlich auch bei *FingƏ, Hend* (*EƏ hàut swäï FingƏ* oder Ə *gànsƏ Hend zougé̜b̜m* = die Breite zweier Finger, einer ganzen Hand zugegeben sc. beim Abmessen eines Stofles u. dgl.), bei Kleidungsstücken wie *Schouch* (nie *Fuß*), bei Gefäßen wie *Korb* (ein *K.* Gras, Klee), *Nöpf* und *Sök* (ein *N.*, ein *S.* Mehl, Getreide, Erdäpfel u. a.); *Löffl* (ein *L.* Suppe), *Glös* (ein *G.* Bier, Wein, Wasser), *Tipfl* (ein Töpflein Kaffee, Milch, auch Bier), *Käch(r)l* n. (dim. zu *Kachel* f. = irdenes oder Ton-Gefäß, früher ein *K.* Bier),[5]) *Schäln* (eine Schale Kaffee), *Kännl* (eine Kannel Kaffee), *TálƏ* (ein Teller Suppe), *Krouch* (ein Krug Bier u. a.), *AimƏ* (Eimer), *Föß* (Faß) wie nhd. u. a.;

β) an die Form des Gegenstandes: so bei *Büschl* m. (ein *B.* Erbsen-, Wickenstroh, Flachs), *BouƏn* m. (ein *B.* Werg, vgl. Schmeller I 316 *Botzen*), *Hout* m. (ein Hut Zucker), *Käln* [6]) (ein »Keulen« Brot), *Läckl* n. (Läcklein, zu Lacke, ein *L.* Milch, Kaffee, eigentlich ein kleiner Überrest am Grunde des Gefäßes), *Stéckl* n. (ein Stöcklein Salz), *ZäiƏ* (eine Zehe Knoblauch), [7]) *Zä̜r*) m. [8]) (eine Zähre Schmalz, z. B. *s is koƷ Z. Schmolz*

[1]) John Oberlohma S. 179 N. 135.

[2]) Die Raa. von der *SpendierhoƖe*, vom *Löffei* auch öst.

[3]) Über diesen Unterschied vgl. Behaghel Hel. § 110 ff. Wunderlich Satzbau II 33 ff.

[4]) Fränk. und obpfälz. *die GauƖen* = die hohle Hand Schmeller I 947; vgl. *Gáußen* ebda. I 874, mhd. *goufe, gauff, gauchƖƏ, gausƏ* Lexer I 1058.

[5]) Beide Formen auch bayr.-öst. Schmeller I 1218; vgl. Schöpf Tir. Id. 297: *kächƏ* und dim. *kächile* Lexer Kärnt. WB 153.

[6]) Zu mhd. *kiule* Keule (eg *Kîln* f., vgl. Gradl MW 200), jedoch mit dem Geschlecht des laut- und sinnverwandten *Keil* (eg. nur *Kä̈l* m.); vgl. kärnt. *ä Keil* (großes, keilförmiges Stück) *Brod* DM III 115; auch öst. (ohne Rücksicht auf die Form) *a Keil Br.*

[7]) Auch bayr.-öst. Schmeller II 1101; die scherzhafte Vergleichung mit der *Koß-ZƏkȜn* (ebda.) findet sich auch egerl.: Ə *Stückl wöi Ə l'fƏ-Zäiə.*

[8]) In Sonneberg *a ZarƏ* und (veraltet) *a Zoor* m. = ein wenig von flüssigen Dingen Schleicher 69. 72. vgl. § 316, 1.

in Häus); hieher gehört wohl auch *Stámp(r)l* [1]) (vgl. S. 242 Anm. 7) und *Stámpfl* n. (Stämpflein, ein kleiner dicker Sack Mehl, Kleie u. dgl., dim. zu *Stáꭒmpf* Stampf); [2])

γ) an die Art der Herstellung der Maßeinheit: so bei den Nominibus actionis *Bund* m. (ein B. Stroh), *Melk* f. (eine M. Milch = ein Melktopf voll Milch), [3]) *Röi₃(r)l* n. (Rührlein, zu Rühre f., ein R. Butter, so viel auf einmal ausgerührt wird), [4]) *Schüd* n. (eine Schütte, ein Bund ausgedroschenen, nicht zerrütteten Strohes, [5]) vgl. *etsliche Schiett Stro* Eg. Stadtbücher fol. 75 a Gradl-Pistl in Nagls DM I 138; dim. *₃ Schi(d,l), Schräi'd,l* (ein Schrötlein Fleisch), [6]) *Stáuß* m. (ein Stoß Leinwand, [7]) Holz), *Strich* m. (ein Strich Getreide, [8]) Mehl);

δ) eine abgesonderte Stellung nehmen ein: *Bi₃'r)l* n. (ein *B.* Bett = ein mit Federn gefülltes Bettzeug), [9]) *Káuₑn* f. oder dim. *Káicl* [10]) n. (ein *K.* Flachs), *Máb(r)l* n. (ein *M.* Milch, [11]) das Ergebnis des einmaligen Melkens: Neubauer Progr. der Realschule in Elbogen 1894 S. 7), *Rámftl* n. (Ränftlein, dim. zu *Kaꭒuft* = Rindenstück vom Brotlaib, besonders der vom ganzen Laib zuerst abgeschnittene, auch *Áfschnid* oder *Áfschni'(d)l*

---

[1] Auch öst. — Gläsehen, kärnt. *Stämperle* Lexer Kärnt. WB 239.

[2] Vgl. Schmeller II 760. Lexer Kärnt. WB 239. Soweit in *Stámpfl, Staꭒmpf* die verbale Bedeutung (*stampfen*) lebendig ist, schließen sich diese Maßbezeichnungen an die folgende Gruppe.

[a] Bayr. die *Melch* — die Handlung des Melkens Schmeller: I 1591 (*melchen*).

[4] Bayr.-öst. in gleicher Bedeutung *Kueret* (*Kiarad*) n. Schmeller II 135 *rüeren* t.

[5] Ebenso bayr. Schmeller II 488; vgl. II. Weber III.Z III 80 N. 461 (nm Eichstätt).

[6] Vgl. mhd. *vleischet ein schröt* Lexer II 803.

[7] Auch oöst. Salzb. *St.* = *Gupf* im Getreidemaß Schmeller II 788.

[8] Mhd. *strich* m., ein bestimmtes Maß für Getreide Mhd. WB II, 689, 6 (mit Berufung auf Frisch), altbayr. Schmeller II 808 *d*; auch südböhm.; (oöst. nur *d gstrichdnd Metzn* abgestrichenes Metzenmaß); scheint nicht weiter verbreitet zu sein, vgl. M. Heyne DWB III 874, 4 *Str.* (in Böhmen größeres, in Bayern kleineres Hohlmaß für Getreide, in Ziegeleien: so viel Ziegel auf einmal gestrichen werden); Sanders DWB II, 17 *d.*

[9] Ältere Form *piettlein* § 353. Vgl. Neubauer Erzg. Ztg. X 247, der es, wohl richtig, als Dim. zu *Bi₃(r)l* (in Plan auch *Bi₃, z. B. ₃ Bi₃ Grös, Hulₐ* — eine Rückenlast Gras, dürren Astholzes) = Bürde (bayr.-öst. *burd*, dim. *bürl, bi₃l* Schmeller I 273. Schöpf Tir. Id. 68, kärnt. *purde, pürm* Lexer Kärnt. WB 46, schwäb. *Bürde* Fischer I 1532, 1 *a*, nordböhm.-schles. *börde* Knothe WB 114) faßt, während Schmeller I 305 (*Gebitt*) *ꭒ Bindl- Bett* als *ein Gebitt* (Kollekt. zu *Bett*, vgl. auch schles. *das Gebette* = vollständiges Federbett Weinhold Dial. 93) *Bett* erklärt, wozu formell auch egerl. *Cnₑ₃bi₃t* (*Ea(r)* *hebt woul af dös Cawₐbiat* HTV S. 43 N. 63 Plan-Eger) = Oberbett stimmen würde (in Plan heißt das Oberbett stets *Zoudéck*, das Bett nur *Bétt*). An das durch Voss in die Schriftsprache eingeführte nd. *bühre* (*büre*) f. = Bettzeug, Bettüberzug (M. Heyne DWB I 516 mit einem Beleg aus Geibel) dürfte schwerlich zu denken sein. Der Stubaier denkt heutzutage bei *Führl Heu* (eine Last Heu) wegen der birnförmigen Haufen an das Dim. zu *Birne* (vgl. *Heubirnen*) V. Hintner III.Z IV 363.

[10] John bietet Oberlohma S. 185 ein mir unbekanntes (*a*) *Katₑn* (*Fläus*). Vgl. bayr. die *Kauzen* Reiste Flachs, *Katₑ* gerollter Flachs, in einen großen Knaul zusammengedreht, und *Kaute* Bund gehechelten Flachses: Schmeller I 1315. 1313 (4). 1310.

[11] Oöst. ein Hafen (=nentrahmter) Milch; vgl. bayr. *Málbꞌl, Milil,* obpfalz. *Milla,* schwäb. *Melle,* fränk. *Mello,* Sonneberg. *Malla* = Tracht, *farculum,* soviel an eßbaren Dingen auf einmal aufgetragen und gebraucht zu werden pflegt: Schmeller I 1581 *Mal.* Schleicher 69: wahrscheinlich < ahd. mhd. *mal* Zeitpunkt, dann κατ' ἐξοχήν Essenszeit, Mahl: Kluge Etym. WB 244.

genannte, gelegentlich auch der letzte, übrigbleibende Teil) [1]) und *Männl*
n. (15 Garben, auch 15 Stück Eier [2]) u. a.).

Auch das abstrakte *Gədánkn* wird im Sinne eines sehr kleinen
Raummaßes verwendet (wohl = so viel, daß man es eben noch denken
kann): *ən G. wáitə links, üm ərən G. längə* [3]) u. ä.

Ausschließlich relativen Sinn haben von den angegebenen Substan-
tiven *Gáusl*, *Bund*, *Melk*, *Köiə(r)l*, *Biə(r)l*, *Kaizl*, *Máələ(r)l*, *Männl*. [4])

§ 296. *b*) Andere Substantiva zeigen neben ihrem absoluten Sinn
die Bedeutung von Verhältnis- oder verknüpfenden Begriffen, u. zw. be-
zeichnen sie

α) Verwandtschafts- und Freundschaftsverhältnisse: so *Wāi* Weib
und *Mŏ*͂ = Gattin, Gatte [5]) (beides schon mhd.), *Bou* Bube und *Mái(d)l*
Maidlein = Sohn, Tochter; [6] die beiden letzteren werden von den Eltern
gerne auch für das reifere Alter der Kinder, selbst der verheirateten,
beibehalten; *Mái(d)l* ist außerdem = Geliebte, [7]) *Bou* (und dim. *Böiwl*,

---

[1]) Ähnlich bayr.-öst. *Rampf*, *Kampfl*, *Kampfl*, mhd. *ranft* Schmeller II 100; Lexer
Kärnt. WB 203; auch schles. *Kanftel* n. = das Ende eines Brotes DM IV 181 (bei Scherffer
ebenso *Kanft* m.), sonst schles. *Kumpen* m. Weinhold Schles. WB 78. Über das gleichbedeu-
tende *Kauk*, *Kanken*, oost. *Kéəkn* vgl. Schmeller II 122. Knothe WB 440. Weinhold a. a. O.
(*Kunks*). Crecelius 676 (*Kanft*, *Ranke* und *Kunke*).

[2]) Im ostpreuß. Masuren auch = 30 Ellen Leinwand Z. f. d. U. XV 207, 7. Der
gewöhnlichen Ableitung von *Mann* (dim., also = *Männlein* Schmeller I 1601. Schöpf Tir.
Id. 420. Lexer Kärnt. WB 185 *Mann*) steht wenigstens in unserer gegenwärtigen Ma der
Vokal (*a* = unumgelautetem *a* gegenüber dem jetzt stets ungelauteten dim. *Männl* = *Männlein*)
entgegen. Über die Deutung Grimms (< fries. *manda* Gemeinschaft) vgl. DWB VI 1534 f., 2.
Vielleicht hängt wenigstens das Eiermaß doch mit *mande*, niederrhein. *mange*, in Köln *Mangel*
(= Kiefer, großer Korb von bestimmtem Maß) zusammen, das aus dem Nl. und Nd. auch ins
Md. (obhess. *m9ne*, nass. *Mann* Crecelius 575 f.) eingedrungen ist. Dazu stimmt engl. *maund*
Handkorb, franz. *la manne* langer Korb (Crecelius a. a. O.).

[3]) Ähnlich nordböhm.-schles. Knothe WB 232.

[4]) Von den in diesem Paragraph angeführten Maßbezeichnungen gehören dem Öst.
an: die meisten unter α) angeführten, *Hut*, *Keil*, *Lackerl*, *Zehe*, *Stöckl*, *Stamperl* (u. β), *Bund*,
Stoß, *Strich* (v. γ), *Kampfl*, *An-*(nicht *Auf-*)*schnitt*, *Mandl* (n. δ), auch *Gedanke*.

[5]) In städtischen Kreisen entspricht *Frau* und *Mann*: *Herr* = Ehemann ist dem Bauer
nur für städtische Kreise geläufig; *I ho scho mit Inən Hern grëdt* (Ich habe schon mit Ihrem
Herrn geredet), sagt der Bauer etwa zur Frau Notar; doch gebrauchen es vielfach auch bür-
gerliche Kreise, besonders der Frau gegenüber.

[6]) Das nord- und vielfach mitteld. *Junge* und das bayr.-öst. *Diern*, *Dierudel* fehlen.
Die egtl. Bedeutung von *Mann*, *Weib*, *Bube*, *Mädl* ist wohl gemeinbayr.-öst., vgl. Schmeller
II 831 (*Weib*); ebda. I 1601 DWB VI 1567 f., 11 (*Mann*); Schmeller I 191 DWB
II 458 (*Bube*); Schmeller I 1569 (*Maid*) DWB VI 1418 f., 4 (*Mädchen*). Übrigens alle
z. B. auch baselstädt. Binz § 12, 1 *b* (und wohl noch a.derwärts, vgl. obhess. *Mäd* Tochter
Crecelius 278 *Dochter*, mainz. *Médche*, *Bub* in gleichem Sinne Reis II § 12). Umgekehrt
ist baselst. *Tochter* = erwachsenes Mädchen, *Sun* = Jüngling Binz a. a. O. N. 2, *b*; nord-
böhm. (Schönlinde) *Tochter* = Mädchen Petters III 6, der auf engl. *doughters* = die weib-
lichen Bewohner und Aachnisch *Wenkeldöchter*, holl. *Winkeldochter* verweist. Vgl. auch die
(höhere) *Tochterschule*. Ein älteres Beispiel aus den deutschen Volksbüchern: *do sprach
der wirdig ritter* (sc. St. Georg) *«Tochter, gehab dich wohl»* Bachmann-Singer DVB S. 267, 32.
Vgl. noch *Kind* = Knabe im Henneberg. (*Ich hɔ zw.7 Kinner unn drei Mädla*) Meyer DVK
S. 106; umgekehrt schweiz. (*Isch es en Bueb oder es Chind [Maitli, Maitschi]?*) Schweiz. Id.
IV 925, 1.

[7]) Auch öst.

Böiwəl) = Geliebter ¹) (wenigstens im Volksliede). Der relative Sinn aller vier Substantiva tritt besonders in der Verbindung mit dem Possessivum hervor (*mā Wâi, Moš, Mài(d)l* usw.), aber auch mit dem bestimmten Artikel (*s Wâi, də Moš* usw. innerhalb der Familie), sowie mit dem unbestimmten Artikel (*Ə hàut ə Wâi, ə Mài(d l, ³) Si hàut ən Moš, ən Bou(b)m); ³) das Mensch* ⁴) ist in erster Linie = erwachsenes, ⁵) unverheiratetes Mädchen, ⁶) im lobenden Sinne in Verbindungen wie *ə schäi´s Mensch, ə Murzmensch* ⁷) (ein kräftiges, schmuckes Mädchen), ⁸) ohne Beisatz auch = Geliebte ⁹) (*eə hàut suə r ə Mensch*), dann aber wohl nur im verächtlichen Sinne; ¹⁰) *Kerl* (in Plan *Kü(r l*, z. B. *si hàut scho ən K.*) = Geliebter (immer in etwas unfreundlichem Sinne, ¹¹) daher nie vom Mädchen selbst gebraucht); *màinə Lüit* meine Leute (z. B. *Döi sänn häi´t sə r irən Läitən gfàə(r)n*) = die Angehörigen, ¹²) nächsten Verwandten, besonders die Eltern, *d´Läit* = das Gesinde (neben *əlihàltn* Ehalten Schmeller I 8¹, auch die Taglöhner. ¹³)

___

¹) Ebenso bayr.-öst. Schmeller I 191, 2; doch ist *Bube* im Eg. nicht = unverheiratete männliche Person überhaupt, wie im Südd. DM IV 102, 9. Schmeller a. a. O. Cimbr. WB 158 [220]. Fischer I 1484, 4. Schweiz. Id. IV 926, 2.

²) Letzteres ist hier entweder = Tochter oder Geliebte; ebenso bayr.-öst.

³) Das letztere hier nur = Sohn; *Geliebter* wird in dieser Wendung lieber durch *Kirl, Bursch* oder *Schätməstərə* (§ 284) ausgedrückt.

⁴) Steir.-tir. *Menschin* (wie oberbayr. *Dingin* Meyer DVK S. 290; vgl. Schmeller I 1629, 3. Khull 459. Schöpf Tir. Id. 434) ist unbekannt.

⁵) Das *M.* = Mädchen im Kindesalter öst., im bayr. Wald (Schmeller I 1629, 3 e) und südböhm. (Glockelberg): *Döi* (Vater und Mutter) *ho(b)m stvoə Kinnə ghot, ən Buəm und a Mensch* Hauffen Deutsche Arbeit in B. S. 111.

⁶) *Mensch* n. = homo, also auch = Mann noch bei Baier 743 *das redlich mensch, der flachner* (wohl Flaschner = Spengler) *Thoma*, und heutzutage an der Nab Schmeller § 870. I 1628, 2; in Schlesien in Peilau Weinhold Schles. WB 61, 1 (mit älteren Belegen).

⁷) Beide Verbindungen auch öst.

⁸) Also ohne verächtliche Nebenbedeutung wie in der älteren Sprache und noch bei Luther: Erdmann-Mensing II § 6; vgl. DM IV 177 (Belege aus Opitz und Logau) und Weinhold Bayr. Gr. § 241 a; heutzutage bayr. Schmeller § 870. I 1629, 3 b, vgl. Schwäbl § 55, 1 a. Lessiak § 121, 4 (ohne nähere Angabe). vorarlberg. DM II 567, 44. els. Martin-Lienhart I 694 b (aber auch verächtlich), schweiz. Schweiz. Id. IV 337, 2, märk. (Süderl.) DM III 260, 23. Vgl. altenburg. *ein feines, tüchtiges, stolzes Mensch* Weise § 3; olhess. Crecelius 588; in Rappenau O. Meisinger III.Z. II 247; allgemein = *Frau* oder *Kind* mainz. und odenwäld. Reis II § 12.

⁹) Ebenso bayr. Schmeller § 870; vgl. ders. I 1629, 3 b; els. (m. v. n. = Geliebter n. Geliebte) Martin-Lienhart I 694 b; schles. Weinhold Schles. WB 61, 2 a (der den Gebrauch für ganz Süd- und Mitteldeutschland, sowie den Rhein hinab bezeugt); olhess. Crecelius 588; odenwäld. Reis II § 12.

¹⁰) Als Schimpfwort wie in den Städten Bayerns (Schmeller I 1629, 3 bezeugt die Bedeutungen ohne verächtlichen Nebensinn nur für das Land; Lambel das Gleiche im Öst.; Schwäbl § 55, 1 a führt *M.* n. = Geliebte und in verächtlichem Sinne an) und im Schles. Weinhold Schles. WB 61, 2 c. Vgl. nordböhm. *M.* = Jungfrau niederen Standes, gemeines Frauenzimmer, Geliebte: Knothe WB 403. Dagegen ist *M.* n. = Dienstmädchen, Magd (Schmeller a. a. O. 3 d, auch öst. *M.* und *Deanst-M* und schles. Weinhold a. a. O. b) in meiner Heimat nicht üblich.

¹¹) In gleichem Sinne öst.; *K.* = Geliebter auch noch schles. Weinhold Schles. WB 42, 2, nordböhm. (hier auch einfach = *Sohn*: *Seffkall*) Knothe WB 331. Gelegentlich wird auch egerl. *Bursch* (in erster Linie = Junggeselle) = Geliebter gebraucht.

¹²) Auch öst.-schwäb. Wunderlich Ma. S. 67.

¹³) Ähnlich unterscheidet das Olhess. *Meine Leute* und *die L.* Crecelius 559; das Öst. kennt *Herrn*- und *Dienstleute*. Im Schwarzwalde heißt das Gesinde *Volker* (Pl.), vgl. Hansjakob Bauernblut (Heidelberg 1901) S. 61, ein einzelner gedungener Hirtenbube oder ein »Hirtenmaidle« heißt *Volkle* ebda. S. 63 Anm. 1.

β) Die Bedeutung eines Dienstverhältnisses entwickelt *Bou* (*Höitbou*) = der jüngste männliche Dienstbote des Hofes, [1]) und *Mài(d)l* (*Höit-*, auch *Kinnəmài(d)l*,[2]) in der Stadt *Däᵘst-*, *Kinnəmài(d)l*, = der jüngste weibliche Dienstbote; ferner *Kneət* (oder *Knêcht*), das außer der alten Bedeutung *Knabe* (so jedoch wie im Bayr.[3]) nur noch im Dimin. *Knechtl*, z. B. *md͂ Knechtl* = mein Söhnchen, Bübchen,[4]) vgl. Urban Erzg. Ztg. XIII 30 Anm. 35) auch die neuhochdeutsche aufweißt.[5]

γ) Hieher gehört endlich *d'Fráln* die Fräulein = die Lehrerin, auf dem Dorfe besonders = Industriallehrerin.[6]

Nur noch relativen Sinn zeigt (wie in der nhd. Schriftsprache) *Màəd* Maid (< Magd) = dienende weibliche Person überhaupt (nicht bloß unverheiratete).

Die ursprünglich schon relative Bedeutung des alten Komparativs *Herr* [7]) erscheint im Diminutiv *Hárl*, *Hárlə* (besonders in der Mieser Gegend) auf *Großvater* [8]) eingeengt; *Gsell* Geselle ist ausschließlich = Handwerksgeselle (im Gegensatz zum *Maistə* und *Läiəbou(b)m*) und in der

---

[1]) Auch bayr.-öst. Schmeller I 191, 1, vgl. mhd. *buobe* Diener, Troßknecht Lexer I 394. Die *Bou(b)m* bilden eine eigene Klasse der Hausgenossen und somit auch der bäuerlichen Gesellschaft, bis sie nach Umgang, Arbeit und Lohn zu (*kleinen*, *Mittel-* und endlich *großen*) *Knechten* werden : Mannl S 23; vgl. Grüner S. 68. Nicht volkstümlich ist gegenwärtig der moralische Sinn von *Bube* (*bübisch*, *Büberei*, nur in *Spitz-*, *Láusbou* u. dgl.), ebensowenig bayr.-öst. Schmeller I 191, 3, handschuhsh. Lenz S. 38 *fū*; vgl. dagegen Fischer I 1485, 6, *b*.

[2]) Darüber und über die *kleine*, *Mittel-* und *große Magd* (die der öst. Großdiern entspricht) vgl. Grüner a. a. O.

[3]) Schmeller I 1345 f., 2.

[4]) *Knecht* els. = Knabe Martin-Lienhart I 502 ᵇ; in den 7 und 13 comm. = Jüngling Schmeller Cimbr. WB 137 [199]; vgl. Winteler Kerenzer Ma. S. 226 zu 42, 2; *Kn.* = Sohn obhess. Crecelius 278 *Dochter*.

[5]) Wie bei *Bube* fehlt auch bei *Knecht* jede üble moralische Nebenbedeutung (vgl. Knechtsinn), ebenso öst.

[6]) Daneben bezeichnet *Fr.* auch (wie öst.) das gesellschaftlich höherstehende Mädchen überhaupt.

[7]) Schlechtweg *də Herr* wird vom Bauern (abgesehen von *də Hr* = Gott in Gebetformeln) der nicht adelige Besitzer eines größeren Gutes genannt (der Adelige erhält sein Adelsprädikat), nicht der Geistliche wie besonders im kathol. Süddeutschland, vgl. Schmeller I 1152, oöst. z. B. Stelzhamer I 195 N. 14, 185, Schöpf Tir. Id. 259. DM III 216, 21 (vorarlb.), II 432, 93 (schwäb.). Martin-Lienhart I 368 ᵃ, 6. Schweiz. Id. II 1523 f. c; II. Weber IILZ III 73 N. 294 (um Eichstätt *Helb* u. *Herr* = Pfarrer); Knothe WB 296 (nordböhm. = Pfarrer); hohenloh. *hárli* W. Schoof IILZ I 225, 2. In der Stadt ist *der Herr* der Hausvater gegenüber den Dienstboten, der Leiter eines Geschäftes gegenüber den Angestellten usw. Den Titel *Herr* gibt der Bauer dem angeseheneren Städter und dem Höhergebildeten, daher beschränkt er ihn in seinem Dorfe im allgemeinen auf den Geistlichen und den Lehrer.

[8]) Ebenso (wie schon im 17. Jahrh.: W. Schoof IILZ I 224 Anm.) fräuk.-obpfälz. *Hárlə* Schmeller I 1153 *Herrlein*; obhess. (auch kurhess. und im Odenwald) Crecelius 337 (*Herrchen*), vgl. ebda. 460, fränk.-henneberg. DM II 77, 5. 1. Spieß 69; um Eichstätt ist es = Vater, Frau, Großvater (letzterer heißt auch *Ahnherr*, *Ahnherrlein*) II. Weber IILZ III 73 N. 294. S. 77 N. 390. Das entsprechende *Fräulein* = Großmutter ist els. (in jüd. Kreisen) Martin-Lienhart I 175 f., Würzburg. (*Fráli* auch in der Kindersprache) Schmeller I 804, 4, in d. Pfersdorfer Ma. O. u. L. Hertel IILZ III 115, Sonneberg. (= Fräulein und Großmutter) Schleicher 66, Henneberg. DM II a. a. O. und 217. VII 265. Spieß 69 (auch *Ellervater*, *-mutter*), obhess. Crecelius 337; egerl. nur dim. *Oᵘfrl* Ahnfräulein Gradl MW 360 (obpfälz. *Ahnfrau* und *-fräulein* Schmeller I 804, beides auch um Eichstätt II. Weber IILZ III 77 N. 389); das Dim. ist nach Schoof a. a. O. 225 Anm. 2 in der bayr. Kindersprache auch = *Urgroßmutter* (oöst. ist sowohl *Herrlein* als *Fräulein* für die Großeltern unbekannt).

Verbindung *Junggsell* = unverheirateter Mann (auch höheren Alters, vgl. Baier 346 *ein junger gesell bei 70 jaren* und heutzutage wie nhd. *ən àltə Junggsell*, ebenso *ən àltə Jumpfə* oder *Jungfə*).[1]

Eine Beschränkung der relativen Bedeutung durch eine ständige Determination (ähnlich wie die Verba *schlàchtn* usw. § 37, 1) zeigen wie in der nhd. Schriftsprache die Nomina agentis *Lêrə* Lehrer, *Bintə* Binder = Böttcher, *Gàrwə* Gerber, *Bràiə* Brauer = Bierbrauer, *Schnàidə*, *Schràiwə* Schreiber = Kanzelist, *Wèscharè* Wäscherin u. a, auch *Höidə* Hüter = Viehhirt.

§ 297. B. Umgekehrt haben neben ihrem relativen eine Art absoluten Sinnes entwickelt

a) leere Begriffe wie *e Pàə* ein Paar = ein Brautpaar.

b) Teilbegriffe wie *Stück* = Individuum, Exemplar; ähnlich *Trumm* = großes Exemplar von Menschen, Tieren und Sachen,[2] dann auch zur verächtlichen Bezeichnung des Ungeschlachten, Dicken, jedoch ohne sittlichen Tadel,[3] auch *ə n àlts Trumm* = ein altes Weib.

c) Bezeichnungen von Verwandtschaftsverhältnissen wie *Schwèstə* = Nonne (auch öst. und schon mhd. Lexer II 1368), *Broudə* in *Frcht-*, *Schnàps-Broudə*;[4] auch *Vèttə*[5] (weniger *Màm*, *Məum* Muhme) als gemütliche Anrede an gleichalterige, *Oìnə* oder *Noìnə* Großvater (mhd. *ane*), hie und da auch *Wàwə* (< tschech. *baba* = Großmutter)[6] an alte Personen überhaupt nähern sich der absoluten Bedeutung dadurch, daß sie zu einer Art gemütlichen Ehrentitels werden.[7]

Ausschließlich absoluten Sinn haben gegenwärtig einige ursprünglich relative Substantiva, und zwar

a) der Teilbegriff *Ort* Spitze im Dimin. *Ertl* Örtel m., ein spitzes Schusterwerkzeug[8] (vgl. mhd. *ort* = spitzes Werkzeug Lexer II 170);

b) der verknüpfende Begriff *də bàis Fäind* = der Teufel (wie in der kirchlichen Sprache);

c) der Verwandtschaftsbegriff *Pàtə* (*pater*) = Welt- und Klostergeistlicher, Mönch.[9]

---

[1] *Geselle* (*Jungfer*) ebenso öst. *Jungfer* = dienendes Mädchen (wie mhd. *juncvrouwe* = unverheiratete vornehme Dienerin Lexer I 1488) ist nur in *Kümməjungfə* bekannt; ebenso ost.

[2] Ebenso bayr.-öst. Schmeller I 664, 3. Khull 177, 2. Lexer Kärnt. WB 73 *drumb*, 2.

[3] Oöst. auch tadelnd: *Dá Motzg-i faht d' Köchin Dös schludársit Trum* Stelzhamer Ma. D. I 89 N. 41, 25 f. (ebda. II 55, 218 *Trümmer* = dumme Weibsbilder); tir. ist *Trumm* eine dicke, auch nichtswürdige Weibsperson, in Innsbruck eine alte Jungfer: Schöpf Tir. Id. 761. Vgl. obhess. *ein Fetzen* = tüchtiger starker Mann Crecelius 371.

[4] *Bruder* = Klostergeistlicher (*Frater*) ist dem Egerl. nicht geläufig.

[5] Iron. *ə schäim Vèttə* = ein »sauberer« Patron: Neubauer Erzg. Ztg. X 249. Ein iron. *Du lieber Vetter* auch bei Stieler: Schoof III.Z. I 231. *Bruder*, *Vetter* in gleichem Gebrauch ost.

[6] Vgl. handschuhsh. *Fàs* f. als Anrede für ältere Frauen: Lenz S. 34.

[7] Aus einem anderen Zusammenhang ist oberelsäss. *Pate* = ausgelassener Mensch (schweiz. = *penis*) erwachsen: Schoof III.Z. I 291 *b*, *β*.

[8] Auch bayr.-oöst. Schmeller I 152.

[9] Tir. und kärnt. in der zweiten Bedeutung (Schöpf Tir. Id. 489. Lexer Kärnt. WB 18), wohl auch = Laienbruder (DM IV 216), besonders aber = Bettelmönch (DM a. a O.

Übergang anderer Wortarten in die Klasse des Substantivs

§ 298. Die Substantivierung erfolgt entweder auf dem Wege der Individualisierung (wie z. B. in den Eigennamen *Braune, Kahle* usw., ahd. *brúno,* egerl. ohne Endung *Braun*[1]) und stark flektiert *Kahler*), oder der Verallgemeinerung. Im letzteren Falle beruht sie entweder auf der Zusammenfassung vieler generisch verschiedener (*das Gute*) oder generisch gleicher Dinge, wobei der Ausdruck den Charakter einer Ellipse dieses Gattungsbegriffes gewinnt (*ə Gselchts* = Selchfleisch).[2]) Bezeichnender als das Verhältnis dieser beiden Arten ist für das volkstümliche Denken die Gattung der Begriffe, die durch kategoriale Verschiebung die Form des Gegenstandsbegriffes annehmen können, und der Umfang, in welchem das geschieht; daher sollen die hieher gehörigen Fälle nach Wortklassen geordnet werden. Da jedoch die Art der Substantivierung besonders durch das Verhältnis zum Artikel und anderen Pronominen deutlich hervortritt, muß hier auf diese Verbindung eingegangen werden.

Am geläufigsten ist der Mundart die Substantivierung von Eigenschafts- und Tätigkeits- oder Zustandsbegriffen, also von **Adjektiven** und **Infinitiven**.

§ 299. A. Die **Adjektiva** sind überwiegend Positive.

1. Die gebräuchlichste bis ins Althochdeutsche zurückreichende Substantivierung des **Neutrum Singularis** mit dem **bestimmten Artikel** ist im Nom. Akk. auf gewisse Fälle beschränkt. Zwar gelangt auch die Mundart leicht zur gegenständlichen Vorstellung der Eigenschaft (*gut — Güte,* vgl. S. 256 Anm. 6), allein die verschiedenartigsten Dinge, an denen die Eigenschaft hervortritt, zu einer umfassenden nach ihr benannten Gattung zusammenzuschließen (*das Gute*), ist dem Volke im allgemeinen nicht geläufig; es bleibt seiner Neigung zu begrenzterer Vorstellung gemäß auch hier lieber bei der Bezeichnung eines unbestimmten Vertreters stehen (dies gilt für Positive wie für Komparative: *wos Grāuß* oder *Graïßəs* etwas Großes, Größeres) oder es hilft sich, wo es gilt, die umfassende Allgemeinheit zu betonen, mit Umschreibungen (*əls wos grāuß, graïßə is*); dem Superlativ hingegen ist schon seiner Natur nach Begrenzung und Individualisierung der Bedeutung eigen; daher widerstrebt es dem ungekünstelten Denken, ihn auf mehrere Dinge anzuwenden (*ein Größtes, etwas Größtes, alles Größte*).

Soweit also Adjektiva im Neutrum substantiviert werden, bezeichnen sie nicht allumfassende Gattungen, sondern durchwegs bestimmte,

---

Schöpf a. a. O.). In der Schweiz ist das deutsche *l'ater* (wie holl. *Oom* Oheim) = Pfarrer: Schoof HLZ I 219, 2 u. 220; doch vgl. Schweiz. Id. I 1127, 2 *b*.

1) Aus älterer Zeit gehören hieher *der Gerengroz, Fröleich, Kurg, Seltenfro, Seltenreich* u. a. (Frötscher S. VIII), von Tiernamen *də Gscheck* Geschecke (vgl. mhd. adj. *schecke* Lexer II 677) u. a.

2) Daß derlei Bezeichnungen zu ihrem Verständnis keiner Unterstützung durch die Situation oder einen bestimmten Zusammenhang der Rede bedürfen, sichert ihnen den Charakter der Substantivierung (Panl Prinzipien S. 272) gegenüber adjektivischen Ellipsen wie *ə vüdəs, ə hintəs*, die nur im Fleischerladen oder in einem entsprechenden Gedankenzusammenhange als *vorderes, hinteres Fleisch* verstanden werden.

weit enger umschriebene Begriffe: s *Waiß* das Weiße [1]) ist nicht alles
denkbare Weiße, sondern z. B. das Weiße vom Auge (*Des hâut d' Âugn
vadrâht, dá ma nō s Waiß gseəh haut*), auch vom Ei; [2]) in gleicher Be-
schränkung erscheinen s *Schwârz* (z. B. in der Wendung *Niət s Schwârz
untən Nōgl* Nicht das Schwarze unterm Nagel = gar nichts, häufiger
allerdings *Niət wos schwârz untən Nōgl is*), [3]) s *Blàu* (*von Himml untə-
huln* das Blaue vom Himmel herunterholen), s *Kàlt* das Fieber (Neubauer
Id. 74, wie schon mhd. *daz kalte*), [4]) s *Rêfmàtisch* das Rheumatische =
der Rheumatismus, [3]) s *Làttə* (*və də Suppm*) das Lautere (von der Suppe,
klare Suppe ohne Einlage), s *Wàich* (*von Brâut*) das Weiche (vom Brot,
Brotschmule), s *Lêwendé* das Lebendige (öfters mit den Präpositionen
auf, an: Des künnt áfs L. = Der kommt, z. B. beim Schneiden, Brennen,
Stechen, auf das empfindliche Fleisch unter unempfindlicher Haut, unter
dem Nagel usw., oder = Er kommt beim Greifen, Tasten auf die nackte
Haut unter dem Kleid), [6]) s *Gung* das Junge (in der sprichwörtlichen
Redensart: Da hast du ein Stückchen, etwas von dem Verlangten, *dá də
s G. niət ōgäiht* damit dir das J. nicht abgeht, [7]) wohl ursprünglich von
den Eßgelüsten schwangerer Frauen), s *Bàirisch*, s *Bàimisch* das Bayrische,
Böhmische, wie in der Umgangsprache = das bayrische, tschechische
Gebiet, [8]) nicht die Sprache (zumeist in Präpositionalverbindungen: *in
Eghalànd u drâß in 'n Bàirischn* Gradl E. J. IX 152 N. 4; *E r is ân
Bàimischn* oder einfach *a'n Bàim, Bàiəm* aus dem B.), s *Màī*, *Dàī*,
Sâī usw. das Meine = mein Anteil, Erbteil (*Du hàust s Dàī scho krōigt*,
in diesen Wendungen auch ohne Artikel: *Màī s, Dàī s* [9]) usw.), s *Dumm*
(an einer Sache; *Dös is é(b)m s D.*, häufiger s *Dümmst*; hieher gehören
Partizipia wie s *Wērfəd* oder *Wárfəd* das Werfende, auch *d'* oder s
Hī·falləd [10]) die, das Hinfallende, beides = Epilepsie, s *Vəfloucht* (*Dös is
é b'm s V.* Das ist eben das Verfluchte, Unselige an der Sache). Un-
bekannt ist *das Verlangte, Gehoffte, Erschnte, Vorgebrachte, Gesagte* u. a. [11])

---

¹) Nicht = das Weiß; der Abfall des Flexions-*e* ist an der Kürzung des Diphthongs
und der Schärfung des Auslauts-ß erkennbar.

²) In beiden Bedeutungen schon mhd. *daz wis(e)*, z. B. *das wize* (= ougen wis) vār
kēren = die Augen verdrehen, sterben Lexer III 958 (der Beleg aus Strickers Dan. jetzt in
Rosenbagens Ausg. 3540); in anderem Sinne *doch hânt si mir des wis·n alle vil gewendet*
(aus Neid und Schelsucht) Walther 84, 36 (schon Mhd. WB III 781 ⁸, 7 ff.); *das weis
in ainem ai* Konr. v. Meg Lexer a. a. O. [auch schon bei Berthold r. Reg. 1 392, 26, vgl.
d. ersten Bel. aus Meg. 1..] Der Dotter (*Dusdrs*) heißt egerl. im allgemeinen nicht *das
Gelbe* oder *Eigelb*; vgl. hingegen in den 7 und 13 comm. *roates rum ou* Rotes vom Ei
Schmeller Cimbr. WB 161 [223], in Lus. *'s roat von ou* Zingerle 47.

³) Ausschließlich so öst.

⁴) Auch bayr. Schmeller I 1241 f. *kalt*.

⁵) Ebenso öst. Marela Proben II 11. Th. Gartner III.7. V 100.

⁶) In dieser Bedeutung oöst., z. B. Stelzhamer Ma. D. I 232, 28 ff. *awá, Vogl, i kenn
di, Du gehst áfs Lebendi* (in der Liebe), *Das hat á* (Gott) *nöt gern.*

⁷) Auch schwäb. Fischer I 27. In gleichem Sinne eg. *Dá də s Heurtröpfl niət ōfällt.*

⁸) Ähnlich altenburg. Weise § 66, 3.

⁹) Hingegen nicht *Obers* = Sahne (bayr.-öst. Schmeller I 17. Höfer II 297. Khull 481),
dafür *Schmettn.*

¹⁰) Neutr. auch bayr.-öst. (steir. neben f.), vorarlberg. Schmeller I 705. Höfer I 106.
Khull 348. Schöpf Tir. Id. 116. Lexer Kärnt. WB 89 (der wie Schmeller u. Schöpf * Übel*
ergänzt, Schmeller denkt auch an *Weh*). DM IV 2. Andere Fälle wie *Liegendes, Fahrendes*
(in der Heanzen-Ma. DM VI 336; vgl. Schmeller I 738 *b*), *Laufendes* = Durchfall (steir.
Khull 420) fehlen.

¹¹) *'S Mein* usw., *Dummé, Verfluchté* auch öst., wo *das Verlangte* usw. ebenfalls fehlt.

Substantivierte neutrale Komparative mit dem bestimmten Artikel fehlen bis auf *s létzə* (in der Wendung *Dös is scho s létzə*,[1]) das jetzt allerdings als Superlativ empfunden wird (= Das ist schon das letzte, äußerste, auch nicht mehr verfangende Mittel), aber wegen der Endung (*ə < er*) und des fehlenden *t* zum Komparativ ahd. *lezziro*, nicht zum Superlativ *lezzisto* zu stellen ist.[2] Superlative sind ungefähr im nhd. Umfange gebräuchlich: *Dös is s Dümmst, s Schännst, s Gscháitst, s Bést, s Erscht (das Erste ist, daß . . . .; Dös is s Erscht, wos é häiə* = Das habe ich noch nicht gehört, ist mir fremd, unerwartet)[3] usw.

Mit dem **unbestimmten Artikel** verbindet sich (abgesehen von Wendungen wie *ə Làngs u ə Bràits màchn*)[4] in der Regel das persönliche Neutrum, welches das natürliche Geschlecht der Person unbestimmt läßt:[5] *ə* (ein, oder *weə* wer, *eməts* jemand, *nemməts* niemand mit dem zum Neutrum umgedeuteten alten Genitiv, vgl. § 490,[6]) jetzt häufiger *koə* kein, *Álts, Gungs* eine (keine) alte, junge Person, *ə Gungs* auch = ein junges Tier und so *ə Gràußs, Kloiˉs* eine erwachsene Person, ein Kind[7] (dim. *ə Kloiˉsˊrˊl* n. = eine ganz kleine Person oder Sache Neubauer BH II 199), *ə Gsunds, ə Krànks, ə Tàuds, ə Fremms* Fremdes, auch ·*weə Rechts* = jemand in angesehener Stellung, *ə jéds, ə r ànnəs* jeder, ein anderer Mensch; in beschränktem Umfange stehen Pronominal-Adjektiva hier auch ohne Artikel:[8] *àls* = alle Leute, *àiˉs* = der oder die eine[9] (korrel. *ə r ànnəs* oder meist *s ànnə*), *koiˉs,*[10] *màuchs.* Regel

---

[1] Unbekannt ist das nöst. (auch oöst.) *dös waingä* das Wenigere, z. B. *Deis wá-mä dös w.*, dem Sinne nach = Das wäre mir das wenigste : Nagl Roanad S. 220 zu V. 261.

[2] Wie öst. *'s Letzte.* Neben eg. *áf d'létzt* auf die letzt (dies auch öst.; *zuletzt* ist im reinen Dialekt kaum gebräuchlich) hört man die dem mhd. *letze* (Ende, Abschied, Abschiedsgeschenk) entsprechende Form *áf d'letz*, die auch in älteren Quellen begegnet : vgl. Egerer Stadtbuch v. J. 1566 *dan er nit bis vf gar die Letze sich mit dinsten zuuorsehen warten wölte* Gradl-Pistl in Nagls DM I 136 (bei Baier 441 hingegen *auf die letz*). Die substantivische Bedeutung von *letze* ist hiebei in der adverbialen Formel noch nicht ganz erloschen, wie die Verbindung mit einem Verbum der Richtung bezeugt : *Wái 's áf d'létz kumms* (oder *gàngs*) *r iz* = Als es gegen das Ende kam, ging. Das Bayr. hat die dem ahd. Superlativ entsprechende Form mit *s, sch* : *auf d'Léscht* Schmeller I 1524 *lebt,* vgl. nöst. *äv d'léift* Nagl Roanad S. 172 zu V. 209, obhess. *lest* neulich Crecelius 557. *In der Letzte* = in letzter Zeit gebraucht auch Jakob Grimm Br. S. 213 N. 71 Z. 10 v. u.

[3] Alle Superl. (dazu *s Letzte*) sowie die Wendungen mit *das Erste* auch oöst. (*Das is dös Erst* = Das ist unerwart-t: Lindemayr S. 96 Der ernsthafte Spaß III 2); els. *'s ist s erste Wort* = Das weiß ich noch nicht: Martin-Lienhart I 69 ª.

[4] Es ist *ein Kleines, Leichtes* (oöst. *Dös is á Leicht*s = ist selbstverständlich) fehleu.

[5] Nagl Roanad S. 61 zu V. 55 *än iáds* und Schleicher 61 denken an Ellipse von *Leut* n.; letzteres ist jedoch dem Egerl. fremd.

[6] *Das er nymanz getrewes hab lemtigez* Eger. Urk. v. J. 1429 (Mitt. XXXI 50 N. 79). Vgl. Goethe D. Mitschuldigen I 5 (W. 9, 470 Lesarten zu 281) *Da ist ein Brief, er muß von jemand Hohes sein.* Scherz, List und Rache (I. M. W. 12, 121) 62 Skapine: *Welche Gestalt! Wer ist das?* Skapin: *Jemand Bekanntes.* Ein (wer, kein, niemand) *Alles, Junges, Gesundes, Krankes* u. dgl. auch öst.

[7] *Ein Kleines* = *Kind* bei W. Grimm Freundesbriefe S. 124 N. 62 *wie Du noch ein Kleines warst*; öst. *d* (gewöhnlicher *was*) *Kloans.*

[8] Kaum jemals gewöhnliche Adjektiva wie *Reichs und Arms* = reich und arm, reiche und arme Leute : Ammann VS I 37, 1.

[9] Auch = man, sowie in *unnəràiˉs* unsereins § 490.

[10] *Ein jedes, niemands, eines, keines, dasselbe, ein anderes* und sulst. Adjekt. auch altbayr. Schwäbl § 77. *Alles, keines, unsereins, eins, ein jedes* auch altenburg. Weise § 145.

ist das persönliche Neutrum bei der Beziehung auf mehrere Personen verschiedenen Geschlechtes. also namentlich bei *ài͂s — s ànus* = der Mann — das Weib (oder umgekehrt), *kei͂s* (von zweien) = weder der Mann noch das Weib usw. (vgl. mhd. *ietwêders* und *dewêders* Erdmann-Mensing II § 8 S. 11), außerdem in den erstarrten Bildungen *ə Mà- nəts, ə Wäiwəts ¹)* = eine Person männlichen, weiblichen Geschlechtes (Plur. selten und höchstens vom letzteren: *Wäiwətsə*). Falls wirklich *eməts* oder *nemməts ²)* nach diesen persönlichen Neutren gebildet sind (DWB IV 2, 2303, 6', ist es freilich auffällig, daß sie schon beim ältesten Auftreten mit dem männlichen Relativpronomen verbunden werden; die echte, alte egerländische Mundart aber behandelt beide Bildungen tatsächlich als Neutra: *'s waa r owa schö nemmats einikumma r aa, wal 's wanäih wasunk'n waa* (es wäre aber schon niemand hineingekommen auch, se in das Moor, weil es vorher versunken wäre: Lorenz S. 8) und so kann man noch heute sagen *eməts, dəs wos dəs niət wäid* Jemand, der (was) das nicht weiß. Allerdings ist dieser Gebrauch im Abnehmen begriffen. ³)

Das Possessivpronomen tritt wie in der nhd. Schriftsprache vor *àls* = alles (*Du bist jà mă als*), vereinzelt vor Partizipia wie *Oŝlignds* (*să O. füətrogn* sein Anliegen vorbringen Urban Allad. G. S. 222),⁴) vor Superlative, z. B. *mă Erschts wəs, dä r é* mein erstes war, daß ich usw.; *mă Löibsts* (Liebstes) *is; să Häichsts* (Höch-tes) *wəs* u. ä.⁵)

Mit dem bestimmten, häufiger mit dem unbestimmten Artikel oder anderen (demonstrativen, possessiven) Pronominen verbinden sich einige von Tiernamen abgeleitete Adjektiva auf *ə* (< *erin*), welche gegenwärtig im Neutrum nur Fleischsorten bezeichnen: ⁶) *ə (dös, mă) Schwäinəs* = ein (dies, mein) Schweinernes, *ə Kölwəs, Schétzəs* Schöpsernes, ferner *ə Säuəs*

---

¹) Von den mit der Endung *-cit, -at, -ct, -it, -it* (an alten Verwandtschaftsnamen Schmeller I 175) gebildeten Adjektiven *mannət, weibət; ə mannətə Mensch, dé mannəln* un l *weibəln Leud* Schmeller I 1604; II 831. MB § 1032. Khull 440. 623 (steir anch koll. *Gmannats, Gweibats,* Pl. *Gmannatn, Gweibatn* = Manns-, Weibs-Volk (-Lente) ders. 280. 290). Schöpf Tir. 819. 807. Lexer Kärnt. WB 186. 253. Schmeller Cimbr. WB 180 [170] *Baib.* 145 [207] *mann itz* (ders. vermutet ebda. S. 107 [169] *-ats,* mit Rücksicht auf die Ausdehnung der Erscheinung schwerlich mit Recht, Einfluß der ital. Endung *-accio*). Zingerle 42 *mannäts* m. n.

²) Im 14. Jahrh. *iemans, niemaus,* auch mit der Endung *-ds, -ts* Weinhold Mhd. Gr. § 493 S 545. Bayr. Gr. § 353 S. 362, in älteren egerländischen Quellen wie sonst (in Handschriften und Drucken vom 15. Jh. an DWB IV, 2, 2302 f., bes. 2303, 6) in Formen auf *-ds, -dz, -ts,* z. B. in einer Urkunde v. J. 1472 *nymant:* (Dat.) Eg. Chron. S. 325 N. 1151 Z. 13 v. o., in einer Urk. v. J. 1508 mit dem heutigen Schwunde des Nasals der zweiten Silbe *nymetz* (Dat.) a. a. O. S. 352 N. 1181 Z. 4 v. o.; sehr häufig für alle Kasus in der Elbogner Chron., z. B. S. 10 Z. 10 v. o. und Z. 10 v. u. (*imandz),* vgl. S. 54 Z. 2 v. u. (*imands*), S. 23 Z. 15 v. u. (*jemandz),* ebda. Z. 2 v. o. (*nymandz),* vgl. ebda. Z. 14 v. u. und S. 55 Z. 5 v. o.; S. 43 Z. 5 v. o. (*nymandz*) u. o.

³) Für eine genitivische Deutung von *jemands* fehlt es an typischen Verbindungen, die man zum Ausgangspunkt des erstarrten Genitivs nehmen könnte.

⁴) In der Stadt auch *irə Müttəls* = ihr Mütterliches, se. Erbteil; statt *Das hat sein Gutes* sagt man lieber *Dos haut ə wos Gouts* (oder *Dos häut wos füə sich*).

⁵) *Mein altes (erstes* usw.) auch üst.

[⁶]) Mhd. auch *Tuch und Pelzwerk: daz lenck(e)rin* Tuch aus Lammwolle Konrad v. Haslau Jüngl. 9; vgl. Haupt Zs. 15, 256, 28. 1.]

Saueres, [1] ein angesäuertes, gehacktes Fleisch oder Beuschel, [2] sodann einige Partizipia Prät. Pass. zur Bezeichnung von Fleisch- und anderen Speisen: *ə Gráikəts* Geräuchertes, in der Stadt auch *ə Gselchts, ə Ghàckts,*[3] *ə Gsulsts, ə Gstàntus (ə Schüssl Gst.,* dafür auch *ə gstàntuə Schüssl,* vgl. Grüner S. 56 *Es wird eine gestandene Schüssel versprochen*), *ə A͜gmàchts, ə Gri(b)ms* Geriebenes, sc. Gerstl,[4] *ə Tropfts* oder *A͜tropfts* Eingetropftes, *ə Gwulchəts* Gewalgertes;[5] die drei letzteren bezeichnen Suppeneinlagen. [6]

Am häufigsten jedoch verbindet sich das Neutrum, wie bereits erwähnt, (außer mit *wer, jemand* usw.) mit *wos,* ferner mit *éppəs* etwas, *v(ü)l, ə weng* oder *ə bissl, néks,* die alle nicht mehr als neutrale Substantiva mit dem Genitiv gefühlt werden, sondern selbst als unflektierte Attribute zu dem selbständig flektierten Adjektiv treten: *wos Schäi͡s, mid wos Schäin* mit etwas Schönem, *wos Gouts (Häi͡t hàut ə sé wos G. tàu͡*[7] sich einen Genuß verschafft, namentlich in Essen und Trinken), *wos Bäiss* (selten im schriftsprachlichen Sinne = etwas moralisch Böses,[8]) dafür lieber *wos Schlechts,* auch nicht = etwas Schlimmes, dafür lieber *wos Làuss* Loses oder *Archs* Arges oder *Okwəs* Albernes, sondern meist = eine Geschwulst, ein Geschwür, krankes Glied,[9] *wos Gräi͡s* einige grüne Blätter, in einem Strauß oder Kranz, auch = Grünzeug,[10] *wos Extrəs* (in Nachahmung jüdelnder Sprechweise *éppəs wos E.*), auch *wos Apártés* = etwas Besonderes,[11] *wos Seltsàms* = eine gute Speise (Neubauer Erzg. Ztg. X 272), *wos Wàrms* eine warme Speise; [12] *néks Wàrms* in der Verbindung *Häi͡t is n. W.* = Heute ist es nicht warm,[13] *wos Kloi͡s* Kleines (auch im Sinne eines Familienzuwachses: *Hàmm s' ənn scho*

---

[1] Auch altenburg. *Schwarszaures* Weise § 66, 3; alem. *e Schwinigs, Schofigs* Meyer DVK S. 289, schweiz. *Schààffit* Schöpsernes Hoffmann-Krayer III.Z. III 38. Hier ist die Ergänzung ständiger als etwa in *ə bvichəs* buchenes sc. Holz, aber auch = b. Brett, Rad, Gestell usw.

[2] Auch *ə Pilsnə ə Jochərə* (Egerer) neigen sich wegen überwiegend gleichartiger Ergänzung (Bier) schon der substantivischen Geltung zu, während das Verständnis von *ə schwàrzt* (ein dunkles Bier), *ə frisch(s)* (Glas Bier) der Unterstützung durch Situation oder Zusammenhang nicht entraten kann.

[3] Auch altenburg. (ohne Art) Weise § 66, 3.

[4] Über bayr. *Gersten, Girst* = zu Körnern geriebener Teig vgl. Schmeller I 937 f.

[5] Von *wuichən,* mhd. *walgen,* fränk. *walzern* walzen, rollen, vgl. Nürnberg. *Wulzer* (egerl. *Wulchə'n*) das Gewälzte Schmeller II 903. 904.

[6] *Ein Schweinernes* usw., *Saures, Geseichtes, Eingetropftes* auch öst.; daneben *ein geriebenes Gerstl.*

[7] Vgl. § 291, 1.

[8] Auch nicht in der älteren Bedeutung *gering, schlecht* wie schles. Weinhold Schles. WB 11.

[9] Vgl. *ə bäiss Mil* = ein mit Ausschlag, einer offenen Stelle behafteter Mund (ebenso öst., nordböhm.-schles. Knothe WB 101, b), hingegen *ə làuss M.* ein boshaftes Gerede. *Böse* = krank nach Grimm Br. S. 173 (N 57 v. 24. Sept. 1809) Z. 10 f. v. o., wo Jakob schreibt *Böse Augen habe ich auch* (mit Bezug auf Wilhelms Brief ebda. S. 168 N. 55 v. 18. Sept. 1809 7. 5 v. u. *seine* [Hagens] *Augen haben etwas Krankes, Überwachtes).*

[10] Wie bayr.-öst. Schmeller I 1002 *grün:* handschwhsh. *A͜rins* n. Lenz 26.

[11] Els. *Eppes Extras* Martin-Lienhart I 86 a, schles. *was Extraes* W. v. Polenz Der Büttnerbauer S. 349, fränk.-hennebg. *eppes abirtenes* Spieß 108.

[12] Vgl. Rosegger Das Buch der Novellen II [?] (1888) 324 *wenn was Warmes ist.*

[13] Wie diese Verbindungen mit *was* auch sonst der Neigung zu konkretem Ausdruck entgegenkommen, darüber vgl. § 291, 1.

19

wos K.?), Partizipia wie *wos Schmékods* = Parfüm, in besonderem Zusammenhang allenfalls auch etwas Übelriechendes (vgl. § 232), *wos Bàchns* Gebackenes = Backwerk, allenfalls auch Fleisch, *wos Bràu(d)ns* Gebratenes, Braten u. ä.

Die Komparative nehmen hier keine abgesonderte Stellung ein: *wos Schännos* Schöneres usw.; bemerkenswert ist *wos Wengos* etwas Wenigeres (nicht = e. Weniges,¹) was *Wengs* lauten müßte) in der Ablehnungs- oder Verneinungsformel *Jà wos W.!*, litot. = Gar nichts! Gar nicht! Was dir einfällt! (vgl. S. 102 § 142 und Anm. 4).

§ 300. Substantivierung des un f l e k t i e r t e n S t a m m e s (wie schon ahd. Erdmann Otfr. Synt. II § 62) liegt vor in *Gout (s löi G.* das liebe Gut²) = Brot, ³) wohl auch andere Speisen, *s Happ*[Haupt]-*G.*: *Mit dia dàu kummat i afs Happgout* Mit dir da käme ich zu besonderem Vorteil, iron. = zu Schaden E. J. X 166; *s How ɔ Gout* Hab und Gut;⁴) ein Bauerngut heißt *Huof*, statt Herrschaftsgut sagt man lieber *d'Herschàft*; das Dim. *Göu(d)l* begegnet in dem § 45 angeführten Sprichworte. Über *ein* oder *kein gut tun* vgl. § 150, 11 [Schluß]. Der abstrakte Begriff *das höchste Gut* ist der Mundart fremd; *s hàuchwirté Gout* ist = Hostie, namentlich in der Monstranze ausgesetzt,⁵) in den Bezeichnungen der Farbstoffe ⁶) nach der Farbe: *s Wischblàu* Wä-cheblau, *s Blàiwiiß*, *s Fédrwdiß* Federw. = pulverisierter Talk, *s Kàstlbràu* Kasseler Braun, ferner in *s Weng* oder *Wengl (Wengo'r)l*, *s* oder *ɔ*, auch *dös W. Wésch* = das, ein, dies Wenig(lein) Wäsche, *koɔ Weng* kein Wenig = nichts, *ɔ kloi˜s Weng* = ein kleines Wenig`; ⁷) andere wie *Grün* (das Gr. der Wiesen), ⁸) *Wild*, *Naß* (das köstliche N.), *Übel*, *Arg* (kein A.), *Falsch* (kein F.) fehlen, desgleichen Verbindungen wie *groß und klein, jung und alt*; eher begegnet *ràich u àrm.*⁹)

¹) *Etwas Weniges* bei Ammann VS II 49, 34 *ich will noch etwas weniges schreiben*. Soweit die Adj. u. Part. nicht fehlen, sind diese Verbindungen mit *(e)twas* (ausgenommen *w. Wenigeres*) auch öst.

²) Wenn *Löigout* n. als Schimpfwort verwendet wird (*sua r a mischands* [franz. *michant*] *Löigout wül mi . . . heia(r)n* heiraten? sagt bei Urban Allad. G. S. 282 die erboste Magd zum Knechte), so liegt vielleicht nicht iron. *lieb* vor, sondern das auch sonst gebrauchte *löi* = krank, schwach (vgl § 256, 1).

³) Tir. *Guet* ist außer Anwesen auch Großvieh : Schöpf Tir. Id. 220, 2, ähnlich gottscheew. = Besitz, Vieh, besonders Schafe : Schröer WBG 96 [260].

⁴) Els. *Haw e Guet* Martin-Lienhart I 293 b.

⁵) Ebenso öst.

⁶) Für die Abstrakta *das Rot, Schwarz* u. a. treten die oben § 277 erwähnten Substantiva *Räü, Schwürz* usw. ein.

⁷) *Ein fein wenig* = viel im Ertgeb. *Dar hot a fei weng ofn Karbhols* Bergmann Erzg. Ztg. VIII 227. Das durchgängige Neutrum beweist, daß nicht die Verbindung mit adjekt. *wenig* vorliegt (wie in einem volkstümlichen Spruch an der Ob.-Isar Schmeller II 922).

⁸) Bei Goethe auch *das Grünere : der Hügel Grün, das Grünere der Matten* Maskenzug v. 18. Dez. 1818 V. 447 (W. 16, 277).

⁹) *Das Federweiß* (statt *Wäscheblau Bleb* f., vgl. Schmeller I 320), *das Wengerl* (Schmeller II 922. Lexer Kärnt. WB 255) auch öst. (mit den gleichen Abgängen *Wild* usw.), steir. *Falsch* m. = Betrug Khull 210, 2. Auch Präpositionalausdrücke wie *auf gleich* (eg. *Oitas sämmu wids r äf gl.* = stehen wir gleich, haben wir uns ausgeglichen; öst. *lieber s. gl.*) können hieher gestellt werden. Das Nöst. bildet hier die weibl. Subst. *äv di glaich, äv di*

§ 301. Von den obliquen Kasus des substantivierten Neutrums kommt in allen diesen Fällen wegen des beschränkten Gebrauches des Genitivs [1] nur der Dativ in Betracht, und auch dieser begegnet fast nur in präpositionalen Wendungen mit dem bestimmten Artikel oder mit *was*; das persönliche Neutrum mit dem unbestimmten Artikel tritt in dativische Wendungen wegen des Zusammenfalles mit dem Dativ Mask. im allgemeinen nicht ein.

Einige Substantivierungen sind so ziemlich ausschließlich auf präpositionale Wendungen beschränkt, so *in Àichətn* (= *in də àichətn Sàitn*, z. B. *ən Kìƙdʹl in A. oŕsöign* den Kittel in der verkehrten Seite, mit der Innenseite nach außen, anziehen),[2] *in Gouʹdʹn* im Guten (z. B. jemandem etwas sagen wie nhd.), *in Kàltn schlàufm* = im ungeheizten Raum schlafen (der Gegensatz ist *in Ghàitstn*), *in àin* in einem (z. B. geht es hin, *in gànən* im ganzen;[3] aber nicht *im allgemeinen, im besonderen, im einzelnen*. Komparative gehen in solche Verbindungen fast gar nicht ein, eher Superlative in adverbialen Ausdrücken wie *áƒ s wengst*[4] auf das wenigste = zum mindesten, *zən* (oder *ám*) *màistn* oder *màiərəstn* zum (am) meisten, mehrsten, *zən bèstn*[5] (geben, haben, es steht nicht *z. b.*), und Ordinalia (wohl mehr in der Stadt): *dʹn* (< aus dem) *Hunuətstn ins Tàusədst kummə* (von weitschweifiger, planloser Rede).[6]

§ 302. 2. Die substantivierten Formen des Maskulinums und Femininums (Sing. und Plur.) bezeichnen

a) überwiegend Personen. Der Komparativ steht hier hinter dem Positiv und Superlativ etwas zurück. Die artikellose starke Form wird im Anruf verwendet: *Schmècks, Kropfədə!* = Riech's, Kropfiger (als derbe Abweisung einer Frage),[1] *Gell, du Schwàa'zaughata* (Schwarzäugige = schw. Mädchen), *gelt, öitza taugh u da?* HTV S. 331 N. 557 *a* (West- und Südböhmen) und so *Schwàrzə* = Schwarzer und Schwarze,[2] *Dickə, Kàutə* im Anruf zwischen Burschen und Mädchen; auch *Altə* = Alter und Alte als Anrede der Ehegatten untereinander (auch scherzhaft

---

gröd Nagl Roanad S. 172 zu V. 209; über *das Gleich* vgl. Schmeller I 1423. Ihrer adjekt. Natur halber wären hier auch fremde Wörter anzuschließen wie *Dèpətàt, Làmentiwl* (§ 322, 1 *a*) oder *Sichərlt* u. < *secretum* = Abort (auch steir. *Sekret, Zigret* u. Khull 592. 651).

[1] *Des Langen und Breiten, des Weiteren* (z. B. erzählen), *eines Besseren* (belehren) u. a. fehlen; auch öst.

[2] Oöst. *in Àwegn* (mhd. *ebech* Lexer I 499), vgl. Schmeller I 11 *in eben*. 13 *abech*. Hofer I 4 *in àbi*. Egerl. auch *in Àichətn* (= übel) bei jemandem ankommen; eine Sache ist *in Ài*. oder *də r Ài*. gegangen = hat einen dem erwarteten entgegengesetzten Verlauf genommen: Mannl S. 7. Über *àichət* vgl. auch § 416.

[3] *Im Guten, Ganzen, in einem* auch öst.

[4] Ein Beispiel dieser Fügung bei Elis. Charlotte Briefe S. 10 *auffs wenigst* = wenigstens. Superlative des Adverbs (*aufs freundlichste*) werden, soweit sie überhaupt vorkommen, sonst mit *zu* verbunden, z. B. *nist zən schännstn*.

[5] Über *das / este* = der größte Preis eines Wettspieles vgl. Schmeller I 299.

[6] Auch schwäb. Ra. W. Unseld IILZ V 26 N. 898.

[7] Auch bayr.-öst. Schmeller II 543 *schmecken*.

[8] *Də Schwàrə* = *də Bäis* (böse) = Teufel, vgl. *Der Schwarze hat keine Macht über mich* KHM N. 92 (II 36).

und spöttisch) kann man besonders in der Stadt hören,[1] öfter noch, dritten Personen gegenüber, *md̄ Altə*. Die Verbindung mit dem be- stimmten Artikel, dem Demonstrativ- und Possessivprono- men ergibt hier im Singular genau bestimmte Individualbegriffe: *də* und *di Alt* = der Hausvater, die Hausmutter, hie und da auch von einem Vogelpaar im Gegensatz zu den Jungen (in Absroth ist *də Alt*, wer beim Ausdreschen den letzten Schlag mit dem Dreschflegel tut: H. Uhl UE IV 30),[2] *də* und *di Gung* = der Sohn, die Tochter, auch wenn sie schon verheiratet sind und Kinder haben; in diesem Falle ist *də*, *di Alt* vom Standpunkte Dritter regelmäßig = der Großvater, die Groß- mutter,[3] nicht = Vater, Mutter; von *md̄ Altə*, in erster Linie wie anderwärts = mein Gatte, meine Gattin, wird das Maskulinum in Studenten- und Soldatenkreisen auch = mein Vater gebraucht, aber wohl kaum jemals das Femininum = meine Mutter;[4] *də (di̅) Gräuß, Mittlə, Kloī (Klȁnnst)*, ähnlich *md̄ Gräußə*[5] usw. bezeichnet ohne Rück- sicht auf die Körpergröße den ältesten, mittleren, jüngsten Sohn (die älteste usw. Tochter) der Familie;[6] *des Näigirichə* dieser Neugierige, *md̄ Löiwl* = mein Geliebter, meine Geliebte[7] (so besonders im Volks- lied: *Si siaht ihr Löiwl af da Laua* HTV S. 44 N. 63 Plan-Eger), *də Bäis Höse* = Teufel, auch *də Löiwendé* der Lebendige (*Dös*, z. B. eine Wunde, *bäißt* oder *brennt wöi də Löiwendé*, auch *də l. Sȁldȁn*), *də* und *di Mȁī* = mein Mann, mein Weib, weniger ohne Artikel *Mȁinə* = mein Mann,[8] *də Zeət* der Zehnte (*Dös wȁiß də Z. niət* = Das weiß unter zehn Menschen nicht einer, also = so mancher nicht, wissen viele nicht);[9] auch Superlative, weniger Komparative,[10] werden wie in der nhd. Schrift- sprache substantiviert (von älteren Fällen wie *Fürst, Herr* wird hiebei

[1] Doch nie als Anrede von Seite des Gesindes wie (nach Schoof III.Z. I 219, 2) in Oberdeutschland. In der Regel reden Eheleute einander mit dem Taufnamen an, in der Stadt hie und da die Frauen ihre Männer mit dem Familiennamen (wie altenburg. Weise § 93).

[2] Über *der* oder *die Alte* die letzte Garbe oder die stehen gebliebenen Halme des Feldes John UE IV 64. Vgl. Manuhardt Wald- und Feldkulte I¹ 196. 197.

[3] *Alt* f. = Großmutter auch handschuhsh. Lenz S. 7. *Der Alte = membrum virile* (Fischer I 155. Weinhold Schles. WB 6, vgl. mhd. *der ebenalte* Lexer I 499) ist mir egerl. nicht bekannt. *Der Hintere* tritt in feinerer Rede an die Stelle des derberen *Arsch.*

[4] Els. außer = Mutter, Gattin noch = Meisterin, Geliebte, Freundin, wie *der A.* außer Vater, Gatte auch = Meister, Hauptmann, Freund: Martin-Lienhart I 34 f.

[5] Nordbohm. *Wie unser Gräßer, Seff, neu derhejme wor* Tieze Hejmt III 22 (Warns- dorf). Über den Ersatz von Alters- durch die sinnfälligeren Größenunterschiede vgl. Schoof III.Z. I 222, 3 a, β und Anm. 1.

[6] Die Anrede *Schwarzaugitə* (in einem fast wörtlich gleichlautenden *Gstȁnsl), Alter,* im l in der Aussage *mein Alter, der (die) Alte (Junge),* der *Große, Mittlere, Kleine* zur Bezeich- nung von Familiengliedern auch oöst. In Rubla heißt der mittlere von drei Brüdern stets *dr Deck* der Dicke Kegel 175.

[7] Über das interjektionelle *m̄ Löiwə!* vgl. § 144 I 105: oöst. *(bist ja) mei Liewil* (Liebling), sagt nach Lambel auch die Mutter zum Kind

[8] Nordböhm. (böhm. Schweiz) *ich . . . soate zu Menna : •Alde* usw. Tieze Hejmt III 27: *Meiner* = mein Gatte auch altenburg. Weise § 93, in Straßburg *Minne = minne Groß- mueter* Schoof III.Z. I 227, 5.

[9] Ähnlich bayr.-öst. Schmeller II 1101, vgl. *niot diu dritte maget* = unter den Dreien nicht eine: Lexer I 466.

[10] Hieher gehört wiederum *də Lëtzə* = der Letzer(e) (vgl. § 299) : *Dos wî də L, des wos . . .* = Das wäre der Letzte, der . . . Der Ableitung vom Positiv mhd. *lëtse, ləs =* verkehrt, unrichtig, an die Lenz 28 denkt bei *tes il mə tə lëts* (der unrichtige Mann) *dətsū,*

abgesehen): *də* (*di*) *Gräißt* oder *Klännst* der (die) älteste oder jüngste Sohn (Tochter), *də* (*di*) *Herzàlalǒist* (oder *mǎ̄ H.-ə*) = mein Geliebter, meine Geliebte, *də Erscht* (*Du bist də E.*, oder ohne Artikel: *Du bist Erschtə*), *də Gschäitst* (*Du bist å̄ niət də G.*).

Plurale dieser Art mit dem bestimmten Artikel sind *di Àltn, di Gungə* = die alten, die jungen Leute, auch die alte, die neue Generation und *di Gràußn, di Kloin* = die reichen, vornehmen, die armen Leute (vgl. der »kleine« Mann), ferner *di Appeschn* die Äbtischen, in Theusing die Bewohner der um das Stift Tepl liegenden Dörfer (Mannl S. 7), *di Máin dəhoəm* = meine Familie, *di Unnən* die Unsern = unsere Soldaten, gegenüber der feindlichen Partei (wie in der nhd. Schriftsprache); sonst wird lieber *Láit* hinzugesetzt: *di ràichn Láit, di rouingə* (ruhigen) *Láit* usw.[1]

Mit dem unbestimmten Artikel oder *kein* treten persönliche Maskulina und Feminina nicht nur im Subjekt (*ə r Àltə, Gungə, ə Blintə*), sondern öfter noch im Prädikate und in dessen Ergänzungen auf: *Du bist* (oder *Dеə, Döi, Dös is*) *ə Schäinə* iron. = ein sauberer Patron, *ə Gsuntə* Gesunder = loser Vogel, auch einer, der es »hinter den Ohren hat«, *ə Fáinə* = Heuchler,[2] *ə Gnáuə* Genauer = Geizhals, *ə Hàuchnösətə* Hochnasiger, *ə Gràußkopfətə* Reicher, Hochgestellter, auch wohl = Vornehmtuer,[3] *ə Gràußmàulətə* Großmauliger, der den Mund recht voll nimmt, *ə Hántichə* Händiger = im Zuschlagen Flinker (UE V 17 N. 279, dagegen *də Hántich* das Handpferd des Gespannes), *ə H(ü)lzənə* oder *Böichənə* Hölzerner, Büchener = aus (Buchen-)Holz Geschnitzter (häufiger als Vergleich: *dàustäik̄ wöi ə H., B.* Neubauer in Chr. Meyers German. I 206), auch *ə Hàə̄böichənə* ein Hanebüchener; *Bin jà kàa(n) Gungə mäiə* (sagt ein Knecht zum Bauern bei Urban Allad. G. S. 29), *Döi Jumpfa nimmt kàin Àltn* (HTV S. 44 N. 63 Plan-Eger); auch einige Partizipia Präs. und Prät. lieben diese Fügung: *Dös is ə Bɛ́tətə* Betende = Betschwester,[4] *ə Àsseschədə* Aussehender = kränklich aussehende Person, *ə r àrmə Ràisndə* reisender Handwerksbursche, der mit dieser Formel auch um milde Gaben bittet, *ə Ā̄gwirtə* Eingewirrter = Wirrkopf, *ə Zwirtə* Zerwirrter = Verrückter, *ə Gschossnə* = Schußbartl[5] (vgl. § 285), *ə Heəgloffmə* Hergelaufener, im verächtlichen Sinne, zum Unterschiede von den im Orte Geborenen, *ə Hàuchgschornə* Hochgeschorener = Hochmütiger;[6] *dàustäik̄ wöi ə Gschnitzlə* (vgl. oben *wöi ə Hülzənə*). Bei vielen dieser Fügungen ist allerdings die Ergänzung von *Kerl, Mensch, Ding* m. oder

[1] Alles (mit Ausnahme der *Appeschen*) auch öst.
[2] Auch das Wienerische *ə Gháulə* kann man hören.
[3] Vgl. steir. *großkopfet* außer in wörtlichem Sinne auch = hochgestellt, einflußreich Khull 309.
[4] Um Eichstätt ein *Bɛ́tərt* ein Betbruder *sein* H. Weber III.Z V 138.
[5] In einem anderen nur verhüllt angedeuteten Sinne bei Elis. Charlotte Briefe S. 18 N. 9 *den der mensch ist gar kein geschoßener wie retter Fana*.
[6] Vgl. mhd. *hôchbeschorn* in wörtl. Sinne Lexer I 1313, im übertragenen z. B. II. II. v. Sachsenheim Moerin V. 74 *Wie dunckt er sich so hoch beschorn?*

Dingərich m. (vgl. § 321, 2), *Bissl* (ə *gouts, gsunts B.*) u. a. ebenso häufig. [1]

§ 303. Personenbezeichnung durch substantivierte **Adjektiv-Stämme** ist mir im Egerländischen nicht bekannt. [2]

§ 304. *b*) Den Übergang zu den **Sachnamen** bilden Spielkartenbezeichnungen wie *də ůّntə* der Unter, *də Ůّʒ·ω* d. Ober (beide auch wie öst. mit vorgesetztem *Gräّ*-, *Schelln*- usw.). Außerhalb der Personenbezeichnungen sind substantivierte Maskulina und Feminina weit seltener. Die Mehrzahl der mit dem bestimmten oder unbestimmten Artikel verbundenen flektierten Adjektiva macht den Eindruck elliptischer Bezeichnungen; wegen der regelmäßig fehlenden, z. T. auch vergessenen Ergänzung können einige hier angereiht werden, [3] so *də Zëət* Zehent (Mannl S. 28 *dëّʒəm*, mhd. *zëhende, zëhent'e*, auch öst.), in der älteren Mundart *der siebente, der dreißigste* sc. Tag = die Seelenmesse am 7., 30. Tag nach dem Begräbnis [4] (z. B. Eg. Stadtges v. 1352 S. 9 N. V, 3 *auch schol man weder zu sibenden, zu dreizzigsten [noch zu järzllen], di man zu den seln begÉt, dchain opferlicht mÉr haben,* vgl. ebda. 4 und Grüner S. 62; heutzutage *d' Wochn-Mess, d' Voi.ə-Wochn-Mess*), *də Sëksədräißgə*

<hr>

[1] *Ein Feiner* (*Händiger*), (*K*̓)*ein Alter, Junger, ein*(*e*) *Betende*(*r*), *e. armer Reisender, e. Geschossener* (auch mit *Kerl, Mensch*) auch öst. Statt *ə gsundə BißÉ* in pers. Sinne bes. in Wien *ə gsundə Boə* Bein.

[2] Auch oöst. unbekannt. Dagegen steir. *Du Aïndisch* (Rosegger Dorfsünden ¹ S. 58), altenburg. *der Läppisch, der Dämisch* = der 1., d. Mensch; Weise § 66, 1. Aus dem fremden Adj. *specialis* stammt das eg. und anderwärts bekannte *Speai* m. = Spezialfreund (kärnt. in diesem Sinne *SpeciaÉ* m. Lexer Kärnt. WB 236), das weiterhin wie Freund selbst auch adjektivisch in Prädikat erscheint : *Mià sánn mit mànə gout speai.*

[3] Dagegen wird zu ə *längə, ə kurzə* (außer beim Kauf, in Rauchergesellschaft u. dgl.) ebenso oft *Zigárrn* hinzugesetzt : ə *räulə, ɡráinə* wird wie in der Umgangspr. nur in der engen Sphäre des Kartenspieles als Herz-, Laub-Karte, ə *hálwə* außer in der Verbindung mit *Bier* nur im Gasthause oder einem entsprechenden Zusammenhang der Rede als *halbe Maß* verstanden ; ähnlich öst.

[4] So schon mhd. der *sibende, drizzigste* (und *érste*) Lexer II 899. I 468 u. 695; Schmeller II 209. I 562 f. (hier auch über das damit verbundene Totenmal ; vgl. Meyer DVK 274). 122 *ér*. Kbull 206 *a*. Schöpf Tir Id. 89. Crecelius 293. (353) [vgl. DWB 10, 1, 826 *c*; dazu die schon von Seemüller zu Seifried Helbling VII 76 aus Breviarien von S. Lambrecht in Steiermark (12. Jh. Zs. XX 143, 112 *b*) ausgehobenen Zeugnisse. Ö-t. Weist. V (Tirol. W. IV) 922. 820. 1102 (n. Gottesdienst); Mathesius Leichpred. gehalten i. J. 1555 zu Buchau, Ausgewählte Werke hg. v. G. Loesche I (Bibl. deutscher Schriftst. aus Böhmen IV) 34, 17. L.] Etwas anderes ist *die Dreißigste*, eine Zeit von 30 Tagen, bes. die vom 15. Aug. bis 13. (8.) Sept., der u. a. auch eine religiöse Bedeutung zukam ; Lexer I 468. Schmeller I 563, 2 (wiederholt mit einer Nachlese DWB II 1394, 4). Kbull 170 *Dreissigtage*. 251 *Frauendreißigst* m. Auch in Datum-Angaben wird *Tag* wie gesetzt : *Hai·t is də ersckt, də lëtə*; hingegen liegt volksetymologische Umdeutung aus mhd. *einem die lëtə* (das Abschiedsgeschenk) *geben* (Lexer I 1891) vor, wenn unter spielenden Kindern *ən lëtən ɡí*(*ö*)*m* heißt: sich (besonders vor dem Schlafengehen) mit einem letzten Schlag verabschieden. Dieser Schlag heißt auch das *NáchənëtəÉ* oder *Nächsl* John Oberlohma S. 136, in Oöst. ə *NachtəppÉrl*. In Bayern sagen die Knaben hiebei *dé léscht, dé léscht* Schmeller I 1524. Vgl. in ähnlicher Bedeutung im Deferegg. 's *lëtÉ* ('s *lötttatsch'É*) *ɡöiℓ'm* Hintner S. 153. Im Handschuhsh. ist das Substantiv die *nächt-lëtÉ* = der letzte Schlag als Nacht-Abschied oder Abschiedsgeschenk : Lenz S. 28; ein Nachklang der alten Bedeutung ist es vielleicht wenn sich in Graz die Kinder *die Letz* mit den Worten geben *du haſt's Supperl* R. Reichel Z. f. d. U. VII 268, 6. Über *öf d'lëtə*(*t*) (auch *in də lëtə* in der letzer sc. Zeit, vgl. mhd. *an der, uf die lëtə* Lexer I 1891) vgl. S. 269 Anm. 2.

Sechsunddreißiger = Ausschlag der Kinder, der 36 Wochen dauert, *ə Bittərə* [1]) (meist Akk. *ən B.* sc. Schnaps *trinkn*), *də Aɪ̈boɪ̈nət* der Einbeinichte, ein egerländischer Tanz (John Oberlohma S. 137). Ungebräuchlich ist (wie öst.) die Bezeichnung der Hände als *der Rechten*, *der Linken*.

§ 305. Auch hier finden sich endlich einige Beispiele für Substantivierung von A d j e k t i v s t ä m m e n, so (abgesehen von gemeindeutschen Fällen wie *der Stumpf*) die Maskulina *də Gsund* und (häufiger) *də Ungsund* = Gesundheit, Krankheit [2]) (Neubauer Id. 67. 104, wie schon mhd. Lexer I 937. Nachtr. 203. II 1874. DWB IV, 1, 4313 ff.), *də Goutsōd* Gutsatt, Gutgenug = vorderer Teil des Weiberrockes, der, ohnehin von der Schürze bedeckt, aus schlechterem, billigerem Tuch besteht,[3]) *də Olwə* der Alber [4]) = der Rappel (z. B. *Wenn nən də r Olwə oɪ̈kümnt* = Wenn ihm der Rappel ankommt, Wenn er seine »alberne« Stunde hat). [5]) Ob *də Urəs* m. = die aus Mangel an Appetit übriggelassenen Speise- oder Futterreste (Neubauer Id. 105, m. auch steir. Khull 611, in Ruhla Regel 275, bei Schmeller I 134 *die Uräß, Ures* das Vernachlässigen, Verwerfen, das Verworfene, ähnlich obhess. *die Ureße* Crecelius 853) das substantivierte mhd. Adjektiv *urəs* (Lexer II 2003) darstellt oder eine echte Substantivbildung (vgl. die umgelauteten Formen bei Schmeller a. a. O. u. 180 *urætz*), wage ich nicht zu entscheiden.

Zum Schlusse sei erwähnt, daß der aus einem erstarrten Genitiv erwachsene Adjektivbegriff *àləlài* allerlei (vgl. § 374) als männliches Substantiv *də A.* = Neugewürz, Piment gebraucht wird.

§ 306. B. A d v e r b i a werden abgesehen von den auch der Schrift- und Umgangsprache geläufigen präpositionalen Doppelverbindungen (*və*

---

[1]) Auch oöst. verlangt man *á Stámpál Magnbittern.*

[2]) *Der Gesund* (m. wie seit alters im Obd.) = die Gesundheit ist bayr.-öst. (Schmeller II 307 mit einem oöst. Beleg aus M. Lindemayr 34 = Komödie-Probe 1776 II 3, in P. Schmieders Ausg. S. 130. Stelzhamer Ma. D. I 192 N. 14, 44. Khull 289, vgl. 254 *Frischundgsund* m. Schöpf Tir. Id. 729. Lexer Kärnt. WB 246. Schmeller Cimbr. WB 176 [238] *Gasunt.* Zingerle 54), aber auch md.: nordböhm.-schles. Knothe WB 253; daneben hier *die Gesund* wie seit alters im Md. Lexer I 936 *diu gesunde, gesunt*, vgl. ahd. *gisunti* f neben *gesunt* m. Graff VI 260. Der Gegensatz ist 1. *Der Ungesund* (ahd. noch nicht belegt, mhd. m. Lexer II 1874) = Krankheit, Kränklichkeit im allg. (Khull 610. Schöpf Tir. Id. 729. Lexer Kärnt. WB 246) oder in besonderen Bedeutungen, so bayr. = Krankheitsstoff, Nachgeb'rt, Abort'ns Schmeller II 307; im nordböhm.-schles. = Kropf, Blähhals Knothe WB 253; 2. *Der Krank* (mhd. m. und n. = *debilitas* Lexer I 1708) = Krankheit: Stelzhamer a. a. O. V. 43. Schöpf Tir. Id. 339. Lexer Kärnt. WB 166. Schmeller Cimbr. WB 138 [200], auch fränk. Schmeller I 1374; daneben das echte Subst. *die Kränke* (mhd. Lexer I 1720) = Krankheit und im besond. fallende Sucht, Pest: Schmeller I 1375. Lexer Kärnt. WB 167.

[3]) Schmeller I 963 (*gut*) verzeichnet aus Kösching *Guetgnueg* m. in gleicher Bedeutung und = Lückenbüßer. Allegorisch, jedoch ohne persönliche Bedeutung ist *Gutsatt* in dem erzg. Sprichwort: *Bei einer Hochzeit gehen 3 Dinge mit um den Altar: Gutsatt* (= Gutgenug), *Seltenfröhlich, Vielanders* Bergmann Erzg. Ztg. VIII 215.

[4]) Ohne das sekundäre nhd. -n (mhd. *alwære*) wie fränk.-obpfälz. Schmeller I 65, in Zwickau O. Philipp HLZ V 9.

[5]) Bayr.-öst. *läßt einen dá Nárisch grüessn* (bayr. auch *der Narret kimt einen an* Schmeller I 1753): vielleicht hängt damit auch die Einleitung einer verwunderten Frage *há̄ndrisch* (Schmeller a. a. O.) zusammen: vgl. steir. *der Damisch* = Betäubung (auch eine Viehkrankheit) und = Narr Khull 140.

géstən *əf hái͡t, və hái͡t əf murgn*; auch in einfacher Verbindung *dös ghäist əf hái͡t àu˙b˙mds, əf murgn fröih* = das ist für den heutigen Abend, für die Abendmahlzeit, für das morgige Frühstück bestimmt) und den Verbindungen mit *bis* (*b. hái͡t, b. murgn, b. öitzə, b. əffə* nachher, *b. spǝtə* u. a.) nur vereinzelt substantiviert, z. B. *dös äiwés Hinзwidə* dieses ewige Hinundwieder = Hinundherlaufen, [1]) *s Pré < prae* (z. B. *s. P. ho˙b˙m* = den Vorrang haben [2]) Neubauer Mitt. XXVII 182); ob *ə icds Wàrum* [3]) *hàut sá˙ Dàrum*, das man in der Stadt hören kann, unserem echten Volksdialekte angehört, [4]) ist mir wegen der Betonung der ersten Bestandteile zweifelhaft, obwohl der Gegensatz die gewöhnliche Betonung (*Wàrum, Drum*) verrückt haben könnte.[5]) Entschieden ungebräuchlich sind *das Wie und Wo, das Um und Auf,*[6]) *das Für und Wider, das Wenn und das Aber* [7]) u. dgl.

Auch die in anderen Mundarten vertretenen Maskulina [8]) fehlen hier, falls man nicht das aus dem tschechischen Frageadverbium *proč* (warum)

---

[1]) Dagegen bayr. *der Hin und her* = Person, die bald da, bald dort ist, bald dies, bald jenes will und treibt, *mein Hin und her* = meine Habe Schmeller I 1118 (*hin und hin*), henneberg. *mein Hin und mein Her* = all meine Kleidung, die für Sonntag und Wochentag berhalten muß, DM VII 301.

[2]) Dieselbe Wendung bayr.-öst., schwäb. Schmeller I 465 mit einem Beleg aus Moscherosch. Th. Gartner HLZ IV 289, Fischer I 1330; oöst. auch *á* (ein) *Prá h*.

[3]) Oöst. wird auch das bedeutungsverwandte *zwö* (Instrum. mhd. *ze wiu*, vgl. § 61) substantiviert: *Mein Suachár und Schaun hat á ganz anders zwö* (einen anderen Grund) Stelzhamer Ma. D. II 199 N. 30, 15 f.

[4]) Im Fränk. ist das Sprichwort bezeugt DM VI 326 N. 402.

[5]) Etwas Ähnliches scheint auch im OsterL der Fall zu sein, vgl. *darum* als ausweichende und abweisende Antwort (wie in der Umgangspr.) statt des gewöhnlichen *da-drum* Trebs HLZ IV 22 § 14, 5.

[6]) Bei Stelzhamer Ma. D. II 34 N. 14, 14 *Mit 'n ganzn Umundauf*; auch nöst. bei Seidl (Schmeller I 77). Ähnliche Verbindungen sind bayr. *das Um und an* = victus et amictus (Schmeller a. a. O. aus Aventin) und *mein Auf und Nieder* = mein beständiger Gesellschafter oder mein kleines Hab und Gut (Schmeller I 43), Verdopplungen wie bayr. *der Um und um* (*Umodum*) = Wirrwarr, Tumult (Schmeller I 77 *um und an*), als Neutrum auch = Tanz, vgl. Hübner Beschreibung des Erzstiftes Salzburg I 250 (bei Hartmann Volksschausp. S. 562) *bei Tänzen wird hier* (im Pfleggericht Thalgau) *mehr das sogenannte Auf und Auf getanzt als das Um und Um oder der Walzer*. In älteren steir. Quellen ist *Umundum* n. = Umhängetuch Khull 606.

[7]) Einzelnes *Wenn* begegnet in der Ra. *Jâ, wenn dös Wenn nit wet!* (auch öst, aber mit *Wann* m. *Wann di Wann* n. w.).

[8]) Vom Adverb *auswärts* (ez. *àizwärts* hinauswärts, in der Wendung *öitz gàihts scho d.* = jetzt geht es schon dem Frühling zu) bildet das Bayr.-Öst. das Subst. *der Auswärts* = Frühling: Schmeller I 159, Hofer I 51, oöst. z. B. *In Auzwerts gibt's ös* (Nebel) *gnue* Liudemayr S. 294 = S. 191 der ersten bei Schmeller I, XII angeführten Ausg. v. 1822; auch steir. Khull 40; tir. und kärnt. *der Auswärt* Schopf Tir. Id. 23, Lexer Kärnt. WB 12, ebenso in der Heanzen-Ma. DM VI 24, gottscheew. *der Ausbart* Schröer WBG 43 [207]; ob bei Rosegger Die Älpler [1] 1888 S. 273 *Und nun ist der Wurzelgraber fertig zum Auswärts* letzteres Frühling oder Reise bedeutet, kann ich nicht beurteilen. Im Oost. ist auch *der Hinaus* = Frühling oder Lenzbeginn: *In Hinaus hoàßt's ackern* Stelzhamer Ma. D. II 56 N. 30, 273; vgl. Hofer a. a. O. *Der Einwärts* = Herbst Schmeller II 1008 *-wärts*. Andere männliche Bildungen dieser Art sind bayr. *der Auf und Nieder* und *der Umundum* oben Anm. 6, *der Obenauf* = was bei einer Bürde Gras etc. noch über den vollen Korb, über das volle Tragtuch gepackt wird. Schmeller I 16 *oben*, steir. *der Obenauf* oder *Obenüber* = Hühnergeier und erstes Stockwerk eines Bauernhauses: Khull 481, *der Obenherab* ein Tanz im Schwarzwald R. Wintermantel HLZ I 351, obhess. *der Rundзerum* = runder Kittel Crecelius 703, handschelbsh. *der Ob* = Aufseher im Walde Lenz S. 3 *of*, schles. *der Vornefür* = Schürze Weinhold Schles. WB 102 *vor* u. a.

und *pak* (denn) gebildete *Protschpák* = Tscheche ¹) (*suɔ r ɔ bäimischɔ P.*, auch, wie öst., *Zopák* < tschech. *co pak* was denn) hieher rechnen will.

Auch adverbiale Präpositionalverbindungen in substantivischer Verwendung sind mir aus dem Egerländischen nicht bekannt. ²)

§ 307. C. Auf dem Gebiete der Pronomina fehlt (abgesehen von den adjektivisch geformten) ³) nicht nur, wie begreiflich, der philosophische Begriff *das Ich*,⁴) sondern auch die dem volkstümlichen Denken leichter erreichbaren in erster Linie sexuellen Begriffe *der (ein) Er, die (eine) Sie* = das männliche, weibliche Wesen (bei Menschen, Tieren, Pflanzen), die, in die ältere Sprache zurückreichend (DWB III 690 f.), auch heutzutage noch weit verbreitet sind.⁵)

Unter den Indefiniten ist das der städtischen Umgangsprache angehörige *der liebe Niemand* (z. B. *der ist im Hause d. l. N.* = die reine Null) ⁶) schon der Form nach nicht volkstümlich; *néks* (nichts) wird zwar nicht in der gewöhnlichen (*um ein Nichts*), wohl aber in einer scherzhaften Diminutivform substantiviert: *ɔ goltɔs Néksl* ein goldenes

---

¹) Auch im unteren Aubachtal Wilhelm Erzg. Ztg. XVIII 197; nordböhm. außerdem *der pottem* (< tschech *potow* dann) = Einfaltspinsel Petters II 8.

²) In der Kerenzer Ma. ist *der ts-abed* = Mittagsmahl, *der ts-naxst* = Abendessen: Winteler Kerenzer Ma. S. 215, III. Unter den pronominalen Verbindungen dieser Art wäre etwa *das Untereinander (dɔs Untɔrɔnànnɔ)* = das Durcheinander, der Wirrwarr, erwähnenswert; els. *das Durcheinander* und *Untereinander* Martin-Lienhart I 49 f.

³) *Der erste, zehnte* und die Possessiva wurden schon § 302 mitbehandelt, über *derselbe* vgl. § 459, über *der welche (dɔ wéchɔ)* § 481.

⁴) Indeklinables *Du* in der Bedeutung *die Ansprache mit Du* liegt vor in der besonders in der städtischen Umgangspr. (wie überhaupt im Südd.) üblichen Wendung *I bin mit in per Du* = Ich duze ihn. *Mis stengɔ* (Wir stehen) *áf Du und Du*.

⁵) Eg. nur pronom. *er, sie* = Hausherr, Hausfrau von dritten Personen, allenfalls auch von Seite der Hausfrau (nicht der Kinder) mit Bezug auf den Hausherrn (z. B. *Wenn hāuss ɔnn gf(ê)m, in odɔ ir?* Wem hast du es denn gegeben, dem Hausherrn oder der Hausfrau? Ähnlich bayr.-öst. *er* und *sie* oder *is* Schmeller I 121. II 204. Nagl Rosuad S. 374 zu V. 384 *sai*, vgl. Martin-Lienhart I 61 ᵃ, 73 ᵃ; hier auch über das schwäb. *es* = Gattin), aber es wird (abgesehen von *Sitö* = weibliches Schwein, das ich eher als umgelautete Form zu obpfälz. *Suts* = Mutterschwein, *sutsɛln* saugen [Schmeller II 350] stellen möchte) nicht auf Tier- oder Pflanzen-Männchen und -Weibchen ausgedehnt, auch nie mit dem Artikel oder dem Possessivpronomen verbunden wie schon inhd. (mit dem unbest. Art. = ein Mann, Weib, Männchen, Weibchen Lexer I 605. II 908, auch mit dem bestimmten, so bei Megenberg zur Bezeichnung des Männchens und Weibchens bei Tieren, namentlich Vögeln, aber auch bei Pflanzen; Schmeller I 121. II 204) und so heutzutage öst. *mein Sai* = meine Hausfrau, von Schmeller II 203 aus Castellis WB angeführt; *(mein Urschl)*, mein *seelguete Is* Stelzhamer Ma. D. II 185 N. 19, 10; steir. *Sei* f. Khull 590, um Kitzbühel *die Seu* = die Hausfrau Schmeller II 203, vgl. Schöpf Tir. Id. 673 und mit unbest. Art. *i hàn souvl an rār'n ir* Hintner S. 47 und Anm. 44, vgl. Anm. 29; kärnt. *dās Sei* = die Hausfrau Lexer Kärnt. WB 232 (in Pernegg *dɔ Sai* Lessiak § 152); deutsch-ung. *der Her* = er, der männliche Vogel Schröer WB 60 [270] mit weiteren Verweisungen, vgl. ders. Ma. d. o. Bergl. S. 246 [240] *he; die Sie* = der weibliche Vogel, Weibchen überhaupt: ders. WB 97 [206], schweiz. präd. *ein Er, eine Sie* zunächst von Vögeln: Schweiz. Id. I 400 f.; ähnliche Bedeutungen im Md.: henneberg. *hei* oder *hā* und *sei* subst. = Männchen, Weibchen DM VII 204; schles. *Her, Herr, Heir* und *Sie* oder *Sine* namentlich von Kaninchen, ersteres auch = Eber : Weinhold Dial. S. 138. Schles. WB 35. 90 ; nordostböhm. *hār, sine* vom Kaninchen : Knothe WB 286. Mark. Ma. S 15. 48.

⁶) Schwäb. *Anderleut seiet d'r rei' Garneamets* W. Unseld HLZ V 28 N. 947.

Nichtschen [1]) Außer diesen Fällen kommen in unserer Mundart nur noch zählende Pronomina in Betracht. Als Neutra Sing. treten (abgesehen von adverbialen Formeln wie *in àin* § 301 S. 273) nicht die Ziffernamen auf,[2]) sondern (wie öst.) nur die größeren dekadischen Einheiten *s Hunnət, s Táusnd*; die Endung des Neutrums Plur. zeigen *àlə Voiərə* (mhd. *alliu* oder *elliu vieriu* Lexer III 338; z. B. *à. V. və sich strëckn* Lorenz S. 26 oder *áf àln Voiərən gäih", kröichn* wie in der nhd. Schriftsprache), *àlə Fimfə gröd sď läuə* alle Fünfe gerade sein lassen = sich um nichts kümmern, wie in der Umgangssprache, *àlé Náiné schái(b)m* (beim Kegelspiel, wie öst.), *àlə Nái¯seənə* oder *àlə Ndinəndinəgə (trái(b)m* = alle 19 oder 99 tr. = alle möglichen Geschäfte oder Liederlichkeiten treiben, [3]) auch *Dàu wàiß ə àlə Ndinəndinəgə* = Da weiß er alle möglichen Ausflüchte). Das Neutrum Sing. eines substantivierten Zahlwortes [4]) ist auch hier unerhört; ebenso fehlen Maskulina und Feminina im Sing.[5]) (*eine Vier* = die Ziffer 4) bis auf das aus der Theusinger Gegend belegte Fremdwort *der desem* = Zehent [6]) (Mannl S. 28). Plurale sind namentlich in alten Quellen häufiger; an der Spitze der Egerer Stadtgesetze erscheinen in der Fassung v. J. 1352 (S. 8 N. 1) neben dem *purgermaister*, dem *rát* und der *gemain der purger* der Stadt *die sechs und dreizzich* (ähnlich S. 12 N. 1).[7]) Vgl. oὶ ἕνδεκα.

§ 308. D. Der Verbalbegriff bietet zunächst in seinen nominalen Formen, dem Partizip (das bereits beim Adjektiv § 299 mitbe-

---

[1]) Vgl. oöst. *d goldás Nihtál in dn Büksál* und (kaum echt volkstümlich) *ein silbernes Nichtschen in einem niemalenen Büchschen* Rosegger Das Volksleben in Steiermark⁹ S. 244; vgl. Winteler Kerenzer Ma. S. 201 XVI, 34; in Rappenau ein silbernes *niktrb* und ein goldenes *watrweilə* (warte eine Weile) O. Meisinger III.Z IV 178, 26. Das Deutsch-ung. substantiviert auch indef. (fragendes) *was* in *der Halderwas* oder *Halfwos* = der schlechte Mensch Schröer WB 57 [267]; über die verwandten Bildungen *haltabi, haltabôs, Holdabitta* ebda. 58 [268].

[2]) Wie im Basel-städt., vgl. Binz § 15, 4 S. 14 *Lesch das vieri us und mach e null derfir*; das Egerl. kennt hier wie das Bayr.-Öst. nur die männlichen Bildungen auf *-er* (> *ə*): *də Voiərə* Vierer, *Drěrə, Zwäsrə, Fimfə, Zenə* (die beiden letzteren wie öst. ehemals auch = Geldnoten zu 5, 10 fl., *Zenə* auch = Spielkarte Grün-Zehner usw., das Dimin. *Fimfl* = Scheidemünze zu 10 Heller = 5 Kreuzer; alles auch öst.). Auch zur Bezeichnung des Lebensalters und der Zeit überhaupt nach Dekaden verwendet man ausschließlich Bildungen dieser Art: *Dər r is in Sechzgən* in den Sechzigern, *Dós was in 'n Sechgə Gäum* in den Sechziger Jahren, nie wie bei Fr. A. Beyerlein Similde Hegewalt (Berlin o. J.) S. 58 *Er, ein Mann, der Fünfzig näher als der Vierzig* (schloß eine Ehe) *mit einer Doktorin der Zürcher Universität; Sechziger* = ein i. J. 1860 Geborener (els. schwäb. *ein Achter* ein 1808 Geborener Martin-Lienhart I 13 ᵇ. Fischer I 04, 4) dürfte außerhalb der militärischen und bürgerlichen Kanzleisprache in der eigentlichen Ma. seltener sein; eher *Sechziger, Achter* n. dgl. = Angehöriger des Regimentes Nr. 60, 8 usw.

[3]) Ebenso oöst. *Alli Neunzehne treibn* Stelzhamer Ma. D. II 21 N. 4, 192: bayr. *allé Dreyzehni tr* alle möglichen Schlingeleien oder Liederlichkeiten treiben; Schmeller I 563.

[4]) Belegbar bei Goethe D. Epimenides Erwachen I. Progr. 4. Dekoration (W 16, 505, 6): *Epimenides reassumiert alles Dreyes* (sc. was Glaube, Liebe, Hoffnung gesprochen haben).

[5]) Schles. *lange Achte* = lang aufgeschossenes Frauenzimmer, *krumme Neune* gebückt gehender Mensch: Weinhold Schles. WB 5 *áchté*.

[6]) Im salzburg. Weist. *Dechant* m. die Zehentabgabe von der Eichelmast Öst. Weist. I 362 ᵃ.

[7]) In der Urkunde ebda. S. 28 N. III *über das Ungelt* werden sie *die sechsundreizig gemainichleichen der burger zu Eger* genannt. Über diese Körperschaft vgl. Drivok Ältere Geschichte der deutschen Reichsstadt Eger, Leipzig 1875 S. 266.

handelt wurde) und dem Infinitiv ein geeignetes Material für die Substantivierung.

§ 309. Mit dem Infinitiv und zwar mit dem aktiven Infinitiv des Präsens[1]) vermag die Mundart jedoch nur zum Teil den Abgang an abstrakten Nominibus actionis (vgl. § 278) zu decken. Bei den Begriffsverben unterliegt die Bildung substantivierter Infinitive im allgemeinen keiner Beschränkung; nur *sein, haben, werden, können, mögen, wollen* und andere Modalitätsverba entziehen sich auch als Vollverba, soweit ihnen noch ein selbständiger begrifflicher Inhalt zukommt[2]) § 150), in der Mundart der substantivischen Auffassung, wohl deshalb, weil diese hier eine größere Übung im abstrakten Denken erfordert, als dem Volke im allgemeinen eigen ist. Ansätze zur Substantivierung zeigen sich hier nur in präpositionalen Verbindungen, z. B. A. *Koə͂sts éppə niət màchn?* H. *I sɔ, üm s Künnə is 's niət* = Je nun, ums Können ist es nicht, darum ist mir nicht bange.[3])

Verwendet wird der substantivierte Infinitiv als Subjekt, Prädikat (z. B. *Dös is ə schäi͂s Trögn* ein schönes Tragen = dieses ˈKleidˈ trägt sich schön)[4]) und als Akkusativobjekt sowie in präpositionalen Verbindungen im Dativ und Akkusativ; als Objektskasus ist der Dativ seltener, vom Genitiv sind kümmerliche Reste erhalten (vgl. § 264).

Von den Infinitiven, die geradezu in die grammatische Kategorie des Substantivs übergetreten sind, besitzt die Mundart die schon dem Mittelhochdeutschen angehörenden (Paul Mhd. Gr. § 294 Anm.) *s Lɛˈbˈm, s Wɛsn* (= Benehmen, Anwesen, Kleidung, vgl. § 288 S. 254), *s Essn, Trinkn* (falls sie hieher zu ziehen sind); ferner *s Oˈdenkn* Andenken (konkret); unbekannt sind *das Benehmen, Einvernehmen, Einkommen, Verderben* u. a.[5]) Über das Fremdwort *Intréssé* vgl. § 318 b.

§ 310. Deutlich ausgeprägt wird die Substantivierung (gegenüber dem einfachen Subjekts- oder Objektsinfinitiv)

1. durch den bestimmten Artikel oder durch Demonstrativa und Possessiva (auch in Verbindung mit anderen Attributen): *I hö s Oͦxwäichn* in der Stadtmundart = Durchfall,[6]) *s Ráißn* Gliederreißen, *s Nàuschäuə* Nachsehen, *Weə hàut ənn häiˈt s Láitn?* Wer hat heute das Geläute zu

[1]) Die umschriebenen Infinitive des Perf. und Fut. sowie des Passivs kommen wegen ihrer Schwerfälligkeit für die Substantivierung ebenso wenig in Betracht wie in der Umgangssprache. Mehr scherzhaft wird Gehabthaben substantiviert in dem Sprichworte *Für s Ghàtthə(b)m güt də Güd néks* (gibt der Jude nichts). Eine originelle infinitivische Neubildung aus einer Konjunktivform findet sich bei Anzengruber Der Fleck auf der Ehr' II 2. (Ges. W. IX 55 f.) *Christine: Möcht'st halt a so sein? Traudl: I hi, wann 's aft Seinmöchtn ankam'!* (in der echten Volksmra. jedenfalls *Seinmögn*).

[2]) Vgl. *das Sein* und *das Nichtsein, das Werden einer Sache, das Wollen, das Können* u. a.

[3]) Ähnlich öst.

[4]) Ebenso Stifter Der Hagestolz (W. III 208) *Seide ist immer ein stoises Tragen.* Vgl. oöst. *Dös is ə harts Anségn* = Der Anblick fällt schwer: Mörike Mozart auf der Reise nach Prag * (Leipzig 1905) S. 79 *Das* (ein Metzgerstock) *sei just kein Tragen für Herrn.*

[5]) Alles auch öst.

[6]) Ebenso obbess. Crecelius S. 10.

besorgen?; [1]) mit Präpositionen: [2]) *mi(d)n Láugn»* (mit dem Lügen) *richst* (< richtest du) *neks ås*; *in Gäih̃ sd̃̄* im Gehen [3]) sein (vgl. § 156, 2), *untøn* oder *uwøn Essn* = während des Essens; *Dös Beffm l* = Dieses Gezänke! (Neubauer Id. 40, vgl. mhd. Lexer I 143), *Dös äiwés Flouckn!* Dieses ewige Fluchen! *Dös bissl Liffm!* Das Bißchen Laufen; *Dös is jà md̃̄ Riø(d)n* = Das sage ich ja eben!; über *in wärødn Gäih̃* vgl. § 509.

2. Besondere Bedeutungen kommen vielfach der Verbindung des Infinitivs mit dem betonten Zahlwort *ein*, mit dem Artikel *ein* und mit *kein* zu: *Öitsø gäihts in àin Àfwàschn* = Jetzt geht es in einem [4]) hin, *Àa r is . . . in à i n Flouchn u Sakramentian ûmmag'sprunga* = in ununterbrochenem Fluchen und *Sakrament!* Rufen (Lorenz S. 21); *Dös is ø Lésn!* (vgl. § 150, I S. 121); [5]) *Pàu is koš Schrái(b)m* (ebda. S. 120) und so *Mit diø r is koš Firtøwéøn* oder *k. Zsánumkummø* [6]) auch *k. Furtkummø, k. Riø(d,n)* = Mit dir kann man nicht fertig werden (fortkommen, reden). [7])

§ 311. Bei der Substantivierung des Infinitivs kann in den neuen Begriff mit eingehen

1. das Subjekt in der Redensart *Dös is søn Táiflkuln* = Das ist so, *daß einen der T. holen könnte* (nicht etwa *Das ist, um den Teufel*, sc. zur Hilfe, *zu holen*);

2. das Prädikatsnomen neben *sein* und *werden*, z. B. *s Brǻvsd̃̄* Bravsein (Urban Fr. Kl. S. 175 N. 46), *s Moš̃sd̃̄* Mannsein (*Wos hülfst ma da(n) M.* = daß du ein Mann bist, ebda. S. 40 N. 5), *s Sindsd̃̄* Sündesein (*Sogn's allewal von S.* = es sei Sünde HTV S. 277 N. 31 Neuern Czachau), *s Närischwéøn* Närrischwerden (besonders in Wendungen wie *Dös is søn N.* u. ä.);

3. das Objekt: *s Bráutdsbé(d)n* Brautausbeten, ein Hochzeitsbrauch (John Sitte S. 133 f.), *s Worthàltn sänn mø schuldé* (Urban Fr. Kl. S. 94 N. 16), *Hàut mi neks a sua g'freit àls . . . . dei(n) Schmatzlhea(r)gebm* (HTV S. 323 N. 483 Plan), *s Moudønäi(d,n* = Das Heraus-»Nötigen«, -Zwängen der (Gebär-)Mutter bei kalbenden Kühen, [8]) *søn* (zum) *Bedlleut àā̃baaln* (anbellen) . . ., *søn Zäali blöckn, søn Leit a Vöichbeiß'n*

---

[1]) Vgl. Goethes Mutter Br. II 9 *auch habe ich sonst bey jedem Fall das Anfragen aufs neue.*

[2]) Aber so wenig wie öst. jemals ohne Artikel wie bei G. Hauptmann Bahnwärter Thiel [Symbol] (Berlin 1899) S. 54 *Am Vormittage war Lene mit umgraben fertig geworden* (oder ist hier in den Auslaut von *mit* das *t* des Artikels *dat* eingegangen?).

[3]) *In* mit dem Akkusativ der Richtung kennt das Egerl. nicht, wohl aber d e Ma. des Fichtelgebirges: *in's Horgng gi* = am Andreastage auf einen Kreuzweg gehen und die Zukunft »behorchen« DM II 555, 8; über die Sache Meyer DVK S. 252; auch öst. *in's Heuøn* (Heumachen) *gen.*

[4]) Vgl. § 382.

[5]) Natürlich auch, wie nhd., ø *stärks Kdiß n* usw.

[6]) Ebenfalls Fertigwerden. Wenn man hier bisweilen *k. Zsàmmkummøts* hört, so liegt wohl eine Subst.-Bildung auf *-øt* vor; der Gen. erinnert an den Gen. des Inf. bei *krin.*

[7]) 1 u. 2 gilt im wesentlichen, z. T. mit denselben Raa. auch öst.

[8]) Vgl. S. 253 Anm. 7.

(taugst du, sagt die Gans zum Kettenhund bei Lorenz S. 27), *zan Kinnle drei s' legen* (HTV S. 22 N. 38 Eger), *zan Käppläfsetzn* z. Käppchen-aufsetzen (d. i. erst, wenn der Priester beim Weggehen vom Altare sein Käppchen aufsetzt, also = zu spät) in die Kirche kommen; in solchen Präpositionalverbindungen tritt das Objekt bisweilen zugleich in eine formelle oder doch fühlbare Abhängigkeit von der Präposition *Da Lehra nimmt an Steck'n zan Kinnan-kuria(r)n* zu den Kindern-Kurieren (HTV S. 309 N. 339 Plan); *Ein weißes Tüchlein aus meiner Taschen Auf ihre Äuglein auszuwaschen* = auf (= für) ihre Äuglein [um sie] auszuwaschen '} (ebda. S. 162 N. 101 Littitz). Das reflexive Objekt geht hingegen wie zumeist im Mhd. (Paul Mhd. Gr. § 296 Anm.) nicht in die substantivierte Form ein : *Dös wàə r ə Tummln* = ein sich Tummeln, s. Beeilen, *Dös is zn Ärchən* = zum sich Ärgern ; *)

4. die adverbiale Bestimmung : *Beim erstenmal baken* (= wenn sie das erstemal backt) *giebt sie von diesem Brode etwas in den Backkübel* usw. (Grüner S. 54), *zn . . . okwathàu* Alberntun = zu wüstem, grimmigem Getue (Lorenz S. 27), *s Gràußtàu* oder *Dicktàu* = das groß- oder »dick«-tuerische Auftreten; natürlich auch mit adverbialen Partikeln (wie in der älteren und neueren Sprache): *bə məin Áfwàksn* bei meinem Aufwachsen = in meiner Jugend.³) Adverbiale Präpositionalausdrücke werden regelmäßig um die Präposition erleichtert: ⁴) *Neks is 's mì'n Schöllgäik* mit dem (in die) Schule-Gehen (Lorenz S. 29), *Wos ma sua nu mou datrogn mit dean Màrkgäik* (ebda. S. 31), *D' Föuß mou ə mə* (muß ich mir) *du nu murz weglaffm . . . mit dean Stodgäik* mit dem (in die) Stadt gehen (ebda. S. 31). Man hört auch außerhalb der Präpositionalverbindung *s Schöllgäik*, *s Kirchugäik* (wie in der Umgangsprache das *Kirchengehen*), *s Flözgäik*, *s Gàssngäik* (vgl. darüber John Oberlohma S. 153. Sitte S. 95).⁵)

§ 312. Von finiten Verbalformen d. i. ganzen Sätzen werden einzelne Indikative Präs. seltener substantiviert (z. B. *də Mouß* der Muß = das Müssen *)* Neubauer Z. f. öst. Volksk. I 231), eher indikativische

---

¹) Vgl. *Dəs vrlàngt s' v(ü)l fü r ən K'uk zn àzbèzzn*: ich hörte sogar einmal *Dös* (dieses heiße Wasser) *how i z də Gos̄'z-öbrəis* (wörtlich zur Gans-Abbrühen, Mischung aus zu der Gans und zum Gansabbr.) *gnummə*.

²) Die meisten u. 1—3 angeführten Fügungen, z. T. auch die Kaa. selbst gelten auch für das Öst.

³) In Leitmeritz *ei menn Àufwoksn* Stibitz IILZ. I 378, 51. *s Großtun*, auch wohl bei meinem *Àufwachsen* auch öst.

⁴) Im Steir. scheint das nicht nötig zu se n, da sich bei Rosegger gelegentlich sogar zwei unverkürzte Ausdrücke dieser Art neben dem Infinitiv finden : *Das in die Apotheke um gebrannte Asche schicken . . . . ist ein ganz gewöhnlicher* (April-) *Spaß*; auch öst. wäre *das in die Ap. schicken* (neben weit festeren Verbindungen wie *Schulegehen*) möglich. Über die im Juristen- und Kanzleistil übliche Überlastung des Infinitivs mit ähnlichen Bestimmungen vgl. Wunderlich Satzbau I 377.

⁵) Aus der vorhergehenden Zusammenstellung ergibt sich die bemerkenswerte Tatsache, daß die Mundart dieses substantivierten Infinitiv, dieses »traurig abstrakte Substantivum«, wie es Goethe (Wanderjahre II c. 4 W. 24, 307, 21 ff.) nennt, in bedeutendem Umfange verwendet.

⁶) Mask. auch im Kärnt. Lexer Kärnt. WB 194; bayr. *das Mueß* Schmeller I 1678, ebenso tir. Schöpf Tir. Id. 447 *müessen*; öst. (nicht bloß in Wien) auch der letzte Termin für das Verlassen einer gekündigten Wohnung; häufig *is ja koa Mueß net*.

Formeln wie *də Táuchnéks* Taugenichts, *də Tráuminist*[1] Trau' mich
nicht (*Dös is ə rettə T.!*), *s Bittschäi*" und *s Dánkschäi*" (*Dös ärwés B.,
D..!*; *;*[2] die anderen Mundarten geläufigen Verbindungen *der Habenichts,
der Habich* und *der Hättich*[3] sind meines Wissens dem Egerländischen
fremd.[4] *Də Gláu(b)mgottwáttə*[5] (Name eines Gebetes) ist eine Misch-
form aus *der Glaube* (*də Gláu(b)m*) und *Ich glaube an Gott den Vater*
(den Anfangsworten des Gebetes), vgl. § 330.

Geläufiger ist der Mundart der substantivische Gebrauch von For-
men der Aufforderung und des Wunsches, namentlich des Imperativs.
Dies bezeugen die zahlreichen, schon im 13. Jahrh. in Egerer Urkunden
auftauchenden Familiennamen (vgl. Trötscher S. X f.) wie *Stuergrans*
(mhd. *grans* = Schnabel, Maul), *Nagengast*, *Flixredel*, *Haunstein*, *Heben-
streit*, *Klinckenvogel*, *Leydenfrost*, *Hupfauf*, *Schuttauf*, *Fleybnicht*, ferner
Ortsnamen wie *Schauenstein* (Gradl Ortsnamen I 36), *Siədəfüə*, < *Siədéfüə*
Sich dich für (ebda. S. 175), *Grwácht* Gib acht (ebda. S. 168), Appel-
lativa wie *Ráiẞás*[6] (R. *nemmə*), *ə Ráiẞssámm* Reißzusammen, ein Kind,
das viel Kleider, Schuhe, Spielzeug zerreißt,[7] *ə Sáffás* Saufaus, Säufer,[8]
ə Stäiháfmánnl Stehaufmännchen, ein Kinderspielzeug,[9] *ə Schnupfáf*[10]
Schnupfauf, ein Kind, das die üble Gewohnheit hat, fortwährend »auf-
zuschnupfen«, statt die Nase zu reinigen; in einem volkstümlichen Tanz-
lied, dem *Hupfətsvuəgl*, erscheint als Personenname *Stáich áf-d'-Láit*

[1] Auch öst. In der älteren Sprache mit dem Genitiv: *Getrutzin niht* (*reit den hengst hin* bei Seifried Helbling), *Träuəsniht* (mit *Wernich* verbunden bei Freidank); vgl. auch den Schloßnamen *Trauwesniht, Trawfennicht, Trausniht, Trausnitz* Schmeller I 635 f., 3. Statt *Taugenix* oöst. lieber *Tuenetguat*.

[2] Einen subst. Fragesatz hörte ich von einer aus Cholieschau stammenden Frau: *Dər rennt üm woi də Hautbəgsər* Der rennt herum wie der »Hast du es gesehen?«

[3] In Teplitz *Dar wenn ich und hätt' ich bringt nischt fertig* Laube VU S. 92 N. 57; fränk. *Der Höbi' it beßer wi d'r Hätti*" DM VI 315 N. 140; mainz. *de hunn eich is mer hewer wie de hätt eich* Reis II § 11; schles. auch 1. Pl.: *Haber* (< *haben wir*, gleichlautend mit *Hafer*) *ist besser als Hether* Weinhold Schles. WB 32.

[4] Ebenso nöst. *dä Ghéadsi* Gehört sich = Anstand Nagl-Roannd S. 258 zu V. 300, steir. der *Kértsiwul* < Gehört sich wohl Khull 275, steir.-tir. der *Verstehstes* = Verstand, Gedächtnis Khull 227. Schöpf Tir. Id. 706 *stēn*; nordböhm. in gleichem Sinne der *Verstichstmich* Tieze Hejmt III 55 (Schönlind), auch altenburg. Weise § 38; handschuhsh. d. *Verstehtihrmich* Lenz Nachtrag S. 5, die beiden letzten Formen auch obhess. Crecelius S. 878, während bayr. *Vo'stéme'* Schmeller II 715 e eine imperat. Bildung ist. Eine merkwürdige Substantivierung eines ganzen Satzes ist Sonneberg. *ə Siimmächsnapfaarduuel* ein »Sieben-machen-ein-Pferd-tot« = Hornisse: Schleicher 71. Eine Bildung dieser Art, die sogar vier ganze Sätze umfaßt, wagt M. Meyerfeld Litt. Echo III (1900) 90: *Dieser Weiß-nicht-woher-ich-kommen-bin, weiß-nicht-wohin-ich-geh ist eine Haschenrolle für Damen.*

[5] Auch oöst. *Gláubmgodvatter* neben *Glaubmgod* (letzteres auch bayr. Schmeller I 1406) in gleichem Sinne.

[6] Auch öst.

[7] Steir. außerdem = tüchtiger Arbeiter Khull 501. Im egerl. Sinne obhess. der *Kreiß-aus* Crecelius 689.

[8] Auch öst. und schles. Weinhold Schles. WB 80 (mit älteren, auch nd. Belegen); die ähnlich gebildeten *Fressaus* und *Schnaubaus* sind in einem Soester Volkslied = Mund, Nase: Holthausen S. 98, 3, 10. 11, vgl. ebda. S. 106, 3, 10. 11.

[9] Öst. *Mándál-Stehauf.*

[10] Auch die altbayr. Ra. *Sch. zihg d Uhr auf* (Schwäbl § 96 Anm. 1) ist eg. bekannt. Vgl. südböhm. *Muada, die Buabna seg'n ulhwal: I bin a Schnupfaf* HTV S. 414 N. 216 Budweis.

Steig-auf-die-Leute : *Bist denn du der »St.«?* EV S. 37 N. 31; weniger volkstümlich scheint mir der *Springinsfeld,* [1]) der *Wagehals,* der *Kehraus,*[2]) der *Gottseibeiuns* [3]) u. dgl.

Abstrakta dieser Art sind *də Mirks* Merks = das Gedächtnis [4]) (*Eə hàut koin M.*), *də Hurchheə* Horche her! = Aufmerksamkeit (z. B. *Da Käschpa gitt ara koin rechtn H.* Urban Allad. G. S. 254), *Köiə-r-oš* Rühran [5])= Spur (z. B. *Si . . . hdud duu kamm röiə-r-ȧȧ̃ va Schwämman gfunna* Sie hat doch kaum das Geringste, eine Spur von Schwämmen gefunden Lorenz S. 17), *də Hödànk* Habedank = Dank [6]) (Neubauer Id. S. 71 f. *Si,* die Zwerge, . . . *hobm nä̃i an »ho-Dànk« valàngt* Lorenz S. 19, schon mhd. *habedanc* m.). Unbekannt sind *das Stelldichein,* schles. *der Zahlaus* = die Bezahlung (Weinhold Schles. WB 107, wohl ebenfalls imper.), oöst. *'s Ghaltás* = der letzte Schlag der Kinder (vgl. S. 276 Anm. 4), aus der Ra. *G'halt dá 's Pátzerl* beim Schlag u. a.

Ein konjunktivischer Satz dieser Art ist die weitverbreitete Dankformel *Vergelt's Gott,* als Substantiv *das* und *der Vəgeltsgott* oder *Geltsgott* = mündlicher Dank, der mit dieser Formel ausgesprochen wird [7]) (Neubauer Erzg. Ztg. X 250): *Mit sein »'gelts Gott« zohlt a* (er, der Bettler) *r àls bàua r as* (alles baar aus) Lorenz S. 30; *Ih sogh taus'nd*

---

[1]) Unbekannt ist auch steir. *Bringher-*(oder *Bringmirs-)wieder* n., eine Vieharzneipflanze Khull 117, schles. *Springauf* m. = Maiglöckchen Weinhold Schles. WB 93. Das *Vergißmeinnicht* verrät sich schon durch die bd. Form als nicht volkstümliche Bildung ; man hört dafür (wenigstens für Myosotis arvensis) vielfach *Máusäu(r)l* Mausöhrchen = Myosotis.

[2]) Vgl. *was sie* (die Magd) *in dem Kehraus* (= Kehricht) *fand* HTV S. 257 N. 281 (Dauba); els. *K̄.* = Ende Martin-Lienhart I 463 ª.

[3]) In gleichem Sinne bei O. Ludwig Heiteretei (Leipzig o. J.) S. 158 *Aber Mädle, bist du denn der Veruchmirzgott?* In Ulm eine ähnliche Bildung in der Ra. *herumlaufen wie d'r Gottverlaßmenet* W. Unseld IILZ. IV 43 N. 714 ; els. *Gottverlaßmich* m. = Hilfloser (dastehen wie der *G.*) Martin-Lienhart I 611 b.

[4]) Auch bayr.-öst. *der Merks* Schmeller I 1651 (*merken*). Stelzhamer Ma. D. I 78 N. 32, 9. Nagl Roanad S. 281 zu V. 329 *miåkå.* Khull 459. Schöpf Tir. Id. 435 ; ergeb. Göpfert S. 49; nordböhm. Petters DM II 234. Knothe WB 403; Sonneberg. Schleicher 69. Eine ähnliche Bildung ist wohl auch *der Gleebs* Glaub' es = der Glaube in der Teplitzer Ma.: *Zu dan, wos dar zohl, braucht mer en storkn Gleebs* Laube VU S. 94.

[5]) Vgl. schles. *A macht kenn* (keinen) *rirò* = rührt keinen Finger zur Arbeit Knothe WB 455; ähnlich bandschuhsb. Lenz 40; hingegen henneberg. *nit rśor òl* = daran darf niemand rühren, das steht fest, ist ein für allemal abgemacht DM VII 136; altenburg. (Er sollte die Nadel aufheben, aber) *nichtrühran* = er rührte nicht daran : Weise § 169 ; in Ruhla in ähnlichem Sinne *net läck dich in ǹn Au' kǔn ich ǔn gedǔn* nicht »leg' dich in ein Auge« = nicht soviel als man in ein Auge legen könnte = nicht das mindeste habe ich ihm getan : Regel 120.

[6]) Auch henneberg. *kådånk* DM VII 286; altenburg. (man hat nicht) *Habdank* Weise § 169; bayr. in gleicher Bedeutung *Dank-ši'god* (*kaš'n D. krǐvn*) Schmeller I 522 (*danken*), ebenso tir. *der Dùnkgott* oder *Dànkdergott* = die Dankformel Schöpf Tir. Id. 76. Volkslied und Volksspruch bringen es gelegentlich zu weit umfangreicheren Bildungen dieser Art; vgl. den von R. Wintermantel IILZ. I 348 f. N. 24 aus dem Schwarzwald mitgeteilten Spruch *Gǎng hǎr doo Hut* (so, wohl *Bus*) *mach Kuosschlaaldiir zus, Bus!* — *Monnsch* (meinst) *denn du, ich well âllewûl dr »Ganghärdooburmachkuzschlaaldiirzusbuz« sii?*

[7]) *Der Geltsgod* in derselben Bedeutung auch bayr.-öst. Schmeller I 904 (*gelten,* 2). Khu l 278, vgl. 223. Schöpf Tir. Id. 184 (*gelten*). Steir. Gottscheew. in konkreter Bedeutung = die Fußbank unter dem Tisch Khull a. a. O Schröer WBG 82 [246] (2). Ähnliche dem Egerl. nicht geläufige Bildungen sind tir. *der Helfgott* = die Nase Schöpf Tir. Id 255, bayr., steir., auch vorarlb. *der Bhis'gód, Bhuetgott* Behüt' Gott = Abschied Schmeller I 1191. Khull 61 *Behüt dich Gott.* DM VI 256, 55.

vagelts Gott! ders. S. 7 (häufige Dankformel der Bettler, übrigens ni ht
bloß im Volke bekannt'; ') auch das lateinisch-deutsche ein *Fijathöch!*
kann man (mit der hochdeutschen Form *höch* statt egerl *hauch*) auf dem
Lande hören; das *Ave Maria* heißt *s Gegrüß(t)sdistn Mária*, vgl. § 330.

§ 313.

Aus dem Subjekt und dem nominalen Prädikat eines Satzes
scheint die *Záitlàng* = Langeweile (das daneben gebräuchlich ist) zu be-
stehen, nämlich aus *miə wird d' Zàit làng*,[2] worin der Hauptton ge-
wöhnlich auf *Zeit* ruht wie in der daraus gewonnenen Zusammensetzung:
Dàu hàut ə völlə (fortwährend) *Záitlàng.*[3]

§ 314.

È. Den substantivierten Sätzen sind als inhaltlich gleich-
wertige Bildungen die substantivierten Interjektionen anzureihen.
Abgesehen davon, daß sie alle (wie übrigens jeder Redeteil als sprach-
liche Äußerung) substantiviert werden können (z. B. mittelst *dieses ewige,
fortwährende* u. dgl.: [4] *Das àiwès Á!* = Dieses ewige *Á!*-sagen, also dieser
fortwährende Ausdruck der Geringschätzung oder Unlust usw.) gibt es in
dieser Gruppe auch eine Reihe männlicher Bildungen: *də Áä* = Schmutz,
Kot [5]) (vgl. § 122 S. 78, wohl nach *Drék* m.', *də Áiái* [6]) das liebkosende
Streicheln der Wangen in der Kindersprache (vgl. § 123 S. 81), *də Wäi-
wäi*, städt. *də Wéwë* [7]) Schmerz, auch schmerzender Teil (vgl. ebda.
S. 80 Anm. 4 zu S. 79, umgekehrt betont wie mhd. *wéwe*, also wohl
Verdopplung von *weh!*), *in àin Schwups* [8]) in einem Hui (vgl. § 131);
Konkreta sind *də Pàtsch* [9]) Tollpatsch, ungeschickter Mensch, *də Wuwu* [10])
(in Plan *Wūwə*) der schwarze Mann, mit dem die Kinder geschreckt

---

¹) So schreibt Schreyvogel unterm 21. Mai 1819 an Grillparzer (Gr. Briefe S. 181)
Von Hamburg . . . . ist mir dagegen nicht einmal ein: »*Gelt's Gott!*« *zugekommen.*

²) Mit dem lautlich und tonisch übereinstimmenden *ə Záitlàng* eine Zeitlang, eine
Weile, läßt sich die Bedeutung *Langeweile* kaum vermitteln.

³) Zweifellos ist der substantivische Charakter im Oöst., z B. bei Purschka I 150 (I 146)
Er arbát't es draust vollà Zeitlang, di Bua Tir. *Weillàng* oder *Derweillang* m. Langeweile
oder Heimweh Schopf Tir. Id. 808 (*weil*), in der zweiten Bedeutung beide auch kärnt, *ir
hàt 'n Derw.* oder *ime ist D.* Lexer Kärnt. WB 254, der es aus im ist *lang der weile* (Gen.)
herleitet. Steir. hingegen *Weillinge* f. = Langeweile Khull 626.

⁴) Weniger angemessen sind der Mundart andere vorgesetzte Adjektiva wie *ein lautes*
(*leises, gehauchtes* usw.) *Ách* u. dgl.

⁵) Sonnenberg, *aə* = Unrat Schleicher 37. Bayr. *Pé-pè* (‿ —) = ekelhafte Dinge, *pé-pè
machə* = cacare Schmeller I 377: obhess. *Wawi* = Menschenkot, *w. machen* = cacare Cre-
celius 886.

⁶) Bayr.-öst nentr. Khull 101, auch das Dim. *Ai(ai)lein* n. Schmeller I 2.

⁷) Bayr.-öst. in gleichem Sinne n., auch dim. das *Wéwédəl* (vgl. Schmeller II 824),
steir. *Wéh* m. n. Khull 623, obhess. *Wéwi* und *Wiwélche* n. Crecelius 899.

⁸) Schlos. *der Schwups* die verschüttete Flüssigkeit, *der Schwapps* oder *Schwopps*
= langer, einfältiger Kerl: Weinhold Schles. WB 89 (*schwappen*).

⁹) Auch bayr.-öst. Schmeller I 415. Khull 44, 3. Lexer Kärnt. WB 18 (2), der auch
Tolpátsch bezeugt; dagegen schwäb. *Patsch* m. = klatschender Schlag, als Fem. = Schwätzerin
Fischer I 678.

¹⁰) Auch bayr.-öst. der *Wuwu* (auch *Wu: i*), *Wuwwau*, steir. *Wawwau* und *Wauwek*
Khull 621, tir. *Wau, Wawwau* Schöpf Tir. Id 805, in Luserna *Wau* Zingerle 57: kärnt.
Wawwau Lexer Kärnt. WB 251, ebenso schwäb. W. Unsel I HLZ IV 30 N. 543 : s-Formen
auch mn Eichstätt *Wūtsi-Wūtsi, Wurtsimo(n), Woutsə* H. Weber HLZ III 83 N. 523. V
185 N. 685.

werden (vgl. § 125, 5: die südliche Übergangsmundart kennt auch eine weibliche *Wauwauin* *d'Lusia*, Rank Aus d. Böhmerw. S. 136`, auch *dɔ Wàuwáu* (§ 133); dazu kommen die aus Tierlauten und interjektionalen Lockrufen hervorgegangenen Tiernamen (meist verkleinert und deshalb sächlich): *Gàtschl, Glūkɔ(r)l, W'rwɔ(r)l, Mötschl, Bàšl, Tschugl, Mĩˉzɔ(r)l* oder *Tschütschɔ(r)l* (§ 133). Mit einer eigentümlichen Verschiebung wird endlich die Person, welcher der Fluch *Sàkrɔ, Sàkrɔment, Himml-Hergott* gilt, selbst *dɔ Sàkrɔ* [1]) usw. = dieser verfluchte Kerl! genannt (auch in einfacher Aussage, z. B. *u da Schousta (r) is da Sackrament* HTV S. 370 N. 901 Eger). Unbekannt ist *mit Ach und Krach*.[2]) Die Bejahung und Verneinung ist substantiviert in *áf jà u nɛ́ˉ* [3]) = im Nu, *koɔ̃ Jà, koɔ̃ Nɛ́ˉ* (z. B. *ist aus ihm herauszubringen*, im Kinderreim auch *das Ja und Nein* HTV S. 446 N. 401 Plan).[4])

§ 315. F. Die einzelnen Buchstaben werden als Neutra behandelt: *s Á* [5]) (auch *s ABC*, wie anderwärts = Lesekunst, weniger = elementare Kenntnisse einer Sache überhaupt), dazu kommt das weiter verbreitete *ɛ́'n* (< aus dem) *F (Ef)* oder *FF (Efef ‿ -*, z. B. *etwas verstehen, können*).[6])

Der Übergang des Substantivs in andere Wortklassen wird bei den letzteren behandelt.

---

[1]) Ebenso bayr.-öst. *Sàkrɔ* oder mit ablautender Doppelbildung *Sìckrá Sáckárá*, auch das volle *Sáckrɔment* als Appellativa Schmeller II 222, hier auch schon ein oöst. Beleg aus Stelzhamer (jetzt Ma. D. II 37 N. 17), Schöpf Tir. Id. 576. Lexer Kärnt. WB 211; vgl. Goethe Geschichte Gottfriedens v. B. III. Aufz. (W. 39, 104, 1) Hauptmann *Ich möcht' euch alle mit eigner Hand umbringen, ihr tausend Sakrment.* Auch die Erweiterung mit -er wird egerl. eher als konkretes Appellativ verwendet (wie schles., vgl. Langer Aus d. Adlergeb. I 53 *wart ok, ihr Sakrmenter.*) denn als Plural zum Fluche *Sàkrɔment* (also = mehrere Flüche dieser Art, wie nordböhm. vgl. Tieze Hejnt I 75 Gabler Bezirk: *du solzte 's jedmul a poor Kruznsakermenter*.) Etwas anderes ist es, wenn eine Person von dem ihr gewohnheitsmäßigen Fluche den Namen erhält: so wurde in meiner Heimat ein solcher Gewohnheitsschelter allgemein der *Sàkrɔ̄i* genannt.

[2]) Ebenso das schles., *das Lulíu*, in der Kindersprache *membrum genitale (lullu machen = mingere)* Weinhold Schles. WB 55 *lullu* I: oder das von Weinhold Schles. WB 69 aus Scherffer belegte *l'inkepank* m. = der Schmied (wohl schallnachahmende Bildung, während Crecelius S. 164 den Teufel *Binckenbangk* im Alsfelder Passionsspiel als Spielteufel deuten und an *Binklebank*, ein Gewinnspiel der Kinder, anlehnen möchte).

[3]) Auch öst.

[4]) Nicht bekannt ist das fränk. *kå* (ja) als Substantiv (*Kå* n., in Koburg m.) im Sinne von Meinung, Ansicht DM VI 328, 200; über obpfälz. *kl* vgl. Schmeller I 1213; obhess. ist *das* und *der Je* = Zusage des weiblichen Teiles zur Heirat, Verlöbnis, Verlobungsfeier: Crecelius 480, 2.

[5]) Auch als musikalischer Ton der Tonleiter sowie *s C, D, E, F* usw. In Berlin heißen die Buchstaben *die A* usw.; daher auch *die ABC* II. Koppel Sanders Zs. f d. Spr. IV 222.

[6]) Gewöhnlich von *f, ff*, der musikalischen Bezeichnung für *forte, fortissimo*, abgeleitet (so auch Lenz Nachtrag S. 3); vgl. jedoch Goethes M. Br. I 122 N. 3 *man muß aus den hohen FF mit Ihnen sprechen*, wo offenbar an den höheren, nicht an den stärkeren Ton gedacht ist.

B. Formen des Substantivs.

a. Genus.

§ 316. I. Abweichend von dem in der nhd. Schriftsprache herrschenden Geschlecht hat das Egerländische vielfach ein der älteren Sprache angehöriges erhalten, und zwar

1. in der Mehrzahl der Fälle in Übereinstimmung mit dem Bayrisch-Österreichischen oder doch mit einzelnen Mundarten dieser Gruppe [1])

a) im Maskulinum bei den Tiernamen *Bi'schlaich* der Bienschleich = die Blindschleiche, durch Entstellung mit *Bi* Biene zusammengebracht, m. auch kärnt. Lexer Kärnt. WB 220 *schleich* (steir. *Blindschlag, -schlägel* m. Khull 93', dagegen bayr.-öst. f. Schmeller II 497 *schleichen*, n. in Luserna Zingerle 24 *plintschink* und in den 13 comm. Schmeller Cimbr. WB 155 [217] *plintschlink*, mhd. *blintsliche* m.; *Brēmə* der Bremen = die Bremse Neubauer Id. 43, auch ein kleines Blasinstrument aus Hollunderrinde John Oberlohma S. 133, oöst. *Bremd, Breml* (so z. B. bei Lindemayr) m. f., auch (im Trauntal) *Brem* f., sonst bayr.-öst. f. Schmeller I 356. Schöpf Tir. Id. 56. Zingerle 25. Lexer Kärnt. WB 40, mhd. *breme, brem* m. f., die erstere Form noch im 15. 16. Jahrh. DWB II 362; *Grell* die Grille, bayr.-öst. m. f. Schmeller I 994 *Grill.* Cimbr. WB 126 [188 *grillo* m. Schwäbl § 55, 1 *b* (nur m. wie o.- u. nöst.). Khull 307 (nur m.). Lexer Kärnt. WB 124 (m. f.), lus. f. Zingerle 32, ahd. *krillo*, mhd. *grille* m. spätnhd. f.; *Hornäiß* oder *Horndißl* die Hornisse[2]) Neubauer Id. 29, bayr.-öst. *hurnauß* m. Schmeller I 1165; zur Umlautform vgl. DWB IV 2, 1827, 3, zur erweiterten Form *hurneiszel* ebda. IV 2, 1828, 7 u. 10, mhd. *hornuz* m.; *Ratz* die Ratte, m. auch bayr.-öst. schweiz. obhess. Schmeller II 193. Schwäbl § 55, 1 *b.* Schöpf Tir. Id. 538. Zingerle 47. Lexer Kärnt. WB 205. Lessiak § 121, 1. DWB VIII 208. Crecelius 679, mhd. *rat(e), ratz(e)* m., *rate, ratte* f.: *Schnauch* die Schnake, in der Planer Stadtmundart auch *Schnaugn* f., bayr. *Schnick* m. Schmeller II 565, echt mundartlich aber wie eg. u. öst. *Gelsen* f. ebda. I 903, mhd. *snake* m. f.; *Schneck* die Schnecke Neubauer Id. 29, bayr.-öst. m. Schmeller II 566. Schwäbl § 55, 1 *b.* Schöpf Tir. Id. 639. Lexer Kärnt. WB 223. Lessiak § 121, 1, aber lus. *snegg'n* f. Zin-

---

[1]) Die folgenden Fälle sind in der Hauptsache nach den Übereinstimmungen und Abweichungen gegenüber der älteren Sprache und den bayr.-öst. Maa. geordnet, damit vor allem das Verhältnis zu diesen Sprachen klar hervortrete; dabei hielt ich es nicht für ratsam, die nach den Lexicis bloß mit einer einzelnen bayr. oder öst. Ma. übereinstimmenden Fälle von den mit mehreren bayr.-öst. Maa. oder dem Gemein-Bayr.-Öst. übereinstimmenden abzusondern, da manches Geschlecht zweifellos weiter verbreitet ist, als sich aus den Wörterbüchern entnehmen läßt. Die zwischen dem Schriftdeutschen und der Mundart häufig bestehenden Unterschiede in der Bildung desselben Stammes erweisen sich zur Grundlage einer Gruppierung als untauglich, da sie nicht immer von bestimmendem Einfluß auf das Geschlecht sind.

[2]) *Brummäisl* (zu *brummen*), handschuhsh. auch = Hornisse (Lenz S. 38), ist egerl. nur = brummiger Mensch; vgl. die sinnesgleichen *Brummism* (eigentl. Maultrommel), namentlich *älts Br.* und *Brummisuppm*, beide auch öst., letzteres auch bayr. (S. 257 Anm. 5).

gerle 52, mhd. *snecke, snegge* m.; darnach eg. auch *Háschneck* m. der Heuschneck = die Heuschrecke, m. auch oöst. u. tir. Schöpf a. a. O., mhd. *höuschrecke, -schricke*; *Schnepf* die Schnepfe Neubauer Id. 29, m. auch bayr.-öst. und allgemein obd. gegenüber dem Fem. des N.- und Md. Schmeller II 578. Schwäbl § 55, 1 b. Lessiak § 121, 1. DWB IX 1313, mhd. *snephe, snepfe* m. Lexer II 1033. Mhd. WB II 2, 448ᵇ, 1 verzeichnet auch f.; *Schwâl* die Schwalbe Neubauer Id. 30. Z. f. öst. Volksk. II 321, in Plan auch *d'Schwàl(b)m* f., bayr.-öst. *Schwal(b)m* f., bayr. auch m. Schmeller II 631. Schöpf Tir. Id. 657. Lexer Kärnt. WB 228. Lessiak § 98. Schmeller Cimbr. WB 163 [225]. Zingerle 54, schwäb.-alem. *Schwalm* m. Schmeller II 632. Seiler Basler Ma. 266, mhd. *swalwe, swalbe, swale, swal, swalm(e)* f. u. m., die Form *swal* besonders nd. DWB IX 2182, aber auch md. und sonst verbreitet: Lexer II 1333; *Zeck* die Zecke, m. auch bayr.-öst. schweiz. Schmeller II 1080. Schwäbl § 55, 1 b. Weigand II 1163, f. kärnt. Lexer Kärnt. WB 263. Lessiak § 121, 4 (f., selten m.), mhd. *zeche, zecke* (m. f.?); ferner bei den Pflanzennamen *Bläums* •der Blumen• = die Blume Neubauer Id. 29, in Plan auch f., bayr. *Bluəm, Bluəm.*⸳ m. = Graswuchs Schmeller I 326, aber wie öst. *die Bluəm* = flos ebda. 327, tir. (auch= Graswuchs) f. Schöpf Tir. Id. 47, in den 7 comm. ist *pluma* f., in den 13 comm. *plome, ploume* fiore, *plume* Flaumfeder m. Schmeller Cimbr. WB 155 [217], mhd. *bluome* m. f., md. f. Lexer I 315; *Hirsch* die Hirse, bayr.-öst. m. Schmeller I 1166. Lessiak § 121, 1 (der Auslaut -*sch* wie in der Oberpfalz und sonst: Schmeller a. a. O., auch in md. Mundarten DWB IV 2, 1571), mhd. *hirs(e)* m.; *Möis* das Moos Neubauer Id. 84, mhd. *mies* n. m. und so noch heute in Mundarten teils beides (bayr. Schmeller I 1672), teils m. (kärnt. schwäb.), teils n. (öst. tir. alem.) DWB VI 2175. Lessiak § 121, 1; *Päitəs'ü'l* die Petersilie, m. auch öst. kärnt. Th. Gartner HLZ IV 279. Lessiak § 121, 1, bayr. *Pēterl* m. Schmeller I 414, mhd. *pêtersil* m. neben *petersilje* f. und *pēterlin* n.; *Zwifl* die Zwiebel als Pflanze, auch = Zwiebelapfel[1] und = altmodische oder schlechte Taschenuhr, bayr.-öst. m. Schmeller II 1174. Schwäbl § 55, 1 b. Schöpf Tir. Id. 834. Lexer Kärnt. WB 268. Lessiak § 121, 1, mhd. *zwibolle, zibolle* m.;[2] bei anderen Konkreten wie *Aschə* •der Aschen• = die Asche Neubauer Id 29. Wirth § 18, 8, bayr.-öst. *Aschn* m. Weinhold Bayr. Gr. § 239 a. Schwäbl § 55, 1 b. Schöpf Tir. Id. 20. Lexer Kärnt. WB 10 (der neben *aschen* m. nur aus dem Lesachtal *asche* f. anführt), auch anderwärts m., z. B. in Sonneberg *aschər* Schleicher 65; dagegen in den 7 und 13 comm. und Lus. f. Schmeller Cimbr. WB 117 [179]. *Escha.* Zingerle 28, mhd. *asche, esche* f. m.; *Bál* die Beule, wegen der Vokallänge nicht zu obpfälz. *Bell*, bayr. *Báll* und zu *der-)bellen* Schmeller I 228 f., sondern zu mhd. *biule* f., aber ein bayr. Beleg für das Mask. bei Weinhold Bayr. Gr. § 239 a; für die lebende Mundart bei Schmeller nicht bezeugt; *Burscht* Borst, koll. = schlechtes borstenförmiges Gras, in Theusing Mannl S. 22, in gleichem Sinne bayr. m. Schmeller I 282 *Borst*, vgl. mhd. *borst* n. m. neben *borste, burst, bürst*

---

[1] Steir. in diesem Sinne auch *der Zwiefler* Khull 660 *Zwiefelapfel.*

[2] John Oberlohma S. 165 verzeichnet auch *Dachwurz* als eg. Mask.; in Plan ist *Dach-* oder *Hauswurz* auch (wie oöst. stets) Fem.

f.; *Gift* das Gift [1]) = *venenum* und Groll, Ärger, bayr.-öst. n. = *venenum*, m. = Groll Schmeller I 875 f. Schwäbl § 55, 1 c. Schöpf Tir. Id. 189. Lexer Kärnt. WB 114, auch schles. Weinhold Dial. S. 133, mhd. *vergift* neben f. n. auch m. Lexer III 115, vgl. Erdmann-Mensing Grundz. II 3 Anm. ; *Göds(r)n* das Gatter (*Mdl-G.* m. = Maulkorb), m. auch bayr.-öst. schwäb. schweiz. Schmeller I 957. Schwäbl § 55, 1 c. Schöpf Tir. Id. 178. Zingerle 32. Schmeller Cimbr. WB 124 [186]. Lexer Kärnt. WB 110 (der nur für das kärnt. Mölltal das F. bezeugt). DWB IV 1, 1, 1503, mhd. *gater* m. n.; *Leoms* oder *Leons* die Lünse, der Vorstecknagel des Rades Neubauer Id. 79. bayr.-öst. m. Schmeller I 1482 *loner*. Khull 442 *Lon.* Schöpf Tir. Id. 403. Lexer Kärnt. WB 182, über ältere Formen vgl. Lexer I 1983. DWB VI 1307 *Lunse*; *Scharm* der Scherben = die Scherbe, auch = Blumentopf, m. auch bayr.-öst. schwäb. heidelberg., f. schweiz. kärnt. und überwiegend tir. Schmeller II 463 *Schèrbm.* DWB VIII 2560 f. L. Sütterlin HLZ IV 172, mhd. *schirbe, scherbe* m. f., *schirp, schirb* m. n.; *Schlauf* außer = Schlaf auch = die Schläfe am Kopf, in beiden Bedeutungen m. auch bayr.-öst. Schmeller II 507 *schläffen.* Nagl Roanad S. 133 zu V. 164 *schlöuv.* Schöpf Tir. Id. 613. Schmeller Cimbr. WB 169 [231], wie schon mhd. *slâf* m.; *Schrolln* der Schrollen = die Scholle Neubauer Id. 29, m. auch bayr.-öst. (auch = Grobian). schwäb. ostfränk. Schmeller II 601. Nagl Roanad S. 56 zu V. 41 *töull.* DWB IX 1767, mhd. *schrolle, scholle* m.; *Schränkn* der Schranken = die Schranke, nur konkret, bayr.-öst. m. Schmeller II 609, mhd. *schranke* m. f.; *Schràut* das Schrot 1. = Blei- und Getreideschrot, 2. ein aus *Schwärtn*, d. i. aus den auf einer Seite mit Rinde bekleideten Brettern gefugter Holzzaun, m. auch bayr.-öst. und sonst obd., gegenüber nd. n. Schmeller II 613 *Schroud*, vgl. ebda. 614 *Umschröt* in einer ob.-pfälz. Urkunde. Schwäbl § 55, 1 c (ohne nähere Bedeutungsangabe). Khull 557. Schöpf Tir. Id. 649. Lexer Kärnt. WB 226 (*Schruot* = das einmal gemalene Getreide). DWB IX 1773, mhd. *schrôt* m.; *Sèckl* in *Fouß̌sèckl* der Fußsöckel [2]) = die Socke, m. auch bayr.-öst. heidelberg. Schmeller II 222 f. *Sèckl.* Sütterlin HLZ IV 172, aber steir. *Söckel* n. neben *Socken* m. Khull 597, mhd. *soc, socke* m. < lat. *soccus*; *Sprissl* = die (Leiter-)Sprosse [3]) Neubauer Id. 93, auch öst. m., dagegen kärnt. n. Lexer Kärnt. WB 238, vgl. Schmeller II 706 *spreißeln*, mhd. *sprüzzel* m.; *Tennø* der Tennen = die Tenne, in Urkunden v. J. 1626 *so weith der Denne gehtt* und *das thor vnd den Dennen* Gradl-Pistl in Nagls DM I 174, vgl. ebda. S. 176 *des Dennens*, m. auch bayr.-öst. Schmeller I 608 . *Tenn.* Khull 149. Lessiak § 121, 1, n. im Wetterau. Nassau. DWB XI 253, mhd. *tenne* n. m. f.; *Wö(d,l* der Wadel = die Wade Neubauer Id. 30. Wirth § 18, 8, bayr.-öst. *Wa'n, Wa'l, Wa'l* m. Schmeller II 849. Schöpf Tir. Id. 793. Lexer Kärnt. WB 249, auch handschuhsh. *Wärø* m. Lenz S. 52, mhd. *wade, wadel* m.; *Zäh* die Zähre Neubauer Id. 27. 30, m. auch bayr.-öst. Schmeller II 1100 *Zahhö'.* Schwäbl § 55. 1 b. Khull 642. Schöpf Tir. Id. 823. Lexer Kärnt. WB 262. Lessiak § 121, 1; veraltetes *Zvor* m. = eine kleine Menge Flüssigkeit (*trink an Z.*)

---

[1]) Die *Mitgift* ist wie öst. der Ma. fremd (dafür *zos aim mit kröigt, Hairøtigout* u. dgL).

[2]) Nicht · *Sückel*, eg. *Säckl.*

[3]) Zu unterscheiden von *Spräißl* m., durch unregelmäßige Spaltung oder Bruch abgetrennter Holzspan, vgl. mhd. *sprizel* m. (bes. Lauzen-) Splitter.

auch Sonneberg. Schleicher 69. 72, mhd. *saher, seher* m., md. auch f.;
bei den **abstrakten** Substantiven *Gráu* = der Ekel, m. auch bayr.
(*Grau, Grauel*), schles. (*Grau*) m. Schmeller I 981 *grauen*. Weinhold Dial.
110. WB 29. Knothe WB 266, mhd. *grü(we)* m.; *Háft* = der Halt,
koin Háft ho(b)m = nicht festhalten, z. B. von Nägeln Neubauer Erzg.
Ztg. X 268, bayr. *Haft* m. = Halt und Hemmung Schmeller I 1064, m.
auch kärnt. Lexer Kärnt. WB 130, mhd. *haft* m. = Band, Halter,[1] auch
= Haftung, Festhaltung; *Horn*,[2]) *də grãuß' H.* = Januar, *də kloi˜ H.* =
Februar Neubauer Id. 72, tir. *Horner* m. = Februar Schöpf Tir. Id. 276,
aber auch md. Knothe WB 308. DWB IV 2, 1821, mhd. *horn* m. =
Januar; *Lüst* und *Glüst* die Lust, das Gelüste Neubauer Id. 29, *Nach*
irem lust Eg. Fron. 816, bayr. *Lust, Luscht, Gelust, Gelusten, Geluster* m.
Schmeller I 1525. 1526. MB § 881 γ. BH II 129. Lessiak § 121, 1
(*lust*), *Gelust* m. auch öst. (oöst. aber *Lust* f.) tir. kärnt. schwäb.
schweiz. DWB IV 1, 2, 3111 *a* Schl., in den 7 und 13 comm. *lust* m.
(aber *galust* f.) Schmeller Cimbr. WB 144 [206], m. auch henneberg.
lust DM II 77, 5, 4, obhess. *Lusten* Crecelius 567, mhd. *lust* m. f., *ge-*
luste m.; *Scháu* die Schau = der Anblick, das Anschauen, *ám* (< auf
den) *Sch.* = den äußeren Eindruck oder Schein berechnend, z. B.
etwas *ám Sch. tāu˜*, auch = zum Anschauen, zur Parade, z. B. *Gitt* (Gibt)
ma da Baua sa(n) Tochta niat, kàa(n)-r-a sie b'hàltn a'm Schau HTV
S. 347 N. 705 (Eger-Plan), bayr. *Schau* m. Schmeller II 349 *schauen*, tir.
Schau, Beschau m., auch f. Schöpf Tir. Id. 595, mhd. *schou* m. und so
bis ins 17. Jh. DWB VIII 2291, dagegen ist *Brautschau* auch eg. f.; *Schái*
die Scheu, *koin Sch. ho(b)m* = sich nicht scheuen, bayr. *Scheihhö˜* m.
Schmeller II 389 *scheuhen*, tir. *Scheuchen* m. Schöpf Tir. Id. 605, mhd.
schiuhe, schiuwe f., aber im 15. und 16. Jh. *Scheuch* m.[3]) DWB VIII
2604; *Schür* Schur = Plage, Schererei, hämischer Streich, *zən Sch.* = zu
Fleiß, zum Possen, jem. *án Sch.* antun, ebenso bayr. öst. Schmeller II
461, f, thüring. und in Ruhla Regel S. 33. 80. 268, mhd. *schuor*, md.
schúr m. f. = Schur und Schererei Lexer II 825, vgl. DWB IX 2030;
Gwàlt die Gewalt Neubauer Id. 29, Planer Pass. S. 55 *so großen Gwalt*,
bayr.-öst. *Gwàld* m. Schmeller II 908 *walten*. Schwäbl § 55, 1 *b*. Lexer
Kärnt. WB 249, auch tir. in der älteren Sprache m., jetzt f. Schöpf Tir.
Id. 798, mhd. m., md. wie as. ags. überwiegend f. Weigand I 686;
Wäi, auch in der Verdopplung *Wäiwäi* m.[4]) (⌣ — wie städt. *Wewf*[5])
betont; es ist Verdopplung der Interjektion, deckt sich also nicht mit
mhd. *wêwe*), in der Kindersprache = *Wäiding* m. Schmerz und schmer-
zende Stelle, krankes Glied, ferner in Zusammensetzungen wie *Bauchwäi*
Bauchweh,[6]) auch = armseliger Mensch Neubauer Erzg. Ztg. X 246,
Knapf-, Zoi˜-, Hols-Wäi u. dgl., bayr. n. aber im älteren Bayr. und in

---

[1]) In dieser konkreten Bedeutung im Egerl. (wie Bayr.-Öst.) meist dim., *ı Häftl* =
Kleiderhäkchen. Abstr. *die Haft* = die Gefangenhaltung, mhd. *haft* f., ist egerl. wie öst.
nicht mundartlich.

[2]) In Pernegg m. auch = Horn Lessiak § 121, 1.

[3]) Vgl. Elis. Charlotte Briefe S. 36 N. 21 *habt doch nie keinen scheu.*

[4]) Auch kärnt. m. Lessiak § 121, 1., oöst. n. — Verletzung und Ausdruck des Schmerz-
gefühles.

[5]) Vgl. § 25 *b*, β und § 314.

[6]) Vgl. bayr. *Bauchweding* m. Schmeller II 825; mhd. *wêtuc.*

Haamad-l Heimweh m. Schmeller II 824, mhd. *we'* m. f.; erwähnenswert sind noch die Fremdwörter *Dátum* das Datum, m. auch wien. Pernegg. Th. Gartner HLZ V 120. Lessiak § 121, 5, bayr. n. Schmeller I 551, mhd. *dátum* m. n., vgl. DWB II 828; *Tiwernákl* Tabernakel im kirchlichen Sinne, auch öst. Pernegg. m. Lessiak § 121, 5, mhd. *tabernakel* m. < lat. *tabernaculum.*

b) Von Femininis gehören hieher *Flch* die »Flüge« = der Flügel, auch für *Arm*, z. B. einen *bə də F. pácku u ásséschmáiθn,* [1]) bayr.-öst. *Flüg* f. = Flügel Schmeller I 790, mhd. *vlüge* f.; *Hácksn* der Kniebug an den Hinterbeinen der Vierfüßler, *mit da Hacksn* Lorenz S. 25, auch für den ganzen Fuß, bayr.-öst. f. Schmeller I 1046. Khull 318. Schöpf Tir. Id. 229. Lexer Kärnt. WB 130, mhd. *hahse, hehse* f.; *Houstn* [2]) der Husten, bayr.-öst. hochfränk. f. Schmeller I 1186 *Huəstn.* Schwäbl § 55, 1 *a.* Khull 361. Lessiak § 121, 3. DWB IV 2, 1976 f., auch in den 7 und 13 comm., aber in Lus. m. Schmeller Cimbr. WB 132 [194] *husta.* Zingerle 35 *huast,* ahd. *huosta* f., spätmhd. *huoste* f. Lexer Nachtrag 253, neben ahd. mhd. m.; *Grépməs* Gräbnis = das Begräbnis,[3]) bayr. *Bégrébməs, 'Gré'mməs* f. Schmeller I 983 *graben.* MB § 881 f, mhd. *grebnus* f.; *Mauß* das Maß, die richtig gemessene, auch die vorgeschriebene Größe oder Menge: *Du hast die Maß nach Dir genommen* Planer Pass. S. 73 und so nimmt noch heute der Schuster, Schneider usw. *d'M.,* der Wirt gibt beim Einschenken *ə goutə M.,* beim Mehleinfassen gibt es *ə g'häfftə* eine gehäufte *M.,* ferner ist *M.* f. = das eine Maß haltende Meßgefäß; f. auch bayr.-öst. schwäb. schweiz. fränk. elsäss. bis nach Oberhessen Schmeller I 1659. Schöpf Tir. Id. 427. Lexer Kärnt. WB 187 (f. = Schenk- und Längen-, n. = Getreidemaß). Lessiak § 121, 3 (nur f.). DWB VI 1728, 1, mhd. und bis ins 17. Jh. *mâs'e'* f. = richtig gemessene Größe, gegenüber *meʒ* n. = Maß oder Meßgefäß; *Räm* [4]) die Rahme = der Rahmen, f. auch bayr.-öst. alem. und teilweise md. Schmeller II 89. Schwäbl § 55, 1 *a.* Schöpf Tir. Id. 531. Lexer Kärnt. WB 203. Lessiak § 121, 3. DWB VIII 64, mhd. *ram'e*) f.; *Särch* (neben m.) der Sarg Urban Erzg. Ztg. XVIII 214, bayr. f. m. Schmeller II 325 *b,* öst. [5]) und tir. m. Schöpf Tir. Id. 580, mhd. *sarche* f. neben *sarc, sarch* m.; *Schauß* der Schoß [6]) Neubauer Id. 30, f. auch bayr.-öst. schwäb. schweiz. handschuhsh. schles. Schmeller II 480. Schwäbl § 55, 1 *a.* Lessiak § 121, 3. DWB IX 1583. Lenz S. 45. Weinhold Dial. 134, mhd. *schôʒ'e*) f. neben *schôʒ* m. n.; *Schupfm*

---

[1]) Ebenso öst. *b. d. Fl. kriəʒn (dáwischn).*

[2]) Analog gebildet ist das mhd. noch nicht bezeugte *Schluckn* = *singultus* der Schluchzen, DWB IX 803 nur als m. bezeugt, im Egerl. (wenigstens in Plan) jedoch f., zu mhd. *slucken* = *singultire* (bayr.-öst. dafür in gleichem Sinne *Schnáckl, Schnácks'l, Schndekler* Schmeller II 566 *schnäckeln.* Keinz Ergänzungen 416 zu Schmeller I 1072 *huckel*).

[3]) Baier gebraucht außer *Begrebnus* (z. B. 398 *mit ʒur b. gangen*) noch andere von altersher schwankende Verbalsubstantiva auf *-nis* als f., so 370 *aus der gefencknus* (mhd. *gevancnisse* f. n.).

[4]) Ein Stadtteil von Plan hieß *d'Räm* die Rähme < mhd. *reme* m. f.

[5]) Im echten oöst. Bauerndialekt *Totentruch* i, auch dem Egerl. als *Tóu(d)ntrugl* durchaus geläufig.

[6]) Im Volkslied außer f. (z. B. HTV S. 212 N. 203 Plan) auch m.: *in mein Schoß* ebda. S. 200 N. 177 Eger-Plan.

der Schuppen, Aufbewahrungsort für Geräte, Holz u. dgl. Neubauer Id.
30. Erzg. Ztg. X 272, f. auch bayr.-öst. schwäb. schweiz. westerzgeb.
vogtländ. und südostthür. Schmeller II 442. Lessiak § 121, 3. DWB
IX 2006, 1. HLZ. I 128 f. § 16, mhd *schupfe* f.; *Sträuchn* die Strauchen
= der Schnupfen, f. auch bayr.-öst. Schmeller II 805. Khull 582. Schöpf
Tir. Id. 719. Lexer Kärnt. WB 243, mhd. *strüche* f. ansteckende Krank-
heit, Schnupfen; die Fremdwörter *Gaudé* mit dem Ton auf der ersten
oder zweiten Silbe [1]) = Freude, Vergnügen, < *gaudium* Neubauer Mitt.
XXVII 176, bayr.-öst. f. Schmeller I 872 *Gaudi*. Khull 269. Schöpf
Tir. Id. 179. Lexer Kärnt. WB 110, mhd. *gaudin, gaudine* f.; *Réfia(r)*
das Revier, *as seina Refia* Lorenz S. 10, bayr.-öst. f. Schmeller II 191.
Schöpf Tir. Id. 551, aber wien. m. Th. Gartner HLZ V 102, mhd.
riviere, rivier, refir f. n. Gegend, Bezirk, < franz. *rivière*, it. *riviera* DWB
VIII 851;

c) Neutra gleicher Art sind *Aitɔ* der Eiter Neubauer Id. 30, bayr.-
öst. n. Schmeller I 172 *Aitɔ'*. Schöpf Tir. Id. 9. Lessiak § 121, 2,
mhd. *eiter* n.; *Eck* die Ecke, *der Bräutigam darf bei seiner Braut hinter
dem Tisch im Ecke . . . sitzen* Grüner S. 53, bayr.-öst. n. Schmeller
I 33. Schwäbl § 55, 1 b. Khull 187. Schöpf Tir. Id. 101. Lessiak
§ 121, 4 (n. = Zipfel, Berg, f. = Ecke), mhd. *ecke* f. n., über die
einsilbige neutr. Form DWB III 21; *Gäi, Gäi*[2]) der Gau, *ins G. gäili*
= in die umliegenden Ortschaften gehen, besonders von Viehhändlern,
Fleischhauern u. dgl., welche dort Einkäufe machen, jemandem *ins G.*
gäili oder *kummɔ* = ins Gehege gehen, kommen, in die Rechte anderer
eingreifen, besonders bei Liebschaften: Neubauer Id. 61, n. in beiden Be-
deutungen auch bayr.-öst. Schmeller I 853, desgleichen z. B. hand-
schuhsh. Lenz S. 20 *Kāi* und Nachtrag S. 11; vgl. L. Sütterlin HLZ
IV 173. DWB IV 1, 1, 1519, 2, mhd. *göu(we), gou, geu* n.; *Heɔg*
der Honig Neubauer Id. 30, in den Egerer Stadtbüchern *das Honig*
Gradl-Pistl in Nagls DM I 137, n. auch bayr.(hier neben m.)-öst.
Schmeller I 1119. Schwäbl § 55, 1 a. Schöpf Tir. Id. 274. Zin-
gerle 35, ebenso in Pernegg Lessiak § 121, 1, sonst kärnt. m. Lexer
Kärnt. WB 143, mhd. *honec, honic, hönic, hünic* n. m. und gelegentlich
n. bis Lessing DWB IV 2, 1786; *Kniɔd,l* der Knödel als Speise, n.
obpfälz. nöst. nach DWB V 1463, sonst bayr.-öst. m. Schmeller I 1348
Knedl. Khull 302 *Grammelknödel* (der 398 auch *Knoden* m. = Knödel
bezeugt), deutsch-ung. f. Schröer Versuch S. 136 [386] *Kneul*, mhd.
knödel n. (dim. zu *knode*) = Knötchen, erst später m. = Kloß als Speise
Lexer I 1651; *Mōnɔt* der Monat Neubauer Id. 30, bayr.-öst. n. (öst.
= Monat, bayr. n. auch noch = Mond) Schmeller I 1608 f. Cimb.
WB145 [207], vgl. Schwäbl § 55, 1 a. Zingerle 42, kärnt. m. = Mond,
n. = Monat Lessiak § 121, 4, mhd. *mānōt* m. n.; *Ort* der Ort =

---

[1]) Das Oöst. unterscheidet *Gaudi* und *Gaudé*, beide f.

[2]) Letztere Form, bei Neubauer Id. 61 nicht verzeichnet, aber in Plan durchaus üblich,
entspricht dem mhd. Lautstand besser (mhd. *öu, eu* > eg. *äi*; Gradl MW 248) als *gäi* (eg.
ai sonst < mhd. *ei* ders. 205); vielleicht gehört auch *Gä-Hout* (= bäurisch plumper Hut,
Hut ohne »chic« hieher, da auch *ä* aus *öu* (hes. vor *w*, vgl. *Hä* < *häu[we]* Heu Gradl
a. a. O. 249) oder aus *ou* (< *gou*, vgl. *Kräil* < *krouwel* a. a. O. 244) hervorgegangen
sein kann.

die Ortschaft,[1] n. auch bayr.-öst. schles. handschuhsh. (hier neben
seltenem m.) heidelb. Schmeller I 151, 1, vgl. Schwäbl § 55, 1 a.
Schöpf Tir. Id. 482. Lexer Kärnt. WB 202. Lessiak § 121, 4 (neben
m., aber = Ende nur m.). Weinhold Dial. 134. Lenz S. 33. Sütterlin
HLZ IV 173, mhd. *ort* n. m. = äußerster Anfangs- oder Endpunkt
nach Raum und Zeit, Spitze, Rand u. ä., n. = Ortschaft bei Scheidt,
Schuppius, Abraham a St. Clara DWB VII 1360 f., VI, 1; *Gsàng*
der Gesang, Egerer Fron. 1775 *das gesang,* gelegentlich noch jetzt
neben dem m., bayr.-öst. n. Schmeller II 310. Cimbr. WB 163
'225'. Schwäbl § 55, 1 a. Khull 284. Lessiak § 121, 2. DM III 45
N. II 4. DWB IV 1, 2, 3796, mhd. *gesanc* n. m.; *Gstàr̄k* der Ge-
stank, auch m., bayr. n. Schmeller II 771. Schwäbl § 55, 1 a, mhd.
gestanc m., aber schon bei Megenberg, Aventin n. DWB IV 1, 2,
4201; *Tränk* das Trankich, Getränke für das Vieh, mit Mehl, Kleie,
Küchenabfällen vermengt, in gleichem Sinne bayr. *Tränk* und *Trank*
(letzteres auch altbayr.-oöst.) n. Schmeller I 667. Schwäbl § 55, 1 a,
mhd. *tranc* n. m.; das Fremdwort *Gschpusé* = das Liebesgetändel (da-
neben f.), auch bayr.-öst. *Gspusi* n. (bayr. = Mädchen, steir.-öst. im egerl.
Sinne Khull 284, wien. außerdem m. = Geliebter Th. Gartner HLZ IV
256, in Lus. *spus* m. f. = Bräutigam, Braut Zingerle 52), um Eichstätt f.
= Frauenbekanntschaft und Schatz H. Weber HLZ V 164, basl. (= Person
überhaupt) DWB IV 1, 2, 4158, 3 *Gespons*, in den 7 und 13 comm.
spus m., *spusa* f. Bräutigam, Braut, it. *sposo, sposa* < lat. *sponsa* Schmeller
Cimbr. WB 173 [235], vgl. mhd. *gespunsenle* n. = Liebesgetändel.

§ 317. 2. Ohne Entsprechung in heutigen bayr.-öst.
Mundarten ist die Erhaltung eines älteren Geschlechtes[2])

a) bei den Maskulinis *Amas* oder *Aumas* die Ameise, bayr.-
öst. f. Schmeller I 73. Cimbr. WB 106 [168]. Schöpf Tir. Id. 12.
Zingerle 21. Lexer Kärnt. WB 5, mhd. *âmeize* f. m.; *Humml* die
Hummel Neubauer Id. 29, nur im älteren Bayr. und Kärnt. m., sonst
bayr.-öst. f. Schmeller I 1112. Khull 360. Lexer Kärnt. WB 145. Lessiak
§ 121, 1, m. auch vorarlberg. schwäb. DWB IV 2, 1903, 1; mhd.
humbel, hummel m.; *Weps* die Wespe Neubauer Id. 28, bayr.-öst. f.
Schmeller II 866 *Wefzen.* 966 *Wepse.* Khull 621 *Webes(e).* 630 *Wersche.*
Lexer Kärnt. WB 256 *Weschpe,* mhd. *wefse, wespe* f. m.; *Angst* die
Angst, in Theusing Mannl S. 11 (in Plan f.), bayr.-öst. f. Schmeller I
105. Schöpf Tir. Id. 15, mhd. *angest* f. m.; *Kuln* der Kohlen = die

---

[1] *Ort* = *locus* wird egerl. häufiger durch *Flik, Stöll, Plos* ausgedrückt (doch hörte ich
auch *Hür't hö é in də Kirchn a rest schäü's Ort ghätt).*

[2]) Ich stelle hieher jene Fälle, für welche in bayr.-öst. Maa. nach meinen Quellen
ausdrücklich nur ein vom älteren abweichendes Geschlecht bezeugt ist. Mhd. in der Bedeu-
tung noch nicht bezeugt ist das sonst ebenfalls hieher gehörige *Stual* m. = Polawärmer (auch
Puls-St.) und = Muff (also zu [*ab*]*stutzen,* während mhd. *stützel* m. = Stütze, Säule, zu [*unter*]-
stützen gehört, *Stutze* m. f. aber nur Stutz-Glas, Stutz-Boltich bedeutet); bayr.-öst. nur n.
(= Vorsteckärmel, Strumpf ohne Fußteil) als Dim. zu *Stuts(en)* m. Schmeller II 802. Khull
587 (in den egerl. Bed.). Lexer Kärnt. WB 245 (u. a. = Muff): ferner ist nach *Schwan,* eg.
Schwans, hieher zu zählen, das neben dem M. hauptsächlich als Gasthausbezeichnung Fem.
ist: *úf də Schwàns* (in den Sechsämt. überhaupt f. Wirth § 18, 8), ahd. *swana* f. (vgl.
Schmeller II 634) neben *swan(o)* m, mhd. *swan(e)* m.; Schmeller, der a. a. O. nur bayr.
Mask. verzeichnet, bezeugt das Fem. *die Schwane* am Main und Rhein.

Kohle Neubauer Id. 29 (in Plan f.), bayr. f. n. Schmeller I 1236, öst. f., anderwärts aber n. Lexer Kärnt. WB 163. Lessiak § 121, 2. Schmeller Cimbr. WB 138 [200]. Zingerle 38, mhd. *kol* m. n.; *Lepsn* der Lepsen [1]) = die Lefze, Lippe, bayr.-öst. f. Schmeller I 1452 *Lefs·n.* Khull 431 *Lebes.* Schöpf Tir. Id. 739. Lexer Kärnt. WB 174 *Lebaz·n,* mhd. *lefs'e*) m. f.; *Muas* das Moos, aber wie sonst in obd. Mundarten (DWB VI 2519) = Moor (auch n.) Neubauer Id. 84, bayr. n. Schmeller I 1672 *Mös* (= *muscus* kaum üblich, ebensowenig ooest.), ebenso schweiz. Schweiz. Id. IV 469, mhd. *mos* n., auch m., = Moos und Sumpf; [2])

b) beim Femininum *Schlauchn* die Schlauchen = der Schlauch, z. B. der hölzerne Abortschlauch, auch das schlauchähnliche Blatt der Küchenzwiebel [3]) (daneben *Schlauch* m. im nhd. Sinne, beides auch in den Sechsämt. Wirth § 18, 8), bayr.-öst. *Schlauch* m. Schmeller II 497, mhd. *slúch* m. Schlauch, gegenüber *slúche* f. Graben, Schlucht (noch steir. Khull 542 *Schlauche*);

c) bei den Neutris *Örtl, Ertl* = Schuhmacher-Pfrieme (daneben m.), bayr. m. Schmeller I 152, n. auch augsburg., nordböhm. DWB VII 1364. Knothe WB 431, 1, mhd. *ort* n. m. Spitze, Ende, dazu *ortelin, örtelin* n.; *Quöl* der Quell, die Quelle Urban Erzg. Ztg. XVIII 214, in Weihers an der Rhön *Quil* m. Schmeller I 1393 *quellen,* kärnt. *kwáll* m. Qualm und Wasserschwall Lexer Kärnt. WB 170, mhd. *qual* m. n., Neutr. bei Opitz Weinhold Dial. 134, über die Form *Quall* vgl. DWB VII 2308; *Sál* der Saal Neubauer Id. 30 (in Plan m.), bayr.-öst. m. Schmeller II 249, mhd. *sal* m. n.; *Schàə(r)* die Pflugschar Neubauer Id. 30, bayr. f. Schmeller II 446, 3, mhd. *schar* n. m. f. [4])

§ 318. II. Das vom mhd. (und nhd.) abweichende Geschlecht stimmt zunächst wiederum

1. in einer größeren Anzahl von Fällen mit dem bayrisch-österreichischen oder doch einzelnen Mundarten dieser Gruppe [1]) überein. Hieher gehören

[1]) Die Form *Lebse* f. vorzugsweise im Hochfränk. DWB VI 469.

[2]) Von *Moor*, mhd. *muor* n. (bayr. *Muər* n. Schmeller I 1642, aber tir. f. Schöpf Tir. Id. 446) besitzt das Eg. die abgeleitete Form *Muə(r)l* m. = der Schlamm auf dem Grunde von Bächen, Teichen, Quellen.

[3]) Dieses heißt auch *Zwiftschlonchın* f. (Neubauer Ertg. Ztg. X 271), entweder eine Weiterbildung aus *Schlauch,* oder *Schlouchın* < *Schlúte* (wie eg. *Rouchın* < *Rute* Gradl MW 566) und weiterhin < *schalotte, échalotte* (*allium ascalonium*), vgl. obhess. *Schlotte* = Zwiebelblatt Crecelius 742, handschuhsh. *trwiwßlotə* Lenz S. 44, sächs. *ßugı* HLZ I 31. Egerl. *Schlouchıl* = schlampicht, unordentlich angezogene Weibsperson, in Neumarkt in d. Obpfalz. *schlouıl* Weber HLZ V 182.

[4]) Ich reihe hier einige Wörter mit altem Geschlecht an, die ich aus heutigen bayr.-öst. Maa. nicht belegen kann. Es sind die Mask.: *Dri·l* die Drohne, schweiz. *Trämel* m. Stalder I 296, mhd. *tren* m.; *Mex(r)z* Gewinn, Vergnügen Neubauer Id. 83, schwäb. *merz* m. verkäufliche Ware DWB VI 2109, schweiz. *mırzdən* = Kleinhandel treiben Schweiz. Id. IV 432, mhd. *merz* m. (< lat. *merx*) Ware, Kleinod; *Treps* die Trespe, von Schmeller I 673 nur um Nürnberg bezeugt, mhd. *trefs(e), trebs, tresp* m. Lolch, Trespe; das Neutr. *Mödı* Moder = Moor Lorenz S. 10, im Voc. v. 1445 *Molter* m., allgäu. *Mott* m. Schmeller I 1693, vorarlb. *mott* m. Schöpf Tir. Id. 445, 7 und 13 comm. *modar* m. = Bodensatz Schmeller Cimbr. WB 148 [210], mhd. (md.) *mot* n., *moder* m. Lexer I 2210. 2194.

[5]) Vgl. S. 288 Anm. 1.

a) Maskulina wie die Tiernamen [1]) *Aideks* die Eidechse,
bayr. *Adex* m. neben *Egedechs*, *Heidechs* f. Schmeller I 36. 51. 1053,
vgl. auch die Nf. *Heidochs* m. DWB III 83, mhd. *egedehse* f.; *Bī* die
Biene, besonders = Bienenschwarm, ·stock, die einzelne Biene heißt in
Plan meist dim. *s Bīl*, in kollektivem Sinne m. auch bayr. *Bin*, wetterau.
Bien Schmeller I 245. DWB I 1816, dagegen = einzelne Biene bayr.-
öst. f. Schmeller I 226 *Bei˙*. Cimbr. WB 152 ʾ214ʾ *paia*. Khull 62.
Schöpf Tir. Id. 34 *Bei*. Lexer Kärnt. WB 20 *peie*. Zingerle 22; die
nasalierte eg. Form gehört zu mhd. *bin*, *bīn* f., nicht zu *bíe*, *beie* f. Biene,
bíe n. Bienenschwarm; *Lerch* oder *Lärch* die Lerche [3] Neubauer Z. f.
öst. Volksk. II 322. Erzg. Ztg. XVIII 214, m. auch kärnt. Ruhla. Lessiak
§ 121, 1. Regel 85, 1 *b*, bayr.-öst. f. Schmeller I 1501. Cimbr. WB 142
ʾ204ʾ. Zingerle 40, mhd. *lerche*, *lerche* f.; *Schwäu* die Küchen- oder
Brotschabe, *blatta orientalis*,[2]) bayr.-öst. m. Schmeller II 619 *Schwä(b*,
mhd. *schabe* f. = Motte, Schabe; Pflanzennamen wie *Schmelws* der
Schmelber = die Schmiele Neubauer Erzg. Ztg. X 272, auch, wie mhd.,
zur Bezeichnung von etwas Wertlosem gebraucht, vgl. § 537 *c*, bayr.
Schmelchen f. m. neben *Schmelme*,[4] *Schmilme* f. Schmeller II 549. 550,
f. auch steir. tir. kärnt. Khull 547 *Schmelche*. Schöpf Tir. Id. 630
Schmelchen. Lexer Kärnt. WB 221 *Schmelche*, Formen mit *b* (*w*) auch
im Hess. Thüring. DWB IX 1076, 3 f., mhd. *smelche* f.; andere wie
Furm und *Unfurm* Form, Unform, *der Rand* (sc. des Hutes) *hatte
beinah keinen rechten Form* Grüner S. 109, bayr.-öst. beides m. Schmeller
I 756. Schwäbl § 55, 1 *b*. Th. Gartner HLZ V 132. Khull 247 (*Form*
m. aber *Unform* f. ebda. 609). Schöpf Tir. Id. 163. Lessiak § 121, 1,
mhd. *form(e)* f.; *Halfts* Halfter, m. auch steir. (neben *Halftern* f.) Khull
323, sonst bayr.-öst. f. Schmeller I 1093. Schöpf Tir. Id. 238. Lexer
Kärnt. WB 131, mhd. *halfter* f.; *Koch* in *Gröis-K.*[5]) Grieskoch = ge-
backener Griesbrei, besonders als Kindbettspeise beliebt, steir. m. n.
Khull 400, sonst bayr.-öst. n. = gekochte Speise, Brei Schmeller I 1220.
Th. Gartner HLZ IV 118. Lexer Kärnt. WB 163, auch mhd. in gleichem
Sinne n.; *Mouß* der (das) Muß = das Müssen, *Wenn 's do M. is* = Wenn
ein zwingender Grund vorliegt, m. auch öst., kärnt. = Notwendigkeit,
Eile Lexer Kärnt. WB 194. Lessiak § 121, 1 (m. n.), dagegen n. bayr.
tir., vgl. S. 283 Anm. 6, mhd. nur *muoz-sin* n. das ·Muß·sein· Lexer
I 2250; *Papp* die Pappe, der Kleister, *Pipps* in der Kindersprache
= Kinderbrei und Speise überhaupt,[6]) bayr.-öst. *Papp* m. = Kleister,
bayr. auch *Papp(e)* m. = Brot Schmeller I 398 (dagegen öst. steir.
Dim. *Papprl* n. = Kinderspeise Khull 41, öst. auch *Pippi* n.), das
Mask. in ähnlichen Bedeutungen wie egerl. auch tir. kärnt. schwäb.

---

1) Über das Geschlecht der folgenden sowie der egerl. Tiernamen überhaupt vgl. Neu-
bauer Z. f. ost. Volksk. II 321 ff.

2) Dim. (gewöhnlich Pl.) *Lauráchlo*, vgl. ahd. *lerahha*, frühmhd. *lewerch* f.

3) Von der Schabe = Motte, *tinea*, eg. *Schä(b)m* durch die in md. und seltener in
obd. Maa. verbreitete *m*-Form (DWB VIII 1947, 6) unterschieden.

4) Handschuhsh. *Imélms* = langer Mensch (Lenz S. 44) ist wohl dasselbe Wort.

5) Statt *Räiskoch* nur *bachns Ris's* gebackener Reis; *Koch* m. = *coquus* ist aus dem
Haushalt adeliger Landsitze und den Hotels der Kurorte bekannt.

6) Hieher gehört auch *Päppm* f. Pappen · Mund, ebenso bayr.-öst. f. Schmeller I
398. Th. Gartner HLZ IV 275. Khull 41.

kurhess. schles. DWB VII 1442, mhd. *pappe, peppe* f., lat. *pappa*;
Pflàŕ(r)n die Flarre, ein breiter Klecks einer dicken Flüssigkeit oder
weichen Masse Neubauer Id. 40, öst. *Flarn* m. DWB III 1725, 6, aber
bayr. *Flarr, Flèrn, Flè'n* f. Schmeller I 794, mhd. *vlarre, vlerre* f.; *Rou*
die Ruhe, in der Wendung *koin R. gè b'm*, z. B. *d'Stodara gebm-nan
schö selwa kàin R.!* die Städter geben ihnen, den Mädchen, schon selbst
keine R. = lassen sie nicht in R., m. auch altbayr. kärnt. obpfälz., sonst
bayr.-öst. f. Schwäbl § 55, 1 *b*. Lessiak § 121, 1. Schmeller II 3,
mhd. *ruowe, ruo* f.; *Zè* die Zehe, meines Wissens nur in der Verbindung
àm Z. gäih auf der Zehe gehen, m. auch bayr. kärnt. schweiz. heidelb.
Schmeller II 1101. Schwäbl § 55, 1 *b*. Lessiak § 121, 1. Sütterlin
HLZ IV 172, aber öst. *Zechn* f., mhd. *zèhe, zè* f., m. erst in neuerer Zeit
Weigand II 1163 f.; das sonst und in Zusammensetzungen [1] ausschließ-
lich übliche eg. *Zàid* ist f.; die Fremdwörter *Pàrt* der Teil, Anteil, m.
auch tir. Ruhla. und in der Umgangsprache Schöpf Tir. Id. 487. Regel
146, 2 *a*, 1, mhd. *part(e)* f. (und so noch z. B. in Zwickau Philipp HLZ
V 11), md. auch n.; *Quàtempd* die Quatemberfasten, tir. m. Schöpf Tir.
Id. 522 *quàtemmer*, aber bayr. kärnt. f. Schmeller I 1397 f. Lexer Kärnt.
WB 170, mhd. *quatember, kotember* f. < lat. *quattuor tempora*;

b) Feminina wie *Gurt* der Gurt, f. auch bayr. tir. heidelberg.
Schmeller I 943 *Gurt* und *Gurten*. Schwäbl § 55, 1 *a*. Schöpf Tir. Id.
225. L. Sütterlin HLZ IV 173, mhd. *gurt* m., aber bei Luther f. Wei-
gand I 742; *Spinnzwet* [2] das Spinnengewebe und die Spinne, bayr.-öst.
Spinn zwèti(n) f. das Spinnengewebe Schmeller II 1046 *zwàt*, spätmhd.
spinnewet n.; *Sài swàrb* die Handhabe am Stiel der Sense, bayr. *War'*
f. Schmeller II 982 *Worb*, mhd. *sènsenworp* m.; die Fremdwörter *Intressé*
= die Interessen, Zinsen, *dös Göld sàmmt da Intressi* E. J. XIII 120,
kärnt. n. f. Lexer Kärnt. WB 150, bayr. m. n. öst. n. Schmeller I 115,
mhd. *interesse* n. = durch Versäumnis erwachsener Schaden; *Kristir(r*
(˘ –) Klystier Neubauer Id. 78 (auch n.), bayr.-öst. f. Schmeller I 1384,
die Form mit *r* auch schwäb. oblaus. und zwar meist f. DWB V 1309,
mhd. *kristier(e)* n. neben *klister* n.;

c) die Neutra *Àltàd(r*) [3] (˘ –) der Altar Neubauer Mitt. XXVII
173, bayr. *Àltàr* (˘ –) n., *Àltd* (– ˘) m. Schmeller I 72, oöst. umge-
kehrt; m. n. auch wien. kärnt. Th. Gartner HLZ IV 272. Lessiak
§ 121, 4, ahd. mhd. *altàri, altari, altœre, altàre, alter* m. Braune Ahd.
Gr. § 200. Mhd. WB I 26, vgl. DWB I 265; *Kàud* Chor = 1. das
Kirchenchor, die Empore für die Orgel, für Musiker und Sänger, auch
der erhöhte Sitz der Musikanten = Neubauer Mitt. XXVII
178; 2. der Sängerchor, jedoch nur in der Bezeichnung der Klassen des
Begräbnisses : *d gànds, hàls K.* ein ganzes, halbes Ch. = ein Begräbnis
erster, zweiter Klasse (ursprünglich : bei dem der ganze, halbe Ch. mitgeht), n.

---

[1] Z. B. *Pfï-, Knurwlat-Z.* (öst. *d Zechàl Knoft*) Pferd-, Knoblauch-Z.

[2] Die Form mit anlautendem *p, b* (zu *weben*) fehlt egerl.; handschubsh. *Ipi,nzwep* f.
= Spinne Lenz S. 46, *fpi,nep* f. ders. Nachtrag S. 19, in Rappenau *Ipine,pd* f. O. Meisinger
HLZ II 247.

[3] John (Oberlohma S. 183) gibt Hausaltar = Heiligenbilder in der Ecke über dem
Eßtisch als f. an.

auch öst. = Kirchenchor, Emporkirche Th. Gartner HLZ IV 119, um Nürnberg = Erker an einem Hause Schmeller I 1284, mhd. *kôr* m.; über das nhd. Geschlecht vgl. DWB II 617; *Matere* ⌣ – ⌣) Materie = Eiter Neubauer Id. 82, oöst. n., aber wien. wie bayr. f. Th. Gartner HLZ IV 265. Schmeller I 1685, mhd. *materje, materge* f. auch schon = Eiter (wie lat. *materia*) vgl. DWB VI 1753, 4. Weber HLZ V 170 N. 444. Eine Sonderstellung nimmt ein *Hackəhál* Hackenhelb = hölzerner Stiel einer eisernen Hacke (mit Abwurf des labialen Auslautes wie in steir. *höll* Lexer Kärnt. WB 138), n. auch in den 7 und 13 comm. lus. Schmeller Cimbr. WB 129 (191. Zingerle 34, dagegen sonst bayr.-öst. m. f. (kärnt. nur m.) Schmeller I 1086. Khull 340 *halb*. 321 *Hackenhalb*. Schöpf Tir. Id. 255. Lexer Kärnt. WB 138; auch schweiz. *Halb* m. Schweiz. Id. II 1161, ahd. *halp* n., mhd. *halp, help, halm(e)* m.

§ 319. 2. Ohne Entsprechung in bayr.-öst. Mundarten ist die egerländische Abweichung vom mhd. (und nhd.) Geschlecht

a) bei Maskulinen wie den Tiernamen *Böchstelz* die Bachstelze Neubauer Z. f. öst. Volksk. II 322, steir. kärnt. f. Khull 43 (hier neben *Wasserstelzer* m. ebda. 621). Lexer Kärnt. WB 240 *stélze*, mhd. *bach-* auch *wazzer-]stelze* f.; *Moisl* die Meise Neubauer Z. f. öst. Volksk. III 322, bayr.-öst. f. Schmeller I 1664 *Meisen*. Khull 66 *Bennmeise*. 456 *Mehlmeise*. Lexer Kärnt. WB 189 *Mäse*, mhd. *meise* f.; *Muck* die Mücke Neubauer Id. 26 (unumgelautet wie sonst obd. DWB VI 2606), bayr.-öst. f. Schmeller I 1567. Schöpf Tir. Id. 449. Lexer Kärnt. WB 192, mhd. *mücke, mucke* f.; *Wāns* die Wanze, in Plan auch *Wansn* f., bayr.-öst. f. Schmeller II 963. Cimbr. WB 109 [171] *bansela*. Schöpf Tir. Id. 801. Zingerle 57, mhd. *wanze* f.; ferner bei anderen wie *Frái* die Freite, Liebeswerbung Neubauer Id. 59, *ám Fr. gäíh* auf die Freite gehen (auch = bayr.-öst. *fensterln g.*): *Die Elisabeth Kusch klagt gegen Wolf Seitz »Einen Angefangenen frey betreffent«* Gradl-Pistl in Nagls DM I 137, bayr. *Freyot, Fräd* f., obpfälz. *Frey, Freyet, Freit* f. Schmeller I 814. 817, die egerl. Form zu mhd. *vríe* f., nicht zu *vríát(e)* f.; *Trixə* der Treber (nach Weigand II 923 im Hochd. f.), auf bayr.-öst. Gebiet nur im Plural bezeugt Schmeller I 640. Schöpf Tir. Id. 753, mhd. *treber* f.; *Öl* das Öl Neubauer Erzg. Ztg. XVIII 214, in Plan meist n., bayr.-öst. n. Schmeller I 61. Cimbr. WB 151 [213]. Schöpf Tir. Id. 481. Zingerle 46. Lexer Kärnt. WB 201, im Nordd. nach nd. Art m. f. DWB VII 1269 f., mhd. *öl(e), ol(e)* n.; *Fésn* die Faser, ein von Zeugstoffen abgelöftes Faserchen Neubauer Id. 58, bayr. kärnt. els. f. Schmeller I 766. Lexer Kärnt. WB 94 *Fese*. Martin-Lienhart I 147 f. *Fasel* (absterbend) u. *Fösər(ə)* f. neben *Füsər* m., aber tir. n. Schöpf Tir. Id. 133 *Fésel*; dem Vokal nach (eg. *é* < mhd. *é* vor einfachen Konsonanten Gradl MW 45, vgl. das Koll. *Gfiss*) gehört die egerl. Form zu mhd. *vése* f. Hülse des Getreidekornes, der Bedeutung nach eher zu mhd. *vase* m. f. Faser; [1]) beim Fremdwort *Minū(d)n* die Minute < *minutum* Neubauer Mitt. XXVII 180, öst. f., mhd. *minúte* f.;

---

1) Das gleichfalls hieher zu stellende *Kůlm* m. = die Keule (z. B. s *K̇ Bráud*), bei Schmeller nicht bezengt, öst. d *Ků(ł)l* (m.) *Irot*, ist wohl aus der schon im Mbd. beobachteten Verwechslung mit *Keil*, eg. *Kůl* m. (mhd. *kiule* für *kůle* im Plur., Ähnliches noch in Schillers Raubern DWB V 648, 1 d, vgl. 649, 3 a. 650, 7 b) zu erklären.

b) bei den Femininis *Dàuch* der Docht Mannl S. 29 (in Plan *Dàcht* m.), mhd. *tâht, dâht* m. n. und so heute in Mundarten teils beide Genera (bayr. Schmeller I 484). teils m. (tir. Schöpf Tir. Id. 74, öst.) oder n. (kärnt. Lexer Kärnt. WB 49), vgl. DWB II 668; *Fàsching*, auch m., der Fasching, bayr.-öst. m. Schmeller I 770. Cimbr. WB 119 [181]. Schöpf Tir. Id. 122. Lexer Kärnt. WB 91. Zingerle 29, mhd. *vaschanc* m.; *Fruosch*, auch m., der Frosch Neubauer Z. f. öst. Volksk. II 326, bayr.-öst. m. Schmeller I 829. Cimbr. WB 122 [184]. Zingerle 31, mhd. *vrosch* m., bei Forer im 16. Jh. u. wohl auch noch sonst f. DWB IV 1, 1, 250; *Risl* ein gröberes Sieb Neubauer Id. 90, bayr. n. Schmeller II 148 *riseln*, aus dem 14. Jh. bezeugt *Risel* n. eine Art Korb von bestimmter Größe zum Kohlenmessen: Schmeller a. a. O., vgl. mhd. *rise* f. = Holz-riese, in diesem Sinne bei Adelung *Riesel* f. DWB VIII 936; *Stràußn* der Straußen = der (Blumen-)Strauß Urban Erzg. Ztg. XVIII 214, bayr.-öst. *Strauß* (bayr. auch *Strau?n*) m. Schmeller II 819. Schöpf Tir. Id. 719, vgl. mhd. *gestriuse* n., daraus zu folgern *strius* m. Lexer II 1255; fremden Ursprunges ist *Pàtton* = Rosenkranzkügelchen und ähnliche durchlöcherte Glaskügelchen (dim. *Pàtta(r)l* n.), in letzterer Bedeutung bayr. *Pàter* (ohne Geschlechtsangabe) Schmeller I 413, tir. m. = Rosenkranz Schöpf Tir. Id. 489, aus *Pater* = mhd. *pâternoster* m. n. = Vaterunsergebet und Rosenkranz, [1]) vgl. DWB VII 1502 *e*; [2])

c) bei den Neutris *Brêzl*, als Diminutiv gefaßt, die Bretze oder Bretzel (DWB II 379), bayr.-öst. nur *Bretzen* f. Schmeller I 376. Khull 112, tir. kärnt. m. Schöpf Tir. Id. 58. Lexer Kärnt. WB 42, mhd. *prézel, brézel, prézile* f. < ahd. *brézitella* < it. *bracciatello*, mlt. *bracellus* Lexer II 294; *Butto* die Butter, in Theusing f. Mannl S. 25, bayr.-öst. schweiz. pfälz. fränk. m. Schmeller I 311. Schwäbl § 55, 1 *b*. Nagl Roanad S. 193 zu V. 226 *bûdà*. Th. Gartner HLZ IV 294. Schöpf Tir. Id. 70. Lexer Kärnt. WB 48. DWB II 582, mhd. *buter* f. m., auch *butern* < *butyrum*; *Gràt* (Fisch-)Gräte und Granne der Getreide-ähre (auch f.) Neubauer Id. 64, bayr.-öst. f. Schmeller I 1016 *Gràd(n)*, mhd. *grât* m.; *Lōd* Lade = Bretterwand, wodurch die Legestätte der Scheune von der Dreschtenne geschieden wird, Neubauer Id. 81, ebenso um Eichstätt H. Weber HLZ V 170 N. 436, obpfalz. *Làd* n., bayr.-öst. *Laden* m. = Brett, Bohle Schmeller I 1436. 1437. Schöpf Tir. Id. 557. Lexer Kärnt. WB 171 (aber in Pernegg *lōd* n. Lade [ohne weitere An-gabe] Lessiak § 121, 2), mhd. *lade(n)* m.; *Trèpp* die Treppe, die etwas erhöhte Stein- oder Ziegelflur vor dem Bauernhause Neubauer Erzg. Ztg. X 248, *da Hund haalt* (sitzt zusammengeduckt, vgl. Neubauer Id. 69) *am Trepp voa seina Hüttn* Lorenz S. 25, bayr. *Trappen* f. Stufe Schmeller I 672 *Trapp*, mhd. *trappe, treppe* m. f.; den Fremdwörtern *Kanàl* (~ –) der Kanal Urban Erzg. Ztg. XVIII 214, bayr. *Kennl, Kendl, Kengl* m.

---

[1]) In Ruhla wird der zweite Teil *Noster* n. = Perlenschnur gebraucht: Regel 148.
[2]) Bayr. *der Bêttʼ* Beter (oöst. wie schon bei Abraham a St. Clara *die Betn*, daneben *dà Betâ*, in Lus. *pri* Zingerle 23) = Rosenkranz (Schmeller I 302) gehört zu *beten*. Einer Vermengung mit *Säge* (eg. *Sïch*, mhd. *sage* f.) verdankt *Pflouchsïch* = Pflugmesser, mhd. *phluorsehe* n. (n. auch noch steir. tir. kärnt. Khull 79. 588. Schöpf Tir. Id. 664. Lexer Kärnt. WB 230) das Fem. Das vereinzelte *die Blut* (sonst n.) = *sanguis* im Planer Paß. S. 78 (*D'Blut muß dergestalten flüßen*) ist, falls nicht verschrieben, vielleicht aus Vermengung mit *bluot* f. · *blüete* zu erklären.

Schmeller I 1254, mhd. *kanel*, *kenel* (im Passional *kanâl*; m. < *canalis*
Lexer I 1509, vgl. DWB II 604. V 157.[1])

§ 320. III. Schwankendem mhd. und nhd. Geschlecht[2])
gegenüber zeigt das Egerländische nur ein Geschlecht und zwar,
in Übereinstimmung mit bayr.-öst. Mundarten, das Masku-
linum bei *Ângl* der, die Angel = *hamus* und *cardo* DWB I 344, mhd.
angel m. f., das M. auch bayr. steir. tir. Schmeller I 105. Schwäbl § 55,
1 b. Khull 21. Schöpf Tir. Id. 15, kärnt. f. = Türangel, sonst m. Lexer
Kärnt. WB 6; *Büschl* der, das Büschel, auch = Steckkissen, in das der
Säugling gebunden wird, mhd. *büschel* m. neben *büschelin*, *büschel* n.,
aber f. in einem Arzneibuch des 17. Jh. DWB II 560, bayr. m.
Schmeller I 299. Zingerle 26, 7 und 13 comm. heidelb. f. Schmeller Cimbr.
WB 158 '220'. Sütterlin IILZ IV 173; *Kärrn* in *Schukkärn* < *Schub-
karre'n'*, mhd. *karre* m. f., bayr.-öst. m. (öst. neben häufigerem *Scheib-
truchn* f.) Schmeller I 1281; *Kêi'* der, das Kien = Kienholz, mhd. *kien*
m. n., bayr.-öst. m. Schmeller I 1256. Cimbr. WB 136 '198'. Schöpf
Tir. Id. 314. Zingerle 37; *Mua'd'l* der, das Model, eine hölzerne Form
mit Buchstaben und Figuren, die der Butter aufgedrückt werden, auch
= Backform, formell = das Modell Neubauer Erzg. Ztg. X 270, mhd.
model n. m. Maßform, Vorbild, Modell < *modulus*, frühzeitig nach *mez*
neutral geworden, aber auch in späterer Zeit noch m. DWB VI 2438,
bayr.-öst. m. Schmeller I 1571 *Model*. Th. Gartner IILZ IV 267. Khull
42 *Bachtmödel*. Schöpf Tir. Id. 441. Lexer Kärnt. WB 191, dgl. hand-
schuhsh. Lenz S. 31, dagegen schweiz. n. m. Schweiz. Id. IV 85; *Fäck*

---

[1]) Kein Zeugnis aus bayr.-öst. Maa. steht mir zu Gebote bei *Auschwing* u. f. = der
Abfall beim Flachsschwingen Neubauer Id. 36, schwäb. *Abschwoinge(n)* Pl. ohne Geschlechts-
angabe Fischer I 67, schweiz. *Aus(ge)schwing* n., *Ausschwingeta* f. Stalder II 365. wetterau.
Urschwinge f. Schmeller II 630 *schwingen*, ahd. *âswinga* f., im 15. Jh. *âswine* m. Mhd. WB
II 2, 804. Weigand II 671 *Schwinge*; *Knöchel* n. - *conditus* der Fußknöchel, ahd. mhd.
noch nicht bezeugt, im 15. Jh. *knuchel* m., bei Goethe *Knöchel* n. = *Knöchel* m. = Würfel
Lexer I 1655. DWB V 1452, II, I. 1461. Bayr.-öst. dafür das alte *enkel* m. Schmeller I
111. Cimbr. WB 117 [170]. Khull 202. Schöpf Tir. Id. 106. Lexer Kärnt. WB 84.
Zingerle 28.

[2]) Die große Menge der nur in der älteren, aber nicht mehr in der nhd. Schriftsprache
schwankenden Substantiva durfte hier unberücksichtigt bleiben, da diese Zusammenstellung
hauptsächlich die Abweichungen von der nhd. Schriftsprache im Auge behält und die nicht
angeführten Fälle als Übereinstimmungen mit der letzteren zu betrachten sind. Hervorhebung
verdienten außer den oben angeführten etwa 1. die bloß im Nhd. schwankenden, die in der
Ma. das ältere Geschlecht bewahren wie *Backn* m. der, die Backe DWB I 1063, mhd. *backe*
m., ebenso bayr. heidelberg. m. Schmeller I 201. Sütterlin IILZ IV 172; *Golb* n. kurzes
Männer- und Frauenleibchen, mhd. *gollier*, *kollier* n. < lat. *collare*, n. auch bayr. kärnt.
schweiz. (hier neben m.). m. steir. tir. Schmeller I 893 f. Lexer Kärnt. WB 118. Schweiz.
Id. II 217 *Goller*. Khull 209. Schöpf Tir. Id. 109; oder die doch das ältere Geschlecht
bevorzugen wie *Polsta* m. der, das Polster, mhd. *bolster*, *polster* m., bayr.-öst. m. Schmeller
I 388. Cimbr. WB 156 [218]. Gartner IILZ IV 286. Lessiak § 121, 1. Zingerle 25;
Knîl n. der, das Knäuel (z. B. in der Ra. *'s gäiht nou ûm 1 K.* = es geht ihm ans Leben),
mhd. *kliuwelin*, *kliuwel* n., Nf. *kniuwelin*, *knuwel* n., bayr.-öst. *Knäli-l*, *Knoi-l*, *Kuui-l* m.
Schmeller I 1343, bayr. auch *Knoxet*, *Knuixt* n. ebda. I 1319, m. auch tir. kärnt. 7 und
13 comm. lus. DWB V 1363, 1 d. Schmeller Cimbr. WB 137 [199]. Zingerle 38: 2. solche
der nhd. Schriftsprache fremde Substantiva, denen schwankendem älteren Geschlecht in der
Ma. ein einziges gegenübersteht: dies ist z. B. der Fall bei *Ropf* m. Stemmleiste, Runge am
Wagen, mhd. *kipfe* m. f. n. Lexer I 1570, nur m. auch am Obermain, kärnt. Schmeller I
1273. Lexer Kärnt. WB 158, dagegen tir. n. Schöpf Tir. Id. 316.

der, die Pacht, mhd. *phahte*, *phaht* f., aber = Zins auch m., < *pactum*, *pactus*, obpfälz.-bayr. *Pack'* m., obpf. = Pacht, sonst = Vertrag Schmeller I 382, oöst. m. nur = Pacht, nordd. und schweiz. f. DWB VII 1395; *Schmee'r*) das Schmer (im späteren Nhd. auch m. DWB IX 1030), mhd. *smer* n. m., kärnt. m. Lexer Kärnt. WB 222, aber bayr. n. Schmeller II 554, oöst. tir. 7 und 13 comm. (hier auch n.) lus. mittelfränk. f. Schöpf Tir. Id. 630. Schmeller Cimbr. WB 171 [223]. Zingerle 51. DWB IX 1030; *Stràəm* der Striemen, bei Adelung auch f. Weigand II 838, mhd. *streim'e*) [1]) m. Streifen, *strîm(e)* m. f., bayr. *Straəm(ȝ)* m. Schmeller II 813.

§ 321. IV. Während einige der im Vorstehenden angeführten Substantiva ohne Bedeutungsunterschied im Geschlechte schwanken,[2]) haben andere Wörter **mehrere Geschlechter mit verschiedenen Bedeutungen**; hievon sind

1. die meisten **schon in der älteren Sprache** sowie im **Bayrischen** (wenn auch nicht immer mit demselben Bedeutungsunterschied) doppelgeschlechtig; M. und F. sind: *Dung* f. = Dünger und Düngung Neubauer Id. 53, *Dumm* m. = Dünger, [3]) mhd. *tunge* f. = Dünger und Düngung, aber *tunc* m. f. = unterirdisches, mit Dünger bedecktes Gemach als Winterwohnung, als Weberwerkstätte oder als Aufbewahrungsort der Feldfrüchte Lexer II 1568, ähnlich bayr. *Dung*, *Dungət* m. Dünger, Arbeit und Zeit des Düngens Schmeller I 521 *dungen*, *Dunk* f. = unterirdisches Gemach, Keller ebda. I 525, auch *Dumə'l*, *Dumət*, *Dum* m. = Dünger ebda. I 509 *dumȝ*, steir. *Dumm* m. und *Dungel*, *Dungat* f. und n. Khull 182. 183, tir. *Dummet* m. Schöpf Tir. Id. 94, kärnt. *Tunge* f. neben *Dung* m. Lexer Kärnt. WB 77: vgl. DWB II 1530; *Asnàm* f. = Ausnahme (im schriftd. Sinne), m. = Altenteil des Hofbesitzers, Ausgeding, vgl. mhd. *nàm* m. in anderer Bedeutung (= gewaltsames Nehmen) und *nàme*, *nàm* f.; im egerl. Sinne auch bayr.-öst. *Ausnàm* m. Schmeller I 1742 *Nàm*. Schwäbl § 55, 1 b. Nagl Roanad S. 56 zu V. 41 *Wall*; *Mȫd* m. Mahd = Arbeit und Zeit des Heumähens, mhd. *mdt*[4]) n. f. = das Mähen, bayr. tir. kärnt. n. = Mähen, Heuernte

---

[1]) Mhd. *ei* > eg. *àȝ* Gradl MW 206; eg. Nf. *Ströimȝ* m. (der Bedeutung nach = *Stràəm*) < mhd. *strîem(e)* m.; über mhd. *ie* > eg. *éi*, *öi* Gradl MW 231. 232.

[2]) Es sind (em diese Gruppe hier übersichtlich zusammenzufassen) außer m. auch f. *Schmäuch*, *Schwöl*, *Bläumȝ* § 316 a, *Kuln* § 317 a, *Zčk (Zäiȝ)* § 318 a, *Zistl* § 323: außer f. auch m. *Sárch*, *Schäuß* ȝ 316 b, *Schläuch(n)* ȝ 317 b, *Dauch*, *Frussch* ȝ 319 b, *Kámmən* ȝ 323; außer m. auch n. *Öl* ȝ 319 a, *Gliȝȝl* ȝ 323: außer n. auch m. *Gànȝ*, *Gstäȝ'k* ȝ 316 c, *Örtl*, *Sàl* ȝ 317 c; außer f. auch n. *Kristo(r)* ȝ 318 b, *Autschwing* S. 300 Anm. 1 : gelegentlich dringt im Stadtdialekt auch sonst das schriftdeutsche Geschlecht ein, so das M. beim F. *Klekm* ȝ 316 b, das F. bei den M. *Tenns*, *Zih*, *Zähr* ȝ 316 a, *Kou* ȝ 318 a, das N. beim F. *Mauß* ȝ 316 b, das F. beim N. *Ečk* ȝ 316 c. Doppelgeschlechtige Fremdwörter sind *Lámmtáiwl* n. m. ȝ 322 a, *Misərcé* (‿ ‿ – ‿) f. n. Koterbrechen Neubauer Mitt. XXVII 180, öst. n.; *Spětáikl* m. n. der, das Spektakel, franz. *spectacle* m., lat. *spectaculum* Weigand II 754, öst. (vorwiegend) und kärnt. m. Lessiak ȝ 121, 5 ; *Skántáil* (‿ –) m. n. der Skandal, bei Weigand II 533 auch n., vgl. franz. *scandale* m., lat. *scandalum*, öst. m.

[3]) Auch oöst. *Dung* m. in gleichem Sinne. *Dünger* ist eg. ungebräuchlich, neben beiden andern Formen ebenso häufig (wie oöst.) *Mist* m. Dünger.

[4]) Vgl. dem Geschlechte und der Bedeutung nach auch mhd. *houwet*, *houtet* m. = Heuernte.

Schmeller I 1567. Schöpf Tir. Id. 409, 1. Lessiak § 121, 2; — eg. f.
= der gemähte Schwaden, ¹) mhd. in gleichem Sinne *mâde* f., bayr.
Mâd f. und *Mâden* m. = Schwaden Schmeller I 1568, tir. auch in diesem
Sinne n., lus. aber wie in den 7 und 13 comm. f. ²) Schöpf Tir. Id.
409, 2. Zingerle 42, *Mâde*. Schmeller Cimbr. WB 145 [207] *Madela*;
Spitz f. = die Spitze im schriftdeutschen Sinne, m. nie = die Spitze
wie mhd. *spis, spitz* m. = Spitze f. (und so noch bayr. oöst. kärnt.
lus. Schmeller II 692 *a*. Schwäbl § 55, 1 *b*. Lessiak § 121, 1. Zin-
gerle 52), sondern = leichter Rausch und Hundeart, letztere Bedeutungen
neben andern auch bayr.-öst. Schmeller a. a. O. *d, g*; M. und N. sind:
Lău m. = Arbeitslohn, in edlerem Sinne minder gebräuchlich, *Tölău* n.
Taglohn, *ins T. gaih*, ebenso *Măchəlău* n. Macherlohn der Handwerker,
bei Baier 245 auch *artztlohn* ²) n., mhd. *lôn* m. n., *tage-* oder *taglön* m.
n., bayr.-öst. *Lô* m. n., *Taglo* n. Schmeller I 1482, vgl. Schwäbl § 55,
1 *a*; *Taglohn* n. auch um Eichstätt Weber HLZ III 64, 107; *Mensch* m.
= Mensch im allgemeinen, n. = die Geliebte, meist verächtlich, vgl. oben
§ 296 *a*, mhd. *mensch(e)* m. n. = Mensch, n. auch = dienender Mensch,
Magd oder Knecht, seit dem 15. Jh. n. = Weib DWB VI 2035 und
(besonders im Süden) = Dirne ebda. 2037 *c*, vgl. 2021; das N. im allge-
meinen Sinne (= Mask.) besitzt noch das Bayr. Fränk. Obpfalz. Schles.
ebda. 2033; *Zäich* n. das Zeug im allgemeinen (wie schriftdeutsch), auch
= Kleiderstoff, ferner in Zusammensetzungen wie *Elz., Gräi-z.* Grünz.
n., aber *Werksăich* m. koll. = das Werkzeug der Handwerker, mhd. *ziuc*
m. n., *geziuc* m. und bisweilen n., bayr.-öst. *Zoig, Zuig* m., auch n. Schmeller
II 1090. Khull 649, m. auch *Milchzeug* = Euter, Brüste ⁴) Schmeller I
1591; öst. auch die erst angegebenen Zusammensetzungen mit demselben
Geschlechtsunterschied, dazu das jetzt veraltete *Zündzeug* n.; *Tâəl* m.
Teil = Anteil, zugeteiltes Eigentum, *Jtdə nimmt sé* oder *denkt sé sáin
T.*, mhd. *teil* m. auch = Anteil, bayr. m. = Teil und Anteil Schmeller I
599, 1, 3: — eg. n. = Stück eines Ganzen, *ə gouts T.* oder *ə Gouttâəl*,
mhd. *teil* n. = Stück, Seite, bayr.-öst. n. *ī schö″s* oder *ə guəts Tâəl*
Schmeller I 600 *Das Tail* (kärnt. m. = Teil eines Ganzen, n. = Ende
einer Sache: Lexer Kärnt. WB 56, vgl. Lessiak § 121, 4); *Dritt-Tâəl*
als Zusammensetzung meist n. wie *Drittl*, früher auch m., vgl. Egerer
Urkunde v. J. 1519, Egerer Chron. S. 363 N. 1191 Z. 14 f. *den vier-
teyl* sc. einer Burg, m. bei *Drittl* auch im älteren Bayr. und jetzt noch
in der Schweiz Schmeller I 599 *Der Tail* 1, im heutigen Bayr. dagegen
wie egerl. n. Schmeller I 600 *Das T.*; *Vostâəl* m. = Vorteil, *Vortl* n. =
Hand-, Kunstgriff, mhd. *vorteil, vortel, vortl* m. n. = Vorteil, Vorrecht.
Vorteil n. auch erzgeb. Franke BH II 320 *b*, dagegen bayr.-öst. *Vortl*
m. auch = Kunstgriff Schmeller I 599 *Der Năchtail* 2; ⁵)

2. Ohne Parallele in der älteren Sprache ist die Doppel-
geschlechtigkeit von *Ding*, als Neutr. *a* wie in der älteren und neueren

---

¹) Aber wie bayr.-öst. (Schmeller a. a. O.) nur *Grummət* n. Grummet, das zweite Heu,
mhd. *grnenmât* n.

²) Neben *mân* n. in gleichem Sinne: Zingerle 42.

³) *Gortslau* Gotteslohn ist nach Neubauer Erzg. Zig. X 250) m. und n.

⁴) Vgl. steir. *Zantel*-(Tandel-)*zeug* n. = Frauenhosen Khull 141.

⁵) Auch *Horn* m. n. gehört hieher, falls das Wort als Monatsname (§ 316, 1 *a*) mit
cornu zusammenhängt.

Sprache = Sache, nicht mehr = Gerichtsverhandlung, [1]) b) = weibliche Person:[2]) *ə gungs* D. ein junges Mädchen, *ə n àlts* D. eine Alte, ebenso öst.; bayr. hiefür das egerl. ungebräuchliche *Dingin* Schmeller I 520 *Der Ding*; als Mask. a) = Person männlichen Geschlechtes, meist geringschätzig, z. B. *du olwərə, nàrischə Ding* oder *Dingərich!*, ebenso bayr.-öst. *Ding* m. Schmeller a. a. O.; b) = *penis*, bayr. (= *genitale*) n. Schmeller a. a. O. Als Verlegenheitswort nimmt *Ding* das Geschlecht des vertretenen Substantivs an, steht aber auch ohne bestimmtes Geschlecht für Adjektiva, Verba und andere Wörter: [3]) *Dea r is gàns Ding* — *gàns nàrisch*. *Dös Bàiml* (Bäumlein) *mou mə Ding* — *wöi hàißt mə s neə* — *okəliən* (okulieren) u. dgl., das Bayr. bildet sogar *dingig, dinget, dingen* als Vertreter des Adjektivs, Adverbs und Verbums Schmeller I 520; *Sàch* f. = die Sache, wie in der nhd. Schriftsprache, *Sàchn* n. das Anwesen, Besitztum überhaupt, z. B. *deə hàut ə schäï˜s Sàchn* Neubauer Erzg. Ztg. X 271, mhd. *sache* f., bayr.-öst. f. und n. im egerl. Sinne, aber n. bayr. auch sonst in kollektiver Bedeutung Schmeller II 210 *b*, vgl. Nagl Roanad S. 414 zu V. 410. Schwäbl § 55, 1 *b* (ohne nähere Angabe); n. = Grundstück auch erzgeb. Franke BII II 321, in Ruhla = Zeug, Stoff, Materie Regel S. 85, 1 *c*, vgl. DWB VIII 1592: *Gülfə* m. = Geifer, n. = Speichelfluß John Oberlohma S. 182: bayr. *Gaəfə'* nur m. Schmeller I 874.

3. Eine kleine Gruppe von Sachnamen (abgesehen von *Ding*) zeigt bei der Übertragung auf Personen ein zweites Geschlecht; mhd. und bayr. Parallelen fehlen hier zumeist; so ist *Achəlàstə* f. = Elster, [4]) mhd. *ageleister, agelster* f.; — eg. n. = böses Weib Neubauer Id. 33; *Dràuschel* f. = die Drossel Neubauer Id. 50, mhd. *droschel, trostel* f., bayr.-öst. *dröschel* f. Schmeller I 570. Schöpf Tir. Id. 91, aber kärnt. (Pernegg) *Drəəl* wie schweiz. *Drostel* m. = Drossel Lessiak § 121, 1. Stalder I 309; — eg. m. = einfältiger Mensch Neubauer Id. 50; *Drischl* f. = der Dreschflegel Neubauer Id. 51, mhd. *drischel* f., bayr f. Schmeller I 570; — eg. m. = großer, starker Mann, [5]) auch großes Tier Neubauer a. a. O.; *Sàkrəment* n. = Sakrament, m. = eine Person (seltener eine Sache), der der Fluch *Sàkrəment!* gilt (vgl. *Sàkrəmentə* § 284), ebenso bayr., oöst. *Sàk(ə)rdmcntskerl, Sàkàrà*, vgl. S. 287 Anm. 1 u. DWB VIII 1673, 6; Ausdrücke wie *Schurimuri* = übereilte Person Neubauer Erzg. Ztg. X 272 (auch bayr. m. = jäh auffahrende Person [6]) Schmeller II 461) sind je nach der bezeichneten Person m. oder f. [7])

---

[1]) Auch nicht = *Gemach, Gebäude* wie in Ruhla Regel 172.

[2]) Auch in Zwickau Philipp HLZ VI 48 (»vielleicht ein Nachklang der Tatsache, daß dem Germanen die Frau ein Ding, eine Sache war«).

[3]) Als »Aushilfswörter« stehen im Pernegg. (wie anderwärts) *Dings, Zeugs* Lessiak § 122 *b, a*.

[4]) Im Kärnt. (Pernegg) ist *Elster* m. Lessiak § 121, 1.

[5]) Auch bei der selteneren Beziehung des Wortes auf ein weibliches Wesen bleibt hier das Geschlecht bezeichnenderweise in der Regel männlich, ebenso bei *Tràmpl* m. = plump auftretender, ungeschickter Mensch (vgl. dagegen Lexer Kärnt. WB 67 *tràmp'in*), *Drei˜ml* m. Knüttel und starker, derber Mensch, mhd. *tremel* m. Balke, Riegel, in beiden Bedeutungen auch bayr. Schmeller I 662, in d. 1. auch öst.

[6]) Andere Bedeutungen in Wien Th. Gartner HLZ V 130.

[7]) Durch Ellipse von *Berg* oder *Tag* wird auch *Sàntinnə* (◡ − ◡) < Sankt Anna (die Annenkirche bei Plan) m.: *əm S.* = auf dem St. Annaberge, auch *ən S.* = zum St. Annentage; ähnliche Ellipsen auch sonst, z. B. *Rəräté* f. = Rorate-Messe im Weihnachts-

§ 322. **V. Unter den jüngeren im Mhd. noch nicht be-
zeugten Wörtern weichen im Geschlecht von der nhd.** Schriftsprache
ab und zwar

1. **in Übereinstimmung mit bayrisch-österreichischen
Mundarten**

a) **die Maskulina**

Jänks der Jänker = die kurze Jacke, auch ein Röckchen für kleine
Knaben, ehe sie Hosen tragen: Neubauer Erzg. Ztg. X 250, m. auch
bayr.-öst. obpfalz. ‚*Gánkɔs*) [1] schwäb. alem. hess. Schmeller I 1208
Jänker. Khull 363. II. Weber HLZ V 168 N. 415. DWB IV 2, 2263;
Lärmɔ Lärmen = der Lärm, wahrscheinlich aus it. franz. *allarme* d. i.
all'arme!, im Deutschen m. nach *Ruf*, n. nach *Geschrei* DWB VI 203,
bayr. *Lärmen*, *Lärm* (letzteres öst.) m. Schmeller I 1501 f. (der übrigens
an ahd. *larmida* = *calamitas* denkt); *Gschpás* Gespäße = Spaß, erst bei
Abraham a St. Clara; m. auch bayr.-öst. DWB IV 1, 2, 4137 f.; *Zellɔ*
der, die Sellerie (franz. *céleri*), erst im 17. Jh. bezeugt DWB X 539,
m. bayr.-öst. *Zéllɔrɔ'*, *Zeller* (wien.) Schmeller II 1112. Th. Gartner
HLZ V 129, in Zwickau Philipp IILZ VI 50 (anlautendes *s* auch
wetterau. obhess. thür. DWB a. a. O.); *Zwätschkɔ* die Zwetschke Neu-
bauer Meyers Germ. I 209, in Plan *Zwetschgn* f., bayr. *Zwèsch'n*, *Zwèschpm*
m. f. Schmeller II 1184, öst. steir. tir. kärnt. nur f. Khull 659. Schöpf
Tir. Id. 834. Lexer Kärnt. WB 268; die Fremdwörter *Bágɔtell* die
Bagatelle, franz. *bagatelle* f., Köferl Suppl. S. 312. Mannl S. 14, auch
öst. m.; *Baleß*, *Bálestɔ*, *Bálest* (‿ ‒, ‿ ‒ ‿) Schlagholz für das Patschek- [2])
und Ballspiel, vgl. it. *ballestra*, bayr.-öst. *Balester* m. (in der älteren
Sprache = Armbrust) Schmeller I 227. Khull 46; *Dépɔtát* der [3]) Deputat
< *deputatum* Neubauer Mitt. XXVII 174, wien. m. Th. Gartner HLZ V
122, sonst öst. n.; *Gummi* = Radiergummi und Klebestoff, letzterer auch
G. *árdwi* (‿ ‒ ‿) < *arabicum*, bei Weigand I 741 nur n., mhd. *gummi*,
lat. *gummi* neben *gumen* und *gumma* n., öst. m. Th. Gartner HLZ IV
257; *Gàlfàn* das Kolophonium, Geigenharz Neubauer Mitt. XXVII 176; wie
die längere Planer (auch öst.) Form *Gàlfànè*, *Kolfoné* zeigt, nicht < χολοφώνη,
sondern < ή χολοφωνία sc. *ὑητίνη* oder *πίσσα* Passow Hand-WB I 2,
1780, öst. m. n.; *Kilɔ* = Kilogramm, m. auch wien. Gartner HLZ IV 121,
dagegen kärnt. f. (n.) Lessiak § 121, 5; *Lámɔntáwl* das laute Jammern,
lat. *lamentabile* Neubauer Mitt. XXVII 179, in Plan auch m., ähnlich wie
der und *das Lamento* DWB VI 83, bayr.-öst. *Lamentabel* m. Schmeller

---

Advent (auch öst.). Durch Ergänzung von *Tuch*, *Papier* werden *Sálupp* = Umhängetuch
(vgl. franz. *salope*) und *Flis* oder *Flüs* = Fließpapier (unter Schulkindern) sächliche Substantiva.
Bei *Fid* m. = sonderbarer Patron, Spaßmacher Neubauer Mitt. XXVII 185 ist die Ergänzung
mehr verdunkelt als in bayr. *Vize* m. der Stellvertreter des Hausknechtes in Gasthäusern:
Schmeller I 852. Khull 237.

[1]) Diese Form begegnet in unserer Gegend in der Phrase *Dös gäikt in G.* = Das geht
zum Teufel, ist verloren, worin *Gánkɔs* jedoch = bayr.-öst. *Gánkɔ-l* der Teufel (Schmeller I 923);
vgl. els. *s(u) Guckes gehn* Martin-Lienhart I 208[b]. Schweiz. Id. II 191.

[2]) Ein an beiden Enden zugespitzter kurzer Holzpflock; vgl. John Oberlohma S. 133;
über Zwickau, *pöotlɔ.kl* n. vgl. Philipp IILZ VI 44.

[3]) Bei Frisch n. DWB II 954.

I 1470; *Máschkərə* = maskierte Person, < span. *mascara*, m. auch steir. Khull 452, bayr. (= Larve und Maskerade) f. Schmeller I 1679; *Pick* = heimlicher Groll, auf jem. *ən P. ho[b]m*, von franz. *pique* f. Spieß und heimlicher Groll, auf bayr.-öst. Gebiet wohl auch aus it. *picca* mit Anlehnung an *Pick* = Stich DWB VII 1846, bayr.-öst. fränk.-henneberg. obhess. m. Schmeller I 381. Th. Gartner HLZ IV 283. Khull 81. Spieß 67. Crecelius 661, in Zwickau *Piikə* f. Philipp IILZ VI 41; *Rétərâd* = Abort, < franz. *retirade, retraite* f. = Rückzug und konkret = Schanze, Stätte zur Zuflucht Weigand II 467, öst. m. Th. Gartner HLZ V 100. Lessiak § 121, 5; *Tschoklât, Tschokəládé* (‿ –, ‿ ‿ – ‿) die Schokolade < franz. *chocolat* m. Weigand I 314, m. auch öst. (*Schokəládi*). heidelberg. Th. Gartner HLZ V 112. L. Sütterlin IILZ IV 172; *Zikőri* (‿ – ‿) die Zichorie, Kaffee-Zusatz und -Surrogat, aus Zichorienwurzel, Feigen u. a. gebrannt, m. auch bayr.-öst. heidelberg. Schmeller II 1079. Khull 651. L. Sütterlin IILZ IV 172;

b) die Feminina

Bu(d'l, Pu[d]l 1. das lange mittlere Brett der Kegelbahn, auf welchem die Kugel rollen soll, 2. die lange Tafel im Kaufmannsladen, auf welcher die Waren vorgelegt werden, in beiden Bedeutungen auch bayr.-öst. f. Schmeller I 382; die Fremdwörter *Exáminé* (‿ – ‿ ‿) das Brautexamen, zu lat. *examen* Neubauer Mitt. XXVII 175, ebenso oöst. *exámi* (‿ – ‿); *Foutrâsch, Foutrâsché* (‿ –, ‿ – ‿) Eßware, aus franz. *fourrage* verdeutlicht, wie bayr.-öst. *Fuədrâsché* (‿ – ‿) Schmeller I 778 *fuəttern* Schluß ¹); *Sťūdé* (– ‿) die Studie = das Studium, *in d' St. kummə* = auf eine höhere Schule kommen, bayr.-öst. *Studi* f. Schmeller II 734. Schwäbl § 55, 1 c. Khull 288 *Gestudi*. Schöpf Tir. Id. 724. Lexer Kärnt. WB 244, nöst. nach Mareta Proben II 64 auch n.;

c) die Neutra

Aiə(r)l in der Kindersprache das liebkosende Streicheln der Wangen: *Gimmə* (< Gib mir) *ən A.*, substantivierte und verkleinerte Form der Interjektion *ai*,²) vgl. § 314, n. auch bayr. (*Aidl, Aiddl, Aiə-l*) tir. (*Ai*, *Aiel, Aiele*) Schmeller I 2 *ai*. Schöpf Tir. Id. 6; *Káströl* (‿ –) die Kasserole Gradl MW 517, franz. *casserole* f., in der Picardie und Champagne *castrole* f., das M. im Deutschen volkstümlich nach Weigand I 307, n. auch öst. obhess. Crecelius 233; *Lokəmátif* die Lokomotive (das N. wird von Weigand I 1126 als »nicht ganz eingebürgert« bezeichnet), öst. n. Th. Gartner HLZ IV 261; *Num(ə)rə* Numero = die Nummer (neben *Nummə* f. Nummer), *Háus-N.* u. dgl., *Dös is ə .N.!* Das hat etwas zu bedeuten!, ebenso wien. Th. Gartner HLZ IV 271, dagegen bayr. *Nummer* m. Schmeller I 1744.

---

¹) Mit der franz. Endung *-age* werden auch *Stöllisch(é)* f. (auch öst.; holl. *stellaadje*, niedere. *stellasie* Schmeller II 747 *Stell*), sowie *Schmirdsché, Spendásché* (beide, bei Schmeller nicht bezeugt, auch öst.) gebildet. Die franz. Mask. auf *-age* wie *visage* sind auch eg. und öst. wie im Schriftdeutschen f.

²) Über die unverkleinerte gleichbedeutende Verdopplung *Aiái* vgl. S. 286 Anm. 6.

21*

2. Ohne Übereinstimmung mit bayr.-öst. Mundarten

a) die Maskulina

Bánkənottn ($\smile \smile - \smile$) [1]) die Banknote, öst. f.; *Báwláitsch* ($\smile -$) neben *Báwláitschn* f. der hölzerne Altan, der an der Hofseite des Hauses entlang läuft, $\prec$ tschech. *pavlač* f. Jungmann Tschech.-deutsches WB III 50, bayr.-öst. *Pablátschen* f. = Bühne, Schaugerüst aus Brettern, Pritsche, f. auch in Wien, im Prager Deutsch, schles. obsächs., am Rhein, handschuhsh. Th. Gartner HLZ IV 278. Schmeller I 377. Lenz Nachtrag S. 18; [2])

b) das Femininum

Rosəmi = Verstand, Einsicht $<$ tschech. *rosum* m. Neubauer Mitt. XXVII 184, öst. n.;

c) die Neutra

Zoudëck das Zudeck = das Deck- oder Oberbett (mhd. nur *decbette* n.), bayr.-öst. *Zuedeck* f. Schmeller I 487 *decken*, auch Zwickau. f. Philipp HLZ VI 51; die Fremdwörter *Arest* der Arrest, franz. *arrêt* m., öst. m.; [3]) *Pistöl* das Pistol, *mit einem Pistole, das* . . . Grüner S. 51, neben *Pistoln* f. die Pistole, bayr.-öst. nur f. Schmeller I 412, n. auch heidelberg. L. Sütterlin HLZ IV 173, auch bei Logau, H. v. Kleist, Immermann DWB VII 1870; *Serwêt* die Serviette $<$ franz. *serviette* f., öst. *Serwietn* (seltener -*iet*) f., auch in Ruhla *Salféden* f. Regel 148.

§ 323. Unter den der gegenwärtigen nhd. Schriftsprache fremden mundartlichen Substantiven haben 1. nur wenige das alte (bayr.-öst. erhaltene) Geschlecht aufgegeben,[4]) so z. B.

die Maskulina *Gliəgl* = eine Portion Butter, wie sie von der Bäuerin zum Verkauf oder zum Hausgebrauche hergerichtet wird, auch n. Neubauer Id. 63, mhd. *lägel, legel* n. Fäßchen, auch ein bestimmtes Maß oder Gewicht, $<$ mlt. *lagellum*, verschieden von *lägel(e), lagel(e)* f. Fäßchen $<$ mlt. *lagena* Lexer I 1813 f., obpfälz. *Láugng* f., altbayr. *Lágl* n. Fäßchen Schmeller I 1453 *Lágen*, oöst. *Fischlágl* n. Fischbehälter; *Zistl* (seltener f.) Handkorb Neubauer Id. 109, mhd. *sistel* f., $<$ *cistella* Lexer III 1136, f. auch bayr.-öst. Schmeller II 1159. Khull 653 (der auch seltenes n. bezeugt). Schöpf Tir. Id. 829 *sist.* Lexer Kärnt. WB 266;

---

[1]) Dieselbe Betonung im Wien. Th. Gartner HLZ IV 275.

[2]) Bemerkenswert ist auch das M. von *Dischpətät* der Disputat (= der Disput, auch oöst. Kaltenbrunner I 72 (auch A. D. S. 50 N. 9), Zwickau. HLZ VI 48; bei Sanders Fremd-WB I 279 ist *Disputat* auch als n. bezeugt) und von *Polks* die Polka, der Polkatanz.

[3]) Erwähnenswert ist auch das N. von *Pirəpli* (auch öst.) – Regenschirm, da andere Maa., z. B. das Handschuhsh. (Lenz S. 34), das franz. Mask. (*parapluie*) bewahren.

[4]) Dagegen ist das alte Geschlecht abweichend von der Mehrzahl der bayr.-öst. Maa. erhalten bei *Strual* m. längliches, geflochtenes Weißbrot aus feinem Weizenmehl, besonders = Weihnachtsstollen, mhd. *strützel, strutzel* m. Lexer II 1255, m. auch steir. (neben dem n.) Khull 585 und öst., bes. (*Aller)Heiligstr., Budästr.* (Dim. *Strüdl* n), sonst bayr.-öst. *Strütze* n und *Strütz(en)* m). Schmeller II 822. Khull a. a. O. Schöpf Tir. 722. Lexer Kärnt. WB 244.

die Feminina *Bràuchɔt* die Zeit der Brache Neubauer Id. 43,
mhd. *bráchôt, brächet* m. = der Brachmonat, vgl. *bráche* f. das Um-
brechen der Erde, tir. *Bráchet* f. = Zeit des Umbrechens Schöpf Tir.
Id. 52 *bráchen,* bayr. schweiz. in gleichem Sinne m. Schmeller I 337
bráchen. Stalder I 211; *Hálscháit* Halbscheid, Hälfte Neubauer Id. 69,
mhd. *halpscheit* n. ; f. auch öst. schles. Knothe WB 281; *Káunɛn* der
Randabschnitt des Brotlaibes, auch m. Neubauer Id. 74, vgl. mhd. *kanz*
m. Rand Mhd. WB I 786; *Kitt* Kütte, Schar von jagdbaren Vögeln, die
Jungen sammt den Alten, ɔ *K. Rébhennlɔ,* mhd. *kütte* n. Schar, bayr.
(im egerl. Sinne) n. f. ; f. auch öst. steir. tir. kärnt. 7 und 13 comm. lus.
schwäb. schweiz. schles. Schmeller I 1312. Cimbr. WB 140 ⌐202.
Khull 418. Zingerle 39. DWB V 2895 f.; *Stéckn* oder *Stécking* Stick-
husten Neubauer Id. 99, mhd. *stecke* m., vgl. § 30, 1 S. 19; ¹)

das Neutrum *Büɔ(r)d* mit Federn gefülltes Bettzeug, dim. *Büɔ'r;l*
n. Neubauer Erzg. Ztg. X 247, falls es zu mhd. *bürde* f. Tracht, Last
gehört, bayr. *Bur'* f., dim. *Bürtl* n. Bürde Schmeller I 273: vgl.
§ 295 a ð.

2. Die weder im Nhd. noch im Mhd. bezeugten Idiotis-
men zeigen im Geschlecht zumeist Übereinstimmung mit bayr.-
öst. Mundarten, so z. B. die Maskulina *Pàutschn* der Patsche =
der Filzschuh ²) (gewöhnlich Pl.), m. in derselben Form *(Patschn)* auch
öst. tir. Th. Gartner HLZ IV 289. Schöpf Tir. Id. 490, bayr. *Patscher*
(auch oöst.) m. neben *Patschen* f. Schmeller I 415, 5, f. auch kärnt.
Lexer Kärnt. WB 18 (bei Khull 44 *Patschen* Pl. ohne Geschlechts-
angabe); *Sprál* Spreil = Splitter, besonders Holzsplitter, wie man sich ihn
häufig in die Hand oder den Fuß stößt (zu *spráln* splittern), auch bayr.
m. Schmeller II 702; *Zígrɔ* aus Rohr oder Bast geflochtener Handkorb
(kleiner als der derbere *Zistl* m. oben S. 306 oder die von Fleischhauern
verwendete *Máschn* Masche f.), m auch bayr.-öst. *Zickɔ', Zígɔ', Zégɔrɔ',
Ségɔ', Ségɔrɔ',* nach Schmeller II 1081 wie die *Máschn* aus Böhmen
stammend. Khull 645. Schöpf Tir. Id. 826 *Zegger.* Lexer Kärnt. WB 263
Zéggar. Weinhold Schles. WB 108 *Zeker,* um Eichstätt Weber HLZ III
65, 123; ³) das Femininum *Stäiɔ* f. die Störe, die Arbeit der Hand-
werker, besonders der Schneider, im Hause des Kunden, zu *stören,* vgl.
oben § 278 S. 233 und Neubauer Id. 99, auch bayr.-öst. *Stör* f. Schmeller
II 779 u. a.;

---

¹) *Hálscháit, Káunɛn, Stéckn* sind bei Schmeller nicht bezeugt. Erwähnenswert ist
auch das Fem. *Almɔ* der gewöhnlich im Vorhause angebrachte Küchen- oder Speisekasten
Neubauer Id. 87, mhd. nur dim. *almerlin, almɛrl* n. Schränkchen < mlt. *almaria < arma-
rium* Lexer I 40, bayr. *Almaring* (bei Aventin *Almar*) ohne Geschlechtsangabe bei Schmeller
I 67, steir. *Almar* m. Khull 16, kärnt. *Almɔr* m. Lexer Kärnt. WB 5; vgl. DWB I 244
Almer, f. auch unter den Deutschen Prags (= Schrank, Kasten überhaupt) und schles. Knothe
WB 58 *Almer.*

²) Neben *Pütschgɔrn* (‿ −) m. in gleichem Sinne, dagegen bayr. *Patschgori* m. ge-
dankenloser Schwätzer: Schmeller I 415. *Die Patsche(n)* = plumper Fuß (wie bayr.) ist denn
Egerl. nicht geläufig (dafür ɔ *púɔ Táutschn* oder *Táu'tschn*), wohl aber *Patsch(r)l* = Händ-
chen wie bayr.-öst.

³) Hieher gehört wohl auch das Fremdwort *Gustɔ* m. = Geschmack im ästhetischen
Sinne, auch Begierde nach etwas, wie steir. *Gustɔr* (Khull 315) und *Gusto* in der Umgang-
sprache m., mit der roman. Endung o (> ɔ) jedenfalls < lat. *gustus,* während Schmeller I
955 *Gust* m. für das dem lat. *gustus* zulieb entstellte alte *kust* f. halten möchte.

Ausnahmen sind z. B. die Mask. *Wuchtɔ* Buchten, eine gebackene
Hefenmehlspeise in verschiedener Zubereitung (*gsuɔ'd)nɔ, bàchnɔ W.,
Hōdɔ-W.* gesottener, gebackener, »Hader»-W.\, < tschech. *buchty,* wien.
steir. *Wuchtl* f. Th. Gartner HLZ V 134. Khull 638, vgl. Schmeller I
380 *Puchta;* über *Urɔs* vgl. § 305.

§ 324. Für die unverkleinerten E i g e n n a m e n von Personen ist
durchwegs das natürliche Geschlecht maßgebend.

Die im älteren Neuhochdeutsch so verbreiteten von Familiennamen
gebildeten Feminina auf -*in* (egerl. > *è*) ¹) sind noch allgemein im Ge-
brauch, falls kein Appellativ wie *Fráu, Fráln* vortritt:²) *d'Ortmànné, di*
àlt̆ Krausé, aber *d̆ Fráu Ortmàun, Kraus,* hingegen sowohl *d̆ Förschtɔré*
als *d̆ Fráu Förschtɔré* = die Frau des Försters.

Ist der Familienname ein umlautfähiges Appellativ, so unterscheidet
sich der weibliche Familienname von dem weiblichen Appellativ durch
den Mangel des Umlautes: *d̆ Wolf̆, d̆ Báueré* = die Frau Wolf, Bauer,
aber *d̆ Wölf̆é* (kaum echt mundartlich`, *Báiɔré* Wölfin, Bäuerin. ³)

§ 325. Von den O r t s n a m e n mit deutlichem appellativischen Cha-
rakter werden nur noch wenige als geschlechtige Appellativa behandelt
und demgemäß mit dem bestimmten Artikel verbunden, im ganzen wohl
solche jüngeren Ursprunges, besonders Bezeichnungen von sogenannten
Oschichtn Einschichten (so die mit dem charakteristischen jüngeren
Plural -*hàuser* oder -*hàuslein,* nicht aber die mit dem älteren -*hausen*
gebildeten: *d̆ Hàɔmɔhàislɔ* die Hammerhäuslein, *d̆ Hàmlhàislɔ* die Häm-
melhäuslein, vgl. Gradl Ortsnamen I 139 N. 97`, einsame Straßen-
wirtshäuser und um solche entstandene kleinere Einschichten (*s Nàrwirts-
haus* das Neuwirtshaus, *dɔ Grundschmiidɔ* der Grundschneider, *d̆ Fláschn-
hittn* die Flaschenhütte), auf Waldblößen entstandene kleine Ortschaften
(*àm Brànd* = in der Ortschaft Brand im Planer Bezirk`, aus und um
Meiereien, Stallungen erwachsene (*d̆ Stàlling* = Galtenstallung im Planer
Bezirk, *dm Kàltnhuɔf* Galtenhof = Karolinenhof bei Plan, zu mhd. *galt,*
keine Milch gebend), aus Hammer-, Hüttenwerken entstandene (*am Hàuck-
uɔfm* am Hochofen, *dm Hàɔmɔ* Hammer oder *àm Wàlzwerk* = in Josefi-
hütte bei Plan, auch *df̆ dɔ Josefihittn*), selten andere Orte (*dm Ringlbárch*
in und nach Ringelberg, *df̆ d̆ Hàid* nach Haid). Hingegen wird die große
Menge der mit -*berg* (Gradl Ortsnamen I 19 N. 1), -*stein* (ebda. S. 33 N. 8),
-*thal* (ebda. S. 38 N. 12`, -*brunn* (ebda. S. 42 N. 19`, -*bach* (ebda. S. 45
N. 21`, -*dorf* (ebda. S. 143 N. 103`, -*feld* (ebda. S. 121 N. 87) usw.
zusammengesetzten nicht mehr nach diesen Appellativen, sondern als
Neutra behandelt (*dōs Sàngɔbárch* usw.`. Anderseits jedoch haben einige
Ortsnamen, deren appellativischer Ursprung völlig verdunkelt ist (auch
solche fremden, besonders slavischen Ursprunges), ein älteres Mask. oder
Fem. bewahrt, z. B. *in dɔ Ploš* in der Plan = in Plan (Gradl Ortsnamen
II 24 N. 155`, *àm Tái˜* in, genau »auf« dem Tein (ebda. S. 17

---

¹) Im Fichtelgeb. -*a* : *Schrœtera* DM IV 259 N. III, 1.

²) Ebenso mainz. Reis I § 37, 2.

³) Eine sonderbare Bildung ist steir. *Muttergottɔsin* f. = Muttergottes Khull 466.

N. 247), *ảm Triwl* in Triebl (ebda. S. 47 N. 219), *ảm Zảllɔ* in Zaltau, *ảm (üntɔn-, üɔwɔn) Ziɔ'dɔlisch* = in Unter-, Hohen-Zedlisch (ebda. S. 75 N. 242), auch *in dɔ Mis* oder *Mis* in Mies.

§ 326. Das Geschlecht der Diminutiva ist im allgemeinen sächlich, selbst in einigen jener Fälle, welche in der nhd. Schriftsprache oder in anderen Mundarten das Geschlecht des Grundwortes in altertümlicher Weise (Grimm Gr. III 665 f.) unverändert lassen, vgl. oben *Kniɔ(d)l* § 316, 1 c, *Knöchl* S. 300 Anm. 1.

§ 327. Nur sächlich, weil nur in der Verkleinerungsform gebräuchlich,[1]) sind Tiernamen wie *Schwảinl* = Schwein gegenüber *Sảu, Schảsảu* f. Schütt-, Zuchtsau und *Sảibɔ(r)* m. Säubär = Eber, *Gảwitɔl* Kibitz (nicht m. = Teufel wie obpfälz. Schmeller I 966, dagegen *Stảrl* m. Star), Pflanzennamen wie *Böuchɔ(r)l* »Büchel-lein« oder »Bücherlein« = Buchecker, *Kröichɔ(r)l* Krieche, Pflaumenschlehe, mhd. *krieche* f. Lexer I 1727 f., *Kảdisl* Radischen, *Fảlchɔ(r)l* oder *Fảichɔ(r)l* Veilchen, *Wi(d)l* = Weidenrute zum Flechten (nicht zu mhd. *wîde*, wegen mhd. *î* > eg. *ải* Gradl MW 162, sondern zu mhd. *wîl, wîd(e)* Flechtreis, wegen mhd. *i* > eg. *i* Gradl ebda. 63), Musikinstrumente wie *Bảssɔ(d)l* Bassetlein = Cello, *Flảschinɔ(d)l* Flaschinettlein = Flageolettlein, ferner *Schảmɔ(r)l* Schảmellein, Schảmerlein = Schemel, *Spinnrɔ(d)l* Spinnrad, *Schwingl* = muldenförmige Futterschwinge, aus breiten, dünnen Holzbändern geflochten; *Stảmprl* kurzes Gläschen (für Schnaps, vgl. § 295 a β); bei anderen ist die neutrale Verkleinerungsform nur in bestimmter Bedeutung üblich, so bei *Ảfɔ(r)l* Ahnfräulein = Großmutter (S. 265 Anm. 8), *Bi'l* einzelne Biene (gegenüber *Bi'* m. = Bienenschwarm, -stock, vgl. § 318, 1 a), *Kảlwl* = Kalb (gegenüber *Kảlb'm* f. die Kalbe(n), letzteres = junge, geschlechtsreife Kuh, die noch nicht gekalbt hat, auch wenn sie trächtig ist, also etwa ein junges weibliches Rind von 1—2 Jahren), *Mảnnl*, *Wảrwl* Männchen, Weibchen bei Tieren (bei Schweinen *Sisl*, vgl. S. 279 Anm. 5, und *Fảrgl*, vgl. *varch* n. = Ferkel), auch = metallene Häkchen und dazugehörige Ösen am Frauenkleide, Gebäckformen wie *Hɔɔ(r)l* Hörnlein (auch steir. Khull 356) und *Zöpfl* Zöpflein, ferner *Pfảifl* = kleines Instrument zur Erzeugung eines Pfiffes (gegenüber *Pfảifm*, meist = Tabakspfeife), *Stɔɔ(r)l* Sternlein = Stern und Sternblume (Narzisse, in letzterer Bedeutung nur dim.), *Stückl* = Exemplar, in Verbindung mit *Vöich* Vieh : ɔ *Stückl V.* = ein Stück Vieh (sonst = kleiner Teil), *Wimmɔ(r)l* = Hautpustel, Knötchen in der Haut,[2]) Scheidemünzen wie *Fümfɔ(r)l* = Zehnhellerstück = 5 Kreuzer der älteren Währung, jetzt auch *Zɔɔsɔ(r)l* Zehnhellerstück (gegenüber *Fimfɔ, Zɔɔnɔ* = Fünf-, Zehnguldennote der ä. W.), früher auch *Sɔksɔ(r)l* Silbersechser der ä. W. = Zehn-, *Zwảnɔgɔ(r)l* = Zwanzig-Kreuzer-Münze. Stets verkleinert sind *Türe* in *Huɔsntüɔ(r)l* Hosentürlein = vordere Hosenklappe der älteren Tracht, jetzt auf den Hosenschlitz übertragen, *Laib* in *Austɔ-Lảiwl* Osterlaibchen, ein Ostergebäck, zumeist verkleinert *Henne* in *Rẻbhennl* = Rebhuhn, *Beere* in *Kảnɔsbiɔ(r)l, Stảchɔbiɔ(r)l* = Johannis-, Stachelbeere (dagegen in der

---

[1]) Über die Sechsämt.-Ma. vgl. Wirth § 20 Schl.

[2]) Steir. außer dem Dim. auch *Wimmer* m. in gleichem Sinne: Khull 634.

Regel *Ràuppis, Schwàrsbis* Rot-ʹ = Erd-], Schwarz-B.), *Statt* in *Béttstáʹd l* = Bettstatt, *Licht* in *Irlöichtl* = Irrlicht; bevorzugt wird die Verkleinerung auch bei *Blád̦ʹl* = Pflanzenblatt, auch = Zeitungsblatt, Zeitung (auch *Blátt* in letzterer Bedeutung und = Kartenblatt, Spielkarte),[1]) *Réséd̦ʹl* oder *Roséttl* = Reseda.

§ 328. Die durchgängige Beibehaltung des männlichen und weiblichen Geschlechtes bei der einfachen Verkleinerung der persönlichen Eigen-(Tauf-)namen[2]) mittels -(e)*l* (< -*ilo, -ila*), die auch bei Erwachsenen angewendet wird, ist doch wohl erst aus einer Reaktion des natürlichen Sexus gegen das grammatische Genus zu erklären; wenigstens ist in der mit dem Egerländischen in diesem Punkte gegenwärtig übereinstimmenden bayr.-öst. Mundart (Schmeller § 884, über die besonderen Abweichungen im Altbayr. vgl. Schwäbl § 62, 4; dazu Khull 56 *Peperl*. Grimm Gr. III 675 *d*) für die mittleren Jahrhunderten nur das Neutrum dieser Diminutiva sicher verbürgt (Weinhold Bayr. Gr. § 243 S. 243 Schluß): es heißt also *də Häns* und *də Hänsl, də Girch* (Georg) und *də Girgl, d'Nánné* (Anna) und *d'Nánnl, d'Màris* und *d'Misʹ(r)l.*[3]) Wie in anderen Mundarten werden einige Vornamen im gewöhnlichen Verkehr nur in der verkleinerten Form (doch gegenwärtig ohne alle verkleinernde oder kosende Bedeutung) gebraucht, so *Ádʹl* Adam (in Theusing und um Tepl ist *Adel* Kurzname für Adalbert Mannl S. 8), *Kátl* Katharina, *Fränzl* Franziska[4]) u. ä.

§ 329. Durchwegs sächlich sind dagegen die sogenannten Imminutivformen auf -*il, -əl, -əʹ(r)l*,[5]) mögen sie von Eigennamen oder von Appellativen gebildet sein, die als stärkere Verkleinerungs- und daher auch

---

[1]) Die meisten, namentlich *Veigerl, Spinnrá(d)l, Stámpe(r)l, Káiwl* (n. gegenüber *Kalm* f.), *Mandl, Weibl, Fásl* oder *Fäcke(r)l* (Schweinchen, Ferkel), *Pfeiffe(r)l, Stückl (Viech), Wime(r)l*, die Geldmünzbezeichnungen, *Hosentürl, Oster-Loawe(r)l, Kebhendl, Bládl* (in beiden Bedeutungen) auch öst., *Stá(r)l* ist auch bayr.-öst. m. Schmeller II 782. Schöpf Tir. Id. 700. Lexer Kärnt. WB 239. Über das Altbayr. vgl. Schwäbl § 62, 2.

[2]) Dasselbe gilt von *Hàrl* m. Herrlein = Großvater (vgl. § 296 S. 265) und von *Fráln* f. Fräulein (wie in anderen Mundarten eine dem Schriftdeutschen entlehnte Bildung, denn echt mundartlich lautet das Dim. zu *Fràu* nur *Fráus(r)l*), unter Schulkindern = Lehrerin, vgl. § 296 γ (das Fem. übrigens auch bei Lessing, Goethe, Uhland: Erdmann-Mensing Grundz. II § 3 S. 6; vgl. noch Grimm Freundesbriefe S. 13 N. 8 Z. 4 v. u. *eine alte Fräulein Mansbach*. Über *die Fräulein, die Jettchen, die Sicke* vgl. DWB II 617, 6).

[3]) Vgl. Grimm Freundesbriefe S. 108 N. 52 *die Dortchen grüßt dich* (ebda. S. 119 N. 58 *das Dortchen*).

[4]) Andere entbehren überhaupt als Eigennamen der Verkleinerungsform, so *Kánss* Johannes (dagegen *Hánsl* zu *Hàns*), *Kuschps* (über den appellativischen Sinn von *Küschps(r)l* vgl. § 285 S. 244), *Máts* Matthias (*Mátz* ist Vogelname § 286, 1), *Páll* Paul. Die Heiligen als solche werden in ernster Rede nie mit dem verkleinerten Namen genannt, also *hàlichs Josef, Antoné*, nicht *h. Sef* (so nur im Volkslied HTV S. 28 N. 47 Plan), *h. Toni* oder *Toné*; eher ist das Dim. bei der Übertragung auf Kalendertage und Ortsnamen gebräuchlich: *Də Matsmi(d)n tàign Kírn* ist eigentlich der Matthias-Tag (21. Sept.), der die »teigen«, überreifen Birnen bringt. *Də Bártl sàicht* (pißt) *ins Wàsss*, d. h. er macht es zum Baden untauglich = vom Bart.-Tag (24. Aug.) an soll man nicht mehr in offenem Gewässer baden u. dgl. Eine Ortschaft im Planer Bezirk heißt *Känss* = St. Johann. In Steiermark heißt Johannes der Täufer *Methansel*, Johannes der Evangelist *Weinhansel* Khull 455. 627 (vgl. Schmeller I 1134), der Viehpatron Antonius *Santonerl* Khull 518.

[5]) Über den lautlichen Unterschied vgl. Gradl MW 622.

zärtlichere Koseformen gefühlt werden, [1]) wie s *Hánsal*, (*Hánsəl*, *Hánsə(r)l*, s *Kátə(r)l*.

§ 330. Das Geschlecht der substantivierten Wörter ist in den §§ 298—315 ersichtlich gemacht. Vgl. besonders über das Neutrum des unbestimmt gelassenen Geschlechtes bei Personenbezeichnungen § 299 S. 269 f. Außerhalb der Gruppe der Personenbezeichnungen hat bei den aus Ellipse hervorgegangenen Substantivierungen natürlich das unterdrückte Substantiv den Ausschlag für das Genus gegeben (vgl. *ən létzən* se. Schlag *gə(b)m* S. 276 Anm. 4). Sonst mag bisweilen inhaltliche Analogie im Spiele sein (so bei *Geltsgott* n., aber auch ni. [2]) nach *Dank*).

Substantivierte Infinitive [3]) und ganze Wendungen sind regelmäßig Neutra. Wenn Gebetsbezeichnungen, welche die Anfangsworte des Gebetes darstellen, z. B. *Vàttərunsə*, *Gláu(b)ngottvàttə* (§ 312 S. 284), ersteres neben dem Neutr., letzteres ausschließlich männlich gebraucht werden, [4]) so hat wohl das erste Wort den Ausschlag gegeben. [5]) Diese Annahme wird durch das Neutrum von *Gegrüßətsáisdu-.Mariä* [6]) = das *Ave Maria* gestützt.

§ 331. Die vorstehende Zusammenstellung läßt außer der umfangreichen Erhaltung des mhd. Geschlechtes (§ 316. 317) den überwiegenden Anschluß des Egerländischen an das Oberdeutsche, in erster Linie an das Bayrisch-Österreichische erkennen und zwar sowohl in

---

[1]) Denselben Geschlechtsunterschied zwischen Diminutiv und Imminutiv macht das Bayr. (Schmeller § 885, weniger das Altbayr. Schwäbl § 62, 4), das Kärnt. (im Lesachtal Lexer DM II 344 *der Sep* und *der Sepl*, aber *das Sepile*). Im N.- und Oöst. folgen auch die Imminutiva auf -*əl* in der Regel dem Geschlecht des Stammwortes; der neutrale Gebrauch wäre in beiden Maa. am ehesten noch für Fem. zulässig (z. B. oöst. *'s Mirəerl* Margelik Aus dá Hoamát I² 211. 212. 214), würde aber im Nost. «eine übertriebene Zärtlichkeit und Zimpferlichkeit bedeuten» (Nagl Roanəd S. 423 V *A u* 2); die aus Appellativen gebildeten Immin. dagegen sind regelmäßig sächlich (ebda. S. 178 zu V. 212 *b*, wo bereits auf Schmellers Ableitung des immin. -*əl* < *el-lein* verwiesen wird). In der Kerenzer Mundart ist das Geschlecht solcher Immin. auf -*əli* <-*elein*) von männlichen Personennamen männlich, von weiblichen sächlich: Winteler Kerenzer Ma. S. 179, vgl. ebda. S. 212 *f*, 5. Andere Maa. gebrauchen bei allen Dimin. nur das Neutr., z. B. die Kappeñauer Ma. Meisinger III.Z. II 254 § 26.

[2]) Vgl. Neubauer Erzg. Ztg. X 250. Oöst. *A Geltsgott, übi den gar koaná is* F. Margelik Aus dá Hoamát I² 214, dgl. Stelzbamer Ma. D. I 56 N. 13, 31.

[3]) Nöst. ist z. B. *dághainá* als n. = Erkennen, als m. = Erkenntlichkeit, Dankbarkeit, ähnlich sagt man nöst. *das und, das halt*, aber *der warum, darum* = Erklärungsgrund (ä *niədä woárum höud sain dəürum*) Nagl Roanəd S. 258 zu V. 300 *ghcádzi*. Oöst. *Warum, Darum, Wann, Aber* meist n., aber auch m., vgl. S. 278 Anm. 7. Dem Egerl. ist *s Dəkennə* Erkennen = Dankbarkeit überhaupt fremd (nur in finiter Form *dáu is néks dəkennt* = da wird nichts mit Dank anerkannt (ebenso oöst. u. bayr. Schmeller I 1255). *Wárum* und *Dárum* sind auch = Grund neutr.

[4]) O.- u. nöst. (Nagl Roanəd S. 258 zu V. 300 *ghcádzi*) beides m., *Vaterunser* auch in Peruegg m. Lessiak § 121, 1, dagegen bayr. *Vatterunser* nur n. Schmeller I 850, vgl. mhd. *paternoster* n. und m. DWB VII 1502.

[5]) Diese Erscheinung findet sich auch sonst bei Titeln, so schreibt Goethe an W. v. Humboldt am 26. Mai 1799 (Br. 14, 97, 13 ff.): *Ihre Arbeit über meinen Herrmann und Dorothea . . . . habe ich nun in schönem Drucke vor mir.*

[6]) Auch oöst. n. Nost. ist auch *Gegrüəsaijlás* im Sinne des Gebetes ni.: Nagl Roanəd S. 258 zu V. 300 *ghcádzi*.

Bezug auf die Übereinstimmungen als die Abweichungen vom mhd. Geschlecht. In den letzteren tritt, soweit ich es übersehen kann, mit Ausnahme von *Hackəhdl, Schwänə (Houstn* ist kaum hieher zu rechnen), nirgends ein noch älteres (ahd.) Geschlecht auf. Einflüsse des Niederdeutschen, beziehungsweise des Mitteldeutschen [1] (das z. T. der nd. Geschlechtbestimmung folgt) könnte in Betracht kommen bei den Maskulinen *Öl* und vielleicht bei *Horn* = Februar, bei den Femininen *Hálschäit, Álmə*, bei den Neutren *Quöl, Ertl, Pistol.* Bemerkenswert ist auch das Fem. von *Fruəsch.* Fremd ist dagegen unserer Mundart das charakteristisch niederdeutsche Femininum von *Grund, Bach* (dies übrigens auch obd. auf altalem. Gebiete fem. Fischer I 551 f.), *Finke, Rabe* (die beiden letzteren niederhessisch : Grimm Gr. III 550; dieselbe Mundart kennt auch das Fem. von *Weg* und *Licht* : ebda. Anm. und S. 553 Anm.), das schlesische Femininum von *Karpfe, Knoche, Salate* (Weinhold Dial. S. 134) u. a.

Die Gründe der abweichenden Genusbestimmung (vgl. Grimm Gr. III 539 ff., besonders S. 554 f.) liegen wohl nur zum geringsten Teil in verschiedener Auffassung von Seite der Einbildungskraft (hier käme auch die nachträgliche Wirkung der Bedeutungs-Analogie in Betracht), sondern z. T. in der Bildung,[2] besonders aber in der Verkümmerung der Flexion, welche eine weitgehende Uniformierung der Deklinationsformen zur Folge hatte und so der formellen Analogiewirkung nach allen Richtungen hin die Wege ebnete. Doch ist es im einzelnen schwierig, bei dem Fehlen älterer mundartlicher Formen sehr oft geradezu unmöglich, diese Wirkungen mit Sicherheit abzuschätzen.[3]

So griff das alte Maskulinum von Tiernamen wie *Grille, Hornisse, Hummel* usw. auf eine Reihe anderer wie *Eidechse, Biene, Schabe, Bachstelze, Lerche, Meise, Mücke, Wanze* über. Übertragung auf Personen bewirkt das Maskulinum von *Ding, Drossel, Drischel, Sakrament.* Ferner liegt es wenigstens nahe, *Form* m. an das gleichbedeutende *Model* oder an *Anschau (Dös häut koin Furm* oder *koin Oʒschäu)* angelehnt zu denken, *Pápp* m. an Brei, *Kuhe* m. an *Fried(ʼe) (gi ən Kou* oder *ən Frid), Flarre* m. an *Kleckə* oder *Fleck, Bánkənottn* m. an *Bánkəzéttl* oder *Papier-Gulden* u. dgl., *Fasching* f. an *Fastnacht* (mhd. *vast-, vasnacht* f.), *Steckn* f. an *Houstn* f. Husten, *Brauchət* f. an *Zeit* oder *Arbeit* (des Umbrechens), *Halbscheit* f. an *Hälfte, Butter* n. an *Schmalz* oder *Fett, Zudeck* n. an *(Deck)bett, Achəlàstə* n. an *Weib* u. a., *Spinnəwet* f. an das Tier, das durch dasselbe Wort bezeichnet werden kann.

Formelle Analogie ist vielleicht im Spiele bei *Riesel* f. (vgl. andere Gerätnamen auf *-el* wie *Schaufel, Gabel, Hechel, Spindel* u. a.), bei *Schmelwə, Trixwə, Zwátschkə* m. (vgl. *Hollunder*, eg. *Hulə* und im allgemeinen Mask. auf *-er* > eg. *-ə*); *Brétzl* n. wurde offenbar (gleich *Knöchel*,

---

[1] Hieher gehört auch die besondere im Hess. und Thüring. heimische *w*-Form von *Schmiele* (§ 318, 1 a).

[2] Hieher gehört auch eg. *Erd-(Heəd-)épfl* Erdäpfel m. nach *Apfel* (eg. *Épfl*), gegenüber nhd. *Kartoffel* f., aber in zufälliger Übereinstimmung mit it. *tartufnlo* m., auch els. Ruhla. fränk.-henneberg. Martin-Lienhart I 58 b. Regel S. 85, 1 b. Spieß 37.

[3] Auf Einzelnes wurde schon an Ort und Stelle verwiesen.

Knödel) als deutsches Diminutiv behandelt. Das Zusammentreffen männlicher und weiblicher Substantiva in der Bildung auf *-en* (*W(ü)ln* Wille, *Bruckn* Brücke) verschuldet das Schwanken aus dem Mask. ins Fem. und umgekehrt: *Sträußn, Pättən* f. (*Stéckn* f. kommt auch hier in Betracht), *Fèsn* m., *Kaunən* m. und f. usw.

Die im Geschlecht vom Neuhochdeutschen abweichenden Fremdwörter zeigen nur zum geringen Teile das ursprünglichere Geschlecht, z. B. *Model* m. < *modulus*, *Tschoklát* m. < franz. *chocolat* m. Ursprüngliche Neutra sind öfter als im Schriftdeutschen Mask. geworden, z. B. *Tabernakel* < *tabernaculum* (auch *Perpentikel*),[1] *Deputat* < *deputatum*, *Spektakel* < *spectaculum*, *Skandal* < *scandalum*, *Minute* < *minutum* (dazu *Datum*). Übrigens bieten sich auch hier einzelne Sinnesanalogien, so für *Spektakel* Lärm, für *Minute* Augenblick, für *Datum* Tag, für *Bagatelle* m. das mundartliche *Bé(d)l* m. der Bettel, für *Retirade* m. Abort, für *Barwlátsch* m. Gang (in konkretem Sinn, § 288), für *Part* m. Teil, für *Polka* m. Tanz oder Walzer u. dgl., für *Quatember* m. Fasttag, für *Zistl* m. Korb, für *Kristiə(r)* f. Spritze, für *Exámine* f. Prüfung, für *Materie* n. Eiter, für andere wenigstens formelle Analogien, so die Mask. auf *-er* für *Bálestə* = Ballester, *Máschkərə* = Maskerer, *Zellə* = Zeller = Sellerie. Das Fem. von *Interesse* stammt vielleicht (wie bei *Meile, Bibel*) aus einer Umdeutung des Plurals.[2]

b. Numerus.

I. Singular.

§ 332. 1. Gleich den Eigennamen treten seit den ältesten Zeiten (Behaghel Hel. § 16 *B*) einige Bezeichnungen ausschließlich im Singular auf, die wegen des einmaligen Vorkommens ihres Gegenstandes den Eigennamen gleichstehen, wie *Gott, Eə(d)n* Erde, *Himml, Höll, Lüft* (= Luftraum; allerdings auch = Wind: *Hái̅t is ən ànnərə L.* = eine andere Windrichtung; *Lüfte* ist der Mundart in jeder Bedeutung fremd), *Welt* (den Plural *Welten* bildet das Volk weder im geographischen noch im geistigen Sinne).

§ 333. 2. Stoffnamen, die lediglich den Stoff als solchen bezeichnen, stehen im Singular;[3] hieher gehören die Namen der alten sogenannten Elemente *Eə(d)n, Wassə, Fàiə, Lüft*, ferner fester Stoffe wie *Stof, Kàlch, Aisn, Solz, Ais, Schnäi, Hulz, Fläisch, Bràut, Buttə, Kás, Schmolz, Tàəg, Touch, Woll* u. a., flüssiger Stoffe wie (außer *Wassə) Böiə, Wài̅, Schnàps,*

---

[1]) Ebenso in Pernegg Lessiak § 121, 5.

[2]) Zum Neutr. wurde *Máləstə* < lat. *molestia* (z. B. eg. *Dəs hàut hat oder möcht macht ə M.* = Der beschwert sich fortwährend), das ich nur noch aus dem Fränk.-Henneberg. (Spieß 67 *mäläste* = Beschwerde, hier jedoch Plur.) belegen kann.

[3]) Vgl. Erdmann Otfr. Synt. II § 8. Behaghel Hel. § 16 C. Wunderlich Satzbau II 87. Eine Ausnahme bildet im Egerl. (wie im OstL) *Kohle*, das abgesehen von der Bezeichnung eines einzelnen Stückes (*Dös is ə Kuln*) nur im Plur. erscheint: *d'Kuln sánn tőiərə wàə(r)n* (nie *die Kohle ist teurer g.*).

Öl, Blout, Äits, Schwäaß u. a., auch *Gift.* Mehrere Arten desselben Stoffes (Erden, Salze, Wässer, Biere, Weine, Schnäpse, Öle, Tuche) bezeichnet die Mundart seltener durch den Plural (allenfalls *Stoi*", *Hüülsa, Gifts*) als durch Umschreibungen mit dem Sing.: *alahànd* oder *vöiarslai* (allerhand, viererlei usw.) *Boia, Touch*; mehrere Teile oder abgegrenzte Mengen desselben Stoffes werden weniger durch den Plural des Stoffnamens (*Stoina* Steine, *Toucha* Tücher) ausgedrückt als durch den Plural von Substantiven, welche die Teile als solche bezeichnen (wie *Stücka, Brockn*), oder zugleich die Größe wie *Stückla, Trümma*', oder die Form dieser Teile ') (wie *Kärla* Körnlein, *Bàtzn* Klumpen, *Flek* Flecke, *Tropfm, Häffm* Haufen usw.); zu diesen Substantiven tritt der Stoffname wie im gegenwärtigen Schriftdeutschen entweder in flexionsloser Form (= altem Genitiv) oder als Bestimmungswort einer Zusammensetzung (*a pàa(r) Kärla Sols* oder *Solzkärla*).

§ 334. 3. Den konkreten Kollektivbegriffen kommt von Haus aus der Singular zu, so den einfachen Bildungen wie *Vöich* Vieh (koll. = Rindvieh im Gegensatz zu Kleinvieh oder Pferden, ein einzelnes Rind heißt ohne nähere Geschlechtsbezeichnung *a Stückl Vöich,* § 327; daneben ist *Vöich* auch = Tier [2]) überhaupt, Plur. *Vöicha*),[2] *Tràid* Getreide (mhd. *treide, treit* n. m. Getreide, vgl. *tregede* f. Last; der Plur. *Tràida* = Felder mit hochstehendem Getreide, im Gegensatz zu *Sàmma* Samen, als Plur. = Felder mit aufgegangener Saat), *Korn* = Roggen und Roggenfeld (Plur. *Korna* = Roggenfelder, dagegen *Kürna* = Körner), *Flàas* Flachs und Flachsfeld (Plur. *Flàss* = Flachsfelder, vgl. das Sprichwort § 45), *Obst. Kräut* Kraut und Krautfeld, *Möis* Moos, *Schotta* Schotter, *Hulz* = Wald, *Sàad* Sand u. a.,[4] ferner den wenigen neutralen Ableitungen mit ahd. mhd. *-ahi, -ach, -ache, -ech* (Wilmanns D. Gr. II § 276) egerl. > *-a, -at, -ich* [5]) wie *Kira* Kehricht, *Blöda* das durch das ▪Abblatten▪ (*oblō(d)n* Neubauer Id. 42, vgl. mhd. *blaten*) des Krautes oder der Futterrüben gewonnene, als Viehfutter verwendete ▪Blattich▪,[6] wohl auch *Láuwa, Làwa* [7]) abgefallenes Laub (obwohl man hier auch an die gleichlautende im 15. Jahrh. belegte Pluralform *lauber* [8]) denken könnte, vgl. jedoch Schmeller I 1404), das Fem. *Schüala* die abgeschälte Haut der Erdäpfel, Äpfel u. dgl.,[9] die Neutra *Kräitarat* Kräuterich, *Räiarich* Röhricht (Lorenz S. 8), *Örechla*

---

[1] Unausgedrückt bleibt die Form bei Pluralen von Stoffnamen, die durch Situation oder Zusammenhang determiniert sind (§ 576 b): *Eisen* sind beim Hufschmied = Hufeisen, beim Steinmetz = eiserne Meißel u. dgl.

[2] Das Wort Tier, *Töia*, kommt als Bezeichnung einer stattlichen Weibsperson vor: *a Murz-Toia,* vgl. Wilhelm Erzg. Ztg. XVIII 197, obhess. Crecelius 269, 2. Hingegen ist *a gràußs Voich* (humor.) auch = ein Mann in hoher Stellung (nicht *a gràußs Töia* wie obhess. a. a. O. 1).

[3] Altenburg. sind *Vieher* die einzelnen Stücke Vieh: Weise § 7, 2.

[4] Hieher gehört wohl auch *Karte* = alle Karten, die dem einzelnen Spieler für ein Spiel gegeben werden: *I ho a schäina Kàrtn ghatt.*

[5] Bayr.-öst. *-ach, -a', -at* Schmeller I 21 *-ach.*

[6] In Saaz *Blödich.*

[7] Diese Form EV II 19 Str. 6.

[8] Neben *löber, lewber, leuber* Kehrein Gr. d. 15.—17. Jahrh. I § 301.

[9] Bayr. *Schäla(t), Gschäla(t)* f. n. Schmeller II 305.

Abrechlich [1]) (von *ŏrechnͻ* abrechnen = mit dem Rechen wegnehmen) = was an abgefallenen Ähren und anderen Strohteilchen nach dem Dreschen auf der Tenne vom Getreide abgerechent wird (es dient als Viehfutter), *Gspͻ̈ichlͻt* und *Gpͻ̈ilich* = Speichel sowie *Gsͻ̈ichlͻt* (zu *sͻ̈ichn* pissen) = Urin, ferner der Gruppe der mit *Ge-* gebildeten konkreten Kollektiva, welche an Zahl gegen die abstrakten Intensiv- und Frequentativbildungen dieser Art (vgl. § 280) weit zurückstehen; hieher gehören Nominalableitungen wie (außer *Gspͻ̈ichlͻt*) *Gͻblͻ̈ut* = Blut, *Gfisͻ* [2]) koll. zu *Fͻ̈sn* § 319 *a*), *Gniss* = wertlose Dinge, Geschmeiß Neubauer Id. 63 f., mhd. *genisse* = Gewürme, *Gsͻ̈iͻ* = mit Riedgras und Binsen bewachsener sumpfiger Wiesengrund: Neubauer Id. 65, zu mhd. *saher* m. = *carex*, Sumpfgras, Schilf, vgl. *sah(e)rah* = *carectum*, *Gspeͻ(r)* = Sparrenwerk, auch Ausstattungsmöbel der Braut: Neubauer Id. 65, mhd. *gesperre*, koll. zu *sparre*, *Gsträih* Geströhe, *Gstrüpf* Gestrüppe, *Gstücht* = großes Holzgefäß Neubauer Erzg. Ztg. X 250, mhd. *stübich*, *stubich* m. l'ackfaß < mlt. *stopa*, *stupa*, *Gschwöll* = Türschwelle, Grundbalken Neubauer Id. 66, mhd. *geswelle*, koll. zu *swelle*, *Gschwistrͻt* = Bruder, Schwester, Plur. = Geschwister [3]) Neubauer a. a. O., mhd. *geswisterde* n., *Ingwͻ̈id* Eingeweide, mhd. *ingeweide* n., vgl. *geweide* = Speise und Eingeweide und *weide* Speise, *Gw(ü)lk* Gewölke, auch *Gͻbirch*, *Gwͻ́ssͻ*, das fremde *Gschmis*, koll. zu *Schmͻstͻ́*, *Schmisͻ́d'l* < *chͻmisette*, als Koll. gewöhnlich in geringschätzigem Sinne, u. a.; ferner konkrete Verbalableitungen wie (außer *Gsͻ̈ichlͻt*, *Gpͻ̈ilich*) *Gͻbäu*, mhd. *gebū* Gebäude, *Gflöich* d. i. Geflüge oder Gefliege = fliegende Insekten (vgl. bayr. *Geflüg* = Geflügel Schmeller I 790 *Die Flüg*), *Gfriß* zu *fressen*, nur = Gesicht in verächtlichem Sinne (vgl. Schmeller I 828), *Gleck* Gelecke = Viehsalz Grüner S. 65, *Gschäfft* Geschäffte = *genitalia*, mhd. *gescheffede*, *Gschlͻ̈idͻ* Geschleuder = lang herabhängender silberner Halsschmuck der weiblichen Volkstracht, *Gschling* = Eingeweide von Menschen und Tieren, vgl. mhd. *geslingen* = sich winden, *Gspöllͻ* Spülicht, zu *spölln* = (ab-)spülen Neubauer Id. 65, *Gstemm* Gestemm (kaum = Gestämme,[4]) was eg. *Gstͻ̈mm* lauten müßte, vgl. *Stͻ̈mm* Stämme) = Tabakspfeile, *Gsuͻd* Gesod = zum Sieden, Anbrühen verwendbare Getreidespreu, auch einfaches *Süd*, *Sud* (vgl. opfälz. fränk. *Gsód*, *Gsö'*, *Gséd*, *Gsid*, und *Söde* im bayr. Vokab. v. J. 1432: Schmeller II 339 *Gesott*), *Gwͻ́ks* Gewächs u. a.[5]) Wenn eine Reihe anderer konkreter Kol-

---

[1]) *Abrechach* in einer steir. Urk. bei Khull 8 wird durch die beigesetzte Stelle leider nicht klar.

[2]) Etwas anderes ist wohl *Gfis*ͻ in der unter Schulkindern gangbaren Formel *Gfiͻ Gfiͻ Hennͻkrͻ̈l* (Hennenkrall mask. = Sand- oder Kotspur der H.-Kralle) für *Krͻ̈henͻ̈t̄ͻ* = schlechte Schrift; etwa zu *fiͻͻn*, *fatͻͻn* Schmeller I 780, 781?

[3]) Oöst. ist *das Geschwisterͻ̈d* koll. für Geschwister überhaupt.

[4]) Steir. ist dieses = Tabakspfeile und männliche Geschlechtsteile Khull 287, 3. 4: vgl. Schmeller II 755 *Stamm*. 770 *Stang*; oöst. *Gitͻam* n. = Tabakspfeile.

[5]) Auch in dem unsicheren *Gͻmmͻ̈b* (in *Hͻ̈-Gͻ*. = Heuabfall aus trockenen Grasblättchen und Grasgesͻ̈me, das gesammelt und entweder auf die Wiesen gestreut oder als Vieharzneimittel aufbewahrt wurde) ist eher eine kurze Umlautform des Verbalstammes *sam*- (nhd. *samenͻn*, eg. offenes *ͻ* < mhd. Umlaut-*ͻ* Gradl MW 26) anzusetzen als Subst. *sͻme* (vgl. mhd. koll. *sͻmelach* n. Lexer II 593 : letzteres müßte egerl. *Gsͻ̈imͻ* oder *Gsͻ̈mͻ* lauten, vgl. Gradl MW 146. 149), also ist es wohl = *Heu-Gͻsemͻlich*. Plurale bilden (außer den bereits erwähnten) die wenigsten dieser Wörter: *Gfisͻ*, *Gwͻ́ksͻ* = Auswüchse z. B. der Haut, *Gstripfͻ*, hie und da auch *Gͻbͻ̈u*.

lektiva (z. B. nhd. *Gebein, Gefieder* = das Federkleid des Vogels,[1]) *Ge-filde, Gehäuse, Gehölz, Gehörne, Geröhre, Gesäme, Gestein, Gestühl, Getäfel, Gevögel, Gewände, Gewild, Gewürme, Gezweige*; auch zumeist *Hia(r)n* statt *Gehirn*, nicht zu gedenken der noch zahlreicheren mhd. wie *gehünde, geschemede, gesitze, geslüeder* usw.)[2]) unserer Mundart unbekannt sind, so beweißt dies, daß sie in der Fähigkeit und Übung, viele konkrete Einzeldinge zur **konkreten Einheit eines singularen Sammel-begriffes** zusammenzufassen, hinter der Schriftsprache beträchtlich zurückgeblieben ist.

§ 335. 4. Noch weniger geläufig ist dem volkstümlichen Denken im allgemeinen die Zusammenfassung der konkreten Mehrheit der Einzel-dinge zur **abstrakten Einheit des singularen Gattungsbe-griffes**.[3]) In Fällen wie *Wenn də Doktə nimmə helfm koš, gengə d'Läit sən Hóudə* (Hüter = Hirten) *odə sən Schintə* (=Wasenmeister) ist die gene-rische Bedeutung der Singulare in Wirklichkeit von einem dem eigenen Erfahrungskreis angehörigen Einzelfall ausgegangen (der Arzt ist zu-nächst der *eine* Arzt, auf den die Landbevölkerung gewöhnlich ange-wiesen ist), der bei der Erweiterung und Vervielfältigung der Erfahrung den Charakter des Repräsentanten erhält. Dies stimmt zu der auch sonst im Volke beobachteten Denkgewohnheit, die Gattung nicht begrifflich durch ihre Merkmale, sondern repräsentativ durch einen der geläufigen, wenn auch nur dunkel vorgestellten Vertreter zu denken. Selbst bei Begriffen, die auch in der Erfahrung des Volkes auf einer ungleich brei-teren Unterlage ruhen als *Arzt*, z. B. *Bauer* (*Də Bduə wàiß sê hài˜tsə-fôch nimmə z'helfm*) bleibt das volkstümliche Denken auf der schwan-kenden Grenze zwischen repräsentativer und vager Gemeinvorstellung stehen, ohne sich zur vollen Höhe des strengen logischen Begriffes zu erheben. Mit einem solchen Einschlag repräsentativen Sinnes wird selbst der Gemeinbegriff *Mensch* oft genug gedacht, da *də Mensch* auch = *ich* gebraucht wird: *Wenn də Mensch old wiəd* . . . Am wenigsten kommt dieser Einschlag — wenigstens gegenwärtig — bei den Namen fremder Völker zur Geltung: *də Russ, də Türk, də Frànzuəs.*[4])

§ 336. In anderen Fällen liegt dem scheinbaren Gattungsbegriff nicht so sehr ein repräsentativer als ein distributiver Sinn zugrunde, vgl. z. B. *Öitzə wiəd də Töch kurz* oder *immə kürzə*, ungefähr = *Tag für Tag wird es früher Abend.*

§ 337. Im großen und ganzen hat daher der mit dem bestimmten Artikel verbundene Singular nicht generischen, sondern individuellen

---

[1]) Gelegentlich begegnet es = *Gfiəs* (§ 334).

[2]) Auch *Geləs* = etwas zum Lesen bei Goethe an Betty Jacobi v. 3. Nov. 1773 (Br. 2, 121, 1) *Hier schick ich Mamagen ein Geləs.*

[3]) Die ältere Weise dieses Gebrauches konkreter Singulare ohne Artikel (Wunderlich Satzbau II 91) ist bis auf *man* verloren gegangen.

[4]) Ein Beispiel derartigen Gebrauches aus dem 16. Jahrh. bei Kehrein Gr. d. 15.—17. Jahrh. III § 93, 1. Diese Singulare dienen in unserer Mundart keineswegs zur Bezeich-nung des Wesens und der Natur des Volkes (wie nach Weise § 7 im Altenburg.), sondern sie werden meines Wissens nur für die Begriffe *russischer* usw. *Staat, r. Nation* und besonders *r. Armee im Felde* verwendet. Sätze wie *Der Franzose ist eitel, Der Engländer ist ein geborener Kaufmann* halte ich nicht für echt egerl. Ausdrucksformen.

Sinn; die begriffliche Einheit der Gattung aber wird ersetzt durch die konkrete Mehrheit der Einzeldinge oder durch das mit dem vereinzelnden Artikel gekennzeichnete Einzelding, dessen Wahl dem Denken freigestellt wird: *di rechtn Jåchɔ* oder *ɔ rechtɔ Jåchɔ* = der rechte d. i. tüchtige Jäger.

§ 338. Ein rein begrifflicher Wert kommt dem singularisch oder pluralisch geformten Bestimmungswort der Zusammensetzungen zu; der Ausgangspunkt für die Wahl des Numerus läßt sich nicht immer aufzeigen wie etwa in *Kindståiff* = Taufe e i n e s Kindes, gegenüber *Kinnɔmäi'd'l*, *Kinnɔwōgn* Kindermädchen, Kinderwagen (in den gewöhnlich auch 2 Kinder gelegt oder gesetzt werden können); man sagt wie allgemein und auch in der Umgangsprache *Kindskuɔpf* = kindisch-einfältiger Mensch, aber *Kinnɔkuɔpf* Kinderkopf (als Größenmaß); ferner nur *Rindsinslɔt, Rindsháut* (nie *Rinderunschlitt, Kinderhaut*, ebensowenig *Rinderbraten, Kälberbraten*),[1] *Månnsstifl* (nie *Mmännerstiefel*) u. a.

§ 339. Bei der Bezeichnung der an demselben Körper paarweise oder in der Mehrzahl vorhandenen Teile hat der Singular stets seinen eigenen, in der sinnfälligen Erscheinung begründeten, nie einen allgemein begrifflichen Sinn (wie etwa das Auge = die Augen = der Gesichtssinn). Abgesehen von dem selbstverständlichen Unterschied zwischen *einem kranken Auge* und *kranken Augen* (vgl. *eɔ håut wos in Auch* und in *Auchɔn, àin wos ins Auɔ sogn* = ins Ohr sagen, und *schråiɔ då r àin d'Auɔn wäih tàun*) erinnert der (übrigens nicht ausschließlich übliche) Singular *ɔ gràußɔ Fouß, ɔ kloinɔ Hent* an jenen Vorgang, bei welchem die Größe der Füße und Hände genau ermittelt wird, nämlich an das Maßnehmen für Schuhe und Handschuhe, das nur an e i n e m, dem rechten Glied erfolgt.

Von sinnlicher Anschauung sind auch singularische Wendungen dieser Art mit übertragener geistiger Bedeutung[2] (z. B. *dös ligt åf dɔ Hent* oder *is bɔ dɔ Hent* u. ä.) ausgegangen, insofern ihnen die Beziehung auf die bevorzugte rechte Hand zugrunde liegt.[3] Wo ähnliche Grundlagen fehlen (wie in *das Auge bilden*) kennt die Mundart den Singular nicht. *Haar (Håuɔ)* ist nur = ein einzelnes Haar (Neubauer BH II 202. Wilhelm Erzg. Ztg. XVIII 199); der Kollektivbegriff wird nur durch den Plural (*schäinɔ Håuɔ* schöne Haare = schönes Haar, *d'Håuɔ màchn* das Haar ordnen) ausgedrückt.

---

[1] So altenburg. Weise § 8, 4.

[2] Einzelne schon ahd. Erdmann Otfr. Synt. II § 22.

[3] Vgl. R. Hildebrand Z. f. d. U. VI 199. Dagegen liegt in *ɔ'Kopfm, ɔ'Foußn* = am Kopf-, Fußende des Bettes (= zu Häupten, zu Füßen, ahd. *un houbiton, un fuaɔon* Erdmann Otfr. Synt. II § 31) *Kōpfm, Foußn* f. = Kopf-, Fußende vor; vgl. bayr. *die Kopfet (ɔ'Kōpfɔt* und *ɔ'Kōpfɔ̄*, auch *ɔ'Kōpfɔtn* = am Kopfende) und *die Kopfhäupten* = Kopfende und -kissen: Schmeller I 1274, 1. 1143, 1. oöst. *bon Hápm* Stelzhamer Ma. D. I 244 N. 33, 30. Khull 400 *Kopfhäupe* (vgl. nöst. *rbeuthápm* zu des Bettes Häupten: Nagl Roannɔl S. 241 zu V. 277 *håpɔ̄*), und bayr. *die Fueßet, die Fueßen (ɔ ds' F.* = am Fußende des Bettes) Schmeller I 770. Cimbr. WB 137 [199] f. Schöpf Tir. Id. 334. Martin-Lienhart I 151 b (*Fueɔɔete* f.). 461 b ((*Kōpfɔte* f.). Schweiz. Id. I 1095. III 417.

Über die umgekehrte Beibehaltung des Singulars bei gewissermaßen
distributiver Beziehung auf eine Mehrheit gleichartiger Dinge (vgl. das
Herz der Menschen = die Herzen), die an demselben Körper nur einmal
vorkommen, vgl. § 347.

§ 340. 5. Die Maßbestimmungen behalten nach Zahlwörtern und
anderen Zahlenbegriffen z. T. die unzweideutige Singularform (als Ver-
treter einer numeruslosen absoluten Form: Paul Prinzipien S. 227), so *Strich*
(zunächst als Raummaß für Getreide u. dgl. = 8 Napf, dann als Flächen-
maß ein Ackerland, auf welches ein Strich Getreide gesäet werden
kann,[1]) vgl. *ŗöiᵊ Strich*, dagegen *àlᵊhànd Strĭ̄ch* = allerhand Striche,
z. B. Kreidestriche), die Flüssigkeitsmaße *Glōs* (*fīmf Glōs Böiᵊ*, dagegen
Pl. *Glìssᵊ* Gläser = Glasgefäße) und *Fōß* (hier neben dem Plur. *Fassᵊ*
Fässer), die Zeitmaße *Stund* (*fīmf Stund* = ein Zeitraum, auch eine Weg-
strecke von 5 Stunden),[2] *Tŏch* und *Nàcht* oder *Nàᵊcht* (*àl Tŏ̄ch, àl
Nàcht*;[3] der Plur. lautet *Stundu, Tŏch* oder *Tᵉ́ch, Nàchf*).

Flexionslose, mit dem Singular zusammenfallende Formen treten
vereinzelt auch sonst auf, selbst in Fällen, wo keinerlei Zusammenfassung
einzelner Größen zu einem einheitlichen Maße vorliegt (vgl. Erdmann-
Mensing II § 24) wie bei *Schuß* (*drái Schūß*, weniger *Schüss*); den ge-
genwärtig in der nhd. Schriftsprache als Singular gefühlten alten flexions-
losen Plural von *Mann* (50 *Mann*) unterscheidet die Mundart von dem
wirklichen Singular durch die Lautform (*fufᵊich Mànn* z. B. als militärische
Abteilung,[4]) aber *dᵊ Mŏ̄ᵊ*, Plur. *d'Mànnᵊ*). Unzweideutige Pluralformen
bildet die Mundart dagegen von *Faust* (*zeᵊh Fáist hàuch*), *Nŏpf* (*drái
Nàpf*, *Sŏk* (*zeᵊh Sᵉ́ck*; in der Stadt auch das flexionslose *Sàck*).[5]

Abgesehen von diesen Fällen ist bei den meisten Maßbestimmungen
der Numerus durch das Zusammenfallen der Singular- und der Plural-
form äußerlich unkenntlich geworden; doch gibt das Sprachgefühl gegen-
wärtig der singularischen Auffassung den Vorzug bei *Schouch* (Schuh =
Fuß als Längenmaß), *Zol* (Zoll), *Pfund*, *Làut* (Lot), der pluralischen bei
Elln, *Hent* (Hand und Handbreite; über die umgelautete Singularform
vgl. § 352, 2), *Dàmᵊ* (Daumen und Daumenbreite), *Fläschn*, *Metzn*, *Zentnᵊ*,
auch bei den Geldbezeichnungen *Gŭ̄l̇ḋn̤*, *Kráiᵊᵊ*, *Tŏ̄lᵊ* (*Hellᵊ*), bei den
Zeitmaßen *Gàuᵊ* (Jahr), *Mōnᵊt*;[6] zwischen singularischer und pluralischer

---

[1] Die von der Bewirtschaftung hergenommene praktische Messung begegnet auch bei
der Schätzung der Wiesen nach der Anzahl der Fuhren Heu, des Waldes nach der Anzahl
der Klafter geschlagenen Holzes, die er ergibt.

[2] Nach Meilen wird bei uns so wenig gerechnet wie in Alt-Bayern (Schmeller II
769 Stund b) oder Öst.; das neuere Kilometermaß hat sich in der Landbevölkerung noch
nicht recht eingebürgert.

[3] Beides auch altbayr. Schwäbl § 60, 5. Vgl. Goethe Götz v. 1771, 5 Aufz. (W. 39,
152, 14 f., vgl. Lesart. 426) Metzler *Drei Nacht kam ich, ich zerkratzte die Mauer.*

[4] Für die Zählung von Soldaten, Arbeitern u. dgl. dient auch im Bayr.-Öst. *Man*
gegenüber sonstigem *Mā* Schmeller I 1600. Schöpf Tir. Id. 420 *Mann* 4.

[5] *Hout* Hut wird als vorgesetzte singularische Maßbestimmung für Zucker seltener
gehört (5 Hut Zucker) denn als pluralisches Grundwort der Zusammensetzung (*fīmf Zuckᵊhout*).

[6] Das schriftdeutsche indeklinable *Uhr* bei Zeitangaben bleibt in der Ma. ganz weg:
Wei z(ü)l is 's ᵊnn? (oder *woi Zäit hummᵊ r ᵊnn scho?*) *Drá, vöiᵊrᵊ* usw. = 3, 4 Uhr
(ebenso öst., ausgenommen *wie Zeit* usw.).

Auffassung schwankt die Mundart bei *Làuflə* (Klafter als Holzmaß, gegenwärtig *Mètə* = Raum- oder Festmeter), *Màuß* (Maß als altes Flüssigkeitsmaß, gegenwärtig *Litə*). Andere wie *Fuß, Strick, Stab, Acker* (Erdmann-Mensing II § 23, 2) sind der Mundart, wenigstens in der Planer Gegend, fremd.

§ 341. 6. Abstrakta beharren als solche gerne im Singular; über ihren Plural vgl. § 348.

§ 342. Formelhaft erstarrte Singulare bieten die Verbindungen *Herr werden* (*Si wean Hår* oder *Heə(r) itwə r in*, in *drái Tüifls Nàmmə, Mànns gnouch*.

§ 343. 8. Zum Plural *Trümmə* besitzt die Mundart auch noch den Singular *das Trumm. Zw(ü)lling* m. wird als Singular = das Zwillingskind, auch Ast-, Fruchtzwilling gebraucht. *Huəsn* (Hosen) ist überwiegend Plural.[1]

II. Plural.

§ 344. 1. a) **Familiennamen** bilden nur vereinzelt eine flektierte Pluralform, z. B. *d'Russn* = die Mitglieder der Familie oder überhaupt die Personen, die den Namen oder Zu-(Hof-)namen *Russ* führen. In der Regel bleibt der Eigenname im Plural unverändert: *d'Wüis, d'Hofmànn*[2] = die Personen, welche *Weis, Hofmann* heißen. Gewöhnlicher wird die Familie sammt den Dienstboten, also die Bewohner des Familienhauses in der Stadt, des Hofes im Dorfe entweder durch *bei* mit dem Familien-(Berufs-, Hof-)namen umschrieben[3] (*Bən Ortmànn ho(b)m sè s Korn scho drin* = Beim Ortmann haben sie,[4]) d. h. Ortmann und seine Leute haben das Korn schon in der Scheune; *Bən Förschtə ho(b)m sè 's öitzə schäi* = Die Förstersleute haben jetzt eine schöne Wohnung oder Wohnungseinrichtung, auch wohl: eine angenehme Stellung u. dgl.) oder wie oöst. durch eine Zusammensetzung des Berufs- (weniger des Familien-)namens mit -*leute*: *d'Miəsnəlüit, d'Tàu(d)ngröwəlüit* = die Familie des Meßners, des Totengräbers.

§ 345. b) Noch weniger als zur Bezeichnung der realen Familienverwandtschaft oder der Namensgleichheit gebraucht die Mundart den

---

[1] Das Oöst. stimmt bezüglich *Trumm, Zwilling* überein; doch ist *Horn* Sg., im altbayr. Sg. und Pl. Schwäbl § 55, 2.

[2] Der Plur. *d'Hofmànnə* die Hofmänner würde höchstens als scherzhafte Bildung verstanden werden.

[3] Ebenso öst. Das Haus, der Hof wird wie öst. auch als Anwesen in derselben Weise bezeichnet, soweit nicht Zusammensetzungen (z. B. *də Làitnəhuəf*) eintreten. Vgl. Stifter Der Waldgänger (W. VI 12 f.) *Auf einem Häuschen, das fast schöner und größer ist als die anderen, heißt es »beim Ricktel im Kienberg«*.

[4] Sie (kaum auch oöst.) ohne dieses stützende Pronomen wie nöst. *bän Früdingä* (= Fürtingers Haus) *tüän* (neben *tüän-'s*) *hai'd mijpbrüätn*: Nagl Koanad S 333 zu V. 358 *bün*.

Plural des Eigennamens zur ideellen Erweiterung des Individuums zum Typus einer Gattung (vgl. *Sint Maecenates, non deerunt, Flacce, Marones* Martial 8, 56. μεμίονς ὄψονται ἀνθ᾽ ἑνὸς Κλεάρχους Xenoph. Anab. III 2, 31).[1]

Dagegen ist es dem Volke geläufig, bei Vergleichen zwischen Personen in der einen nach Körpergröße, physischen oder geistigen Kräften ein Vielfaches der anderen zu sehen: *Af dean gengə zeəh Seffm* Auf diesen gehen 10 Leute wie Josef = Er ist zehnmal so stark oder gescheit wie Josef.[2]

Über die fehlenden Plurale auf -*s* vgl. § 354.

§ 346. 2. Den Pluralen der Feminina auf -*in* (egerl > -*é*) weicht die Mundart gerne aus;[3] man hört *Nachbərinnən*, in der Stadt auch *Kellnərinnən*, *Houtmächəriynən*, *Wëschərinnən*, doch wird auch hier vielfach die Zusammensetzung mit -Mädchen, -Weiber (*Weschəmàidblə* u. ä.) vorgezogen.

§ 347. 3. Gleiche Bestandteile, die mehrere Dinge nur je einmal besitzen, werden zur pluralischen Mehrheit verbunden, wenn ihre Zusammenfassung durch den sinnlichen Eindruck nahegelegt ist: *(d'Köih hoʒbʒm d'Schwänz gsturzt* Die Kühe haben 'im wilden Davonrennen' die Schweife hochgehoben; *Si hoʒbʒm nes d'Kopf assigreckt* Sie, z. B. schwimmende Menschen, Tiere, haben nur die Köpfe aus dem Wasser herausgereckt; *Diəts mit enkən Baichən säts fráli niət suə grönərè zöi miə* Ihr mit euren (dicken) Bäuchen seid freilich nicht so ruhig (= beweglich) wie wir usw; dagegen nur *Döi hoʒbʒm s Mál* 'nie *d'Mälə*)[4] *ghàl u* (Die haben das Maul gehalten = geschwiegen) oder *s Mál biʒrʒt* (vgl. *Málbirə* § 283 S. 239), *Deənən hàut s Harz* (nie *d'Harzə*) *puscht* Denen hat das Herz geklopft; ebenso wenig gibt es einen Plural von *Unterleib*, *Schlund* u. dgl.[6]

Ähnliches gilt von Zeitabschnitten, die sich wiederholen;[7] von den Tageszeiten werden in erster Linie aus den Hauptteilen *Tag* und *Nacht*

---

[1] Dem volkstümlichen Denken widerstrebt es auch, eine einzelne Person nach deren veränderten Zuständen als mehrere Personen zu unterscheiden (vgl. Lessing Minna von Barnhelm II o Tellheim: *Aber Sie meinen, ich sei der Tellheim, den Sie in ihrem Vaterlande gekannt haben . . . . Dieser Tellheim bin ich ebenso wenig — als ich mein Vater bin . . . Ich bin Tellheim der verabschiedete usw.*

[2] Auch ost.

[3] Die in plur. Sinne vereinzelt auftretenden *s*-Formen wie *s Postmäistər* (z. B. *foin hat't d'*) sind elliptische Genutive des Postmisters (sc. Leute, fuhren heute e u). [Ähnlich in der Präpositionalverbindung, die ich in Südböhmen (Krummau) hörte, *zu 's Usler* (gehn) u. dgl.; vgl. die bekannten Fügungen mhd. *bi*, *tote Lamfronts*, *des papen*, ahd. *at Heimes*, *enttryxxra zanar*, gr. *ir*, *εἰς Ἀΐδαο* (honier. Ἀΐδόσδε, Ἀΐδος εἴσω), διδαχοῖσιν u. ä.. Grimm Gr. IV 260 f. L.]

[4] Sie sind auch altenburg. selten. Weise § 7, 6. Dem Ost. sind sowohl die zugegebenen H. (u. a.) als die Zus. mit -*Màiʒän*, -*Weibə* geläufig.

[5] *Mäulər* auch bei Luther (Wunderlich Satzbau II 86) sowie z. B. altenburg.: *haltet enə Mäulər* Weise § 8, 2. Ein derartiger Singular vom *mund* gehört schon der ältesten Sprache an, vgl. Behaghel Hel. § 16 F. Erdmann Otfr. Syct. II § 23.

[6] Ebenso ost.

[7] Das Folgende gilt ungefähr auch vom Ost.

Mehrheiten gebildet (*Tách* oder *Téch* zu Sing. *Tŏch*,[1]) *Nácht* zu *Nácht* oder *Nàscht*), weniger schon von *Àum(b)d* (*schäi* *Ànm(b)d* schöne Abende), gar nicht von *Früih* Frühe (= Morgen, welches als Substantiv im Nom. fehlt, wohl aber *in d*ɔ *Früih*) und ebenso von den Jahreszeiten nur von *Sommer* und *Winter* (vgl. den Volksliedvers *Drài Summɔ, drái Wintɔ, drá Epfɔlɔ r àm Bám*, nicht von *Frühjahr* (*Fröigàuɔ*), *Herbst* (*Hirwɔst*). Auch der Allgemeinbegriff *Zeit* wird wie in der nhd. Schriftsprache im Plur. gebraucht: *Dös sánn Zdítn!*

§ 348. 4. Unter den Abstrakten bilden (abgesehen von den Verbal-abstrakten, bei denen der wiederholte sinnliche Vorgang den Mehrheits-begriff nahelegt)[2]) die Feminina wie seit den ältesten Zeiten (Erdmann Otfr. Synt. II § 11. 16) häufiger einen Plural als die Maskulina und Neutra, so *Kraft* (*z'Krcftn kummɔ, ás Láibskrcftn*), *Angst* (*in táusnd* oder *Tàu(d)n* "Toten - *Ángstn sá*"), *Schande* (etwas wird *s'Schàntn* = verdirbt, ein Pferd *z'Schàntn ràitn* u. a.; mhd. *schande* als schwaches Fem. ist unsicher bezeugt: Lexer II 655), *Krankheit* (*Bɔn Nöiłn gàngɔ nai* *Krànkɔtn ō* Beim Nießen gehen 9 Krankheiten ab, sagt der Volksmund), *Eigenheit* (*Àignháitn* = absonderliche Charaktereigenschaften), *Geschick-lichkeit, Kameradschaft* u. a. Wörter mit abstrakter und konkreter Sin-gularbedeutung, so gewisse auf *-heit, -keit, -schaft* zeigen im Plural seltener rein abstrakten (*Löibschàftn* = Liebesverhältnisse, im Sing. außerdem = Geliebte: *Döi wàɔ r ɔmàl sá Löibschàft*)[3]) als einen konkreteren Sinn, namentlich den der Äußerung der Eigenschaft, oder der Dinge, an denen ein Verhältnis erscheint; so ist *Dummháit* = beschränkter Sinn und törichte Rede oder Handlung, Plur. = dumme Reden oder Streiche; *Kéckháit* = kecker Sinn (*Eɔ hàut döi Kéckháit u . . .*) und kecke Rede und Tat, Plur. = kecke Reden und Taten, und so *Höflichkáit, Gruɔháit* Grobh., *Bɔkànntschàft, Gvàttɔschàft* (im Plural = Taufen, Taufschmause), *Gsellschàft* (wie in der Schriftsprache): manches Wort nimmt erst im Plural eine Wendung zu konkreterer Bedeutung, so *Schai*"*hait* Schönheit, aber Plur. *Schäi*"*háitn* iron. = Grobheiten, grobe, schmähende Worte (*eɔ hàut nɔn ɔ pàɔ(r) Sch. gsàgt*). Andere wie *Wàurɔt, Bàułɔt* (§ 277) bilden abwei-chend von der Schriftsprache überhaupt keinen Plural.[4] Am meisten widerstreben der Pluralbildung die wenigen Abstrakta auf *-ung*[5] vgl. § 278) wie *Stellung, Aus-* und *Anstellung.*

[1]) Übrigens begegnet auch eine dem Singular gleiche Form *Téck*, so in den Zusam-mensetzungen d'*Vormittōck*, d'*Nàumittōck* die Vormittage, Nachmittage (beides nicht häufig).

[2]) Die Ma. kennt *Bissɔ, Hiebɔ*, (*Wall)fahrten, Schnitte, Schritte, Stiche*, selbst *Buɔ* (*bich* konkret = verbogene Teile oder Stellen, z. B. Quetschfalten in Kleiderstoffen u. dgl.), aber nicht *Gänge* (nur konkret = Mahlgänge der Mühle), *Klànge, Anfänge, Läufe, Zuge* (nur = Z. aus einer Pfeife, Zigarre u. konkret = Eisenbahnzuge), auch nicht *Gefühle, Gerüche, Geschmäcke, Gesichte* (= visiones).

[3]) Vgl. Goethe Ital. Reise I, 6. Jan. 1787 (W. 30, 244, 16 f.) *Es war dieses* (das Orig. d. Jeno Ludov.) *meine erste Liebschaft in Rom.*

[4]) Öst. ist *Bollheiten* nicht unerhört, sonst herrscht in Bezug auf die Abstrakta im ganzen Übereinstimmung mit dem Egerl.

[5]) Übrigens wird auch bei den Konkreten auf *-ung* im Plural zumeist eine dem Sing. gleichlautende Form gebraucht: (*l'?)Ódiŋ* Einladungen, *fünf Gàttiŋg, ɔ Hüffm Zàitiŋg*, nicht *Gàttiŋgɔ, Zàitiŋgɔ* (Zeitungen). Das Öst. kennt auch hier Pluralformen.

Von Infinitiven, die in die grammatische Kategorie des Substantivs übergetreten sind (§ 309), bildet nur *Oʒdenkn* einen Plur. (*alʒhånd Oʒdenkn* = allerhand zum Andenken gegebene Gegenstände) aber nicht *Leben*, *Wesen*. [1]

§ 349. Ausschließlich oder überwiegend pluralische Form zeigen der Natur der bezeichneten Gegenstände entsprechend

1. Personenbezeichnungen wie *Ôltʒn* Eltern, *Gschwistrʒt* (neben dem Singular, vgl. § 334, *Gebrüder* fehlt, auch öst.), *Liit* Leute,[2]

2. Sachnamen, so

a) Ortsnamen auf *-häuser* oder *-häuslein* (§ 325), die selteneren auf *-hausen* (*Neuheimhausen*), auf *-sassen* (*Waldsassen*); hie und da auch Namen von Hügelgruppen auf *-bårch* (*-berge*) wie *d'Si̇(b)mbårch* die Siebenberge (an der südlichen Grenze des Sprachgebietes);

b) Pflanzennamen wie *Kinnʒlʒ* (als Plur. verstanden und an das gleichlautende *Kindelein* angelehnt, eigentlich ~ mhd. *quenel, cunel, künlin, kinle* lat. *cunela, conila, xorilŋ* Quendel[3] DWB VII 2353); vgl. auch *Ognʒ* Abfall vom Flachs (meist Plur. Neubauer Id. 87), in Plan mit umgelauteter Pluralform *Ägŋ* (Ägen, mhd. *agene* f., *agen* m. [4] Spreu DWB I 189);

c) Krankheitsnamen wie *Blåndʒn* Blattern (die als *die rechtn* [Variola] oder *schwårʒn* von den *Wind-* oder *Schåuf-Blåudʒn*, einer milderen Form, unterschieden werden), *d'Fleck* die Masern;[5] vgl. auch *Frdisn* § 246, *d'Frånʒuʒsn* = Syphilis;[6]

d) Bezeichnungen von Niederschlagsformen wie *Gråppm* Graupen (auch = Getreidegraupen),[7] *Gräiß* oder *Graüß* = Hagel (Neubauer Id. 65,

---

[1] Ebenso ohst., jedoch pl. *Leben* in der Wendung *Der Bud hat sehn Lebm* = ist lebhaft wie ihrer zehn.

[2] Den Sing. *das Leut* (mhd. *der*, *das liut* = die Leute) kennt unsere Ma. nicht; bayr.-öst. ist *das Leut*   Volk und einzelne Person : Schmeller I 1537 f., öist nach DM III 193, 129 auch ~ gemeine Weibsperson und *das Leutl* = alte Weibsperson ; Lambel bezeugt mir aber oost. *á guats, án dits Leut* (oder *Leutl* von Frauenspersonen), auch *á heusligs Leut* (eine sparsame Person) Stelzhamer Ma. D. I 103 N. 51, 33 (mit Bezug auf die Mutter des Dichters), *O du mordsaubers Leut!* Kaltenbrunner I 51 (von der Geliebten). Das Neutr. in der Bedeutung *einzelner Mensch* ist außerdem steir. kärnt, fränk. henneberg., auch im Hohenloh., im südlichen Westfalen, im Fürstentum Lippe, im Ravensberg. bezeugt: Kholl 438. DWB VI 847, 23, in den 7 und 13 comm. *'s laut* = Volk Schmeller Cimbr. WB 142 [204]. Das Mask. begegnet bei Rosegger Das Geschichtenbuch des Wanderers I 98 *Du bist halt ein anderer Leut wie andere Leut* (bei Kholl a. a. O. nicht verzeichnet).

[3] Bayr. *Kenl* Schmeller I 1258.

[4] Bayr. steir. *der* und *die agng* Schmeller I 47. Kholl 13: kårnt. *åge* f. Lexer Kärnt WB 4; das Mask. auch im Codex Tepl. S. 84 Luk. 6, 41 *Was sichstu den agen in den augen deins bruder*: els. *Agen* f. (Plur.), schwäb. *Agen* (Plur.) Martin-Lienhart I 20 b. Fischer I 115.

[5] In Oöst. unterscheidet man die *echtn* und die mildere Form der *Stoanbladern*; *Fleck* (Pl.) in gleichem Sinne auch ost.

[6] Auch els. Martin-Lienhart I 182 b.

[7] Von anderen Speisebezeichnungen gehört *Kiu(d)lfleck* Kuttelflecke, zerschnittene Kaldaunen, hieher; auch bayr.-ost. nur Plur. Schmeller I 786. Kholl 418. Schöpf Tir. Id. 355. Lexer Kärnt. WB 97.

mhd. *griez* m. n. Sandkorn, Sand, *grüz* m. f. Sand- oder Getreidekorn, obpfalz. Plur. *Graüs* = Hagelkörner Schmeller I 1009[)], *Schlossn* in gleicher Bedeutung (mhd. *slôz* m. n., *slôze* f. Hagelkorn);

e) einzelne andere wie *Késtn* und *Únkéstn* Kösten, Unkösten = Kosten, Unkosten,[)] *Máksn* Geld (Neubauer Erzg. Ztg. X 270, aus *Max-d'or*[)] abgekürzt[)], *Schálū* = Fenster-Jalousien,[)] endlich *Fáksn*[)] = spaßhafte Worte, Gebärden, Handlungen (Neubauer ebda. 249, über die Ableitung vgl. DWB III 1225 *fachse*, 1385 *faxe*), *Spássé(d)lə* Spassetln = Spässe (auch bayr.-öst. Schmeller II 686. Khull 523), zumeist auch *Fintn* (< it. *finta* DWB III 1671), *Quintn*, eigentlich fünfte Stoßart der Fechtkunst, trügerischer Stoß, dann Kniff überhaupt (DWB VII 2373, 6, 7), in der Verbindung *Q. máchn*, auch *Quintn u Quàntn* = allerlei Umschweife, Ränke (Köferl Suppl. S. 318, zu *Quàntn* vgl. nd. *Quant* m. = Tand DWB VII 2313 f.);

f) Hieher gehört auch der alte Plural von Festzeiten, die sich auf mehrere Tage erstrecken (vgl. Erdmann Otfr. Synt. II § 32. Wunderlich Satzbau II 84 β), wie *d'Áustən* Ostern (der Plur. schon ahd. mhd. DWB VII 1371; der Sing., mhd. *ôster* f. Lexer II 176, begegnet egerl. wie öst. nur in Zusammensetzungen wie *Austə-Làiwl*, vgl. S. 309 u. 310 Anm. 1) sowie die aus Präpositionalverbindungen erwachsenen Plurale *d'Wäi͞nàchtn* Weihnachten,[)] (*d'*)*Pfingstn*;[)] hingegen ist bei *d'Fàstn* gegenüber der neueren pluralischen Entwicklung der mhd. und frühnhd. Singular (Erdmann-Mensing II § 20) erhalten:[)] *D'Fàstn is hàiə niət làng.*[)]

§ 350. Wie seit den ältesten Zeiten kann der Mehrheitsbegriff auch ohne Pluralbildung durch eine präpositionale Wendung mit wiederholtem Substantiv ausgedrückt werden: *Tôch fə Tôch*, *Fräid üwə Frdid*; bei *von — zu* tritt statt des zweiten Substantivs lieber *ander* ein: *Və r àin Gàuə sən ànnən* = Von einem Jahr zum andern = von Jahr zu Jahr.[)]

[1]) Altbayr. Sg. *Kosten*, Pl. *Kosten* Schwäbl § 55, 2, vgl. Schmeller I 1308.
[2]) Die volle Singularform altbayr. (m. u. f.) Schmeller I 1700, der Plur. *Maxen* auch öst. tir. Schöpf Tir. Id. 431.
[3]) Auch nöst. Mareta Proben II 31, Th. Gartner III.Z. V 108, vgl. steir. *Schalubalken* = Fensterb. Khull 532.
[4]) Plur. auch bayr.-öst. Schmeller I 686. Khull 208. Schöpf Tir. Id. 125. Lexer Kärnt. WB 87 (auch Sing. *faxe* f.) u. els. Martin-Lienhart I 159 [b].
[5]) Bayr.-öst *Die Wei͞nàcht n* = Weihnächten Schmeller II 881 *weih*. *Die Weihnacht*, mhd. *diu wihe naht* und erstarrt *diu wihennaht* ist egerl., auch öst., unbekannt, dagegen z. B. in den Sechsämt. wie bei *Ostern*, *Pfingsten* (neben d. Pl.) gebräuchlich: Wirth § 22. Das nasalierte *Wäi͞(-nàchtn)* könnte unmittelbar auf *ze den wihen nahten*, *winnahten* zurückweisen, wenn diese Nasalierung nicht auch sonst bei *wei-* (im Anschluß an *Wein*) vorkäme, vgl. *Wäi͞r.iuch* (Gradl MW 425, auch öst.).
[6]) Schwäb. auch Sing. Fischer I 1044.
[7]) Ebenso bayr.-öst. Schmeller I 773. Schöpf Tir. Id. 123.
[8]) Der Plur. *D'Wochn* hat in der Redensart *in d'Wochn kummə* wie im Schriftdeutschen die Bedeutung *die Kindbettwochen*.
[9]) Wiederholtes Subst. und *ander* bei *von — zu* auch ost.

c. Kasus.

Allgemeines.

§ 351. Die teils durch Vokalschwächung teils durch die Wirkung der Analogie schon im Mittelhochdeutschen vorbereitete Ausgleichung der Kasusformen ist in vielen Mundarten noch weiter gediehen als in der nhd. Schriftsprache. [1]) Doch ist in unserer Mundart noch nicht aller Kasusunterschied beseitigt wie z. B. im Mainzischen (Reis I § 40).

§ 352. Die Unterscheidung der Singular- und Pluralformen ist durch das Übergreifen des Umlautes der *i*- und *jo*-Stämme in den Plural der *o*-Stämme sogar noch weiter vorgeschritten als im Mhd. und in der nhd. Schriftsprache. [2]) Doch wird dieser Gewinn anderseits geschmälert, indem Singular- und Pluralform gelegentlich zusammenfallen

1. durch den Mangel des Umlautes, zunächst bei solchen Wörtern, deren Plural an den Singular angeglichen ist (z. B. in der Stadtmundart bei *Hámmə* = Hammer und Hämmer, neben Plur. *Hámmə*, *Áckə* = Acker und Äcker, *Gärtn* = Garten und Gärten, vgl. Gradl MW 392), dann bei einigen in der schwachen Deklination verharrenden (wie *Hanə* Hahnen = Hahn und Hähne, *Schwämmə* Schwammen = Schwamm und Schwämme, vgl. Gradl MW 390) oder in dieselbe übergetretenen (wie *Boln* Ballen = Ball [3]) und Bälle : Gradl ebda. 393 Anm. 3):

2. durch das Übergreifen des Umlautes auf den Singular und zwar aus dem Plural vgl. Gradl MW 385), so bei *Epfl* = Äpfel, aber auch

[1]) Über diese vgl. jetzt Behaghel DSpr. S. 220 ff.

[2]) Behaghel DSpr. S. 222 f. Die Mundart bildet nicht nur die Plurale (vgl. Gradl MW 386) *Groi* Grube (Sg. *Grou* Grube, vgl. schon mhd. Pl. *gruobe, grüeben* Lexer I 1104), *Hälm* Hälme (Sg. *Holm* Halm, vgl. bei Freidank mit anderer Bildung *helmer* Lexer I 1140), *Pnkt* Punkte (Sg. *Punkt*, mhd. *pünte, pünde* neben *punkte* Lexer II 307), *Tèch* oder *Täch* Täge (Sg. *Toch* Tag, spätmhd. *tege* Lexer II 1384), *Wágn* Wägen (Sg. *Wagn*, mhd. Pl. *wegene* neben *wagene*), sondern auch *Bərschtn* Borsten (Sg. *Borschtn* Borste, vgl. *Burscht* § 316, 1 a), *Bòding* Bottinge (Sg. *Bouding* Bottich, mhd. bei Stricker Sg. *boding, botinge* Lexer I 332 *botech*), *Brinns* Brunnen (Sg. *Brunns* Brunnen, *Haign* Haken (Sg. *Haugn* Haken), *Hiəwl* Hobel (Sg. *Huwl* Hobel), *Hnt* Hunde (Sg. *Hunt*), *Kiffs* Küfer (Sg. *Kuffs* Kofter), *Kigl* Kügel (Sg. *Kugl*), *Knü(d)n* Knoten (Sg. *Knus(d)n*), *Näwl* Nübel (Sg. *Nawl* Nabel), *Nämms* Nämen (Sg. *Nummms* Namen), *Pelstə* Polster (Sg. *Polstə*), *Stü(b)m* Stüben (Sg. *Stumm* Stube), *Wä(d)l* Wädel die Waden (Sg. *Wä(d)l*, mhd. Sg. *wadel*), *Wäsn* Wäsen (Sg. *Wasn* Wasen, mhd. Sg. *wasc*), sogar *Jichtst* Ablaufgraben (Sg. *Juchtst*, zu mhd. *adich·lacuna* und *suht* = Zug, Weg Lexer I 22, III 1170, vgl. mhd. *eitsuht* = *sentina* ebda. I 538) und *Hüchtst* Hochzeiten (Sg. *Hauckwt*). Für die Sechsämter-Ma. vgl. Wirth § 18, 1, 19, 2. In der Imster Ma. bilden sogar alle umlautfähigen *o*-Stämme den Plural mittels des Umlautes: Schatz § 89. Plurale dieser Ma. wie *trīg* (zu Trog), *rikχ* (Ruck: ebda § 90) oder wie *umficχ* (Unfug: ebda. § 91 usw.) sind egerl. nicht gebräuchlich. Dagegen ist z. B. die schlesische Ma. im plnr. Umlaut hinter der nhd. Schriftsprache etwas zurückgeblieben (*Markte, Kantcke* u. a.): Weinhold Dial. 131. Für das Bayr. vgl. Schmeller § 706, für das Schweiz. Winteler Kerenzer Ma. S. 170 f., und im allgemeinen Kuntze Z. f. d. U. V 38.

[3]) Auch bei Goethe Elpenor I 4 (W. 11, 22, 474) *Ich warf den Ballen weg, womit ch spielte.*

= Apfel, *Biſt*, vgl. mhd. *bivane* m. ein von Furchen eingefaßtes Acker-
beet, *Dorn* = Dornen und Dorn, *Schpå* = Späne und Span, im Sing. auch
Schpåu, *Häif* = Hufe (Plur.) und Huf, mhd. *huof*, Plur. *hüeve*, ferner bei
Zå Zähre, mhd. *zaher* und *zeher*;[1] oder aus den flektierten Casus obl.
des Sg. (vgl. Gradl MW 383 und 451), so bei den starken Femininen
Benk = Bänke und Bank,[2] mhd. *banc*, G. D. *benke*, *Bråit* = Bräute und
Braut, mhd. *brüt*, G. D. *briute* und auch schon Nom. *briut*, ähnlich
Häit = Häute und Haut, mhd. *hüt*, G. D. *hiute*, *Hent* = Hände und Hand,[3]
mhd. *hant*, G. D. *hende*, *Neit* = Nuten und Nute,[4] mhd. *nuot*, G. D. *nüete*,
Went = Wände und Wand, mhd. *want*, G. D. *wende* und spät auch Akk.
Sg. *went*, ferner bei *Weio* = (Fluß-) Wehre und Wehr, mhd. *wuor(e)*, G. D.
wüer(e), letzteres auch schon Nom.; auch *Aks* Achse ist = Achsen und
Achse, mhd. *ahse* und N. *ehse*, *ehs*, *Brinst* = Brünste und Brunst, doch
ist der Plural wohl selten.[5] Umlaut mit Angleichung des Singulars an
den Plural bieten endlich noch *Tenno* Tännen = Tannen und Tanne,
Fets = Lippen und Lippe (zu mhd. *totze* *tutka*).[6]

§ 353. Die Pluralendung -*er* (egerl. > -*o*)[7] der alten starken Neutra
ist wie in anderen Mundarten[8] weiter als in der nhd. Schriftsprache
vorgedrungen. Außer den nhd. Fällen (es fehlen etwa *Blätter*, das kaum
anders als verkleinert auftritt, *Hühner*, dafür *Hennen*, *Kalwer*, dafür
Kålb'm Kalben oder *Kalwlo* Kälblein, *Kinder*, *Täler*; auch *Länder*
durfte selten vorkommen) kennt das Egerländische die Plurale *Bålo* Beile,
Båino Beine = Füße und Knochen, *Betto* Betten, *Blecho* Bleche, *Dingo*

---

[1] Ob auch *Kenmo* Kämmen (oder Kämmer?) = Kamm (Gradl MW 26) hicher ge-
hort, sei dahingestellt: vgl. mhd. *kamme* f. m. Lexer I 1505, *kemmer* m. der (Woll)kämmer
ebda. I 1546. In Plan heißt der Kamm *Kämpf* (= Kämpel, ebenso öst., zu *kämpeln*, mhd.
kempeln kämmen).

[2] Das Geldinstitut heißt nur *Bank*, wozu der Plural kaum begegnet.

[3] Die nicht umgelautete Form ist in *Hai'dhådon* Handhadern, *hai'dfellé* handfällig ~
gewichtig erhalten.

[4] Bayr. *Nuot* und obpfalz. *Nout* ohne Umlaut Schmeller I 1775.

[5] In einzelnen Gebieten auch *Angst* ~ Ängste und Angst (Gradl MW 383). *Hift*
Hüfte (mhd. *huf*, G. D. *huffe*) wird weniger im Plural gebraucht, *Sit* Säule bildet gelegent-
lich auch schon den schwachen Plural, *Intn* . Enten und Ente hat außer dem Umlaut auch
das -*n* schon in den Nom. Sing. aufgenommen. Bei *Krust*, *Faust* ist der Umlaut der obli-
quen Kasus nicht in den Nom. gedrungen (mit *do Füist* Urban Allod. G. S. 142, *af meino
Bräist* ebda. S. 213). *Krähe*, *Kröte* sind nur in unumgelauteter Form (*Kraus*, *Krust*), *Stätte*,
Fährte u. a. gar nicht gebräuchlich.

[6] *Schéi(ö)m* (Kopf-)Schuppen und Schuppe (Gradl MW 387) möchte ich nicht als
umgelautete Form zu mhd. *schuope* (ie > ü Gradl ebda. 271) stellen, sondern zu mhd.
schuep. *schieppe* (ie > ü Gradl ebda. 231) Lexer II 824 *schuope*, also *Schéi(ö)m* = Schiebe(n),
vgl. *schéi(ö)m* schieben. Über Sing.-Formen wie *Bänk*, *Händ*, *Wänd* im Bayr. (auch öst.)
Schmeller MB § 808, vgl. ebda. 130. Schwäbl § 56, Anm. 1.

[7] -*o* ist nie < einfachem -*e* (das vielmehr stets abfällt), sondern in der Deklin < -*er*
oder -*en* (letzteres nach *n*, *m*, *ng*).

[8] So in den Sechsämt. Wirth § 18, 1 S. 28. § 20, 2, bayr.-öst. Schmeller § 707. 798.
Weinhold Bayr. Gr. § 339. Schwäbl § 60, 2. Schatz § 120. Lessiak § 126. 135; alem.
Weinhold Alem. Gr. § 415 f. Wunderlich Ma. S. 60; Winteler Kerenzen Ma. S. 172 § 4; ost-
fränk. und vogtländ. Franke III II 321 f., 3; obersächs. Meyer DVK S. 285; schles. Wein-
hold Dial. S. 132; rheinfränk. thüring. pfälz. wetterau. Behaghel Gesch. d d. Spr. § 188,
Regel S. 85 f., 2a; auch nl. Maurmann § 203; über das Nhd. vgl. Behaghel DSpr.
S. 224.

Dinge, sowohl allgemein [1]) als = Mädchen, *Völls* Felle, *Fests* Feste,
Häfts Hefte (an Werkzeugen`, *Hemmds* Hemden, *Kiss* Kissen (Sg.
Kiss, vgl. Eg. Stadtbücher v. J. 1585—87 fol. 307 *b Ein Span Peth* . . . .
dann vier Pietlein, zwene Polster vnnd Ein Kieß Gradl-Pistl in Nagls DM
I 136, mhd. *küssen, küssin, küsse* st. n.`, *Korns* [2]) Korne = Kornfelder,
vgl. § 334, *Kräis* Kreuze. *Mäls* Mäuler, *Menschs* zum Neutr. *Mensch*,
vgl. § 321, 1, *Nets* Netze, *Pfäds* neben *Pfd* Pferde, *Räis* Rehe, *Räfts*
Gestelle, auch = alte Weiber (Neubauer Erzg. Ztg. X 271, mhd. *ref* n.
Stabgestell), *Säls* Seile, *Schäufs* (vgl. Lorenz S. 7) neben *Schäuf* Schafe,
Schiffs Schiffe, *Viichs* Tiere (§ 334) u. a., ferner solche von Bildungen
mit *Ge-* wie *Gibéts* Gebete, *Gfriss* Gesichter (zu *Freßen* f. = Mund
DWB IV 1, 1, 132. Schmeller I 827), *Glenks* Gelenke, *Grichts* Gerichte,
Gripps Gerippe, *Grists* Gerüste, *Gschäfts* Geschäfte, *Gschenks* Geschenke,
Gschirs (Pferde-) Geschirre, *Gsétzs* Gesetze, *Gspiülls* Spiele, *Gstölls* Ge-
stelle, *Gwichts* Gewichte u. a., von Bildungen auf *-nis* wie *Ghäimniss*
Geheimnisse, *Zäichniss* Zeugnisse u. a., von Fremdwörtern wie *Bängs-*
néts Bajonette, *Instruments* Instrumente, *Portréts* Porträte.[3])
Umgelautet ist (außer den nhd. Fällen) z. B. *Örts* oder *Erts* Ortschaften.
Hicher gehören wohl auch[4]) die ebenfalls mit *-s* gebildeten Plurale der
neutralen Diminutiva auf *-l, -sl, -s(r)l* (< mhd. *-el(e*), ahd. *-ili* Grimm
Gr. III 673 f. 5 *a*. Wilmanns D. Gr. II § 247) wie *Bäntls* d. i. Bändler
= Bändchen, *Bläd'ls* Blättchen, *Blemmls* oder *Bläimls* Blümchen, *Dingls*
kleine Dinge, *Hämms'(r)ls* Hämmerchen, *Hemmls* Hemdchen, *Kälwls*
Kälbchen, *Kinnsls* Kindchen[5]) usw.
Die im Mhd. noch unbekannte analoge Pluralbildung bei Maskulinen
(Paul Mhd. Gr. § 119 Anm. 4) hat hier auch in der Mundart weit
weniger Boden gefaßt; sie bildet etwa *Gifts* Gifte (vgl. § 333), *Stoins*
Steine (zu *Stos*)[6]) und mit Umlaut *Bäims*[7]) Bäume (zu *Bäm*`, *Därms*
(zu *Dàrm*`, *Därns* (in Plan, vgl. § 352, 2 *Dosrn*) Dornen und Dorn-
sträucher (zu *Dorn*`, *Klétss* Klötze (zu weniger gebräuchlichem *Kluots*);
Bänts (Bänder), *Männs* (Männer) sind die einzig üblichen Plurale von
Band, Mann.

§ 354.   Das aus dem Französischen eingedrungene nd. Plural *-s*[8])

---

[1]) Vgl. § 321, 2. Auch abstrakt allein = Schwierigkeiten, Anstände : *Mach ms keins*
Dings! (vgl. obhess. *Mach mir kein Werks,* kurhess. *keine Werke!* Crecelius 906) und mit
Attributen : *Des häut völls sdins närischn Dings mit is* Er hat immer seine närrischen Spässe
mit ihr.

[2]) Falls es nicht < *Kornen* ist, vgl. S. 325 Anm. 7.

[3]) Die fünf letzten auch in der Imster Ma., die in solchen Bildungen noch weiter geht
als das Egerl. : Schatz § 126.

[4]) Gradl MW 621.

[5]) Vgl. die hess. und rhein. (bes. wetterau. Frankfurt.) Formen *Kinderchcr, Mäderchcr,*
Schäfercher Grimm Gr. III 680 Anm. Regel S. 86, 2 a. Die vom Obsächs. beeinflußte
Saazer Ma. bildet den Plur. der Dim. auf *-ele* schwach : *Sessele,* 17. *Sesselen.*

[6]) Über den keineswegs auf die Bedingungen des Umlautes beschränkten Wechsel von
es (*sa*) und *oi* (*ai*) in ein- und mehrsilbigen Wörtern vgl. Gradl MW 205 f.

[7]) Nagl (Rosnad S. 403 β) möchte in dem nöst. *bämä* die Endung ä wegen des
fehlenden Umlautes < *en* setzen.

[8]) Es reicht von Norddeutschland bis nach Obersachsen (Franke BII II 322, 3), ist
im Mitteldeutschen selten, im Oberdeutschen unbekannt : Weise Z. f. d. U. XII 790 ff.

(Behaghel Gesch. d. d. Spr. § 175. DSpr. S. 232) ist unserer Mundart sowohl bei Eigennamen (*Buchholzens*) als bei Gattungsnamen (*Lehrers*) fremd. [1]

§ 355. In Bezug auf die einzelnen Kasus ist abgesehen von den Resten des Genitivs durch den Abfall der Flexionsendung *-e* eine allgemeine Ausgleichung eingetreten; [2] nur der Dativ Pl. ist regelmäßig durch die Endung *-n* unterschieden: [3] *Tćh* oder *Tách* Tage, D. *Tćgn*, *Tágn*. [4] Wo dieses einfache *-n* nicht hinreicht, weil schon der N. Sg. und N. A. Pl. oder doch die beiden letzteren Kasus auf *-n* endigen, wird der Dat. Pl. durch *-ən* verdeutlicht, in erster Linie bei den Mask., [5] bei denen auch vorgesetzte Pronomina wegen des Zusammenfalls der singularischen und pluralischen Dativendung (z. B. *deən* = dem und den) keine Handhabe zur Unterscheidung der Kasus bieten; so bei *Háffm* = der und die Haufen (*df deən Háffm* auf diesem H., Pl. *df deən Háffən* auf diesen H.), *Furchn* = die Furche und die Furchen (D. Pl. *Furchən*), aber auch bei *Her* (N. Pl. *Hern*, D. *Herən*). Wenn diese deutlichere Endung *ən* in der Regel nur an Konkreten, nicht an den wenigen Pluralen der Abstrakta (§ 348) auftritt, so liegt der Grund eben darin, daß bei den letzteren das Bedürfnis der Verdeutlichung des D. Pl. durch solche Mittel in der Regel entfällt (vgl. Pl. *bə deən Glégnháitn*, Sg. *bə derə Glégnháit*). [6] Maskulina, die schon im N. Sg. und Pl. auf *-ən* (< *-ern*) endigen, wie *Hödən* = der, die Hader(n), kennzeichnen den Dativ Pl. dadurch, daß der sonst vokalisierte *r*-Laut voll eingesetzt wird: *mit deən*

---

[1] Über die in scheinbar pluralischem Sinne vereinzelt auftretenden *-s*-Formen wie *s Postmäistər* vgl. S. 320 Anm. 3.

[2] Der in der Tachauer Ma. bei einigen Neutris im Dat. Sg. eintretende Wechsel im Stammvokal (*s Hulə*, aber *as 'n Hols*, *s Guld*, aber *vo 'n Goit* Köferl Der polit. Bezirk Tachau, 1880, S. 52) ist wohl als Erhaltung der Brechung in der zweisilbigen Dativform gegenüber der Fortentwicklung des *o* zu *u* in der einsilbigen N. A.-Form zu fassen. Der ähnliche Wechsel des Stammvokales bei dem alten männlichen *w-*, späteren *t-*Stamm *Wald* (*də Wold*, aber *in Wål* Köferl a. a. O.) ist vielleicht nur auf Analogiewirkung zurückzuführen, da es nicht ohne weiters zulässig ist, diesen Wechsel als eine Art von Umlauterscheinung unmittelbar mit der in den ältesten Quellen bei *w-*Stämmen belegten Dat.-(eigentlich Lok.-) Endung *-iu* oder (mit Abfall des *-u*) *-i* oder mit dem bei *i-*Stämmen beobachteten dat. Gebrauch des Instrumentals auf *-iu* (Braune Ahd. Gr. § 230 Anm. 3) in Zusammenhang zu bringen.

[3] Im Bayr. liegen die Verhältnisse nicht ganz so einfach, vgl. Schmeller § 780 ff.; dagegen hat das Schweiz. im allgemeinen im Plural auch nur zwei lebendige Kasusformen, Nom. und Dat.: Winteler Kerenzer Ma. S. 169. Manche Mundarten (so die Imster Schatz § 88) haben auch den Dat. Plur. eingebüßt (*i drai tō̄g*, *də lait* den Leuten). Über die nfr. u. ndd. Maa. vgl. Röttsches Krefelder Ma. 73 ff. (DM VII 53). Maurmann § 210. Holthaus Ronsdorfer Ma. Zs. f. d. Ph. 19, 434. Jellinghaus Westfäl. Gr. (Ravensberg. Ma.) § 194 ff. Holthausen § 377 ff. Ders. Remscheid. Ma. PBB X 546 ff.

[4] Nur bei der sogenannten gebundenen Flexion (vgl. Behaghel DSpr. S. 300) verschwindet die Dativendung bisweilen: *mit Hent* (statt *Hentn*) *u Fuißn*. Ebenso nürnberg. Frommann zu Grübel 92 (hier übrigens auch sonst: *Meini nächst' und bestn Freund'*. *Den brav' und wackern Bröif* ders. ebda.).

[5] Bei den neutralen Dimin. auf *-l* gehört das *ə* der Dativendung *-ən* (*Fischlən*) schon dem Nom. an, vgl. oben § 353 S. 326.

[6] Nagl (Rosnad S. 143 zu V. 175 *maußölln*) möchte die auch für das Nöst. giltige Beschränkung des deutlichen Dativs auf *-ən* mit der Imminutivendung *əl* in Zusammenhang bringen. In den N. A. Pl. dringt die Endung *-ən* nie ein wie im Nöst. (*d' Wisən* Nagl a. a. O. S. 408 f. B 1).

Hôdэrэn (oder mit Umlaut *Hêdэrэn*) mit diesen Hadern. Diese Bildungs-
weise tritt auch bei den Femininen gleichen Ausgangs auf, obwohl diese
die Verdeutlichung wegen des Artikels nicht nötig hätten (*mit dээn
Fêdэrэn* neben *Fêdэn*, Sg. *mit dэrэ Fêdэn* mit dieser Feder), ja sogar
gelegentlich bei anderen Wörtern, die gar nicht auf -эn endigen.[1])

Von dieser Verbreiterung zu unterscheiden ist die Verdopplung der
Dativendung -*enen* > -*na*, -*ne*, die im Egerländischen[2]) nur in Asch und
Rossbach sowie in den Sechsämtern (Gradl MW 666 Anm.,[3]) in der süd-
lichen Übergangsmundart im Nom. *Stáudnэ* Stauden ebda. 633
heimisch ist.

§ 356.   Die Ausgleichung der übrigen Kasus ist besonders zurück-
zuführen

1. auf den fast durchgängigen Abfall des flexivischen -*e*. Soweit
nicht Übergang in die schwache Deklination stattgefunden hat (vgl.
weiter unten *Strữußn*) oder im Plural die Endung -*er* angetreten ist (vgl.
Krữizэ, *Nêtэ* § 353), entbehren die alten starken Mask. Neutr. (*ja*-
Stämme wie *Kầs* Käse) und Fem. (*ô*-Stämme wie *Schöll* Schule) infolge
dieses Abfalles (abgesehen vom Dat. Plur.) sogar in beiden Numeris
jedes Kasuszeichens. Den gleichen Abfall zeigen im Sg. (der Pl. ist
hier kaum gebräuchlich) *Wữiz* Weizen, ahd. *weizi*), *Ruck* (Rücken, ahd.
rucki, in der eg. Formel *ům Ruck*, vgl. HTV S. 334 N. 593 Plan), *Frid*
(Friede, ahd. *fridu*, vgl. Egerer Fron. 2251 *Nun los, herr, dein knecht
in fridt bestan* und heute noch *Lău mê in Frid*).[4]) Die alten schwachen
Mask. Neutr. und Fem. haben ebenfalls die Endung des Nominativs
(bezw. Nom. Akk.) eingebüßt, soweit sie nicht schon im Nominativ die
Endung (*e`n* (vgl. weiter unten) angenommen haben: *Bußt* Bote,[5]) *Gầss*
Gasse und wie nhd. *Fürscht, Mensch, Herz*.[6])

[1]) So kann man gelegentlich hören *эn Saldadэrэn* zu den Soldaten (N. Pl. *Saldá(d)n*,
neben dem regelmäßigen Dat. *Saldádэn*).

[2]) Sonst weit verbreitet; so abgesehen von dem benachbarten Nürnberg. (*tugэna*
Frommann zu Grubel 01) im Bayr.-Ost. Schmeller § 575. 810 845 (sogar dreifach -*enenen*
- -*nэn* ebda. 863). Weinhold Bayr. Gr. § 348 Schl. 340 Schl. Schwab § 60, 3 (Nom.).
61, 1 (Dat.); Nagl Konrad S. 156 zu V. 101 *aũjam*: *'n Hearruen, Schäfnen* DM III 451.
2 (lir., mit weiteren Verweisungen): im Ostfränk. und Vogtland. Franke III 1 271 f. *i
der von Ausbach im Süden bis Meßbach und Sonneberg im Norden -*na*, im Henneberg. -*ne*
beobachtet, vgl. ebda. II 322 f.; bezüglich des Anschlusses der Subst. mit dem Plural -*er*
sowie derer auf -*el* von dieser Endung im Fränk.-Henneberg. und an der schwäb. Retzat
vgl. DM IV 238, 6, 4. VII 307; obersächs. und ergeb. fehlt diese Dativendung: Franke
a. a. O. I 271 r; im Kolurg. *Leutэnä* DM II 102, 30.

[3]) Gradl spricht a. a. O. mit Unrecht von einer «Umstellung» des -*эn* zu -*nэ*; die
Vokalisierung des zweiten Teiles der Doppelendung -*enen* (z. B. *Slowắknэ* den Slovaken) ist
ganz wie in *si`nэ*, *heffэnэ* < *síênen*, hoffeneu (Gradl a. a. O. 633) und in diesen Verben
wegen des schließenden *э* < *n* wie in *dэanэ* dehnen (vgl. S. 190 Anm. zu S. 189) zu be-
urteilen.

[4]) *Wữz* und *Frid* (und außerdem *Gedank, Glab, Grosch, Tropf*) auch nürnberg.
Frommann zu Grubel 88 *b*; *Wữaz, Fried* auch bayr.-öst. Schmeller II 1058. Weinhold
Bayr. Gr. § 346. Bll I 240 (bayr. Wahl); *lass mir ản Fried* (:*dámit*) Kaltenbrunner I 75
(N. D. S. 51 N. 9 II), vgl. Stelzhamer Ma. D. I 192 N. 14, 5 *koan'n Fried hadэ mô glossen*;
nordböhm. *kein Fried gibt die Nacht heut mehr* HTV S. 33 N. 51 (Brannan-Landskron).

[5]) Hie und da * di Huff* (Hause, mhd. *hûfe, houfe* swm., *ûf, houf* stm. bes. md.)
nében *Hiffn, 1. B. a ganza Huff gunz Borsch* Gradl EJ X 157.

[6]) Dieser Abfall des -*e* ist im Ostfränk. im allgemeinen Regel, während das Obsächs.
es beibehält oder neu anfügt (Franke Bll I 265 ff., 5); auch das Öst. wirft es ab, nach

§ 357. 2. Neben dem Abfall des -*e* hat hauptsächlich das Um-sichgreifen der Endung -(*e*)*n* die Kasusunterschiede verwischt. Diese Endung, die (wie beim Verbum, vgl. Infinitive wie *reuns*, *sings* S. 189 f. Anm.) nach dentalem und gutturalem *n*, nach *w* (*j*) und *h* zu -*s* voka-lisiert wird (Gradl MW 630), ist nämlich in der Mundart nicht nur bei einer Anzahl alter Substantiva auf -*in* (mhd. -*en*) bewahrt (so bei den Lehnwörtern *Kis(d)n* Kette, *Kuchn*, gewöhnlicher *Kuchl* Küche, *Méttn* Mette, bei *Ferschn* Ferse, *Buttn* Bütte,, [1]) sondern auch

a) aus den obl. Kasus in den N. Sg. vieler Maskulina eingedrun-gen, die in der älteren Sprache die schwache Flexion zeigen [2] (ent-weder ausschließlich oder neben der starken); so außer bei *Balken*, *Ballen*, *Bogen* usw. bei *Kärpfm*, *Schrolln* (vgl. § 316, 1 *a*), *Strichn* = Zitze des Euters (wohl zu mhd. *striche* swm. = *strich* stm.), *Bläums* (vgl. § 316, 1 *a*), *Häns* Hahn (vgl. Gradl MW 630 *J hannen* aus dem Kontraktenbuch 5 *a* u. ö.), *Schwäns* u. a., ferner bei *Dusdsn* Dotter (Gradl MW 77), *Howsn* Hafer, *Schmerzn*, *Wösn* (mhd. *wase*, *Wülln* Wille, *Schwämms* Schwamm Grüner S. 109 *den Tabakschwam-men*), *Tenns* Tenne (§ 316, 1 *a*) u. a.; auch einige starke Mask. sind in diese Gruppe übergetreten, so *Kugl(h)opfm* (ein Geback. Gradl MW 575, vgl. mhd. *gugelgopf* stm. als Scheltwort), *Füllßn* oder *Pilzn* Pilz (neben *Püllß* Gradl MW 525, ahd. *buliz*, *puliz*, mhd. *bülez*, *bülz* stm. < *boletus* DWB VII 1857), *Sträußn* der Blumenstrauß (zu mhd. *striuz* stm, gefol-gert aus *gestriuze* und *striuzach* Lexer II 1255):

b) besonders aber haben die Feminina, die in der älteren Sprache schwach flektieren (sei es ausschließlich, sei es neben der starken Flexion), mit geringen Ausnahmen [3] die Endung -(*e*)*n* im Nom. Sg. angenommen,[4] so *Antn* Ente, *Ai(d)n* oder *Jagn* Egge, *Birkn* Birke, *Borschtn* Borste, *Bürschtn* Bürste, *Gaign* Geige, *Gärschtn* Gerste, *Hackn* Hacke, *Kärtn* Karte, *Kuttn* Kutte, *Laitn* (mhd. *lite*, vgl. Neubauer Id. S. 80) und viele

---

Nagl (Roanad S. 69 zu V. 71 ā *schök*), dessen Angaben hierüber Lambel auch für das Oöst. bestätigt, »ohne eine durchgreifende Konsequenz«. Übrigens wird hie und da auch der D. A. Sg. schwacher Substantiva nach Analogie der starken ohneFlexion gebildet, so bei *Herz: Dem fillts ám Härz* (= Dem fehlt es im Magen, vgl. Urban Volksheilmittel S. 10 Anm. 8) usw. Umgekehrt ist die schwache Flexion in den H. A. Sg starker Substantiva eingedrungen: *dem Doi(b)m* diesem Diebe, *sn Vettsn* dem, den Vetter, *sn Vödsn*, *unssn Herzottn*, wohl jüngere Analogiebildungen, die schwerlich unmittelbar auf ahd. *cotan*, *fateran* zurückzuführen sind. *Vatt'n*, *Vétti'n* u. a. auch altbayr. (Schwäbl § 59) u. oöst.

[1]) Ebenso mit Ausnahme von *Kuchn* im Öst. Hingegen eg. *Lüch* Lütge, ahd. *lugin*, mhd. *lügen(e)* und *lüge*: auch öst. *Lu(g)*; vgl. Nagl a. S. 328 Aum. 6 a. O.
[2]) Ähnlich bayr.-öst. Schmeller MB § 839. 840. Weinhold Bayr. Gr. § 347 S. 354. Nagl Roanad S. 390 f. Schatz § 104 f. Lessiak § 130.
[3]) Es sind etwa *Gäss* Gasse, *Leiräch* Lerche, *Wol* Wolle, *Zelch* mhd. *zelge*; dazu mehrere im Mhd. stark und schwach flektierte Feminina wie *Gir* Garbe, *Heks* Hexe, *Holl* Hölle, *Krau* Krone (Auswüchse der Kartoffeln), *Sell* Seele, *Sorch* Sorge, *Spitz* Spitze, *Spräuch* Sprache, *Stäich* Steige (Hühnersteige), *Stöich* Stiege, *Stimm*, *Stürk* Stärke u. a.
[4]) Auch bayr.-öst. (mit gewissen landschaftlichen Abweichungen) Schmeller MB § 849 ff. Weinhold Bayr. Gr. § 340. Nagl Roanad S. 408 ff. Schatz § 111 ff. Lessiak § 140 f. Dort erstreckt sich diese Erscheinung auch auf Neutra wie *Augn*, *Ohrn* Schmeller MB § 871. Weinhold a. a. O. § 351. Nagl Roanad S. 420 (II 1). (Alte egerl. Rechtsquellen bieten die schwache Flexion in den cas. obl., vgl. Gebrechen 227 *mit dem einen augen*). Über diese zuerst im Md., dann auch im Obd. auftretende Erscheinung vgl. Behaghel Gesch. d. d. Spr. § 196 (169).

andere. Auch einige starke Feminina haben sich dieser Gruppe ange-
schlossen, so *Aichn* Eiche, *Blàschn* (mhd. *blasse*) Glatze, *Britschn* (mhd.
britze), *Eschn* (mhd. *esche, esch* stf. und *asch* stm.), *Fáln* Feile, *Kràtsn*
Krätze (mhd. *kretze* stf.), *Láichtn* Leuchte (Neubauer Id. 80), *Mutsn*
Mütze, *Pflànzn* Pflanze, (*Drék-*)*Schláidən* (Dreck-)Schleuder, *Spàlkn* Spalte. [1])

§ 358. 3. Die Unterscheidung der Kasus mittels des vorgesetzten
Pronomens (Artikels) und Adjektivs ist wegen des durchgängigen Über-
ganges der Dativendung -(*e*)*m* in -(*e*)*n* bei diesen Redeteilen noch weiter
eingeschränkt als in der nhd. Schriftsprache. Doch zeigt die richtige
Unterscheidung des D. A. Sg. beim persönlichen Pronomen (*mir*, *mich*
usw.), daß auch hier nur eine lautliche Ausgleichung, kein begrifflicher
Verlust vorliegt.

Die einzelnen Kasus.

a. Nominativ.[2])

§ 359. 1. Der alleinstehende satzbildende Nominativ
wurde und zwar als interjektionaler Ausruf (*Feuer l*)[3]) unter den unvoll-
ständigen (§ 29. 31), in der Verbindung mit einem Attribut (*Schönes
Wetter l;* unter den vollständigen Satzformen (§ 45 *b*) behandelt.

§ 360. 2. Als »allgemeiner Kasus« (Erdmann-Mensing II
§ 138) kann der Nominativ in kurzen Auskünften über Ort und Zeit
(Datum) bezeichnet werden; z. B. A. *Wàu is ənn dàu də Vəəstäiə?*
(= Wo wohnt hier der Gemeindevorsteher?) B. *s dritt Haus rechts;* [4])
oder *Dös wàə Sántánnə* = Das war am Skt.-Annatage. Der Egerländer
neigt indes bei solchen Angaben nicht gerade zu lakonischer Kürze und
wird wenigstens kaum jemals mehrere derartige Angaben im Nominativ
aneinanderreihen (vgl. Er wohnt *Lange Gasse, erster Stock, zweite Türe*
u. dgl., dafür, wie öst., lieber *Dəə r is in də làngə Gàss, in dəən gràußn
Eckháus uə(b)máf* oder ähnlich).[5])

Außerdem gehören einige wenige formelhafte Verbindungen hieher
wie *Knàl u Fàl* (= auf der Stelle, sofort); auch nach Präpositionen tritt
dieser Nominativ seltener ein (z. B. *áf Mùrd u Brànd*) als die flektierten
Formen (*mi d)n Wài u mi d)n Kinnə(r)n* = mit Weib und Kind; *zwischə
r ən Menschn u zwischə r ən Affn* = zwischen Mensch und Affe usw.).[6])

---

[1]) Fast alle von *Ente* bis *Leite*, dann *Britsche*, *Krätze*, *Mütze*, *Pflanze*, *Schleuder*,
Spalte auch öst. auf -(*e*)*n*, nur nach *k*, *ch* auf -*d*: *Hackd*, *Bird*, auch *Oachd*.
[2]) Über den Vokativ, der vermöge seines Satzcharakters aus der Reihe der Kasus
herausfällt, vgl. § 144 und Delbrück S. 130 Anm. 1.
[3]) Im verwunderten oder ärgerlichen Ausruf erscheint der Nominativ am häufigsten wie
anderwärts (z. B. öst.) in Verbindung mit dem Demonstrativum *der* (= dieser): *Dəə scháinə
Wàiə! Dəə r àltə Lump!*
[4]) Auch öst. möglich.
[5]) Ebenso wenig zitiert ein Landmann jemals *Das steht Seite fünf, Zeile zwei*, sondern
nur *Dös stäit àf də fimftn Sáitn* usw. Desgleichen öst.
[6]) Bezüglich der angeführten Formeln u. Präp.-Ausdrücke stimmt das Öst. mit dem
Egerl. überein.

§ 361. 3. Als Subjekt und Prädikat bietet der mundartliche Nominativ keine Besonderheiten.[1]

Artikelloses Prädikatsnomen neben Verben wie *stehen*[2] (*Wache stehen* Erdmann-Mensing II § 80 S. 78 f.) wird mit wenigen Ausnahmen (etwa *Wàch stäik*) durch Präpositionalausdrücke ersetzt: *z'Gvàttən stäik* = Gevatter stehen.[3]

§ 362. Nominativ an Stelle anderer Kasus, in unserer Mundart nur an Stelle des älteren Genitivus partitivus,[4] tritt ein nach Maßbestimmungen wie *Glas, Krug, Flasche* u. a. (*ə Glōs Wái*), nach *Masse, Haufen* (*Menge*,[5] *Teil* sind minder gebräuchlich, vgl. baselst. *e dail orte* Binz § 24, 1), nach Zahlenbegriffen wie *Dutzend, Schock, Paar*, nach *Gattung, Art* (*ən ànərə Gàtting Báimə*), ebenso nach Adjektiven wie *viel, voll* (*vüü)l, vul Wàssə*),[6] nach *etwas* (*wos* oder *éppəs*: *wos Láit!* was Leute! = welche Menge von Leuten!). Zu *nichts* sowie zu *jemand* (*eməts* oder indef. *wer*), *niemand* treten ohne Präposition bloß substantivierte Adjektiva.[7]

§ 363. b. Über den Gebrauch des Akkusativs, Dativs und Genitivs vgl. die Abschnitte über die Verbindungen des Verbums § 238—265, des Substantivs § 367—375, des Adjektivs § 435, des Pronomens § 490 und des Adverbs § 506. 509—516.

Der Genitiv, den meisten Mundarten als lebendiger Kasus wahrscheinlich seit Jahrhunderten fremd (Beh. ghel Zeitformen S. 7) oder doch nur in sehr beschränktem Umfange geläufig geblieben,[8] ist ihnen in dem

---

[1] Über Sätze aus zwei ohne Kopula nebeneinander gestellten Nominativen vgl. § 45.

[2] Im Gottscbeew. neben *kommen, gehen*: *Junckeirre pin ich innar kam* (als Junggeselle bin ich hineingekommen), *Junckeirre gèan i bi ler aus* Schröer WBG 47 [211].

[3] In Wendungen wie *Schoustə lárnə* Schuster lernen (die Weise § 62 auch hieher zieht) faßt mein Sprachgefühl das Substantiv als eine Art Objekt (Schuster = Schusterei); ebenso in *Es studiət Prófesəs* (oder *àf ərən Pr.*).

[4] Über die rheinische Vertretung der Akkusativ- durch die Nominativform vgl. Bosse Z. f. d. Phil. II 190 f. Tobler ebda IV 377 f. Maurmann § 206, über die umgekehrte nd. Vertretung der Nom.- durch die Akk.-Form Erdmann-Mensing II § 140. Behaghel Gesch. d. d. Spr. § 204.

[5] Nie nachgestellt (*Honig die Menge*) wie altenburg. Weise § 61.

[6] Vortretende attrib. Adjektiva werden flektiert, wobei Mask. deutliche Akkus.-Endung zeigen: *ə gànzə Krouch vul əiuən Wái*.

[7] Das über die Vertretung des Gen. part. Angeführte (mit Ausnahme von *was Leut*) gilt auch für d. Öst. In eg. *wes* (*eməts*) *Fremms* jemand Fremdes = ein Fremder wird *Fremms* gegenwärtig keinesfalls mehr als Genitiv empfunden, sondern als Neutrum der unbestimmten Person (§ 299, 1 S. 269 f.), vgl. *ə Fremms* = ein fremder Mensch.

[8] Über den lebendigen Gebrauch des Gen. und erstarrte genit. Formeln im Nöst. vgl. Nagl Roanad S. 83 zu V. 93; über das Bayr. Schmeller § 873 ff; das Pernegg. Lessiak § 122. Die 7 und 13 comm. sowie das Lusern. besitzen nur noch die Genitive des persönl. Pronomens Schmeller Cimbr. WB 53 [110] Anm. 4. Zingerle 14, 5 vgl. S. 12, III: in Rappenau ist der Gen. nur noch bei Familiennamen lebendig: Meisinger IILZ II 247 § 2; das Mittelschwäbische besitzt nur noch den possessiven Gen. IIII I 59. Andere Maa. kennen nur erstarrte Formen, z. B. die Sechsämt. Ma. Wirth § 12, das Mainz. (Reis I § 45), Altenburg. (Weise § 43), das Fränk.-Henneberg. Spieß 43 f. 86, das Sonneberg. Schleicher 38 f., ebenso das Nd. (vgl. über die Mühlheimer Ma. Maurmann § 207, über das Westfäl. Jelling-

Maße verloren gegangen, als er infolge lautlicher Veränderungen mit
anderen Kasus zusammenfiel und so unkenntlich wurde (so durchwegs im
Plural und im Singular bei Femininis und schwachen Maskulinis, ferner
auch bei starken Maskulinis auf *s*, *z* vgl. Sütterlin Genitiv S. 9 f.). Seine
Stelle nehmen mehr und mehr deutlichere Umschreibungen ein, von denen
einzelne bis ins Althochdeutsche zurückreichen.[1]

Indessen ist der Genitiv im Egerländischen doch nicht auf die Zu-
sammensetzung und einzelne erstarrte Formeln beschränkt, sondern er ist
innerhalb enger Grenzen noch in lebendigem Gebrauche, und zwar neben
Substantiven, denen er stets vorgestellt wird; nachgestellter Genitiv be-
gegnet nur in einigen erstarrten Wendungen; vgl. darüber § 367—373.

C. Verbindungen des Substantivs.

I. Bestimmungsgruppen

§ 364. Das Substantiv wird ergänzt

a) durch Substantiva, zunächst *a)* in gleichem Kasus. In
dieser Weise treten zu einer Bestimmungsgruppe zusammen

1. zwei Eigennamen[2] und zwar zwei Vornamen (*Ǻiwǝ-Lenǝ*,
Hàns-Ǻǝ̀ǝ̀l, vgl. § 285 Schl.) oder der Familien-(oder Hof-)Name und der
Vorname, wobei der erstere stets vorantritt:[3] *dǝ Forstǝ-Kàrl*, *d'Siwǝ-
Kàtl* (Sieber-Katharina). Beide Arten von Verbindungen bilden hiebei
schon förmliche Zusammensetzungen,[4] wie der regelmäßig auf dem ersten
Namen ruhende Haupton bezeugt. Allerdings kann besonders bei den
Verbindungen der zweiten Art ein gegensätzlicher Nachdruck den zweiten
Namen hervorheben (*dǝ Forstǝ-Kàrl*, nicht *dǝ Forstǝ-Hàns*).[5]

2. Wenn Appellativ (als substantivisches Attribut) und Eigen-
name zusammentreten, ist das erstere naturgemäß der bestimmende Teil:
nur in der Zusammensetzung wird es dort, wo es an die Stelle des
Grundwortes tritt, als der bestimmte Teil empfunden. Die Appellativa
sind hiebei

a) Verwandtschaftsnamen wie *Vèttǝ*, *Mǻm* oder *Mǻum* (Muhme),
allenfalls noch *Broudǝ* in vertraulicher Anrede (*Broudǝ Mìchl*), weniger andere
wie *Schwǝstǝ*, *Schwǻuch.s* u. a., wofür lieber die wirkliche Apposition ein-

haus Z. f. d. Phil. XVI Sol. Eine gedrängte Übersicht über die Reste des Genitivs in
deutschen Mundarten gibt Meyer DVK S. 284. Literatur bei Weise S. 33, dazu Schwäbl
§ 58. Brandstetter Der Genitiv in der Luzerner Mundart, Zürich 1904.

[1] So die mit *zow*: Behaghel Dspr. S. 320.

[2] Vgl. Behaghel Hel. § 205.

[3] Ebenso in den Sechsämt. Wirth § 27, altbayr. Schwäbl § 54, oöst. fränk.-henne-
berg. Spieß 31.

[4] Ohne Zusammensetzung (*Kàrl Forstǝ*) treten solche Namen in der echten Mundart
kaum auf.

[5] Verbindungen des Eigennamens mit dem Geburtsort (*Schmidt-Barmen*), des Frauen-
und Mädchennamens (*Hartel-Alinger*) sind der Ma. fremd.

tritt (*md Schwestr, d Marir* oder umgekehrt, ebenso außerhalb der Anrede *md Broudr, dr Michl*) Diese Appellativa treten als selbständige Attribute vor den mit dem Hauptton versehenen Eigennamen, falls dieser der Vorname ist (*dr Vettr Michl,*[1] *d'Mäm Rosl*, wogegen Familiennamen die Zusammensetzung mit umgekehrter Anordnung der Teile vorziehen [2]) (*dr r alt Bir,r)l-Vettr* der alte Vetter namens Birl, *di alt Bir,r)l-Mäm*; solche Verbindungen hört man besonders von Kindern); doch gehen Familiennamen diese Verbindungen im ganzen seltener ein, da sie bei dem engen Personenkreis, der in Betracht kommt, in der Regel durch das bloße Appellativ vertreten werden können. Der gleiche Unterschied in der Stellung des Vor- und Familiennamens gilt auch

β für die Verbindungen mit Handwerkernamen, nur ist hier die Zusammensetzung für beide Fälle so ziemlich Regel geworden; [3] es heißt also *dr Schoustr-Mätz, dr Schnäidr-Michl, dr Lédr-r-Päl* (Paul der Gerber) zum Unterschied von anderen Personen namens *Mätz* Matthias) usw.; aber auch umgekehrt *dr Gräinr-Hofmr* der Hafner namens Grüner, *dr Mäir-Tischlr*, zum Unterschied von anderen Hafnern, Tischlern.[4]

Daß nur der Familien- oder der Handwerkername den bestimmenden Teil bilden kann, ist begreiflich, da beide nach ihrem beschränkteren Vorkommen im ländlichen Kreise wirksamere Determinationen darstellen als ein selbst in so engem Kreise häufiger auftretender Vorname.

Andere Berufsnamen, besonders solche, die den höheren Ständen angehören, werden regelmäßig ohne Zusammensetzung dem Namen vorgesetzt: *dr Lerr Säudnr, dr Hauptmann Kolb, dr Pätr Lindnr*; [5] die enge Verbindung zwischen beiden drückt sich aber auch hier (wie in der älteren und neueren Schriftsprache) [6] durch die mangelnde Flexion des ersten Teiles aus *'s Lerr Säudnr*):

γ) Titel wie *Kaiser, König, Herr, Frau* [7] treten den Eigennamen immer selbständig vor; die beiden letzteren verbinden sich allerdings

---

[1) Öst. auch umgekehrt: *di Hinst-Vetti*.

[2) Der gleiche Unterschied gilt für *Jude*, das jedoch nur in Zusammensetzungen auftritt: *Dr Gü(d)n-Seff* Juden-Josef, aber *dr Kraus-Gud* Kraus-Jude.

[3) In meiner Jugend horte ich in Plan auch die attributive Verbindung *dr Gärtnr Bä-r* der Gärtner namens Bauer; appositive Nachsetzung des appellativischen Titels (sonst in der Volkssprache nicht selten: Wunderlich Satzbau II 27 Anm.) begegnet höchstens in der Form nachträglicher Zusätze, die Mißverständnissen vorbeugen sollen: *dr Käuzr — dr Schäpr in Maihuuf drü(b)m*.

[4) Ebenso in d. Sechsämtern: *cer Wüssuflaischne(r* Wirth § 20, 2, n.- u. nöst. *Haüä-fräwä, Haüä-tischlr* = der Färber (Tischler) Hauer; Nagl Roanad S. 93 zu V. 166 *dä*, altbayr. *dr Huobf Mengf* Schwäbl § 54. Bei John Sitte S. 401 fehlen die letzteren Verbindungen, die in Plan durchaus nicht selten sind

[5) In Plan hört man allerdings auch *dr Ott-Pfarr* der Pfarrer Ott, *dr Wärtr-Pitr* der Pater Warta

[6) Wunderlich Satzbau II 24 f.

[7) Als tonloser Titel wird zwar nicht *Herr* (schon mhd. *her* und noch bei Luther *er*: Wunderlich Satzbau II 24, vgl. Schmeller I 1152, Crecelius 345), aber *Frau* zu *Frä* verkürzt (Gradl MW 244; ähnl.ch schon mhd. *vrou, ver* Wunderlich a. a. O., bayr. *Ver < Vrouwe* Schmeller I 801, handschuhsh. *Fra < Frä* Lenz S. 13). Baier setzt hingegen gelegentlich die volle Flexion des Titels, z. B. 386 *mit frauen Paul Kupprechtin*.

öfter mit appellativischen Standesbezeichnungen als mit den Eigennamen. Andere wie *Gràuf, Fürscht, Vrwàlt∂, Gvàlt∂, Màist∂, Nàuchb∂* bedürfen im inneren Verkehr eines ländlichen Kreises nicht der Verbindung mit dem Eigennamen, um die Person unzweideutig zu bezeichnen; und selbst, wo dieses Bedürfnis eigentlich besteht, greift das Volk vielfach zur Bestimmung dieser Appellativa durch den Wohnsitz (*d∂ Tàchàu∂ Fürscht, d∂ Hàid∂ Fürscht* = der Fürst Windischgrätz, Löwenstein).

δ) Appellativa wie *Berg, Bach* treten kaum jemals vor den Eigennamen, sondern bilden regelmäßig die Grundwörter von Zusammensetzungen: *d∂ T̨(ü)llnbárch* Tillenberg (soweit nicht einfach *d∂ T̨(ü)lln* gesagt wird), *d∂ Schlàd∂böch* der Bach Schlada; die gleiche Stellung verlangen (entgegen der neueren Sprache) [1] *Stadt, Kloster*, soweit sie nicht wiederum allein genügen: *d'J∂char∂-, P(ü)lsn∂-Sôd,*[2] *s Tàspl∂ Klàust∂. Dorf* erscheint überhaupt nie mit einem Eigennamen verbunden.[3]

3) Appellativa treten als Attribute auch zu Appellativen, so *Her*[4] (schon seit dem Ahd. Erdmann-Mensing II § 111), *Frá, Fräln* wie in der nhd. Schriftsprache (in der Stadt *d'Frá Mutt∂, d'Fräln Schwest∂*), und so auch die Verwandtschaftsnamen wie *Vètt∂, Màm* usw. (*d'Màm Binzrè* die Muhme Büttnerin, *d∂ Vètt∂ Turn∂* der Vetter Türmer, neben *d'Bin∂-Màm* die Büttner-M., *d∂ Turn∂-Vètt∂*). Verbindungen wie *Kardinal-Fürsterzbischof, Prinz-Regent* sind dem Volke nicht geläufig. Bei Zusammensetzungen wie in der attributiven Verbindung gilt der erste als der bestimmende Teil; Ausnahmen bilden die im Volkslied begegnende Zusammensetzung *ma'n' Hansel-Buhler* = mein Buhler (= Geliebter) Hansel (HTV S. 165 N. 110 Grün) und die der kirchlichen Terminologie entlehnte Verbindung *Gott Vàtt∂*.

§ 365. An Stelle des älteren partitiven Genitivs ist wie anderwärts (z B. öst.) die attributive Verbindung (mit Übereinstimmung im Kasus) getreten bei Maßbestimmungen wie *∂ Glôs Wài‾* (Akk. *∂ Gl. ràu(d)n Wài‾*).[5]

§ 366. Die eigentliche (nicht mehr demselben Satztakte angehörige)[6] Apposition, der Mundart überhaupt nur in engen Grenzen

---

[1] Wunderlich Satzbau II 26.

[2] Vgl. im Öst. *D' Wedmi-Stadl.*

[3] Appos. *Stadt, Dorf* wird im Mainz. weggelassen: Reis II § 13. Verbindungen wie *Villa Hahn, Hôtel Schwarz∂ Bär, Käf∂ Pistorius* sind nicht echt mundartlich, wenn auch natürlich von der Stadt her bekannt. Dorfwirtshäuser werden entweder nach der Lage (*∂ ünt∂, ∂ ↄw∂ Wirtshàus, ∂ Bài‾t-W.,* von *Bài‾t,* f. mhd. *biunte, biunde* f.), oder nach der Bedeutung (*∂ grànß, ∂ klöi‾ W.*), oder nach dem Wirt (*b∂n Ferd∂, b∂n gràußn Wirt* u. dgl.) benannt, weniger nach dem Schildzeichen (wie in der Stadt *b∂n Bärn*).

[4] In der Zusammensetzung nur in *Her gott;* auch das attributive Substantiv zeigt jedoch (wie *Lehrer* S. 333) gebundene Flexion: *d' Her Pàt∂(r)n* = die Herren Geistlichen. Etwas anderes ist es, wenn J. Rank Erinnerungen aus meinem Leben (Bibl. deutsch. Schriftst. aus Böhmen Bd. V) Prag 1896, S. 74 berichtet, daß Schulkinder die Mutter des unverheirateten Dorfschullehrers die *Herr-Lehrerin* nannten (Erstarrung des Titels, gewissermaßen *Herr-Lehrer-in*); vgl. schwäb. *Herr-Pfarreri(n)* Fischer I 1015.

[5] In einer Art distributiver Bedeutung tritt der Teil zum Ganzen in Verbindungen wie *De∂ Stoff kost't voir G(u)l'd)n d∂ Mêt∂* (= à *Meter* oder *Der Meter dieses Stoffes...*); daneben *V∂ dem Stoff kost't d∂ Mêt∂* usw.: ebenso öst.

[6] Behaghel Hel. § 205 Schluß.

geläufig (vgl. § 56, 2), zeigt dem selbständigen satzartigen Charakter einer nachgesetzten Erläuterung [1]) entsprechend große Freiheiten, auch solche, die von der Schulgrammatik als fehlerhaft verpönt werden ; so tritt der Nominativ auch zu einem obliquen Kasus: [2]) *Öitzə hàut ə sā̃ Àsnàm in Höithdus, s erscht Háisl links və də Sträußn* Jetzt hat er sein Altenteil im Hirtenhause, das erste Haus zur Linken der Straße. [3])

Wird die Apposition mit *als* fester angefügt, so kommt solche scheinbare Inkongruenz bezeichnenderweise nicht vor, sondern die Übereinstimmung ist Regel: *Eə sàgt, eə hàut 's in, àls ən Michlə, gề(b)m* Er sagt, er habe es ihm, dem Michel, gegeben. [4])

Appositionen zu ganzen Sätzen haben in der Regel die Form des Ausrufes: *Eə w(ü)l àls vəkàffm — suə r ə Dummháit!* (nie etwa: *eine Dummheit, die sich noch rächen wird* o. ä.).[5]) Am deutlichsten ist der Satzcharakter der nachgesetzten Erläuterung in Fällen wie *Öitzə is deə r ūī̃ kummə, s Gsicht à ĩ̃ Blout* Jetzt kam dieser herein, das Gesicht ein Blut = im ganzen Gesichte voll Blut [6]) (vgl. *s gànz Gsicht wàə r à ĩ̃ Blout* § 382, oder *wàə láttə Bl.* § 150, 1 S. 121).

§ 367. β) Substantivische Ergänzung in verschiedenem Kasus liegt lediglich in der Form des genitivischen Attributes vor.

In lebendigem Gebrauch steht der attributive Genitiv

1. neben Substantiven, die durch ihre relative Bedeutung eine Ergänzung fordern, so neben verknüpfenden Begriffen und zwar neben Trägern von Familienverhältnissen wie *Võdə, Moudə, Broudə, Schwéstə* (s *Michləs* oder *s Nàuchbəs Võdə* usw.), neben dem Plural *Kinnə* (ànnərə Láitn(s) [7]) K., vgl. das erstarrte *Gwistrəkinnə* und *-kind*, nicht neben einfachem Sg. *Kind*, kaum häufig neben *Sū̃*, *Tàchtə* und den gleichbedeutenden *Bou, Mài(d)l*, [8]) auch neben *Lait* Leute = Mitglieder

---

[1]) Vgl. Wunderlich Satzbau II 10. Rückt die Apposition, wie häufig in Schimpfreden, an den Schluß des Satzes (*Deə hàut mé bətruəgn, deə missəlwəh Kerl!*), so erhält sie leicht den Charakter eines selbständigen Ausrufes.

[2]) Auch mainz. Reis II § 13. Beispiele aus neueren Schriftstellern bei Erdmann-Mensing Grundz. I § 109. II § 135. Wunderlich Satzbau II 18 ff.; vgl. auch Weise § 63. Ein Beispiel aus W. Grimms Freundesbriefen S. 36 *In Cöln, eine mächtige Stadt, . . . bin ich wieder umgekehrt.*

[3]) Das Beispiel wäre auch öst. möglich. Die von Sanders Hauptschwierigk. S. 48 (vgl. dessen Z. f. d. Spr. V 432 f.) unter Hinweis auf H. Lewi Das österreichische Hochdeutsch S. 14 mit einer Reihe von Beispielen belegte als Austriazismus bezeichnete Neigung des österreichischen Hochdeutsch, die Apposition überhaupt in den Dativ zu setzen, ist in der eg. Ma. nicht zu bemerken.

[4]) Dieses *als* hat gelegentlich auch kausale Bedeutung (wie nhd. *ich als der Älteste*), wird aber nicht einem einzelnen Worte in der Antwort vorgeschoben, vgl. G. Hauptmann Der rote Hahn (Berlin 1901) S. 80 Ede: *Und ich habe se* (sie, die Streichholzschachtel) *uffehoben. Jawoll.* v. Werbahn: *Sie?* Ede: *Ja. Als wie icke.*

[5]) Ebenso öst.

[6]) Vgl. Goethe Maskenzug v. 18. Dez. 1818 (W. 16, 252, 73 f.) Weihnachts-Kind: *Ein Engel kommt, die Flüglein Gold, der guten Kindern lohnt.*

[7]) *Láitns* Leutens mit doppelter, plur. und sing. Endung; dieselbe Gen.-Form osterländ. Trebs HLZ II 367; auch öst. *andá Leut Kīn(d)á*, in Sonneberg. *fū̃rnaamər leut kinnər gəroubən saltən* Schleicher 43.

[8]) Außer in den auch formell beachtenswerten Zusammensetzungen *Bàuəsbou* Bauersbube (HTV S. 376 N. 961 Plan), *Bàuəsmài(d)l* Bauersmädel (HTV S. 367 N. 877 Plan),

des Hauses, *s Nàuchbəs Ldit*[1]) = die Angehörigen oder Dienstleute des
N.; ferner neben Bezeichnungen von Dienstverhältnissen wie
Kneət, Màəd Knecht, Magd (*s Postmàistəs Kneət*).[2])

Zu leeren Quantitätsbegriffen wie *Haufen, Menge, viel,
wenig* u. dgl. treten nicht mehr wie in der älteren Sprache Genitive von
Substantiven, sondern nur noch der Genitiv des pluralen *sie* (*ərə* < ihrer
oder der Nominativ von Substantiven (vgl. § 362), der Genitiv beim
nomen actionis findet sich nur in älteren Quellen, z. B. der objek-
tive Genitiv im Plan. Pass. S. 83 *daß du mich aus Forcht der Juden
willst tödten* (sagt Christus zu Pilatus), vgl. *einreitens macht haben* bei
Baier 105.

§ 368. Auch erstarrte Genitive sind mit relativen Begriffen ver-
bunden, so mit Bezeichnungen von Bestandteilen wie *Bart* in der
sprichwörtlichen Wendung *üm s Kàisəs Bàə(r)t* (streiten); mit leeren
Begriffen wie *Name* in *Màriə* (≈ Mariä) *Nàmmə* (Kalendertag), *in Gotts
(Himmls, drüi Tàifls) Nàmmə*; mit *Weise* in *hàffm-* oder *hàffət-wàis* (letztere
Form z. B. bei Lorenz S. 36) haufenweise u. a.; [3]) mit verknüpfenden
Begriffen wie *Mutter* in *Muttə Gottəs*[4]) (als eine Art von Zusammen-
setzung empfunden, aber auf *Gottes* betont; hieher gehören auch, außer
dem schon genannten *Gschwistrəkinnə*, Alt-Egerer, aber auch ander
wärts bekannte Familiennamen wie *Mutterkind, Frauenknecht, Judenfeint,
Paurnfeint* Trötscher S. IX ; mit *Unkosten* in *əf Réchəments-Unkostn* ;
mit *Lohn* in *də Guətslàu* Gotteslohn (Neubauer Erzgeb. Ztg. X 250);
mit *Weg* in *və Rechtswégn*; mit einem nomen actionis wie *Geburt,
Verkündigung* u. a. in den Kalendertagsnamen *Màriə* (< *Mariae*) *Gəburt,*

(öst. wie altbayr. nur *Bauanbua, Bauənsuhu* Schwäbl § 58). Auch an Stelle der md. und
nd. Vorsetzung des genitivischen Elternnamens vor den Namen des Kindes (*Karstens Hinrick*)
kennt das Egerl. (wie das Bayr.-Öst. Spälter Z. f. d. U. XII 746 f.) nur die appositive Ver-
bindung, z. B. *də Màiə-Fritz* der Mayer-Fritz. Daher sind Namen wie *Peterssohn* > *Petersen*
bei uns nicht altheimisch.

[1]) Mit Hinweglassung solcher Begriffe wie *Leute, Kinder* wird der Genitiv im Sinne
des Plurals von Familiennamen oder zur Bezeichnung der ganzen Familie meines Wissens
nur in der Cholieschauer Gegend verwendet, vgl. *des alten Wirts* (sc. Leute, Familie) *haben
heuer eine Magd* usw. in der »Ausschreie«-Formel beim Pfingstreiten : Mitt. III 84 f.

[2]) Um Mißverständnissen vorzubeugen, sei gleich hier bemerkt, daß neben all diesen
genit. Verbindungen durchwegs die dat. Umschreibung mit *sein* üblich ist (*ən Mickln sī̆ Vŏdə,*
vgl. § 257 ff., über Gen. mit *sein* vgl. § 372), ferner die Umschreibung mit *von* (vgl. § 259
Schl.) sowie die Zusammensetzung (*də Wirts-Bou, s W.-Mài(d)l* der Sohn, die Tochter des
Wirtes ; *d'Nàuchbəshàit,* aber nur = die Nachbarn). Das Oöst. kennt alle diese Fügungen.
den Genit. aber in der Regel wohl nur in Zusammensetzungen.

[3]) Vgl. Lorenz S. 15 *bis 's 'n* (es ihn, den Schlamm) *batəl- u bouəmoais* (in kleineren
Klümpchen und in größeren Stücken) *əssi g'rissn . . . hàud. Weise* wird wie im Schrift-
deutschen auch mit Maß- und Münzeinheiten (*làuftrw.* klasterw., *hrdiuw.* kreuzerw., *fleckw.*
fleckw. = hie und da) verbunden ; außerdem kennt das Volkslied die Verbindung *ansiweis* =
singuli, einzeln, je einer (IITV S. 80 N. 14 Lobs bei Falkenau). *Mariə Namensfest,
in Gotts (Himmls, Teufls) Namen, klafter-, kreuzerweis* auch öst. Unbekannt ist das bayr.-
öst. *botenweis* (= als Bote) *gehen* Schmeller II 1024 *-weis.* Die Verbindung von *Lebens* mit
Zeit, Zeitlebens (westfäl. *tyit myines lüwens* Jellinghaus Z. f. d. Ph. XVI 90) klingt mir eg.
nicht volkstümlich.

[4]) Auch die trauliche oder spöttische Anrede *Kina Gottes* = mein Lieber (besonders
von älteren Personen gebraucht) kann man in Plan nicht selten hören. *K'md des Himmels*
(IITV S. 232 N. 229 a Lobs b. Falkenau) kennt die Ma. gegenwärtig nicht.

Vəkündichung, Himmlfàrt u. ä., mit *Wille* in *üm Himmls-*(oder *Gottəs-*, auch *Gottəs-Himmls-*)*tʉ̈(ü)lln*.[1]

§ 369. Häufungen solcher Genitive (*sȧi͂s Vȯdəs Schwȧuchəs Gschwistrəkind*) werden nicht gemieden, doch auch durch andere Wendungen (§ 259 Schl.) ersetzt.

§ 370. 2. Mit absoluten Substantiven verbindet sich der lebendige Genitiv noch in größerem Umfange im eigentlichen possessiven Sinne, also im Sinne des persönlichen Besitzers und zwar einer konkreten Sache: *s Vȯdəs Kuək, irəs Broudəs Huəf*.[2] Dieser Genitiv erscheint auch noch prädikativ: *Weən ghäiət ənn döi Mutən dàu?* — *Döi* oder *Dös is s Ferdləs* Ferdinands. Häufungen von Genitiven sind hier nicht möglich.

§ 371. Doch ist der lebendige Gebrauch des Genitivs in den unter 1. und 2. bezeichneten Fällen auf die unzweideutigen -*s*-Formen des Genitivs[3] beschränkt, also auf männliche und verkleinerte sächliche Personennamen im Singular[4] und ausschließlich mit individueller Bedeutung. Den Genitiv von Femininen haben nur erstarrte Formeln und zwar im prädikativen Gebrauch erhalten (wie *də Aivə sd̈* u. ä., vgl. § 264).

§ 372. Im übrigen kann das possessive Verhältnis bei weiblichen Personenbezeichnungen nur durch eine Verbindung der für Genitiv und Dativ gleichlautenden Kasusform mit dem Possessivum *sein, ihr* (*də Aivə irə Kȧmmən*) gegeben werden, wobei jene Kasusform bei dem Fehlen lebendiger genitivischer Verbindungen im Femininum gegenwärtig im allgemeinen als Dativ empfunden wird. Bei männlichen und verkleinerten

---

[1] *Mutter* (auch *Kind*) *Gottes, in Gottes Namen, um Gottes-*(*Christi-*)*willen, von Rechtswegen* auch in bayr.-öst. Maa. Schwäbl. § 58. Nagl Roanad S. 84 zu V. 93 IV. Lessiak § 122 b; bayr.-öst. auch *Gottsacker* Schmeller I 959 (eg. gegenwärtig wohl nur *Früihuəf*) u. *auf Regiments* (*Un-*)*Kosten* Schmeller II 72.

[2] Ebenso nürnberg. *meis Vutters Haus* Frommann zu Grübel 90. Dabei tragen im Egerl. sowohl der Artikel oder das adjektivische Attribut als das Substantiv regelmäßig die Genitivendung -*s*: im Nöst. findet sich nach Nagl Roanad S. 84 zu V. 93 diese auch bloß am Artikel: *'s rumflȧ gȯȧdn* Rumplers Garten, sogar bei Femininen: *'s miȧl khȧumȧ* der Mirl (Maria) Kammer.

[3] In der Imster Ma. werden (wie nöst. vgl. die vorhergehende Anm.) selbst Feminina mit dem männlichen Artikel (*s*) und unter Umständen mit der Genitivendung -*s* versehen, jedoch nur in attributiver Stellung vor dem Substantiv: *s mustərs, s grȯytə* der Margareta (Schatz § 85). In der Luzerner Ma. ist dieser männliche Genitiv mit *s* durchgeführt und sogar auf den Plural aller drei Geschlechter ausgedehnt: R. Brandstetter Drei Abhandlungen über das Lehnwort. I. Das Lehnwort in der Luzerner Ma. (Wiss. Beil. z. Jahresber. über d. höh. Lehranst. in Luzern. Luzern 1900) S. 45 ff. Sehr beliebt ist das *s* im Gen. Plur. aller drei Geschlechter auch in der Leibitzer Ma. Luntzer II § 125.

[4] Ältere Quellen kennen auch den selbständigen Plural: *auf der Eysenwisen, so auch der nunnen ist* Baier 330; mehr als Kompos.-Glied wird er gefühlt in dem Sprichworte *Wdiwə-Ster(b)m is koi Vȯder(b)m, ewȯ Iff-Vreckn bringt ən Moś oś͂n Bf(d)lsteckn* (ähnlich nöst.). Nagl (Roanad S. 374 zu V. 384) führt als nost. Sprichwort an *wdiwə rȯud hȯud sȧllin ȧn grȯud* (der) Weiber Rat hat selten ein »Geraten«. Auch Schatz § 144 Schluß belegt den G. Pl. in dem Ausdruck *dər kyindər fərmoigə*. Das Ferȯegg. kennt in freier Verwendung nur den vorgesetzten G. Sg. von Vulgarnamen, falls dieser die Zugehörigkeit zur ganzen Hausgenossenschaft bedeutet: *s tentən* (des vulgo *tsents*) Acker: Lessiak § 122 b β.

sächlichen Personenbezeichnungen hingegen, die eine deutliche Genitiv-
form mit dem Possessiv verbinden (vgl. Planer Pass. S. 84 daß ich un-
schuldig bin *an des Gerechten seinen Blut*; HTV S. 267 N.
299 Plan *Ih bin jä mein's Vodas sa(n) lustigha Bou)*, hebt sich dieser verstärkte pos-
sessive Genitiv [1]) formell deutlich von der dativischen Fügung ab.

Die letztere beherrscht im Egerländischen ein größeres Gebiet,[2])
schon durch die erwähnte Einbeziehung aller Feminina, die Ausdehnung
auf den Plural aller Geschlechter und auf das Pronomen (§ 258) sowie
dadurch, daß der Genitiv auch mit dem Possessiv nur in demselben be-
schränkten Umfange auftritt[3]) wie der bloße Genitiv (vgl. § 367 ff).
Aber auch sonst ist die dativische Umschreibung beliebter; nur nach
gewissen Präpositionen scheint mir der Genitiv (innerhalb der bezeich-
neten Grenzen, mit und ohne poss. *sein*) bevorzugt zu werden, z. B. in
Verbindungen wie *in s Michlos (sáin) Stöl* Stall (gegenüber *im* [< in
dem] *Michlo s. St.*).

Prädikativ dürfte der mit *sein* verstärkte Genitiv[4]) im Egerlän-
dischen überhaupt öfter vorkommen als attributiv: *Dös is s Ferdlos sáino*
(sc. *Mütze*).

Genitive mit dem Possessivum *sein* werden nicht (wie die entspre-
chenden Dative) gehäuft, also nicht *df s Postmàistos sái͂s Broudos sáin
Föld*, sondern entweder *df s Postmàistos Broudos Föld*, mit dem Haupt-
ton auf *Br.*, oder *df m Postmàisto sáin Broudo sáin F.* (soweit nicht
lieber umschreibende Sätze eintreten).

§ 373. Erstarrte Bildungen, in oder aus der Verbindung mit
absoluten Substantiven erwachsen, sind

a) Verbindungen mit *Gottos* (emphatische Form, sonst nur *Gotts*,
vgl. *Kotz* in Fluchen § 144 S. 107): *df Gottos Äiobus'd`n* (Erdboden), *df*
oder *vo do Welt Gottos* (beide am häufigsten zur Verstärkung, die erstere

---

[1]) Über die schon mhd. belegte Verbindung des possessiven Genitivs mit dem Posses-
sivum vgl. Grimm Gr. IV 351 f. Erdmann-Mensing II § 248. Kehrein Gr. d. 15.—17. Jh.
III § 110. Wunderlich Satzbau II 150 und Anm. 2. Andere Literatur bei Weise § 52, 3
S. 38, vgl. auch oben § 260. Sie ist in allen Maa. heimisch, so im Bayr. Schmeller § 732,
Nöst. Nagl Roanad S. 165 zu V. 202 *saí*, Tir. z. B. im Vinschgau *'s váters sein haus* DM
III 451, 1, Kärnt. (Pernegg.) Lessiak § 122 *b γ, δ*, Schwäb. DM I 135, 8, Deutsch-Ung. (wo
sein, zu zn gekürzt, angehängt wird, z. B. *'s Kindon hànd* des Kindes [seine] Hand) Schröer
Versuch S. 16 [266], der auch noch das an weibliche und plur. Dative antretende *s* als Rest
dieses *sein* deutet: *da Küs* der Kuh sein, *en zixtuns, en motans* vgl. ebda. 95 [345], 37, im
Schles. Weinhold Dial. S. 140, auch in Nordböhmen, vgl. *Das ist des lustigen Jägers
sein Gebrauch* HTV S. 106 N. 18*a* Leipa, Altenburg. Weise § 52, 3, nd. DM I 274, 1:
III 42, 31; IV 126, 5. Gelegentlich auch im Briefstil, so schreibt Jakob Grimm (Grimm
Br. S. 213 N. 71 v. 4. Januar 1814 Z. 7 f. v. u.) *Des Thomas seine Frou . . . sieht etwas
fein . . . aus*.

[2]) Auch im Nöst. wird häufiger der Dativ als der Genitiv mit *sein* verbunden: Nagl
Roanad S. 165 zu V. 202 *saí*; im Altenburg. ist die letztere Verbindung auf Familienbe-
zeichnungen beschränkt (*Kvrners ir Bruno*) Weise § 52, 3.

[3]) Andere Fälle sind nur vereinzelt; so hört man *äf s Michlos sáino Häuchwl* oder
Gripmos (Láich) u. ä.

[4]) Im Plural kennt denselben auch die Literatursprache, vgl. Grillparzer »Zu Äsop
Zeiten sprachen die Tiere . . .« (1840) *Da wurden allmählich sie (die Tiere) wieder Tiere
Und ihre Bildung der Bestien ihre* SW II 223.

des Superlativs: *dɔ schlechst* (< schlecht'st] *Kerl ɑ́f* G. Ä., die letztere
der Negation: *ɑ́f (vɔ)* d. W. G. *néks* z. B. *táugn, wissn* u. dgl.),
Koß Gottɔs (als Beschimpfung = Esel, [1]) mit Bezug auf Christi Einzug
in Jerusalem);

b) in der Zusammensetzung erhaltene Genitive, unter denen z. B. *Stàlstiɔ*
Stalltüre, *Stràusholm* [2]) (neben *Stràuholm*) Strohhalm, *Táichsdàmm* Teich-
damm, *Záu̇spfell* Zaunpfahl, *Zwirnskná̇llel* Zwirnknäuelchen Abweichun-
gen von der nhd. Schriftsprache zeigen; bemerkenswert sind ferner die
mit *Sákrɔments-, Iɔsls-, Hunds-, Vöichs-* (neben *Vöich-*) [3]) gebildeten Schimpf-
namen wie *Sákrɔments-, Hunds-Kerl* usw., die mit *Murds-, Mords-* [4]) ver-
stärkten Begriffe (*Murdsmà̇i̇(d)l* ein tüchtiges, stattliches Mädchen); [5])
ferner Ortsnamen und zwar Verbindungen mit *-birk* wie *Hoʋɔsbirk* Habers-
pirk (< *Haʋartsbirk* Gradl MW 647 und Ortsnamen I 73 N. 63), *-feld*
wie *Làppɔdsföld* Lapitzfeld (< *Leupoldsfeld* ders. MW 617), *-reut* wie
Pechtnɔschrɑ́d Pechtersreut (< *Berchtholdsreut* ebda. 624. 647), besonders
aber mit *-grün* wie *Ámmɔsgrɑ̈i̇* Amonsgrün (< Amtmannsgr. ebda. 625),
Arnɔdsgrɑ̈i̇ Arnitzgrün (< Arnoldsgr. ebda. 617), *Kudɔdsgrɑ̈i̇* Ruditz-
grün (< Rudolfsgr. ebda.), *Ermɔsgrɑ̈i̇* Ermesgrün (< *Erʋingesgrun* ebda.
485. 638), *Gépfɔ(r)sgrɑ̈i̇* Göpfersgrün (< *Godcfridesgrun* ebda. 524),
Koʋɔsgrɑ̈i̇ Robesgrün (< *Kadʋinsgrun* ebda. 480) u. a. [6])

---

[1]) Auch öst.; dgl. (der schlechteste Kerl) *auf Gottes Erdbo(d)n*.

[2]) Mit scharfem ß gesprochen und so auch FJ X 166 geschrieben.

[3]) Beides auch oöst. (dagegen nur *Zwirnkná̇llel* usw.). Die eg. Verbindungen mit *Táifts*
zeigen längst nicht mehr den alten unheimlichen Sinn z. B. von mhd. *vàlandɔsman*, sondern
eine unbestimmt tadelnde oder selbst lobende Bedeutung, so ist ein *Táifts-Kerl* ein un-
bändiger oder verschlagener-, aber auch ein findiger, energischer, geschickter Mann u. dgl.

[4]) Andere Mundarten (z. B. das Bayr.-Öst. Schmeller I 1646, das Rudolstädt. Weise
§ 76 S. 54) verwenden auch *Mord-*. Solche Zusammensetzungen mit *mord-*, z. B. *mordviel* in
Thüringen bei Regel 239. Dagegen ist eg. *murs* in *murzʋóɫ* (z. B. etwas m. d. h. ganz ab-
brechen) = mhd. *murz*, adv. *murset* = kurz abgebrochen, vgl. Neubauer Id. S. 84 und ders.
Germania. Illust. Monatsschr. f. Kunde d. d. Vorzeit I 205, öst. hingegen *wurz-weg*.

[5]) Ob *ens-* (wie bayr.-öst. mit *Trumm* = Stück, Exemplar, auch mit anderen Konkreten
z. B. *Kerl*, einigen Abstrakten wie *Hunger*, sowie mit Adjektiven wie *lang* u. zw. immer zur
Bezeichnung des Ungeheuren, verbunden, vgl. Schmeller I 117) hieher gehört (also *Ens* <
End(e)s), gilt nicht als ganz sicher, obwohl das Bayr. auch hier Formen auf einfachen Dental
daneben aufweist (*Entochs, Enttrumm* Schmeller I 102) und die Bedeutung des Ungeheuren
sich mit der des (äußersten) Endes vermitteln läßt (vgl. auch Lexer Kärnt. WB 86); und an
diesen Formen (*Ent-*) scheitert doch die Anknüpfung an *ens. ent* Riese (vgl. Schmeller a. a. O.).

[6]) Andere auf *-feld* bei Gradl Ortsnamen I 121 N. 87, auf *-reut* ebda. 74 ff. N. 69,
auf *-grün* ebda. 103 ff. N. 81 (vgl. G. Böhme Mitt. XXIX 307 ff.), und so auf *-berg* ebda.
10 ff. N. 1, auf *-hof* ebda. 131 ff. N. 96, auf *-bad* ebda. 156 N. 106, auf *-burg* ebda. 157
N. 110 u. v. a. Hier sei mit einem Worte auch des aus dem Genitiv-*s* seit dem 12. Jh.
entwickelten Binde-*s* der Zusammensetzung gedacht. Auch die Mundart kennt es, z. B. in
der für unser Gebiet charakteristischen Form *Erdɔäpfl* (nach Gradl MW 534 nur im Norden
des Gebietes heimisch, aber auch im Süden, vgl. HTV S. 345 N. 694 Mies, im Osten in
Theusing: Maunl S. 11; Plan besitzt übrigens auch die bei Gradl MW 576 fehlende Form
Herdɛpfl), ebenso in *Erdɔfläch* Erdflöhe, in *Stummɔtɔ̈* Stubentüre, und bei vielen Femininen
auf *-heit*, *-schaft*, *-ung* usw. Doch sind eine ganze Reihe der von S. Trautmann (der S-Unfug,
Wiss. Beih. I 4—25, Nachträge Wiss. Beih. III 130—140) angeführten Verbindungen nur
ohne Binde-*s* gebräuchlich wie nd. *Stadtgrɔben, Nachtwächter, Dreiuhrzug* u. a., viele
liegen außerhalb des Gesichtskreises der Landbevölkerung wie *Berufungsschreiben, Zukunfts-
musik*, oder sind sonst ungebräuchlich wie *Liebesdienst, Wehmutsträne, Teilnahmsbezeugung*
u. a. Vgl. über dieses *s* noch L. Tobler Wiss. Beih. II 87—89. K. Scheffler ebda. II
89—95 und IV 188—192.

§ 374. Aus Wortgruppen losgelöste einzeln stehende Genitive sind die Ortsnamen *Dárflos* Dörflas (< *zum*, im *Dörfleins*[1], erg. etwa *reut* o. ä.), die von Verbindungen mit *Haus*, *Hof*, *Dorf*, *Reut*, allerdings auch mit relativen Substantiven wie *Heim*, *Statt* ihren Ausgang genommen haben; vgl. *geben zum Burgleins* in einer Königsurkunde v. J. 1389 Eg. Chron. S. 241 N. 1041, heute *Bürglas*; und so *czum* (weiter unten *czu*) *Greslens* Graslitz in einer Elbogner Urk. v. J. 1413 ebda. S. 252 N. 1065, *umb den Höffles* ebda. S. 364 N. 1192 Z. 3 v. o., *zum Höffles* ebda. Z. 8 v. o. (*zum Höflas* Baier 445), heute *Hisflos* < *Höveltns* Gradl MW 627; heute gebräuchliche Namen wie *Berglos* Perglas < *Bergelins* ders. Ortsnamen I 20, *Brünnlos* Brünnlas < *Brunnulins* ebda. 43, und so *Haidlas* ebda. 63 N. 40, *Dürrlas* ebda. 64 N. 41, *Wäldlas* ebda. 66 N. 45, *Harlas* < *Herllins* ebda. 66 N. 47, *Reißlas* ebda. 68 N. 53:[2] ferner die an das Lateinische sich anlehnenden Namen von Kalendertagen auf -*é* (< lat. -*i*) wie (*zu*) *Jákowé* = am Tag des Jakobus, *Fü lippé-Jákowé* (1. Mai), *Michohöllé* (gegenüber *Michaelis*), *Johánné*, *Josefé*, *Martiné*, *Girché* (Georgi), *Bartlmé* (< *Bartolomei*), *Andrésé*, *Antoné*,[3] *Adelberté* (in Theusing Mannl S. 8), *Füito r o Pálé* Peter-und-Pauli[4] (mit gebundener Flexion, *Petri* müßte *Paitré* heißen), auch *Álohdling* Allerheiligen, *Aloseln* Allerseelen, *Fronlüichtmos* = Fronleichnams (auch mit beigefügtem -*Tóch* -Tag).

Verdunkelt ist der Ursprung bei den Genitiven der Beschaffenheit[5] *àlohànt* allerhand oder *àlodohànt*[6] aller der Hand (< mhd. *aller der hande* bei Stricker, vgl. Mhd. WB I 631, in den Sechsämt. *alle r̓dihand* Wirth § 42, 8), *àlolài* allerlei,[7] *àinolài* einerlei (nie = gleichgiltig, wofür *àl̓o᷇sài᷈s* alleseins mit dem Ton auf *eins*, mhd. *al ein*, *zwàiolài*, *wöiv̓ù᷈lolài* (aber nicht *vielerlei*, *mancherlei*).[8]

§ 375. Gänzlich verloren haben den genitivischen Charakter die alten stets artikellosen pluralen Genitive der von Ortsnamen gebildeten

---

1) Vgl. Schmeller § 752.

2) Viele andere Beispiele noch ebda. 125 ff. N. 89, vgl. ders. MW 480 (*Deba*).

3) Auch als Nom. *Do hàlich Antoné* (könnte übrigens auch < Nom. *Antoni[us]* sein); aber nicht wie nost. *dà hàllichi pálli* Nagl Roanad S. 424, 4.

4) Ebenso bayr., vgl. S. 243 Anm. 9.

5) Nicht echt mundartlich klingt mir der qual. Gen. *erschto Alàss* (o *Lúucho e. K.* = ein Hauptlügner); *erster Sorte* (z. B. in Rappenau O. Meisinger III.Z II 248 § 4, 2) fehlt.

6) Fremd sind dem Egerl. die in den 7 und 13 comm. üblichen *af bivel hant* auf wievielerlei Weise, *af vier hant*, *belderhanne* wievielerlei, *zwoadarhanne* zweierlei : Schmeller Cimbr. WB 128 [190].

7) Nicht *allerderlei* wie in den 7 und 13 comm. *aller der loa* (*bivel der loa*) Schmeller Cimbr. WB 143 [205]. Über *Alolài* m. vgl. § 305 Schl.

8) Nordböhm.-schles. *wasserlei* < *was der leie*, nd. *waterlei* Kuothe WB 537. Das alte starke Femininum mhd. *leige* (Grimm Gr. III 79, 7), bayr. *Laiy* (Schmeller I 1468) ist im Nost. in der Form *Lä* erhalten: *eis höf/jö ä récht ä rári Lä haindl* (= Gattung Hühner) Nagl Roanad S. 140 zu V. 170 *ölähàùnd*, ebenso im Tir. *Der zweite Ley der Leibeigenen* Schöpf Tir. Id. 381 (aus einer Quelle v. J. 1821). Im Altbayr. (bei Aventin) wird *lei* und *hand* wie schon mhd. verbunden: *mancherleyhand* Schmeller I 1122, ebenso tir. *allerlahand* Schöpf a. a. O. S. 10, kärnt. *allderlahant* Lexer Kärnt. WB 133.

Bewohnernamen wie *Egerer* [1]) usw. in Verbindungen wie *Ischərə Sfödschlänkl* E. Stadtschlänkel (eine Art großer Wecken), *Sànnənə* [2]) *Dūsn* Sandauer Schnupftabaksdosen, *ə Hirscháuə Stückl* = ein Abderitenstreich (auch öst. und weiter verbreitet); [3]) in Plan hört man auch analoge Bildungen und Verbindungen von anderen Substantiven, so *Erschtnklássə Lěsəböichl* Erstenklasser Lesebüchlein = L. der ersten Volksschulklasse [4]) und allenthalben *in sěksəsechagə* oder *in àchtzvirzgə Gànə* im sechsundsechziger, achtundvierziger Jahr = im J. (18)66, (18)48. [5])

§ 376. *b*) Der Verbindung des Substantivs mit Adjektiven, dem adjektivischen Attribut, sind schon durch den Abgang einer Reihe von Adjektiven (§ 415) und durch die geringe Zahl der Partizipia Präsentis (§ 232) engere Grenzen gezogen als in der nhd. Literatursprache. Andere Einschränkungen betreffen die Anwendung auch der gebräuchlichen. So tritt das lediglich erläuternde oder schmückende Attribut (soweit es nicht geradezu pleonastisch ist) gegen das wirklich determinierende d. i. den Umfang des Substantivs beschränkende sehr zurück. [6]) Die erstere Art ist in gewöhnlicher Rede so ziemlich auf einige Formeln und sprichwörtliche Redensarten beschränkt, z. B. *kinnt àffa da bitta Tàud* der bittere Tod Lorenz S. 30, vgl. Meyer DVK S. 267; *koš köllə Tau* kein kühler Tau, vgl. § 142; *bən hellöichtn Töch, bə də stnəkfinəən* oder *sinkədn Nàcht*; die Volkspoesie hegt natürlich wie überall seit alters solche Formeln in größerer Menge, obwohl auch hier ziemliche Eintönigkeit herrscht: *O du dri-eckata Kläi* HTV S. 339 N. 634 Eger, *der grüne Klee* und *der weiße Schnee* HTV S. 145 N. 64 a Nord- und Westböhmen, *der rotige Klee* und *der lichte Schnee* ebda. S. 150 N. 72 Eger, *grünes Gras* ebda. S. 445 N. 389 Nord-, West- und Südböhmen, *rote Rosen* ebda. N. 390 Plan, *klare Seide* ebda. S. 442 N. 374 b Plan u. dgl. [7]) Hingegen spielt das eigentlich pleonastische Attribut auch in der alltäglichen Rede (besonders in Schimpfreden, aber auch sonst) eine größere Rolle: *suə r ə dummə dàlkətə Goš, ə dummə Issl, Oks, ə dummis Schàuf* (vgl. auch *ndrischə* oder *otwərə Hàns* oder *Kànəs, dàlkətə Grě d'l* oben § 285), *ə schláuə Fuks, ə n àltə Wàwə, ə gungə Bursch* u. a. Ebenso ist die freie oder indirekte Beziehung des attributiven Adjektivs zum Substantiv, die in der Literatursprache so große Ausdehnung ge-

---

[1]) Umlautfähige zeigen z. T. Umlaut, z. B. *Láutəbéchə* Lauterbacher, Bewohner von Lauterbach (*d'Lauterböcher* HTV S. 318 N. 426 b Lauterbach, vgl. mhd. *-becke* < bach, z. B. *Win(de)əbecke* u. Haupts Vorr. zu dem mhd. Lehrged. S. XI f.), in Plan kann man *d'Màriəbéidə* (= Bewohner von Marienbad) hören.

[2]) Mit Gleitlaut *-n-*, < *Sàndə-ə* (Sandau-er); ähnlich *Schempənə* von *Schempə* < Schönbach, vgl. Gradl MW 624.

[3]) Bezüglich des Namens vgl. das »Hirschauer Stückel« bei Tieze Heimt II 2 ff.

[4]) Kaum in anderen Bedeutungen von *Klasse*; so sagt der Egerländer (wie der Öst.) höchstens *in ərən erschtn-Klàss-Wögn* in einem ersten-Klasse-Wagen (nicht *Erschtnklássə* Erstenklasser), vgl. auch Grillparzer Briefe S. 155 N. 113 v. 13. Juni 1862 *in einem ersten Klassenwagen*.

[4]) Auch öst.

[6]) Das Mainz. kennt nur die unentbehrliche Attribution: Reis II § 19.

[7]) Die Titulaturen der älteren Urkunden bieten auch in den stehenden Attributen keine Besonderheiten: der Adel heißt *ěhrbar*, der Bürger *ěhrsam*, der Untertan *arbeitsam* (John Oberlohma S. 37), der Rat *ehrenfest* usw.

wonnen hat *(ein kränkelnder* oder *leidender Eindruck, lächelndes Ver-
trauen, gezierte Grazie* [1]) § 233 a. 235 b), in der Mundart auf feste
Verbindungen beschränkt wie *tüürɔ Zäit* teure Zeit = Zeit der Teuerung,
di ohwɔ und *di gout Stund (Eɔ häut widɔ r ɔmàl sǟ ohwɔrɔ Stund* Er hat
wieder einmal seine alberne d. i. närrische Stunde; *Deɔ r is di gout
Stund sehwɔ*; über die *goldenɔ Stunde* vgl. John UE IX 38 f.), *dɔ toll*
oder *fäist Doʒschtɔ* (der letzte Donnerstag der Faschingszeit), [2] *dɔ gräi͞
Doʒschtɔ* der Charwoche, [3]) *dɔ bläu Mou͞tɔ, dɔ wäiß Sunntɔ* (der Sonntag,
an dem die weiße Farbe auf den katholischen Altären herrscht), *ɔ bsoffmɔ
Mĕttn,* [4]) *ɔ nǟrischs* oder *dǟmischs* oder *unsinnés Göld* = närrisch, unsinnig
viel Geld; besonders ist das der neueren Dichtung so geläufig gewordene
Attribut, das lediglich den Stimmungsgehalt des Sinneseindruckes kenn-
zeichnet *(krankes Rot, sehnsüchtiges Blau, keusches Weiß* usw.), der Mund-
art nur in Ansätzen bekannt (vgl. etwa *ɔ träurichɔ Wĕlch* oder *Färt, ɔ
lustichɔ Häuchzɔt*. [5])

Auch Wendungen wie *Er machte zwei Glückliche* (= *zwei glücklich*)
kennt die Mundart nicht. Neben *ein hoher Siebziger* sagt man häufiger
häuch in Sibzgɔn hoch in den Siebzigern. [6])

§ 377. Diesen Einschränkungen des Gebrauches steht eine gewisse
Bevorzugung des adjektivischen Attributes auf anderen Gebieten gegen-
über; so zieht die Mundart

1. einen adjektivischen Stoffbegriff der Zusammensetzung mit dem
entsprechenden Substantiv vor; sie sagt *ɔ disɔs Täuɔ, ɔ goltɔs Ringl, ɔ
s ü\hwɔnɔ Kiɔ(d.n*, nicht *Eisentor, Goldring, Silberkette, ɔ rickɔs Möll,
girschtɔnɔ, wäizɔnɔ Kniɔ(d)lɔ*, nicht *Roggenmehl, Gersten-, Weizenknödel,
ɔ pɔrzɔlinɔnɔ* oder *porzɔlinɔnɔ Tälɔ, h ü\lzɔ Päntoffl, ɔ böichɔs Hulz, wollɔ*
oder *w\ü\llɔ Haʒdschkɔ*, nicht *Porzellanteller, Holzpantoffel, Buchenholz,
Wollhandschuhɔ* (auch *ɔ säidɔs Tüichl* öfter als *ein Seidentüchlein*.

[1]) Vgl. Paul Prinzipien S. 130. Verwandt ist der Gebrauch von *nǟrisch, dimisch*
(dämisch = dumm) :: sehr groß (gewissermaßen zum Närrisch-, Dummwerden groß): *ɔ
n\frischɔ Ziit* = überaus lang, *ɔ dimischɔ Göld* = sehr viel Geld (auch öst.). *Pyramidal* u. dgl.
ist der Ma. fremd.

[2]) Auch steir. *Feist-Pfinstag* Khull 218. Bayr. heißt er der *wüetig Donnerstag* Schmeller
II 1057, tir. kärnt. *der gumpige Dorstig* Schöpf Tir. Id. 86. Lexer Kärnt. WB 127: vgl.
DWB II 1253, 1—4. Das Steir. nennt den Montag, Dienstag der letzten Faschingwoche
(der *Törisch-, törischen* oder *Feist-Woche* Khull 162. 218) und den Donnerstag nach dem
Aschermittwoch den *Feist-(Dumisch-, Geil-)Montag, Feist-Frehtag*, die *F.-Kauchnacht* ebda.
218 (140. 276), und hat noch einen *Golden-* oder *Gold-Samstagabend*, eine *G.-Samstagnacht*
= Samstag-Abend(-Nacht) vor dem Rosenkranzsonntag und die beiden folgenden Samstage
ebda. 209, *Blau-Montag* (6. Januar), -*Somstag, -Ostertag* ebda. 91, *Schwarz-Samstag* (-*Sonn-
tag, -Woche*), *Weiß-Sonntag* (-*Montag, -Woche*) ebda. 563. 629.

[3]) Im Nordböhm.-Schles. heißen die Tage dieser Woche *der blöe Mŏntich, der hēkla
Dienstag, die krumme Mitwich, der gāle Donstich, der gude Frettich* Knothe WB 292.

[4]) Auch bayr.-öst. Schmeller I 1680. Schöpf Tir. Id. 436. Th. Gartner III.Z IV 266;
handschuhshl. *ɔ folɔ metɔ* Lenz Nachtrag S. 7.

[5]) Vgl. *ɔ lustigɔ Eicht* bei Stelzhamer Ma. D. II 266 N. 54, 25; auch *teuere Zeit,
gute Stunde, blauer Montag* (an dem »blau gemacht«, gefeiert wird), *weißer Sonntag, besoffene
Mette* sind öst. üblich.

[6]) Öst. *h. in die S.*

2. Gleiches gilt von den meisten adjektivischen Farbenbezeichnungen: *wáißə, ràutə Wái⁻*, nicht *Weiß-, Rotwein, ən gräin Untə, ən ràu(d,n Si(b)mə* (aber wohl auch *ən Gräi⁻-Untə* Grün-Unter, *ən Ràut-Si(b)mə* Rot-Siebener); *sən gräin Doïschtə* zum grünen (weniger *s. Gräi⁻-*) Donnerstag;

3. ferner z. B. von *jung, alt, neu*, von Maßbezeichnungen (in eigentlicher Bedeutung) wie *groß, klein, dick, dünn, lang, breit, hoch, weit* u. a., z. B. *də gung Hōs, di gung Goïs*, nicht Junghase, -Gans = die vom eigentlichen Hasen-(Gans-)braten abgesonderten und besonders zubereiteten Teile dieser Tiere (wie Füße, Flügel u. a.); *sən ndìə Gàuə* zum neuen (= Neu-) Jahre; man wünscht sich *ə glücksöllés náis Gàuə*; *ə gràußə* oder *kloinə Báuə*, nicht Groß-, Kleinbauer [1]) (aber *Gràußmdl* Großmaul = Aufschneider), *ə dickə Wäïst, ə dünns Böiə*, nicht Dickwanst, Dünnbier (aber *Dickkuəpf* oder *-Sché(d)l* = eigensinniger Mensch), *və làngə Wdl* vor langer (= Lang-) Weile, *mit də làngə* oder *də bràitn Sáitn* = mit der Lang-, Breitseite, *ə hàuchə, wáitə Sprung* = ein Hoch-, Weitsprung u. dgl.

4. Ähnlich heißt es auch nur *ə bàirischə Herəog, də práißisch* oder *säksisch Könich, ə polnischə Fürscht* usw., *ə ungrischə Wái⁻*, nicht ein Bayernherzog, der Preußen-, Sachsenkönig, ein Polenfürst, Ungarwein, *ə wällischə Nuß*, nicht Walnuß.

5. Die Mundart beharrt bei der attributiven Verwendung des Adjektivs auch dort, wo die Schriftsprache seinen Begriff als substantivischen Hauptbegriff an die Stelle des Subjektes schiebt (vgl. *Die Länge des Weges würde mich nicht abschrecken*, egerl. *Dəə làngə Wéch màchət mə néks*, vgl. oben § 275 S. 230).[2])

Über die Verwendung der flektierten und unflektierten Form im Attribut vgl. §§ 423. 426. 432.

§ 378. Vor einem zusammengesetzten Substantiv richtet sich das Attribut formell auch dann nach dem Grundworte, wenn es inhaltlich als zum Bestimmungswort gehörig empfunden wird: *bis in àltn Wáiwətssummə ái⁻* bis in den alten Weibersommer = in d. Altweibersommer[3]) hinein.

---

[1]) Selbst in Ortseigennamen wird das Adjektiv vorgezogen, z. B. *áf də kloin Sáitn* auf der kleinen Seite, einem Ortsteil von Kuttenplan (nicht *Kleinseite* wie in Prag); Lambel erinnert mich an Schiller Wallensteins Tod 390 (I 5) *die kleine Seite* (in Prag), so auch sonst in älteren Schriften neben *Kleinseite*, auch *die kleine* (in ält. Urk. *wenige*) oder *kleinere Stadt*.

[2]) Das unter 1—5 Angeführte gilt im allgemeinen auch für das Öst., z. B. *roggánä Kně(d)l, roggás Brod* (das Hauptwort *Roggen* kommt eg. ebenso wenig vor wie öst. obhess. Crecelius 701, dafür eg. wie ost. *Korn*), *weißer, roter Wein, junge Gans, junger Hase, neues Jahr* (lus. *dass neuge jår* Zingerle 36, Goethes M. Br. II 11 N. 5 *Gott gebe dir ein fröliges Neuesjahr*), *großer, kleiner Bauer* u. a.

[3]) Vgl. nürnberg. *von gräußn Postnschreib'm* (Frommann zu Grübel 109 f.) = vom Schreiben großer Posten. Auch *du tote Laut-Schimpfer du!* = *du tote-Laut-Schimpfer* (einem Lebenden zugerufen bei Anzengruber Dorfgänge II SW IV 28), worin *tote Laut* eigentlich Objekt ist, gehört wohl hieher, da der artikellos vorgesetzte Genitiv (*toter Leute*) der öst. Ma. nicht angemessen ist.

§ 379. Was endlich den Sinn der Attribution betrifft, so kann das Adjektiv als Attribut eines Appellativs, das eine Person bezeichnet, sich ebensowohl auf die Person überhaupt als auf die durch das Substantiv ausgedrückte Eigenschaft oder Tätigkeit im besonderen beziehen *Ein guter Lehrer = Ein gut Lehrender*, aber auch *= Ein guter Mensch, der Lehrer ist*). Doch entsteht hiedurch in der Regel keine Zweideutigkeit: denn die Beziehung auf die Person ist nur dort Regel, wo das Appellativ den Eigennamen vertritt (so in *Unser guter Lehrer*); bei rein appellativischer Bedeutung des Substantivs erhält dagegen das Adjektiv die Funktion des Adverbs zu dem im Substantiv enthaltenen Tätigkeits- oder Eigenschaftsbegriff (*Er ist ein guter Lehrer*). Beide Bedeutungen können natürlich auch vereinigt sein (vgl. *ein alter Lehrer* gegenüber *ein alter Bräutigam*).

§ 380. *c*) Der attributive Gebrauch der Pronomina bewegt sich in der Mundart zum Teil in engeren Grenzen als in der nhd. Schriftsprache.

§ 381. 1. Das persönliche Pronomen der 1. und 2. Person verbindet sich öfter im Nom. Sg. und Pl. als in den übrigen Kasus mit dem Substantiv oder dem substantivierten Adjektiv, auf denen der Hauptton ruht: *Ich (Du) Issl!*[1]) *Mir* (Wir, *Diəs* Ihr) *Altn*; die anderen Kasus werden gerne durch Sätze (*so einer, wie*) umschrieben (*Suə r ən åltn Kerl, wöi ich bin, wöi du bist* usw.), obwohl wenigstens der Akkusativ nicht gerade unerhört ist: *Mi 'Di' åltn Kerl. Er*[2]) (mhd. *er schalk*) geht außer der appositiven (*eə, də r Alt*) keine Verbindungen ein.[3])

§ 382. 2. Unter den zählenden Pronominibus ist betontes *ein = ein und derselbe, der nämliche* (als Attribut und Prädikat) hervorzuheben: *Dös is àš Ding*[4] oder (stärker) *à š Täifl, à š Gáleə (couleur)*[5]) = *Das ist ein und dasselbe, einerlei, Es macht keinen Unterschied, Es läuft auf dasselbe hinaus* (eg. *Dös künnt áf àĩ s ássè*), daher auch = *Es liegt nichts daran* (also = eg. *Dös is àllsà i˜ s*), z. B. *Is àa(n) Ding, is kàa(n) Ding, Wenn d' Wölt untagäiht* (weil es ohnehin auf ihr keine treuen Mädchen mehr gibt) HTV S. 292 N. 177 (Plan), vgl. ebda. S. 304 N. 290 (Plan); *Öitzə gäiht 's in à in Afwàschn*[6]) (oder bloß *in à in, in einem*, vgl. oben

---

[1]) Auf die eher unter- als übergeordnete Stellung des Pronomens weißt die inhaltliche Analogie zu *dəs* (= dieser) *Issl!* sowie die Tatsache hin, daß es in solchen Verbindungen im Dänischen durch das Possessiv ersetzt wird: *Din Rakker* = Du Racker: Meyer DVK S. 299. [Auch sonst in neunord. Sprachen, unter dän. Einfluß auch nordschleswig. *dein Schelm!* und schon im An. Grimm Gr. IV 295 f. 955; zur Erklärung Axel Kock Arkiv for nordisk filologi 16, 241 ff. L.].

[2]) *Er* als Anredepronomen fehlt.

[3]) Das im vorstehenden Paragraphen Ausgeführte gilt auch für das Öst.

[4]) *Ein Ding = einerlei, gleichgültig* (*s'ist mer åls šǎ Ding* = ich kümmere mich nicht darum) auch bayr.-öst. Brenner BH I 220 zu S. 200, 35. Schöpf Tir. Id. 8, *oǎ Teufl* auch öst. Vgl. im Nordböhm.-Schles. das sinnverwandte *ein Tun* (*i tûn* Knothe WB 202, auch egerl. gelegentlich *əš Gətou*).

[5]) Auch nordböhm. *eine galère* Petters I 10.

[6]) In Zwickau mit dem Verb.-Subst. *Afwasch* m. *Das ist ein A.* = eine Arbeit: O. Philipp III.7. V 10.

§ 301) = *Jetzt* (da man einmal über einer Arbeit ist) *geht es unter einem hin*; *in àin Káré* = *in ununterbrochenem Laufe*; *Ăa* (er, der Förster) *is in àin Flouchn* [1] *u Sakramentian* ;in fortwährendem Fluchen und *Sakrament!*-Rufen; *ümmag'sprungu* Lorenz S. 21; *in àin Säu-Au(d)n* in einem Säu-Atem oder *in àin Trumm* (nicht *Stück*)[2] = in einem fort (*in àin furt* oder *i. à. ŝou*); [3] *in àin◌ Füré* [4] = in ununterbrochener zorniger Aufregung (lat. *furia*), *àf àin Siŝ* auf einen Sitz = *auf einmal* (nicht *auf zweimal* etwas tun, erledigen); *E◌ r is àm gànŝn Lái à◌ Bláud◌n* Er ist am ganzen Leibe eine einzige Brandblase = Der ganze Leib ist voll Br. [5]

§ 383. Das attributive Possessiv allein (ohne folgendes adjektivisches Attribut) wird nur in der Aussage (*Má⁻ Màid◌l is kroŝk*) und im emphatischen Ausruf (so in *Má⁻ Màid◌l! má⁻ Màid◌l!* als jammernden Ausruf, vgl. S. 114 Anm. 5 *Nŏ du máin Gott!*) an die Spitze des Satzes gestellt, kaum jemals in einfacher Anrede (also nicht *Má⁻ Mài(d)l! Má⁻ Vod◌!* sondern nur *Má⁻ löis* oder *àrms M., Má⁻ löŕw◌ V. u. dgl.); es ist aber auch in nachgestellter Anrede nicht besonders häufig (etwa *Gäih he◌, má⁻ Böiw◌l!* u. dgl.). [6] Wie anderwärts ist auch bei uns *má⁻ Löŕw◌!* mein Lieber! als Anrede,[7] auch in spöttischem und tadelndem Sinne, [8] sehr gebräuchlich.

Was die Verbindung des Possessivs mit anderen Attributen betrifft, so tritt es nicht nur vor *ander*, sondern auch vor *ein*: *Má⁻ àin◌ (ànn◌r◌) Broud◌.* [9]

Die Bedeutung des Possessivs ist mannigfaltig. Es drückt außer dem Eigentums- und Zugehörigkeitsverhältnis noch eine Reihe anderer Verhältnisse aus, die mit den ersteren in dem auf ihnen ruhenden Ge-

---

[1] Diese Verbindung sowie die beiden vorausgehenden und *in oan fort* auch öst., auch *àf oan Siŝ*.

[2] So nordböhm. vgl. *DoB es* (Das Kind) *ei en Stücke . . . gelacht* HTV S. 33 N. 50 c (Gablonz); nordböhm. in demselben Sinne auch *ei enner thöne, ei ein tune* (Tun) Knothe Mark. Ma. S. 118, vgl. S. 344 Anm. 4.

[3] Nordböhm. *ei ene weg* Tieze Hejmt I 33 (Wind.-Kamnitz).

[4] Zur abstrakten Bedeutung von *Furie* vgl. *Die Mantille braucht erst morgen fertig su werden, wird es aber gewiß heute noch, wenn die Furie anhält, mit der Vater und Tochter die Nadel führen* M. Ebner-Eschenbach Lotti, die Uhrmacherin, Berlin 1902 S. 12.

[5] Vgl. handschuhsb. *ein Dreck* = voll Schmutz; Lenz Nachtrag S. 1; osterl. sogar *sie war gestern eine Wut* = sie bot gestern nur einen Anblick, Wut: Trebs HLZ IV 12, 1. Als erstarrter Nom. wird das bedeutungsgleiche öst. *oana* gebraucht: *àr is àànà rrain* = er ist voll Freude, sein ganzes Wesen besteht in Freude: Nagl Roanad S. 42 zu V. 6; oöst. *oaná Bluat, Dreck* u. dgl.

[6] Ein Satz wie *Bitt gar schön, mein Vater* Rosegger Der Wirt an der Mahr S. 125 (vgl. Wunderlich Umgangspr. S. 173) wäre im Eg. nicht möglich. Im Osterl. steht *mein* (ohne Adjektiv) in freundlicher Anrede vor Zu- und Vornamen: *Mein Herr Petzold* Trebs HLZ IV 24 f. N. 5.

[7] Nicht *mein Guter!* wie z. B. im Osterl. Trebs a. a. O. S. 25 N. 6.

[8] Der hinzugesetzte Name (*Mi⁻ löŕw◌ Michl!* oder *Mi⁻ löŕw◌ Her Mäis!*) kann diesen Sinn bedeutend verstärken, während im Osterl. der Name in scheltenden Anreden stets wegbleibt (Trebs a. a. O. S. 25 N. 7).

[9] Ebenso altenburg. Weise § 93; vgl. Goethe Die Fischerin (W. 12, 110, 25 f.) *Mein einer Fischkasten ist zu Trümmern, und in den andern gehn sie* (die Fische) *nicht alle.*

fuhlston verwandt sind; [1] so bedeutet *mein, dein* usw. besonders *der (die, das) Geliebte (Dös is hàlt sā̆ Mài(d)l =* die von ihm am meisten geliebte Tochter, auch mit einer Art indirekten Sinnes: diejenige, die er mit Vorliebe *mā̆ Mài(d)l* nennt; *Suə wos tout ə ueə füə sáin Kàrl* u. dgl., auch in spöttischem Sinne), das *Zukommende, Gebührende (Bə miə kröigt ə jédrə Bē̆d'lə sáin Krdizə),* ferner *das Erwünschte (Suə howə ė̆ wengstns máin Kou* oder *máin Frid,* etwas verblaßt auch noch in *Làu mə máin Rou* oder *Frid! = Laß mich in Ruhe, in Frieden!),* das *Geschätzte (Dös wā̆ mə mā̆ Gsp'ü)l! = Ein Spiel, wie ich es liebe* oder *mir denke, ist das nicht;* auch *Mā̆ Kās is dös niət* kann außer *Mir gehört dieser Käse nicht* bedeuten *Der Käse ist nicht von der Gattung oder Beschaffenheit, wie ich sie liebe), das Gewohnte (Dàu trink ė̆ mā̆ Hàkwə Böiə. Dàu iss ė̆ máinə drā̆ Kniə(d)lə).* In weiterer Abschwächung der Bedeutung kann *mā̆ (löiwə) Hàns* in der Erzählung auch bloß heißen *Hans, dessen Erlebnisse uns hier beschäftigen, von dem ich rede, II., wie wir ihn kennen, wie er nun einmal ist.*[2] Vielleicht spielt in diesen Gebrauch auch die in der Mundart wie in der nhd. Schriftsprache übliche Anrede *mein lieber (m. l. Hàns)* hinein, die emphatisch im Tone echter oder spöttischer Vertraulichkeit gesprochen werden kann.[3]

§ 384. 4. Das Demonstrativ *der* (egerl. *deə;* der Artikel besitzt nur proklitische Formen: *də* usw.) ist im Ausruf z. T. an die Stelle des mhd. *er (er gouch,* vgl. Wunderlich Satzbau II 257) getreten und drückt je nach dem Tone des Ausrufes Verwunderung aus (*Nö̆ dös P(ü)lsn, wékst dös!* Nun, dieses Pilsen, wächst das!), oder Anerkennung, Bewunderung (*Döi Krestn, wos deə hàut!,* Tadel (*Nö̆ deə Schoustə! Oder Kindern gegenüber: Wirt, dənn Rauffàngkirə weə(n) mə 's gē̆b'm!* Im Volkslied *How ih diən Wàiə af 's Bergl afeg'sat, Hot man dea bàihmische Wind verwah'n)t* dieser leidige böhmische Wind verweht HTV S. 235 N. 237 Tuschkau), Klage (*Deə Armə!* Dieser Arme! [4] usw.)

Außerhalb des Ausrufes gewinnt demonstratives *der* neben Zeitangaben je nach dem Tempus der Aussage die Bedeutung von *jüngst vergangen* [5] (*Döi Tāch wàə r ė̆ durt =* An einem der letzten Tage war ich dort) oder *nächstfolgend (Döi Tāch faə r ė̆ ḁf Tàuchn =* An einem der nächsten Tage werde ich nach Tachau fahren).[6]

Überaus häufig dient ferner demonstratives aber tonschwaches *der* im Egerländischen zur schwachen Hinweisung auf Bekanntes [7] unge-

---

[1] Vgl. Goethe an Fritsch v. 6. Mai 1783 (Br. 6, 159, 28 ff.) *Man bedient sich des Wortes* mein, *um ein Verhältniß zu Personen und Sachen anzuzeigen, mit denen man aus Neigung oder Pflicht verbunden ist, ohne sich darüber eine Herrschaft oder Eigenthum anzumaſsen.*

[2] Vgl. nordböhm. *mei lieba Antoun kom erscht zu Pfingsten mit dan Kalbei hemgedejhnt* Tieze Hejmt I 86 (Wind.-Kamnitz); KHM I 416 N. 82 (*de Spielhanſt) do is hullt man (mein) Spielhan/t zen Himmelthoir gonge.* Andere Beispiele bei Wunderlich Ma. S. 50.

[3] Alle diese Bedeutungen von *mein* auch öst., einige osterl. Trebs IV 25, 5. 26 § 17, o, übrigens z. T. auch der Umgang- und selbst der Schriftsprache angehörig.

[4] Alles dies auch öst. Über Wiederholung des Dem. im Ausruf vgl. § 592.

[5] Vgl. oben *döi Zält* § 252, 2.

[6] Beide Bedeutungen auch öst.

[7] Vgl. den ähnlichen Sinn des griech. Artikels vor Eigennamen.

fähr in dem Sinne von *der, den wir beide kennen, den ich nicht näher zu bezeichnen brauche, den wir beide jetzt im Sinne haben* u. dgl.: *Wau hàust ənn döi Lai'̄mət käfft?* Wo hast du denn diese Leinwand gekauft? — *Bə dəən* Bei diesem (d. h. dem uns beiden wohlbekannten) *Krausgū(d)n* Juden Kraus. *A Student bin ih g'wes'n, Ho fleißi studia'r)t, Dàu hom mi döia blitzblàua Vürta* (diese bekannten blitzblauen Schürzen sc. der Mädchen) *vafüa(r)t* HTV S. 312 N. 372 (Plan). *Dàu san döi Bauan* (etwa = die Bauern, wie wir sie kennen, unsere B.) *kreisfidel* ebda. S. 68 N. 102 (Westböhmen).

Einen ganz analogen Sinn entwickelt außer dem streng demonstrativen auch *solch (sêch(t)* = von der bekannten Beschaffenheit): [1] *Wos how ih dàu àl ma Lätta* (all mein Lebtag) *fa r Irlöichtla g'säah u söcht feuri Manna* (= feurige Männer, wie der Volksaberglaube sie sich vorstellt und wie Ihr sie daher auch kennt) Lorenz S. 9.

Doch tritt das Moment der Vergleichung bei *solch* nie soweit zurück, daß es in einfach demonstrativem Sinne = *er, dieser, jener* (wie vom Ahd. bis in die neueste Zeit, vgl. Wunderlich Satzbau II 275) gebraucht werden könnte.

Bei *derselbe (də sell)* = *jener* überwiegt (wie oöst.) die substantivische Verwendung (wie in gleichem Sinne auch in der frühneuhochdeutschen Prosa: Wunderlich Satzbau II 272).

§ 385. 5. Vom unbestimmten und fragenden Pronomen ist keine aus der Verbindung mit dem Substantiv entspringende Besonderheit zu erwähnen.

§ 386. 6. Wichtig ist hingegen die Verbindung des Substantivs mit dem aus dem Demonstrativ und dem Indefinitum hervorgegangenen sogenannten bestimmten und unbestimmten Artikel,[2] deren Gebrauch hier anzuschließen ist.

Der bestimmte oder kennzeichnende Artikel deutet in der Mundart fast ausschließlich die individuelle Bestimmtheit des substantivischen Begriffes an. Diese wird

I. dem Hörer vermittelt durch besondere Bestimmungen wie Attribute oder Attributivsätze *(der vorige, nächste Donnerstag,[3] der Tag, an dem unser Haus abgebrannt ist)*, oder durch den bloßen Zusammenhang des Substantivs mit anderen Begriffen: so gewinnen Zeitbestimmungen wie *ən Doəschtə* den Donnerstag neben verschiedenen Tem-

---

[1] Vgl. nordböhm.-schles. *Des is a Baua gewast in enn sichen klenn Dorfl ei der Nähnchd* Tieze Hejmt III 56 (Schönlinde); *dan* (dem sc. Manne) *mußte ha* (er, der Arzt) *fünf siche Buhn'n* (solche Bohnen = blaue Bohnen, Schrotkörner) *rausschneiden* ebla. Statt *solch* = groß (*Ich habe solchen Hunger* in der Leibitzer Ma. Lruntzer II ? 174, 7) gebraucht der Egerl. lieber *so ein* (*I hô sus r ən Hungə !*)

[2] Über die am vokalischen Anlaut von Substantivis hängen gebliebenen Artikelformen vgl. § 458.

[3] Auch hier kommt außer dem Atribut natürlich der ganze Zusammenhang in Betracht: so ist auch *di ràut Suppm* die rote Suppe nur in bestimmtem Zusammenhange = *Blut* (ebenso bayr.-öst. Schmeller II 318. Schöpf Tir. Id. 730).

poribus des Verbs [1] verschiedenen Sinn: *in D. d. i.* vergangenen D. *wāa r è durt*, aber *in D. d. i.* nächsten D. *kumm é hi*: neben dem zeitlosen Präsens erhalten Bestimmungen wie *s Gāua, d' Wochn, in Töch* distributive Bedeutung: [2] *Ikröich d' Wochn d. i.* jede Woche *wöia G(ü)(d)n : d' Wochn* die Wochen sind in der stehenden Redensart *in d' Wochn kummo* (vom Weibe) die Wochen des Kindbettes ; hingegen sind *die Jahre* in der der Umgangsprache angehörigen Wendung *in die Jahre kommen* je nach dem Zusammenhange entweder die Jahre der Geschlechtsreife oder des klimakterischen Alters (bei Frauen) oder des vorgerückten Alters überhaupt (kaum, wie mhd., *ze sinen járen k.* = mündig werden); *die Länge, die Breite, die Höhe* u. dgl. ist in der Verbindung mit *haben (die Länge usw. haben)* die erforderliche, richtige Länge, Breite, Höhe [3] usw. [4]

Nicht mehr von dem einzelnen Zusammenhang abhängig ist der Sinn des bestimmten Artikels in formelhaften Redensarten wie *s Griß ho(b)m* (vgl. § 158, 3).

§ 387. II. Es genügt der bloße Artikel zur Andeutung der individuellen Bestimmungen und letztere werden ergänzt

1. durch eine vorliegende Anschauung (Jemand sagt bei der Betrachtung einer Uhr: *s Ziffoblá(d)l is g'sprungo*,

2. durch die Erinnerung, wobei der Artikel anaphorisch wird, d. h. auf Bekanntes hinweift. Diese Erinnerung nun kann sich auf die vorhergehende Rede oder Mitteilung beziehen, insofern

a) der Begriff dort ausdrücklich genannt und in seiner individuellen Natur gekennzeichnet wurde, oder

b) insofern er zwar nicht genannt wurde, aber dem weiteren Kreise der durch die vorausgehende Rede geweckten Vorstellungen angehört. So fragt man auf die Nachricht von einem Todesfall hin : *Wenn is d' Läich?* oder *Ho(b)m sè s Testoment scho gfunno?* u. dgl.

In anderen Fällen bezieht sich die Erinnerung überhaupt auf keine vorausgehende Rede, sondern nur allgemein auf vorausgegangene Erfahrung; dabei ist der individuelle Begriff

---

[1] Natürlich auch nach verschiedenen Präpositionen: *ám Doi'schto* auf den D., *öf d' Wochu* auf die Woche = nächsten D., nächste W. (diese Verbindungen ungebräuchlich), *hii't üwo s Gāuo* heute übers Jahr (nicht *heute über ein Jahr*, hingegen nur *vor in Gāu*, vor einem Jahr, nicht *vorn G.* vor dem J., wie z. B. altenburg. *vorm Jahre* Weise § 109, 4).

[2] Sonst ist distributive Bedeutung des Artikels nicht häufig ; statt *Wir haben der Mann 3 Zigarren, Wir kriegen fur die Mark 2 Pfund Fleisch* (altenburg. Weise § 106) sagt der Egerländer *Mio ho(b)m per Mann* (oder *áino* oder *o jéd*) *3 Z., Mio kröign für in* (für einen) *G(u)l(d)n 2 Pf. F.*

[3] In übertragenem, gewöhnlich ironischem Sinne bedeutet *Dos hàut d' H. lich* Das hat die Höhe : *Dar hat den richtigen Grad, die richtige Höhe* (auf sinnlichem oder geistigem Gebiete) *erreicht*, vgl. DWB IV 2, 1708, 4 ; H. Menges Z. f. d. U. XII 424 f.; E. Damköhler (ebda. XI 741) will *Höhe*, n.l. *hé*, auf *hé, hége, höge*, mhd. *hüge*, zurückführen.

[4] Der durch Temp. und Präp. unterschiedene Sinn der Zeitbestimmungen wie *den Donnerstag* usw., *in d' Wochn, in d' Jahr* (vorgerücktes Alter) *kommen, die* (= d. rechte) *Länge* u. dgl. auch öst.

a) entweder augenblicklich durch Zeit und Umstände, durch die gegebene Situation im Bewußtsein lebendig (*Gäihst áf s Fest?* fragt einer den anderen mit Beziehung auf das am folgenden Tage im nächsten Kirchdorfe gefeierte Kirchenfest), oder

b) er gehört einem Kreise von Vorstellungen an, welche als die geläufigsten beständig im Vordergrunde des Bewußtseins und des Interesses stehen wie die Gegenstände des eigenen Besitzes (possessiver Sinn des bestimmten Artikels [1]) wie im Griech., vgl. *den Hund mitnehmen, den Kopf schütteln* u. dgl.) oder die Personen des Hauses und der nächsten Umgebung (*də Moš* neben *má⁻*, *unnə Ml.* = der Gatte,[2] *s Wäi* = die Gattin, *də Vödə*, *d'Moudə*,[3] unter Umständen *də Bou, s Mäi⸢d⸣l, də Knešt, d'Mäad*, weiterhin *də Schmid, də Lērə, də Förschtə* usw.; der Bursche bezeichnet seine Geliebte einfach als *s Mäi⸢d⸣l, s Mensch*, vgl. *z'Sànda bin ich gebürti, In Egha ho ik 's Mensch* HTV S. 369 N. 894 *b* Plan), Gegenstände und Orte der heimatlichen Flur (für Ortskundige genügen Angaben wie *im Büəl* auf dem Bühel, *im Gàlgn* auf der Stätte des ehemaligen Galgens, *áf də Bài⁻nt*,[4] vgl. S. 334 Anm. 3: ebenso *s Kauthàus, də Màiəhuəf* u. dgl.).[5]

Einzelne sprichwörtliche Redensarten wie *Dös* (diese Wegstunde) *hàut də Fuks gmessn* klingen infolge der Anwendung des bestimmten Artikels wie eine Berufung auf eine bekannte Fabel (vgl. H. Schrader Der Bilderschmuck der deutschen Sprache [5] S. 215).

§ 388. Da die Anaphora des Begriffes (abgesehen von der unmittelbaren Wiederaufnahme aus der vorhergehenden Rede) durch die Gemeinsamkeit bestimmter Vorstellungskreise und Interessen zwischen dem Redenden und dem Hörenden bedingt ist, so ist es verständlich, warum der anaphorische Artikel in den engeren, nach Bildung und Interessen homogeneren Schichten des Volkes eine so große Ausdehnung gewinnt, daß dadurch für den unbeteiligten Zuhörer aus anderen Kreisen das Verständnis der Rede vielfach beeinträchtigt wird.

---

[1] Unzureichend ist der bloße Artikel abgesehen von den Bedürfnissen eines unzweideutigen Ausdruckes überall dort, wo die Gefühlsseite des Besitzverhältnisses in Frage kommt; in *I gspüə mi⁻ Hent nimma* (Ich spüre meine Hand nicht mehr, d. h. sie erlahmt durch Überanstrengung oder wird unempfindlich durch Kälte u. dgl.) klingt aus dem Possessiv etwas wie Mitleid mit dem eigenen Körperteil; der bloße Artikel kann diesen Eindruck nicht erzeugen. Daher gibt das bloße Possessiv auch den Gefühlswert des Homerischen φίλος als Beiwortes von Körperteilen u. dgl. ungefähr wieder, nicht aber der Artikel.

[2] *Fə r àlt də Moš* = Er als Ehegatte; *Fə r àlt Moš* = Er als Mann (mit Hervorhebung des Geschlechtes und der von diesem erwarteten Eigenschaften); ebenso oöst. Anders formuliert den gleichen Unterschied Nagl Roanad S. 132 zu V. 163 *Ślls*.

[3] Paarweise verbunden können die letzteren gleich anderen Verbindungen dieser Art des Artikels entbehren: *wenn Vela r u Mouda aa lànga g'lebbt hãiəfn* Lorenz S. 7; oöst. *d Glück, wann F. u. M. guat hausen*.

[4] Vgl. einzelne Flur- und Ackernamen von Oberlohma bei John Oberlohma S. 30 f. u. aus d. Karlsbader Gegend UE X 200—204.

[5] Die in diesem Paragraphen bisher angeführten Gebrauchsweisen gehören im allgemeinen auch dem Öst. an.

Die Häufigkeit des auf eine gegenwärtige Anschauung oder auf eine frühere Anschauung oder Mitteilung weisenden Artikels war es wohl auch, die in der Mundart zur Einbürgerung desselben in einer Reihe von Fällen geführt hat, in denen die nhd. Schriftsprache ihn selten oder gar nicht gebraucht.

§ 389. 1. So werden zum Unterschiede von der nhd. Schriftsprache [1] männliche und weibliche (auch verkleinerte sächliche) Eigennamen von Personen (wie in einzelnen Fällen schon in der älteren Sprache) [2] mit dem individualisierenden bestimmten Artikel verbunden, und zwar sowohl Vor- [3] als Familiennamen (*də Hàns, də Lintnə*, Fem. *d'Lintnərə*), auch die Verbindung beider, wobei der betonte Familienname regelmäßig vorantritt (*də Kráus-Kàrl*), [4] ferner sowohl im Nom. als in den obliquen Kasus [5] (*də Hàns, ən Hànsn, d'Mirl, də Mirl*) und gleichviel, ob sie ein attributives Adjektiv [6] (*də r àlt Lenhart*) oder ein attributives Substantiv (*də Lèrə Wolf*) bei sich haben oder nicht. [7]

Das den Eigennamen verwandte Appellativ *Gott* wird außerhalb der festen Formeln wie *waiß Gott* (§ 178, 5), *helf Gott* u. a. (§ 188, 3), ferner

---

[1] Ausnahmen bietet nur der Briefstil, welcher der Umgangsprache näher steht, vgl. W. Grimm Freundesbriefe S. 34 N. 26 *der Jacob beklagt sich* ... und ebda. S. 43 N. 84 *Der Wilhelm ist wieder da* u. o.

[2] Vgl. Erdmann Grundzüge I § 36. Wunderlich Satzbau II 52 ff.

[3] Nur im Kinderlied fehlt er bisweilen hier wie überhaupt beim Subst., z. B. in einem weit verbreiteten Kniereiterlied *Bauern erschoßen, Hansl mittroffen, Puhu! Puhu!* HTV S. 388 N. 53 b (Haid).

[4] Vgl. § 364 a 1; altbayr. mit umgekehrter Betonung des Taufnamens: Schwäbl § 54, 1. Von der älteren Weise, den Artikel bloß zu dem appellativischen Zunamen zu setzen, z. B. *Ich Cristan der Heckel* (Eg. Achtbuch S. 238 N. 2 Z. 1 v. J. 1310—1390), *Conrad den forster* (ebda. Z. 2, vgl. auch Trötscher S. V, II a) ist gegenwärtig keine Spur mehr, weder wenn der Name als Appellativ, noch wenn er als Eigenname gefaßt wird (*də Schmiidə-Mats*). Übrigens findet sich in den Egerer Urkunden des 14. Jahrh. außer der Zwischen- auch Doppelsetzung des Artikels (*der Hans der Prantner* Eg. Achtbuch S. 262 N. 111 Z. 2, *der franz der Köster* ebda. S. 388 N. 185 Z. 3) auch einfache Vorsetzung (*den kans Satler* ebda. S. 265 N. 118 Z. 3 l.) und artikelloser Name (*Franz goppolt vnd niclas saumbeker* ebda. Z. 6 f.).

[5] Doch nie, wie in der älteren Sprache, in der Anrede, vgl. DWB II 979, 10. Schmeller I 531 der (Art.).

[6] In diesem Falle steht schon im Heliand fast ausnahmslos der Artikel: Behaghel Hel. § 47.

[7] Alles das gilt auch öst. Das Egerl. schließt sich hierin den südd. Maa. an, für welche diese Vorsetzung des Artikels zum Unterschied vom Nordd. charakteristisch ist (Schmeller § 752. Schwäbl § 54. Wunderlich Umgangspr. S. 177, Satzbau II 60); vgl. nürnberg. Frommann in Grübel 102 a, baselst. Binz § 121. Behaghel (DSpr. S. 314, 349) erklärt das entgegengesetzte Verhalten des Süd- und des Nordd. in dieser Hinsicht daraus, daß im Südd. die Benennungen nach Heimat, Beruf und Körpereigentümlichkeit, die den Artikel verlangen (*Christof der Schmied*), im Nordd. aber die Benennungen nach dem beigesetzten Vaternamen (*Hans Peters*) von Haus aus überwiegen. Übrigens kennt nach Wunderlich (Ma. S. 49) auch das Nordd. diesen Artikel da, wo die Sprache zwanglos gehandhabt wird. Von anderen Maa. besitzt ihn z. B. das Ostfränk. und Vogtländ.: Franke III II 326, 1 *di grede*; das Sonneberg. bei Vor- und Zunamen: Schleicher 39. 60; das Obersächs. hat bloß Femin. wie *te milrn* zur Bezeichnung der Frau oder Tochter: Franke ebda.; das Altenburg. setzt den Artikel nicht selten bei Vornamen, von den Zunamen verlangen ihn bloß die Femin.: Weise § 107; auch im Nordböhm.-Schles. scheinen männliche Personennamen den Artikel öfter zu entbehren als weibliche, vgl. Tie.e Heimt I 3 *Pachnatsl*, S. 32 *Seff*, hingegen ebda. die *Hackijule*.

in Gotts Nàmmə, um Gottəs W(ü'lln u. dgl. nur mit *Herr* verbunden gebraucht: ', *də Hergott, unnə H.*[2])

§ 390. Indessen hat der Gebrauch des Artikels bei Eigennamen auch in der heutigen Mundart noch gewisse Grenzen. Sie werden nicht bedingungslos, sondern nur, soweit der Redende sie beim Hörer als bekannt voraussetzt, mit dem bestimmten Artikel verbunden, im gegenteiligen Falle hingegen regelmäßig durch attributives *ein gewisser* eingeführt (*Weə hàut ənn döi M(ü)l kafft?* — *Də Schön və Tàuchn*, beziehungsweise *ə gwissə Schön və T.*). Daß auch der Mitunterredner die in den beiden Einführungsformen liegenden entgegengesetzten Voraussetzungen sehr wohl versteht, beweist er dadurch, daß er sich in der Regel sofort entsprechend äußert, wenn die Voraussetzung nicht zutrifft (im ersten Falle etwa: *Schön? Dən kenn è niət*; im zweiten: *Suə? də Schön? Dən kenn è jà äi* oder *D. k. è reət gout*, wobei die Einsetzung des bestimmten Artikels charakteristisch ist). Auch bei den Appellativen werden ähnliche Schranken des Gebrauches darin ersichtlich, daß der Mann aus dem Volke außerhalb seines engeren Kreises, Fernerstehenden gegenüber, den individualisierenden Artikel lieber durch Attribute ersetzt oder stützt, z. B. durch das Possessiv (auch wenn kein bestimmter Gefühlsakzent darauf liegt): *Mà⁻ Broudə, unnə Vəəstäiə* u. dgl.[3])

§ 391. 2. Von den anderen Eigennamen werden nicht nur Berg- und Hügel-, Fluß- und Teichnamen (wie in der nhd. Schriftsprache), sondern z. T. auch Länder- und Ortsnamen[4]) mit dem bestimmten Artikel verbunden, und zwar Ländernamen (abgesehen von den Femin. auf -*ei* wie *d' Wàlàchái*) mit dem sächlichen, jedoch weniger im Nominativ[5]) (*s Bàiəm* Böhmen, *s Bàiən* Bayern) als besonders nach akkusativischen Präpositionen (im Dativ fallen die Formen mit und ohne Artikel zusammen: *in* [= *in* und < *in dem*] *Bàiən*): *Es wollt ein Fuhrmann in's Frankreich fahren* HTV S. 196 N. 174 (Lobs bei Falkenau), *ins Bàiən, ins Sàksn, ins Tirol, ins Amerikà.*[6])

Auch bei Ortsnamen ist der Artikel im Nominativ seltener (etwa *d'Hàid*, hingegen nicht mehr *das Engelhauß*, wie Baier 852 schreibt)- jedoch auch nach Präpositionen[7]) nur innerhalb fester Grenzen im Gebrauch; er tritt nämlich einerseits nicht mehr vor alle Namen, deren appellativischer Ursprung noch deutlich erkennbar ist (man sagt *in d'* oder *df d'Hàid, ins Màriəböd* oder einfach *ins Böd, ins Kálləsböd* Karlsbad Mannl

---

[1]) Ebenso (außerhalb der Grußformel *Gelobt sei Jesus Christus*, abgeschliffen zu *Globtsiliskristəs* oder *Tsiliskristəs*) *Jesus* und *Jesus Christus*; auch öst.

[2]) Ebenso öst. Einfaches *dar Gott* (nach ital. *Iddio*) in der Ma. der 7 und 13 comm. Schmeller Cimbr. WB 125 [187].

[3]) Alles das gilt auch für das Öst.

[4]) Vgl. Wunderlich Satzbau II 61 ff.

[5]) Hingegen im Steir. *denn es muß doch auch das* (oder hier = *dieses?*) *Amerika seine Schneider haben* Roseggcr Neue Waldgeschichten² (1886) S. 87. Vgl. auch Schwäbl § 54.

[6]) Ebenso bayr.-öst. Schmeller § 752, auch schwäb. und elsäss., aber z. B. nicht altenburg. Weise § 108.

[7]) Nach diesen auch anderwärts, vgl. oöst. *in d'* (nach) *Hallstatt, in di* (in) *Gosau*, nordböhm. *ei de (dr) Sitte* = nach (in) Zittau: Tieze Hejmt III 5 (Ehrenberg).

S. 13 *áf*, *áf* *d'Stálling* = nach Galtenstallung, *ám* [< auf dem] *Káltnhuʒf* = in Galtenhof, vgl. § 325, *ám* *Bránd* = in Brand, *ám* *Ringlbárch* = in Ringelberg, aber nicht wie in der älteren Sprache *zum Colmpach* Elbogner Chron. S. 16 Z. 4, *dy* *vam* *Elbogen* ebda. S. 2 Z. 8, *czum Newendorf*, *czum Heiligen Crewcz*, *gen den Altenwasser* Egerer Urk. v. J. 1426 Mitt. XXXI 47 N. 77, *zum Ainsidel* Baier 843, sondern gegenwärtig nur *zu Kulmbach*, *von Elbogen*, *zu Neudorf*, *zu Heiligenkreuz*, *gegen Altwasser*, *zu Einsiedel*), anderseits aber auch vor Namen, deren appellativischer Ursprung verdunkelt ist (*gein der Plan* Ausgabslisten von Eger aus d. J. 1390—1440 Egerer Chron. S. 194, vgl. ebda. S. 197. 206. 207; *vor der Miß* ebda. S. 208; *von der Mysse* Egerer Urk. v. J. 1426 Mitt. XXXI 47 N. 77; und so noch heutzutage *in dʒ Ploʒ* = in Plan, *áf* *d'Mis* = nach der Stadt Mies, hingegen *áf* *Meis* = nach dem Dorfe Mies im Petschauer Bezirk: Mannl S. 13, ebenso *ám* *Táiˉ* = in Tein) und selbst vor Namen fremden Ursprunges (*ám* *Ziʒ(d'lisch* in Zedlisch, *ám* *Triwl* in Triebl).[1])

§ 392. 3. Pluralische und singularische Namen von Festen wie *Weihnachten*, *Ostern*, *Pfingsten*, *Fastnacht*, *Kirchweih* treten häufiger mit als ohne Artikel auf:[2]) *d'Wáiˉnächtn*, *d'Austʒn*, *b (< d')* *Pfingstn*, *d'Fösnʒt*, *k (< d')* *Kirwʒ*; desgleichen Namen bekannter Krankheiten[3]) wie *d'Houstn*, *d'Strắuchn* (vgl. § 316, 1 b), *b (< d')* *Blăudʒn*, ähnlich *dʒ Ráppl*, *dʒ Okwʒ* (vgl. § 305) u. a.

§ 393. 4. Auch bei Abstrakten deutet der bestimmte Artikel einen beschränkten Sinn an; so ist *d'Stölling* wie im Öst. = die Assentierung (vgl. S. 232 Anm. 5).

§ 394. 5. Bemerkenswert ist der bestimmte Artikel in Vergleichen. Da der verglichene Gegenstand hiebei nur nach seiner Art in Betracht kommt (Grimm Gr. IV 411), so wird in der Mundart folgerichtig entweder ein beliebiger einzelner Repräsentant dieser Art zum Vergleich herangezogen (*Dàu stäiht ʒ Háus wöi ʒ Schluʒß*) oder die ganze Art als solche, wie sie in der Mundart regelmäßig der bestimmte pluralische Artikel kennzeichnet (*Öitza stenga Häusa dàu wöi d'Schlössa* Lorenz 10. *Wöi d'Aschpa*[4]) *how ih Bắtzn draf* sc. Geschwülste auf der Haut ebda. S. 35. *Sua grăuß wöi d'Wärwala* [Würmlein], *wöi d'Fäust* ebda. S. 16, vgl. Baier 375 Hagelkörner *grosser als die wellischen nuss*). Der Singular von Gattungsbegriffen mit dem bestimmten Artikel ist hier selten und auf stehende Redensarten beschränkt: *Dös stinkt wöi s Loudʒ* (vgl. mhd. *luoder* n. Lockspeise, in der Jägersprache = Aas); *wöi s Stückl Vöich* (z. B. *Boo'n thou a mi schoˉ niad wöi s. St. V.* Baden tue ich mich schon nicht wie das [erste beste] Stück Vieh Lorenz S. 37).[5])

¹) *Tepl* (< tschech. *teplo*) erscheint nur in älteren Urkunden als Femin.: *Franz von der Tepel* Egerer Urk. d. 14. Jahrh. Trötscher S. IV, *abt von der Töpel* Baier 278 (vom Jahre 1567).
²) Oösl. kann der Art. bei *Wein.*, *Ost.*, *Pf.* fehlen.
³) Auch öst.
⁴) Mhd. *anspin*, *enspin* = Spinnwirtel: Neubauer Id. 35; vgl. Mannl S. 11.
⁵) Im Öst. zeigt der Vergleich im allgemeinen dieselben Formen.

§ 395. 6. Vor pluralisch flektierten substantivierten Kardinalzahlen
s gäiht in di Hunnət, Tåusnd in die Hunderte, Tausende, der Betrag
war *hàuch in Hunnətn, Tåusndn,* vgl. *Er ist hoch in den Sechzigen,* [1]
könnte sich der bestimmte pluralische Artikel auf die bestimmte, be-
kannte Reihe der Hunderte (Ein- bis Neunhundert), der Sechzig (Ein-
bis Neunundsechzig) usw. beziehen; auch *in di Hunnət* (= beiläufig
Einhundert) könnte ähnlich zu verstehen sein, nämlich *an den Zahlen-
raum zwischen 100 und 199 heran-* oder *in denselben hineinreichend,* [2]
wobei der bestimmte pluralische Artikel also ebenfalls auf eine Mehr-
heit, eine bekannte Reihe von Zahlen hinwiese, nämlich auf *die Hundert*
oder *die Einhunderter* d. i. die mit 100 gebildeten Zahlen zum Unter-
schied von *den Zwei-, Dreihundertern* usw., nicht auf *die Hunderte* zum
Unterschied von *den Tausenden*; vielleicht bezieht sich jedoch der Plural
bei *in di Hunnət* oder *in di hunnət G(ü)(d)n* bloß auf den Mehrheitssinn
der einen Zahl (100) und der bestimmte Artikel soll lediglich die durch
die Abrundung [3] der Zahl gewonnene Bestimmtheit kennzeichnen. Minder
geläufig ist dem Egerländischen der bestimmte Artikel nach *gegen* (nur
gêchə swånzg: eher der unbestimmte: *gêchə r ə zwånzg*).

§ 396. 7. Der bestimmte oder der unbestimmte Artikel ist zu-
lässig in der Wendung *əum Narren haben* oder *halten,* egerländisch (wie
öst.) *fiən (für den)* oder *fiə r ən (für einen) Nárrn ho(b)m* oder *håltn.*
Ebenso sind in *ən (< den* und *einen) Nárrn* oder *ən Hånswurscht måchn*
(jemandem und: aus einem) formell und dem Sinne nach beide Auf-
fassungen des Artikels statthaft; doch scheint mir der unbestimmte Artikel
angemessener. Sicherer ist die letztere Auffassung in der formell ebenso
zweideutigen Wendung *Wåu gitt 's ənn ən zwäitn?* Wo gibt es denn
einen zweiten [4] = einen seinesgleichen?

§ 397. 8. Nicht in der heutigen Mundart, aber im Volkslied be-
gegnet der bestimmte Artikel vor *mancher* im Plural: *'S stäiht an Månchan*
(Plur. den Manchen) *neat àa(n)* HTV S. 208 N. 194 Plan (falls hier nicht
der unbestimmte Artikel *ə (ə månchə)* dem unzweifelhaften Plural [5] ange-
glichen worden ist).

---

[1] Alles auch öst.

[2] Die letztere Bedeutung glaube ich neben der ersteren (der Annäherung an 100 als
oberste Grenze, vgl. ῥαῖς εἰς τὰς τριακοσίας) öfter beobachtet zu haben.

[3] Gegenwärtig treten fast nur Zehner (10, 20 usw.), Hunderter (100, 200) usw. so
auf, bei Baier auch andere, z. B. 123 *Costnitzer Bistumb hat . . . biess in die 350 clöster
und in die 1700 kirchen*; ebda. 199 *sein mehr als in die 150 menschen verbrunnen*; solche
Zahlenangaben mit *in* begegnen übrigens in älteren Urkunden auch ohne Artikel: *biß in 10000*
(fl.) Urk. v. J. 1437 Egerer Chron. S. 258 N. 1069; *in drithalb tausent pferd* Urk. v. J. 1553
ebda. S. 388 N. 1212. Bei dem formelhaften *in d'Müllion (dåu håud's Flüign drinna in
d'Million eini* Lorenz S. 26. *Speck und Fett in die Million* Nik. Krauß Lene, Berlin 1901
S. 62) = *in Hülle und Fülle* liegt nach meinem Sprachgefühl der Singular vor.

[4] Das Öst. zeigt hier wie bei *dn Narrn* m. deutlich den unbestimmten Artikel. Bei
der natürlichen Bestimmtheit des Ordnungszahlwortes ist es begreiflich, daß das Nürnberg.
und Bayr. in dem unserer Ma. (auch der öst.) nicht geläufigen Plural den bestimmten
Artikel der artikellosen Form (*Zweite*) vorzieht: *səg måu, wous di zweitn* (ihresgleichen) *git*
DM I 286 Strophe 4, vgl. ebda. 288 Anm. 5.

[5] Nach der Endung *-an* (§ 355); der Dat. Sing. lautet nur *månchn.* Über den un-
bestimmten Artikel bei *mancher* § 408.

§ 398.   Die durch den bestimmten Artikel angedeutete G a t t u n g s -
b e d e u t u n g des Singulars (der sogenannte g e n e r i s c h e S i n g u l a r) ist
für den Gang des volkstümlichen Denkens von Haus aus nicht durch eine
Kluft von dem individualisierenden Singular geschieden, sondern läßt sich
in letzter Linie mit der Anaphora individueller Begriffe vermitteln, inso-
ferne das Volk gewohnt ist, die Gattung nicht begrifflich durch ihre
Merkmale, sondern repräsentativ durch einen bekannten Vertreter vorzu-
stellen ¹) (vgl. § 335). Doch ist der generische Singular mit dem be-
stimmten Artikel auf wenige Fälle beschränkt; man hört etwa *də Mensch*
= man, *də Báuə*, *də Ruß*, *də Türk*, ferner Wendungen wie *Háiˉt gäiht
də Schli'(d)n* u. a. Dazu kommen weitverbreitete sprichwörtliche Redens-
arten wie *Schául k* (< *d*') *Káts m Káisə* ²) *r oſ*; *Wöi k* (< *d*') *Káts
ümmən Brái gäiĥˉ*; *Wöi də r Oks vorn nái̯ Táuə stäiĥˉ* ²) u. dgl., in
denen übrigens die streng generische Bedeutung durch den Eindruck
eines Fabelanklanges mehr oder weniger verwischt werden kann.

Im übrigen begnügt sich das Volk allenthalben gerne mit empiri-
schen Mehrheiten an Stelle der begrifflichen Gattungseinheit (*d'Seldá(d)n
səʒgn háiˉtsəſ̄öch wos və də Welt*, nicht *der Soldat sieht* usw.), oder es
bleibt am liebsten noch um eine Stufe tiefer bei der Vorstellung des
beliebigen Einzelfalles stehen (*ə Seldàt siəht h. w. v. d. W.*).

§ 399.   Von den angegebenen und einigen kleineren Unterschieden
abgesehen kennt die Mundart das a r t i k e l l o s e S u b s t a n t i v in den
meisten der nhd. Schriftsprache geläufigen Fällen (mit Ausnahme des
vorgesetzten attributiven Genitivs, z. B. *Nachbars Garten*), so

a) in den Singularkasus mit Ausnahme des Dativs

1. ausschließlich im Vokativ (wo im Mhd. noch bestimmter und
unbestimmter Artikel stehen kann: Paul Mhd. Gr. § 224, 1);

2. im Nominativ und zwar sowohl gelegentlich im Subjekt ⁴) (*Wṳd
niət bàl Rou weən?* Wird nicht bald Ruhe werden?) als im Prädikat
(*Eə r is Burchəmàistə* = Er ist Bürgermeister; dagegen *Eə r is də
B. = Er ist B.* des hiesigen oder des in Rede stehenden Ortes, bisweilen
— je nach dem Ton — auch *Er ist der auf diese Würde stolze* oder

---

¹) Mancher vom Standpunkt der logisch vorgeschrittenen Schriftsprache generisch zu
fassende Artikel hat im Bewußtsein des Volkes seinen durch die Situation oder den Zusam-
menhang individualisierten Sinn. Man spricht z. B. von einer Eisenbahnfahrt: *Virəg Kráiəə
kost d'Fárt*; *essn w(ü)l̵ məˉr d̵ wos, ʒ r is də G(ü)ʎ(d)n wł̵g* (so ist der Gulden weg): das
kann heißen: Der durch das Fahrgeld angebrochene Guklen, den man etwa als Grenze der
Auslagen gedacht hat, ist vollends verbraucht, sobald man etwas ißt.

²) Nöst. *an Fischof* (mit dem Reim *is á do ó gweichtá Man*).

³) Ähnliche Wendungen mit *d'Káts* und *d'Kua, der Oks* im Ost.

⁴) *Vater, Mutter* (ebenso *Onkel*) können außer in Verbindungen wie *Vódə r u Moudə*
(vgl. S. 349 Anm. 3) den Artikel überhaupt nicht entbehren. Häufiger ist artikelloses Sub-
jekt nur (wie anderwärts, vgl. *Knabe sprach*) im Volkslied, z. B. *Bettelweibel wollte woll-
fahrten gehn, hejuha! Bettelmannel wollte auch mitgehn* HTV S. 219 N. 212 d (Teplitz),
selten hingegen in Sprichwörtern: *Dös is Hout wöi Kappm* oder *D. is Scháugəs wöi Maugəs,*
beides = *Dös is ghupft wöi gisprungə* oder *ghaut wöi gistochn* = einerlei; aber nicht wie oöst.
Dúrnach Sach, dárnach Sprach, Dúrnach War, dárnach Geld Stelzhamer Ma. D. I 164
N. 11, 153 f. (häufiger ist wohl auch hier der Artikel); auch henneberg. *Nàchdám wòər,
nàchdám geld* DM II 411 N. 118.

pochende B.; *E3 r is 3* [ein] *B.* = *Er ist einer unter mehreren etwa an-
wesenden B.* oder überhaupt *Er gehört der Klasse d. B. an*); ebenso in
dem an Stelle des Genitivs getretenen Nominativ nach *Haufen* u. dgl.
(§ 362);

3. im attributiven Genitiv ¹) nur bei *Gottes* (vgl. § 373);

b) artikelloser Plural bezeichnet in allen Kasus auch in der Mund-
art die nach Zahl, Menge und anderen Eigenschaften unbestimmte
Mehrheit;

c) ferner fehlt der Artikel bei e i n z e l n e n S u b s t a n t i v e n, so
bei *Gott* (vgl. § 389 Schl.), bei einem Teil der Länder- und Ortsnamen,
besonders im Nominativ (*Sàksn*, *J3ch3* Eger), aber auch nach Präposi-
tionen, besonders mit dem Dativ (*v3* oder *ds Ámeriká*, *df*, *v3 J3ch3*),
ferner bei Stoffnamen, insofern der Stoff ohne jede nähere Bestimmung
nach Menge oder Beschaffenheit gedacht wird (*Böi3 trinkn*, *Bràut essn*,
Hd Heu *fressn*; hingegen *3 Böi3*, *3 Bràut* = ein Glas Bier, ein Laib oder
ein Stück Brot, vgl. § 401, I *b*); ³)

d) bei Verbindungen des Substantivs und zwar

1. mit dem selbständigen (nicht als Kompositionsglied gefühlten)
Genitiv (*s Broud3s Wái*, wie allgemein nhd., gegenüber mhd. *die Hagenen
vrdge* ³) Paul Mhd. Gr. § 190, 3);

2. mit einem Adjektiv, jedoch nur in adverbialen Bestimmungen
wie *hdĩ tichsfochs*, *màistntàls* u. a. (vgl. § 497, 2);

3. mit dem Demonstrativ- ⁴) oder dem Possessivpronomen; ⁵) die
neuere Verbindung beider (*uss diser üwer botschaft* N. Wyle Wunderlich
Satzbau II 69) ist der Mundart fremd;

4. mit Präpositionen, jedoch nur bei adverbialer Bedeutung des
Präpositionalausdruckes; ⁶) so besonders mit *su*: *s'Ack3 fà3n* = auf das

---

¹) Der Objekts-Genitiv fehlt gegenwärtig (§ 367 Schl.).

²) Alles auch öst.

³) Auch noch Pernegg. *der Grafen Hund* = der Hund des vulgo Graf: Lessiak
§ 122 *b* γ, altenburg. *die Schmidts Jette*, in Zwickau *der Kühns Emil* Weise § 107, 3 (der
wenigstens von der naheliegenden Auffassung dieser Verbindungen als Zusammensetzungen
nichts erwähnt). Das gottscheew. Volkslied kennt hier den doppelten Artikel: *di grwwns d
güeter* (des Grafen Güter) *bernd àlle dain jain* Schröer WBG 174 [440].

⁴) An das Griechische (vgl. *ἐκεῖνος ὁ ἀνήρ*) erinnert der nach *jener* gesetzte Artikel
im Gottscheew.: *üm ins dàs schiane dianle* um jenes schöne Dirnlein: Schröer WBG 103
[267], falls hier wirklich *ins* = jenes (und nicht etwa = *eins*) ist.

⁵) Abweichend vom Ahd. und Mhd. (Wunderlich Satzbau II 69 f.), aber übereinstim-
mend mit dem As. (Behaghel Hel. § 45). Die frühere Verbindung mit dem Artikel bieten
ältere Quellen (Elbogner Chron. S. 2 Z. 11 v. u. *an schaden der vam Elbogen und aller der
iren wrath und gutere*) und das Volkslied (*Ich bin in d' mein Hàusata ahũa(n)* HTV S. 210
N. 199 *b* Littlitz) sowie andere Mundarten (z. B. die der 7 und 13 comm. *dar ünsar got*,
jedoch hier wohl nach ital. *il mio* u. dgl. Schmeller Cimbr. WB 55 [112]). Das Gottscheew.
setzt den Artikel hinter das Possessiv: *main dar liebe* mein Lieber: Schröer WBG 167 [433]
f., vgl. 64 [228] *dain*. Dieselbe Nachsetzung begegnet in einem bayr. Segenspruche *hilf mir
und mein dem lieben Kind* Meyer DVK S. 265.

⁶) Solche Ausdrücke halten schon im Ahd. den Artikel fern, solange nicht deiktische
oder anaphorische Bedeutung desselben vorliegt: Wunderlich Satzbau II 68.

Feld fahren, um zu pflügen: Neubauer Id. 32. Mannl S. 8, vgl. mhd. *sacker gân, sackere varn* Schmeller I 32; *s'Fell gäiK̄* zu Felde gehen, namentlich, um den Stand der Frucht zu beschauen, *zendst* (< *s'Endes-t*, vgl. § 497 Schl.); *s'Fouß* zu Fuß[1]) *(gehen)*, *s'Foußn*, *s'Kopfm* = am Fuß-, Kopfende des Lagers, vgl. S. 317 Anm. 3, *s'Mark* zu Markte, z. B. *Dös gäiht niət s'M.* = Das ist unerhört;[2]) *s'Au(b)mds*, *s'Mittöch*, *s'Nachts* (vgl. § 497, 2), *häĩ̄tzətöch* heutzutage; *s'Fläiß* = absichtlich;[3]) *s'Ghäiə* zu Gehör, z. B. jemandem etwas *s'G. riə(d)n* = so reden, daß es jemand hört und merkt, daß das Gesagte auf ihn gemünzt ist,[4]) *s'Göld machn*, *s'Opfə trōgn* = in der Kirche opfern (Lorenz S. 12, vgl. Schmeller I 120), *s'Plōs*[5]) oder *s'Press*[6]) *gäiK̄* = zugrunde gehen, verbraucht werden, besonders von Kleidern, Schuhen u. dgl., *s'Riəd weən* über etwas = auf etwas zu reden kommen,[7]) *s'Tàud* zu Tode, z. B. sich ärgern,[8]) *s'Truz* zu Trotz, auch *s'Gvàttən stäiK̄* bei der Taufe (zu) Gevatter stehen, und wie nhd. *zugrunde, zu Herzen, zuliebe, zurecht, zurück, zu Schanden, zuwege* u. a., aber nicht *zu Berge*,[9]) *zu Bett, zufolge, zu Handen, zu Hause, zu Lande, zuleide, zu Pferde* (höchstens im Kinderlied *Reita zu Pfer(d'* HTV S. 387 N. 52 d Plan), *zu Raude, zu Roß, zu Tal, zuteil, zu Tisch, zu Wagen, zu Walde, zu Wasser* u. a.; ferner mit *auf*: *áf Buff* oder *Pump* = auf Borg,[10]) *áf Urláub*; aus: *ás Zorn, Gschpás, Ernst; bei: bə Záit*, mhd. *bezîte, bəlái* beileibe, vgl. § 122 S. 78, aber nicht *b. Tag, b. Nacht, b. Licht, b. Sonnen-, Mond-, Kerzenlicht* u. dgl., *b. Laune, b. Trost, b. Tisch, b. Sturm, Regen, Frost* u. dgl., sondern nur *bən Tŏch, bə də Nacht* neben *s'Nàchts*;[11]) *gegen*, egerl. *géchə*, abgeschliffen *gé, gə: géchə Tŏch* gegen Tag, z. B. Baier 479, *géchə Mittŏch, géchə* und *géchən* (< gegen den) *Au(b)md. gəbárch, gəbárch* gegen Berg = bergauf, dann überhaupt *aufwärts*, z. B. *d'Häuə* (Haare) *stängə r àin gəbárch*,[12]) *gətōl* gegen Tal = *stark abschüssig*, nicht überhaupt *abwärts* wie mhd. *ze tal*:[13])

---

[1]) *Zu Füßen* (fallen) wird lieber gemieden (dafür *Eə r is vor in áf k* [< *d'*] *Knvi nidəgfalln*). Statt *zu Kopf* (steigt etwas) sagt man wie öst. *in 'n Kupf*.

[2]) Hingegen in eigentlichem Sinne *nvr I gäih dm* (< auf den) *Márk*.

[3]) Auch *mit Fläiß* oder *mit s'Fläiß* (letzteres auch öst. Nagl Roanad S. 110 zu V. 143 *in woⁱ̄r̄udn*, neben *s'Fleiß*, steir. nur *s'Fleiß* Khull 655).

[4]) Ebenso bayr.-öst. Schmeller I 1156; tir. *s'kear r.* = laut, verständlich r. Schöpf Tir. Id. 275 *horen*; in Zwickau *zum Angehör geben* und *kriegen* O. Philipp HLZ V 7.

[5]) Wohl mit *Plats, Platser* (in Franken, Schmeller I 464 *platzen*) = Knall, Schlag zusammenhängend; *Platzə* und *Platzn (mit də Gäiß)* sind auch egerl.

[6]) Vgl. mhd. *presse* Schar, gedrängter Hanfe, Gedränge, bayr. *in der Preß sein* in großem Gedränge, in Verlegenheit, Angst, in der Klemme s. Schmeller I 471, vgl. Khull 115. Lexer Kärnt. WB 41. Crecelius S. 204.

[7]) Auch bayr.-öst. Schmeller II 54 b.

[8]) Oost, auch *s'Tod froh sein*. Bei Baier 743 mit dem Art.: *hat sich ... zun todt gefallen*.

[9]) Schles. *ze barge* (stehen die Haare) DM III 245 N. 130, vgl. unten Anm. 12.

[10]) Beides in gleicher Bedeutung auch bayr.-öst. Schmeller I 213 *buffen* 392 *anpumpen*, ersteres z B. auch obhess. Crecelius 218.

[11]) Im Egerer Froul. 531 mit umgekehrter Präposition *Es sei pei nacht oder su tag. Bei Gott!* ist mir nur im Volkslied *(ba Gott s.* B. HTV S. 195 N. 173 Plan-Eger), nicht in der Verkehrssprache begegnet. Bezüglich der Formeln mit *aus* (auch *in*), *bei* stimmt das Öst. überein.

[12]) Vgl. *gegen perg* in letzterem Sinne bei Megenberg und bayr.-öst. *gé Berg stin* (vom Haar) Schmeller I 273.

[13]) *Ze, gegen* und *gen tal* = abwärts auch bayr.-öst. Schmeller I 597. MB § 753 (*se T.* nicht oost., wohl aber *ge, na(ch) T.*).

Dàu gäihts gɔſöl di͞ = Da geht es steil abwärts; *halber* : *àltɔs-*,[1] *schàntns-hàkwɔ*; *hinter* : *hintɔrucks* hinterrücks; *in* : *in Frid* oder *in Rou làuɔ* = in Ruhe lassen, auch *ingiɔgn*, ahd. *ᵴegᵃgᵃnᵉ*, gehört hieher; *mit* : *mig* (< *mid*) *Gwàlt*, *mit Fláiß*; *nach* : *nàu* und *nàu'n Gustɔ* nach Gusto, nach Geschmack, gelegentlich auch *nàu Hungɔ* essen, aber nicht *nach Hause*, *nach Wunsch*, *nach Belieben*, *nach Maßgabe*; *über* : *irwɔ Lànd gäih͞*, *irwɔ Dàɔ̌k essn* = über den Appetit hinaus essen : Neubauer Id. 105, vgl. mhd. *über* (*âne*, *sunder*, *under*) *danc* = wider Willen, *irwɔréks*, mhd. *über ecke*, *irwɔ-háp(t)* oder *irwɔháps*, aber nicht *über Tag* oder *tagsüber*, *über Gebühr*; *unter* : *untɔ Töchs* = zwischen Morgen und Abend,[2] aber nicht *unter-wegs*; *vor* egerl. > *vɔ*,[2] *v. Hungɔ* (neben *vɔn* < vom *Hungɔ*), *v. Zorn* oder *v. Gàl*, *v. Làchn*, auch *vɔhàndn* vorhanden, wenigstens im Volkslied : *Wia(r) ih vahàndn sa(n)* Werde ich zur Stelle sein HTV S. 174 N. 130 *a* Plan-Eger; endlich mit dem fremden *per* in der Stadtmundart: *per Bàhn* = echt mundartl. *áf dɔ* oder *mit dɔ Bàhn, per Áks* = *áf dɔ r Áks*.[4]

e) Auch die Verbindung zweier artikelloser Substantiva durch *und*, oder[3] (wobei der Hauptton auf das zweite Substantiv fällt: Grimm Gr. IV 409, 4, *c*) ist im Nom. Akk. wie nach Präpositionen abgesehen von den reimenden und reimlosen Formeln in Weistümern und anderen älteren volkstümlichen Rechtsquellen[6] in der Mundart minder häufig als in der nhd. Schrift- und in der Umgangsprache. Man hört am häufigsten mit *und* : *Moɔ̌ r u Wái* (*is àɔ̌ Lái* Leib, Sprichwort), *Vödɔ r u Moudɔ* (vgl. S. 349 Anm. 3), *Lái u Sell* (Leib und Seele, im Sprichwort *Essn u Trinkn hält L. u S. ᵴsàmm*), *Hund u Kàtz* (sich vertragen, mit einander leben *wöi H. u K.*), *Hout u Kàppm* (versaufen, verschlafen), *Knàl u Fàl*

---

[1] Vgl. Goethes M. Br. I 59 N. 24 *Alters wegen hätten Hochdieselben noch lange Sich auf diesem Erdenrund aufhalten . . . mögen.*

[2] *Untɔ Mittögn* = *zwischen 11 und 1 Uhr mittags* ist wohl pluralisch zu fassen (an das mhd. schwache Mask. *-tac*, *-tage* in *siechtac*, *wítac*, das egerl. Übrigens *Wáiding* lautet, ist nicht zu denken), also = *in den Mittagstunden* (über 11 Uhr als Mittagszeit in Bayern vgl. Schmeller I 1691). *Zwischen Liechten* zwischen Lichten = im Zwielicht, in der Abend-dämmerung (mhd. *zwischen liecht*, *sw. liechtes* Lexer I 1907) ist mit Rücksicht auf steir. *Zwüschenliehte* f. Khull 661 (mhd. *swischenlieht* n. Lexer III 1220), oöst. *zwischen dá Liachten* (Stelzhamer Ma. D. II 189 N. 22, 1, Gen.? vgl. Schmeller II 1184. Mhd. WB III 955 ᵃ, 1 ff. Grimm Gr IV 941 und das eben angeführte *sw. liechtes*; sonst oöst. auch *sw. L.*), bayr. *unter der*, *hinter der Liechten* oder *Liechtzeit* (neben *unter*, *hinter*, *zwischen Liechten* Schmeller I 1430, auch tir. *zwischen Liechten* Schöpf Tir. Id. 390) und eichstätt. *Fäts mach mɔ liechtn* = jetzt machen wir eine kleine Arbeitspause in der Dämmerung (H. Weber HI.Z V 169 N. 433) vielleicht doch vom schwachen Femin. *liehte* = Tageshelle, Tag (Lexer I 1908) abzuleiten, wird aber gegenwärtig eher als Plural empfunden, vgl. Übrigens die bei Schmeller u. a. O. aus Notkers Mart. Capella ausgehobene Stelle *under zuisken liehten* = *inter binas luces* (nach Schmeller Vermutung *zwischen dem Tages- und dem künstlichen Liecht*).

[3] *Von* (> *vɔ*) tritt bei Appellativen nicht ohne Artikel vor: *vɔn* (< vom) *Herzen.*

[4] *Schandenhalber*, *hinterrucks*, mit *Gewalt*, *nach Gusto*, *überhaupt* und *überháps*, vor *Hunger* (*Zorn*, *Gall*, *Lachn*), *mit dá Bahn*, *Áx* auch oöst.

[5] Ältere Beispiele bei Wunderlich Satzbau II 67. Die Verbindung mit *nicht — noch* (*Nicht Kind noch Kegel*) ist unserer Ma. fremd (vgl. § 49, 2).

[6] Auch in formelhaften Ansprachen, z. B. der des Hochzeitsladers (Prokurators) oder des Brautführers im Egerlande finden sich Formeln wie *über Rain und Stein* (geht der Hochzeits-zug zur Kirche) Grüner S. 48. 50; *über Wies' und Rain*, *zu Tanz und Schers*, *mit Hand und Mund*, *auf Gass' und Straß'* u. I. John Sitte S. 116 Z. 3. 11. 26, S. 137 Z. 19; vgl. in einem ähnlichen Hochzeitspruch bei Stelzhamer *D'Áhnl* nach 1510 (Ma D. II 159) *von Kuchl und Keller* (neben *über die Gassen und Straßen*).

(fortmüssen, § 360), *Zäit u Wál* (im Sprichwort *Z. u W. is ungláich*),[1] ferner mit geschwächtem *ə* (< *u*, vgl. § 49): *How-ə-Gout* Hab und Gut, *Tōch-ə-Nàcht*; hieher gehören auch *Semml-ə-M(ü)lch, Buttr-ə-Bràut, Heĩng-ə-Bràut, Kás-ə-Bràut* (vgl. § 24; die letzteren drei, auch mit vorantretendem unbestimmten Artikel = ein Stück Butterbrot usw., tragen wie Zusammensetzungen den Hauptton auf dem ersten Worte): mit *oder*: *Kuəpf odə Àdlə!*[2]) Kopf oder Adler! (Ruf beim Spiel mit geworfenen Münzen). Präpositionalverbindungen dieser Art sind *áf Lēb)m u Tàud* (*áf Er und Tōd* ist eine unter Schulkindern in Plan bekannte Beteuerungsformel), *áf Murd u Brànd* (§ 360), *mit Schànd u Schpuət* mit Schande und Spott, *mit Háut u Hauən, mit Hend u Füßən* (zeigt im ersten Teil gebundene Flexion, vgl. § 427), *irwə Hols u Kuəpf, zwischə Fell u Fláisch* zwischen der Haut und dem Muskelfleisch;[3] ungebräuchlich sind dagegen *Jahr und Tag*,[4]) Roß und Reiter (oder *und Wagen*), (*mit*) *Herz und Hand*, (*mit*) *Kind und Kegel*, (*mit*) *Weib und Kind, mit Mann und Maus, mit Fug und Recht, in Freud und Leid, in Krieg und Frieden, über Stock und Stein, zwischen Abend und Morgen, bei Tag und Nacht*[5]) u. a.

Häufiger als die artikellose Verdopplung des Substantivs mittels einer Präposition (*von Haus zu Haus*) sind die Wendungen mit *ein — ander*: *və àin Háus zən ànnən*[6]) oder *zən à. H.*

§ 400. Der sogenannte unbestimmte Artikel, der sich in der Mundart durch seine proklitischen abgeschliffenen Formen von den vollen Formen des zählenden und unbestimmten Pronomens *ein* unterscheidet, vereinigt gleichwohl auch in der Mundart die stark abgeschwächten Bedeutungen dieser beiden, d. h. er verbindet den vereinzelenden mit dem indefiniten Sinn, wobei der Zusammenhang entscheidet, ob eine und welche der beiden Bedeutungen stärker hervortritt.

§ 401. Jener vereinzelende Sinn hebt den Begriff

I. bei Konkreten

a) aus einer Klasse oder Gruppe von gleichartigen Einzeldingen, und zwar bei Appellativen wie allgemein von Dingen gleichen Namens und gleichen Gattungscharakters (*ein Baum*), bei Eigennamen nur von Personen und Dingen gleichen Namens (*Dös is á r ə Hofmànn* Das ist auch ein Hofmann = Dieser heißt auch H.[7]) *Bə Màriəbōd is á r ə Ndi-*

---

[1] *Tàud u Tàif* hat immer *allen* bei sich: *Aln T. u T. á͞ifretən*; ebenso öst.
[2] Öst. *K. odá Wuppen*.
[3] Alles mit Ausnahme von *Hut und Kappe, Semmel und Milch* u. ä., *auf Ehr und Tod, zwischen Fell und Fleisch* auch dem Öst. geläufig.
[4] Dieses (*J. u. T. jemanden nicht gesehen haben*) in Ruhla Regel 210.
[5] Alle bis auf *Ross und Wagen*, wohl auch (*über*) *Jahr u. Tag, Weib u. Kind* auch öst. ungebräuchlich.
[6] So auch öst.
[7] Auch die Zugehörigkeit zu einer Familie bezeichnet man gelegentlich mit *ein* (namentlich in Verbindung mit Attributen: *Dös is ə kloinə Hamməəchmid* = Dieser Kleine gehört der Familie H. an), bisweilen auch mit Betonung der geistigen Familienphysiognomie (*Mußt ə nitt ə H. sã!* = Müßte er nicht ein H. sein, mit Ellipse des Vordersatzes *Wenn er diese Eigenarten nicht hätte*). Ein *Raphael*, ein *echter Beethoven* = ein Werk von R., B. u. dgl. ist der Mundart fremd.

dorf = Bei Marienbad liegt auch ein Ort namens Neudorf), aber nicht von solchen gleichen Gattungscharakters bei verschiedenem Namen (*ein Napoleon = ein Mann wie Napoleon*, [1]) es wäre denn, daß der Eigenname selbst appellativischen Charakter an sich trägt (*Dös is ə Kàschpə, ən okwərə Hàns*, vgl. § 285);

b) aus der ungegliederten Masse eines Stoffes. [2]) Hier kann der Nachdruck auf der vereinzelenden Bedeutung liegen, während an die Stelle der indefiniten durch den Zusammenhang gewisse Bestimmungen der Beschaffenheit (*I ho scho ə Möll əf d'Köichls kəfft* ein Quantum Weizenmehl, natürlich von der für die »Küchlein« [3]) geeigneten Beschaffenheit), besonders aber der Menge des Stoffes treten. Diese Mengenbestimmung ist

a) schon mit der Angabe des Gefäßes gegeben: *U in 'ran klàin Sackrl an Gröis u a Möhl, In a 'ran Schalrl a Butta, In 'ran Schachtrl an Zucka U in 'ran Hefrl a Schmàlz, In 'ran Töghrl* Tiegelchen *a Sàlə* HTV S. 28 N. 47 Plan; oder

β) ein bestimmtes Gefäß als Begrenzung und Maßbestimmung schwebt wenigstens vor: *Wos gàngha denn döi Màidla In Summa ümm 'ra Gros* = Warum gehen denn diese Mädchen im Sommer um ein Gras, das entweder im Rückenkorb oder auf dem Schiebkarren geholt wird, also = *um einen Korb oder eine Karrenlast Gras* HTV S. 121 N. 30 Eger-Plan; *ə Wàssə, ə Böü* = ein Glas Wasser, Bier, *ə Wài* = eine Flasche, ein Glas Wein, *ə Kəffl* = ein Topf, eine Schale Kaffee, *ə Tinkn* = ein Fläschchen Tinte usw.; [4])

γ) der Artikel erinnert an die erfahrungsmäßige Einzelgestalt, in welcher der Stoff auftritt, und dadurch mittelbar auch an eine bestimmte Menge (*I kəff ə Bràut, ən Towàk, ə Pàpiə* = Ich kaufe einen Laib Brot, ein Päckchen Tabak, einen Bogen Papier u. dgl.; dagegen *I iss ə Bràut* = Ich esse ein Stück Brot); ähnlich auch an die Erscheinungsform und damit an den Umfang der Erscheinung wie bei *ə Fàiə* ein Feuer = ein Brand, z. B. *Géstən woə r in Làəm ə F.*; oder = Feuer auf einer Feuerstätte, Ofenfeuer u. dgl., z. B. *ə Fàiə màchn*; oder = Glimmen des Tabaks, z. B. einem Raucher *ə F. gə(b)m* usw.; *ə Löicht* ein Licht = eine Kerzen- oder Lampenflamme, z. B. *ə L. màchn*, dann die brennende Kerze oder Lampe selbst: *ə L. əm Tisch stölln*;

δ) der Artikel vermittelt ganz allgemein die Bedeutung eines Teiles, Stückes, einer unbestimmten Menge: *ə Glös, ə Pěch, ə Zuckə* =

---

[1]) Statt *ein zweiter N.* sagt man lieber *Dös is də rwàit N.*; das unter *a)* Gesagte gilt auch öst.; vgl. *z.* B. Stelzhamer Ma. D. I 302 N. 66 (*Dö Soldàdnwödl*), 56 *Stelzhamer, Stelzhamer — kennen mà koan'n, d Stolzhamer dəmt wohl!*

[2]) Der ausgedehnte Gebrauch dieses Artikels scheint mehr dem Südd. anzugehören, vgl. Grimm IV 411. 651 Anm. Schmeller I 86. MB § 770 (auch öst.). Lexer Kärnt. WB 82 *ein,* 1. Schweiz. Id. I 273. 4: schon das Altenburg. besitzt ihn nicht mehr in vollem Umfang: *ein Nordhänser, ein Kümmel,* aber nicht *ein Wasser, ein Brot* Weise § 137.

[3]) Über diese vgl. John Oberlohma S. 125.

[4]) Wirkliche Ellipse einer Maßbestimmung (wie Binz § 59 für die wenigen baselst. Fälle annimmt, vgl. auch Wunderlich Satzbau II 50) ist schon durch die Übereinstimmung des Artikels im Geschlechte ausgeschlossen (*ən Wài* einen Wein), vgl. Weise § 137.

ein Stück Glas, Pech, Zucker, *» Möll* etwas Mehl, *» Láimət* ein Stück oder etwas Leinwand, *» Göld* etwas Geld,[1]) z. B. *a Göld braucht ma r àlatwal* Lorenz S. 31; *Haust » kloi⁻s Göld?* = Hast du etwas Kleingeld? u. dgl.; ebenso *» Lüft* etwas Luft, z. B. *'s* (es, das unterirdische Feuer) *braucht san brinna niad amàl a Luuft dazou* Lorenz S. 13 u dgl.;

ε) der Artikel tritt endlich gewohnheitsmäßig oft selbst in solchen Fällen ein, wo es sich nach neuhochdeutschem Sprachgefühl bloß um die Bezeichnung des Stoffes als solchen handelt: *Dös is » Glōs* = Das ist Glas, *I trink » Bois*[2]) = Ich trinke Bier (neben *Dös is Glōs, I trink Bois*); dies gilt auch für Vergleiche mit einem Stoffbegriff, bei denen es doch nur auf die Art des Verglichenen ankommt (vgl. *wfz alsam ein snd* Paul Mhd. Gr. § 224, 2): *Dea wàa r in gänan Gsicht wöi » Blout* (Er war im ganzen Gesichte wie Blut sc. so rot) oder *wöi » Waks* (wie Wachs sc. so bleich, gelblich), *d'Wesch wàa wöi » Schnäi*, eine Frucht *is wöi » Heǧ*, eine Rübe *is wöi » Butto* usw. Das tertium comparationis wird entweder wie in den gegebenen Beispielen gar nicht, oder nach- (*wöi » Waks sua gel*), in gewissen Fällen auch vorgesetzt (besonders in hyperbolischen Vergleichen: *hirt wöi » Stoǯ, sàch wöi » Léda* u. dgl.).

Wo jede Begrenzung des Begrifes absichtlich vermieden wird, fällt der Artikel natürlich weg: *Dea hàut Göld wöi Mist.*[3])

§ 402. II. Auch bei Abstrakten kennzeichnet der Artikel

a) die Vereinzelung des Begriffes aus einer Gruppe gleichartiger; so bei allen Abstrakten: *Ea hàut » Recht dráf* ein in bestimmter Gesetzesform nachzuweisendes R., also einen bestimmten Rechtsanspruch, gegenüber allgemeinem *Ea hàut rēcht* oder *rest* Er hat recht = Das Recht ist auf seiner Seite, auch bloß = Er spricht wahr; ähnlich *Öitza hàut » r » Ursàch* Jetzt hat er eine bestimmte Ursache gefunden, aber *Ea hàut Ursàch* Er hat allen Grund, etwas zu tun. *Da Mensch mou » Fráid* irgend eine Art von Freude *höbm* u. dgl.;

b) bei Tätigkeits- und Zustandsbegriffen kann die Vereinzelung auch ohne jeden Nebengedanken an etwas Gleichartiges sich auf die räumlich und zeitlich begrenzte Ausdehnung von Vorgängen und Zuständen beziehen, so außer den Verbalnominibus, denen die Bedeutung des abgeschlossenen Vorganges eigentümlich ist (wie *ein Stoß, ein Hieb, ein Sturz*), auch bei anderen wie *Regen* (*Mia kröign » Reng* einen Regenguß, wogegen *Mia kröign Reng* auch heißen kann: Wir bekommen Regenzeit), *Musik* (*» Müsi màchn* = ein Musikstück aufführen, vgl. *Dau s heint ba da Nàcht gau'ra*[4]) *Musi hobm gmàcht* HTV S. 27 N. 47 Plan), bei Bezeichnungen von Gemütszuständen wie *Zorn* (*»n Zorn hobm* = zornig sein), *Geduld* (*Darumb soltú haben ein gedult* Egerer Fronl. 6527 und so noch jetzt *» Géduld* neben G. *hobm* = einige G., ein

---

[1]) Vgl. Ammann VS II 130 Z. 27 *wer was* (weiß), *hod da Her a Geld*. In einem Regensburger Schreinerspiel v. J. 1618 *Hastu aber ein geǝt bey dir?* Hartmann BII II 9.

[2]) Ebenso öst. *i triŋg à bia* (und *bia*) = Ich bin Biertrinker : Nagl Roanad S. 266 zu V. 314 *grofàr*.

[3]) Alles unter *b*) Angeführte gilt im allgemeinen auch für das Ost.

[4]) Richtiger *gaua r » gar eine*.

gewisses, nötiges Maß von G. h.), *Freude* (*E꜀ häut d꜀zou*, zu einem Handwerk, *꜀ Fräid*),[1] *Schneide* = Mut (*Bou', häust d' a Schneid* HTV S. 180 N. 141 *a* Plan), ebenso bei *Friede*[2] (*Gi ꜀n Frid!* = Laß mich in Ruhe!), *Ruhe* (*Gi ꜀n Rou*, über das Geschlecht vgl. § 318, 1 *a*), *Schande* (*꜀n Leitn za 'ra Schànd* = den Leuten zum Ärgernis HTV S. 182 N. 146 *a* Plan) u. dgl. Über *Dös tout ꜀ gout* vgl. § 150, 11 *c* Schluß.

§ 403. Durch emphatische Betonung und den besonderen Zusammenhang wird der indefinite Sinn von *ein* nach bestimmten Richtungen hin determiniert, so nach der Bedeutung der Menge (*De꜀ häut ꜀* d. i. eine bedeutende *Läng! Dös is ꜀* d. i. eine große, geringe, keine *Fräid!*) oder der Beschaffenheit (*Dös is ꜀* d. i. eine gute, schlechte *Musi* oder *꜀ Böi꜀!* u. dgl. *Dös is ꜀* d. i. eine schöne, häßliche *Bräut! De꜀n wi꜀ r è ꜀n* d. i einen groben *Bröif schräi(b)m!* vgl. den formelhaften Adverbialsatz *daß 's ꜀n Art häut* daß es eine Art hat = ordentlich, tüchtig).[3]

§ 404. Aus der vereinzelnden und indefiniten Doppelbedeutung des unbestimmten Artikels erklärt sich ungezwungen auch dessen weitverbreiteter Gebrauch vor Kardinalzahlen: *꜀ dräi, ꜀ dräiß g* = ungefähr 3, 30, und so auch mit Substantiven *꜀ dräiß g Gàu꜀* etwa 30 Jahre.[4]

---

[1] Vgl. *Ö꜀ hobt's mit nix a Freud* und (einige Zeilen weiter) *Mia hobm mit olln a Freud* HTV S. 211 N. 200 (Strodenitz bei Budweis; ebda. in der Schlußzeile *um Sterbn hobn wir a Zeü*), vgl. *I hon a Fotraud Af und hab꜀ Fraud* Rank Aus d. Böhm. S. 75.

[2] Vgl. *Im Heumohd, im Schnitt Hat mei Diarndal an Fried* = Lasse ich mein Mädchen in Ruhe HTV S. 296 N. 213 Strodenitz. Rosegger Waldheimat II Lehrjahre 4 S. 95 *Jetzt hast auch du ein' Fried.*

[3] Diese Ra. auch öst. Goethes M. Br. I 8 *Die überschickten Lieder werden von mir gesungen und gespielt, daß es eine art und schick hat.* Das in den beiden letzten Paragraphen Ausgeführte gilt im allgemeinen auch für das Öst.

[4] Vgl. DWB III 137, 20 (*ein zehn Taler*); Schöpf Tir. Id. 8 *àin*, Lexer Kärnt. WB 82, *ein* 2. Binz § 61: Weise § 141.

Rein lautlich könnte dieses *꜀* auch aus dem part. Genitiv *ir* entstanden sein. Allein gegen diese von Schmeller I 123 *er* und Nagl in seinen DM I 63 f., 8. 244 f. versuchte Deutung spricht im Egerl.

1. der häufige Antritt eines *n* vor vokalischem Anlaut: *꜀n àcht* (auch öst.). Das Egerl. gebraucht nämlich als Gleitlaut nur *r* (dieses sogar gelegentlich an Stelle des richtigeren *n*: *꜀ r Ok꜀* Gradl MW 417 und so allerdings auch *꜀ r ächt*, neben *꜀n àcht*, *m Ok꜀*); auch andere Maa., z. B. das Westfäl., zeigen hier den deutlichen Artikel: *ne vettig* etwa 40: Jellinghaus Z. f. d. Ph. XVI 88;

2. die indefinite Bedeutung des *꜀*; *ir dri꜀e* hingegen sind *ihrer* (genau, nicht ungefähr) *30*; auch kann eine etwa ursprünglich nach *ir* gedachte Pause des Nachdenkens (Nagl a. a. O.) kann die durch sie erzeugte Bedeutung der unsicheren Begrenzung nicht an *ir* selbst abgeben, zumal

3. dieses *ir* (egerl. nur *ir꜀*, geschwächt *꜀r꜀*, öst. *꜀an.i*) ohne jede indefinite Bedeutung bis heute erhalten ist (*Ir꜀ dräiß g. Dàu wàm ꜀r꜀ dr.*); zur Erzeugung dieser Bedeutung muß vielmehr auch neben dem partitiven Genitiv stets noch jenes *꜀* eintreten ('꜀ wàm ꜀r꜀ ꜀n àcht: vgl. osterl. *mar ꜀in꜀r ꜀wan꜀j* = wir siud genau 20, aber *mar ꜀in꜀r ꜀twang* = wir sind etwa 20: Trebs S. 23). Wenn daher in einem einzigen Falle, nämlich ausschließlich nach Präpositionen, ein *r꜀* (mit vokalischem Ansatz gesprochen auch *꜀r꜀*) allein, ohne hinzutretendes *꜀* in indefinitem Sinn erscheint, so kann dieses trotz der lautlichen Übereinstimmung nicht auf *irer* zurückgehen, sondern muß die (mit dem hängengebliebenen Gleitlaut *r* gebildete) Nebenform des unbestimmten Artikels sein, die auch sonst und zwar eben ausschließlich nach Präpositionen, auftritt: *in ꜀ Hus* oder *in (꜀)r꜀ Hàus* = in ein Haus; vgl. § 473. Ob der mhd. Plural des unbestimmten Artikels an diesen Fügungen beteiligt ist (wie v. Grienberger Z.

Die vereinzelnde Bedeutung des Artikels kennzeichnet die Zahl als einheitliche, runde, die indefinite als ungefähr abgegrenzte Summe. Doch ist die indefinite Bedeutung von *ein* hier sehr schwach, z. T. ist sie sogar fast ganz erloschen, so bei Angaben der Stundenzeit, denen auch vorgesetztes *um* nichts von ihrer Bestimmtheit zu nehmen braucht: *üm ə r* [1]) *àchtə* kann heißen *genau um 8 Uhr* [2]) (unzweideutig allerdings wird der letztere Sinn ausgedrückt durch *gröd üm ə r à., gröd hàut mə r à. gschlögn, wöi . . .*); artikelloses *üm àchtə* scheint mir dem Egerländischen überhaupt nicht angemessen. Daher wird der Sinn der ungefähren Angabe überhaupt, besonders aber bei Stundenangaben, durch vorgesetztes *so* verdeutlicht und verstärkt: [3]) *Dàu bin ih sua r a swàns'g Gàua ban Militär ümmag'schuckat woan* Lorenz S. 7. *Von sua r a fufsigh Gàuan* Gradl E. J. IX 152 N. 4. *Sua r üm ə r àchtə* [4]) (oft noch deutlicher mit hinzugefügtem *ümmé* < umhin = herum: *Suə r üm ə r àchtə r ümmé*).

§ 405. Neben *ən àchtzg Gàuə* kennt auch das Egerländische die weit verbreitete Voranstellung des Substantivs: *ə Gàuə r ən àchtzg*; desgleichen mit *Stück* = Exemplar: *ə sə Stück* [5]) und häufiger *ə Stück ə sə*, so besonders mit Substantiven fast stets in der Umstellung: *ə Stück ə sə Hösn* [6]) (Hasen), seltener *ə sə Stück Hösn*. Die ungewöhnliche Vorsetzung des Substantivs, [7]) vielleicht durch sinnverwandte Fügungen mit *oder (ein Jahr oder swei,* erleichtert, kommt dem Bedürfnis entgegen, zur Aufstellung der unsicheren Zahl Zeit zu gewinnen, weshalb der vor

---

f. öst. Volksk. IV 54 annimmt), läßt sich gegenwärtig nicht mehr bestimmen. Indes hat der Plural des Prädikates auch nach sing. Artikel nichts Widerspruchsvolleres an sich als nach dem sing. Zahlwort *ein (Ein tausend Menschen sind dort gewesen)*.

[1]) *Om ə* ist keinesfalls als *ümə* < *umbe* zu setzen, dessen Endvokal unbedingt abfallen mußte; gegen die Annahme einer bloßen Angleichung von *um* an die Endung der Stundenzahl und des so oft hinzutretenden *hàlwə* (etwa *ümə hàlwə sì(ö)mə*) spricht die Verschiedenheit des Vokals in anderen Maa. (obbayr. *um á halbi rìəbmə* DM III 239) und altenburg. *um ein viere* Weise § 141.

[2]) (Oöst. ist *um dn àchté* = ungefähr um 8 Uhr (gegenüber genauerem *punkto achti*); auch altenburg. *um ein viere* = etwa um 4 Uhr Weise § 141.

[3]) Ebenso öst.

[4]) Einen etwas verschiedenen Sinn vermittelt ein nach *ə* oder *suə r ə* eingeschobenes *pàə(r)* oder *étlé* oder vorgesetztes adv. *gout: ə pàə(r) swàng G(ü)Λd)n, ən étlé dràißg Gàuə* (letzteres bei Lorenz S. 7), *a goud virzə Togh lang* (Lorenz S. 22) = 20 und einige (also 22, 23) Gulden, 30 und einige Jahre, mindestens 14 Tage (eher mehr); öst. nur *án étlé* (nicht *á par*) *30* und *guot* oder *guating (à) 30* = eher mehr als weniger denn 30. (Über die scheinbar fehlende Flexion von *étlé* = etliche vgl. Nagl Roanad S. 321 zu V. 344 *hilichi*, Brenner BH I 142 zu 132, 22 mit weiteren Verweisungen). Andere Maa. verwenden zu Ähnlichem Zwecke auch *ein bißl* (so bayr. *à bissl swoang* = etwas über 20, also 21, 22: Hartmann Volksschausp. S. 563, dem Öst. nicht geläufig); das Gegenteil dazu ist *viele zwanzig Jahre* bei Lessing (worauf Weise § 141 verweist); schles. ist aber *viel swanzig* = eine unbestimmte Menge: Weinhold WB 102 *viel*.

[5]) *Stück* = ein Ganzes, ein Exemplar, bildet den Plural keinesfalls auf *-er*, wohl aber *Stück* = Teil eines Ganzen; daher wären *ə sə Stückə* (< Stücker) = *etwa uhn große Teile* (egerl. auch *Trummə*).

[6]) Im Nöst. steht *à Stig à* nur vor Zahlwörtern ohne Substantiv und nur mit Beziehung auf kleine, leblose Dinge: Nagl Roanad S. 100 zu V. 123 *bå-r-ə drai*.

[7]) Ob dieses selbst als Genitiv zu fassen ist (wie Frommann zu Grübel 100 *á* und neuerdings v. Grienberger Z. f. öst. Volksk. IV 54 annehmen), läßt sich im Egerl. nicht mehr entscheiden. Für den Genitiv scheint die mittelfränk. Form *ə Stückəs* (neben *ə Stückər* DM II 356 f., vgl. auch in Rappenau *Itiks axt* Meisinger HLZ II 249 § 5, 2) zu sprechen.

dem Substantiv stehende stets unflektierte Artikel [1]) dem Sinne nach
nicht notwendig zu jenem gehört, sondern schon zu der vorläufig offen
gelassenen Zahl gezogen werden kann, [2]) die dann, nochmals mit dem
Artikel versehen, [3]) nachgetragen wird. [4])

Die auch in älteren egerländischen Quellen nicht seltenen Verbin-
dungen zweier weiter auseinanderliegenden Zahlen durch *oder* (z. B.
Elbogner Chron. S. 23 Z. 17 f. *ein pferd ader hundert werden mit mir
gein Prag reyten*, ebda. S. 114 Z. 6 f. *ein gesellen oder XXX aufs slosz
zu legen*) stellen sich vom Standpunkte des Sinnes als eine unlogische
Weiterbildung der Verbindung von angrenzenden Zahlen wie *1 oder 2,
3 oder 4* usw. dar (vgl. Eger. Stadtges. v. J. 1460 S. 19 N. 40 *ein person
drai ader vier*); [5]) denn hier liegt der streng disjunktive Sinn (entweder
1 Pferd oder 100 Pferde) oder die Bedeutung der gleichgültigen Ab-
lehnung jeder Zahlenangabe überhaupt (gleichviel ob 1 oder 100 Pf.)
viel näher. Aber auch, wenn man sich diese Bedeutungen durch den
Zusammenhang ausgeschlossen denkt, erhält man zunächst allenfalls den
Sinn einer beiderseitigen Begrenzung (1 oder 100 = von 1 bis 100), aber
nicht gerade: ungefähr 100. Die ind. Formen *ar < ader, er < eder*
(DWB VII 1148. Weinhold Mhd. Gr. § 331) konnten Verbindungen
von ähnlichem Klange hervorrufen wie *2 Stück 2* und so wäre es nicht
ausgeschlossen, daß als Rückwirkung dieses Zusammenfalles in diesen
Gegenden manches aus ursprünglichem *ein* entstandene *2* in der Schrift
in *oder* aufgelöst wurde.

---

[1]) Dies gilt auch von *ein paar*, das im Dat. (*v2*) *r 2 păun* von ein paaren lautet
(ebenso altenburg. Weise § 140); Goethe Claudine v. V. B. v. J. 1775 (W. 38, 133, 18)
Unter ein paaren ists nicht der Mühe werth (zu würfeln).

[2]) Er fehlt übrigens bisweilen ganz: *Gaus r 2n ächt*, besonders *Stücks drdi* (vgl.
Rosegger Waldheimat II Lehrjahre [6] S. 114 *mag ihn*, den Pelzrock, *schon Stuck ein fünf-
zehn Jahr tragen*); *á Jahr* (und *Jahr*) *á zehd, á Stuck* (und *Stuck*) *á z.* auch oöst.

[3]) *Ein Taler achtzig* (wie noch bei Lessing: Erdmann-Meusing II § 37 Schluß, vgl.
Sanders Hauptschwierigk. S. 121 *c*. Schweiz. Id. I 273, 5) kennt unsere Ma. nicht.

[4]) Gegen die Ableitung des ersten *2* aus *der* (Gen. Plur., Schmeller I 123. MB § 775
Anm. **) oder aus *ir* (Nagl in seinen DM I 66) spricht der nur dem unbestimmten Artikel
eigene (vgl. oben S. 361 Anm. 4, 3), beim bestimmten Artikel und bei *ir* aber unverständliche
Wechsel mit *r2* nach Präpositionen (*in r2 Gaus 2n ächtg*): gegen die Deutung des zweiten
2 < ir (Schmeller a. a. O. Stertzing DM II 355. Nagl a. a. O. Trebs S. 23, vgl. aber
dens. HLZ. IV 13 § 13) sprechen die oben S. 361 Anm. 4 unter 1. und 2. angegebenen Gründe;
der Ableitung desselben *2* aus *oder* (DWB III 114. 3. 693 *er*. Schmeller n. a. O.) ist wieder-
um das im Egerl. nirgends bloß als Gleitlaut verwendete *n* (*2 Gaus r 2n ächtg* nicht günstig;
ferner wird *zwar und*, aber nie *oder* zu *2* geschwächt, und endlich ist ja *oder* (gleich *ir*, vgl.
S. 361 Anm. 4, 3) in voller Form zu dem gleichen Zweck der beiläufigen Begrenzung noch
immer gebräuchlich, allerdings gegenwärtig nur zwischen nahe bei einander liegenden Zahlen
(*2 Gaus r od2 zwâs*. *Dâu wâm 2r2* [< ihrer] *fimf od2 szks, fuftg od2 szchtg* u. dgl.) und
zwar auch neben jenem *2* (*2 Gaus r 2 fuftg od2 zechtg, 2 fuftg od2 r 2 zechtg*) und so wäre
es schwer verständlich, wie *oder* zu *2* werden, daneben aber in völlig gleicher Funktion in
ungeschwächter Form fortbestehen konnte. Auch von der hier zu erwartenden Flexion des
ersten *ein* (*lass doch die Dirne einen Tag oder 10 bei uns bleiben* Sanders Hauptschw.
S. 121 *o*) ist keine Spur. Benachbarte Zahlen werden zu gleichem Zwecke übrigens (wie im
Osterl. Trebs HLZ. IV 14, 2) auch unverbunden nebeneinandergestellt: (*2*) *drâ voia Gaus*.

[5]) Vgl. auch *das man im niederfellen des holz samenbewm stehen lasse einer ackersleng
drei ader vier* Waldordnung des Matthes Enderle aus d. 16. Jahrh. Mitt. XXIX 215. *Ein
stund zwo oder drei* Zimm. Chron. IV 311 V. 37 im Gedichte des Grafen Gottfried
Wernher.

§ 406. Doppelsetzung des unbestimmten Artikels ist auch sonst (wie im Bayr.-Öst.) nicht selten, vor allem bei *so*. Da nämlich *so ein (suə r ə)* nicht bloß = *ein so* vor Adjektiven ist [1] ('Baier 553 *so ein grosse kelt*, ebda. 834 *so ein große vorbilt* und so noch heute *suə r ə bráfə Moʃ* = ein so braver Mann), sondern wie in der Umgangsprache auch = *solch* [2]) (eg. *sêch, sêtt*), so konnte diese Verbindung wie *solch* den Artikel vor sich nehmen: *ə suə r ə (= ə sêchə) Moʃ,*[3]) Akk. *ən suə r ən Moʃ*, aber auch *ə suə r ən*[4]) *Moʃ*. Tritt *kein* vor *so*, dann fällt der zweite Artikel lieber weg [5]) (*koʃ suə Lump*, gewöhnlich mit einem Attribut *koʃ suə bráfə Moʃ*, öfter allerdings *solcher: koʃ sêchə Lump* usw.); im Plural fehlen beide Artikel (*suə Láit*, vgl. § 412).

Auch bei *sehr* kann man in der städtischen Umgangsprache den doppelten Artikel beobachten [6]) (*ə ser ə ânständichə Mensch*), der Landmundart ist *sehr* überhaupt wenig geläufig (vgl. § 437); Nach-, aber nicht Doppelsetzung des Artikels [7]) kennt die Mundart noch bei *gar* (Egerer Fronl. 4863 *Es leit euch gar ein grosse sack an* und so noch heute), weder Nach- noch Doppelsetzung bei *su*[8]) (vor Adjektiven). Auch *solch ein, welch ein* fehlen. Über *ein ganz ein, ein recht ein* vgl. § 420, 2. Anderen Ursprunges ist die Doppelsetzung bei *ə bissl, ə wengl*);[9]) ersteres tritt vor Substantiva und Adjektiva (*Und a bissl a Lieb Und a bissl a Treu Önd a bissl a Falschheit Is alleweil dabei* HTV S. 285 N. 117 Littitz; *ə bissl ə schännəs Gwànd* = ein ein bißchen schöneres Gewand', letzteres mehr vor Adjektiva [10]) (*Döi*, sc. die fremden Ärzte, *hobm a weng a 'n ânas Hiarn!* Lorenz S. 37). Gleich *ein* kann

[1]) Ebenso fränk.-henneberg. DM II 402, 15. III 229, 10, vorarlberg. ebda. III 215, 13 (mit Belegen aus Gellert, Lessing, Just. Kerner), nd. (Jever) ebda III 282, 98.

[2]) Unbekannt ist das denn *so ein* entsprechende negative pfälz. *so kein* = solcher nicht, vgl. Elis. Charl. Briefe S. 226 *Wolte gott, der hertzog van Zelle hätte sein leben so keinen ungleichen keüraht gethan* und Goethes M. Br. II 316 *denn seit 1748 habe ich so keinen anhaltenten Sonnenschein; so keine Hitze zum Ersticken erlebt wie dieses Jahr.*

[3]) Auch altbayr. öst. steir. Schwäbl § 72, 4. Rosegger Neue Waldgeschichten [8] (1886) S. 90 *ein so ein schoner Mann!*

[4]) Vgl. nürnberg. *a su an G'spaß* Frommann zu Grübel 102 *e*; *an so an Menschn* und *a so an M.* auch Pernegg. Lessiak § 154, 3 S. 198, der hierin ein Schwanken der Auffassung zwischen *a so a* und *asò* < *alsò* sieht. Über die Deutung von *ə suə* § 494, 1.

[5]) Im Wien. (und überhaupt Öst.) nicht: *kriegst kein' so ein' Mann mehr* Schlögl Wienerisches S. 31; in ähnlichem Sinne wohl *so kein* bei Goethe an Charl. Kestner v. 16. Juni 1774 (Br. 2, 167, 16 f.) *Ju Lotte ich hab lang so keine Freude gehabt.*

[6]) Auch im Öst. (häufig bei Rosegger Neue Waldgesch. S. 90 *ein sehr ein schönes G'schloß* und *ein sehr ein guter Wein, eine sehr eine finstere Nacht*), im Nordböhm.-Schles. (*Seff, dar a sehr a guda aldə Loppsch wer* Tieze Hejmt I 7 Dittersbach, vgl. Weinhold Dial. 136).

[7]) Oöst. auch diese: *än gar än' gwatn Freund* Stelzhamer Ma. D. I 294 N. 65, 2; ebenso altbayr. Schwäbl § 99, 3, schles. Weinhold Dial. 136.

[8]) Die erstere z. B. bei Goethe Geschichte Gottfriedens v. B. 5. Aufz. (W. 39, 165, 1 f.) *du bist su ein fauler Geselle*, die letztere im Nordböhm.-Schles.: *a su a guder mòn* Knothe WB 41. Weinhold Dial. 136.

[9]) Nost. Verbindungen wie *ä triml ä bröd, ä mäun (ä måifl) ä schainä woäs* (Nagl Roanad S. 114 zu V. 152 *vän wi*) sind dem Egerl. fremd.

[10]) Öst. vor Adj. u. Subst., altbayr. beide vor Subst. Schwäbl § 62, 3. In Fällen wie *Hul mə r ə weng ən Zwirn* (Hole mir ein wenig einen Zwirn) gehört *ein weng* als adverb. Bestimmung zum Verbum (vgl. § 182 und die Umstellung *ən Zwirn hul mə r ə weng!*).

auch *kein* bei *wenig* verdoppelt werden: *àffa how i kàa⁻ weng kàa⁻ Freud mäi⁻a af dera Welt* ¹) E. J. XIII 103.

§ 407. In Verbindungen zweier Substantiva oder Adjektiva durch *und, oder* wird der unbestimmte Artikel in der Regel wiederholt:²⁾ *Dös is ə Läuchə u ə Bətröuchə* Das ist ein Lügner und Betrüger, *ə schäi⁻s u ə bràfs Mai⁅d⁆l, ə Kàrpf odə r ə Hécht, ə gels odə r ə ràuts Bäntl.*

§ 408. Der unbestimmte Artikel tritt endlich auch vor Begriffe, die den vereinzelenden Sinn schon von Haus aus an sich tragen wie vor adjektivisches und substantivisches *jeder* (wie im Schriftdeutschen und in anderen Mundarten, so öst.), vor das sinnesgleiche *nöllichə* oder (häufiger) *nöllərə, nöllə* (mit haftendem Artikelauslaut aus *ən öllichə* usw.; Gradl MW 424 670) < mhd. *ein ietlicher* ³) oder *iedlicher, itlicher* ⁴⁾ (diese aus *icteslich < ie eteslich, ie etelich*), ferner vor *mancher*: ⁵⁾ *ə mànchə* oder *mànchrə (m. Mensch) mou v(ü)l läi⁅d⁆n.*

§ 409. Der unbestimmte Artikel fehlt regelmäßig übereinstimmend mit der nhd. Schriftsprache

1. im Vokativ (gegenüber mhd. *genàde, ein küneginne* Paul Mhd. Gr. § 224, 1);

2. im Plural (gegenüber mhd. *seinen pfingesten* = einmal zu Pfingsten; über erstarrten singularischen Artikel bei Zahlen und bei plur. *paar* vgl. § 404 und S. 363 Anm. 1);

3. vor dem Possessivum ⁶⁾ (gegenüber mhd. *ein mîn wange*);

---

¹) Auch im Oöst. möglich, dem auch geläufig ist: *à hüðsch (gar, su) à gross Haus* (südböhm. auch *Si is hiðsch a gscheits Wä gwoin* Ammann VS II 111 7., 40 f.), *d bisst (wengerl, Trimäl) d Brod* (wien. *weil halt 's Volk a Bisl a Freud g'habt hätt'!* Schlögl Wiener Luft S. 348).

²) Auch öst., bei Adjektiven auch altenburg. Weise § 139.

³) In einer Meßurkunde von Waldsassen v. J. 1385 *in einer ietleichen wochen* Eger. Stadtges. S. 30 N. VI 7.

⁴) Öfters in Eger. Stadtges., z. B. S. 13 N. 13. Aus diesen *t*-Formen, nicht aus *ieclich* (wie Gradl a. a. O. 670 meint,) dürfte *nöllichə* usw. herzuleiten sein, da Gradl für die Assimilation *el (gl) > ll* eben nur *nöllara* anzuführen weiß, für *tl (dl) > ll* (ebda. unter *d* und *f*, schon ahd. *gwollih > guotlih* Braune Abd. Gr. § 99. Graff IV 171 f. Weinhold Mhd. Gr. § 154, 1 a) auch sonst Beispiele beibringt. Für den Anlaut vgl. lus. *niadlar, nieglar* = jeder Zingerle 45 und solothurn. *niedere* = jeder: Hoffmann-Krayer IILZ. IV 161 Nust.

⁵) Auch sonst obd., md. und nd., so bayr. Schmeller I 1605; schweiz. Binz § 64. Schweiz. Id. I 273, 6; erzgeb. *a mànch's gebirgrisch' Lied* HTV S. 259 N. 284 b Erzgeb. *Hoffm und horr'n mocht an monch'n zum Norr'n* Joachimstaler Christspiel Mitt. XVIII 317, sogar in *a mönichsmol* Erzgeb. Ztg. XIII 40; in der nordböhm. Leipaer Ma., vgl. II⁻go Salus Ernte 1002 (Leipaer Sprüchel Z. 11 f.) *Hab dort, wenn die Mükälfer kommen sind, Ein manches Hundert gefangen:* nd. (westfäl.) *en manger* Jellinghaus Z. f. d. Phil. XVI 88 : vgl. auch § 397.

⁶) Erhalten ist der unbest. Artikel vor *meinig, deinig, unserig* usw. im Bayr.-Öst.: *ein meinige guter Freund* Schlögl Wiener Luft S. 23. *Tanzi hab' i mit a paar seinige Freund* ders. Wienerisches S. 58; oist. *a ünsärische Hausg'schicht* Untertitel von Stelzhamers *Soldudnrödäi* Ma. D. I 299 N. 66; *üf dn enkringd* (eurigen) *Land* ebda. II 97 *D'Ähnl* 297 ; steir. *kost ein unserigs Brot* Rosegger Das Volksleben in Steierm. ² S. 87 : am Inn *ein meiniger Freund* Schmeller § 745; altbayr. *i⁻ meiniⁿ⁰⁰ Freund, i⁻ seiniⁿ⁰⁰ Brudð', ən iⁿ⁰regs* (unsregs) *Kind* Schwäbl § 71, 3.

4. bei einzelnen Präpositionalverbindungen wie *bə Glǽgnháit* (hingegen *bə deə G.* = bei dieser G.), *bə Wàssə r u Bràut* (aber nicht *bei Strafe* u. a.);

5. bei der artikellosen Verdopplung des Substantivs mittels einer Präposition (besonders *für* und *von — su*): *Hàus fə Háus* (weniger *və Háus sə Háus*). *Schri(d)l fə Schri(d)l¹*) *'gäik* Schrittlein für Schrittlein gehen = in gleichmäßigem, langsamem Schritt g.), *²*) *Tōch fə Tōch* Tag für Tag, auch *və Tōch sə Tōch*, ²*) *Tropp fə Tropp* = eine Schar nach der anderen (Lorenz S. 30), *və Wort sə Wort* = wörtlich (Lorenz S. 29), gelegentlich *və Zäit sə Zäit*, *Arm in Arm*, *Schlōch ǽf Schlōch* Schlag auf Schlag, *Fráid ǐnvə Fráid* (vgl. § 350). Ungebräuchlich sind *Kopf an Kopf*, *Hand in Hand*; statt *Stunde um Stunde*, *Jahr um Jahr* u. dgl. sagt man *àẛ Stund üm di ànnə.*⁴)

§ 410. Der unbestimmte Artikel fehlt bisweilen

1. beim Subjekt: *Hái~t is Vöichmárk in də Háid* Heute ist Viehmarkt in Haid (hingegen auch *Hái~t mou wàu ə Vöichmárk sd̄* Heute muß irgendwo ein V. sein; ebenso *Hái~t is wǐdə r ə Kirchn* Heute ist wieder Gottesdienst);

2. beim Prädikats-Substantiv, wenn es einen Stand oder Beruf⁵) (*Eə r is Tischlə* neben häufigerem *ə T.*) oder einen Stoff als solchen bezeichnet (*Dös Töuchl is Sái(d)n, Bámwoll*, neben gelegentlichem *ə S.* § 401 *b e* und häufigerem *ǽs S.* oder *ə sáidəs* usw., hingegen *Dös is ə Sái(d)n* in erster Linie: Das ist ein Stück oder eine Art Seide), bisweilen auch sonst: *s is Tōch, Nàcht*; *Dös is jà neə Gschpás* Das ist ja nur Spaß = Das ist ja nicht ernst gemeint (hingegen *Dös is jà neə r ə Gschpás* Das ist ja nur ein Sp. = eine Sache, die so leicht ist, daß man sie scherzend leisten kann). Auch Prädikats-Nominative mit *als* treten gerne ohne Artikel auf: *Döi* (die Eiche) *how ih schō̆ àls Bou* (als Knabe) *g'wißt* Lorenz S. 11.⁶)

Prädikative Bestimmungen mit *als* bei *nehmen* und *geben*, mit *su* bei *machen*, *kriegen* (= bekommen), *brauchen* (bei *werden* sind sie der Mundart minder geläufig), mit *für* bei *haben*, *halten* ziehen oft (wie die mit *se*, *für* bisweilen im Mhd.: ⁷) *seinem bruoder sult ir in hàn* als Bruder sollt ihr ihn betrachten Lexer I 1133) den unbestimmten Artikel dem bestimmten oder der artikellosen Form vor: *Nimm 's àls ə Gschenk.*⁸)

---

¹) Oöst. *Dridl* (Trittlein) *für Dridl* (*bin i furt*) Stelzhamer Ma. D. I 168 N. 11, II 37 f.
²) Dafür auch *oə̄ Schri(d)l wei s ànnə ,äik*.
⁸) Statt *və Gàuə sə Gàuə* von Jahr zu Jahr u. ä. sagt man lieber *və r àin Gàuə sən ànnən*.
⁴) Im Öst. fehlt der unbestimmte Artikel im allgemeinen in denselben Fällen; von den unter 5 angeführten Formeln sind dem Öst. geläufig *Schritt* (oder *Schridl, Dridl*) *für Schritt* (*Schridl, Dridl*), *Tag für Tag*, *Wort für Wort*, aber auch *von oan Jahr sum andern*.
⁵) Ebenso baselst. Hinz § 67.
⁶) Hingegen nürnberg. *Oft bin i' als i̓ Bou' dort g'standn* DM I 287 Str. 8.
⁷) Auch später noch, vgl. Planer Pass. S. 79 (Er ist völlig zerschunden) *allen Menschen zu einem Graus*.
⁸) Vgl. Brasmauer Weihnachtsspiel HTV S. 460 *Nim 's* (das Lämmchen) *ə zu ener Gobe*.

E̊ möcht nɔn ɛɔ r ɔn Nårrn. Kröigst du 's (das Mädchen) *nu ɛa-r-an Wei* HTV S. 176 N. 132 Plan-Eger. *Di bráuchɔt mɔ ɛɔ r ɔn Läiɔmàistɔ! Dich* könnten wir zum Lehrmeister brauchen! (ir.); vgl. *ɛɔ r ɔn* oder *fɔ r ɔn* (neben *ɛɔn, fɔn) Nårrn hö(b)m* oder *hàltn* [1]) (§ 396. 512).

3. Vor dem attributiven Adjektiv fehlt der unbestimmte Artikel abgesehen von der Anrede, vom Plural und von einigen Formeln wie *Schäin Dànk, Gou(d)n Morgn* u. ä. selten: *sáuɔs Kráut, schlechts Wếdɔ,*[2]) *mit knàppɔ Nàut* oder *Möih, mit hártɔ Möih*; weniger schon *weißer, roter Wein, mit heiler Haut, vor* oder *nach kurzer (langer) Zeit*[3]) u. a.

Vor dem prädikativen Adjektiv kennt das Egerländische den unbestimmten Artikel nur dann, wenn er die Zugehörigkeit zu einer Art oder Klasse ausdrückt: *Dös Bràut is ɔ käffts* Dieses Brot ist ein gekauftes (= *ɔ Bécknbràut,* zum Unterschiede von dem im Hause verfertigten *àignɔ* eigenen); hingegen nur *s Fest wàɔ schäi¯,* nicht *Das Fest war ein durchaus gelungenes* u. dgl.

4. beim Objekts-Akkusativ in stehenden Verbindungen wie *Angst, Durscht, Hungɔ, Báuch-, Zoȓwäih* (oder *-wäiding), Gɔduld, Ȓecht, Schnáid* = Mut, *Schpundɔs,*[4]) *Zàit ho(b)m,*[5]) *Göld ho(b)m (kröign, vɔdéinɔ),* sich *Zàit nemmɔ, Schoustɔ lárnɔ* (vgl. S. 331 Anm. 3), *M(ü)lch gế(b)m, Áudɔn làuɔ* (zur) Ader lassen (z. B. HTV S. 281 N. 79 Plan), *Lårmɔ schlögn, Schintloudɔ trái(b)m, Post tàu¯* (vgl. § 150, 11 c), *Ȓáut stéckn* = setzen; dazu kommen die beim inneren Objekt § 239 genannten Wendungen.[6])

§ 411. Wie in der nhd. Literatursprache ist der ältere unbestimmte Artikel vor Titulaturen (vgl. über dieses *ein* Braune u. a. PBB XI—XV, bes. XI 519 f. XV 385), den auch die älteren Egerländer Urkunden und Chroniken zeigen (*ein ehrbarer Ȓath,* z. B. Baier 245. 292 u. ö., vgl. S. 341 Anm. 7), durchwegs dem bestimmten gewichen.

§ 412. *d*) In der Ergänzung des Substantivs durch Adverbia und adverbiale Präpositional-Ausdrücke gehen die meisten Mundarten weiter als die Schriftsprache.

Das adverbiale Attribut, dessen bequeme Kürze den Bedürfnissen der raschen mündlichen Mitteilung entgegenkommt, kennzeichnet seine Zugehörigkeit zum Substantiv

---

[1]) Bayr. auch *für ɛn Knecht, für ɛ̓ Dirn bei jemand dienen* Schmeller § 771.
[2]) Z. B. *Wenn ɛchl. W. is,* aber mindestens ebenso oft *Wenn ɔ schl. W. is.*
[3]) Alles dies z. B. auch Pernegg. Lessiak § 143 S. 185.
[4]) Mehr im Stadtdialekt = Furcht, Angst, Abscheu, ebenso tir. *spundɛs* Schöpf Tir. Id. 695; nordböhm. *spindus, spundus* Petters III 4 (der auch die mögliche Ableitung aus dem Romanischen bespricht).
[5]) Hingegen in Ausrufen in mehr emphatischem Sinne: *Dɔ hàut oder Hàut dɔ r ɔn* (eine überflüssige) *Angst* oder *ɔ Sorch! H. d, ɔ Nàut!* = ein ungerechtfertigtes Drängen!
[6]) Dem Öst. sind die meisten der im vorstehenden Paragraphen angeführten Fälle geläufig; nur sagt man wohl regelmäßig *á Tischlá w.,* statt (d) *Seidn* lieber *vo S.* oder *á seidls, á Gspaß* auch in ersterem Sinne (unter 2), *á Geld, á Schneid h.*

1. durch die Stellung unmittelbar hinter (gelegentlich auch vor) [1]) diesem: *Măinə Láit dəhàim* [2]) (= Meine Angehörigen) *ho'b)m gsàgt*. *Döia gungə Leut öitza* (= Die jungen Leute der Gegenwart) *làchn àin nää̃ r as* Lorenz S. 8. *D'Leut öitza* (= Die gegenwärtig lebenden Menschen) *glabm 's niat amàl màia* ders. S. 10. *Döi Hàuchzət gèstən* [3]) (*Gèstən döi H.* = Die gestrige H.) oder *s Fest dəndlé* (*D. s F.* = Das neulich gefeierte F.) *wàə schäĩ*. Ausschließlich vorgesetzt werden *so* (besonders in der Verbindung *suə Zäich* = solches Zeug, vgl. *Wàssaschaa u sua Zeugh* Lorenz S. 8; auch in *suə Láit* [4]) u. a.), *wie* (*wöi Zàit* = wieviel Uhr: *Ik siah am Himml don, wöi Zeit ma hobm* HTV S. 265 N. 294 a Eger; vgl. die Variante ebda. 294 b Plan-Eger *wöi vül Zeit àls ma(n) hobm*) und, wie nhd., *am meistn* (*am màistn Angst* usw.), endlich *gehörig, recht, schwer*, die unter 4 behandelt werden;

2. dadurch, daß es beim Sprechen mit dem Substantiv zu e i n e m Satztakte verbunden wird [1]) (*Geltə | diə r is | döi Gschicht gèstən | ə s'dumm?* = Nicht wahr, das gestern Vorgefallene erscheint auch dir zu abgeschmackt?), weshalb besonders bei möglicher Doppelbeziehung des Adverbs dessen attributive Geltung durch eine deutliche Pause hinter der Wortgruppe hervorgehoben werden muß (*Diə r is | döi Gschicht gèstən | ə z'dumm gwést*, hingegen mit der Taktpause hinter *Gschicht* = Dir ist die Geschichte — zum Unterschiede etwa von heute, da du anders sprichst — gestern auch zu abgeschmackt gewesen.

3. durch den die Gruppe zusammenhaltenden Satzakzent, der in der Regel auf dem Substantiv liegt (*Döi gungə Láit öitzə*), soweit nicht ein gegensätzlicher Ton das Attribut hervorhebt (*s Fest dəndlé, niət s Fest gèstən*).

4. In Wendungen wie *Wenn àinə reət Göld hàut* oder *Dàu mou mə näə gherich Mist dàətàu*̃ (hintun) oder *Dös kost schwä̃ Göld* (neben

---

[1]) Vgl. Grimm Br. S. 93 N. 27 v. 6. Mai 1809 Z. 19 f. *Hier die Leute sind recht freundlich und gut gegen mich* (Wilhelm).

[2]) Vgl. Rank Aus d. Böhmerw. S. 189 (in einem Brief) das öfter wiederholte *e ir lieben zuhause!*

[3]) Ebenso baselst. *das konzert gellert* Binz § 31. Vgl. auch Goethe Geschichte Gottfriedens v. B. 5. Aufz. (W. 39, 142, 10 f.) *Der Jäger gestern lernt ihn ein fein Waidmanns Stückgen.*

[4]) Auch o.- u. nösl. (wienerisch: *Grad s'reißn kunnt' m'r so Leut!* Schlögel Wiener Luft S. 146); besonders beliebt scheint attrib. *so* bei Rosegger: Die Älpler [5] (1888) S. 214 *So Herren da* (= Solche Geistliche) *wollen nicht einmal die Schmiede aussegnen*; ders. Buch der Novellen, Der Geldfeind (1890) S. 168 *er hat manchmal allerhand so Zeichnungen gemacht*; ders. Sonderlinge aus dem Volke der Alpen [5] S. 42 *Gek', so Fragen da!*; ebda. S. 147 *aber so Häuser können durch Erdbeben verschüttet werden*; ebda. S. 202 u. ö. *so Leute*; sogar ohne Substantiv: *Pappeln, auf denen auf und auf die Wolle wächst, und müssen im Frühjahr und im Herbst geschoren werden. Das ist Baumwolle. Und lauter so* (= Und lauter derartige Dinge gibt es in dem Fabelande). Vgl. auch Grimm Br. S. 150 N. 49 v. 16. Aug. 1809 Z. 14 ff. v. u. *es wäre schlecht, wenn wir seine Güte durch so Kleinigkeiten nicht erkennen wollten* (Jakob). Goethe Nicolai auf Werthers Grabe (W. 5, 1, 159) Z. 5 f. *Der hatte seinen Stuhlgang frei, Wie ihm so Leute haben.*

[5]) So bildet in dem Satze *haben die arme leut kleyen und haber under einander gebacken* (Haier 435) nicht *unter einander gebacken*, sondern *Kleie und Hafer untereinander* (= untereinander gemengte Kleie und Hafer) eine Einheit.

*) *schwá's G.*) ¹) ergibt sich die adverbiale Natur von *recht*,²) *gehörig, schwer* aus deren Unverträglichkeit mit dem Artikel (nie: *ʒ schwá Gold* ein schwer Geld), die Zugehörigkeit zum Substantiv aus dem Sinne: *reʒt* oder *gherich Mist dɔʒtàu* heißt nicht *Mist in richtiger, gehöriger Weise hingeben*, sondern *recht viel Mist h*. Über die beliebte Verbindung des adverbialen Attributes mit dem persönlichen und dem hinweisenden Pronomen (*wir heute, der gestern*) vgl. die Verbindungen des letzteren.³)

Attributive **Präpositionalausdrücke**, die der Mundart ebenso geläufig sind wie der nhd. Schriftsprache, sind auch in alten Namen enthalten, so in Egerer Familiennamen aus dem 14. Jahrh. wie *Cunrat bey dem Tor, Mertel hinter der Schul, Elz in dem Keller* Trötscher S. IV, *Franz mit der eiserein hant, Doner mit der ein hant, Endres mit dem part* ders. S. VIII, und so heutzutage *dʒ Gártnʒ* (Gärtner als Eigenname oder Appellativ) *druʒ(b)m in dʒ Voʒsŏd*,⁴) aber auch sonst: *ʒ Stückl irwʒ s gànz Gsicht* (= ein Kapitalstreich, sehr dummer Streich) u. dgl.⁵)

Über die Umschreibungen mit *von* vgl. § 511.

II. Erweiterungsgruppen.

§ 413. Für die Verstärkungs- und Erweiterungsgruppen von Substantiven gelten im allgemeinen die für das Verbum aufgestellten Grundsätze. **Begriffsverstärkung** und **-erweiterung** (im engeren Sinne) verlangen die Anknüpfung mit *und*: ⁶) *va latta Zorn u Báussat* (Bosheit) Lorenz S. 21; *Hängt 's Mistʒöich . . . . vula Trolln u Klunkan va Mist u Säuarei* ebda. S. 27. *Moʒ r u Wäi is àʒ Lái* Mann und Weib ist ein Leib. Die **Erweiterung der Aussage**⁷) geschieht durch verbundene und durch unverbundene Gruppen. Doch dient das **Asynde-**

---

¹) Öst. nur das letztere.

²) Vgl. nöst. *rĕchtschöfʒ wöʒs* = viel Weizen: Nagl Rosnað S. 130 zu V. 160, auch oöst., vgl. *brav* im Obhess. Crecelius 195.

⁸) Verbindungen wie *mehr Vater, gans König sein* (dem Egerl. übrigens fremd) möchte ich nicht hieherstellen, da das Adverb von dem ganzen Verbalbegriff *Vater sein* (*mehr V. s.* = in höherem Maße seine Vaterpflichten erfüllen) abhängig erscheint.

⁴) Die von Schmeller I 25 angeführte Redensart *über die Achsel hinaus*, »Spruch und Gestus, wodurch man eine bejahend vorgebrachte Behauptung verneint«, wird auf nordgau. Gebiete für Theuring bezeugt (Mannl S. 8), z. B. *ein Gewinn über die Achsel hinaus* = ein Verlust; auch tir. *dös is à a Heil'ger über d'Achs'l aus* = nichts weniger als ein H.: Schöpf Tir. Id. 4; vgl. dem Sinne nach in der ältern Sprache *hinder sich, z. B. Doch dunchet er uns ein erber man. Die küngin lacht und sprach alsan »Ja hinder sich, als wer gaut da?«* II. v. Sachsenheim Moerin V. 1009 ff. (und die in der Anm. aus der Hützlerin ausgehobene Stelle *ja hinter sich gemessen*).

⁵) In Bezug auf das adv. Attribut stimmt das Öst. mit den bereits bemerkten Ausnahmen mit dem Eg. überein.

⁶) Wenn bei der Häufung inhaltlich ähnlicher Schimpfwörter auch Asyndeta begegnen (*Dös is ʒ Lump, ʒ Gáuns, ʒ Döib* u. s. f.), so hat man es hier wie bei *deʒ Lump, deʒ missráwʒh!* u. dgl. mit einer Reihe von Nachträgen zu tun, die der Affekt immer von neuem ansetzt.

⁷) Vgl. *Salz und Brot* (= gesalzenes Brot) *macht Wangen rot* (Begriffserweiterung); *Zuviel Salz und Gewürz schadet der Gesundheit* = Zu viel Salz sch. d. G. Zuviel Gewürz sch. d. G. (Erweiterung der Aussage).

25*

ton mehr der einfachen Aufzählung (soweit nicht Verbalsubstantiva in
Betracht kommen, die wieder eine zeitliche R e i h e bilden können), das
P o l y s y n d e t o n läßt besonders bei längeren Reihen den Begriff der
Häufung, der Menge der Glieder hervortreten : *Dɔ Seff, dɔ Hàns, dɔ
Michl wàɔn durt,* einfach = *Josef, Johann, Michael waren dort*; *Dɔ Seff
u dɔ Hàns u dɔ Michl u dɔ Fràns sánn dàɔ gàngɔ = Es gingen gleich
vier* (Josef usw.) *auf einmal hin,* auch wohl = *sie gingen mit einander hin.*
Zweigliedrige Asyndeta sind hier im Drange der mündlichen Rede nichts
Ungewöhnliches, wenn man sich zu einer Aufzählung anschickt, die Reihe
jedoch aus Mangel an Stoff nach dem zweiten Gliede abbrechen muß :
*Dàu sánn ɔrɔ gnouch, döi d̂ wos dr͡d̂ ɛriɔ(d̂)n ho(b̂)m ; dɔ Schnáidɔ-
báuɔ, dɔ Hɔwɔrɔ — döi wɛɔn sé scho röiɔn* (diese werden sich schon
rühren). Die Verknüpfung durch *aber, oder* bietet keine mundartlichen
Besonderheiten. Auch im übrigen treten hier Unterschiede gegenüber
der nhd. Schriftsprache nicht hervor.

4. Adjektivum.

A. Bedeutung des Adjektivs.

§ 414. Grimm hat Gr. IV 257 f. darauf hingewiesen, daß die
nhd. Schriftsprache nach Art des Mittelhochdeutschen (*das heis ich sin*
= das nenne ich vernünftig) in einzelnen Wendungen das Substantiv dem
Adjektiv vorzieht (vgl. *das ist ein Ruhm, eine Ehre, ein Wunder, ein
Jammer, eine Freude* u. a.). Auch die Mundart liebt diese kräftigere
Ausdrucksweise, z. B. *Dös is ɔ Schànt* (= D. i. schmählich), *ɔ Kràiz*
(= schwer, quälend`, *ɔ Gspás* (= lustig), besonders in bildlichen Wen-
dungen wie *Eɔ r is ɔ Sàuhund* (= schmutzig, unflätig), *ɔ Ɉɔsl* (=dumm),
Dös is deɔn Wurscht (= gleichgiltig) u. dgl. (vgl. oben § 291, 3).

§ 415. Das Adjektiv weist in unserer Mundart aber auch sonst ein
enger umgrenztes Gebiet und auf diesem Gebiet einen enger umgrenzten
Gebrauch auf als in der älteren Sprache und im heutigen Schrift-
deutschen. So wird es

1. selten zur Bezeichnung des Besitzers verwendet; [1] man sagt
in Plan *s stédtisch Bráhàus* = das der Stadtgemeinde gehörige Brau-
haus, *ɔ herschàftlichɔ* (= der Herrschaft, d. i. dem adeligen Grund-
herrn gehöriger) *Wold,* aber nicht *das väterliche Haus, der gräfliche
Meierhof, klösterlicher Grund, königliche Forste* u. ä. Gleich den Adjek-
tiven auf *-lich* werden auch denen auf *-ig, -icht* (> egerl. *-ɔt*),[2] welche
einen Besitz bezeichnen, andere Wendungen vorgezogen: geläufig ist *ɔ
ràut-* (*waiß-, dick-)kopfɔtɔ Bou, ɔ schwàrzàuchɔts, stumpfnösɔts Mai(d̂)l,
ɔ lànghàksɔtɔ, kropfɔtɔ, zɔ̈luckɔtɔ, blàschɔdɔ* (kahlköpfiger) *Moɔ̃, ɔ gäng-*

---

[1] Ebenso öst. baselst. Hinz § 21; altenburg. Weise § 71. III.7. VI 100; vgl.
Reis II § 10.

[2] Ebenso Schmeller § 1032.

(*làus-*)*guschɔts* [1]) *Wái*, *ɔ rin-*, *oɔ̃-r-áuchɔtɔ* (rinn-, einäugiger), *blàutɔmàusɔdɔ* (blattermasiger = blatternarbiger) [2]) *Mensch*, aber nicht *ein lockiges Kind*, *ein großohriges Tier*, *ein spitzgiebeliges, großtoriges, rundfenstriges Haus* u. dgl. [3])

2. Nie kann das Adjektiv die Zugehörigkeit zu einem Ganzen bezeichnen, dessen Teil das mit ihm verbundene Substantiv ist, [4]) z. B. *tierischer Knochen, menschlicher Schädel* (dafür Umschreibungen mit *von*).

3. Zum Ausdruck der Fähigkeit und Möglichkeit werden fast niemals Adjektiva auf *-bar, -lich, -sam* verwendet; [5]) erstere begegnen nur vereinzelt (*dànkbɔɔ*), die Mehrzahl, so *brauchbar, drehbar, fahrbar, fühlbar, gangbar, hörbar, erreichbar, ruchbar, (un)ausrottbar, (un)sagbar, sichtbar, tragbar* u. a. fehlen; ebenso die auf *-lich* wie *verdaulich, verkäuflich, leserlich, löslich, ersichtlich* u. a. [6]) (dafür Wendungen mit *zu* wie *zɔn Lɛ́sn*, auch *láicht, schwɑ́ zɔn* . . oder mit *können*), und auf *-sam* wie *biegsam, kleidsam, strebsam, wirksam* (*gehorsam* in der Grußformel *Ghorschɑ́mɔ Dinɔ* oder *Ghorschámstɔ D.*, auch bloß *Schámɔ D.* oder *Schámstɔ D./* ist wohl wie im Öst. aus der Umgangsprache der Gebildeten in die Stadtmundart eingedrungen).

4. Nicht wenige Adjektiva, welche geistige Eigenschaften bezeichnen, gibt die Mundart lieber durch verbale Wendungen, [7]) so z. B. *Er ist folgsam, unfolgsam* durch *Eɔ folgt schäï̈̃*, *folgt niɔt, Er ist aufmerksam* durch *Eɔ pásst gout áf. Er ist lügnerisch* durch *Eɔ löigt wöi druckt,*[4]) *Er ist mürrisch* durch *Eɔ brummt ɔn gànzn Tóch*; andere wie *dumm, gescheit, schlau* sind zwar gebräuchlich, doch greift das Volk sehr oft zu hyperbolischen Umschreibungen von größerer sinnlicher Anschaulichkeit (vgl. *Deɔ häiɔt s Grös wàksn, d'Fläich houstn* u. dgl. § 294, 2).

5. Von den Bildungen mit *un-* ist die Mehrzahl der Mundart fremd,[8]) so *uneinig, unfein, unfleißig, unhöflich, unmild, unschön, unschwer, unwahr, unzart* u. a. (vgl. § 531).

---

1) Aus mhd. *genge* und *Gutschn, Gotchn* : Mund, vgl. Neubauer Id. 62. Schmeller I 921.

2) Auch bayr.-öst. *blàdɔmàɔt* Schmeller I 1658. Höfer II 237. Schöpf Tir. Id. 426.

3) Auch andere Adjektiva auf *-ig* fehlen, so *morgig, -tägig* (*vier-t.* usw.), *lässig, sündig, nichtig* u. a.; *zitig* ist = reif (*ɔ̀itlé* = frühzeitig). Das Öst. stimmt sowohl in den gebräuchlichen als in den fehlenden Adjektiven bisher im ganzen mit dem Eg. überein.

4) Ebensowenig öst.

5) Ebensowenig öst. altenburg. Weise ? 71, 2. III.Z VI 96.

6) Auch andere Bildungen auf *-lich*, so *jährlich, täglich, stündlich, nördlich, südlich* usw. sind dem Volke wenig oder gar nicht geläufig. Hervorzuheben ist *gɔtältlich* = von schöner Gestalt (bayr. *gɔtàltli* in gleichem, im Cod. germ. Monac. *gesteltlich* in anderem Sinne = *specialis* Schmeller II 754). Von den Adjektiven auf *-isch* fehlen gleichfalls manche wie *stürmisch, zànkisch, rednerisch, linkisch* (dafür in gleichem Sinne adj. *link* in der Verbindung *linkɔ Pätsch* zunächst = ein linkshändiger, dann = ungeschickter Mensch) u. a.; bemerkenswert sind dagegen *àllòchɔrisch, fiistöchɔrisch, sunntɔrisch, summɔrisch, wintɔritch* (neben *Gewand*, ein für den Alltag, Feiertag, Sonntag, Sommer, Winter passendes Gewand).

7) Auch öst.

8) Öst. auch *wie-r-ɔ rotá Hund.*

9) Auch öst.

6. Über die der Mundart geläufigen Partizipia Präs. und Prät. vgl.
§ 232. 233 *a*. 235 *b* und die Nachträge.

7. Die der Schriftsprache angehörigen ursprünglichen Präpositional-
ausdrücke wie *behende, vorhanden* ') fehlen mit Ausnahme von *zufrieden.
zuwider.* ⁸)

8. Im Vergleich zu anderen Mundarten zeigt das Egerländische
einen Abgang an attributiven Adjektiven, vor allem an jenen, die
durch einfache adjektivische Flexion (ohne Ableitungssilbe) aus Adver-
bien gebildet werden: ⁹) sie besitzt außer *unter(e), ober(e), selten(e)* noch
adjektivisches *genug* (*a grauß gnouchs* ⁴) *Trumm* ein groß-genuges =
genug großes Stück), *zuwider* ·) (*a zwidəra Kerl* ein zuwider-er K.), *oft* ⁶)
dös gaua a· ofts Asbläi'(b)m dieses gar zu oftmalige Ausbleiben), *extra
des haut an extran* ⁷) *Wägn ho(b)m möin* der hat einen eigenen, besonderen
Wagen haben müssen; *wos Extras* = etwas Apartes), *sant* (= adv. präp.
samt, die *n*-Form schon mhd. Lexer II 597; eg. *mit da zäntn Haut*, Pl.
mi̯d̯n zäntn Häitn, neben *mitsant da Häut*; der Anlaut *s* geht entweder
auf das ältere *zesamt* zurück, vgl. Weinhold Bayr. Gr. § 256, oder der
Auslaut von *mit* ist am anlautenden *s* hängen geblieben). Ganz fehlen
die mit ableitendem -*n* * und -*er* ⁹) aus Adverbien und endlich die aus
adverbialen Präpositionalausdrücken durch bloße Flexion oder Ableitung ¹⁰)

---

¹) Im Volkslied belegt, z. B. HTV S. 174 N. 130 a Plan-Eger *wia r ih vahándn
sa(n)* = werde ich zur Stelle sein.

²) Gilt samt den Ausnahmen auch öst.

⁹) Vgl. bayr. *ʃ zuεʋ Aug* Schmeller § 1023. Schwäbl § 63, 6 (der *aust's* < zu-iges
setzt), oöst. *d zue Tür, d zues Fenster (Aug)*, dgl. kärnt. Lexer Kärnt. WB 267,
schwäb. *hine* (tote) *Mäus* Wunderlich Ma. S. 58, baselst. *e zues Fenster, en abe Stil* Binz
§ 24, 2: adjekt, *zuer* auch in der Naumburger Ma. und sonst: Wunderlich Ma. S. 58, vgl.
Lenz Nachtrag S. 20 *tuuu*, schles. *ein zuer Rock, eine zue Tür, ein zues Tor* Weinhold
Schles. WB 110, vgl. erzgeb. *a groodzu-r Mensch* Göpfert S. 26, altenburg. *ein durcher Käse,
ein zues Fenster, ein schrer Spaß* Weise § 69 (im Egerl., wenigstens in Plan, wird statt
dieses *schrer* ein adjekt. *hárt* im Sinne des mhd. adverb. *harte* = *sehr* gebraucht; man kann
sagen *'s goiht s'hárt untəranänna* es geht zu sehr durcheinander, und *dös is a s'hárts Untəran-
änna* das ist ein zu großes Durcheinander); adj. *zu* auch mainz. Reis II § 17, ebenso sind
adjekt. *fern, nahe, ungefähr, teilweise, links, rechts* (mainz. *mit dem linkse fuss* Reis II a. a. O.)
dem Egerl. fremd; auch dem Oost. mit Ausnahme von *nahe: á nackä (nahádä) Freund* u. dgl.

⁴) Auch oöst. schles.-nordböhm. als selbständiges Attribut: *a genunkr kucha* ein aus-
gebackener Kuchen: Knothe WB 240.

⁵) Bayr.-öst. *ʃ zwidəri, zwidi'nʃ Mensch (Kerl), ʃ zwidi's Ding* Schmeller II 860, vgl.
Schwäbl § 63, 6. Lexer Kärnt. WB 257, davon *zwidrig* Schmeller § 1034. Khull 660.

⁶) Als Adjektiv im Pos. auch nhd. belegt DWB VII 1194 N. II. Erdmann Grundz.
1 § 47. Schwäbl § 63, 6 führt an *dis ofti* (< *oftige*) *Auf-* und *Zuomacht* (auch öst.).

⁷) Neben *an extrings* < *extrigen*: *extrá, extrig* auch bayr.-öst. Schmeller § 1034. BW
1 179. Schwäbl § 63, 5. Khull' 207 (*extrig*). Lexer Kärnt. WB 88 (*extrand*).

⁸) Vgl. bayr. *ʃ zuəni Thür* Schmeller II 1070 *zue* (nicht oöst.).

⁹) Passau, der *her-(hin-)beier* der her-(hin-)beiere — der dem Redenden zunächst be-
findliche, bezw. der entfernte: Keinz Ergänz. S. 400 zu I 224, *der her-(hin-)ddnər, der
herdusstər, drausster* ebda. S. 411 zu I 512; alles dies auch oöst.: nöst. *di vɔraʋnäri Itum*
= die an der Vorderfront liegende Stube Nagl Roanal S. 245 zu V. 284 *vɔraʋʃ*: *im Ver-
gleich zu die Herausder'n* = den vorstädtischen Theatern Schlögl Wiener Luft (GS II) 42:
Bildungen auf -*ig*: *ansterig, außerig* = auswärtig (Geg. einheimisch) Schmeller § 1034. BW
1 168 f., steir. *voranig, nebmanig* Khull 246. 475; els. *hinig* verendet, tot: Martin-Lienhart
1 344 ᵇ, vgl. Schweiz. Id. II 1368 u. a.

¹⁰) Von der ersteren Art sind erzgeb. *a inzwee-r Slüß, a üfslickns* (auf-Stücken-es)
Kleed Göpfert S. 26, HLZ I 43 (adjekt. *enzweiʃer*) auch altenburg. Weise § 69, obbess. Cre-

gebildeten Adjektiva. Auch der adjektivische (attributive) Gebrauch der mit *-weise* gebildeten Adverbia (*eine stückweise Schilderung*, vgl. Wunderlich Satzbau II 224) ist der Mundart fremd.

§ 416. Diesen Abgängen gegenüber weist die Mundart in engeren Grenzen gegenüber der nhd. Schriftsprache auch einen Zuwachs an attributiven Adjektiven auf, besonders an den mittels *-ig* aus Adverbien gebildeten wie (abgesehen von *niedrig*, *übrig*, die auch prädikativ gebraucht werden, und den auch im Schriftdeutschen bekannten *gestrig*, *heurig*,[1] *heutig*) *hie-ig* (nur in älteren Quellen, z. B. Eger. Stadtges. v. J. 1460 S. 24 N. 98 *kein hüger*[2]) *fischer*, gegenwärtig nur *hisich* hiesig), *dasig*[2] nur im Eg. Fronl. 1077 *das dassig kindt* das hier befindliche K., gegenwärtig ungebräuchlich),[4] *driwich*[3] (von druben), *drassich* (von draußen), bisweilen auch *hi⁻-(her-)wärtsich*, ferner *vorich*[6] (zu adverbialem *vor* = früher), *fertich*[7] (= vorjährig, von *fertn* = im vorigen Jahr, vgl. *das Honig noch In ferttigen werth erkhaufft* [wurde] Eger. Stadtb. v. J. 1590 Gradl-Pistl in Nagls DM I 138, vgl. ebda. 165 und so heute *in ferting? Schnid* = zur vorjährigen Getreideschnittzeit), *extrich* (vgl. § 415, 8); doppelte Ableitung zeigt *aichst* (< *ab-ich-et* < *ab-ig-icht*, vgl. mhd. *ebech*, *ebich*, *ebch*) oder *maichst*[8]) = verkehrt, von der Rückseite eines Kleiderstoffes oder der Innenseite eines Kleidungsstückes im Gegensatz zur rechten Seite.[9]

celius 939): von der zweiten Art sind *untereinander̃ig*, *überallig* (Wunderlich Satzbau II 225, letzteres schon bei Jungius ders. Ma. S. 58); bei Meßkirch unterscheidet man das *gegderhändige* und *das vonderhändige* Pferd des Gespannes: Meyer DVK S. 290 (in Plan *di Häntick*, *di Sö(d)h* = das Hand-, Sattelpferd des Fuhrmannes), in der Grafschaft Mark nennt der Fuhrmann den linken Vorderfuß des Sattelpferdes *di tausikiche* (das zu-sich-'sche) *flsarbein am fannerhandichen* (*fan der hand* = rechts) *pearre* DM VI 530.

[1] Steir. *heuren* = heurig Khull 345.
[2] Handschr. *hygger*; vgl *hitic* in Nürnb. Quellen Lexer I 1281, *hieig* im Amb. Stadtbuch und im Voc. Melber Schmeller I 1029 (sowie in öst. (salzburg. steir. tir.) Weistümern, s. die Glossare im 1. 5. 6. Bd. L.]; noch heutzutage in Kärnten *hiege* (*hieige*) = was auf dieser Seite ist, Superl. *hiegest* Lexer Kärnt. WB 141; auch z. B. noch oöst. (*hieig* und *daig*).
[3] *Daig* in altbayr. Quellen (Schmeller I 476, hier auch 2 Belege aus Küringers Oberpinzgau), [in öst. (steir. tir.) Weistümern s. Gloss. im 5. u. 6. Bd. L.], heutzutage steir. *daig*, *doige* Khull 139. 159, tir. *da'ig* neben *dasig* Schöpf Tir. Id. 72, kärnt. *doige* (< *da-ige*) Lexer Kärnt. WB 49. Lessiak § 154 (der an ein mhd. *diu-ig* denkt), henneberg. *dahig* DM III 130.
[4] Egerl. *dasich* still, gedrückt, kleinlaut ist < mhd. *dasie*, bayr.-öst. *das(t)i̇* Schmeller I 545. Khull 144. Lexer Kärnt. WB 53 (mit weiteren Verweisungen, auch auf die oöst. Ma.).
[5] Das analoge *hrwich* = von hüben, dem Eg. kaum geläufig, besitzt das Schles. Weinhold Dial. 109. Schles. WB 66 *ober*.
[6] Wie schriftd. und in anderen Maa. (öst. tir. Schöpf Tir. Id. 791) oft in spezieller Bedeutung, z. B. erzgeb. *Und de l'uring* (die vorher eingefahrenen Bergleute) *fohrn nu aus* HTV S. 252 N. 270 Joachimsthal.
[7] *Af mei vertig's Dirndal kann ih nöt vageß'n* HTV S. 283 N. 98 (Strodenitz); in demselben Sinne bayr.-öst. Schmeller I 762 f. Khull 221. Lexer Kärnt. WB 94, henneberg. Spieß 58, schles. Weinhold Dial. 110. Schles. WB 19.
[8] Neubauer Z. f. öst. Volksk. I 231, auch *mäichst*: der Anlaut ist wohl der hängen gebliebene Artikel (*im*, *in aichstan*).
[9] Vgl. Stelzhamer Ma. D. II 248 N. 50 II 1 f. *Alls hat zwo Seiten: Awöchsir und recht*; vgl. Schmeller I 13. Marels Proben I 1. Khull 1. 470 *abacht(l)ig* und *nabicht nabacht*. Schöpf Tir. Id. 3. Khull 5. Lexer Kärnt. WB 2. Zingerle 21 *abig*. Schmeller Cimbr. WB 116 [178] *ebos*, auch in der Schweiz und in Mitteldeutschland: DM III 336 f., dazu Weinhold Schles. WB 5. Knothe WB 53. Crecelius 12 ff.

Unbekannt sind *dortig*, *obig*,[1]) *alsbaldig*, *anderweitig*, *diesseitig*, *jenseitig*, *vormalig*, *nachherig*, *sofortig*, *vorhinig* und *schlechthinig* (Wunderlich Satzbau II 225), *vorwärtig* und *rückwärtig*,[2]) die bayr. *nebig*, *obenauffig*, *herauß rig*, *herunt rig* (Schmeller § 1034), baselstädt. *hinig*, *firig* (Binz § 24, 2', das ältere *iemerig* (Ackermann S. 2 Z. 5) oder *immerig* (ebda. S. 7 Z. 13)[3]) u. a.

Unter den Kardinalzahlen wird *Tausend* wie anderwärts[4]) adjektivisch flektiert: *Herztausenda* d. i. Herztausender *Schätz* (HTV S. 151 N. 74 a Plan und ebda. S. 195 N. 171 Plan-Eger); aus *Ihnen* sind die Adjektiva *Ihncr(er)* und *Ihnig(er)* = Ihr gebildet[5]) (vgl. § 454).

Von interjektionalen Ausrufen werden vereinzelt Adjektiva gebildet, so *säkramentisch*, *säkrisch* von *Säkrament! Säkra!*[6])

Absolute und relative Adjektiva.

§ 417. 1. Unter den relativen und zwar den Verhältnis- oder verknüpfenden Begriffen nähern sich manche einer absoluten Bedeutung, so

a) einige Komparative und Superlative, die in die Bedeutung eines Positivs übergehen, wie *ə n öltərə Moš* (wie nhd.), *béssərə Láit* = wohlhabende, angesehene, höher gestellte L., in ähnlichem Sinne *ə béssərə Häuchzət* u. dgl., *di gräißən Báuən* Bauern von ziemlich großem Grundbesitz;[7]) *mehrere* = *complures*, *aliqui* (öst. *mĕardri* Nagl Roanad

---

[1]) Obbess. *obig*, *obig* = über, oberhalb, obenan Crecelius 637, *ündig*, *undig* unter, unterhalb ebda. 842 f.

[2]) Beide von Matthias Sprachleben S. 12 als Austriazismen bezeichnet.

[3]) Knieschek führt a. a. O. S. 59 zu 2, 5 noch *nüie* aus einer Brünner Urkunde v. J. 1328 an.

[4]) Vgl. *Maria ist mein tausendes Leben* HTV S. 14 N. 23 (Nordböhmen). Vielleicht ist dieser Gebrauch dem Sinne nach von der genitivischen Verstärkung *Tausends-* ausgegangen: vgl. den ergeb. Ausruf der Bestürzung *du Dausendskind* Göpfert S. 22. Ein Ausfall des *n* in *Tausend* (vgl. -*end* > -*əd* beim Part. Präs.) ergab den mit -*ig*, -*icht* (> *ət*) gleichlautenden Ausgang -*əd* (*Täusəd*) und so kann *tausct's Aind* (HTV S. 187 N. 157 Eger) als *tausendes* oder *tausiges* K. gedeutet werden. Für das letztere bietet sich übrigens schon im Mhd. (vgl. die alem. Nebenform *tüsig* [< *tüsinc*] = *tüsend* Weinhold Mhd. Gr. § 337 S. 340. Lexer II 1590, heute obhess. *dausich* Crecelius 256) ein Anknüpfungspunkt.

[5]) Von *nicht* fehlt sowohl nhd. *nichtig* (mhd. *nihtec* zu folgern aus *nihtecheit* Lexer II 85) als bayr.-öst. adj. *s'nicht*, *s'nischt*, *s'nichtī* nichtswürdig, böse, unansehnlich, verächtlich, verkommen: Schmeller I 1719. Cimbr. WB 150 [212]. Khull 657. Schöpf Tir. Id. 467. Lexer Kärnt. WB 197. Zingerle 59; daneben *vernicht*, *vernichta* adv. Schöpf u. Lexer a. a. O. und *vänichti* Adj., das mir Lambel oöst. bei Purschka II 161 nachweist: *aft bin i eahn dəh gar s' vänichti nu gwo'n* (bei der Stellung zum Soldaten).

[6]) Das erstere auch altenborg. Weise § 69, das letztere bayr.-öst. Schmeller II 222. Schöpf Tir. Id. 576. Lexer Kärnt. WB 211. Vgl. obhess. *ə höier Kerl* von *hui*: Crecelius 470 *hui*.

[7]) Im übrigen wird der Begriff *ziemlich*, den solche Komparative ausdrücken, wie öst. durch *ə weng* (ein wenig) mit dem Positiv wiedergegeben: *Dos is ə weng ə täirə Gspås*, *ə weng ə langə Wech*; ironische Färbung von *ein weniɡ* (vor Positiven wie vor Komparativen) erzeugt natürlich den Sinn *sehr*, *allzu*, um *vieles* (*ə weng ə langə* oder *längərə Wech*).

S. 362 zu V. 373 *méä*) fehlt; [1]) *di längst Zäit (döi schö̃ d'längst Zeit hinkad wàa* Lorenz S. 17) = lange oder sehr lange Zeit,[2]) *s schänst Wêdə* = ganz schönes Wetter (*Háĩt wiəd nũ s sch. W.* sagt man, wenn sich der Himmel nach einem Frühregen aufheitert); auch bei den Superlativen *s Bést, s Schänst, s Dümmst, də Gschäitst* bleibt in Fügungen wie *s Schänst* usw. *is nũ dəbá, dás . . .* oder *Dez r is də Gschäitst á niət* die vergleichende Beziehung sehr dunkel; *má Löistə* oder *Herzàləlöistə*[3]) ist = meine Liebe, Geliebte (*der Geliebte* wird durch andere Ausdrücke wiedergegeben, vgl. § 296 *a*); allerdings kann in all diesen Superlativen (*s Bést* usw.) auch der rein relative Sinn durch den besonderen Zusammenhang wieder lebendig werden. Anreden wie *Mein Verehrtester, Mein Bester* sind der Mundart fremd, ebenso der absolute Gebrauch superlativischer Adverbia, z. B. *Ich bedanke mich bestens. Er läßt schönstens grüßen*[4]) (dafür nur *I dànk schäĩ·, Eə láßt dé schäĩ· gröíßn*).

b) Daß relativen Adjektiven, wenn sie ohne Ergänzung gebraucht werden, eine ständige Determination anhaftet, ist weit weniger häufig als in der nhd. Schriftsprache; auf diesem Wege nähern sich einer absoluten Bedeutung *bəgirich* (nur prädikativ: *Dàu bin è b.*) = neugierig, *g'herich* gehörig = bedeutend, sehr, *liədé* ledig = unverheiratet, *làus* lose, meist = moralisch schlimm, schlecht (nicht bloß = leichtsinnig wie mhd., oder = voll übermütiger Streiche wie im nhd. *ein loser Vogel*; vgl. *oʋa di làus'n Leut* [Objekt] *hobm si* [die Zwerge, Subjekt] *fei̇̃ niad leid'n künna* Lorenz S. 16 und *ə làusə Guschn* ein Lästermaul, eine »böse« Zunge!), *láttə* lauter = rein[5]) (*ə láttərə Suppm* = eine Suppe ohne Einlage, aber nicht *ein lauterer Sinn, lautere Absichten* u. dgl.), *ʋul* voll = betrunken, *ʋul* oder *ʋulə* (voller) = voll Kot, beschmutzt (*dá̃ Huəsn is untn gàns ʋulə*); das Gegenteil *lá* leer ist auch = leer an Sinn, Bedeutung, nichtig, müßig (*Hör, man lieba Bruda Baua, wos ih sog, is g'wiß nel leer* HTV S. 243 N. 253 Westböhmen. *Dös is latta laas Zeugh* leeres mußiges Gerede: Lorenz S. 12), bisweilen auch = leer an materiellem Gehalt (*Dös*

---

[1]) Die Form mit doppelter Komparativendung *məlörə* mehrer (neben jener mit einfachem vokalisiertem *-r*: *mäiə < mér*, wie *àiə < ér*) hat stets komparativische Bedeutung (= mehr); die adverb. superl. Form *mälərəst* mehrest hat auch nur komparativische Bedeutung, vgl. Lorenz S. 9 *ʋa dàan si d'Leut mäiarast g'forchtn hobm als ʋun Teuft selʋa* [vgl. mhd. *don(ne), als* nach Sup. zu Wolfd. B 410, 3 u. zu Steinbuch 518. L.]. Die umgekehrte Verwendung des Komp. mit dem best. Artikel im superl. Sinne (z. B. altbayr. *dēs is-mə̃ dēs* [adēs']*lieb*' Schwäbl § 66, 2) ist dem Egerl. fremd.

[2]) Ebenso bayr.-öst. Schmeller § 899, baselst. Binz § 19 a, altenburg. Weise § 79. Der baselstädt. Ausruf *Du liebste Zeit!* (Binz a. a. O.) lautet egerl. nur *Ä̃o̊ du löiʋə* oder *schäinə Záit!*, ebenso bayr. Schmeller II 1161 (vgl. § 144, 1 S. 106). Nicht eg. ist meines Wissens die andere Bedeutung von *die längste Zeit* in Wendungen wie *Er ist die l. Z. Aufseher geʋesen* = Er wird nicht lange mehr A. sein, vgl. Grimm Br. S. 430 (N. 129 ʋ. 13/14. Feb. 1815) Z. 17 f. *Das Längste wirst du ʋohl* (sc. in Wien) *ausgeblieben sein, mach nur, daß du gesund bleibst* (Wilhelm).

[3]) *Allerliebst* ist im Egerl. stets = *am meisten geliebt*, nicht = *von zierlicher Schönheit, ʋohlgefällig, anmutig*, wie nhd., vgl. übrigens auch *In a əllaleif's Deanal valiabt ma sö bold* HTV S. 320 N. 451 Böhmerwald.

[4]) Letztere auch altenburg. unbekannt Weise § 79. Das Öst. stimmt in den unter *a*) angegebenen gebräuchlichen und ungebräuchlichen Wendungen (mit Ausnahme von *Liebste*) überein.

[5]) Auch = flüssig: *s Buttə, s Schmolz ʋiəd láttə* = zerfließt in der Wärme; *ʋ dem Gəbäich ʋird àin s Hirn láttə* = von diesem Geschrei wird einem das Gehirn zerrüttet.

Böʒ schmeckt suʒ lɑ̃); [1] etwas häufiger ist diese Erscheinung bei Partizipien; hieher gehören (außer *ʒ Bʒkànntʒ* wie nhd.) *ʒ schmeckʒds* ein (übel) riechendes *Fläisch*, aber auch *wos Schmeckʒds* = Parfum, vgl. § 299 S. 272, *ʒ r ɑ̃sseʒchʒds* ein (kränklich, blaß) aussehendes *Mai(d,l, ʒ glustʒds* ein (nach bestimmten Speisen oder Getränken) lüsternes *Wái, ʒ zwickʒdʒ* zwickende [2]) *M(ü)lch.*

Unbekannt ist die ständige Determination der Bedeutung von *fähig fähiger Kopf*),[3] *würdig* [4]) (*würdige Haltung*), *wert* (*Ihre werte Unterstützung*); *unpassend* (*unpassendes Benehmen*), *gewählt* (*gewählte Sprache*), *gemessen* (*gemessene Antwort*), *erlesen* (*erlesener Genuß*), *entschlossen* (*entschlossenes Wesen*). [5]

§ 418. 2. Den umgekehrten Übergang von der absoluten zur relativen Bedeutung zeigt *schön* in der Verbindung *di schäiˉ Hent,* [6] *s schäiˉ* oder *lɑ̃i* (liebe), *golto* (goldene) *Hántʒ'r'l* oder *Pátschʒ'r)l* = die rechte Hand im Gegensatz zur *ohwʒn* (albernen), *wöistn* (wüsten) linken Hand (alles in der Kindersprache).

Einen Übergang zum relativen Sinne bedeutet für absolute Adjektiva die **Komparation**. Diese ist in der Mundart im ganzen in demselben Umfange ausgebildet wie in der nhd. Schriftsprache. Der Steigerung unfähig sind

a) solche Adjektiva, die schon durch ihren Sinn oder durch ihre Zusammensetzung den höchsten Grad ausdrücken wie *äiˉzé* einzig, *gàʒs* ganz, *vul* voll, [1]) und *bloutárm, stoʒráich, blɩzdumm, grōsgräiˉ, náiˉgscháit* neungescheit;

b) Stoßbezeichnungen wie *s(ü)lwʒ* silbern (*-ʒ* [2]) < mhd. *-erın, -ın*, vgl. Gradl MW 627), *kɩpfʒ* kupfern (über den Umlaut ebda. 384) und darnach

---

[1]) *Leeres Bier* auch bayr.-öst. Schmeller I 1498; egerl. *iwʒlɑ̃* überleer = überzählig.

[2]) Etwa *die Zunʒe* (durch den säuerlichen Geschmack) oder *Magen und Darm* (die durch diese Milch ungünstig beeinflußt werden) *sw.* Dieser gegenwärtigen Auffassung entspricht auch der sinnesgleiche Ausdruck *sengbʒdʒ M(ü)lch*, das (wie nhd. *sengern*, zunächst zu Adj. *sanger*) zum Subst. *Zange* gehört. In dem gleichbedeutenden bayr. (nicht oöst.) *'zwicktɑ̃* (gezwickte) *Milch* (Schmeller II 1173 *h*) braucht nicht eine Verwechslung mit bayr.-öst. *zickʒd, üˉzickʒd* (von *zicken* kurz berühren ebda. II 1081. Kholl 650, also = mit einem *Stich* ins Saure) vorzuliegen, was auch Schmeller am ersten Orte unwahrscheinlich findet, sondern *gezwickt* und vielleicht auch egerl. *zwickend* ließe sich ursprünglich mit der von Schmeller II 1173 *c* angeführten Bedeutung *zwicken* = Stücke einfügen (mit Bezug auf das an der Oberfläche sich bildende Gerinsel) vermitteln.

[3]) Eher kann man *begabt (bʒgàbt)* hören.

[4]) Höchstens in der auch im Volke üblichen Bezeichnung der katholischen Priester als *hochwürdiger Herren* u. der Hostie als *h. Gut* § 300.

[5]) Das Öst. kennt außer den schon Anm. 1. 2 Bemerkten noch *begierig* = neugierig, *gehörig, ledig, lose Gosche, lautere Suppe, voll* = beschmutzt, *schmeckend* in beiden Bed. und stimmt auch in Bezug auf die fehlenden wie *fähig* usw.

[6]) Ebenso im unteren Anbachtale: Wilhelm Erzg. Ztg. XVIII 226: vgl. Köferl Suppl. S. 301; *'s schenɑ̃ Hántʒrl* auch in d. öst. Kindersprache u. ähnlich els. Martin-Lienhart I 347.

[7]) *Vul* kann in den § 417 *b* angegebenen Bedeutungen durch *mäiʒ* (mehr) gesteigert werden.

[8]) Diese Endung geben ältere Quellen nach dem lautlichen Eindruck durch *-e* wieder; vgl. *Ein gar aldt Pergamenes buch* Notariatsakt des Adam Viether v. J. 1572 bei K. Siegl

aisə eisern, *zinnə* zinnern, *bláiə* bleiern, *h(ü)lzə* hölzern, *böuchə* buchen = aus Buchenholz, ähnlich *birkə* birken, *ferə* föhren, *stáinə* steinern, *g̣ü)ltə* golden, *wüllə* wollen, *láinə* leinen, *àuəbárschtə* aus *Àuəborscht*[1] = Werg gemacht (Leinwand', *rickə*, *girschtə*, *waizə* aus Roggen, Gerste, Weizen *Mehl*) oder aus Roggen-, G.-, W.-Mehl (z. B. *Kniə{d}ə*), vgl. § 377, 1;

c) einzelne Adjektiva wie *hàl* halb, *tàut* tot, *léwenté* lebendig,[2] *liədé* ledig (§ 417 *b*), *àigṇ* eigen,[3] *táb* taub, *blínt* blind, *link* (-er, -e, -es), *recht* (-er, -e, -es';[4]

d) die meisten der im § 416 angeführten Bildungen auf *-ig* (mit Ausnahme etwa von *extrich*).

Im übrigen gibt es unter jenen Gruppen der Adjektiva, die ihrem strengen Begriff nach nicht steigerungsfähig sind und seit den ältesten Zeiten zumeist auch ungesteigert blieben (vgl. Behaghel Hel. § 26), kaum eine, die sich in der Mundart der Steigerung gänzlich entzöge: dies gilt von den Adjektiven, die den Begriff der Verneinung enthalten[5] *(unnütz, unnützə, àm unnützəstn* oder *unnützichstn, unnäiti, àm àlə-unnäitichstn*), von Farben- und Formbezeichnungen *(schwürzə* = von dunklerem Schwarz, *waißə, räitə, nu͞ éckətə* noch eckichter = mit noch mehr Ecken, *rundə* runder = sich mehr der Kreis- oder Kugelform nähernd).

Übergang anderer Wortarten in die Klasse des Adjektivs.

§ 419. I. Substantiva. *a*) Die vielfach auch in der nhd. Schriftsprache an die Stelle des Genitivs tretende appositive Ergänzung (vgl. § 362) läßt Bestimmungen wie *Glas, Gattung* (> *Glōs* oder *Gàtting Wái*) in der Stellung adjektivischer Attribute erscheinen.

b) Deutlichere adjektivische Geltung zeigt nicht nur das alte Neutrum *ein paar* (= einige),[6] sondern auch *Haufen* m. (= *Menge* überhaupt:

Mitt. XXXIX 228; 6 Zeilen weiter *mit fünf messingen Buckeln beschlagen*: ebda. Z. 4 v. u. *in ein Pergamene Haut geheftt*; Egerer Invent. v. J. 1500 *eine* = aus Zinn bei Gradl-Pistl in Nagls DM I 182. Im Eg. werden diese Adj. als Attribute flektiert, während z. B. in Sonneberg die entsprechenden Adj. auf *-əra, -a* unveränderlich sind: Schleicher 36.

1) Dieses Wort, das ich in der älteren Spr. nicht bezeugt finde, besteht jedenfalls aus dem Präfix *à-* (vgl. das bedeutungsverwandte mhd. *àwerk, àwirch, àwürke* = Werg sowie das aus demselben Kreise genommene *àrwing* > eg. *Auschwing* S. 300 Anm. 1, à > eg. *àu* Gradl MW 19) und *borst*. Das nach *àu* deutlich hörbare *ə* möchte ich für einen Stimmgleitlaut halten, da es schwerlich angeht, es < *r* zu setzen, das von dem alten *ar-* (> *à*) schon frühzeitig (vgl. ahd. *àrwingə*) abgefallen ist: Schmeller I 120 *ar*. Zur Bedeutung vgl. (an der Ilm) *Bürstwerch* in gleichem Sinne, und das Verb. *àbürstlə* Schmeller I 282 (der auf Grund der Nf. *àbirt* an einen anderen Ursprung denkt).

2) Im Sinne von *lebhaft* wie in der nhd. Schriftsprache steigerungsfähig.

3) Hingegen z. B. *Dös is də àignst* (eigentümlichste) *Mensch və də Welt*.

4) Baselst. auch *linkter, rächtter* Binz ½ 19 Schluß. Vgl. *Der ist* (nach seiner politischen Parteistellung) *schnmal rechtter als Sie und ich zusammen* II. Sudermann Es lebe das Leben (19. A.) S. 48.

5) Solche werden im Baselst. nicht gesteigert: Binz ½ 19 *c*.

6) Hingegen tritt die substantivische Natur von *ein Paar* (= zwei zusammengehörige Dinge, ohne Ergänzung auch Mann und Frau als Verlobte, Gatten) dadurch scharf hervor,

ɔ *Häffm Wàssɔ*, ɔn *Häffm riɔ(d)n*) [1]) und *Trumm* n. (nicht nur = *Ende*, *Endstück*, in Wendungen wie *koɔ r End u koɔ Trumm* geradezu = *Anfangsstück*, *Anfang*,[2]) und = *Stück*, *Teil* wie mhd. *drum* n., besonders *großes Stück*, z. B. ɔ *Trumm Bràud*, sondern auch 1. = *ein Ganzes, ein Exemplar* und 2. *ein großes Ganzes, großes Exemplar*),[3]) insofern der Artikel über beide wie über adjektivische Begriffe hinüber mit dem appositiven Substantiv übereingestimmt werden kann: *Dös Háffm Böiɔ!* Dieses v i e l e Bier! *Döi Háffm Vöichɔ!*[4]) Diese v i e l e n Tiere! (wobei *H.* stark betont wird, gegenüber *Deɔ Háffm Eɔ(d)n* Der Haufen E r d e); *Làng mɔ r ɔmàl suɔ r ɔn* (= *einen*, mask., nicht ɔ=*ein*, neutr.) *Trumm Kʾi(dʾ)l heɔ!* = Reiche mir einmal irgend einen (einen beliebigen) Kittel her! (zur 1. Bedeutung von *Tr.*) *Sein endstrumm Kuapf* = seinen riesengroßen Kopf Lorenz S. 9 (zur 2. Bedeutung von *Tr.*).[5]) Wie *Trumm* nähert sich auch das sinnverwandte *Fetzn* (zunächst = *abgerissenes Stück*) den Bedeutungen *irgend einer*, *wenn auch ein schlechter* (von uns beiden *Hàut kài(n)s an Fetz'n Schouh* = irgend einen, nicht einmal einen schlechten, zerrissenen Schuh HTV S. 310 N. 356 Eger) und *ein großer* (in Zusammensetzungen wie ɔ *Fetzn-Ràusch*, auch wohl *Fetzn* allein = *Rausch*).[6])

---

daß es das adjektivische Attribut an sich ziehen kann, das eigentlich dem Sach- oder Personennamen gebührt: *a seidas paar Spanga* Grüner S. 98 N. 19 Str. 4, vgl. ebda. S. 106 N. 25 Str. 11; *Die wollt hobn ein neu's Paar Strümpf* HTV S. 256 N. 278 (Lobs bei Falkenau): *a sübre's Paa Schnälln* HTV S. 369 N. 890 (Tachau), vgl. auch *ein Silbernes par Schuhschnalen* Ammann VS I 72 Z. 24 f., *Ein kupfres par Pfanen* ebda. Z. 21; daneben eg. ɔ *pɔɔ nái Strümpf* usw.; ähnlich öst. Etwas anderes ist es, wenn eine dem Sinne nach tatsächlich nur zum Zahladjektiv *ein paar* (= *einige*) gehörige (z. B. steigernde) Bestimmung zu diesem adjektivischen Begriff in Form eines attributiven Adjektivs tritt, das doch nur neben dem substantivischen Neutrum *ein paar* formelle Berechtigung hätte (diesem aber freilich eine andere Determination beibringen würde): ɔ *schäi*~s *pɔɔ Gàus* ist nicht = *ein paar schöne Jahre*, auch nicht *ein schönes Paar* d. i. *eine schöne Zweiheit von Jahren*, sondern = *ziemlich viele Jahre* (vgl. *schäi* *tüiɔ* = ziemlich oder sehr teuer). Vgl. ergeb. *S is schie a feis bor Gor har* ein feines paar Jahre = sehr lange: Erzg. Ztg. XX 231. Minder auffällig ist eine derartige Attribution in *d' äiaschtn pàa mül* die ersten paar Male Lorenz S. 19, *döi pɔɔmül* = diese wenigen Fälle.

[1]) Auch kärnt. Lexer Kärnt. WB 135.

[2]) In einer altbayr. Quelle *weder drum noch end* (*noch ort*) Schmeller I 664, 4, bei Vintler 10071 *nicht* . . . *end noch drum* Schöpf Tir. Id. 761.

[3]) *Tr.* = Teil und Ganzes, Exemplar (von Dingen oder Menschen) bayr.-öst. Schmeller I 663 f. Schöpf Tir. Id. 761. Lexer Kärnt. WB 73.

[4]) Auch oöst. (aber lieber *dö Lackɔ Bier*); tir. ohne Pron.: *haufʾn Kinder* = sehr viele K. Schöpf Tir. Id. 249; ähnlich behandelt das Steir. den Artikel vor dem begrifflich verwandten *Laster* m. n. (Khull 427): *Und d i e Laster Rösser* Rosegger D. Buch der Novellen II[7] (1888) S. 365; (vgl. obhess. *ɔ Laster Geld* Crecelius 537), aber auch ohne Übereinstimmung des Art. *den Laster* (= diese Menge) *Geistliche* ders. Dorfsünden [a] (1890) S. 150; oöst. *ɔ Lustɔ* (n.) *Geld*, nicht *Rösser*.

[5]) Auch im Plur.: *Trümms Häkɔn* = große Füße, *Trümms Hunt* = große Hunde, ebenso öst. Mareta Proben I 15 (vgl. ergeb. *Knüttel*; *a bor Knittel Geweiher hot-r* sc. der Hirsch Erzg. Ztg. XX 231; in Saaz *Knappl Hösn* = große Hasen).

[6]) Letzteres auch oöst. steir. kärnt. (neben *F.* = Trumm, Stück); verstärkendes *Fetzen*-in Zus. auch bayr. oöst. (*dn F.-Rausch*) nürnberg., sonst bayr.-öst. *F.* = Stück und = Ganzes, besonders = Kleidungsstück und Mensch: Schmeller I 781. Khull 216. Schöpf Tir. Id. 134. Lexer Kärnt. WB 94. Obhess. *ein Fetzen Mannskerl* (auch bloß *ein F.* in gleicher Bed.) Crecelius 371, Sonneberg. *a Fatzn Mâl*, *Fraa* Schleicher 66; vgl. auch *Fetzen* = unsittliche Weibsperson: Schmeller I 781 (3, auch öst.). Martin-Lienhart I 161 ᵃ.

c) Die gemeindeutsche Entwicklung zum Adjektiv zeigen (abgesehen von den schon im Ahd. zwischen substantivischer und adjektivischer Geltung schwankenden *leid, wert, finster, gut, übel, edel* Erdmann Grundz. I § 46) noch *àngst, ernst, fromm*[1]) (nicht recht volkstümlich), *nàut* not, *schöd* schade, *schuld,* wäih wehe, dazu *ànt* (mhd. *ande,* vgl. § 150, 11 *c* S. 130 und § 255), *tàig* = überreif vom Obste, neben *tàigé* teigig (vgl. mhd. *teic* weich; beide Formen auch bayr. Schmeller I 595); von diesen können nur *fromm, ernst* und *tàig* als flektierte Attribute verwendet werden, während die übrigen, ihrem Ursprunge näher bleibend, auch in der Mundart nur ohne Flexion die Stelle des Prädikats und Objektes (*s tout nàut, mis tout 's ànt*) einnehmen können. Von den hiehergehörigen neueren Farbenbezeichnungen *rosa, orange, lila, violett* sind dem Landvolk nur die beiden letzten etwas vertrauter; andere (älteren und neueren Ursprungs) wie *licht, ekel, gram, fehl, grimm* fehlen gänzlich[2]) (auch die gleichen Substantiva mit Ausnahme von *Ekel* und *Licht*).

Wenn in der Phrase *über*[3]) *etwas* oder *jemanden Herr werden* (= *es, ihn bewältigen*) der Unterschied des Numerus vernachlässigt wird (*Diü wds̓n irws r in Her wàsn* Die wären über ihn H. g., vgl. § 342), so kann man darin wohl kaum eine späte Nachwirkung der alten adjektivischen Natur des ursprünglichen Komparativs (ahd. *hêriro*) sehen.

§ 420. II. Ein Übergang des A d v e r b s zum Adjektiv findet nur in sehr engen Grenzen statt.

1. Über die Neubildung von Adjektiven aus Adverbien durch einfache Anhängung der Flexion vgl. 415, 8.

2. Ein bloß formeller Übergang des Adverbs in das Adjektiv unter Festhaltung der adverbialen Bedeutung liegt vor in Fällen wie *s schäins wärms Stumm,* falls dies nicht, wie es allerdings nach dem Zusammenhang auch möglich ist, *eine schöne und warme,* sondern eine *schön-warme* oder *schön* d. i. *angenehm erwärmte Stube* bedeutet; vgl. auch *s hàuchs Sibzgs* ein hoher Siebziger (dafür lieber *hàuch in Sibzgsn* § 376 Schl.).

Dagegen ist die gleiche Annahme einer formellen Assimilation des Adverbs an die folgende Flexionsform bei *recht*[4]) (*s retts gäizichs Moš,*

---

[1]) Nicht mehr in der älteren Bedeutung (auch bayr. nur in der älteren Spr. Schmeller I 818).

[2]) Desgleichen baselst. *sturm* = *betrunken* (auch cimbr. *tt.* = *schwindelig, verwirrt* Schmeller Cimbr. WB 176 [238]), schles. *glans, trotz, raub* = glänzend, trotzig, räuberisch (Weise § 67, der auch altenburg. *herses Kind, herse Liese* hieher rechnet: in egerl. *herses Kind* ist *herses* die regelrechte Neutr.-Form von *hersé* < *herzg,* vgl. *bloutè* < *blutig*). Über flektiertes *Tausend* vgl. oben § 416.

[3]) Bei Goethe D. Mitschuldigen III 4 (W. 9, 94, 728) mit dem Akk. *Ich würd' sie* (die mich sonst schikanieren) *alle Herr!*

[4]) Vgl. Binz (§ 20 S. 17), der diese Angleichung im Baselst. nur im Mask. beobachtet, während sie im Mainz. in allen 3 Geschlechtern und bei allen Adverbien, die zu Adjektiven treten, vorkommt: Reis II § 17. Übrigens auch bei Goethe an Fried. Öser v. 6. Nov. 1768 (Br. 1, 172, 7 f.) *Zwar hab ich hier an meiner Seite Beständig rechte gute Leute.*

retts flåißichs Wai, retts bråfs Kinns ein rechter geiziger Mann = ein recht geiziger M. u. s. f.) nur dann nötig, wenn nachgewiesen werden kann, daß die vielen anderen Verbindungen von Substantiven mit bloß steigerndem adjektivischen *recht* (*retts Gåizhols, *retts Issl, *retts Kraiz*, in der Umgangsprache *ein rechter Dummkopf, Faulpelz* u. dgl.) [1]) alle zeitlich erst von den adjektivischen (*ein rechter geiziger Mann*) ihren Ausgang genommen haben. Sonst genügt wohl die Annahme, daß gleich dem alten Adverbium *rehte, rehi* (= *zutreffend* > *sehr*) in der Mundart auch das Adjektiv *recht* einen analogen Bedeutungswandel durchgemacht hat (*recht* = *richtig, wahrhaft* oder *wirklich* > *bedeutend*), der dem Adjektiv an sich um nichts entfernter liegt als dem Adverb.[2])

Für das analoge flektierte *ganzer, -e, -es* (= steigerndem adverbialen *ganz*,[3]) z. B. nürnberg. *in ganzer korzer Zeit, a ganzer fremder Moh* Frommann zu Grübel 106 a) liegt die Annahme einer Formangleichung näher, da adjektivisches *ganzer* nicht in demselben Sinne und Umfange vor Substantiven (allenfalls *gånzs Når*,[4]) weniger schon *ein ganzer Esel* u. dgl.) verwendet wird wie *recht*. Das Egerländische unterscheidet trotz des ähnlichen Lautbildes dem Sinne nach scharf *gånz * gråußs Låsb Bråut (= *ein ganzgroßer* im Gegensatz zu einem kleineren *Laib Brot*, Akk. *n gånz n gråußn L. Br.*) von *gånzs gråußs L. Br.* (= *ein ganzer*, nicht ein halber, *großer L. Br.*, Akk. *n gånsn gråußn L. Br.*), weshalb auch hier nicht die eine Form aus der mißverstandenen anderen abgeleitet werden kann.[5])

Auch in manchen Fällen der freien Beziehung des attributiven Adjektivs zu seinem Substantiv (vgl. *nårischs, unsinnés Göld* § 376) scheint diese Beziehung darauf zu beruhen, daß *nårisch* usw. ohne Bedeutungswandel aus der adverbialen (*nårisch v(ü)l Göld*) in die adjektivische Form verschoben wurde.

---

[1]) Vgl. auch *ein rechter Mann* Goethe Faust 1826 (W. 14, 86).

[2]) Als doppelt gesetzter Artikel kann im Egerländischen die Flexion von *recht* nicht empfunden werden wie altbayr. *äsn recht äsn fleißigt Leut* Schwäbl § 99, 3, o.- und nöst. *än recht än nöäntätl* Nagl Roanad S. 107 zu V. 139 *vüll*; wienerisch *ein' recht ein' traurige Zeit* Schlögl Wiener Luft (Ges. Schr. II) S. 31 u. ö., vgl. auch Binz a. a. O. *e rechte gscheite Landma*, empfunden als *e recht e g. I.*), und deshalb läßt sich diese sonst auch in unserer Ma. bekannte Doppelsetzung auch nicht aus der mißverstandenen Flexion herleiten (wie Binz a. a. O. es für das Baselst. unternimmt), weil abgesehen von der mangelnden Übereinstimmung zwischen Flexion und Artikel im Neutrum (*rett flåißichs Wai*) die adverbiale und die flektierte Form von *recht* lautlich überhaupt nicht zusammenfallen (*retts gåizichs Moi*, dagegen mit dem Adverb *rest * g. M.*, letzteres kaum üblich). Auch das Obbess. unterscheidet adjekt. *recht* und adverb. *recht* Crecelius 680. Dem Bayr.-Öst. ist diese Unterscheidung fremd. Über den Ausgangspunkt des doppelt gesetzten Artikels (*ein so ein*) vgl. § 406.

[3]) Vgl. Andresen Sprachgebranch S. 234. Paul Prinz. S. 313, der auf ital. *tutta livida* und andere (franz. und span.) Analogieen verweist.

[4]) Altbayr. auch *' ganzs' Lump* u. a. Schwäbl § 99, 3.

[5]) Das Altbayr. kennt wie das Öst. bei adverb. *recht, gar, gans* sowohl Doppel- als einfache Nachsetzung des Artikels: *gans (recht, går) 's zwids'nt G'schicht* und *'s gans (r. g.) 's s. G. Schwäbl § 99, 3.

B. Formen des Adjektivs.

I. Flexionsformen.

§ 421. *a*) Die starke Flexion von *blint* lautet

		M.		F.	N.
Sing. N. V.		*blintə*			*blints*
	A.				*blints*
	D.	*blintn*		*blintə*	*blintn*
	G.	*blints*		*blintə*	*blints*
Plur. N. V. A.		*blint*			*blintə*
	D.			*blintn*	
	G.			*blintə*	

Der Genitiv ist auf erstarrte Formeln (vgl. *hái˜tichsfochs, àinichə* *Näit* u. a. § 497, *Àbhǎdling, àllǝhǎnd* § 374) beschränkt.

An starken Kasusformen ist sonach das Egerländische ärmer als die nhd. Schriftsprache und auch als andere Mundarten [1]) und zwar

1. durch den Abfall der Endung mhd. *-e* im N. A. Pl. des Mask. und Fem.,

2. durch den Übergang der Endung *-m* [2]) > *-n* im D. Sg. des Mask. und Neutr.,

3. durch den lautlichen Zusammenfall der Endung mhd. *-er* > eg. *-ə* im N. Sg. Mask., im G. D. Sg. Fem. und im G. Pl. aller Geschlechter mit ahd. mhd. *-iu* > eg. *-ə* im N. und dem ihm angeglichenen A. Sg. Fem.[3]) und im N. A. Pl. Neutr.

Es ist sonach erhalten: die Endung ahd. mhd. *-ir, -er* > eg. *-ə* in den angegebenen Kasus, *-az, -ez* > eg. *-s* im N. A. Sg. Neutr., *-es* > *-s* im Gen. Sg. Mask. Neutr., *-iu* > eg. *-ə* in den angegebenen Kasus,[4]) *-an, -en* > eg. *-n*, nach auslautendem *m, ng, w* > *-ə*,[5]) im A. Sg. Mask.

---

[1]) Vgl. z. B. das Mainz. Reis I § 47. 48, 3. Hingegen ist es immerhin noch reicher als z. B. die Imster Mundart, die alle Pluralkasus auf *-ə* bildet: Schatz § 129 S. 147.

[2]) Ist z. B. in den Sechsämt. erhalten (*alǝm*) Wirth § 30, auch in der Kerenzer Ma. Winteler Kerenzer Ma. S. 182 f.

[3]) Diese Angleichung begegnet vereinzelt schon mhd. (obd.) Weinhold Mhd. Gr. § 506. Über ein drittes eg. *-ə* < *-en* unten Anm. 5.

[4]) Vgl. *m Àltə* eine Alte (aber *di Àlt*), *àl meina Zima* HTV S. 209 N. 199 *a* (Egerland), *ǰeina Fǒißla* Füßlein ebda. S. 373 N. 934 *a* (Plan), *seina Leit* Lorenz S. 24, *àlə rǒuə* (Neutr.) HTV S. 278 N. 48 (Plan). In der Erhaltung dieser Endung (gegenüber dem Abfalle des mhd. *-e*) kennzeichnet sich das Egerl. als oberdeutsche Ma., da das Oberd. und der südliche Teil des Ostfränk. ahd. *-iu* bis ins Mhd. erhalten, während das md. Fränk. ahd. *-iu* spätahd. zu *-u* (> *-ǒ* > *-e*) schwächt: Braune Ahd. Gr. § 248 Anm. 6; vgl. Schmeller § 225—232.

[5]) Z. B. *m wdrmə, làngə, ndiə Ruǝk* einen warmen, langen, neuen Rock, vgl. Gradl MW 630; dieselbe Vokalisierung tritt auch nach jenem *ng* ein, das erst durch das Vordringen des folgenden Nasals vor *g* entstanden ist (*tüehtingə* < *tüehtign*, vgl. Weinhold Bayr. Gr. § 168 und oben S. 190 Anm. 1 zu S. 189 *rengə* < *regnen*), sowie ausnahmsweise in der Formel *s'gǎichə Fǒußm* zu gleichen Füßen = schleunigst (Lorenz S. 18. 23). Mit auslautendem *n* verschmilzt das flexivische *-n*: *m schǎin Vuǝgl* einen schönen Vogel.

und in dem ihm gleichlautenden Dativ Sg. Mask. und Neutr.[1]) sowie im
D. Pl. aller Geschlechter.

§ 422. *b)* Schwache Flexion.

	M.	F.	N.
Sing. N.		*blint*	
A.	*blintn*		*blint*
D.		*blintn*	
G.		*blintn*	
Plur. in allen Kasus *blintn.*			

Der Genitiv findet sich nur beim possessiven Genitiv des Substan-
tivs (*s gràußn Wirts Su*) und in erstarrten Wendungen (z. B. *màistntàls*
u. a. § 497, 3).

Die Einbuße an Kasusformen ist auf den durchgängigen[2]) Abfall
der Endung nhd. *-e* im N. Sg. aller Geschlechter, A. Sg. Fem. (mhd.
-en) und Neutr.[3]) zurückzuführen; alle übrigen Kasus des Sg. und Pl.
endigen auf *-n*, das unter denselben Bedingungen vokalisiert wird wie bei
der starken Flexion.

§ 423. Starke Flexion ist Regel

1. übereinstimmend mit der nhd. Schriftsprache

a) im N. V. A. Pl. vor dem artikellosen Substantiv (auch nach
Präpositionen mit dem Akkusativ). Artikellosen starken N. Sg. kennt
die Mundart nur bei substantivierten Adjektiven (*Es r is Bèàmtз, Ràisndз)*
und in den Wendungen *I bin erschtз,*[4]) *Du bist zwáitз*. In den übrigen

---

[1]) Belege für diesen Übergang des *-m* zu *-n* beim Adjektiv und Pronomen aus den ältesten Egerer Stadtgesetzen bringt Khull bei im Anhang zu seiner Ausgabe S. 35 f. 37. 40, und zwar aus der Fassung vom J. 1352 fünf, aus der vom J. 1400 zwei : je einen für *den* und *eigen* < *eigenem*, aus der vom J. 1460 für zehn Wörter: *idem* < jedem, *seinem, den, einen* (dieses mit den zahlreichsten Belegen), *keinen, iren, paren, (n)ymanden, in, eigen*; andere Belege aus Urkunden vom J. 1445 bei Grall MW 449 Anm., vgl. ebda. 640. Obd. und md. Belege für diesen Übergang (vom 12. Jahrh. an) bei Weinhold Mhd. Gr. § 505 : vgl. Bayr. Gr. § 368 S. 384. Regel 93, 3 *b*. Schleicher 43 und für das Nfr. Braune PBB I 14. 20; über das nd. Personalpronomen (*in* st. *im*) Behaghel Germ. XXIV 39 ff.; vgl. übrigens auch *mich* (*mik*) und *mir* (*mi*) im Nfr. und Nd. Behaghel a. a. O. 24 ff., dazu Tümpel PBB VII 86 f. § 68 und Nd. Studien § 17 S. 77 ff.; ferner *iu* und *iuch*, nhd. zusammengeflossen in *euch* Weinhold Mhd. Gr. § 474. Bayr. Gr. § 358 S. 368; umgekehrt *ihm* (bayr. *cam*) als Akk. ebda. § 360 S. 371, dagegen S. 370 *ihn* als Dat. Vielleicht hängt es mit dieser formellen Angleichung des Dativs an den Akkusativ zusammen, daß in der Mieser md. Sprachinsel auch beim Personalpronomen der Dativ für den Akkusativ gesetzt wird : *huast mia eiloa kannst mir* (= mich) einlassen HTV S. 344 N. 683 (Mies).

[2]) Also nicht bloß (wie nhd.) bei den substant. Adjektiven *Herr* und *Fürst* (ahd. *hèrôro, vuristo*).

[3]) Die lautlich durch md. Eigentümlichkeiten gekennzeichnete Mieser Ma. wirft dieses *-e* in den letzten beiden Fällen vielfach nicht ab. Die Grenzen zwischen der schwachen Form, welche die Flexion eingebüßt hat, und der sogenannten unflektierten Form werden eg. durch den Verlust der Endung nicht durchwegs verwischt, da die abgefallene Endung z. B. bei einsilbigen Stämmen mit dem Stamm-Diphthong *ei* eine charakteristische Färbung dieses Diphthongs hinterlassen hat, vgl. *dз kloi* der kleine, aber *kloi* klein : Gradl MW 205. 206.

[4]) Altenburg. ohne Flexion *ich bin erst Weise* § 73, 4.

Kasus des Sg. und Pl. finden sich Beispiele starker Adjektiv-Flexion vor artikellosem Substantiv nur in erstarrten Wendungen *(gräinʒwäis* grüner·weise u. dgl. § 497, 3) und in Präpositionalverbindungen wie *mit knàppə Nàut, mit hàrtə Möih, ds ʒwäißə Sái(d̹n*; [1])

b) nach dem unbestimmten Artikel *ein* im N. Mask., N. A. Fem. und Neutr., nach *kein* in denselben Kasus (und auch im Plural, wo in der nhd. Schriftsprache die schwache Flexion Regel ist: *koi⁻ gràuǁ Erdsépfl*), nach anderen Indefiniten wie *wer (enʒts, nemʒts)* = jemand im Nom. (< altem Gen.: *weʒ Fremms* § 299 S. 269 und § 424). Die obliquen Kasus, soweit sie vorkommen (von *ein* fehlt außer dem ahd. mhd. Plural auch der G. Sg. abgesehen von *àiˉstàls)*, verlangen schwache Flexion des Adjektivs;

c) nach dem persönlichen Pronomen im N. Sg. (*i dumms Ding*): im N. Pl. überwiegt die schwache Flexion: *miʒ r àltn Kärl* wir alten Kerle neben *miʒ r àlt Kärl*, aber substantiviert stets nur *miʒ r Àltn*. In den obliquen Kasus wird der selbständige Vokativ (*mit diʒ, àltʒ Kärl, wiʒd mʒ koiˉ Gschichtn màchn*) oder eine breitere Umschreibung (*mit suʒ r ʒn àltn Kärl wöi du* oder *wöi du bist, wiʒd mʒ* usw.) der einfachen Übereinstimmung (*mit diʒ r àltn Kärl w. m.* usw.) vorgezogen;

d) nach dem Possessiv-Pronomen im N. Sg. Mask. und N. A. Sg. Fem. und Neutr.; in den obliquen Kasus sowie im Plural herrscht wie nhd. die schwache Flexion;

e) nach dem Grundzahlwort (*ʒwäiˉ àlt Männʒ)*;

f) nach den Pronominaladjektiven *annʒ* ander, *étlich, séch* solche, *v(ü)ǁ.* Nach *wéchʒ* welche tritt kaum jemals ein adjektivisches Attribut vor ein Substantiv (dafür *wos füʒ* mit starker Flexion des Adjektivs). *Wenig (weng)* wird fast nur mit dem unbestimmten Artikel (*ʒ weng,ǁ schäiˉs Stràu* ein wenig schönes Stroh) gehört; der Plural wird durch *ein paar* ersetzt: *neʒ r ʒ pàʒ Toch* = nur wenige Tage. Andere wie *einige, einzelne, mehrere* sind der Mundart fremd.

2. Abweichend von der nhd. Schriftsprache und anderen Mund-arten tritt starke Flexion ein

a) nach dem Demonstrativ-Pronomen *deʒ, döi, dös* = dieser, -e, -es, [2]) (wie mhd. nach *diser* und *jener* neben der schwachen Flexion: Weinhold Mhd. Gr. § 520) im N. Sg. Mask., N. A. Sg. Fem. und Neutr.: *Deʒ schäinʒ Wold, döi schäinʒ Kou, dös schäiˉs Hàus.* In den obliquen Kasus und im Plural ist nur die schwache Flexion möglich;

---

[1]) Auch in *bʒ, ʒ Mittrʒnàcht* = bei, zu mitterer *Nacht* scheint das alte starke Adjektiv mhd. *mitter* noch lebendig zu sein, wie die Flexion zeigt; es ist sonst wie nhd. verloren gegangen; erhalten ist es z. B. im Steir. *ein Mitters* = ein Leichtes *sein*, vgl. *Mitterknecht* u. s. Kbull 461, Wetterau. *ʒamm meʒdde Wäld* Crecelius 596, 7 und 13 comm. *mittertag*, *mitte nacht, mitter vingar* Schmeller Cimbr. WB 147 [209], Lus. *mittertage, mittanacht* Zingerle 43.

[2]) Auch altbayr. Schwäbl § 63, 1. Aber nicht nach dem bestimmten Artikel *dʒ, di, ʒ* wie mhd. in obd., md. und niederfränk. Maa. (Weinhold Mhd. Gr. § 525 S. 584) und gegenwärtig in den ostländ. Maa. Bayerns bei substant. Adj., z. B. *ʒ Grüʒ's* Schmeller § 828, oöst. nur *ʒ Obers* (der Milch); auch im Erzgeb. *dr altr Moon* Göpfert S. 26.

26

b) nach *jéd₂, mánch₂, àls* alles in den unter *a)* angegebenen Kasus: *₂ jéds (mánchs) àlts Háus, àls àlts Záich.*[1]) Für die übrigen Kasus gilt das gleiche wie beim Demonstrativ.

§ 424. Auch das substantivierte Adjektiv fügt sich im ganzen den unter 1 und 2 aufgestellten Regeln.[2]) Außerdem trägt dieses die starke Flexion wie z. T. in der nhd. Schriftsprache im N. A. Neutr. (an Stelle des älteren Genitivs) nach *nichts, wer, was* (fragend und indef.), *viel, wenig* (für letzteres lieber *niət v̥ü̯l, genug*; ebenso nach *lauter.*

Stark flektierte Attribute werden dem Substantiv im Vokativ auch nachgestellt, so in Schimpfreden wie *Lump öllendich₂! Zipfl gruxw₂!*[3]) Solche Attribute sind als nachträgliche Zusätze zu fassen, in deren Haufung und Steigerung sich der Affekt oft nicht genug tun kann (*Lump öllend₂, v₂floucht₂, miss₂rábl₂!* usw.)

§ 425. **Erstarrte starke Adjektivkasus** sind außer *halber* (als Präposition und = *ein halb* vor Stundenangaben, z. B. *hàlw₂*[4]) *drá,* und *selber* (§ 459) noch *vul₂* voller:[5] *àl₂s vul₂* = alle Gefäße voll sc. Beeren UE IV 58; über *vul₂* = beschmutzt vgl. § 417 *b*; *àl₂, àls* = aller, alle, alles, 1. = *zu Ende: d₂ Wái⁻, d'M̥(ü̯)lch, s Böi₂ r is àl₂,* neben gelegentlicher seltener Übereinstimmung, die nur im Neutrum deutlich hervortritt: *s Böi₂ is àls;* auch unpersönlich *mit mi₂ r is 's àl₂* mit mir ist's aus; 2. = *ganz* oder *beinahe,* vgl. Mannl S. 10: *Si is àl₂ kro3k, àl₂ nárisch.*[6])

---

[1]) Vgl. bayr. (ält. Spr.) *allez nazzes gewant* Schmeller § 829 S. 256. Doch dürfte sowohl das Neutr. als das Mask. und Fem. (*àb àtt₂ Krám* alter alter Kram) im Egerl. seltener sein als die Wendung mit *ganz.*

[2]) Also *mánch₂s* oder *àls Gouts* manches, alles Gute. Nur der Plural von *Beamter, Bedienter* u. ä. ist stets schwach. Unmöglich ist ein neutr. subst. Zahlwort, vgl. § 307 S. 280.

[3]) Ähnlich Altbayr.-öst. Schwäbl S. 60 Anm. 1.

[4]) Auch vor *Abend: s Hàkw₂ràu(b)mdbràut* das Halber-Abend-Brot John Oberlohma S. 124: ebenso bayr. steir. Schmeller I 1087. Kbull 322. *Haftw₂ ro̍br₂* usw. einfach < *halbtu vieriu* zu fassen, verbietet der verschiedene Vokal in oberbayr. *um d kalbi siðm₂.* Schmeller verzeichnet a. a. O. *um, vor, nách* usw. *halbi ains . . . vieri* und *halber ains* usw.; öö̍st. *halbá* (neben *halbu*) *drei.* Nagl Roanad S. 215 zu V. 254 f. denkt bei nö̍st. *höltwä* an *halb in* (*vic*), schwerlich richtig; els. *halber swelf* Martin-Lienhart I 323 b. Älteres flexivisches *halber* = zur Hälfte (vgl. das Beispiel aus Brant *mancher liess sich halber schinden* Erdmann-Meusing II § 74) ersetzt unsere Mundart durch *hàlmi.*

[5]) Vgl. Weinhold Mhd. Gr. § 515 S. 572. Schmeller I 838. Schwäbl § 64, 3. Behaghel DSpr. 322. Gegen Schmellers Erklärung (§ 751 S. 205 Anm. **) von *voller* < *voll der* vgl. Grimm Gr. IV 959 zu S. 409.

[6]) Mit Rücksicht auf md. *alle* (erzgeb. Göpfert S. 31, nordböhm.-schles. Knothe WB 57, henneberg. *alle, all* DM VII 133. Spieß 55, altenburg. *alk* Weise § 142, 2, obhess. *all* Crecelius 23, überall = *zu Ende*) scheint auch die egerl. Form als erstarrtes Femin. gefaßt werden zu müssen; sie könnte jedoch ebenso gut Mask. Sg. und Neutr. Pl. sein (vgl. § 421); das Sprachgefühl entscheidet sich bei der zweiten Bedeutung durchwegs für die mask. Auffassung, vgl. Baier 881 *das im die linck seiten aller lahm ist worden.* Als Ausgangspunkt nicht nur der zweiten, sondern auch der ersten Bedeutung läßt sich sehr wohl der gewöhnliche Sinn von *all* denken: *s Böi₂ is àb* oder *àls* = das (bisher ausgeschänkte, getrunkene) Bier ist alles, sc. das ich habe, das vorhanden ist; vgl. für den Sinn auch Lenz Nachtrag S. 2 *al. Àb* in der zweiten Bedeutung kann auch vor *vul₂* treten: *s is àb vul₂ Fráid,* vgl. Zimm. Chron. I 283 Z. 6 f. *das gleich das ober schloß und geheus aller voller feur;* erstarrtes *aller* = *ganz, fast* besonders an der Pegnitz (sonst bayr. in gleichem Sinne *allen*) Schmeller I 57: kärnt. wird *all* auch in diesem Sinne übereingestimmt: *er ist állder krànk, die Suppe ist all₂ wúrm, 's Kint ist áll₂ v'nicht* (böse) Lexer Kärnt. WB 5.

Von einer Reihe von Adjektiven wie *ganz, krank, gesund, tot, neu, grün* (= *unreif* oder *ungekocht*), *gekocht, gebraten* u. ä., *lachend, weinend, naß* wird als prädikatives Attribut der erstarrte N. Sg. Mask. auf *-er* (> eg. *-ə*), aber nur mit vorgesetztem *alsə* gebraucht (jetzt eher wie *als ein* empfunden, aber < mhd. *alsô,*[1]) vgl. *alsô nazzer muost ich von des münches tische scheiden* Walther 104, 31) und zwar mit Beziehung auf den Nominativ wie auf die obliquen Kasus[2] aller Genera und Numeri: *Des Ruək is àlsə gànzə hī* und *Dean Ruək koəst àlsə gànəə wēgschmàißn. Eə r is scho àlsə krànkə hàimkummə* und *Si ho'b'm ən* (haben ihm) *àlsə krànkə nū̃ koin Rou làuə. I its g(<d')Gelrou(b)m àlsə gräinə á gern* Ich esse die gelben Rüben auch in rohem Zustande gern u. dgl.

§ 426. Die **schwache Flexion** ist, abgesehen von den bei der starken Flexion § 423 besprochenen Gebrauchsweisen, wie in der nhd. Schriftsprache nach dem bestimmten Artikel in allen Kasus Regel.
Über die aus starken und schwachen adjektivischen Flexionsformen hervorgegangenen Adverbien vgl. § 499.

§ 427. Bilden zwei mit *und* verbundene Adjektiva einen einheitlichen Begriff, so wird die Flexion bisweilen erst an diesen, also an das zweite Adjektiv gehängt: *ə schwarz u wàißə Kappm* = eine schwarz und weiß gefärbte Kappe.[3]

§ 428. Ausschließlich flektiert werden (wie in der nhd. Schriftsprache) Zeit- und Ortsangaben auf *-ig* gebraucht wie *hisich,*[4] *hài~tich, gèstrich,* Stoffbezeichnungen auf *-en* wie *disə* (vgl. § 377. 418 *b*).

---

[1]) So faßt auch Schmeller I 68 bayr. *àlsə' gànu*, desgleichen Nagl Roanad S. 355 III *ßlli*. Mit Rücksicht auf die ahd. mhd. Belege dieses Gebrauches der Adj.-Formen auf *-er* (Schmeller I 68. Weinhold Mhd. Gr. § 515. Paul Mhd. Gr. § 203) möchte ich sie nicht mit Schmeller II 1024 lediglich aus einer Ellipse von *Weise* erklären; dieser Auffassung widerstreben mindestens Schmellers Beispiele aus Lindemayr (*gschribmi; sibmi* Koinödie-Probe III 2 S. 137 Schmieder) und Kaltenbrunner (*woanidô*) mit dem altem *e* entsprechenden geschlossenen *e*, dargestellt als *e, i*, vgl. Schmeller § 223, worauf mich Lambel aufmerksam macht. Man könnte höchstens mit Schatz (§ 129 S. 147) an Mitwirkung des Gen. Sg. F. in (später elliptischen) Verbindungen mit *Weise* zur Verallgemeinerung des Gebrauches des erstarrten Nom. denken. Die Verbindung mit *alto* ist auch bayr.-öst. Schmeller I 68. Schwäbl § 97. DM III 187, 11 (oöst.). Nagl Roanad S. 155 zu V. 190 *bũgl*, vgl. ebda. S. 105 zu V. 134 *gschnīad*, Schöpf Tir. kl. 11 *àlto*, aber auch das Adjekt. ohne *alto* (wie mhd) *G'schënktə' mag-l-niks* Schwäbl a. a. O. *Bin i ausbroati* (ausgebreiteter) *glojn* Stelzhamer Ma. D. I 163 N. 11 I. Nagl Roanad S. 155 zu V. 190 *bũgl; daß 's es* (das Gewand) *ganzer z'Haus bringen* Schlögl Wiener Luft (GS II) 18; *und sie bringen 'n kranker z'Haus* ebda. S. 93; *Waschelnasser tein 's* (die Leute) *beim Tor g'standn* ebda. S. 320 (neben *als a junga* ebda. S. 326); *auf m Wirt seiner Thür kon ma 's g'schrieb'ner les'n* Rosegger Waldheimat I° 1890 S. 39: *is si toidtor in Stalle gilajght* DM IV 80, 5 (ob. Pustertal); *teatr kemp(l)se in kfuntn* Lessiak § 143 S. 185. Unflektiertes Prädikats-Adjektiv mit *also* (*daz er sy beschlieff alto tod* Bachmann-Singer DVB 24 Z. 32 f. vgl. ebda. 488 *alto*, auch in älteren bayr. Quellen Schmeller I 69) kommt nach DM III 187, 11 (*altô krank*) im Oöst. vor; Lambel kennt es jedoch aus der lebenden Ma. nicht; els. *alse, àtə, àsi jung* (ist er so gescheit gewesen) Martin-Lienhardt I 72 b, vgl. Fischer I 151. Schweiz. Id. I 197. 201.

[2]) Es stimmt dies mit der von Wunderlich Satzbau II 109 beobachteten Neigung des mit *als* angeknüpften Substantivs, sich im cas. obl. der Kongruenz zu entziehen.

[3]) Vgl. Grillparzer Tagebuch auf der Reise nach Deutschland (Glossy) S. 16 *Auf dem Kopfe aber trugen sie* (die Studenten) *weiß und blaue kleine Käppchen.*

[4]) Haselstädt auch prädik. *bisch au wider hiesig?* Binz § 23, 2 *b.*

26*

§ 429. Von den in der älteren Sprache möglichen syntaktischen Verwendungen der flektierten Formen ist der Mundart wie der nhd. Schriftsprache in der Hauptsache nur die attributive geblieben (vgl. § 376, über Ellipse des Substantivs neben dem Attribut § 34). *Voll*[1]) erscheint im Egerländischen auch attributiv (*mi(d)n vuln Mål ri(d)n* mit dem vollen, d. i. von Speisen gefüllten Munde reden), *lauter* wird auch in der Bedeutung *eitel, nichts als, bloß* vor Substantiven flektiert (*vɔ dɔ láttɔn Fráid, vɔn láttɔn Làchn* = vor der (dem) lautern Freude (Lachen);[2]) *ganz* tritt häufig für den Begriff *all* ein und zwar nicht nur im Sing. (*s gàns Göld, dɔ gàns Káffl* = eine bestimmte Menge ganz,[3]) *di gàns Zàit niɔt* = eine bestimmte Zeit hindurch niemals, dann auch hyperbolisch = selten), [4]) sondern wie schon in der älteren volkstümlichen Sprache (vgl. *die ganczen Cristnen* Bachmann-Singer DVB S. 65 Z. 17) auch im Plural: [5]) *Sɔnn dɔs di gànsn?* = Sind das alle? sc. Äpfel; *di gànsn Hund sònn áf* = alle Hunde sind auf = bellen EJ XIII 99; analog ist der Plural von *halb* oft = die Hälfte von: *di hàl(b)m Scháuf* = die Hälfte der Schafe. Oft steht attributives *ganz* beim Substantiv, wo dem nhd. Sprachgefühl ein adverbiales *ganz* neben dem Verbum angemessener dünkt: *Eɔ hàut di gànsn Huɔsn zrissn* = Er hat die Hosen ganz oder gänzlich zerrissen.[6]) Auch *all* wird (wie prädikativ) flektiert: *mit àln sàin Göld*[7]) = mit all seinem Gelde.

§ 430. Prädikativ steht die flektierte und zwar die starke artikellose Form in den Wendungen *I bin erschtɔ, zwäitɔ* usw. (vgl. § 423, 1 a), *s Böiɔ, s Göld* u. dgl. *is àls* (vgl. § 425), ferner vom Possessiv-Pronomen: *Dös,* z. B. dieser Hut, dieses Feld, *is máinɔ, mains* meiner, meines.[8]) Von den prädikativen Attributen wird nur *all* flektiert:[9]) *der gemeine Povel* (Pöbel) *lauft ihm aller nach* Planer Pass. S. 60. *B'hàlts'n glei àln* Behaltet ihn, sc. den Tabak, gleich ganz: Lorenz S. 6. (Über *wer alles* § 488.) Dazu kommen die erstarrten

---

1) Baselstädt. nur prädikativ : Binz § 20, 2.

2) Hingegen wird egerl. *lauter* als Steigerung des Begriffes *voll* nicht flektiert : *Deɔ Mensch is láttɔ olwɔrɔ Dingɔ* (§ 150, 1 S. 121), oder *Deɔ wàɔ láttɔ Blout* = Er war ganz voll Blut, blutüberronnen ; hingegen bayr. *I bi͂ ɔ laut's Blut* = Ich bin voll Blut : Schmeller I 1532.

3) Ebenso bayr.-öst. Schmeller I 927. Schöpf Tir. Id. 175. Lexer Kärnt. WB 108.

4) Bayr.-öst. auch mit dem unbestimmten Artikel: er ist ɔ ganzɔ Zeit nit (= selten) daheim Schmeller a. a. O.; eg. höchstens ɔ gànzɔ Wíl (Weile) = ziemlich lange und wie nhd. ɔ gànzɔ Häffm (Haufen) u. dgl.

5) Auch oöst. (ebenso *di halbitn Schof*): vgl. südböhm. *Jetzt kommen die ganzen Bauersleute* Ammann VS II 16 Z. 34; im Braunauer Weihnachtsspiel *Mei treuer Hund bewacht di ganzɔ Schofɔ* IITV S. 457, ähnl. oöst.; nordböhm. *es hätte eh der guden Nobberin mit ihr'n ganzen Leuten nischt gethon* Tieze Heimt III 12 (Schönlinde) ; *die ganzen Junggeselln* ebda. 71 (Bohm.-Kamnitz).

6) Auch (bes. in der Stadt) *Eɔ r is dɔ gànz Vàttɔ* = Er ist in jedem Zuge dem Vater ähnlich. Goethe Wahlverw. II 8 (W. 20, 298, 25 f.) *Die Frauen versicherten sämtlich, es* (Charlottens Kind) *sei der ganze leibhaftige Vater.*

7) Ebenso öst.

8) Aber auch unflektiert: *Dös is m.i͂* (mein); über den Bedeutungsunterschied vgl. § 466.

9) Auch bayr.-öst. Schwäbl § 64. 2.

Reste *vulɔ* [1]) und *àlɔ* (§ 425). Von der artikellosen schwachen Form im Prädikate (Paul Mhd. Gr. § 227, 1 Anm.) ist keine Spur vorhanden.

In Verbindung mit dem bestimmten und unbestimmten Artikel nehmen hingegen flektierte Adjektiva in substantivischer Geltung nicht selten die Stelle des Prädikates ein: *Affɔ r is eɔ dɔ Oɔ̈gschmiɔt* [2]) Dann ist er der Angeschmierte = Betrogene (vgl. Parz. 467, 8 *sô sit ir der verlorne*). *Eɔ r is immɔ dɔ r Unschuldé*. *Dös is ɔ Fdinɔ, ɔ Gsuntɔ, ɔ Gháutɔ* ein Gehauter, alle drei ungefähr = *ɔ Durchtri bʼmɔ* u. a. Seltener ist deutlich elliptische Geltung solcher Ausdrücke: *Dös Tʉ́ichl dàu is s sáidɔ* Das Tüchlein da ist das seidene, etwa auf die Frage: *Welches Tüchlein ist denn nun das seidene, von dem die Rede war ?* Ebenso *Dös Tʉ́ichl is ɔ sáidɔs*. Über die engen Grenzen des prädikativen Adjektivs mit dem unbestimmten Artikel vgl. § 410, 3.

§ 431. *c*. Sogenannte flexionslose Form.

Ausschließlich in der flexionslosen Form kommen vor

1. von den aus Substantiven hervorgegangenen (§ 419 *c*) *àut, àngst, fráiˉd, fáiˉd, läid, schuld, wäih*;

2. ferner *bɔ̈räit* und das gleichbedeutende *pärát, bràuch* brach, *fràuch* [2]) froh, *ir* (*Dàu bist ir* = Da irrst du, ohne Genitiv),[4]) (*néks*) *nutz* (nichts) nütze, *quitt* (*Aliɔ sánn quitt mit ɔnànɔ*), *sôd* satt, *wàch, wert*, das Part. *gweˉt* gewöhnt; einige kommen in bestimmter Bedeutung nur als flexionslose Prädikate vor, so *gwis* = sicher (*Dös is gẃis*; [5]) hingegen nur als flektiertes Attribut im Sinne von *quidam*, z. B. *ɔ gwissɔ Kràus*, und von *bekannt*, z. B. *Eɔ hàut suɔ sˉ gwiss' Gsicht gmàcht*),[6]) ähnlich *làus* lose = *befreit* (etwas *làus weɔn* los werden, dafür aber häufiger [7]) *àuˉ weɔn*, vgl. § 501 *b*, und in der Wendung *Wos is ɔnn làus ?* Hingegen wird *l.* = *schlimm* [8]) auch flektiert: *Deɔ r is làus* und *ɔ làusɔ Bou*). Andere sind dem Egerländischen überhaupt nicht geläufig, so *eingedenk, ausfindig, flügge, gäbe* (in *gäng und gäbe*, aber *gäng* in *gäugguschɔt*, vgl. § 415, 1), *gar* (nur als Adverb; der in der Stadtmundart bekannte Vers *As* oder *Aus* is s und *gàr r is s und schàd, dàß s net wàr is* kennzeichnet sich

---

[1]) *Voll* wird anderwärts noch in der Weise der älteren Sprache übereingestimmt: südbohm. *I brauch jo net a Körbal volls* HTV S. 117 N. 24 *c* (Strodenitz bei Budweis). Mittel-Isar *volbɔ Blut* Schmeller MB S. 206 Anm., Gottscheew. *ɔ biegle* (Wieglein) *iɔt wurt wolles pluet* Schröer WBG 175 [441], 18; 7 und 13 comm. *das ebige lëban volles aller der felicità* Schmeller Cimbr. WB 121 [183]. Andere Maa. haben noch mehr Reste des alten stark flektierten Prädikats: Meraner Ma. *er iɔt gàr wilda' gɔwɔsɔn* DM III 329 *di predig*; Kerenzer Ma. *Der Schnee ist kalter* (neben *kalt*) Winteler Kerenzer Ma. S. 182; Gottscheew. *ɔai lantic bodɔr tóatɔr* (sei lebendig oder tot) Schröer WBG 71 [235].

[2]) Auch öst.

[3]) Sehr selten attrib., vgl. das Sprichwort ₰ 45.

[4]) Ebenso öst. Bayr. *irr sein* mit Gen. = in Unkenntnis sein über etwas: Schmeller I 131. Über *irr gehen* ₰ 243.

[5]) In der Attribution tritt gewöhnlich *sicher* an dessen Stelle: *a sichra Tàud* Lorenz S. 39.

[6]) Die meisten der bisher unter 1 und 2 genannten sind auch öst.

[7]) Auch die Zusammensetzungen mit *-los* klingen nicht volkstümlich; man sagt etwa *Deɔ hàut ɔ gottlàuss Mít*, aber nicht *mittellos* u. ä.

[8]) Für *lose* = *locker* tritt *lɔɔ̈diˉ* ledig ein: *ɔ lɔɔ̈dichɔ Nˉôgl, dɔ Nˉôgl is l.*

schon durch die Lautform *gàr, wàr* gegenüber egerl. *gàuɔ, wàuɔ* als nicht echt mundartlich: *gar = fertig gekocht* u. dgl. von Speisen wird durch adverbiales *ds* ersetzt), *gram, grimm, habhaft, handgemein, abhold, kund, quer* (dafur *dɔ Queɔ,* vgl. § 497, 1), *verlustig, ansichtig, teilhaftig, gewahr, gewärtig,* die Partizipia *untertan, zugetan, getrost,* endlich auch Verbindungen wie *jung und alt, groß und klein.*

§ 432. Von den alten Gebrauchsweisen der flexionslosen Form besitzt die egerländische Mundart wie die nhd. Prosa fast nur die p r ä - d i k a t i v e; die übrigen Verwendungen hat sie bis auf geringe Reste eingebüßt.

1. Als S u b j e k t dient die flexionslose Form in mehr oder weniger formelhaften Sätzen wie *Gschäit is schäi˜.*[1]) *Säuɔ möcht lusté* Sauer macht lustig. *Bäis mou mit bäis* (= ein Übel muß mit dem andern) *vɔtriˊb˙m zweɔn*[2]) u. dgl.

2. Der rein p r ä d i k a t i v e Gebrauch bietet keine Besonderheiten. Über prädikatives *voll* neben *stehen, sitzen* u. a. vgl. § 150, 13 S. 131 : über *gut, schön, möglich* als Prädikat zu einem *daß*-Satze als Subjekt § 45 *a;* über den aus dem prädikativen Adjektiv bestehenden elliptischen Satz § 29.

3. P r ä d i k a t i v e A p p o s i t i o n eines Adjektivs begegnet selten, so in der stehenden Wendung *niɔt fál* nicht faul = eilig,[3]) z. B. *Deɔ, niɔt fál, läfft nɔn glái nàu* oder *hàut nɔn àinɔ r di˜* u. dgl.

4. Als p r ä d i k a t i v e s A t t r i b u t tritt das Adjektiv zum Subjekt ˎ*Gsund is ɔ furtgàngɔ u krośk widɔkummɔ. Gräi˜ sànn döi Épfl säuɔ, Grün,* d. i. nicht gekocht oder gebraten u. dgl., *sind diese Äpfel sauer,* dafur auch *gràinɔwáis,* vgl. § 497, 3) und zu den Objekten neben den Verbis *haben* (ɔn Kuɔpf vul hoˎbˎm z. B. von Sorgen, etwas *schwàrz df wäiß h.,* eine Geldsumme *gout h.* = sie zu fordern haben; weniger *jemandem einen Betrag gut schreiben),* halten (.*Mláffm fál h.* oder *hoˎbˎm, ɔn Hols warm h.* u. dgl.), *machen* (etwas *gout màchn* wie nhd. = *gute Arbeit liefern* und = *einen Fehler verbessern* oder *einen Schaden ersetzen,* jemanden *schlecht màchn* = ihn *herabsetzen, den Montag blau m.* = *keine Arbeit verrichten),* lassen (etwas *gout sá˜ läuɔ* = *unbestritten lassen, hin- gehen lassen,* daher auch = *nicht weiter darüber reden),* sagen [4]) (jeman- den *tot),* sehen (etwas groß, klein), *finden* (etwas versteckt), *antreffen* (je- manden gesund), *bringen, biegen, klopfen, schlagen* u. ä. (i bring, böich usw. *deɔn Nögl gröd),* reiben, putzen (etwas glatt, glänzend), *stellen, setzen, legen* (etwas gerade) und so auch neben reflexiven Objekten (sich bùchɔlɔt

---

[1]) Auch ost. Von den Part. Prät. (*Schlecht gfaɔ(r)n is béɔɔ e àls gout gàngɔ. Vɔɔch int is vɔɔp(ü)t* u. dgl.) ist hier abgesehen.

[2]) Vgl. *dann man mues ye peß mit peß vertreiben* V. Rabers Fastnachtspiel *Doctors appotegg* (1531) 606 (Wiener Neudrucke XI 153).

[3]) Ebenso o.- und nösl. *nid vàll* = eiligst, geistesgegenwärtig, ohne sich lange zu be- sinnen: Nagl Romadl S. 157 zu V. 192.

[4]) Neben trans. *häißn* ist das prädik. Attribut seltener (*Suɔ wos häißt deɔ tiɔ!* = So etwas nennt der teuer!) als neben intrans. *heißen* (*Dɔs häißt bɔ deɔm scho täiɔ*). Beliebt ist das Part. Prät.: *Dɔs häißt grennt!* Ebenso ost.

lāchn § 154 *d* S. 136; auch sonst: *sich dumm stellen* [1]) u. ä.). Unbekannt ist die gleiche Verbindung bei *wissen* (jemanden glücklich), *glauben* (sich unbemerkt), *urteilen, achten* u. a. (Erdmann-Mensing II § 203 *b*). Die alte Übereinstimmung des prädikativen Attributes ist weder im Nom. noch in den obliquen Kasus (abgesehen von *all* § 430) erhalten. Über den erstarrten flektierten N. Mask. neben *alsɔ* vgl. § 425.

5. Als attributive unflektierte Adjektiva, deren Gebrauch seit dem Ahd. immer mehr eingeschränkt wurde, treten in der Voranstellung auf: *ein* und *kein*, das Possessivpronomen (die alle schon im Mhd. im N. Sg. aller Genera und A. Sg. Neutr. bloß unflektiert gebraucht wurden), *ganz (gāns Ploŕ* ganz Plan; *halb Plan* u. dgl. ist minder üblich als *di hàl Sŕod, s hàl Dorf*), *láttɔ* (lauter, *l. Wàssɔ, l. àltɔ Lait* wie in der nhd. Schriftsprache; [2]) aber in präpositionalen Wendungen in gleichem Sinne gerne auch flektiert mit dem Artikel: *vɔ dɔ láttɔn Löi* = vor lauter Liebe § 429), die ursprünglich mit dem partitiven Genitiv verbundenen *viel, wenig, genug* (auch *sōd* satt, meist nachgestellt: *Göld sōrd* = genug Geld),[3] außerdem nur noch *gut* in einigen festen Verbindungen, namentlich mit Neutren wie *Gout Ding w(iŕl Wŕl ho(b)m* Gut Ding will Weile haben, [4]) *ɔ gout Tàɔl* (eigentlich schon meist *Gouttàɔl* gesprochen), *ŕf gout Glück.*[5] Unflektiertes attributives *eitel*[6]) kann ich bloß aus Lorenz (S. 12 ein Schatz *va latta eitl Sülzwa r u Gold*) belegen. Andere derartige Fälle bietet gelegentlich das Volkslied, so *all* [7]) vor dem Possessiv (*àl meina Zima däi gfàll'n ma hàlt nimma* IITV S. 209 N. 199 *a* Egerl., vgl. 199 *b* und *c*; in der Verkehrssprache nur in der Formel *àl mŕ letlɔ* all mein Lebtag, dagegen sonst nur *àlɔ màinɔ Zimmɔ* u. dgl.), gelegentlich auch andere Fälle (*So grüß' di Gott, traut Haselnußstaudn* HTV S. 119 N. 28 *a* Eger). Auch in der Zusammensetzung bewahrt die

[1]) Die meisten unter 4 angegebenen Wendungen auch öst.

[2]) Nie vor dem Possessivpronomen (wie oöst. *Vo lautá mi'n Schmitzen* Vor lauter meinem Schwätzen Stelzhamer Ma. D. II 50 N. 20, 5; *Vo lautá dein' Glanz* ebda. 197 N. 29, 22), vor dem Indefinitum (wie südböhm. *zuckerpahl und lauter wos guts* Ammann VS I 61 Z. 41 f. worin *wos guts* wie öst. in der Kindersprache = Süßigkeit ist), auch nicht als Stützpunkt des Relativs (wie oöst. *Natürli, huld lautá, Wos ŕo niz mangirt* lauter derartiges, was nichts bedeutet Stelzhamer Ma. D. I 234 N. 31, 140 f.) oder adverbial alleinstehend = *bestimmt, ausdrücklich* (wie altbayr. Schmeller I 1532 *a*), oder = *bloß, nur, doch* (wie kärnt. *Wàs hàsche lauter!* = Was hast du doch! *Wàs fàlt der lauter!* = Was mag dir nur fehlen! Lexer Kärnt. WB 174, vgl. Schmeller a. a. O.; auch steir. *,Und das da droben? Was ist denn das lauter?'* — *»Die Berge meinst?«* Rosegger Waldjugend S. 31, vgl. Khull 429).

[3]) Grimm IIr. S. 389 (N. 115 v. 23. Nov. 1813, verdruckt statt 1814) Z. 13 f. v. u. *Glossen und alte Fragmente wären satt vorhanden* (Jakob).

[4]) Auch o.- und nöst. nur in stehenden Redensarten: *gūɔt diŋ braúcht zaid* (oöst. *wail*) u. dgl. Nagl Roanad S. 102 zu V. 128 *gūɔt diŋ.*

[5]) Gegenwärtig fehlen Verbindungen mit anderen Neutren wie *kalt Wetter* (noch bei Baier 290), *schön W., schlecht W.* (so in Pernegg. Lessiak § 143, erzgeb. Göpfert S. 26, nordböhm.-schles. Knothe WB 41, vgl. Weinhold Dial. S. 68. 134), *ein stark Ding* (westerzgeb. und südostthüring. E. Gerbet III.Z I 128 § 15), *ein gut Bier* (Unter-Maiu Schmeller § 825), *Gut Heil!* u. ä., sowie mit Mask. (Inst *guɔt, Ilezt wŕiz* = guter, schlechter Weg Schatz § 129 S. 147).

[6]) In Ruhla *eitel Brot* = trockenes B. Regel 211. In den 7 und 13 comm. *eitel man* = lauter Männer Schmeller Cimbr. WB 105 [167].

[7]) In Ruhla *all die Welt, all d'Lŭt* Regel 158.

Mundart die flexionslose Form [1] seltener als die nhd. Schriftsprache, so bei *Frühjahr* (in *Fröigàuɔ*), *Langweile* (*ás látta Làngwàl*,[2]) bei einigen Eigennamen wie den Alt-Egerer Familiennamen aus dem 14. und beginnenden 15. Jh. *Pydermann*, *Kurtzrock*, *Rotrock* (Trötscher S. IX), gegenwärtig *Langhanns* u. dgl., dem Ortsnamen *Láutɔböck* Lauterbach Gradl MW 294 u. a. Häufiger ist selbständige Flexion des Adjektivs, vgl. *grüner Donnerstag, neues Jahr, lange Weile* u. a. § 377, 2. 3. *Solch, welch, manch*, und (mit der angegebenen Ausnahme) *all* erscheinen nie unflektiert. [3])

Nachsetzung eines einzelnen flexionslosen Attributes (namentlich *mein*) kennt das Volkslied,[4] die mundartliche Verkehrssprache nur in Wendungen wie *Döi is d'Fràu suɔ gràuß nú niɔt* = Diese ist noch keine so große (= vornehme) Frau. Mehrere unverbundene oder durch *und* aneinandergereihte Attribute empfindet man in der Nachsetzung, falls sie flektiert sind, als nachgetragene Attribute (*ɔn Hund, ɔn gràußn, schäin*), falls sie flexionslos sind, schon mehr als selbständige Satzworte mit selbständigem Ton (*ɔn Hund, gràuß, schäi⁻, u niɔt tàiɔ*, etwa: habe ich gekauft = einen Hund — er war groß, schön, nicht teuer — h. ich g.):

6. nach einer Präposition steht unflektierte Form in *áf gláich kummɔ* = sich ausgleichen.

§ 433. 2. Die **Steigerungsformen** des Adjektivs decken sich formell [5]) so ziemlich mit jenen der nhd. Schriftsprache. Über *màiɔrɔst* vgl. S. 375 Anm. 1, über die Bedeutung des Komparativs und Superlativs und über die Steigerungsfähigkeit § 418.

C. Verbindungen des Adjektivs.

I. Bestimmungsgruppen.

§ 434. Die überwiegende Zahl der Bestimmungen tritt nur zum **prädikativen** Adjektiv, weshalb sie im Grunde noch nicht von dem reinen Adjektivbegriff, sondern von der Verbindung des Adjektivs

---

[1] Bei dem lautlichen Zusammenfall der sogenannten flexionslosen und der schwachen Form, deren Flexion im N. Sg. abfiel, kann über die Natur der Verbindung nur die Form der obliquen Kasus entscheiden.

[2] Auch *ɔ Schwedinɔflàisch* wäre lautlich < *ein schweinen Fl.* (so faßt Lessiak § 143 Pernegg, *Iwɔina flàil*). Da jedoch die eg. Verbindung einerseits deutlich als Zusammensetzung (also nicht auf *Fleisch*) betont ist und anderseits für Fleischsorten sonst entweder das flektierte selbständige Adjektiv (*ɔ schétzɔs, kotwɔs, schwɔinɔs Fl.*) oder die Zus. mit dem Subst. (*Schétzn-, Kind-, Pfi-Fl.* u. dgl.) üblich ist, so ist auch die subst. Bildung (*Schweinen-*, wie *Schétɔn* < Schopsen-) nicht auszuschließen.

[3] Statt *solch ein, welch ein, manch (ein), all mein* sagt die Ma. *ɔ sólchɔ* oder *suɔ r ɔ, wos für r ɔ* und (ɔ) *mànchɔ, mi⁻ gànɔ*.

[4] Dieses bietet einmal auch Vor- und Nachsetzung desselben Attributes: *I hɔ ɔ Gold-Ringel . . . . Verborget an meinen kláin Fingelein klein* HTV S. 166 N. 111 (Grün), worin die flektierte mundartliche Form *kláin* (unflekt. *kloi⁻*) mit dem Substantiv wohl zu dem Begriff *kleiner Finger* = *Ringfinger* zu verbinden ist, dem das hochdeutsche Attribut nachgesetzt ist, also = *an meinem Ringfingerlein klein*.

[5] Der Umlaut ist häufiger als im Schriftdeutschen: *làiss loser, mlchɔrɔ magerer, dünklɔ dunkler, tɔllɔ toller (ɔ kànnt áin niɔt tóllɔ tràmɔ* es könnte einem nicht toller träumen) u. a.

mit dem Verbum *sein*, *werden* abhängig erscheinen. Das attributive Adjektiv nimmt zwar steigernde Adverbia, aber keine adverbialen Präpositionalausdrücke, und von den Kasus nur den Akkusativ der Ausdehnung (bei *lang* usw.) zu sich.

§ 435. Das Adjektiv wird bestimmt

a) durch **Kasus** von Substantiven und Pronominen, und zwar

1. durch den **Akkusativ**; dieser bezeichnet wie in der nhd. Schriftsprache das Maß neben Komparativen (*ə pàə Kráiżə* oder unbestimmt *éppəs* etwas *b(ü)llichə*; *ə Stückl*, *ə bissl* oder *ə wengl*, *ən Gədànkn wáitə rechts* oder *wáitə ümmé*, *hinté* u. dgl.) und an Stelle des älteren Genitivs bei relativen Adjektiven wie *làng*, *bràət*, *hàuch*, *töif*, bei *làus los* (in gleichem Sinne *àu⁻ sá⁻* oder *weən* z. B. *s Göld* § 150, 4), *sōd* *(urəs)* [1] satt (*sōd*, *urəs ho(b)m* = dem ungebräuchlichen *eines Dinges satt*, *überdrüssig sein*, z. B. *deən äizingə Eədépflbrái how é sōd* [2]) oder *urəs*), *schuldé* schuldig (nicht vom gerichtlichen Spruch, aber: *G öjld*, *Dank*, *gweit* gewohnt (*döi Arwət*), *weit* wert (*ən G(ü)l(d)n*, aber *də Möih* der Mühe), *wáis (jemandem etwas w. machen*); [3] neben diesen Akkusativen (auch *dös*, *wos* [4]) u. dgl.) wird der wirkliche Genitiv *es* (*es satt haben* u. dgl.) nicht mehr als solcher gefühlt.

Bei *voll* steht ein attributloses Substantiv im Nominativ (*Də Krouch Krug is vul Wái⁻*), ein mit adjektivischen Attributen versehenes Substantiv, wohl überhaupt seltener, lieber in einer mit dem Dat. und Akk. gleichlautenden Form (*D. Kr. is vul ràu(d)n Wái⁻*). [5] Tritt jedoch *voll* (nachgesetzt) in engere Beziehung zu *Krug*, *Glas* u. dₙl. (*ə Krouch-vul*, *ə Glōs-v.*, wie Zusammensetzungen auf dem ersten Wort betont, ebenso *ə Mál-*, *Hend-v.* ein Maul-, eine Hand-voll), so wird Übereinstimmung vorgezogen: Nom. *ə Glōs-* oder *Mál-vul ràutə Wái⁻*; Akk. (Dat.) *ə (mit ərən) Glōs-* oder *Mál-vul ràu(d)n Wái⁻*. [6] Bezüglich der anderen relativen Adjektiva vgl. unten 3.

2. Der **Dativ** bei Adjektiven ist auf deren prädikativen Gebrauch beschränkt. [7] Unter den ergänzungsbedürftigen Adjektiven sind hervorzuheben *(un)gláich*, das außer mit dem Verbum substantivum (*Dös is də Ziit ungláich = Das ist unerhört*) [8] gerne prädikativ auch mit *sehen*,

---

[1] Über dies vgl. § 305, über *genug* § 506.

[2] Bei Goethe noch Genitiv, z. B. Briefe aus d. Schweiz II: Martinach, gegen Neun (W. 19, 266, 2 f.) *Auch habe ich aller Beschreibungen und Reflexionen für heute herzlich satt.*

[3] Für älteres *jemanden eines Dinges* Grimm Gr. IV 624. Schmeller II 1025. Nagl Roanad S. 305 zu 338 *wais*; im Obbess. mit dem doppelten Akk. (einen etwas) Crecelius 902. Egerl. nie *weit werden* wie z. B. *Da war's, als hätten sie* (die Leute) *'s vergessen gehabt oder gar nicht gewußt, daß ich so klein war, und sie würden 's nun erst weiß* O. Ludwig D. Heiteretei und ihr Widerspiel (Aus dem Regen in die Traufe) Leipzig o. J. S. 285.

[4] Einige wie *əwədrüßé* dürften kaum andere Akk. als *dös* zu sich nehmen.

[5] Gleiche Übereinstimmung ohne *voll*: Nom. *ə Krouch ràutə Wái⁻*, Akk. *ən Kr. ràu(d)n Wái⁻*.

[6] In diesen Fügungen mit *voll* stimmt das Öst. mit dem Egerl. überein.

[7] So in der Regel auch in ältester Zeit: Erdmann Otfr. Synt. II § 248 (Schluß).

[8] In gleicher Bedeutung oöst. koburg. preßburg. *Der Welt ungleich* DM V 506 N. III.

schauen (= aussehen) verbunden wird, und zwar mit dem Dativ (in gewöhnlicher Bedeutung: *Dəs siəht ən Lumpm gläich = ähnelt e. L.*, und in mehr übertragener: *Dös siəht dean Lumpm gläich = Das ist von dem Lumpen nicht anders zu erwarten* oder *Das kann man ihm schon zutrauen*) und mit dem unflektierten *etwas, nichts* (*Öitsə schául dös Haus dennə wos gläich = Jetzt macht das Haus doch einen stattlichen Eindruck. Eə hául néks gläich gschaut = Er machte einen unscheinbaren* oder *minderwertigen Eindruck*; [1]) *ófsessé* aufsässig [2]) (schon in der älteren Sprache Kehrein Gr. d. 15.—17. Jh. III § 220, mhd. *úfsetzig* Lexer II 1717.

Schmeller II 344`: *gut* verlangt im Sinne von *gewogen, zugetan* wie in der Umgangsprache eine dativische Ergänzung (*I bin dean Mai'd[lə gout,* hingegen *mit jemandem gut* oder *böse sein* wie öst. = auf freundschaftlichem oder gespanntem Fuße stehen); *reət* recht im Sinne von *gefallend* 'Gelt, *öitza wa:r) a da recht = jetzt gefiel ich dir HTV S. 331 N. 557 a* West- und Südböhmen, vgl. b`.[2]) Die meisten der hieher gehörigen Adjektiva fehlen der Mundart, so *dienlich, dienstbar, förderlich, günstig,* (*ab'hold, kund, genehm, pflichtig, ersprießlich, widrig,* Partizipia wie *zugetan, geneigt, gewogen, un'erwünscht: frái"d sá" = verwandt sein* wird weder dativisch noch genitivisch, sondern nur durch *mit* oder *zu* ergänzt.

3. Der **Genitiv** tritt neben Adjektiven (wie überhaupt neben allen Wortklassen mit Ausnahme des Substantivs § 363. 367) nur noch in **erstarrten** Verbindungen oder Einzelbildungen auf; er ist gleich dem Dativ auf das **prädikative** Adjektiv beschränkt.[4])
Erstarrte genitivische Ergänzungen führen bei sich die **relativen** Adjektiva *wert* in (*niət) də Möih weət* (wobei der Genitiv in der Aussprache förmlich mit *wert* verwächſt, das den Haupton trägt: ⌣ ⌣ ⌣ ⌣; in älteren Quellen auch noch außerhalb dieser Wendung, vgl. Baier 884 *er sey nicht eines & werdt geweßen,* heute sonst nur mit dem Akkusativ, vgl. § 435 *a* 1), *sicher* in *sái"s Lḱb)ms niət sichə sá" [5]) *(aber nicht *seiner Sache sicher sein* u. dgl.`, *süchtig [6]) in relativer Bedeutung = *heftig begehrend* in *mànətssichté* mannstoll (über *Mànəts* § 299 S. 270).

---

[1]) Alle Wendungen mit *gleich* auch öst.: bayr.-öst. *gleich sehen = das Ansehen haben* (= so aussehen, als ob: *ss siht eəm [nèt] gleich, dás* ...) und Ober-M. = *gefallen* (Schmeller I 1424 b. c) ist beides egerl. unbekannt. Vgl. auch das verwandte *eszgeb. ähnlich : Sist hot d'r Karl'l net vil ähnlich gesah* Erzgeb. Ztg. XIV 170.

[2]) Auch öst.

[3]) Hingegen ohne Ergänzung *Jemand* oder *Etwas ist recht* = passend, dem Wunsche entsprechend; *Bin è dáu reət?* = Habe ich hier den richtigen Ort (z. B. das richtige Haus) nicht verfehlt? (Gegensatz *I bin ir*); mit und ohne Ergänzung in gleichen Bedeutungen öst., in der oost. Fassung des zuletzt angeführten Verses *für di w.ir i reəht*.

[4]) Wie (mit geringen Ausnahmen) im Ahd. Erdmann Otfr. Synt. II § 225.

[5]) *Der Rede wert* in den Sechsämt. Wirth § 12, *der Mühe, der Rede wert* auch Pernegg. Lessiak § 122 b, *der M. wert, des Lebens nicht sicher* auch öst. heidelberg. Sütterlin Gen. S. 6; die letztere Verbindung auch fränk.-hennenberg. Spieß 56. Hayr, auch *der Ehre wert sein: Er ist nit dər Ern wert, dás ər* ... = Nicht einmal so viel Rücksicht hat er, daß er ... Schmeller I 124 und *Es is nèt də' werd,* wo *Kèd', Müe* ausgelassen scheint ebda. II 901. Letztere ellipt. Wendung auch schwäb. Fischer II 156, 5, obhess. Crecelius 90S, in Rappenau O. Meisinger HLZ. II 249 § 6, 1: zu deren Erklärung vgl. auch Lenz S. 53; fränk.-heuneb. außer *nicht der Mühe wert* auch *Prügelns w.* Spieß 44.

[6]) Einfaches *sichté* in absolutem Sinne ist wie mhd. *sühtec = krankhaft,* jedoch in der besonderen Bedeutung *zu eiternden Entzündungen neigend,* bes. von Wunden : M. Müller UE II

Auch die Mundart besitzt die aus ahd. *min (sin) gilicho* (Erdmann Otfr. Synt. II § 177), mhd. *min (sin) geliche* (Akk. *minen, sinen gelichen,* Plur. *mine gelichen* Grimm Gr. III 81 f. Haupt zu Erec[2] 2323) verderbten erstarrten nhd. Verbindungen *meinesgleichen, seinesgl.,*[1] gebraucht sie aber weniger als *dəgláichn* dergleichen (nie relativ = *cuiusmodi,* zumeist in der Wendung *niət d. táu‾ = tun,* als ob einen etwas nichts anginge[2]) oder *keine Miene machen, etwas zu tun*).

Den Genitiv des M a ß e s bieten die Zusammensetzungen *arms-, fingəs-, fäustəlick (männshàuch* hört man seltener).[3]

V̦ü‾l und *weng* (viel, wenig) nehmen außer *ərə* (ihrer) ebensowenig einen p a r t i t i v e n Genitiv zu sich wie in der nhd. Prosa;[4] auch wo im Plural die Form mit dem Genitiv übereinstimmt *(v̦ü‾l schäinə Blemmlə = viel schöne* und *v. schöner Blümlein*) wird sie nicht als Genitivform empfunden.

Der partitive Genitiv *aller* beim Superlativ ist auch der Mundart geläufig.

Andere relative Adjektiva haben den alten Genitiv eingebüßt; *los, satt, überdrüssig, schuldig, voll, gewohnt, wert* nehmen in Verbindung mit *sein, werden, haben* den Akkusativ zu sich (oben I), *frei, zufrieden, gierig,*[5] *ledig, müde* (nur in körperlichem Sinne), *verdächtig* stehen nur absolut oder mit anderen (präpositionalen oder Satz-) Ergänzungen. Die Mehrzahl derselben ist der Mundart aber überhaupt fremd, so *bar* (überhaupt nur in *bàəsfəß* barfuß, *bàəschenkəlǝt* barschenkelig = ohne Strumpf), *eingedenk, bedürftig, kundig, verlustig, mächtig,*[6] *ansichtig, geständig, würdig, gewärtig, bewußt*.

---

[47]: oóst. ist *sichtǐ* = Krankheit, Entzündung veranlassend; vgl. kärnt. *sucht* = Materie, Eiter aus einer Wunde Lexer Kärnt. WB 245. Schmeller II 220 bietet bloß *süchtig* = ansteckend: Sonneberg. *sächtigh* in der egerl. Red. Schleicher 71.

[1] Im Volkslied mit Angleichung an das Possessiv *deines Gleichens, wie du bist* = einer von deiner Art HTV S. 143 N. 58 (Gabel), aber drei Zeilen vorher und ebda. N. 59 *dein(e)s Gleichen* (Grün).

[2] Auch öst. *nix d. t. Dəgláichn* erhält also aus der Ergänzung eines Satzes mit *als ob, wie wenn* seine bestimmte Bedeutung, vgl. die bei Schmeller I 1423 aus Konrad von Megenberg ausgehobene Stelle (Pfeiffer 124, 12? vgl. Lesart. S. 512) *So man das tier schlecht, so tut es nit des geleichen sam es zornig sei.* Für *desgleichen* tritt egerl. zumeist *gleichfalls* ein.

[3] Bei anderen leeren Maßbegriffen wie *breit, lang, tief* kennen nur ältere Quellen noch den alten Genitiv: *mit einem porten, der dreier twerhen vinger prait sei* Eger. Stadtges. v. J. 1400 S. 13 f. N. 15; *eins glieds lank* ebda. S. 20 N. 52; *einer guten stehenden hand* *dief* Baier 400, vgl. 672; *eines halben tries* (sie) *diefs* ebda. 553, vgl. 766; *einer großen spannen tief* ebda. 892; in dem Volksliede *Es steut a Schlößl in Österreich* lautet der letzte Vers der 9. Strophe bei Grüner S. 106 *ich leb nied länger als Gaueslang* (jahreslang), in HTV S. 98 N. 13 aber schon *Leb ih nit länger als düs Gahr tang*; die heutige Mundart setzt bei *lang, täif* nur den Akk., vgl. § 435 a 1. Über Zusammensetzungen dieser Art vgl. Trautmann Wiss. Beih. N. I S. 12 ff.

[4] Das Gottschew. kennt bei *viel* noch den Genitiv: *wil kréakànə* Schröer WBG 202 [468]; ebenso die Ma. von Rappenau *viel Wesens machen* u. dgl. Meisinger HLZ II 249 § 5, 2: das Fränk.-Henneberg. *net vil wəsəs* oder *fäderlàsə's* Spieß 43, das Sonneberg. *ıs is niiet fill dor mr̀r* Es ist nicht viel dazu: Schleicher 69.

[5] Vgl. *nüigirè* neugierig, gegenüber handschuhsh. *näiswüric,* in Bielefeld *niəgirtgirig* (Lenz Nachtrag S. 17) < mhd. *niuwes girec*; Schmeller führt I 1711 auch die *sch*-Formen (z. B. wienerisch *neuschiəri‾,* ähnlich in Danzig, in der Altmark, in Hannover, Düren : Schmeller a. a. O.) auf den Genitiv *niuwes* zurück.

[6] Erzgeb. *aar woor senner* (seiner) *nich machtg* Göpfert S. 25; fränk.-henneberg. *ich bi meiner nét mèá mächtig* Spieß 49.

Nicht zur Ergänzung, sondern zur **modalen** Bestimmung und zwar
zur Verstärkung dient der Genitiv des Inf. *sterben* in *ster̄(b)msvəlẁibt* [1]
(auch mit dem absoluten *krank* wie im Schriftdeutschen).

§ 436.   *b*) Durch **Präpositionalausdrücke** wird nur das prä-
dikative Adjektiv (und Part.) ergänzt, nie das attributive (also nicht *ein
in der Mitte blauer Fleck, ein von allen Seiten gleich weit entfernter Punkt,
ein von der Polizei verbotenes Spiel* § 235 *b*). Präpositionale Wendungen
haben vielfach besonders die Ergänzung durch den einfachen Dativ ab-
gelöst, so bei *frāi̓d, gout, bäis* (§ 435, 2); gleich den beiden letzten
wird auch *héflè* höflich, *gruə* grob durch *mit* (jem.) ergänzt, *bəgirè* und
náigirè durch *auf* (etwas). Der **Komparativ** wird wie im Schrift-
deutschen außer durch den Akkusativ des Maßes (§ 435 *a* 1) auch durch
um (*üm d̓Hölft, üm ərə Stückl* u. dgl.) bestimmt.

§ 437.   *c*) Auch das **Adverb** ist neben dem prädikativen Adjek-
tiv (und Partizip) heimischer als neben dem attributiven, was in derselben
Weise gedeutet werden muß wie die ähnliche Beschränkung der kasuellen
Ergänzungen (§ 434). Weitaus am häufigsten treten zum Adjektiv in
beiden Funktionen **steigernde Adverbia** und zwar

1. solche allgemeiner Natur wie *stárk* (*st. sduə*); *tüchtè* (*Wenn a
əwa neat tüchti schäi̓(n) is* HTV S. 339 N. 640 Plan); *ungéhäiə*; *máchtè*
(máchtig) auf *grauß, làng, hàuch, wäit*, und *winzè* auf *kloə̄* beschränkt,
werden nur flektiert nachgesetzt [2] (*grauß-, làngmáchtè* usw., *kloə̄winzé*,
wobei jeder Teil gleich oder der zweite stärker betont wird);

2. solche, deren steigernde Bedeutung von einem besonderen Sinne
ausging: so von dem des **Angemessenen**, wie bei *orndlé* ordentlich,
ghéri(ch) gehörig, *reət*; des **Fertigen**, **Ganzen** wie bei *gàuə* gar,
gàə̄z [3] (auch *gàə̄z u gàuə*), *àlə* aller (§ 425); des **Reinen** wie bei *ráin* (*r.
nàrisch* wie anderwärts), *sáuwə* sauber [4] (nur *s. firté* fertig = aufgebraucht,
abgewirtschaftet); des **Schönen** wie bei *schäi̓̄* (*sch. stôd*, [5] *sch. làng-*

---

[1] Vgl. Elis. Charlotte Briefe S. 10: *ster(b)msverliebt, -krank* auch öst.; andere Ver-
bindungen mit *sterbens-* Schmeller II 781; vgl. rudolstädt. *er war Todts erschrocken Weise*
§ 48, 3.

[2] Ebenso o.- und nöst., in letzterer Ma. wie bayr. auch mit anderen Adjektiven, in
beiden Maa. stets mit dem Ton auf dem zweiten Wort Nagl Roanad S. 167 zu V. 203
ónflmééhti. Vor- und Nachsetzung von *mächtig* kennt das Bayr. Schmeller I 1563 f., 3 *a. b,*
Tir. Schöpf Tir. Id. 408. Bisweilen wird egerl. *mächtig* hiebei durch *all* verstärkt: *ə grauß-
allmächticks Kerl* (mit dem Ton auf *mächt*); vgl. KHM II 59 N. 96 *De drei Vügelkens* :
endlich kümmt he vor 'n graut allmächtig Water, ebda. II 253 N. 138 *Anoist un sine dre
Sühne* : *allmächtig groot*. In *kloə̄winzé* wird *klein-* im Plur. entsprechend flektiert : Mask.
Fem. *kloə̄winzé* (z. B. Töpfe, Flaschen), Neutr. *kloinəwinzichə* d. i. *kleinewinzige* (z. B. Stein-
chen, vgl. S. 382 Anm. 3).

[3] *Ganz* tritt nur zu adj. Begriffen der Größe (*gàə̄s grauß, g. kloə̄*) und der Beschaffen-
heit (*g. schäi̓̄*), nicht zu solchen der Menge und der., vgl. G. Frenssen Jorn Uhl (Berlin 1930)
S. 52 *Es sind ganz viele Lindenblüten in dein Haar gefallen* u. ö. Der Unterschied der Be-
deutung von *ganz* je nach der Betonung (bei starker = vollkommen, bei schwacher = ziem-
lich) tritt wie altbayr. (Schwäbl § 90, 1) u. öst., hauptsächlich neben Adjektiven der Be-
schaffenheit hervor. Über *recht, ganz* mit dem doppelten Artikel § 420, 2.

[4] Vgl. Lambel zu S. 227 Anm. 3. Schwäbl § 117 *b* S. 88.

[5] *St.* = *still* und *langsam*, vgl. Schmeller II 797 *a*. Hofer III 173. Lexer Kärnt. WB
230, 2. Schopf Tir. Id. 701.

sàm), [1] *hübsch* [2]) oder *hüsch* (*Ma'n*) *Börwal is hüsch long* HTV S. 193
N. 166 Plan); des Schlimmen wie bei *àrch* arg, *bàis* böse (tritt
wohl nur zu Part. Prät.); des Dauernden wie bei *làng* (stark betont
und nur vor *gout* und *schäi*: *Döi is làng gout*),[3]) *äiwé* ewig *(äiwé làng* [4])
sehr lange). Hieher gehören ferner das alte *hárt* (in Plan, sonst eg.
hárt Neubauer Id. 70, mhd. *harte*, z. B. *hárt schäi*, vielfach auch mit
zu: *z'hárt = zu* sehr, und verneint *nizt h*.), *schwá* schwer (beschränkt
auf *krank, reich, besoffen*), *hell* [5]) (außer vor *licht* nur vor *nárisch, glustrod*
oder *glustod* lüstern § 232), *söidé* siedig (nur zu *heiß*),[6]) und Parti-
zipia Präs. und Prät. wie *plättod* und *gháfft* gehäuft (beide nur zu *voll*,[7])
vgl. S. 196 Anm. 3, daneben *iɔ'b)mvul* ebenvoll). *tropfod* tropfend oder
pfatschɔd [8]) (beide zu *nöll* naß, neben *waschati* noß HTV S. 373 N. 932
Eger, worin *waschati < waschend-ig*; über derartige Bildungen vgl. § 232,
1), allenfalls noch *glöiɔd hàɔß* oder *ràut* glühend heiß, rot,[9]) *gstopft*,
gniglt (über das zweifelhafte *nigeln* vgl. Schmeller I 1722 f. 1734), *gsteckt*
(alle drei zu *voll*, *vɔfloucht*, *vɔdámmt*, *vɔmàlɔdáit* u. a.

Einige Adverbia treten zum Adjektiv (gleichwie gewisse Adjektiva
zum Substantiv § 376) in freiere Beziehung, so *nárisch* (*ɔ nárisch
gràußs Trumm*), *dámisch* dämisch (Neubauer Erzg. Ztg. X 248, z. B.
d. táiɔ); freier ist auch die begriffliche Bezichung der aus Interjek-
tionen abgeleiteten Adverbia wie *sákrɔmentisch* oder *mentisch* (Neubauer
Mitt. XXVII 180, zur Interjektion *Sákrɔment!* § 144 S. 106), *mor-
dionisch* (ders. Erzg. Ztg. X 270, *mordiouisch hàɔß*, zu *mordio!*, das mir
selbständig im Eg. nicht begegnet ist). Von einer Ellipse aus gelangt
einfaches deiktisches *so* (im Ausruf gerne stark betont: *Dös wàɔ s uɔ
schäi*!) oder *gar so* (*g à uɔ suɔ*) zu steigernder Bedeutung (ähnlich schon
ahd. mhd. *sô, alsô*).

Von andern steigernden Adverbien fehlen die gemeindeutschen
leidlich, erheblich, sehr (letzteres auch beim Verbum selten § 268), *außer-
ordentlich, einzig, barbarisch, unbarmherzig, erschrecklich, furchtbar* (auch
entsetzlich hört man selten), *grausam, grimmig, gräßlich*, ferner *famos,
heillos* (beide z. B. baselstädt. Binz § 20, 4), das alte *ziel* (vgl. Erd-

---

[1]) Obhess. *Der ist aber schön garstig* Crecelius 759. Umgekehrt verbindet das Hen-
neberg. *häßlich schön* = sehr schön DM V 183, ebenso das Altenburg. Weise § 75: das
Hohenloh. *abscheulich schön* DM III 538, 45.

[2]) Bei Stelzhamer Ma. D. II 40 N. 18, 10 sogar *hübsch hübsch* ziemlich hübsch.
Steig. *schön, hübsch* auch altbayr. Schwäbl § 66, 1.

[3]) Ebenso obhess. Crecelius 534.

[4]) Dieses sowie *lang gut* auch öst.: Sonneberg. auch *éiwigh kràák* = sehr krank
Schleicher 66.

[5]) Auch steir. Khull 340, vgl. *hell unvernünftig* Rosegger Die Älpler [6] (1888) S. 292;
hell-liecht u. h. *nárisch* auch öst., vgl. Schmeller I 1082 *hellig, anhellig*, Schöpf Tir. Id. 256.

[6]) Anderwärts auch vor anderen Adjekt., vgl. Schmeller II 227. Als Adjektiv ist eg.
s. außer = *siedend* auch = *leidenschaftlich versessen auf* oder *verlangend nach* (*s. üf . . .*,
in derselben Bed. *nárisch üf*).

[7]) Vgl. *gehauft, aufgehauft voll* Schmeller I 1056 *Haufen.* Schöpf Tir. Id. 249.

[8]) Vgl. die Interjektion *pfätsch* = patsch! § 131. Verbum *ffätschn* = patschen.

[9]) Für *siedend heiß* gewöhnlich *söidhàɔß* siedheiß, für *brennend rot* stets *brinnràut,*
z. B. Lorenz S. 40 (*brinn-r.* auch bayr.-öst. Schmeller I 359. Höfer I 118. Schöpf Tir. Id.
59. kärnt. *prénn-r.* Lexer Kärnt. WB *kérɔprènnin* u. a. Zus. mit *brinu-, brenn-.*).

mann Otfr. Synt. II § 102 S. 84, noch jetzt obpfälz., els. nach *se* zu,
7 und 13 comm., lus. Schmeller I 837, 2. Martin-Lienhart I 109 ª.
Schmeller Cimbr. WB 120 [182]. Zingerle 30, auf bayr.-öst.
Gebiet ver-
stärkt durch *so*: *sozil* – ◡, *sozil*, *sorl*, Schmeller II 205. Schöpf Tir. Id.
789 f. Lexer Kärnt. WB 95, nach Frommann DM I 263 auch fränk. und
schwäb.); ferner die bayr. *grob* *grob guət* Schmeller I 984, auch steir.
henneberg. Khull 308. DM V 183), *klein* (*kläš dǝ̍frä'n* Schmeller I 1332, 3,
auch tir. Schöpf Tir. Id. 319), altbayr. *teuer*, *übel* (*t.*, *ü. viel* = recht
viel', *bitter* (*b. schön*) Schwäbl § 66, 1, nöst. steir. *toll* Mareta Proben I 12.
Khull 160, steir. kärnt. *häuftig* haufenweise Khull 332. Lexer Kärnt.
WB 135, vgl. Schmeller I 1056 *Haufen*, in den 7 und 13 comm. *héftəg*
(*h. gut* Schmeller Cimbr. WB 129 [191], henneberg. *häßlich* und hohen-
loh. *abscheulich* (vgl. S. 395 Anm. 1), henneberg. *schwin*, *schwen* DM I
236. 237 u. a.
    Die der Steigerung entgegengesetzte Abschwächung des Adjek-
tivbegriffes durch Diminutiva (berlin. *sachtcken*, *stilleken* Sanders Z. f. d.
Spr. IV 222) ist, von ◡ *wengl* abgesehen, nicht üblich.[1]

§ 438. Zur Verstärkung des prädikativ und attributiv gebrauchten
Komparativs dienen *z̍(ü l*, allein oder durch indefinites *wöi* oder durch
hübsch verstärkt: *z̍(ü)l*, auch *wöi v(ü)l* oder *hübsch v. schänmə*; auch ver-
doppelt *z̍(ü)l u v̍(ü)l sch.*, ferner Multiplikativa wie *sezmàl*, *hunnətmàl*,
täusndmàl.[2]

§ 439. Von den Adverbien anderer Art können die mit *so* gebil-
deten Bestimmungen der Vergleichung (*grōd suə*, *niət suə*) ebenfalls beim
Adjektiv in den beiden Funktionen stehen. Beim Attribut bevorzugt die
Mundart übrigens häufig ein dem *suə* gleich bedeutendes *solch*: *koi˘ sich
grāuß Erdépfl* = keine so großen Erdäpfel.

---

[1] Das Egerl. besitzt auch die anderen Arten der Steigerung, so die durch Verbalstämme:
svidhaəß, *bröihwdrm*, *brinnräut* (vgl. S. 395 Anm. 9), *gōchir* (iag-irre, verwirrt wie ein gejagtes
Wild, vgl. Schmeller I 1203), *stinkfit*, *kizbräu˘* und *-bläu* (falls *Ka* mit *kuten* = *husten* zusam-
menhängt: Schmeller I 1317. 1318; andere Erklärungen geben K. Becker Z. f. d. U. VII 57:
k. < gritse, V. Schliebitz ebla. 407: *k.* = weibliche Katze); durch Vergleichung: *fldəlsicht*,
säu-, *kotzngrus* (grob), *säu-*, *sträudumm. stoš˘hirt*, *butts-*, *windlwäəch*, *miius-*, *mäusdrecklläut*,
mäusrlst(ü)ll, *(ukstäiftrw(ü)ld*, *läuchwärm* (wie Waschlauge), *fkiɔ-*, *fuksfäisräut*, *kül-*, *kṻlrä(b)m-
schwärə*, *schnäi-*, *k irwäill*, *wäksgel*, *grōsgri̍li˘*, *kröichɔ-* oder *kröichx(r)bläu* (blau wie die Frucht des
Kriechenbaumes, prunus insititia), *büdzwinsi*, *suckzsoiß*, *gälbitts*, *hundsmöid*, *-misrəżwl*, *-ordi-
näré*, *solstruckn*, *buəkstäuf*, *stuəkfinw*, *-freium*, *kürzgrōd*, *funklnöglmäi*, *ü̍-(Zinn-)*, *glocklhell*
u. a.; durch andere Beziehungen: *häppgout* (hauptgut, auch nordböhm. *die Bauern wiffn des
hauptgut* Tieze Hejmt III 31), *glǝ̍gi̍əż˘z* gliedganz (auch = beleibt: *Dəs wiəd öitə gl.*), *kräiə-
brəśf*, *-gout*, *-fidell*, *-loib* (HTV S. 207 N. 191 Egerl.), *tau(d)nüwl*, *täud-*, *stoš˘möid*, *himml-
ängstəbang*, *moudɔ-*, *fɔʒ-* (mhd. *vase-*), *fɔʒmoudənäckzt* (Lorenz S. 38), mit *murdɔ-*, *ends-* § 373 S. 330
u. Anm. 5 (die Mehrzahl der bisher angeführten auch bayr.-öst.); durch Zahlwörter: *täusndschäi̍*
im Volkslied (z. B. *du tausendschünes Derndrl* HTV S. 193 N. 167 Egerland), *ndi̍gschäit*;
seltener durch Wiederholung: *dɔs is lang u lang gout*. Über diese verstärkenden Zusammen-
setzungen und den Volkssuperlativ vgl. L. Tobler DM V 1—30, 180—201, 302—310;
andere Literatur bei Nagl Roanaə S. 250 zu V. 201 *khärwdif*, Weise § 76, und jetzt Hau-
schild Die verstärkenden Zusammensetzungen der Eigenschaftswörter im Deutschen. Beil. z.
Jahresber. d. Wilhelms-Gymn. in Hamburg. Ostern 1890. Steigerungsformen nach dem Muster
des mhd. *bezzer denne guot* (in der Teplitzer Ma. *Dar is dümmer o(l)s dumm* Laube VC
S. 94) fehlen.

[2] *Nist suəzmàl* (nicht zweimal) ist auch = *nicht besonders: Dein how ĭ d nist suəz-
màl gern* (vgl. dem Sinne nach *einmal und nicht wieder*).

Nur zum prädikativen, nicht zum attributiven Adjektiv treten räum-
liche, zeitliche [1]) und Bestimmungen der Verträglichkeit; man
kann also nicht sagen *ein oben spitziger Pfahl, ein innen hohler Ring,
eine unmöglich* oder *unnötig teure Ware, ein notwendig großer Verlust*
u. dgl., sondern nur *der Pfahl ist oben spitzig* [2]) usw.

Weder das prädikative noch das attributive Adjektiv kann in der
Mundart die übrigen Adverbia der Vergleichung (*ähnlich kostbar, ver-
schieden schwer*) oder solche Adverbia (meist Partizipia) zu sich nehmen,
in denen das psychische Verhältnis des Sprechenden zum adjektivischen
Begriff zum bündigen Ausdruck gebracht wird (*ein vermutlich* oder *un-
vermutet, unerwartet, unerwünscht schnelles Ende, eine erschreckend, be-
ängstigend große Zahl, eine vernichtend deutliche Antwort* u. dgl.). Die
gebräuchlichen von ihnen wie *schrecklich, fürchterlich* machen insofern
von dieser Regel keine Ausnahme, als sie nicht in ihrer strengen ver-
balen Bedeutung (= Schrecken, Furcht erregend), sondern in einer stark
verblaßten, bloß steigernden gebraucht werden.

II. Erweiterungsgruppen.

§ 440. Die adjektivischen Erweiterungsgruppen folgen zum großen
Teil denselben Gesetzen wie die substantivischen.[3]) Begriffsverstär-
kung durch inhaltsgleiche Adjektiva (und durch das gleiche wiederholte
Adjektiv) verlangt im Attribut asyndetische, im Prädikat konjunktionale
Verbindung: [4]) *Dɔ dummɔ, dámischɔ, dàlkɔtɔ Dingɔrich; ɔ làngɔ, làngɔ
Strik*; aber *Davàɑ̄ is da Zignbuak gàɑ̄ɪ daamisch u täiarat* (mhd. *tœreht
woan* Lorenz S. 19. *Dös is sichɔ r u gwis. Fix u firté* u. dgl. *Dɔ Strik
woɔ làng u làng.*

Erweiterungsgruppen aus inhaltlich verschiedenen Adjektiven
treten im Prädikat in weit größerem Umfang auf als im Attribut und
zwar verlangen die Erweiterungen des Einzelbegriffes in bei-
den Stellungen die Verbindung durch *und* (*Döi Kàppm sànn schwàrz-u-
wáiß* = schwarz-weiß. *Dös sann schwàrz-u-waiss Kàppm*: über gebun-
dene Flexion solcher Gruppen § 427), die Erweiterungen der
Aussage gestatten in beiden Stellungen konjunktionale (durch *und,
aber, oder*) oder asyndetische Verbindung; nur werden solche Gruppen
im Attribut (verbunden oder unverbunden) selten über zwei flektierte
Adjektiva hinaus erweitert; der Rest wird lieber als unflektierte Appo-
sition nachgetragen: *Dɔ Moʒ r is ráich u gschàit u bráf u niɔt hàuch-
nösɔt* oder *ráich, gschàit, bráf u n. h.*; hingegen nur *Dös is ɔ ráichɔ u
ɔ gschàidɔ Moʒ* oder *ɔ ráichɔ, gschàidɔ M.*, allenfalls mit der Fortsetzung
u bráf u niɔt hàuchnösɔt d (auch).

---

[1]) Eine Ausnahme bilden einige Part. Prät., die mit ihren zeitlichen Adverbien förm-
lich verwachsen sind: *ɔ nüi-, ol-bachnɔ Bräut* ein neu-, alt(ge)backenes Brot, *ɔ nüi-, frisch-
gwàschnɔ* oder *-gɔtürkts Hemm* ein neu-, frischgewaschenes, -gestärktes Hemd; alle auch öst.

[2]) Gilt auch für das Öst.

[3]) Auch das S. 369 Anm. 6 bezüglich der asyndetisch nachgesetzten Schimpfwörter
Gesagte gilt in analoger Weise; vgl. die nachdrücklich nachgesetzten stark flektierten Adjek-
tive § 424.

[4]) Auch öst.

5. Pronomen.

A. Bedeutung des Pronomens.

§ 441. Die von Haus aus **relative** Bedeutung des Pronomens geht in folgenden Fällen in eine absolute über:

1. bei den **ersatzbedürftigen** Begriffen *er, sie* und den entsprechenden Possessiven *sein, ihr*, die für den Kreis einer Familie die ständige Beziehung auf den Ehemann und die Ehefrau eines bestimmten Hauses annehmen: *We͂n hàuss ͻnn g̍b̍m, in odͻ r irʔ* vgl. S. 279 Anm. 5; *Wos füͻ r ͻ Vettͻ r is ͻnn dös, vͻ sàinͻ odͻ vͻ r irʔ Sàitnʔ* Das demonstrative *dͻ sell* (derselbe) gewinnt bei stehender Beziehung auf den bekannten [1], oder unbekannten Urheber zahlreicher im Volksmunde umgehender sprichwörtlicher Redensarten oder Eulenspiegeleien eine Art absoluter Bedeutung: *Àln tout koš gout, hàut dͻ sell gsàgt;* [2] *si̍(b)͂m Gàuͻ wàͻ r ͻ nàu Gármͻu àffͻ is ͻ dͻmit bͻ dͻ Tiͻ ài͞gfàlln* Eilen tut kein gut, sagte ·derselbe· ; 7 Jahre war er nach Hese (aus und dann ist er damit bei der Türe hereingefallen.

2. Die **leeren** Begriffe der Kardinalzahlen von 1 bis 12 erhalten in Stundenangaben, die stets ohne *Uhr* oder das ältere *stund* [3]) auftreten, eine absolute Bedeutung; *Öitzͻ r is 's* (oder *'S is*) ài͞s, ͻͼͻͻ usw. [4]) *Dös wàͻ ümmͻ r ài͞s* (über *ümmͻ* und *suͻ r ü.* § 404); subst. (*àlͻ Vöiͻrͻ* erhält in Verbindung mit *gehen (dj àln Vöiͻrͻn gäili͞*) die absolute Bedeutung *Hände und Füße*, in Verbindung mit *von sich strecken* die Bedeutung *die vier Extremitäten* (bei Menschen und Tieren § 307': *àlͻ Nài͞zeͻnͻ* oder *Nài͞nͻnàinͻgͻ trài̍b̍m* = alle möglichen Geschäfte tr. (ebda.'.

Die leeren Begriffe *jemand, etwas (weͻ, wos)* erhalten in Sätzen wie *Eͻ denkt, eͻ r is weͻ* [5]) oder *wos* (auch deutlicher *weͻ* oder *wos Rechts)*

---

[1] Eulenspiegel oder einen Schalk von mehr lokaler Berühmtheit.

[2] Ebenso altbayr. Schwäbl § 72, 2, Anm., schwäb. Fischer II 156 II 1 4. O.- und nöst. in demselben Sinne *hòut dàr ea͞ gͻͻk* Nagl Ronnad S. 312 zu V. 342 *e a*, nordböhm. *hotte jennͻr gͻsòut* Tieze Heimt II 98 Schonlinde; *jener* in ähnlichem Sinne auch altenburg. Weise § 101, 2.

[3] Dieses nur in älteren Urkunden (z. B. in einer Urk. v. 1509 Eg. Chron. S. 354 N. 1185 Z. 2 f. *Anno d. 1509 am mittboch .... frue umb 3 ader 4 stundt*) belegte *stund* lebt noch fort im Steir., z. B. bei Rosegger Das Geschichtenbuch des Wanderers I 117 *nͻm Stund acht*. Auch *Glocke* (südtir. *Klock' zchn gehn mei͞ Leut in die Scherben* R. Bredenbrücker Unterm Liebesbann I, Berlin 1901, S. 125; auch nd., z. B. in Jever *Klock tein* DM III 279, 30) ist unsrer Ma. fremd.

[4] Die Zwischenzeit-Angaben lauten: *hàͼͻͻ dri̍, vͻi̍ͻ(r)l àf dr., dr.ͼvͻi̍ͻ(r)l üf dr.* (oder ohne *auf*: *v. dr., dr. àr.*) = 1'₁, 1¹/₄, 3¹/₄ Stunden nach 2 Uhr (bei entbehrlicher Stundenangabe auch bloß *'s is hàͼͻͻ, vͻi̍ͻ(r)l, dr.ͼvͻi̍ͻ(r)l, gànz*) und für kleinere Bruchteile der Stunden *'s is zwölfͻ vͻbͻii*, aber nur *'s is* (oder *'s ͻ inu*) 5 *Minutn üͼͻͻ nͻ.* (bei bekannter Stundenanzahl einfach *'s is* oder *'s sàun scho 5 Minutn dräͼͻ*), *Dͻs wàͻ nàu* (5 *Minutn nàu*) *zͼ.*; *'s wͻd zͼ.*, in 5 *Minutn* (oder *gͼli* gleich) *wͻd's* (oder *is 's*) *zͼ.*, *'s fàin* (fehlen) 5 *M. üf zͼ.*, *'s gͼiht üf zͼ.* (oder *üf zͼ. ͼou*), *'s wàͻ gͼho zͼ.* (nicht mehr *es kommt gegen 11 Uhr hin* wie bei Gruner S. 103). Über die Verbindung mit *schlagen* an1 *läuten, schreien* vgl. § 239, 1 *b*.

[5] Vgl. *Ju, über Nacht war er im Orte 'weͻ' geworden* Anzengruber Dorfgänge II 26.

den Sinn *ein Mann von Bedeutung, von Ansehen*. *Dös is ows wos!* kann je nach der Situation oder dem Zusammenhange heißen: Das ist eine Freude, ein Schmerz, ein Glück, ein Unglück, eine Plage! usw. Als Vertreter bestimmter Objekte tritt *wos* auf in den Wendungen *Es hàut sé wos tàu* = Er hat sich einen Leibschaden zugezogen. *Es tout sé wos oš* = Er nimmt sich das Leben. *Des mou wos ko(b)m* kann heißen: Dieser muß ein geheimes Leiden haben. *Dàu kánnt àins wos kröign* = Da könnte sich jemand eine Krankheit zuziehen (vor Schreck, Ärger, Zorn, daher als Ausruf der Entrüstung: *Dàu kánnt àins denns* dennoch = denn doch *wos kröign!*). *Dàu sètzt 's wos ō* Da setzt es Prügel ab u. dgl. Auch *es* nimmt in einzelnen Wendungen einen bestimmten Sinn an: *Des denkt, es r is 's scho* [1]) (= *es r is wes* oder *wos*). *Öitzs r is s 's!* (je nach dem Zusammenhange, z. B. Jetzt ist er der ausgemachte Narr!); *Nō sámms's?* Sind wir's (sc. fertig, bereit)? fragt man beim Aufbruche.[2])

3. Die Ordinalzahlen, zugleich v e r k n ü p f e n d e und T e i l b e - g r i f f e,[3]) nähern sich selten einer absoluten Bedeutung, so *ds Zest* der Zehent, die Abgabe (§ 304).

B. Arten und Formen der Pronomina.[4])

I. Hinweisende Pronomina.

§ 442. *a)* Das u n g e s c h l e c h t i g e P e r s o n a l p r o n o m e n d e r 1. u n d 2. P e r s o n besitzt neben den vollen Formen, die sowohl vor als hinter dem Verbum stehen können und je nach der stärkeren oder schwächeren Betonung länger oder kürzer gesprochen werden, fast durchwegs (mit Ausnahme des Gen.) abgeschliffene, unter dem Einfluß der Tonlosigkeit stark reduzierte Formen, welche in der Enklisis hinter dem Verbum und den einleitenden Konjunktionen [5]) auftreten. In der Proklisis wurden nicht überall besondere Lautformen ausgebildet, so nicht für *mir, dir, wir, uns, enk*; doch werden auch diese kürzer und flüchtiger gesprochen als bei voller Betonung.

	betont	enkl.	prokl.
Sing. N.	*i (ich)*	*i (i̯), s*	*i*
G.	*máins*		
D.	*mis*	*ms*	*mis*
A.	*mü (mich)*	*mi (mé)*	*mi*

---

[1]) Castelli *Dröscha-Lied* XI 69 *Wal a* (der Herrschaftslakai) *a Köck'l mid Rßerdna hàd àn, Möanda, düʳ Ös'l, füʳ it's dèunad schen.*

[2]) Weniger in anderen Personen, vgl. steir. *Bist es, so gehen wir. Der Michel war es und sie gingen* Rosegger Weltgift (1903) S. 154; altbayr.-öst. auch *seids-is?* seid ihr fertig? Schwäbl § 68 Bem. 2 (der diese *es* als Genitive neben einem ausgefallenen Prädikats-Adj. erklären möchte); ebenso schweiz. *Sit er 's?* Seid ihr bereit? Schweiz. Id. I 509 I a β.

[3]) Behaghel Hel. § 122 D.

[4]) Mit Ausschluß der pron. Adverbia; über diese § 494.

[5]) Aber nicht hinter der Präposition (wie in anderen Maa., vgl. § 448), ebensowenig hinter vollen Pronominalformen (vgl. § 567). Das gilt auch von den enkl. Formen des Pron. der 3. Person.

	betont	enkl.	prokl.
Plur. N.	*miə*	*mə*	*miə*
G.	*unnə (unkə)*		
D. A.	*uns*	*əs*	*uns*
Sing. N.	*dū (dūch,*	*t*	*du*
G.	*dáinə*		
D.	*diə*	*d.ə*	*diə*
A.	*di (dich)*	*di (dé)*	*di*

Dual in der Bedeutung des Plurals

N.	*diəts, es*	*-s (-ts)*	*diəts, es*
G.	*enkə (enkəst*		
D. A.	*enk (enks)*	*enk, ich (ich)*	*enk*

Die Formen *ich*,[1] *mich, dich* gehören mehr der Stadtmundart, *dūch*,[2] *ich, enkəst* der Theusinger (Mannl S. 31, *dūch* auch der Sechsämt. Wirth § 37), *t, mé, dé* der Planer Untermundart an.[3] Enkl. *ə < ich* tritt nur vor andere enklitische Formen[4] (*wenn ə dé* wenn ich dich, *dái r ə mé* daß ich mich u. dgl., vgl. Gradl MW 305. Vom alten Genitiv *min, din* ist bis auf das schriftdeutsch gesprochene *Vergißmein-nicht* (die Mundart kennt dafür das dem *Myosotis* entsprechende *Máusäiələ*, vgl. S. 285 Anm. 1, nach J. Köferl UE X 222 aber = Habichtskraut) keine Spur erhalten. Der N. Pl. *miə* = wir ist keinesfalls die singularische Dativ-form, sondern der Anlaut *m* erklärt sich am einfachsten durch Assimila-tion von *n-w > m* in der Nachsetzung sowohl der vollen als der enkli-tischen Form hinter der Verbalform und hinter Konjunktionen:[5] *ess(e'n wiə > essm-miə* und *essmə, wenn wiə > wem-miə* und *wemmə, dá(s)n wiə > dám-miə, dámmə.* Die so gewonnene Form *miə* hat sich, vielleicht durch den gleichen Anlaut von *meiner, mir, mich* begünstigt (an solche Analogiewirkung denkt Behaghel Gesch. d. d. Spr. § 213), auch in der

[1] Über die Verbreitung des *i* und *ich* vgl. Meyer DVK S. 309.

[2] Ich möchte für den Auslaut lieber an Analogie zu *ich, mich, dich* denken als etwa an eine Entsprechung für griech. -γε, lat. -ce (οί-γε, hie-ce).

[3] Auch dem Ostlech., der Ma. an der Pegnitz und Nab: Schmeller § 265, d. Altbayr. Schwäbl § 69, d. Oöst.; üb. Pernegg. *t* (geschlossen) neben offenem *me, de, se* vgl. Lessiak § 151 S. 194.

[4] Ebenso nürnberg. Frommann zu Grübel 95 *a*; auch bayr. u. öst. *ə (ä) < ich* vor *mi, di* Schmeller I 25. Schwäbl § 9, 2 *e* S. 15 (vor *mi', di'*). Nagl Roanad S. 85 zu V. 94 Schl.

[5] Da auch die volle Form ohne jedes Übergewicht des Tones, also ohne gegensätz-lichen Nachdruck, hinter das Verbum oder die Konjunktion gesetzt wird, wobei sie sich auch ohne Lautreduktion mit dem assimilierten Anlaut enge an diese anschließt, so ist kein Grund, den Übergang *nw > m* auf die abgeschliffene enkl. Form zu beschränken. Damit entfällt die Schwierigkeit, die in der Annahme läge, daß der assim. Anlaut der enkl. Form auf die nicht enkl. übertragen wurde. — Über *nw > m* (*Leinwand > Láiməl, Anwand > Ofməd* Gradl MW 485) vgl. Schmeller § 685 Anm. Nagl Roanad S. 27 § 51 Note *c. Miə < wir* ist in o.- und md. Maa. weit verbreitet: Frommann zu Grübel 83 *a*, vgl. DM II 192, 20. Schmeller § 685. BW I 1641. Weinhold Bayr. Gr. § 357. Schwäbl § 68, 1. Nagl Roanad S. 117 zu V. 156 *mia.* Lexer Kärnt. WB 258. Lessiak § 151. Martin-Lienhart I 12 *a*, 702 *b*. Weise § 80. Schleicher 47. Regel 95 f. 1, *a*. Crecelius 593. Reis I § 41, 5. II § 25. Knothe WB 45.

Vorsetzung eingebürgert: *Dàu ho(b)m-miɔ niɔt gwißt, wosmɔ thun* und *Miɔ ho(b)m niɔt gw.* usw. [1])

In der südlichen Übergangsmundart treten die volle und die enklitische Gestalt auch zugleich zum Verbum und zwar beide hinter (*So mach mas mir* = So machen-wir's wir HTV S. 340 N. 655 Czachau) oder vor und hinter dasselbe (*miɔ ho(b)mmɔ, miɔ méismɔ* wir haben-wir, wir müssen-wir).[2]) *Mɔ* (nicht die volle Form *miɔ* wie im O.- und Nöst. Nagl Roanad S. 254 zu V. 295 f., 3) ist überdies < *man*.[3]) *Unnɔ*[4]) ist (bei der seltenen Assimilation von *ns* > *nn*) vielleicht nicht unmittelbar auf *unsɔ*, sondern auf das in älteren Egerer Urkunden (Eger. Stadtges. v. 1352 S. 10 N. VI 4, VIII 1, beidemal Lesarten, vom Herausgeber im Text beseitigt, S. 11 N. XV 5. 9 u. ö.; Eger. Achtbuch S. 241 N. 13. 17 u. ö.) wie bei den Nürnbergern des 15. Jahrh.[5]) (Weinhold Bayr. Gr. § 147) begegnende, heute verschollene *under* zurückzuführen; über den Übergang *s* > *d* im Bayr. Tir. Kärnt. Weinhold a. a. O., über *nd* > *nn*, den »weitaus häufigsten Fall der ganzen Lautausgleichung« Gradl MW 672; also *unsɔ* > *undɔ* > *unnɔ*. In der im Absterben begriffenen Nebenform *unkɔ* (dem Sinne nach = plur. *unser* Gradl a. a. O. und 683) könnte, wie Kohl DM VI 171 *énk* annimmt, got. *ugkara* erhalten scheinen; doch ist hier mit Rücksicht auf die Bedeutung wohl nur eine rein lautliche

---

[1]) Daß beim Vorantritt von *miɔ* die in das assimilierte *m* aufgegangene altheimische Endung *n* mit dem Wegfall des lautphysiologischen Zwanges, der sie bei nachgesetztem Pronomen unkenntlich machte, wieder in ihre vollen Rechte tritt, scheint mir einer besonderen Erklärung (wie sie Nagl Roanad S. 117 zu V. 156 *miɔ* gibt) nicht bedürftig, da fürs erste die *m*-Form gar nicht notwendig am Verbum allein entstanden sein muß (vgl. oben und S. 400 Anm. 5) und fürs zweite der Zusammenhang zwischen *essmɔ* und *miɔ* essn durch die im Nebensatz dazwischentretenden Bestimmungen (*wemmiɔ* oder *wemmɔ áf Mittôeʼs* essn) gelockert werden mußte. Vielleicht hängt der schon im Mhd. bezeugte Abfall der Endung der 1. P. Pl. (vgl. S. 161 Anm. 3) *t.* T. mit dieser Assimilation zusammen, die dadurch in frühe Zeit hinaufgerückt erschiene.

[2]) Doppelte Flexion (an die Gradl MW 633 bei diesen Formen denkt und die in *si ho(b)mmánt* oder *hàmmánt* (< *haben-ent*] vielleicht wirklich vorliegt, wegen der alten Endung vgl. altbayr. *sie singɔnt* Schwäbl § 80, 4) könnte bei *mũssen* nur *méismɔ* ergeben; vgl. *sãʼnɔ* sãen-en u. a. Gradl a. a. O. u. oben S. 189 f. Anm. 1. Auch *dir* wird in ähnlicher Weise verdoppelt (*i sech dɔ ʼɔ fiiʼ diɔ*). Über *Diɔɔ touɔ* weiter unten. Noch andere Fälle kennt das Bayr. Schmeller § 724 (der auf franz. und span. Parallelen verweist). Schwäbl § 81, 3: oöst. *Da han i mi gwendt* i E. Zöhrer Ans dá II. I². I² 129: *Dá Ifʼein is mí ʼɔʼteuer und schmöckt má not mir* Schosser II. S. 44: *Und dʼMuadd schaut sua da und hilft m i nôt mir* Purschka I 21: in allen 3 Fällen ohne besonderen Nachdruck, wenigstens nicht mit gegensätzlicher Betonung. Sehr verbreitet ist die Doppelsetzung enklitischer oder die Verbindung enkl. u. voller Formen der 1. und 3. P. Pl. (vereinzelt auch der 1. P. Sg.) in HS im Pernegg., das bei der 1. P. Pl. gelegentlich bis ɔn vierfacher Setzung gelangt ist: *khermr wir ũ drtsũɔ? khermrmr (khermɔmr) aufɔ?* gehören wir hinaufɔ *khermɔmr wir ũ aufɔ? wommɔr nɔhr wĩr khõmr* (4mal); *tɔ rɔgnɔ; i pitti* (ich bitt ich) Lessiak § 160 S. 204 f. In den 7 und 13 comm. *Hasto du* Hast-dn du, *Bas tũtar iarl* Was tut-ihr ihr, *Es kimmetlach euch* Es kommt-euch euch, *Baɔ tũtar ear* Was tut-er er: Schmeller Cimbr. WB 61 [118], wo Einwirkung des ital. Provinzial-Dialektes angenommen wird.

[3]) Diese Doppeldeutigkeit führt im Volkslied gelegentlich zu falscher schriftd. Wiedergabe, z. B. Ei, daß wir (= man) *uns arma Dienstmadelein So sehr und sehr verachten thut* HTV S. 144 N. 61 (Grün).

[4]) Vgl. obpfälz. *unɔr,* untersteir. *ũnnɔ* Weinhold Bayr. Gr. § 362.

[5]) Auch sonst: Lambel erinnert mich an den schon von Schmeller I 113 *ũnɔ* angezogenen Schutzbrief des Landgr. Friedrich v. Thüringen für die Stadt Erfurt, Gotha 7. Jan. 1327, bei Höfer Auswahl S. 201 N. 113.

Erklärung am Platze: *unks* < *unds* [1]) wie *gschwinks* < *gschwinds*, *Flinkn* < *Flintn* (über *ng*, *nk* < *nd* vgl. Gradl MW 502. 504. 521). Enkl. *əs* = *uns* geht wohl auf umgelautetes *üns* zurück. [2])

Über die für das Bayr. und Obpfälz. [3]) charakteristischen Dualformen *es* (nach Neubauer Id. S. 88 zunächst der Stadtmundart angehörig, aber nach meiner Erfahrung auch auf dem Lande bekannt), *enk* (in *enks* [4]) könnte die alte Form got. *igqis* erhalten zu sein scheinen; es wird aber eher nach dem Auslaut von *diəts*, *es* gebildet sein) vgl. Schmeller I 159 f. Weinhold Bayr. Gr. § 358.

Die Sonderstellung des Egerländischen gegenüber dem Bayrischen zeigt sich aber in der neben enklitischem *enk* gebrauchten Pluralform *ich* (mhd. *iuch*), die ich in der Planer Gegend auch auf dem Lande gehört habe.[5] Enkl. *'s* (= ihr), auch bei vorgesetztem vollen *diəts* im Egerländischen (mit wenigen Ausnahmen, vgl. S. 161 Anm. 2) zum festen Bestandteil der 2. P. Pl. Ind. und Imp. geworden (*diəts säds* ihr seid und *säds diəts*), [6]) wird sammt der Verbalendung (*-ts*) an Konjunktionen gehängt (vgl. § 119). Über den Anlaut in *diəts*,[?]) das gleich dem bayr. steir. *dös* (= ihr), kärnt. *dir* (= ihr, vgl. auch enkl. *der* = *ir* im Landkreise Mainz Reis II § 25, *dł*, *d'r* in Ruhla Regel S. 96, 1 *b*, *dr* in der Leibitzer Ma. *wendr kommt* wenn ihr kommt Lumtzer II § 157) der Entstehung nach Parallelen in den jüngeren altnord. Formen *thit*, *ther* hat (Grimm Gesch. d. d. Spr. S. 974 f. 977. Lexer Kärnt. WB 59), vgl. Schmeller § 685 Anm. 722. BW I 182 *iz*. 635 *tiz*. Khull 151. Gradl Kuhns Zs. XX 192 ff. (mit weiteren Angaben). Lessiak § 34 S. 36.

§ 443. Die Setzung des Pronomens als Subjekts ist wie in der nhd. Schriftsprache Regel. Die einfache Verbalform reicht in der Weise der alten Sprache zur Satzbildung nur noch in wenigen Fällen aus:

1) Der unmittelbare Übergang von *nk* > *nn*, wofür Gradl a. a. O. 672 eben nur angebliches *unks* > *unns* anzuführen weiß, ist sehr unwahrscheinlich. Eher könnte noch umgekehrt (worauf mich Lambel aufmerksam macht), wenn man sich mit der Assim. *ns* > *nn* befreundet, rein lautphysiologisch *nn* einerseits > *nd* (mit *d* als Gleitlaut bei Aufhebung des Zungen-Zahn-Verschlusses), anderseits > *ng* (*t₁*) *nk* geworden sein (Palatalisierung des *n*, wie in oöst. *greinä* < *grewnnen*).

2) Bayr. *üns* Schmeller § 717. BW I 113. Weinhold Bayr. Gr. § 357. Schwäbl § 68, 1; onst. *is*, nost, *ins* Nagl Roanad S. 210 zu V. 260, vgl. ebda. S. 429 zu V. 424; tir. (Imst) *ins* Schatz § 135; kärnt. *üns* Lexer Kärnt. WB 247 (mit weiteren Verweisungen). Lessiak § 151 S. 193; 7 und 13 comm. *üs* Schmeller Cimbr. WB 180 [242], l's. *üns* Zingerle 14 (in all diesen Maa. auch *insa*, *insa*); els. unbetontes *üns* > *is*, *ïs* Martin-Lienhart I 77 b, vgl. 55 b.

3) *Ink* ist übrigens auch nd. Maurmann § 221. *Enk* (*enker*) fehlt den 7 und 13 comm. und dem Lusern. Schmeller Cimbr. WB 53 [110], Zingerle 14.

4) Z. B. *unta Enks* Lorenz S. 33. *Ih st'üh enks* (*enk*) *goud dafüa* ebda. S. 22: *enks* auch in d. Sechsämt. Wirth § 37. An der Ober-West-Nab und in der O.-Pfalz *enkß*, *enkəs*, *inkəs* = ihr und *euch* Schmeller § 718. 721. BW I 110. Weinhold Bayr. Gr. § 358.

5) Gradl MW 345 setzt für die Land-Ma. nur *enk* an. Eine dem mhd. *iu* wenigstens lautlich entsprechende Form besitzt das Eg. nicht: bayr. noch im 16. und 17. Jahrh. *eu* Weinhold Bayr. Gr. § 358; vgl. BH II 56, 81. Nagl Roanad S. 58 zu V. 47. S. 255 zu V. 295, 4. Regel S. 95, 3, 1.

6) Nordoberpfälz. dagegen nur *tiəs sät*, *sät tiəs* oder *sätiəs* Schmeller I 635.

7) Über die Verbreitung dieser Form im Egerl. vgl. Gradl MW 507. 531.

1. *Ich* [1]) kann in einigen Formeln [2]) fehlen, so in *Dànk schäi¯*, *Bitt schäi¯*, *Mächt bittn*, *Mächt wissn!* (= Nein, vgl. § 142), *Waiß niot!* (barsch abweisend), *Waischscho*, *Gláuschscho* ¦(< *Waiß 's scho*, *Gláu 's scho* Weiß es, Glaube es schon), *Gláu ·s* (Glaube es) *gern*, *Vostäih scho*,[3]) *Kumm scho*, *Bin scho dàu*, *Hoschscho* (< *Ho 's scho* Hab es schon) *ghäiot*, *hàlt*[4]) (S. 17 Anm. 4), *glàn* (§ 29 S. 17 und § 220 S. 185). Da diese Weglassung des *ich* außerhalb solcher kurzen Formeln (abgesehen von der Verbindung eines Subjektes mit mehreren Prädikaten) in der Mundart unbekannt ist, so scheint sie auch zunächst aus dem Bedürfnis nach Kürze hervorgegangen zu sein; dafür spricht auch der Umstand, daß bei emphatischer Betonung dieser Formeln das Subjekt (soweit nicht schon völlige Erstarrung eingetreten ist wie bei *hàlt*, *gláu*) nur dann wegbleibt, wenn die äußerste Kürze die emphatische Bedeutung steigern hilft (wie bei dem barsch abweisenden *Waiß niot!*, allenfalls bei *Mächt wissn!*); sonst aber strebt die Emphase im allgemeinen naturgemäß nach größerer Fülle des Ausdruckes und die innige Bitte, der herzliche Dank wird des pronominalen Subjektes nicht so oft entraten (*I bitt* oder *I dànk schäi¯* [5]) und noch lieber wortreich *I dànk Inon hàlt reot schäi¯* usw.). Doch wird auch außerhalb der Emphase das Pronomen selbst bei der flüchtigsten Aussprache dieser Formeln nicht minder häufig gesetzt als ausgelassen.[6])

2. Die Auslassung von *du* und *ihr* [7]) greift vom Imperativ (§ 180) auf die anderen Formen der Aufforderung über, namentlich auf Umschreibungen mit *müssen*, *sollen*, *dürfen*, *mögen*, *können* (*Mooßt niot denkn!* Pl. *Möits niot d.!* *Sollst* oder *Mächst omàl oon Nàuchbo iimine kumm?!* vgl. § 185. *Därfst niot wàino!* *Kànntst mo r omàl wos huln. How o mo denkt:* *Gäihst d doo*, vgl. § 163 c); weiterhin kennt sie auch der Potential (mit *werden*: *Wiost mo 's niot sogn*, vgl. § 164 b. *Häist künno scho nu¯ mäio dàublái b)m* Hättest schon noch mehr = länger dableiben können), das Futurum (*Wiost seoh, eo rouht niot*) und das Präsens (*Hàust reot* Hast recht, wie in der Umgangssprache). Der Annahme eines nachgesetzten unhörbar gewordenen *d'* (< *du*)[8]) in diesen Aufforderungen

---

1) In der Imster Ma. kann das pron. Subjekt nur in der 2. P. fehlen: Schatz § 136.

2) Vgl. Wunderlich Satzbau I 94 f.

3) Eine der Formel *kann mit verstan* (altenburg. *weonnich* Weise § 81, 1) entspre_chende Ra. fehlt. Außer den oben angegebenen kennt das Öst. noch andere Fügungen: *No jo, geh' schon* Anzengruber Fleck auf der Ehr II 11 (Ges. W. IX 70); vgl. Wunderlich Umgangspr. S. 104 und Satzbau I 77. Mainz. Reis II § 60; baselstädt. *denk, mein Bint* § 82, 3. Fremd ist dem Egerl. auch die Auslassung des *ich* in Nebensätzen wie in älteren bayr. Texten, so nach *daß* BII II 306 Anm. 2, 5 und heutzutage westlech. und am Main *wann dirs iug* u. a. Schmeller § 293, altenburg. *er weiß nicht, wo bin* Weise § 81.

4) Nagl Roanad S. 118 ff. zu V. 158 *höll* geht den feinsten Bedeutungsunterschieden dieses Wörtcheus nach.

5) Auch iron. *I dànk schäi¯!* als ärgerliche oder höhnische Abweisung hat das Pron.

6) Behaghels Erklärung (DSpr. S. 109) der Subjektlosigkeit aus dem Bestreben des Redenden, das Größenverhältnis zwischen ihm und dem Angeredeten zugunsten des Angeredeten zu verschieben und eine unmittelbare Berührung zwischen den Redenden zu vermeiden, scheint mir daher für die Ma. nur auf bestimmte Arten der Emphase zu passen und auch die ma. Beschränkung der Erscheinung auf kurze Formeln nicht zu erklären.

7) Hierin (auch in den meisten der folgenden Wendungen) stimmt das Öst. mit dem Eg. überein.

8) Dies liegt in der Frage vor und begegnet auch im lässigen Briefstil: *Was meinst?* Grimm Br. S. 41 (N. 10, unsich. Dat.) Z. 3 (Jakob) u. ö.

wie in den Aussagen stehen die Gesetze der Wortstellung entgegen; man könnte höchstens an eine Einwirkung der Nachsatzstellung denken.. An der Pluralendung -*t* haftet freilich unter allen Umständen enklitisches -*s* (< *es*, vgl. § 442 S. 402), doch ändert daran auch vorgesetztes Pronomen nichts.

3. Bei der Beziehung mehrerer Prädikate auf das gleiche Subjekt überwiegt in Hauptsätzen der Ausfall des zweiten Subjektes (*I wi̭ hi͞gäih̆ u wi̭ nᴐn sogn*), in Nebensätzen ist er unerläßlich, falls nicht zugleich die Konjunktion wiederholt wird (*Wenn é mit main Gschäft s'Ploš firté bin u wiḓ häᴐmgäih*, oder *u wenn é wiḓ h.,*¹) vgl. § 581 *b*. 583).

§ 444. Die Anrede²) mit *du* (und entsprechendem possessiven *dein*), das *du̥n*,³) ist als die vertraulichste Form zunächst zwischen Familienmitgliedern und Freunden, dann für Kinder⁴) und z. T. auch noch für jüngere, unverheiratete Dienstboten im Gebrauch, während ältere Dienstboten vielfach mit *Di̭ts* (= Ihr), poss. *Enk̭* angesprochen werden:⁵) die letztere, höflichere Form der Anrede, das *Irᴢn* oder *Erᴢn* (Mannl S. 28 *di̭ᴢ*) gebrauchen im Egerlande Kinder, auch noch als Erwachsene, gegenüber den Eltern,⁶) Großeltern und den anderen älteren Verwandten (mit Ausnahme der Geschwister`, Dienstboten gegenüber dem Herrn und der Frau des Hauses; ferner ist *Di̭ts* die echte volkstümliche Anrede zwischen Fernerstehenden, sowohl zwischen Landleuten untereinander als zwischen diesen und den Städtern, wird jedoch besonders in der jüngeren Generation mehr und mehr durch *Sie* verdrängt (§ 450).

Die Schranken des Gebrauches der einzelnen Anredeformen werden vom Affekte über den Haufen geworfen. Auch im Volke heben Liebe und Zorn allen ideellen Abstand von ihrem Gegenstande auf und dringen mit dem unmittelbaren *Du* (statt des sonst gewohnten *Ihr* oder *Sie*) auf ihn ein.⁷) Hingegen wird man unter einfachen, von städtischer Kultur

---

¹) Hingegen baselstädt.: *won i s Hern ferig gˎti bi und i wider ho welle haim gᵉ* Binz § 82, 1 (mit Verweisungen auf ältere Beispiele).

²) Geschichtliches darüber bei Grimm Gr. IV 303 f. vgl. 298 ff. DWB II 1463 ff. Erdmann-Mensing II § 26. G. Ehrismann Z. f. d. Wortforschung I 117 ff. II 118 ff. IV 210. V 127 ff. E. Bernhardt Z. f. d. Ph. XXXIII 368 ff. Schweiz. Id. I 406 *ir*. Martin-Lienhart I 62 ª. Fischer I 301.

³) Über das Verbum vgl. Schmeller I 479.

⁴) O.- u. nöst. werden außer den Kindern auch heranwachsende Burschen und Dirnen von jedermann, selbst von Fremden, mit *du* angeredet: Nagl Roanad S. 308 zu V. 339 *b*: der tirolische »Herger« (Bergbewohner) *dṷᴢ* auch Höherstehende: Schöpf Tir. Id. 92.

⁵) Wie wichtig der Altersunterschied ist, geht daraus hervor, daß in Steiermark selbst der jüngere Hausvater unter Umständen den älteren Knecht mit *Dr*, dieser aber den Bauer mit *Du* anredet: Rosegger Das Volksleben in Steiermark² S. 86.

⁶) Ebenso steir. Rosegger Die Alpler⁶ S. 342. Im Altbayr. in der Regel *du* den Eltern, *is* den Schwiegereltern gegenüber: Schwäbl S. 63 Anm. 1. Oöst. ist die ehrende Anrede (an eine oder mehrere Personen) *öᴢ* (damit abwechselnd *dá Herr*); über *er* weiter unten.

⁷) Wenn Fluchformeln der Form der Anrede angepaßt erscheinen (*Hul di* oder *Hul Si dᴐ Tüf!*), so ist dies nur ein Beweis, daß die Konvention sich einem nicht allzu mächtigen Affekte gegenüber behaupten kann. Umgekehrt muß nicht jedes in Fluchformeln an die Stelle von *Sie* getretene *Du* auf Rechnung des Affektes kommen: hier kann auch die völlige Erstarrung mancher Formel im Spiele sein: *Daß dich alle Haᵹel, 's Mädel muß Sie kennen* Kabale und Liebe I 2 (Hist.-kr. A. III 364, 16). Wunderlich Umgangsspr. S. 221.

nicht berührten Landleuten nicht so leicht wie unter Gebildeten die Beobachtung machen, daß die Verachtung mit einem entfremdenden *Ihr* oder *Sie* (statt des gewohnten *Du*) sich symbolisch der vertraulichen Nähe ihres Gegenstandes zu entziehen sucht. Häufig geht der Affekt aus der Anrede in den Ausruf über, wobei an die Stelle des Pronomens ein Appellativ mit dem Demonstrativum tritt, natürlich in der Regel in Gegenwart anderer, denen der Hinweis gilt: *Hàut des gouts Mensch niət ɔmàl ɔ Wort gsàgt!* Hat dieser gute Mensch (statt: Hast du, guter M.) usw.; so besonders in Schimpfreden: *Hàud dös Schindàust a làusa Guschn!* Hat dieses Schindaas ein böses Maul! (sagt die Gans zum Kettenhund) Lorenz S. 26.

§ 445. Besondere Bedeutungen entwickelt

1. *du*, wenn es, über den zunächst Angeredeten hinauszielend, dem allgemeinen Begriff *man* zustrebt: *Wos w(ü)lst tàu", wennst kroək bist!* = Was willst du und was will jeder andere in meiner Lage, nämlich im Falle der Krankheit, tun!, also = Was will m a n tun usw.[1])

Du (und *Sie*, weniger *Diəts*)[2]) gelangt in der Anrede an die Spitze eines Satzes auch zu einer Art interjektionaler Bedeutung (= *Wàißt! Häiəst!* dem Sinne nach = Wisse! Höre! § 145 β) und selbständig zur Bedeutung *He da!, Pßt!* (§ 144, 1).

2. Wo in der Anrede an eine einzelne Person *wir*[3]) erscheint, faßt sich der Redende mit dem Angeredeten zusammen, indem er gewissermaßen eine wirkliche oder nur scherzhaft angenommene Gemeinsamkeit der Interessen betont: *Nō' sámmə widə wuldf?* Nun, sind wir (= bist du, seid Ihr) wieder gesund? *Wàu wellmə r ənn hi~?*[4])

§ 446. Wechsel des Standpunktes liegt der Personenverschiebung

zugrunde, 1. wenn der Sprechende im Selbstgespräch sich an sich selbst wendet: *How ë denkt: Gäihst d doə!* Da dachte ich: Gehst (du) auch hin![5]) 2. in den im § 220 *b* S. 186 angeführten Fällen der indirekten Rede.

---

[1]) Der Weg zu dieser allgemeineren Bedeutung führt zunächst durch eine naive Identifizierung des Redenden und des Hörers, bei welcher gelegentlich der Nachdruck sogar auf dem Redenden ruhen kann, vgl. das bei Wunderlich Umgangspr. S. 223 aus Ganghofer ausgehobene Beispiel *Wann d' so spielen kannst, das is dir grad* usw. = Wenn ich so spiele, so ist m i r gerade . . . Häufig ist *du* = *man* bes. bei *meinen* im Bayr.-Öst.: *du mas'st, aus is 's* Schmeller § 737 Anm. BW I 479; *Moan'n thuast* Stelzhamer *D'Àhnl* 69 (Ma. D. II 86); *megst nit moan'* Schöpf Tir. Id. 93; auch in Rappenau *tu maanJ, tu kanJ* Meisinger HLZ II 263 § 40. Verwandt ist der Gebrauch von *du* auch bei Goethe Werther (am 12. Mai, W. 19, 9, 7 ff.) *Du gehst einem kleinen Hügel hinunter, und findest dich vor einem Gewölbe . . .* (u. ö.)

[2]) Steir. auch *Ihr: Ja, vergelt's Gott, Ihr, ich hab' rechtschaffen gegessen* Rosegger Aus dem Volksleben in Steiermark[3] S. 392.

[3]) Auch steir. Rosegger Die Älpler[4] S. 342; altenburg. Weise § 15, 1. 90, 1.

[4]) Ähnlich in der Umgangspr. Daß der Erzähler sich mit der von ihm eingeführten Person in ähnlicher Weise zusammenfaßt und gewissermaßen auch den Hörer (oder Leser) zu dieser Zusammenfassung einlädt, habe ich in unserer Ma. nicht beobachtet, wohl aber bei Rosegger, vgl. das in Sanders Z. f. d. Spr. III 120 angeführte Beispiel *Die Regerl hält ihr sauber gefaltetes Handtüchlein vor den Mund, weil wir schämig sind*; könnte auch im Oöst. gesagt werden, für das das im § 445 Angeführte auch sonst gilt.

[5]) So z. B. auch öst. altenburg. Weise § 14, 2, übrigens auch in der Umgangsprache Wunderlich Umgangspr. S. 223; vgl. § 443, 2.

Als Prädikat erscheinen die persönlichen Pronomina nur neben demonstr. *das* als Subjekt: *Dös bin i, Dös bist dū* usw. (etwa mit dem Hinweis auf ein Bild). Statt *Wenn ich du wäre* sagt man lieber *Wenn i wöi du wå.*[1]

§ 447. Der Gebrauch der Kasus deckt sich im allgemeinen mit dem der substantivischen. Die Genitive *mainə, däinə*[2] (weniger *enkə*) erscheinen gegenwärtig bei Präpositionen[3] (*vor, hinter* u. a. vgl. § 514), die sonst nur mit dem Dativ oder Akkusativ des Substantivs auftreten; *unnə*, weniger *enkə* wird als partitiver Genitiv vor Zahlwörtern verwendet: *unnə r äinə* (oder *u. ar̄s* unsereiner, unsereins);[4] *Sann unna drei Bröida* HTV S. 48 N. 69 b (Plan), S. 303 N. 284 (Eger).[5] *Sann unna Lumpm zwäi(n)* ebda. S. 355 N. 765 (Eger).

Enk wird nicht (wie in dem Nachbardialekte an der Nab: Schmeller § 721) als Nominativ gebraucht.

Der ethische Dativ (vgl. § 262) ist besonders häufig ein Pronomen der 2. Person: *dir, enk.*[6]

Über den reflexiven Gebrauch der obliquen Kasus ist nichts Besonderes zu bemerken.

---

[1] Bei H. Hansjakob (Bauernblut, Heidelberg 1901, S. 66) der Akk.: *Wenn ich Dich wär'* = W. ich Du w. Wieweit damit der Sprachgebrauch des Schwarzwaldes wiedergegeben ist, kann ich nicht beurteilen.

[2] Im Böhmerwald gelegentlich *deinest* (wohl aus *mäinst-, däinstwägn* losgelöst): *Wir thun uns ja deinest von Herzen gfreyn* Ammann VS I 41, 22.

[3] In dem halb hochdeutschen egerl. Dreikönigslied (Urban Erzgeb. Ztg. VIII 183) als Genitivobjekt bei *gedenken*: daß da *Huland* (Heiland) *enka u unsa gedenkan sollt!* Die Leibitzer Ma. kennt *meiner* noch in Wendungen wie *Er schämt sich meiner* (ähnl. *seiner*) Lumtzer II § 156.

[4] *Enkə r äinə* scheint mir der Mn. gegenwärtig mindestens nicht so geläufig, falls es überhaupt gebräuchlich ist; es begegnet in Daniel Betulius' Narrenspiel (Gradl Mitt. XXXIII 323) 68 *Wenn michs* (es, das Versemachen) *dann Encker einer kiß*; damit ist die nach Weinhold Bayr. Gr. § 358 in älterer Zeit nicht nachweisbare Form *enker* doch wenigstens für die Wende des 16. und 17. Jahrh. bezeugt: sie findet sich übrigens um dieselbe Zeit auch anderwärts, z. B. im Fastnachtspiel *Der verstossen Kumpold* (1512, Wiener Neudrucke XI 14 ff.) 484 *Wer wäiß, wenn an enckher aim ist*, 498 *wer wais, wenn an enckher ayn kumpt* wenn die Reihe an einem (einen) von euch ist (kommt); ein jüngerer oöst. Beleg *bon* (bei) *Enkár oau* Stelzhamer Ma. D. I 150 N. 5, 15. Bei der speziellen Bedeutung von *unnə r äinə* kann der rein partitive Begriff *einer von uns* (ähnlich *e. von euch*) nicht durch den Genitiv, sondern nur durch eine appositive Fügung gegeben werden: *Wemmə r äffə äinə däubläß(ö)m, Wennts dits äinə däubläibts* Wenn wir (ihr) dann einer dableiben (bleibt).

[5] Wörtlich übereinstimmend Stelzhamer Ma. D. I 51 N. 11, 1. 25 *Hán insá drei Brüed i* (das 1—4 u. 25—28 gesungene *Zinzel* [7] auch im Gedanken HTV N. 284 verwandt); part. *unser, eurer* vor Zahlen auch in Ruhla Regel S. 91, 1 c. Selten *meiner: Wer hat dies Lied gesungen? Ein Schiffer auf dem Rhein, Und immer hat geklungen von dem drei Ritterstein: Lore Lay Lore Lay Lore Lay Ah wären es meiner drei.* Cl. Brentano D. Lore Lay 97 ff. (Kürschners Deutsche Nat. Lit. 146, 1, 136).

[6] Ob das neben *mi* und *mé* gebrauchte *mə* der md. Mieser Sprachinsel wirklich der Dativ (*mir*) ist, steht mit Rücksicht auf die analogen Formen von ich (*i > ə > ə* § 442) nicht außer Zweifel. Jedenfalls wäre es abgesehen von dem gemeindeutschen *uns* (ferner von *enk* und dem später zu erwähnenden *Ihnen = Sie*) im Mieser wie im nordgauischen Dialekt das einzige Beispiel des Zusammenfalls von D. und A., der anderwärts, besonders im Nd., so weit um sich gegriffen hat (vgl. Behaghel Germ. XXIV 35 ff., auch 25 ff. 31 ff.).

§ 448. *b*) Das geschlechtige Pronomen der 3. Person hat ebenfalls enklitische Formen entwickelt, die (gleich denen des Personalpronomens) nur hinter das Verbum und die Konjunktion, nicht aber hinter die Präposition ') treten, auf die im Egerländischen der schwächere Ton fällt (§ 22). Die proklitische Form von *es* lautet gleich der enklitischen *'s*; im übrigen gebraucht die Mundart in der Proklisis die vollen Formen in kürzerer Aussprache (*si*).

			voll	enkl.
Sing.	Mask.:	N.	*eʒ*	*ʒ*
		G.	*sáinʒ*	
		D. A.	*in*	*'n, nʒn*
	Neutr.:	N.	*es*	*'s, sʒ*
		G.	*sáinʒ*	
		D.	*in*	*'n, nʒn*
		A.	*[es]*	*'s*
	Fem.:	N.	*si*	*si, sé, s', sʒ*
		G.	*irʒ*	
		D.	*iʒ*	*(ʒ)rʒ*
		A.	*si*	*s'*
Plur.	Mask. Neutr. Fem.:	N.	*si*	*si, sé, s', sʒ*
		G.	*irʒ*	*(ʒ)rʒ*
		D.	*inʒn*	*nʒn*
		A.	*si*	*s'*

Die enklitischen Formen auf *é* (*sé* = *si*) gehören denselben Mundarten an wie *é, mé, dé* (§ 442). Die Endung *-m* des Dat. Sing. Mask. und Neutr.[2]) ist auch hier wie beim Demonstrativum, Indefinitum, den beiden Artikeln und dem Adjektivum formell in die Akkusativendung *-n* übergegangen.[3]) Die Verkürzung des A. Sing. *in* > *'n* ist schon ahd., mhd. und in der Übergangszeit bezeugt (Grimm IV 363. Braune Ahd. Gr. § 283 Anm. 2 b. Kehrein Gr. d. 15.—17. Jahrh. III § 105) und auch in anderen Mundarten bekannt;[4]) die längere Nebenform *nʒn*[5]) (= ihn, ihm) deckt sich

---

¹) Zu der letzteren treten enkl. Pronomina westlech. und ostlech. bis zur Ob.-Isar Schmeller § 725, schweiz. Winteler Keren·er Ms. S. 140. 3. elsäss. DM IV 114 7. 5, Sonneberg. Schleicher 51, erzgeb. Göpfert S. 27, schles. DM III 252, 176, altenburg. Weise § 260. 302, 5, osterl. Trebs HLZ IV 29, 4, Heidelberg. Sütterlin Expir. Het. S. 6 *e*, Handschuhsh. Lenz S. 31 *mit*; vgl. § 22.

²) Bayr.-öst. in *eam* als Dat. u. Akk. erhalten: Schmeller § 279, 719, BW I 75. Weinhold Bayr. Gr. § 360 S. 371. Schwäbl § 68 Bemerk. 3. Nagl Roansd S. 253 f. zu V. 295 *fúm* 1.

³) In den Sechsämt. *·in* genauerer Sprechweise· überall erhalten (neben nachlässigerem *-n*) Wirth § 13. 30. 37. 43. Die rein änßerliche Vermengung des D. und A. hat in halb schriftdeutschen Denkmälern wie in den Chroniken, im Plauer Pass. usw. eine völlige Regellosigkeit in der Wiedergabe der Endungen *m* und *n* zur Folge.

⁴) Vgl. für das Nöst., zu dem das Oöst. stimmt, Nagl Roansd S. 85 zu V. 94, für das Tir. (Imst) Schatz § 138.

⁵) Unbekannt ist Nürnberg. (Frommann zu Grübel 95 a) und Bamberg. (Franke BH I 271 *i*) *na* = ihn; *nan* in ders. Bedeutung auch deutsch-ung. Schröer Versuch 16 [266], 31 [281], 21. WB 49 [259].

lautlich mit ahd. *nan* (< *inán*, in der Enklise: Braune Ahd. Gr. § 283 Anm. 2 *a*), ist aber wahrscheinlich erst in neuerer Zeit durch neuerliche Anfügung der Endung *-ən* an enkl. '*n* entstanden, also = D. Pl. *in-en*, mit dem es in der Tat (in der Enklise) übereinstimmt.[1]) Das anlautende *n* von *nən* wird bisweilen an vorausgehendes *m* angeglichen (*nimmən* < *nimm nən*). Volles *es* erscheint im Nominativ in regellosem Wechsel mit proklitischem '*s* (Gradl MW 360 Anm.), der Akkusativ tritt nur in der enklitischen Form '*s* auf: *es* (oder '*s*) *möch* '*s* 'Akk.) *koš Mensch* Es mag's kein Mensch, gegenüber älterem *es* (Subj.) *hat es* (Obj.) *aber des Jorg Steffels sohn gethan* Baier 242. *Es* ist übrigens gegenwärtig auch in voller Form noch zu schwach, um als Tonwort zu der an sich schwachtonigen Präposition zu treten (*vür es* Eger. Stadtges. v. J. 1352 S. 11 N. XV 10). Mit auslautendem *-s* verschmilzt es (*i wàiß's*)[2]) und wird oft samt dem Auslaut *-s* dem folgenden Anlaut *sch* assimiliert: *Wàischscho* (§ 443, 1), *Hauschscho* < *Hàust d'* '*s scho* Hast du es schon u. ä. Die Nebenform *sə = es* Neutr. Sg.) tritt vor das Reflexiv *sich* (>*si, sé*: *Dàu sétzt sə sé* Da setzt es sich, sc. das trübe Wasser), *sə = sie* (Fem. Sg. und Pl. aller Geschlechter)[3] außer vor *sich* auch vor *mir, mich, dir, dich* (*sétzt sə sé* setzt sie sich, *nimmt sə mə* oder *mé, də* oder *dé* nimmt sie mir, mich, dir, dich, vgl. oben *ə < ich* § 442).[4] Beim Fem. dürfte die Form *sə* eine dem Unterschied der Betonung angepaßte Änderung der Vokalfärbung darstellen: *hàut sə mé* (" ' ') < *hàut sé mé* wie *hòw ə dé* hab ich dich < *how è dé*; bei *sə = es* ist der angetretene unbestimmte Vokal wohl als Übergangslaut zum folgenden Anlaut *s* (von *sich*) zu fassen.[5]) Die Form *si* (Fem. Sg. und Pl.) bietet im Vokal den nhd. Lautstand; in Wirklichkeit liegt wohl ahd. mhd. *si* zugrunde (Braune Ahd. Gr. § 283, 1 *f*), das gelängt wurde (Gradl MW 63), während ahd. mhd. *siu, si* > eg. *sái*, ahd. mhd. *sia, sie* > eg. *səi, séi* werden müßte (Gradl MW 162. 199. 231. 232, vgl. das altbayr. Fem. *səi, sui* Schwäbl § 68, 3). Die Verkürzung von *si* zu *s'* gehört schon der älteren Sprache an (im N. u. A. Weinhold Mhd. Gr. § 477. Kehrein Gr. d. 15.—17. Jh. I § 341). Die als Gen. Sg. kaum nachweisbare, als Gen. Pl. aber überaus häufige Form *ərə*[6]) kann nicht unmittelbar auf ahd.

---

[1]) An Verdopplung (*in-in* Gradl MW 305. 634) möchte ich bei einer so tonschwachen enkl. Form nicht denken.

[2]) Auch öst. *i woaß's*.

[3]) Auch bayr.-öst. *sə si* < sie sich, *sə si* ⌐ *es sich* Schmeller II 204, 1, 2. Lexer Kärnt. WB 232: *sə* ⌐ *sie* auch Nürnberg. Frommann in Grübel 51 *d*. 95 *a*, u.- und ob.-fränk. Franke BII I 274 r.

[4]) Sonst, auch vor anderen enkl. Formen wie '*n* < *ihn*, steht eg. nur *s'* oder *sé*: *hàut sé* '*n* oder *h. s'* '*n* hat sie ihn, *hó(b)m sé* '*n* haben sie ihn; vor *s'* < *sie* und '*s* < *es* nur *sé*: *hàut sé* '*s* (*s'*) hat sie es oder h. sie sie (Obj.). Vgl. § 567, 2. 3. Das Ö öst. stimmt im Gebrauch von *es*, '*s* und *si* (< *es* oder *sie*) überein, jedoch steht vor anderem als *s*-Anlaut (*mir, mich, dir, dich*, '*n* < *ihn*) nur *s'* (< *sie*, nicht wie eg., auch *sə*): *nimmts mi* oder *mé* (*u. di* oder *dé*), *hatt'n, hammt'n*.

[5]) Vgl. Nagl Konrad S. 85 zu V. 94, der aber auch den Vokal des Fem. *sə* (< *sie*) als Übergangslaut erklärt. Bayr.-öst. ist dieser Vokal auch *i*, daher die Formen *is* = *sie* und umgekehrt *si* *es* Schmeller MB § 719. BII I 163 f. II 204. Schwäbl § 68, 3. Nagl Konrad S. 254 zu V. 295, 2. Andere Erklärungen der *i*-Formen bei Schmeller § 727, Weinhold Bayr. Gr. § 360 S. 371. Lexer Kärnt. WB 232.

[6]) Auch sonst weit verbreitet, z. B. als Thür. westergeb. und südostür. *ərə* Gerbet III.Z I 129 § 17, 2, vogtländ. *ere*, unter- und oberfränk. *ara* Franke BII I 270 *h* und anderwärts.

ira oder *irá* und *iró* [1]) zurückgehen, sondern ist am einfachsten = *irer* zu setzen, das egerländisch sonach auch in den Dat. Sg. (*ɔrɔ* oder *rɔ*) Eingang gefunden hat. Der Unterschied zwischen *ihn* und *ihnen*, *ihr* und *ihrer* ist also in der Enklisis verwischt.

§ 449. Ihre alte satzbildende Kraft hat die bloße Verbalform auch hier nur in wenigen meist formelhaften Sätzen bewahrt.

1. *Er* und *sie* wird in einfachen Sätzen in Bezug auf eine bestimmte Person wohl überhaupt kaum weggelassen; [2]) *es* fehlt in kurzen Sätzen wie *Koɔ (Kánnɔ) scho sɖ* Kann (Könnte) schon sein, *Ischscho gout* oder *rɔɔt* (< *Is scho g.*, *r.*) Ist schon gut, recht, *Schàdt néks, Möußt nɔ sɖ*, *dà́'s*) (vgl. § 210), *Kánnt mɔ r ɖ fàlln!* Könnte mir einfallen! [3])

2. Für die Beziehung mehrerer Prädikate auf dasselbe Subjekt gilt das gleiche wie beim Personalpronomen der 1. und 2. Person (§ 443, 3). Doch kommt hier auch der Fall, daß anaphorisches *er* sich auf ein Objekt des vorhergehenden Satzes bezieht, häufiger vor, nämlich wenn der zweite als Ausruf betonte Satz mittels *und* an den ersten angefügt wird: *Gröd gestɔn hàust koi~ Würscht gessn — u wàɔn suɔ gout!* Gerade gestern hast du (im Wirtshause) keine Würste gegessen — und waren (doch) so gut!

§ 450. Der Gebrauch des mundartlichen geschlechtigen Personalpronomens scheint hinter dem des schriftsprachlichen etwas zurückzustehen, da die Mundart die oftmalige Wiederholung desselben Substantivs weniger scheut als die Literatursprache und anderseits auch demonstratives *der*, *die*, *das* sehr häufig dort gebraucht, wo diese sich mit *er*, *sie*, *es* begnügt.

Anderseits kann *er*, *sie*, *es* selbst (sowie analoges possessives *sein*), obwohl seit den ältesten Zeiten vornehmlich zur bloßen Anknüpfung an eine bekannte Person oder Sache gebraucht, durch Ton und Gebärde stark hinweisende Kraft gewinnen: [4]) *Eɔ rouht nist! Eɔ hàut oɔgfàngt!* = Dieser da ist der Störenfried (nicht ich)! Über *er*, *sie* = der Ehemann, das Eheweib vgl. S. 279 Anm. 5.

Er und *sie* [5]) ist dem Egerländischen, wenigstens der echten Volks-

---

[1]) Vgl. bezüglich dieser Formen Braune Ahd. Gr. § 283 Anm. 2. Behaghel Gesch. d. d. Spr. § 216 (188).

[2]) Das dem schriftld. *sprach's* entsprechende *sàgt's* (z. B. *sàgt's u gàiht bɔ dɔ Tüɔ r dɔié*, jenes nach Erdmann Grundz. I § 5, 3 S. 6 erst durch Voß in den epischen Stil eingeführt, aber auch baselstädt. Binz § 105, 2) ist nicht geradezu unbekannt, wird jedoch lieber durch *Dɔ sàgt dɔs u . . .* ersetzt. Ein Satz hingegen wie *»Und Grétgen?«* — *»Sitzt nun unruhvoll«* (Wunderlich Satzbau I 101) ist unserer Ma. im allgemeinen ebensowenig geläufig (dafür wie öst. *Döi sitzt . . .*) wie die von Wunderlich Umgangspr. S. 105, 106 (vgl. Satzbau a. a. O.) aus Rosegger angeführten Beispiele oder ergeb. *Mog zahn, wier kimmt Er* mag sehen, wie er k. Göpfert 27.

[3]) Alles auch öst.

[4]) So schon mhd. (vor einem Relat.-Satze) Paul Mhd. Gr. § 218. Wunderlich Satzbau II 252 f.; ebenso baselst. Binz § 110; dagegen r. B. nie Mainz. Reis II § 27.

[5]) Das *es*, mit dem nach Rosegger (Das Volksleben in Steiermark [2] S. 86) der steirische Bauer Fremde, Bettler und Hausierer, anredet, ist wohl der bayr.-öst. Dual. *ös*, mhd. *ez*.

mundart, als Anrede ursprünglich fremd.¹) Die höfliche Anrede mit dem pluralischen *Sie*,²) in früheren Zeiten auf dem Lande hauptsächlich im Verkehr mit Amtspersonen und Städtern im Gebrauch, hat in neuerer Zeit auch sonst die einheimische höfliche Anrede mit *Diəts* vielfach verdrängt (§ 444). Daß die Höflichkeit die unmittelbare Anrede überhaupt scheut und das Anredepronomen durch ein entsprechendes Appellativ (*də Her* oder bestimmter *də Her Direktə* u. dgl.) ersetzt, das stets als Singular behandelt wird (*Wenn də Her D. suə gout wä*, nie *Wenn der Herr Direktor so gut wären*), kommt nach meiner Erfahrung nur selten vor ³) und gilt auf alle Fälle für noch höflicher als die Anrede mit *Sie*. Darnach wäre die von einer Konversationsgrammatik des 17. Jahrh. aufgestellte Stufenleiter der Höflichkeitsformen, die vom *dusen* und *ihrzen* über *der Herr* und *er* zu *Sie* führt (Wunderlich Satzbau II 236, vgl. Erdmann-Mensing II § 27 S. 35), für unsere Mundart gegenwärtig etwas abzuändern: *du, (er), Diəts, Sie, də Her* u. ä.

§ 451. Dem mit dem frühen Verluste des alten Dativs des Reflexivs (got. *sis*, an. *sér*) eingedrungenen reflexiven Gebrauch des geschlechtigen Pronomens hat besonders das Oberdeutsche⁴) wenigstens im Dativ noch in größerem Umfange festgehalten: Behaghel Gesch. d. d. Spr. § 215 (187); er begegnet auch in älteren egerländischen Quellen, besonders nach *bei* mit dem Dativ, seltener im Akkusativ und ohne Präposition, z. B. Eger. Stadtges. v. J. 1460 N. 66 S. 21 *der wirt der bei im sitzen lest* der Gäste bei sich über die »Bierglocke« sitzen läßt. Baier 313 *das si dem Caspar Pirckner ... bey ir liegen lassen und ir leuchtfertigkeit mit ir ... lassen treiben*; ebda. 335 *bei ir*, 502 *bei in*; ohne Präp. 506 *ir =* sich. Elbogner Chron. S. 17 Z. 17 v. u. *wen es nichts auf im hat* (vgl. das gegenwärtig gebräuchliche *Dös hàut néks əf sich =* Das ver-

---

¹) In der städtischen Umgangsprache kann man es in neuerer Zeit als Anrede der Dienstboten an die Kinder des Hauses oder der Hausfrau an Dienstmädchen u. dgl. hören. Auch im Bayr. ist es mehr in den Städten und nur gegen Leute der dienenden Klasse üblich : Schmeller MB S. 195 Anm., oost. klingt es gleichgiltig oder wegwerfend, im Baselst. gilt es gegen Untergebene und Niedriggestellte : Binz § 83, vgl. aber für das Schweiz. auch Schweiz. Id. I 401, 3, im Nürnberg. gilt es als weniger höfliche Anrede : Frommann zu Grübel 104 *d*: im Altenburg. ist es selten : Weise § 14, 1. 88, dagegen im Ergeb. auf den Dörfern im Gebrauch : Gopfert S. 27.

²) Nach Wunderlich Satzbau II 232 ff. enthält diese Anrede zwei Höflichkeitsformen, den Plural und die Verschiebung in die dritte Person. Die eg. höfliche Anrede deckt sich lautlich mit dem gewohnlichen Plural ; im Deferegg. werden beide Formen unterschieden : *sei ≈ sie, sei = Sie* Hintner S. 201. Die bevorzugte Stellung des mit *Sie, Ihr* Angeredeten erklärt auch sprichwörtliche Wendungen wie *Das ist ein Bier (Fleisch* usw.), *das heißt Sie* oder *zu dem muß man Sie sagen* (so in Saaz u. ähnlich öst.; in Plan hörte ich *Dös hàißt Poer Guàdn*), bayr. *Dös is i' Biərl zə'n Jorzəru* Schmeller I 130, der auf ital. *una birra da siəle voi* aufmerksam macht.

³) Der steirische Bauer dagegen spricht auch den Handwerker außer mit *Ihr* gerne mit seinem Titel an : *Thu' der Schneider* (oder *der Meister*) *essen!* Rosegger Die Älpler ⁵ S. 342.

⁴) So das Bayr.-Öst. Schmeller § 738. Weinhold Bayr. Gr. § 359 S. 369. Schwäbl § 70. Nagl Roanad S. 340 zu V. 363 *äm*. Hintner S. 48 Anm. 10. Lexer Kärnt. WB 232. Lessiak § 151 : Els. Schweiz. Martin-Lienhart I 37 ᵃ. 48 ᵃ. Schweiz. Id. I 400. Binz § 93. Winkler Korenzer Ma. S. 186 § 2; das Ostfränk. Franke BH II 328, 8; Schles. Weinhold Dial. S. 137, vgl. DM III 247 N. 202. S. 408 N. 304; Nordböhm. Knothe WB 45; aber z. B. nicht das Obersächs. u. Ergeb. Franke a. a. O. Vgl. zu dem Ganzen Grimm Gr. IV 320. Kehrein Gr. d. 15.—17. Jh. III § 102.

schlägt nichts'; auch im Volksliede, z. B. *Schwangs hinter ihm zurücke* HTV S. 98 N. 11 (Eger), dieselbe Wendung mit dem Akk. *(ihn)* auch S. 119 N. 27 (Eger); Akkusativ oder Dativ ohne Präposition *Er stach ihn* (= sich) *selwer in's Herse* ebda. S. 109 N. 20 a (Eger).[1]) In der gegenwärtigen Mundart hat sich reflexives geschlechtiges Pronomen am häufigsten im Femininum nach *bei* erhalten: *Si hàut koš Güld bə r ir* (neben *bə sich) ghàtt*; ohne Präposition tritt nur *Inən* (bei Beziehung auf die höfliche Anrede *Sie*) häufig an die Stelle von *sich*: *Schàmə S Inən!* Schämen Sie sich![2])

§ 452. Unter den anderen anaphorischen Verwendungen von *er, sie, es* ist die Wiederaufnahme eines an die Spitze des Satzes gestellten Satzteiles durch das unmittelbar darauf folgende Pronomen (*die Mutter, sie betet*) unserer Mundart fremd [3] (die hier nur das Demonstrativ *der* gebraucht). Eher ist *er* zulässig, wenn es nicht unmittelbar auf das Beziehungswort folgt: *Owə sẽch Herru, mə därf inən* (neben *desnən därf mə) jà niks sogn!* Dabei kann das vorangestellte Substantiv nach seiner Betonung und der nach ihm eintretenden Pause als selbständiges Satzwort erscheinen (= *Was aber solche Herren betrifft, so darf man ihnen* usw.), bei flüchtigerem Sprechen, engerem Anschluß und gleichmäßigem Ton aber auch jenen Charakter verlieren.[4] Auch ein mit *so ein, solch* verbundenes Substantiv wird im Vergleichungssatze nie mit *er* aufgenommen: *Ich kaufe mir so eine Mütze, wie du sie hast* Weise § 140; dagegen eg. nur *wöi du (àinə) hàust* oder *wöi di dài⁻*.[5])

Dagegen ist die seit ahd. Zeit (Erdmann-Mensing Grundz. I § 93. II § 60; vgl. Wunderlich Umgangspr. S. 167) herkömmliche Vorwegnahme eines nachfolgenden Satzteiles durch *er, sie, es* auch unserer Mundart [6] vollkommen geläufig und zwar können Appellativa wie Eigennamen entweder unmittelbar auf das Pronomen folgen oder (und dies ist der häufigere Fall) durch mehrere Worte von diesem getrennt werden:[7] *Eə, də Tonè,*

---

[1]) Bezeichnenderweise zeigen diesen Gebrauch nicht spezifisch egerländische, sondern weitverbreitete Lieder (vgl. ebda. S. 5c6), die sich auch durch Eigenheiten anderer Art (unumschriebenes Präteritum) als eingewanderte kennzeichnen.

[2]) Oöst. ohne die angegebenen Beschränkungen *bei eam, b. ihr* (= sich): *Er (Sie) hat eam (ihr) d neuchs Gwand kist. Wern z' eahn denkä* Stelzhamer Ma. D. I 239 N. 32 I 23.

[3]) Auch dem Öst. Ältere Beispiele dieses Gebrauches bei Erdmann Grundz. I § 93; vgl. Wunderlich Umgangspr. S. 171. Weise § 86, 2. Andresen Sprachgebr. S. 422, der an eine Entlehnung aus dem Franz. denkt, was mit Rücksicht auf das Alter der Erscheinung (vgl. die ahd. Beispiele bei Erdmann) unwahrscheinlich ist. Gegenwärtig noch baselst. *'s Marieli, es isch e ganz ordli Kind* Binz § 106.

[4]) So auch oöst. Die erste Bedeutung möchte man vielen Beispielen in Elis. Charlottes Briefen zugrunde legen, in denen sie offenbar an die in erhaltenen Briefen berührten Gegenstände anknüpft, z. B. S. 42 N. 24 *Daß freüllen von Wittgenstein ist sie unßers graffen . . . schwester?*; ebda. S. 89 *Der prinß und die princes von Denemarck reißen sie nach Ronebridge?*

[5]) Ebenso auch öst.

[6]) Auch anderen Maa., so Nürnberg. Frommann zu Grübel 104 a; öst., sehr häufig im Steir., z. B. *Lauf, schreit er jählings, der ewige Jud* Rosegger Sonderlinge aus dem Volk der Alpen ⁴ S. 142; *er . . . der Lamel* ebda. S. 5 u. ö., Altenburg. Weise § 64, 2 86, 1.

[7]) Altenburg. müssen Personennamen unmittelbar auf das Pron. folgen: Weise § 86, 1. Beachtenswert ist der dem Egerl. nicht angemessene enge Anschluß des Substantivs an die

is koʒ üwlə Moʒ oder *Eə r is koʒ üwlə Moʒ, də Toné.* [1]) Hier weiſt das
Pronomen auf einen Gegenstand, mit dem der Sprechende in Gedanken
schon vor der Aussage beschäftigt war; wo der Sprechende voraussetzt,
daß auch der Hörer im Geiste mit dem gleichen Gegenstande beschäf-
tigt oder vertraut ist, kann er es beim Pronomen bewenden lassen : *Hăi~t
is ə scho ə wengl åfgstândn* berichtet jemand einem Bekannten, der sich
schon öfter nach dem Befinden eines Kranken erkundigt hat. Dabei
kann der Redende naturlich auch auf mangelndes Verständnis des Hörers
stoßen und zu nachträglichen Ergänzungen genötigt sein. [2])

In ähnlicher Weise dient *es* zum vorbereitenden Hinweise auf einen
nachfolgenden Subjekt- oder Objektsatz in abhängiger oder unabhängiger
Form, und zwar ist es vor Subjektsätzen nahezu unentbehrlich (*'S is niət
schäi~* oder *Niət schäi~ is 's, dåst nimmə zə r uns kummə wü'lst*), vor
Objektsätzen häufiger *sehen* als bei *hören, wissen* u. a.[3]; (*I siəh 's
scho* '> *si.schscho, du wü.lst niət,* neben *I siəh scho*).

Das anaphorische Pronomen kann in der mündlichen Rede, der
verschiedene andere Hilfsmittel des Verständnisses zugebote stehen, auch
in demselben Satze ganz verschiedene Dinge bezeichnen,[4]) welche die
Schriftsprache mit *dieser* und *jener, ersterer* und *letzterer* u. dgl. aus-
einanderzuhalten pflegt.

§ 453. Neben der deutlich anaphorischen Bedeutung von *er, sie,
es* sind eine Reihe von Gebrauchsweisen anzuführen, bei denen eine Be-
ziehung auf einzelne oder mehrere bestimmte Gegenstände nicht vor-
schwebt; so steht

1. der Plural *sie* = man, die Leute: *Dàu ess'n s' d'Ea(r)döpfl mit-
sámmt an Haitn!* HTV S. 267 N. 299 (Plan). *Si sogn* = Man sagt. [5]

enklitische Pronominalform in den 7 und 13 comm.: *Istar dar mano neug'ie* ist er der Mond
neu? *Ine de sunna groaʒ? Kottense* (Sprechen sie) *de leute* Schmeller Cimbr. WB 61 [118]
(der hier Einwirkung des ital. Provinzialdialektes annimmt).

[1]) Beides (das letztere häufiger) auch ost.

[2]) Vgl. Stifter Nachkommenschaften (V 124) *Nachdem Sie* (die Wirtin) *das Geld und
das Deckelglas* (eines anderen fortgegangenen Gastes) *genommen hatte, sagte sie:* »*Das ist er
gewesen.*« »*Wer?*« *fragte ich.* »*Der Herr Roderer*«, *sagte sie.* Auch der Fall ist denkbar,
daß das Pronomen einen Begriff aufnimmt, der nur durch den Zusammenhang der Rede ins
Bewußtsein getreten ist, aber vorher nicht genannt wurde, vgl. G. Hauptmann Schluck und
Jau, Berlin 1900, S. 65 *Sidelill: Ob ihn die* (Falken-) *Kappe freut, die ich besticht? Frau
Adelus: Wen? Jon?* . . . *Nimmt je Jon Hand ihn wieder auf die Faust — den Falken mein
ich* — usw. Daß auch das Pronomen ausfällt, ist in unserer Ma. wohl selten; vgl. G. Reicke
Der Sterngucker (Magazin f. Litt. 69. Jahrg. 1900 N. 37 S. 921, in der Mundart des nörd-
lichen Harz) *Wirt:* »*Is heut noch theirer jeworden wie vorch'tes mal! (auf einen fragenden
Blick des Trödlers hinzusetzend)* '*s Hola!*«

[3]) Auch in *I wäuschscho, I gläuschscho* deutet die Schärfung auf assimiliertes *es*
(< *waiß 's scho, gläu 's scho* § 443, 1). *I gläu scho!* (mit etwas stärkerer Betonung von
scho) = Ich glaube, ja! *I gläuschscho* = Das will ich meinen!

[4]) Ebenso mainz. Reis II § 28 und gelegentlich schon im Mhd. Paul Mhd. Gr.[5] 210.

[5]) Vgl. *Einen Schneider mag ich nicht* (sagt das Mädchen); *Da heißen sie mich Frau
Schneiderin* HTV S. 205 N. 186 (Teplitz). Etwas anderes ist es, wenn durch den Zusam-
menhang eine ganz bestimmte Beziehung gesichert wird wie in der Wendung *Oitəʒ ldítn i*
(sie, die zum Läuten der Glocken bestimmten Personen). *Do(r)n* (dorten) *drunt'n bə də Tănu-
mühl . . . Dàu hobm s* (sie, die Müllerleute) *a schäina Müllasmaad* HTV S. 186 N. 152
(Eger-Plan). *Wöi ih a wing woan bin, hobm sa* (sie, die Mitglieder der Assentierungskom-
mission) *mi zan Soldatən g'numma* Lorenz S. 7.

2. Geschwächt ist die anaphorische Bedeutung von *es*

a) beim prädikativen Gebrauch: *I bin 's,*[1] z. B. = Ich bin, der ruft, klopft u. dgl. Über andere Bedeutungen von *es* vgl. § 441 S. 399;

b) noch mehr verblaßt ist die anaphorische Bedeutung von *es*, wenn es ein bestimmtes Objekt vertritt, das indessen nicht mehr klar vorschwebt: *es trái(b)'m, es ásmàchn*, vgl. § 37, 2;

c) bei den unpersönlichen Verben vollends kann *es* geradezu ein Ersatz für ein schon von Haus aus unbestimmbares Subjekt sein, so bei den Wettererscheinungen, vgl. § 30 S. 18 f.;

d) an das *es* der unpersönlichen Verba schließt sich seiner Entstehung nach jenes *es* an, welches als Vorläufer oder Stellvertreter des hier wirklich nachfolgenden Subjektes den Satz einleitet und zwar in unserer Mundart auch dann, wenn letzteres ein Maskulinum Sing., Femininum Sing. oder ein Plural ist, und ohne Rücksicht darauf, ob es vorher unbekannt oder bekannt ist:[2] *'S* (oder *Es hàmmən sái Fräi'd àl dɔvoɔ́ ogrédt. Es gäiht d'Sunnə scho áf*;[3] dieses einleitende *es* tritt vor nicht fragende Haupt- sowie vor Nebensätze (mit Ausnahme der hypothetischen und konsekutiven: Erdmann Grundz. I § 94), jedoch abweichend von der neuhochdeutschen Schriftsprache niemals vor den auffordernden und wünschenden Konjunktiv (also nie *es gi nən də Her di äiwich Rou*,[4]) gegenüber nhd. *es trachte jedermann, es zweifle keiner*); es behauptet seine einleitende Stelle auch dann, wenn noch ein *es* als Objekt auf das Verbum folgt (§ 448 S. 408); in diesem Falle ist nicht nur ein Subjekt mit dem bestimmten Artikel (*Es hàut 's də Doktə r á gsàgt*,[5] sondern auch ein nachfolgendes persönliches Pronomen als Subjekt etwas durchaus Gewöhnliches (*Es hàmm 's miə dàu scho á gschpüət* Es haben's wir hier schon auch gespürt), aber auch sonst (ohne folgendes Objekt *es*) nichts Unerhörtes, besonders bei einiger Emphase der Betonung: *Es sánn scho miə dàu d niət béssə droɔ̄* Wir hier sind schon auch nicht besser daran ;[6]

e) einige im Volkslied begegnende Fälle der Setzung eines pleonastischen *es* nach dem Subjektpronomen erinnern noch an die alte

---

[1] Als Prädikat erklärt dieses *es* Grimm Gr. IV 222, dagegen als ursprüngliches inneres Objekt (bei *sein* und *werden*) Erdmann Oßr. Synt. II § 66. Übereinstimmung mit einem (etwa in einer vorhergehenden Frage enthaltenen) Beziehungsworte im Geschlecht und in der Zahl ist im Egerl. unbekannt; man sagt also nicht (wie im Mainz. Reis II § 33 Schl.) *Wer ist der Dummkopf? — Der Hannes ist er. Wer ist die miserable Frau? — Die Winklerin ist sie* usw., sondern überall *N. N. ist es*. Wohl aber ist das dreigeschlechtige Pronomen wie in der Schriftsprache als Subjekt möglich: *Er (Sie) sagte, er (sie) sei der Bote (die Botin)*. — *Der Bott (die Botin) ist er (sie) allerdings*.

[2] Schon ahd. mhd. findet *es* sich auch vor bekannten Subjekten: Grimm Gr. IV 223 f.

[3] Häufiger als bei einzelnen ist die Einleitung mit *es* bei mehreren gleichartigen Sätzen: *Es vɔgäiht də Wintə, es künnt də Frölling, 's Läät sé neməts schduə* = Der Winter verging, der Frühling kam: niemand ließ sich blicken.

[4] Ebensowenig öst. baselst. Binz § 113.

[5] Solche Fügungen werden von Binz a. a. O. als nicht volkstümlich bezeichnet.

[6] *Es* vor indef. *man*, heute nicht mehr üblich, findet sich in einem Egerer Gerichtsprotokoll v. J. 1679 (UE V 5) unter der Aufschrift *Lieb zu gewinnen: Es soll man dem, dessen Lieb zu gewinnen einer gedenkhet, einem Kopf von einer Spanischen Muckhen in dÜen oder Trinckhen eingeben*.

Vorwegnahme eines Substantivs durch *es* (und seine Kasus, vgl. Paul Mhd.
Gr. § 328. Schmeller I 160 f., so *Ho ich es dorta hoim a Schwesterlein*
und *Wär ich es noch a Jahr oder zwa bei meiner Frau Mutter geblieben*
HTV S. 213 N. 204 *a* (Lobs bei Falkenau); völlig pleonastisch aber tritt
es hinter das vorangestellte Prädikat oder Objekt: *Jhesus binn ichs genandt*
Eg. Fron. 4354: *Ein kunig von himel der pin ichs* ebda. 5143; *keine
solchen* Strümpfe *hab ich 's nicht* HTV S. 256 N. 278 Str. 4 und 8
(Lobs b. Falk.).[1]

§ 454. Was den **Gebrauch der Kasus** betrifft, so wird die
neutrale Genitivform *es* ⌐ ahd. *is*, mhd. *es* — die maskuline ist schon
in frühester Zeit verschwunden: Behaghel Gesch. d. d. Spr. § 216
(118) — wo sie von altersher verliegt (wie in *Ich bin 's zufrieden, satt,
müide* usw., *Ich habe es satt,* vgl. § 435 *a* 1), nicht mehr als solche er-
kannt, sondern als Akkusativ gefaßt.[2], Der Genitiv Sing. *sin* (zu *er* und
es) fehlt[3]
Auch den Gen. Sing. Fem. mhd. *ir* (*ich hab 'r*, z. B. Butter,
Weise § 91, 2. Spieß 55. Schleicher 46) habe ich im Egerländischen
nicht beobachtet. An Stelle dieser fehlenden Genitive (*sin, es, ir*)
tritt indefinites *einer, -e, -es*:[4] *Haust on Towak 'o Pfäifm, o Göld)? —
I ho scho äin (äina, äi's*; seltener hört man es im Plur. für *irer (oro*):
Haust nu Epfl? I ho nu äi (häufiger *I ho oro nu*).

---

[1] In der Umgangssprache des Volkes sind beide Gebrauchsweisen, soweit meine Er-
fahrung reicht, nicht lebendig; auch in anderen Maa. scheint die Erscheinung auf die ältere
Zeit oder das Volkslied beschränkt (vgl. gottscheew. Schröer WHG 72 [236] Z. 1 f.
DWB III 1116 u. O. Jänicke Z. f. d. Ph. V 84). Vielleicht steckt auch in dem *s* der tir.
steir. kärnt. Formen *is, mis, dis,* die Weinhold Bayr. Gr. § 155. 357 aus dem Übergang von
ch > *s* (*ich* ⌐ *s is, m'ch* > *mis, dich* ⌐ *dis*) erklärt, während Schöpf (Tir. Id. 284 f.) dieses
s als euphonisches betrachtet, das Pronomen *es*. Rosegger wenigstens scheint das gegen-
wärtig zu fühlen, wenn er (Das Volksleben in Steiermark[2] S. 308) schreibt: *Berg auf bin ih
s gonga, Thal o bin ih r grennt.* In diesem Beispiele könnte man allerdings an *es* als inneres
Objekt denken, sowie, worauf mich Lambel aufmerksam macht, in dem von Weinhold a. a.
O. § 155 aus Lüterotti S2 ausgehobenen Beispiel *stoad mecht i mis rearn* an alten Gen. causae.

[2] Einige Maa. scheinen noch andere Überreste zu besitzen, deren volkstümliche Auf-
fassung allerdings von der der gemeindeutschen Fälle kaum verschieden sein dürfte: so faß
Frommann (zu Grübel 104 f., vgl. 95 a) nürnberg. *is* in der Fügung *Däu git 's is, Däu thout
's is Nauth* als Genitiv < *es, 's,* dessen Vokal (*i*) in ähnlicher Weise ergänzt wurde wie
bei *'n* (< *den*) zu *in*, also *'s is* < mhd. *es es*; ähnliche Beispiele in gleicher Auffassung
bringt Schwäbl § 68 Bem. 2; im südböhm. Volkslied begegnet z. B. *es* bei *neidig* (mit Be-
ziehung auf das vorhergenannte Käthchen): *Und drum san ma 's die Buabm so neidi* und
weiterhin *Sa's ma 's nöt neidi drum* HTV S. 165 N. 108 (Prachatitz); in der oöst. Dialekt-
dichtung, wo es mir Lambel nachweist bei *erfüllt* und bei *einem mit dabei sein* (= behilflich
sein, vgl. mhd. *einem eines dinges mite, bi sin*): *i bi's dáfüllt* überall und dadurch wohl auch
abgestumpft, unempfindlich gegen etwas; Hanrieder S. 13 N. 7, 155. S. 20 N. 13 I 15. *Is
mi's da Kopf nöt mit dabei, So lass i's babä — d'Keimerei* (das Reimen) ders. S. 9 N. 7, 5 ;
un Nd. *ik hebes genug* Maurmann S. 68.

[3] Anderwärts weit verbreitet; *sin* (< *esen*, vgl. *dessen*) in den Sechsämtern und im
Bayreuth., jedoch in plur. Sinne (gleich und neben *ere*) Wirth § 42, 9. Weise § 91, 2: sonst
in der Form *son, s'n* altbayr. Schmeller II 287 § 720, tir. (Ulten) DM III 452 Zahlw. V *c*,
7 und 13 comm. Schmeller Cimbr. WB 53 [110] Anm. 2, vgl. ebda. 163 [225], lvs. Zingerle
14, schweiz. Schweiz. Id. I 510, 3, fränk.-henneberg. DM III 477. 481. Spieß 54. Schleicher
46, vgl. 48. 49. Regel 97, 2 a, vogtl. Dinger S. 7, westerzgeb. südostthür. Gerber III.Z.
I 120 § 17, 2, vgl. Gopfert S. 25, schles. Weinhold Dial. S. 137, vgl. DM III 250, 48
altenburg. Weise § 91, 2, obhess. Crecelius S. 782.

[4] Nie indef. *welcher* wie altenburg. Weise a. a. O.

Der Genitiv Plur. hingegen (irɔ und ɔrɔ) steht vor Zahlwörtern: *Es trogn's* (besser *s'* < sie, die tote Bäuerin) *ihra Seksa* (6 Träger) HTV S. 221 N. 215 (Plan); daneben *'S wàɔn ɔrɔ seksɔ*. Die enklitische Form der 3. P. [1] dringt auch in die 1. und 2. Person Pl. ein: *Miɔ sánn ɔrɔ drdi. Diɔts sáts ɔrɔ vöiɔ.* Soll jedoch die volle Form gewählt werden, so tritt statt *irɔ* das logisch richtigere *unnɔ* in sein Recht[2] (*enkɔ* ist minder gebräuchlich): *Miɔ sánn unnɔ drái Bröudɔ*, vgl. § 447. Übrigens kann man *ɔrɔ* hie und da auch neben *unnɔ*, sogar neben vollem *irɔ* hören: *Miɔ sánn ɔrɔ unnɔ seksɔ. Dàu wàɔn ɔrɔ irɔ drái.*[3] Stets nur enklitisches *ɔrɔ* tritt ferner

a) hinter *was* (vgl. mhd. *was ir* Erdmann-Mensing II § 8): *Wos ɔrɔ dàu ümghàut wàɔn sánn!* = Wie viele ihrer (sc. Bäume) da umgehauen wurden!;

b) hinter das Verbum: *I ho ɔrɔ*[4] (auf die Frage *Hast du Äpfel?*). *Dàu sánn* oder *wàɔ(r)n ɔrɔ!* (Schwämnie u. dgl.), ebenso, wenn *viel, wenig* u. dgl. folgt: *I ho* oder *Dàu sánn ɔrɔ v̦iï'l, weng*;

c) in feststehender Bedeutung (ohne vorhergegangenen Plural) in Wendungen wie *Du krüigst ɔrɔ* (Prügel),[5] *Dàu hàut 's ɔrɔ!* = Da gibt es Schwierigkeiten! (aber auch = D. g. es eine Menge! vgl. § 30 S. 18); auch mit bestimmtem Subjekte *Döi* (Diese Dinge) *hàmm ɔrɔ!* = bieten Schwierigkeiten ;

Neben Adjektiven wird es vielfach weggelassen: *I ho fái˜ schäi˜* Ich habe schöne (sc. Äpfel).[6]

Der Dativ *Ihnen* der höflichen Anrede tritt häufig an die Stelle des Akkusativs *Sie*[7] (*Dɔ bɔtröugt Inɔn. Iɔ läßt Inɔn schäi˜ gröißn*) und des

---

[1] Vgl. Schmeller I 123 *er(ɔ')*. Spieß 54. Regel 97, 2 *b* (*er*, *'r*). Schleicher 46, vgl. 48. 49 (*ɔra*). Weise § 91, 1 mit weiteren Verweisungen. Über das im Bayr.-Öst. für den G. Pl. *ir* (*er*) eintretende *emɔ, ɔm, eɔ'* S. 416 f. Anm. 2.

[2] Im Osterl. steht volles *eerɔ* mit Bezug auf alle drei Personen des Pl. Trebs III.Z IV 31, 7 *c*.

[3] Auch altenburg. *Wir sind'r ihre drei* Weise § 91, 1 Anm. ; vgl. Gerbet III.Z I 129 § 17, 2; in Ruhla *es sáin er örner* (eine »stärkere« Genitivform) *sán* (aber auch Gen. *er* neben *unser, eurer*) Regel 97, 2 *c*, vgl. bez. *örner* ebda. S. 92, 2, 2 u. 96, 2.

[4] Ebenso in den Sechsämt. (neben plur. gebrauchtem *enn*) Wirth § 42, 9, vogtländ. Dunger S. 7.

[5] Auch in den Sechsämtern Wirth a. a. O., altenburg. Weise § 91, 1, ähnlich in Ruhla Regel 97, 2 *b*.

[6] Das Egerländische nimmt somit zwischen dem Obl., das statt des part. Genitivs *ein* gebraucht (nach Frommann DM III 481; vgl. Weise § 91, 1 »In Basel ist es [part. *'r*] nicht nachzuweisen«. Aber auch im Heidelberg. ist *ɔrɔ* unbekannt: Sütterlin Gen. S. 8) und den md. Maa., die nicht nur plur. *ere*, sondern auch sing. *rɔ* als part. Gen. verwenden, eine Mittelstellung ein.

[7] Ebenso in den Sechsämt. Wirth § 37, 4, bayr.-öst. Schmeller § 737. II 203. Weinhold Bayr. Gr. § 361. Schwäbl § 68, 3 Bem. 5, Nagl Roanad S. 433 zu V. 431 (wien., sonst nöst. seltener), nürnberg. Frommann zu Grübel 104 *e*; fränk.-henneb. Spieß 50: altenburg. Weise § 88 (hier auch umgekehrt *Sie* für *Ihnen*, vgl. Schmeller II 203; die hier angeführten Beispiele aus nöst. Dial.-Dichtern betreffen jedoch den Gebrauch des Akk. Plur. *sie* = *eos, eas* nach dat. Präpos.; vgl. auch Nagl a. a. O. S. 145 zu V. 177 *mid sei* neben *mid ennɔ*; auch schles. Polenz Büttnerbauer S. 46 *wie ene Bürschle steht Sie das Korn*). Oft in Goethes Jugendbriefen, z. B. an Buri 23. Mai 1764 (Br. 1, 2, 21 f.) *Nemlich daß ich so*

Reflexivums *sich* [1]) (D. und A. *Sĭ schámɔ r Inɔn. Sĭ schö́(d)n Inɔn*, vgl.
§ 451). Aus *Ihnen* oder vielmehr aus dem älteren *in* wird nach Analogie
der Possessiva *unser, enker, ihrer* durch Anhängung der adjektivischen
Endung *-er* das Possessiv *Ihner* [2]) (*Inɔ*), häufiger mit doppelter Endung
Ihnerer (*Inɔrɔ*), mit der Endung *-ig Ihniger* (*Inichɔ*), alle drei = *Ihr*, ge-
bildet: *Inɔrɔ* (*Inichɔ*) *Fráu*; auch mit dem Artikel im Prädikat: *Deɔ Hout
is dɔ r Inɔ* (*dɔ r Inich*). Das gelegentlich (in der Planer Stadtmundart)
als unveränderliches Attribut gebrauchte etwas rätselhafte *Ihnen* (*Inɔn
Hout* = Ihr Hut, weiterhin auch prädikativ mit dem Artikel *Deɔ Hout is
dɔ r Inɔn*) kann nur von der dativischen Umschreibung des possessiven
Genitivs seinen Ausgang genommen haben, insofern Fügungen wie *Deɔ-
nɔn* [3]) *irɔ* (oder *D. sd̄*) *Háus* etwa zunächst für die höfliche Anrede zu
einem analogen *Inɔn irɔ Ildus* [4] führte. In dieser Fügung konnte *ir* allein
(*Ihr Ilaus*, wie es nach dem Nhd. zu erwarten wäre), deshalb die Be-
deutung *Ihnen* (als höfliche Ansprache) *gehörig* nicht übernehmen, weil
hiefür ausschließlich die Formen *Ihnerer* usw. gebildet wurden, während
ir nur den einfach pluralischen oder femininen Sinn [5]) hat. Die pleona-

bekannt an Ihnen schreibe, vgl. an dens. 2. Juni 1764 ebda. S. 4, 8 f. u. ö. Den Zusam-
menfall des D. A. *Sie* bezw. *Ihnen* erklärt Behaghel Germ. XXIV 46 aus dem analogen Zu-
sammenfall von *iu* und *iuch* in *euch*.

[1]) Ebenso Pernegg. Lessiak § 152.
[2]) Auch bayr.(ostl.)-öst. *iner* (*eɔnɔ'*) Schmeller § 732. 744. I 94. Schwäbl § 71, 2,
steir. *Ihner* und *Ihnerig* Khull 365. Schles. *ihne* Weinhold Dial. S. 140. Schles. WB 38.
Daß *Ihner* < *Ihnen ihr* sei (Schmeller, vgl. Schwäbl a. a. O.), halte ich für unwahrschein-
lich, weil die Analogie zu den aus den Stämmen der obliquen Kasus gebildeten anderen
Possessiven (*unser, enker*) für die höfliche Anrede notwendig zur Bildung *Ihner* führen mußte,
wozu nach *unsrig* noch *Ihnig* trat. Außerhalb der höflichen Anrede wird poss. *ihr* im Egerl.
nie durch *inɔ* vertreten (auch das Pernegg. unterscheidet *sónr* und *inr* Lessiak § 152), wohl
aber im Bayr.(ostl.)-Öst. Schmeller I 94, vgl. MB § 719. 732. Weinhold Bayr. Gr. § 361.
Schwäbl § 71. [*Dö* (Die Müller und Bäcker) *hum ch eahndn Titel* Stelzhamer MD I 204
N. 20, 111. *Fahner Unglück, Urtel* (Nom.) ebda. 237 N. 31, 312. 320; *an Vigerln eahn.i
Gsang* (Nom.) C. Achleitner (Innviertler aus Braunau), Weil ma' in d'Welt taug'n! Gedichte
in oöst. Ma. Hamburg 1889 S. 1; *iehni Liöbtá* (Akk.) Lindemayr S. 268; *éunü tóall* (Akk.) ihr,
der Kläger, Teil Nagl Roanad V. 41 u. Anm. Auch der nöst. schon selten gewordene (Nagl
S. 55 zu V. 39) Dat. Pl. *eɔ* selbst wird possessiv gebraucht, auch mit Flexion: nöst. z. B.
bei Castelli XI 37 *Eän G'sang'l* (Nom.); oöst. *eahn Hund* (Nom.) Stelzhamer Ma. D. II 78
N. 43, 12 (schon bei Schmeller I 94); *Eahn himmlischá Schein, Fahnu raodgstroamten Flügen*
(rotgestreiften Flügel) . . . *Fahn Romeahn* (Bemühen) *und eahn Känten* (Bekümmern), *Fahn
Grimm und eahn Plag* (alle Nom.) . . . *eahn'* (Akk. Sg. mit synkop. Flexion: *eahn'n*) *Schein*
Ders. I 236 ff. N. 31, 244 f. 332 f. 362; *eahrn* (d. i. *eahn'n*) *Mann* (Akk.) Hanrieder S. 52
N. 18, 24; *eahn kleanás Kind, eahn arms Bisserl* (Akk.) Moser S. 3. 33; *iehn Freud* (Akk.)
Lindemayr S. 290, *bei eahn'n Fenstá* Matosch Aus dá II. I² 318; sogar statt eines Gen.
part. *Von den lobn* . . . *Eahn etwoa* Stelzhamer Ma. D. I 115 N. 55, 88. Dazu oöst. von
eɔ̄nɔ u. *eɔ̄* die Adj. *eahnári(g)* u. *eahni(g)*, z. B. er *bringt mi dn' eahnrigá Brandwein*
Purschka I 24 (23), *án eahnig.i Freund* (ein Freund d. i. Verwandter von ihnen) L.], auch
schweiz. *enere* = corum Schweiz. Id. 1 268, II. Deutsch-ung. *inens* (Gen. zu *Sie* Schröer
Versuch 16 (266), vgl. Lumtzer II § 158 erinnert äußerlich an egerl. *deɔ̄ns, weɔ̄ns* dessen,
wessen § 458. Der kärnt. Gen. Pl. *Sonr* (*Sor*) = poss. *ihr* (N. *Sö*, D. *Sön*) ist durch eine
Art Deklination von *Sie* gewonnen: Lexer Kärnt. WB 232. Lessiak § 152.

[a]) Über die Ausdehnung der dat. Umschreibung auf das Demonstrativ § 258.
[4]) Über das wirkliche Vorkommen dieser Verbindung vgl. S. 221 Anm. 2.
[5]) Auch der Satz Goethes *Was mein ist* (an Geld), *ist auch Ihnen* (D. Mitschuldigen
III 7 W. 9, 97, 776) macht zunächst den Eindruck, als ob der poss. Dat. dem (plur. und
fem.) Doppelsinn von *Ihr(es)* ausweiche; allein Goethe gebraucht diesen poss. Dat. auch sonst:
Stella I (W. 11, 132, 13) Lucie: *Wem ist das Haus da drüben?* und (S. 129, 27 f.) Und

stisch klingende Verbindung konnte daher nur um *ir* erleichtert werden, während das entscheidende *Inən* einerseits durch den Anklang an *Ihner*, anderseits von dem geläufigen Gefühl der dativischen Umschreibung des Besitzverhältnisses an seinem Platz festgehalten wurde.

Erstarrte Kasusformen (vgl. altenburg. *es ist ein prächtiges Mädchen, Gott behüt ihn!* Weise § 87) sind im Egerländischen unbekannt.

§ 455. *c.* Das Reflexivpronomen der dritten Person ist

Sing. Plur. G. *sáinə* (im Pl. selten *irə*)
D. A. *sich* '*si*, *sé*: in höflicher Anrede *Inən*).

Die Genitive sind wie beim Personalpronomen auf Präpositionalverbindungen (z. B. *voə*, *néwə sáinə* § 514. 447) beschränkt. Das Übergreifen des Akkusativs *sich* auf den Dativ teilt unsere Mundart wie die nhd. Schriftsprache mit den mitteldeutschen Mundarten, während in den oberdeutschen im Dativ noch das geschlechtige Pronomen überwiegt: Behaghel Gesch. d. d. Spr. § 215 (187). Schwäbl § 70, vgl. § 451. Die volle Form *sich* steht nur in der Tonstelle, besonders an der Spitze des Satzes, die abgeschliffenen ¹) Formen (*sé* gehört wie *é*, *mé*, *dé* § 442 der Planer Unter-Ma. an) treten hinter das Verbum und in Nebensätzen hinter die Konjunktion oder das einleitende Pronomen.

Sich ist auch in unserer Mundart in die 1. P. Pl. (= *uns*) eingedrungen ²) (*Miə hámm sé gfráit*), nicht in die 2. P. Pl. (in der die Volkssprache nach Grimm Gr. IV 36 f. *sich* ebenfalls gebraucht) und auch

---

das Haus da drüben ist wohl der Dame, der ich künftig Gesellschaft leisten soll?; poss. Dat. *ihnen (es is ihnen gsin* es gehörte ihnen) auch els. Martin-Lienhart I 48 ª. Das bei Goethe begegnende *Ihre* (zu *Sie*) ist wohl die schwache Form des Possessivs, z. B. an Charl. Stein v. 10. Okt. 1780 (Br. 4, 305, 14 ff.) *Hier ist das Lexikon wieder, es soll Ihre. Mein Seidel hat übereilt meinen Nahmen hineingeschrieben, ich dencke, daß es drum nicht weniger Ihre gehören kan. (Dein gehören* an dies. v. 9. Juni 1784 Br. 6, 295, 11; 9. Juli 1784 S. 324, 1; 12. Dez. 1785 Br. 7, 139, 8 f.).

¹) Die umgekehrte Abschleifung des Anlautes (schles. *ferch* < für sich Weinhold Dial. S. 137) ist dem Egerl. fremd.

²) Diese Erscheinung ist nicht bloß in den östlichen Gegenden verbreitet, wo man an den Einfluß des Slawischen denken könnte (wie dies Weinhold Bayr. Gr. § 359. Schuchardt Slavodeutsches S. 107 tun), so im Nordböhm.-Schles. Knothe WB 45. Markersd. Ma. S. 15 (und schon in einem älteren Osterspiel Weinhold Dial. S. 137), im übrigen Böhmen, in Mähren, Meißen, in der Lausitz (Weinhold Bayr. Gr. a. a. O.), im Österr. (Belege aus Anzengruber bei Wanderlich Satzbau II 241 Anm. Schl.), Deutsch-Ungar. (Lumtzer II § 155), sondern durch ganz Mittel- und Süddeutschland bis in den äußersten Südwesten, so im Ergeb. Göpfert S. 26 f., an der Nab und Pegnitz Schmeller § 730, in Leipzig Albrecht Die Leipziger Mundart 1881 § 192, in Altenburg Weise § 87, in Kuhla, im Henneberg., Obhess. Regel S. 97 f., 3. Spieß 49, in Salzungen Z. f. d. U XIV 466; in Rappenau Meisinger III.Z. II 260 § 35, in Württemberg. Keller Antibarbarus S. 48, im Kanton Bern II. Stickelberger Z. f. d. U. XIV 610 f.; vgl. zur ganzen Erscheinung auch noch Grimm Gr. IV 36 f. Kehrein Gr. d. 15.—17. Jh. III § 101. Erdmann-Meusing II § 161 a (sie begegnet übrigeus, wie mich Lambel erinnert, auch griech. in Poesie und Prosa: Krüger § 51, 2, 15). Der von Göpfert a. a. O. (vgl. auch Meisinger a. a. O.) angenommene Einfluß des gleichklingenden indef. *man* (*mr*) ist mit Rücksicht auf die Verschiedenheit der Verbalformen doch unwahrscheinlich (*mr müssn sich beeiln* gegenüber *mr muss s. b.*). Eher könnte man mit Paul (Prinz. S. 196) aus der gewöhnlichen Beschränkung dieses Gebrauches auf die 1. P. Pl. auf die Beeinflußung durch die formell übereinstimmende 3. P. Pl. schließen.

nicht in die 1. und 2. P. Sg., auf welche *sich* anderwärts [1] in erstarrten Präpositionalverbindungen übergegriffen hat. Über *Inən = sich* vgl. § 451.

§ 456. Die reflexiven Verba wurden § 30, 2. 154 behandelt. Neben dem imperativischen und substantivischen Infinitiv und Partizip fällt das Reflexiv (wie öst.) weg: *Nŏ nist schenian! Nŏ nist scheniət! Dös is zən ärchən* u. dgl.

§ 457. Der reziproke Gebrauch des einfachen Reflexivs *sich* auch griech. Krüger § 51, 2, 16 ist auch unserer Mundart geläufig: *Döi swás hàmm sé niət lái d n künnə* Diese beiden konnten sich (= einander) nicht leiden. Zur Verdeutlichung des reziproken Sinnes dient weniger einfaches *einander* als *einer den anderen* oder *eins das andere* (auch *sich einer den anderen*:[2]) *Döi hàmm sé àinə r m ànnən néks rüəsˇ-schmäißn).* Über *einander* (*einer den andern*) vgl. § 472.

§ 458. *d.* Das Demonstrativum *der, die, das* ist wie in den meisten oberdeutschen Mundarten das gebräuchlichste Demonstrativ; [3]) es wird seit althochdeutscher Zeit auch als relatives Pronomen (vgl. § 68) und als bestimmter Artikel gebraucht. Die beiden ersten Bedeutungen sind im Egerl. ausschließlich an die vollen Formen geknüpft, der Artikel hingegen erscheint wie in vielen anderen Mundarten nur in proklitischen, stark abgeschliffenen Formen,[4]) wie sie schon seit dem Ahd. vorkommen (Braune Ahd. Gr. § 287 Anm. 2). Im folgenden Schema stehen unter den vollen Formen die abgeschliffenen Artikelformen.

	M.	N.	F.
Sg. N.	*dei* *də* [5])	*dös* *s, às*	*döi* *di, d'*
G.	*des* (*deəns*) *s*		*derə* *də*
D.	*dem* *ən, 'n*		*derə* *də*

---

[1]) So im Bayr.-öst. in erstarrten Wendungen: für, hinter, unter, über sich: *I śé, du śist fürschi', hintśchi'* usw. Schmeller II 213 *sich*. Khull 348. 605. 609. Schöpf Tir. Id. 672. Lexer Kärnt. WB 232. Lessiak § 151: auch els. baselstädt. Martin-Lienhart I 9 ª. Binz § 96, der ähnliche Erscheinung im Französ. anführt; Verweise auf schweiz. und md. Belege bei Wunderlich Satzbau II 241 Anm. 1; dazu vgl. Handschuhsb. *ṇnalic* Lenz S. 52, Heidelberg. *hinner sich* Sütterlin Genitiv S. 7, Sonneberg. *üüewər-*(*ünər-*)*schich* Schleicher 59; ähnlich in Rappenau Meisinger HLZ II 260 § 35; vgl. Grimm Gr. IV 319.

[2]) Dieselbe Verbindung (in umgekehrter Reihenfolge *einer den anderen sich*) belegt Erdmann-Mensing II § 161 c aus Goethe.

[3]) Im Mainz. ist es sogar das einzige: Reis II § 27.

[4]) Über volle Artikelformen in Tirol vgl. DM III 327; in alem. und südfränk. Maa. lautet der Dat. Pl. *dene* < denen Paul Prinz. S. 214: über *denen* vgl. auch Meyer DVK S. 285. Das Sonneberg. hat drei Formen *dər, dar, daar* (und entsprechend im F. N.), wovon die abgeschwächte als Artikel, die beiden anderen als Dem., die vollste (*daar, döis*) allein oder mit der Relativstütze *daß, wuu* (wo) als Relativ gebraucht werden: Schleicher 45.

[5]) In der Emphase (z. B. beim Fluch) lautet die Artikelform öfter *dr* mit stark artikuliertem *r*: *Hui di dr Täifl!*

	M.	N.	F.
Sg. A.	*deən*	*dös*	*döi*
	ən, 'n	*s*	*di, d'*
Pl. N. A.	*döi*	*döi, döiə*	*döi*
		di, d'	
G.		*derə*	
		(də)	
D.		*deənən*	
		ən, 'n.	

Das demonstrative (rel.) *der* tritt stets ohne Anhängsel [1]) auf.

Der Nom. Sg. Fem. *döi* ist nicht die alte Nominativform *diu* (ahd. mhd. *iu* > eg. *ĕi* Gradl MW 199), sondern wie im Neuhochdeutschen und schon in mittelhochdeutscher Zeit in md. Quellen — Behaghel Gesch. d. d. Spr. § 217 (189) — die in den Nominativ eingedrungene Akkusativform [2]) (ahd. *dea, dia, die*; vgl. Gradl MW 231. 232). Ebenso ist die Ausgleichung der Formen im N. A. Pl. aller Geschlechter vom Mask. (ahd. *dea, dia*, das schon bei Notker als *die* ins Fem. eindringt: Braune Ahd. Gr. § 287 Anm. 1 *h*) ausgegangen. Die Neutralform *döiə* [3]) zeigt offenbar die sekundär angefügte neutrale Adjektivendung *-iu*, die auch beim Adjektiv (vgl. § 421) und beim Zahlwort (*zwöiərə* § 476) erhalten ist; vielleicht hat zu diesem Ausgang auch die beim Substantiv so weit verbreitete Pluralendung *-er* > eg. *-ə* (§ 353) mitgewirkt (*döiə Böichə*).

Die Genitivform *dessen* [4]) fehlt (dafür wie beim Fem. und im Pl. die Umschreibung mit *sein* und Dat. § 258). Die Nebenform *deəns* [5]) (*deəns Wei* Urban Allad. G. S. 330, vgl. das analog gebildete *weəns* § 481 und *Inəns* S. 416 Anm. 2) ist keine Umstellung aus *desn*, sondern durch sekundären Antritt der Genitivendung an die Dat.-(Akk.-)Form entstanden, die auch in der Umschreibung des Genitivs verwendet wird (*deən sđ Wái*), wobei der Anlaut des so häufig folgenden *sein* unterstützend gewirkt haben mag, ohne daß -*s* geradezu als ein hängen gebliebener Rest dieses *sein* gefaßt zu werden brauchte. An Stelle der alten Form *der* ist nicht nur im Gen. Pl. (wie nhd.), sondern auch im Gen. Dat. Sg. Fem. *derə* < *derer* [6]) getreten.

[1]) Z. B. -*sen* > -*sn* (*dersen*) im Inn- und Salzachtal: Weinhold Bayr. Gr. § 364 S. 378. Schmeller § 749; -*l* (*derl*) im Bayr. und im Nachbargebiet des Oöst. und Salzburg. Schmeller § 749. BW I 545 *daß* (*'s*). 546 *deß*. Schwäbl § 72, 1. P. Schmieder zu Lindemayr S. 387.

[2]) Umgekehrt tritt in den 7 und 13 comm. der Nom. *deü* (< mhd. *diu*) auch in den Akkus. Sing. Schmeller Cimbr. WB 53 [110] Anm. 4.

[3]) Vgl. Schmeller § 746. 748. BW I 479 (obpfälz. *deü*). Frommann zu Grübel 95 *e*, Wirth § 39, 1.

[4]) Henneberg. Fränk. *dassen* DM IV 222 f., sonneb. Schleicher 45.

[5]) Auch an der oberen Nab *dens* Schmeller § 746. 748, der dän. und boll. Formen vergleicht, vgl. Behaghel Gesch. d. d. Spr. § 220 (191).

[6]) Ähnliche Dat.-Formen im Sonneb. (Dat. Sg. F. *dər, daara*, letzteres in einzelnen Fügungen auch Gen. Pl. aller Geschl.) Schleicher 45, Oberfränk., Westerzg., Henneb., Vogtländ. (dagegen im Obersächs. und Unterfränk. nur *der*) Franke III I 270 *h*, vgl. DM III 175 N.

Bezüglich der Dativendung -*n* gilt das beim geschlechtigen Pronomen (§ 448) Gesagte.[1]

Der Instrumental des Neutr. *döi* < mhd. *diu* begegnet im Volkslied noch in der alten Präpositionalverbindung *von die* (= *von diu*): *von die bin ih so schöne* HTV S. 119 N. 28 *a* (Eger), ebda. auch als Rel.: in der heutigen Verkehrssprache aber abgesehen von *desto* (eg. *dästə, dïstə* Gradl MW 342. 59. 496, vgl. § 94) nur in der Verbindung *döi suə* = deshalb, gerade deswegen, eben darum (Neubauer Id. 50).

Bei den Artikelformen lautet der Nom. Mask. in der Regel[2] nur *də*; das *r z*. B. in *də r Alt* ist lediglich Gleitlaut (vgl. *bə r in* bei ihm, *və r ir* von ihr u. dgl.), der natürlich vor Konsonanten ausbleibt (*də Gung*). Die vokalische Nominativ-(Akk.-)Form des Fem. *di* und das plur. *di* wird vor substantivischen Adjektiven ohne Unterschied des Anlautes gebraucht: *di Alt* (stets ohne Gleitlaut)[3] die Alte, *di Gung* die Junge, *di ånnən* die anderen, *di måistn*; hingegen *d'Eə{d}n* (vgl. schon ahd. *derda* < *di erda* Braune Ahd. Gr. § 287 Anm. 2 und mhd. *in, úf d'erde* u. a. Weinhold Mhd. Gr. § 483. 484), *d'Löi* die Liebe, *d'Augn* (mhd. *d'ougen*). Mit dentalem Anlaut verschmilzt *d'* zu einem etwas stärkeren Ansatz (*d'Tinkn* die Tinte), vor den übrigen Muten kann es assimiliert werden (*d* > *g Gürschtn* die Gerste, und so *k Kirchn*, *b Bixn*, *p Pfanə* die Pfanne); vor *f* und *m* wird *d* bei lässiger Aussprache zu *b* (*b Fånə* die Fahne, *b Mutzn*). Doch wird der Artikel in den letzten beiden Fällen häufiger ohne Angleichung gesprochen (*d Fånə, d Mutzn*). Mit anlautendem *s* bildet *d'* einen *s*-Laut (*d'Seck* die Säcke). Die Form *às* < *das* gehört gewissen Gegenden, z. B. der Schönbacher, an[4] (vgl. die Sprachproben Mitt. XXII 126 f.); *s* (< *das*) schließt sich anlautendem *s* ohne Artikulationsunterbrechung an (*s Solz*).

Der Übergang des *m* in *n* (der besonders im Md. bis ins 11. und 12. Jh. hinaufreicht: Weinhold Mhd. Gr § 483) hat selbst in dem neuhochd. Manuskript Grüners fortwährende Verwechslung des Akk. mit dem Dat. zur Folge (vgl. Grüner S. 127, 3). Die Dativ-(Akk.-)Form '*n* (das weder zu *a* vokalisiert wird,[3] noch sich zu Formen entwickelt, die den Präpositionen *an, in* ähneln),[4] schließt sich (wie *ən*) an folgendes *n* des

IV, 1 (obbayr.). II 432, 96 (kob.). Auf ahd. *dero, dera, deru* (die frühzeitig zu *dere* geschwächt wurden) können diese Formen wegen des notwendigen Abfalles der alten Endung nicht unmittelbar zurückgehen. Schatz § 143 setzt dem. und rel. *dəarə* (Geo. Sg. u. 17.) < *deren*: *dəarə kyindər*: egerl. kann der Gen. *derə* nie attrib. auftreten.

[1] Das Pernegg. kennt emphat. *dom* neben gewöhnlichem *dən* Lessiak § 153.
[2] Vgl. S. 418 Anm. 5.
[3] Ebenso schwäb. Sg. *di alt*, PI. *di alti* DM II 115.
[4] Sie findet sich vereinzelt auch im Volkslied, z. II. (die Burschen sind falsch) *u sua radrahl, grod wöi as Lawa* (das Laub) *du Wind vawaht* EV II 19 Str. 6.
[5] Wie nürnberg. *umma* < *um dən* Frommann zu Grübel 11 c, auch schles. Weinhold Dial. S. 140, nordböhm. Knothe WB 52 (*ai a púsch* = in den Wald).
[6] Vgl. *in* = *dən* nürnberg. Frommann a. a. O. 26 d, bayr. Schmeller § 751, o.- und nöst. *in, an* Nagl Ronaa) S. 86 zu V. 99 *iwán.* S. 405 zu V. 402, tir. Schöpf Tir. Id. 286 *in* 3, vgl. Schatz § 144, in den 7 und 13 comm. *in* Schmeller Cimbr. WII 132 [194]: els. schweiz. (Martin-Lienhart I 47 ª, Binz § 55. Schweiz. Id. I 286) wird *im, em* (< *dem*) fälschlich als *in dem* gefaßt, wozu ein analoges *in der* = *der* gebildet wurde, ebenso tir. kärnt. Schöpf, Schatz a. a. O. Lessiak § 122 d, 153, deutsch-nng. *a der bữ* = der Kuh, *a mein kind* = meinem Kinde: Schroer Versuch S. 16 [266]. 171 [421], 14.

Anlautes ohne Artikulationsunterbrechung (*ən Nàmmə*), kann vor *b, p, m* zu *m* assimiliert werden (*əm Broudə, əm Michlə*, aber *ən Hànsn*), vor *g, k* zu *ng* (*η*) (*əη gungə*).

Sowohl *d* als '*n* verwächſt in einzelnen Fällen sogar mit dem Anlaut des Substantivs, so *d* in *Ďisl*, gegenwärtig m., = verkohlter Docht an der Kerze oder Lampe, < *d'isl*, mhd. *üsel*(*e*), *usel*(*e*) f. Neubauer ld. 54. Gradl MW 506,[1]) *Däischl* < *də Äischl, Äuschl*, Koseform zu Oswald: Gradl a. a. O., '*n* in *Nallesgrün* < *zum Allesgrün* < *s*. *Haidlosgr.* Gradl a. a. O. 687 S. 168.[2]) Umgekehrt wird auch wirklicher alter Anlaut des Substantivs (*m*) als Artikel gefaßt und losgetrennt: *Äuschwəds, Oschwitz*, früher *Moswics* (*zum Moschwitz*), *Etzelbach* < *Metzelbach, Matzelbach* b. Eger: Gradl MW 445.[3])

Ferner verschmilzt '*n* auch mit dem auslautenden *n* einer vorhergehenden Präposition (*oən, in* '*n Táich*[4]) an, in den oder dem Teich) und auch dieses *in* wird vor folgendem labialen und gutturalen Anlaut gleich dem einfachen *ən* assimiliert: *im Böch, iη Kellə* in den Bach, in den K. Nach *auf* wird '*n* (< *den* und *dem*) zu *m*: *âfn* > *âfm* (bei Baier 134 *ufm thurn*) und weiterhin > *âmm* > *âm*:[5]) *su Edl am Rein hengt sich einer selber ahm galgen* Baier 128 und heutzutage *âm* (< *auf den* und *auf dem*)[6]) *Tisch*. Diese Zusammenziehung findet sogar dann statt, wenn der folgende Artikel syntaktisch gar nicht zu *auf* gehört: *Döi hobm am* (< *af'm*) *Altn sa‾ Riadn neks gebm* Diese haben auf dem Alten sein Reden (= auf das Reden des Alten) nichts gegeben, es nicht beachtet: Lorenz S. 14: *âsn* < *aus dem* kann zu *d'n, dn* werden (letzteres ist niemals = nhd. *an*, eg. *oə*). *Vən,*[7]) *néwən, swischən* ist = *von, neben, swischen dem* oder *den*, da die einfache Präposition *və, néwə, swisch.ə* lautet; *əm* ist < *su dem* und *eu den*.[8])

Der Dativ Fem. *də* bleibt aber auch nach Präpositionen unverändert: *ə də*; *ər* ist unbekannt.

<hr>

[1]) In den Ortsnamen *Dràsch* = *Aog, Drəid* = *Od* ist der dativische Artikel des Fem. angewachsen < (*u*) *də r Àsch* (Gradl MW 506), (*in*) *də r Äid* (John Oberlohma S. 24). Nagl macbt in seinen DM I 360 auf *Troppau* < (*an*) *dr Oppə* aufmerksam.

[2]) Hieher gehört wabrscheinlich auch *Noïnə*, Nf. zu *Oïnə* Großvater, < mhd. *ane*, kaum < ahd. *ginanno*, kahländ. *Gruossmann*, obbess. *Gnenn* Crecelius 427, vgl. Schmeller I 1746 *Nin*, wegen des Stammvokals auch nicht mit ital. *nonno*, in den 7 und 13 comm. *nonno, nunno*, lus. *nono* (Schmeller Cimbr. WB 150 [212]. Zingerle 45) zu vermitteln.

[3]) Beide Erscheinungen in ähnlicher Weise altbayr. Schwäbl I 35. Vgl. noch eg. *Nəgl* lgl und *Jnt* Nest, *Estl* Nessel (*Ertl, Essel* auch lus. Zingerle 28) u. a., wobei natürlich überall ebensogut die Formen des unbestimmten Artikels in Betracht kommen können.

[4]) Vgl. Goethe Geschichte Gottfriedens v. B. I (W. 39, 8, 28) Georg: *Wie Ihr sie* (die Armbrust) *dem Reuter an Kopf wurft*: ebda. S. 11, 18 f. Martin: *Der Prior führt mich in Garten* u. ä. o.

[5]) Nöst. *âm* < *avn* Nagl Roanad S. 65 zu V. 66, oöst. (Dat. Akk.) *âf'n* (*Thurm*), *df'm* u. *im* (*Bo(d)n*), passau. *âfn, âfm*, gewöhnlicher *ä'm* Keinz Ergänz. S. 408 zu I 43: in der schles. Ma. von Grulich wird von *dm* (< *auf dem*) auch noch der Vokal unterdrückt: '*m Barchlə* auf dem Berglein: Langer Aus d. Adlergeb. I 191 Anm. 2.

[6]) Da *an dem* sonst durchwegs *oən* (vgl. oben) lautet, so ist *âm* vor dem Superl. (*âm mǐstn*) wohl nhd. Entlehnung. Nagl Roanad S. 115 zu V. 155 setzt für die gleiche nöst. Form *âm* (*maisdn*) *auf* (*auf dem m.*) an, was aber Lambel bezweifelt.

[7]) Es ist daher unwahrscheinlich, daß in der Nebenform *vəndi* (zu *vənäi*, vgl. das Adverb) ein Rest des Dat. *-m* enthalten ist.

[8]) *Zun* < *su den* auch in Grimms Hr. S. 390 (N. 115 v. 23. Nov. 1813 [richtig 1814]) Z. 12 f. v. u. *Bruns Beiträge zum Rechten des Mittelalters* (Jakob).

§ 459. Zu den Demonstrativen gehören ferner *selb*, *solch*, das aus mhd *sô gelîn* entstandene *séchts* oder *sétts*, und *so ein*.

Von *selb* werden außer der erstarrten Nominativform *sehes* [1] (=*ipse*, dann *ohne fremde Beihilfe* und in diesem Sinne *allein*,[2] vgl. § 425; *selbst*[3] (fehlt) in erster Linie Formen mit *ll* (< *lb*)[4] mit dem bestimmten Artikel verwendet: *ds, di, s sell*, Pl. *di selln*, D. A. Sg. und D. Pl. *ɔn selln* = jener jene jenes, jene, jenem jenen,[5] auch einfach = demonstr. *der*, z. B. *s sell wâ scho* das wäre schon wahr[6] (*idem* wird in der Regel durch *ds nämlč* gegeben),[7] seltener ohne Artikel, wie in dem Adverb *sellmàl*[8] oder *sáimàl* = damals (Gradl MW 401) und im Volkslied *Gott Voda, hilf uns àlln sa sölln* zu jenem[9] sc. dem Himmel HTV S. 41 N. 63 (Plan-Eger); dazu tritt eine Bildung auf -*ig*: *ds sehwich* (in ähnlicher Bedeutung wie *ds sell*),[10] das ebenfalls seltener ohne Artikel begegnet, so z. B. im Adverb *schweismàl* selbiges Mal[11] und im Volkslied *As schwinga Brünnla* Aus jenem Br. HTV S. 98 N. 13 (Eger).

---

[1] Unbekannt ist erstarrtes *selben*, bayr.-öst. *selm* Schmeller II 263 *a, c*. Cimbr. WB 168 [230]. Schwäbl § 72, 2. 3. Khull 592. Zingerle 50 *seb'm*, auch anderwärts, z. B. um Eichstätt Weber III.Z III 82, 494.

[2] Also nicht überhaupt = *allein* wie z, B. in dem DM V 404 mitgeteilten Schnadahüpfel aus dem Koburg. *ü Ạládlá wie ich, dos kann Sálber geschlöf'!* Umgekehrt ist Pernegg. *asan* allein = *selbst*: *i war aşan durt* Lessiak § 154 (der an den Einfluß des wind. *säm = selbst u. allein* denkt).

[3] Im Planer Pass. begegnet mehrmals die Erweiterung *selbsten* (*es* oder *ich s*., z. B. S. 53). Formen mit dem au *selber* oder *selbes* angetretenen *t* (Grimm Gr. IV 358 A.) zeigt z. B. das Gottscheew. *salborşt, saulbaşt*, cimbr. *selbert* Schroer WBG 203 [469]. Schmeller Cimbr. WB 168 [230].

[4] Diese Assimilation ist in Ober- und Mitteldeutschland verbreitet, vgl. Lexer Kärnt. WB 231, Weinhold Dial. 142 u. unten Anm. 10.

[5] Schon mhd. *der selbe* in ähnlicher Bedeutung als stärkeres anaphorisches Pronomen ohne Hervorhebung des Begriffes der Identität: Wunderlich Satzbau II 271 f. Ahd. ist *der selbo* usw. vor Substantiven häufig = *der soeben erwähnte, in Rede stehende* Braune Ahd. Gr. § 290; vgl. die sprichwörtliche Bedeutung von *derselbe* § 441, 1.

[6] Oöst. *Ja, dɔs se(i)* (< *sell* mit moulliertem *l*) *ist' schon wahr*; ähnlich in Ruhla Regel 98, 4; vgl. Anm. 10.

[7] Auch anderwärts, so bayr.-öst. Schmeller II 263 *b*. Schwäbl § 72, 2; Sonneberg. Schleicher 46.

[8] Steir. *selbmals* Khull 592. Henneberg. *sellemal* Spieß 233.

[9] In diesem Sinne in d. Sechsämtern bloßes *seller* und *dersell*, daneben *derselbe = idem* Wirth § 39, 3. 5.

[10] Die von Sprachlehrern so angefeindete Verwendung von *der-, die-, dasselbe = er, sie, es* oder *jener, -e, -es* hat in vielen Mundarten einen starken Rückhalt, denn *selb(ig)* mit dem Artikel ist auch bayr.-öst. Schmeller II 263 *b*. Schwäbl § 72, 2. Nagl Roanad S. 169 zu V. 204 *å sellás c*. Schöpf Tir. Id. 668. Schatz § 145. Lexer Kärnt. WB 231 (bezeugt den Artikel nur fürs M. F.; sollte aber Nent. *sell* nicht auch dort < *s sell* sein?). Lessiak § 154. Fischer II 156 B l 4. Zingerle 15. Schmeller Cimbr. WB 168 [230]; obersächs. vogtl. erzgeb. *tärzalz* Franke BII II 323, 9. henneberg. *seller* und *der sell* Spieß 52 und Heitr. zu einem henneb. Id. 233, in Ruhla außer *dás sáll*, wie es scheint, ohne Artikel: Regel 98, 4, vgl. Schleicher 46 (sagt über den Art. nichts); ausschließlich artikellose Form ist dagegen z. B. bezeugt für das Oberfränk. Franke n. a. O. Baselstädt. Binz § 88 S. 48, Altenburg. Weise § 101, 3.

[11] Auch oöst. *se(l)wigsmal*. Andere Adverbien fehlen, so das weitverbreitete *selt salt salte* = dort, damals < *selbt*, z. B. bayr. Schmeller II 263 f., *c*. Schwäbl § 72, 3, besonders und., so erzgeb. Göpfert S. 51. HLZ VI 30, schles. thüring. meißn. Weinhold Dial. 142. Schles. WB 70, vgl. Knothe WB 45. 457, altenburg. Weise § 30 Schl. 101, 3 Schl., obhess. Crecelius 783, handschuhsh. *sel* Lenz S. 42. Kappenan. Meisinger III.Z II 262 § 38 u. a.

Solch,[1]) im Sing. stets mit dem vereinzelenden Artikel verbunden, zeigt die Formen *ə sölchə* (Neubauer Id. 27, vgl. jedoch ebda. 112), gewöhnlicher *ə séchə* (mit Vokalisierung und Verflüchtigung des *l* wie in *wéchə < welchə*);[2]) die gleichbedeutenden Formen *ə séchtə* (Gradl MW 94. 517. Neubauer Id. 102) und *ə séttə* (so ausschließlich in den Sechsämt. Wirth § 39, 6) dürften besser auf mhd. *sô(ge)tân* zurückgeführt werden, das, seit der ahd. Zeit = *solich* verwendet (Graff V 314. Mhd. WB III 143ᵇ 5 ff.) Formen mit *cht* und *tt, t (sochtan, sutten)* entwickelt hat.[3]) Die in der Umgangsprache bisweilen auftauchende Form *solchene*[4]) ist wohl am einfachsten < *solch einer* zu setzen; da aber die letztere Verbindung in unserer Gegend mundartlich unerhört ist, so könnte sie hier auch aus mundartlichem *settene* unrichtig rückübertragen, durch Vermengung von *sôtân* und *solch*[5]) oder nach Analogie der Adjektiva auf *-ên (goldene, wollene* usw.) gebildet sein.

Über *so ein (suə r ə, əsuə r ə)* vgl. § 406.

§ 460. *Dieser* und *jener* sowie *derjenige* fehlen der echten Volksmundart;[6]) nur an der östlichen Grenze des Nordgauischen (in Jechnitz)

---

[1]) Fehlt henneb. (wird durch *so* ersetzt) Spieß 55.

[2]) Schröer Versuch 19 [269] deutet deutsch-ung. *biga, bicha* als *wé-iger,* wozu er ebda. S. 127 [377], 10 ein demonstr. *diger, diger* anführt (über letzteres S. 373 Anm. 3); vgl. Rappenau. *soutie* im Sinne von *solch* Meisinger IIILZ. II 263 ż 38.

[3]) Weniger geläufig sind mir die diesen *sô(ge)tân-er* näher stehenden Formen auf *-ener* wie bayr. *sôtener, sightener* Schmeller ż 764, schles.-nordböhm. *sittener, settener* Weinhold Dial. 142. Knothe WB 505, deutsch-ung. *settene* Schröer WB 97 [206], in den 7 und 13 comm. *sôtten, sötten* Schmeller Cimbr. WB 172 [234] *so,* wozu daselbst *bittan < wie getan* tritt ebda. S. 111 [173], vgl. Lumtzer II ż 172 *veĭr = wieĭâner.* Viele der genannten Mundarten besitzen aber auch die den egerl. entsprechenden Formen mit einfachem *ch, cht* und *tt* (diese drei Formen und dazu eine Form mit bloßem *l: solĭr sôĭ sol(ə)t* im Pernegg. Lessiak ż 154 S. 198). Mit Rücksicht auf das nicht umgelautete *steir. kărnt. woltən < wolgetân* (Khull 637. Lessiak a. a. O.) ist der Umlaut der *chĭ-* und *tt-*Formen vielleicht auf die Analogie des sinnesgleichen *sêch < solch < sôlich* zurückzuführen (Lessiak a. a. O. denkt geradezu an ein mhd. *sôlchgetân*); über Formen auf *-ig (sootie, soutie)* vgl. Lenz IILZ. IV 214 ż 33.

[4]) Auch im südböhm. Volksschauspiel *eine solchene Gelegenheit* Ammann VS II 6 Z. 33 u. öst. *solchene Knädeln* Herm. Bahr Der Franzl (1901) S. 46; Wien. *d solchene = meretrix.*

[5]) Schwäbl ż 72, 4 erklärt altbayr. *sôchənə' < sölch-einer* (ähnlich Schatz ż 145 das Imst. *sôtənər*), dagegen *sôtənə'* als Mischform aus *sôlch* u. *sogetân:* zu diesen Mischformen gehört wohl auch bayr. *sôltânî* Schmeller II 205 *so.*

[6]) *Dieser* (auch der Umgangsprache wenig geläufig; Wunderlich Umgangspr. S. 178) und *jener* fehlen gegenwärtig z. B. auch dem Bayr.-öst. Schmeller I 547. 1207. Schwäbl ż 72, 2. Schatz ż 145 (aber *derjenige* in Imst gebräuchlich). Lessiak ż 154 (bis auf * eshĭ < enhaĭp),* dem Henneberg. Spieß 52, Sonneberg. (mit Ausnahme von *giseß-(geß-)moul, gessən* damals, jenseit) Schleicher 46. 59, der Leibitzer Ma. Lumtzer II ż 166, der Rappenauer Ma. Meisinger III Z. II 262 ż 38; fast nicht gebräuchlich sind beide altenburg. Weise ż 101, 1. 2, desgleichen selten im Ruhla Regel 98, 4. *Dieser* fehlt z. B. dem Schles. Weinhold Dial. 141, ist aber gebräuchlich in Lus. Zingerle 15, in den 7 und 13 comm. Schmeller Cimbr. WB 54 [111], in der Kerenzer Ma. Winteler S. 186 ż 3 *a,* im Els. Martin-Lienhart I 408 *a,* im Obbess. Crecelius 270, in der nd. Soester Ma. Holthausen ż 401, in d. Ravensb. Ma. Jellinghaus ż 214, 2; *jener* besitzen (abgesehen von den oben angeführten Einzelbildungen im Imst. Pernegg. Sonneberg., dazu nordfränk. *gesten* jenseits Schmeller I 955) das Bern. Winteler a. a. O., vgl. Schweiz. Id. III 45, Els. Martin-Lienhart I 407ᵇ, Deutsch-Ung. Schröer Versuch 166 [416], 7. Nachtrag 34 [276], Gottscheew. (mit dem obd. seit ahd. Zeit belegten Abfall des *l* Braune Ahd. Gr. ż 289) Schröer WBG 78 [242], das Schles. Weinhold Dial.

ist das im Md. [1]) weit verbreitete *gendich* = jenen Tag bekannt : Gradl
MW 578 Schluß.

§ 461. Der Gebrauch des demonstrativen *der* [2]) ist demgemäß im
Egerländischen ein weit ausgedehnterer als in der Schriftsprache; es ver-
tritt sowohl *dieser* als *jener* und *derjenige*. Wo eine Unterscheidung
dieser Bedeutungen erforderlich ist, wird sie durch beigefügtes *dàu, durt*
gewonnen: *deə dàu, deə durt* von Gegenständen in sichtbarer Nähe
und Ferne,[3]) je nach Bedarf auch durch *hintn, vorn, druə(b)m, druntn*
usw. verdeutlicht: *deə dàu hintn* usw.; doch geschieht dies niemals für
die Verbindungen *dies und jenes* oder *dies und das* = *allerlei*, die in der
Mundart fast stets durch *àləlài, àləhànd* u. dgl. ersetzt werden (nur hie
und da kann man in gleichem Sinne *dös u s sell* hören). Auch *dieser
und jener* = *manche, einige* und als Glimpfwort für *Teufel* in *Hol mich
dieser und jener!* kann nicht durch *der u der* wiedergegeben werden; [4])
letzteres dient vielmehr als Ersatz eines bestimmten Personennamens [5])
(*I ho gsàgt i bin deə r u deə*, also = *NN*), *dös u düs* als Ersatz einer
bestimmten Aussage (*Dàu wiə r é hàlt sögn: Dös u düs is gscheəh*,
ähnlich auch *Suə r u suə*, (*ö5*) *deən u deən* gewöhnlich mit hinzuge-
setztem *Töch*, als Ersatz eines bestimmten Datums [6]) (*Dös wàə deən u
deən Töch*). Getrenntes *deə — deə* kann = *də r ài͞ — də r ànnə* ge-
braucht werden.

Der weist auf einen der Anschauung vorliegenden Gegenstand (vgl.
die Deutung der einzelnen Gesichtsteile im Kinderliede: *Dös is 's Àltà(r)*,
Dös san d'Löichta(r)la usw. HTV S. 379 N. 3 Plan, oder den Hinweis
auf die einzelnen Finger der Kinderhand: *Dea(r) is in Brunna g'fàlln,
Dea(r) hàut 'nan affizuag'n*[7]) usw. ebda. N. 8, vgl. ebda. S. 380 N. 10
Eger, ferner in Ausrufen wie *Dös rengt!* = Das ist ein starker Regen!)
oder auf eine bekannte Person oder Sache, an die der Redende wie der
Angeredete nach der Situation gerade denkt, die deshalb nicht näher
bezeichnet zu werden brauchen: *Wàə deə uidə dàu?* frage ich etwa,

---

141. Schles. WB 38, Nordböhm. Knothe WB 316, Osterl. Trebs HLZ IV 15 § 14; die
nd. Soester Mu. hat *jener* aus dem IId. entlehnt, besitzt aber echt nd. *cimtn* dort *cisvuit* jen-
seits Holtbausen § 404 Anm. 3; vgl. Jellinghaus a. a. O 3 und die fg. Anm.

[1]) So im Schles. Weinhold Schles. WB 38 *jenntag*, auch Nordböhm. Knothe Mar-
kersd. Mu. S. 59, der auch auf kurhess. *jentag* = vorgestern verweist, Erzgeb. Göpfert 43
gendook = vorgestern, in Ruhla *gendâk* vorgestern Regel 241.

[2]) Vgl. auch § 384.

[3]) Also wie im Osterl. *taar hii* und *taar salt* Trebs HLZ IV 16 a; Pernegg. außer ein-
fachem auch zwei- und dreifaches *-da: dàrdədə, dàstədədə* Leasiak § 154. Nie tritt *da* zum
rel. *der* oder zu *wer, was* (vgl. Erdmann Grundz. I § 100) wie heutzutage noch schles. *dà-
de, wà-de* (Knothe WB 155), altenburg. *der de, wo de* (Weise § 117), osterl. *taarte* Trebs a. a. O.

[4]) Sondern etwa durch *də r ài͞ u də r ànnə* (wie nhd.), *ə pàə* u. dgl. Im Fluche
wird *Teufel* oder eine seiner Glimpfformen gesetzt; verhüllendes *dàs* = Geschlechtsteile (wie
schwäb. *dəs* Fischer II 157 B II 2) kenne ich egerl. nicht.

[5]) Auch öst. fränk.-henneberg. Spieß 54.

[6]) Vgl. Goethes M. Br. II 135 *biß du schreibst den und den reiße ich ab, und hoffe
den und den bey ihr zu seyn.*

[7]) Beide Liedchen auch nöst. HTV S. 521, oöst., und dieser Gebrauch von *der* allgem.
bayr.-öst. (vgl. Germ. 24, 66 N. 6, 9, 10, 12) und wie das folgende *Das regnet!* weiter ver-
breitet, vgl. Weise § 102.

wenn ein Handlungsreisender am Vormittag ankündigte, er werde nach-
mittags nochmals kommen; ist das Verständnis dieser Hindeutung weniger
gesichert, so sage ich *Was des Ráisnds wids dàu?* War dieser R.
wieder hier? (vgl. § 384). Erfüllt aber ein Gegenstand das Bewußtsein derart,
daß jede Hinweisung überflüssig wird, so sage ich *Was r s dàu? Hàusts
kröigt?* War er hier? Hast du es, z. B. das Geld, erhalten?; [1]) natürlich
kann das Demonstrativ sich auch auf einen kurz vorher genannten Ge-
genstand beziehen, so besonders häufig in der Antwort auf eine Wort-
frage: *Wàu is snn ds Vöds?* — *Des r is in Stöl*, ebenso in emphati-
scher Bedeutung in Ausrufen: *Is döi ows grennt!* Ist die aber gerannt! [2])

Über die unmittelbare Wiederaufnahme von der Form *Ds Vöds,
des . . .* § 462, 3. Es bezieht sich auch auf einen ganzen vorhergehenden
Satz (wie schriftd.); hieher gehören auch die Formeln *Dös scho* (> *Dösch-
scho)!* in fallender Betonung = *Das allerdings!* wie in der nhd. Schrift-
sprache, in steigender Betonung eine fröhliche oder stolze, selbstgefällige
Bejahung, etwa = *Das will ich meinen!* Ähnlich *Dös nist!*; ferner das ver-
bessernde *hàißt dös* oder *dös hàißt*, formell = *das heißt*, dem Sinne nach
aber = *oder vielmehr; und dös = und zwar* (wie *et is* und *xai oῦτος*, bes.
xai raῦτα), vgl. *sünst schreibat a r as mid'n Steckn am Bugl affi u dös
fei‾ deutli u asföiali* Lorenz S. 23. Sehr häufig tritt demonstr. *der* oder
und der an die Stelle eines Relativs; noch häufiger vertritt *und das*
ein auf den ganzen Satz bezügliches *wos*, vgl. § 70. Über die Beziehung
von *das* auf einen vorausgehenden *daß*-Satz vgl. § 106. Erweitert, aber
kaum verstärkt wird das auf einen Satz bezügliche *das* durch *Ding*,[3])
z. B. *Dös Ding* (daß alle Männer an mir vorübergehen) *thout mi ärgern*
HTV S. 207 N. 191 (Egerland).

Es bezieht sich aber auch auf einen nachfolgenden Begriff, be-
sonders auf einen solchen, der durch einen folgenden Relativsatz erläu-
tert wird: *des wos* = derjenige welcher, vgl. § 73. Zum vorbereiten-
den Hinweis auf einen folgenden Satz, namentlich auf einen Subjekt-
oder Objektsatz in abhängiger oder unabhängiger Form (bezüglich der
daß-Sätze vgl. § 106) dient ausschließlich *das* (oder *es*), nicht ein prädi-
kativ gebrauchtes *der, die* (*Der Fall ist der, Die Sache ist die*). Über
den attributiven Gebrauch des Demonstrativs vgl. § 384.

§ 462. Abschwächungen der demonstrativen Bedeutung.

1. Wenn das demonstrative *der* in der Volksmundart an Stellen
gesetzt wird, in denen unser nhd. Sprachgefühl ein anaphorisches *er*
vollkommen ausreichend findet, so macht ein solcher Gebrauch auf den
schriftsprachlich Denkenden nicht so sehr den Eindruck einer kräftigeren
Hinweisung als vielmehr den einer Entwertung des Demonstrativs; so
hat letzteres die vollen obliquen Kasusformen von *er, sie, es* (sowohl die
alleinstehenden, als auch, soweit nicht Zusammensetzungen mit *dar*-
vorgezogen werden, die mit Präpositionen verbundenen) überall dort

[1]) Ähnlich öst. osterl. Treba III.Z IV 17 f uud wohl allgemein (auch nicht bloß ma.).
[2]) Beides auch öst., in Antworten auch altenburg. Weise § 102.
[3]) Auch im Oöst. (z. B. Stelzhamer Ma. D. I 103 N. 51, 5 ff), das auch die anderen
im letzten Absatz erwähnten Formeln kennt.

verdrängt, wo sie auf Sachen deuten; denn *seiner, ihm, ihn, ihr, ihnen*
usw. werden in der Mundart regelmäßig nur auf Personen bezogen, haben
aber auch auf diesem Gebiete das Feld nicht durchwegs gegen das vor-
dringende Demonstrativ behauptet.[1]) Die Nominative der vollen sowie
die sämmtlichen Kasus der enklitischen Formen von *er* können eben-
sowohl auf Personen als auf Sachen bezogen werden. Man sagt dem-
gemäß zwar z. B. mit Beziehung auf *Käse, Milch*: *Eə, si is frisch* und
Iss nən, Trink sʼ, aber nicht *I gi də wos və r in, və r ir* Ich gebe dir
etwas von ihm, ihr, sc. dem Käse, der Milch, sondern nur *I gi də wos*
dəvoʒ oder *və deən, və derə* und ebenso nicht *əf inən* (den Wagen),
sondern nur *drəf* oder *əf deənən* usw.

2. Auf dem Wege zu einer bloß anaphorischen Bedeutung ist jenes
das, welches sich auf ein *wer, was* eines substantivischen Relativsatzes
bezieht, aber ohne Sinneseinbuße auch wegbleiben kann: *Weə owə niət*
kummə r is, dös waə də Michl = Michl kam nicht.[2]) Auch in den
übrigen korrelativen Fügungen *wer — der, was — das* (§ 77) werden
die Demonstrativa nicht als unentbehrliche deiktische Elemente gefühlt.

3. Die anaphorische Bedeutung tritt auch bei der bis ins Althoch-
deutsche zurückreichenden [3]) bloßen Wiederaufnahme eines den Satz
eröffnenden Gliedes durch folgendes nicht gegensätzlich betontes *der, die,*
das [4]) (oder durch adverb. *da*, vgl. § 505 Schl.) in den Vordergrund,
und zwar werden Substantiva durch das im Genus, Numerus und Kasus
übereingestimmte Demonstrativ *(Də Lèrə, deə hàut gsàgt)* oder durch *das*
(Də Lèrə, dös is ə brəfə Moʒ), andere Satzglieder nur durch *das* aufge-
nommen [5]) (A. *Eə hàut àlso sđ˜ Tràid gout vəkäfft?* B. *Gout, dös wüɿl*
é grod niət sogn Gut will ich gerade nicht sagen). Besonders häufig ist
die Wiederaufnahme nach dazwischengeschobenem Relativsatz, vgl. das
Beispiel aus Lorenz § 77 S. 56. Nach dem Substantiv, das mit steigen-
dem musikalischen Ton gesprochen wird, schiebt sich in der Regel eine
kleine Satztaktpause ein; falls diese Betonung und die Pause stärker
hervortreten, gewinnt das Substantiv die Bedeutung eines Satzwortes: *Der*
Lehrer? = *Vom Lehrer ist die Rede?* oder: *Was den Lehrer betrifft, so . . .*[6])

4. Beinahe zum Artikel scheint *der* herabgedrückt, wenn es ein
Substantiv vertritt, das ein Präpositionalattribut bei sich hat: *Wèchərə*
Zuch kinnt öitsə, deə və Màrəbŏd odə deə və Tàuchn? Welcher Zug

---

[1]) Das Demonstrativ ist auch in der Umgangsprache auf Kosten des schwächeren
anaph. Pronomens *er* vorgedrungen: Wunderlich Umgangspr. S. 176. Über *der* = *er* vgl.
noch ders. Satzbau II 253, 250 ff.; für die Maa. Schröer Versuch 94 [344], 24. 34 [284].

[2]) Auch öst., das auch im Gebrauch von *davon* und *von dem* usw. (unter 1) über-
einstimmt.

[3]) Vgl. Erdmann-Mensing II § 59. Weise § 103 Anm. 3 (mit Literaturangaben über
diese Erscheinung auch in der altrömischen Umgangsprache u. in anderen Sprachen).

[4]) Im Plattd. besonders gerne mit *und der* DM II 395, 2. Über die Aufnahme durch
er vgl. § 452.

[5]) Alles auch ost. Schwäbl § 73 bringt nur Beispiele für das übereingestimmte Dem.

[6]) Diese Pause kann auch den Zweck haben, für die Gedankenentwicklung Zeit zu
gewinnen: Weise § 103.

kommt jetzt, der von Marienbad oder der von Tachau? ¹) (§ 491). Das genitivische Attribut (*unser Haus und das des Nachbars*) kommt wegen der regelmäßigen Voranstellung des Genitivs (vgl. § 367—373) in der Mundart nicht in Betracht.

§ 463. Kasus. Was den Nominativ betrifft, so ist die Übereinstimmung eines an Subjektstelle stehenden Demonstrativs mit einem substantivischen Prädikate der Mundart durchaus geläufig : *Deʒ* oder *Deʒ dáu* (neben *Dös, Dös dàu) is dʒ Toné.* Der Dativ in der Wendung *Dem ist (nicht) so,* im Planer Pass. noch festgehalten (z. B. S. 63 Anm. 1 *Ists nicht dem also, redts weiter!*), ist gegenwärtig nicht mehr möglich,²) dafur *Dös is (niʒt) ʒsuʒ.* An den Präpositionalverbindungen mit dem Neutrum (*vʒ deʒn, ʒʒ deʒn, bʒ deʒn, durch dös* usw., von, zu, bei dem, durch das) hält die Mundart wegen der proklitischen Abschwächung von *dar-* in *davon, dazu (dʒvoʒ̄, dʒʒou)* u. s. f. überall gerne, regelmäßig aber dann fest, wenn *dar-* stark betont werden müßte ³) (*davon, dazu*). *Nàu deʒn* wird nie als Konjunktion (= *nachdem* § 83 Schluß) gebraucht, ebensowenig *dʒmit* (§ 88). Über finales *ʒʒ deʒn, dáʒsʒ* ebda., über *trotʒdeʒn* § 50 S. 34.

Über die Verbindung des bestimmten Artikels mit dem Substantiv vgl. § 386—399, über den Gebrauch von *selb* und *solch* § 384.

§ 464. e. Die Possessiva⁴) sind *mdˉ, ddˉ, sdˉ* (reflexiv und anaphorisch),⁵) *unnʒ, enkʒ* (vom Dual *enk* gebildet, aber mit pluralischer Bedeutung), *irʒ* (= ihrer): über *Ihner, Ihmiger* vgl. § 454 S. 416. Die Formen von *mdˉ* (und analog von *ddˉ, sdˉ*) lauten

	M.	N.	F.
Sing. N.		*mdˉ* ⁶)	
G.	*mdins*		*mdinʒ*
D.	*mdin*		*mdinʒ*
A.	*mdin*	*mdˉ*	
Plur. N. A.		*mdiˉ*	
G.		(*mdinʒ*)	
D.		*mdin*	

---

¹) Auch öst.

²) Auch öst. nicht; vgl. jedoch z. B. die Breslauische Redensart *l, 's is nich dʒm a sú* DM III 415 N. 576.

³) Ebenso öst.

⁴) Stets in voller Form. Das Handschuhsh. hat für den attrib. Gebrauch geschwächte Formen *ma, ta* Lenz S. 29, 4. 48.

⁵) Das Mainz. unterscheidet refl. *sein* und anaph. *dem sein* Reis II § 26.

⁶) Die Schlaggenwalder md. Sprachinsel hat *meiˉ, deiˉ, seiˉ* J. Hahn Erzgeb. Ztg. XX 40 f.

Die Formen von *unnə* [1] (und entsprechend von *enkə, irə*) sind

	M.	N.	F.
Sing. N.		*unnə*	
G.	*unnəs*		*unnrə*
D.	*unnən*		*unnrə*
A.	*unnəu*		*unnə*
Plur. N. A.		*unnə*	
G.		(*unnrə*)	
D.		*unnən*	

In der Verbindung mit -*wegen*, -*halben* (mhd. *von minen wegen*) lautet der Dat. Pl. auf *t* (*máintwégn, máinthàl'b'm, unnəthàl'b'm*) oder *st* (*máinstwégn*, die anderen Formen sind weniger üblich).

§ 465.   Die starke Flexion (Sg.: M. F. *máinə* N. *máins*, Pl.: *mai˜*) erscheint in Wendungen wie *Dəs Hout is mdinə, I ho máins* Ich habe Meines (neben *I ho s Mái˜* das Meine § 299 S. 268); *der, das meinige* usw. ist hier in der echten Mundart ungebräuchlich; [2] eher hört man in der Stadt den Plural *di máining, di unsring*, letzteres schon der Form nach keine echt mundartliche Bildung.

Die schwache Flexion nach dem Artikel, Sg. *də, di, s mái˜*, Pl. *di máin*) wird wie in der nhd. Schriftsprache auch prädikativ verwendet.

§ 466.   Als Prädikat dient

1. die unflektierte Form: *s Háus is mə́˜* (schon minder häufig *də́˜*, *sə́˜, unnə, enkə*, gar nicht *irə*);

2. die starke Form: *Dös Háus is máins, dáins* usw.;

3. die schwache Form mit dem Artikel: *Dös Háus is s mái˜, s dái˜*.[3] In den beiden letzten Formen liegt der Nachdruck auf dem Besitzer (= *Ich bin der Besitzer des Hauses, nicht du*), die erste betont emphatisch den Anspruch auf den Besitz (= *Auf das Eigentum des Hauses mache ich Anspruch* oder *Das Haus halte ich kraft meines Rechtes als Besitz fest* oder *es muß in meinen Besitz übergehen*; die alte Verbindung mit *eigen*, z. B. *Dös Háus is mə́˜ áigns*, betont das Besitzverhältnis gegenüber anderen Verhältnissen, z. B. dem der bloßen Nutznießung u. dgl.). Mit der unflektierten Form *mein* verbindet sich auch *gehören*, [4] und

---

[1] Also ohne Umlaut wie obpfälz., gegenüber bayr. und z. T. öst. *inəu*, untersteir. *unner* Weinhold Bayr. Gr. § 362. Lessiak § 151.

[2] Ebenso altenburg. Weise § 93 S. 65 : dagegen dem Bayr.-Öst. durchaus geläufig, vgl. S. 365 Anm. 6.

[3] Unbekannt ist die schwache Form ohne Artikel (wie altenburg. *der Hut ist meine* Weise § 93, auch schles., vgl. das Breslauische Sprichwort *as wenn s nich seine wär* DM III 247 N. 196).

[4] Diese Verbindung, in Nord- und Süddeutschland sowie in der Umgangssprache verbreitet und selbst bei Goethe und Schiller nachgewiesen (Andresen Sprachgebr. S. 258), wird

zwar ungefähr in demselben Sinne wie *sein*: *Dös Göld ghäiət öitəs mā̃ᵇ*, *dā̃ᵇ*, *sā̃ᵇ* neben *miə*, *diə*, *in*, aber nur *uns*, *enk*, *inən*, kaum *unnə*, *enkə*,[1] *irə*.

§ 467. Der attributive Gebrauch des Possessivs wurde im allgemeinen schon § 383 (über die Verbindung *Zeige deinen Mann = Zeige dich als Mann* vgl. § 250), die Unterstützung des Possessivs durch den Dativ § 258 behandelt.

§ 468. *Sein* verträgt als reflexives Possessiv in altertümlicher Weise (Grimm Gr. IV 340 f.) die Beziehung auf den Plural aller Geschlechter:[2] *Die Juden vollenden sein* (= ihr) *Gebet* Planer Pass. S. 107; *D' haling drei Köni mit seinen Stea(r)n* IITV S. 48 N. 69 *b* (Plan): *Dàu steckn Bauan s'sàmm sei(n) Köpf* ebda. S. 68 N. 102 (Westböhmen). Doch ist hier das Pronomen *ihr* ebenso gebräuchlich, bei der Beziehung auf ein Femininum im Singular aber sogar die Regel: *Si söigt irə schänsts Klàəd oṣ*. Eine Beziehung des Possessivs *sein* auf die 1. oder 2. Person ist unstatthaft, erstarrte Formeln wie *sdi⁻ Töch*, *sáletlə* sein Tag, sein Lebtag (vgl. § 495 *β*. 526) etwa ausgenommen; *seiner Zeit* ist der Mundart überhaupt fremd. Das anaphorische *sein* ist in der Mundart weit häufiger als im Schriftdeutschen, weil es auch die Stelle des ungebräuchlichen *dessen* und Pl. *deren* einnimmt.

II. Zählende Pronomina.

a) Kardinalzahlen.

§ 469. Das Pronominaladjektiv *ein* tritt als reiner Zahlbegriff = *unus* vor den Nominativ der Substantiva (wie regelmäßig im Ahd. Braune Ahd. Gr. § 270 *a* 1) in der unflektierten Form u. zw. nicht nur im Mask. und Neutr., sondern auch im Fem.: *aᵗ < ein*.[3]

vielfach ans dem got. und ahd. Genitiv des Personalpronomens bei *hören* abgeleitet: Schmeller ? 720. Grimm IV 661, vgl. DWB IV 1, 2, 2508 e. Mit Rücksicht darauf, daß bei *hören* schon im Mhd. nur noch der Dativ, Akkusativ der Person (oder *von*), bei *hören* gehören *an*, *in*, *nàch*, *üf*, *vür*, *wider*, *suo*, *se* steht (Lexer I 1339 f.), ist *das gehurt mein* wahrscheinlich doch besser mit Paul Prinz. S. 133 (vgl. Weinhold Dial. S. 140) als Kontamination ans *Das gehört mir* und *Das ist mein* zu fassen. Beachtenswert ist, daß nur *gehören = Eigentum sein*, nicht = *gebühren*, *gesiemen* mit *mein* usw. verbunden wird, vgl. *Si gilt'n sa̅⁻ Tál . . .. wöi'n sie 'n g'hāiat hobm* Sie gibt ihm seine Titel (Schimpfnamen), wie sie ihm gebuhrten.
[1] Hingegen öst. *si ghen* (gehören) *ämüll aingā* Nagl Rosnad S. 415 f. zu V. 415 *aingā*: in Rappenau *unsor khççrə* Meisinger III.Z. II 259 ? 32.
[2] Ostlech. auch auf das Fem., an der Nab außerdem auf den Plur. Schmeller ? 742. BW II 290, hier auch bereits ein oöst. Beispiel ans Stelzhamer, jetzt Ma. D. I 103 N. 51, 39, vgl. Purschka I 8 (7 f.) *der Brief is von sein' Suhn . . . Da Ndtu hat ihr gschriebn mehr* (wieder) . . . *It ek schan sein Suhn.* Weinhold Bayr. Gr. ? 362. Schwäbl ? 71, 1: möglich sind beide Beziehungen auch schles. Weinhold Dial. 130.
[3] Nur in einsilbigen Wörtern wird nämlich im Egerl. alles *ei* vor Nasalen zu *ā̃⁻* (in Plan noch etwas dumpfer *oi*) Gradl MW 212, in flektierten und mehrsilbigen Formen dagegen zu *ai*: *àinə < ahd. einiu*, auch schwach *ài⁻ < ahd. eino, eina*; auch die anderen Formen (*àinə* usw., ähnlich *mдinə* usw.) werden wie die entsprechenden schriftdeutschen etwas nasaliert gesprochen.

	M.	N.	F.
Sing. N.		àʒ	
G.	àïˉs		àinʒ
D.	àïˉn		àinʒ
A.	àin		àʒ

Der Plural fehlt.

Der Genitiv ist nur in Zusammensetzungen wie àïˉstàls (§ 49 S. 31), àinʒlài (§ 374 S. 340) erhalten. Vielleicht gehört auch ʒlàïˉds < alleinst (?) < al eines-t = allein hicher (Gradl MW 667 c); einfaches einst = mhd. eines, eins fehlt.

§ 470. Die starken Formen des Zahlbegriffes ein lauten im Nom. M. F. àinʒ, Neutr. àïˉs,[2] Pl. àïˉ (meist Nom. Akk. und nur = einige; [3] sie stehen wie in der nhd. Schriftsprache entweder allein (ʒs is neʒ àinʒ dàu es ist nur einer, z. B. ein Löffel, hier) oder wie andere Adjektiva (§ 423, 2 a) nach dem Demonstrativum der, meist ohne Substantiv: deʒ, döi àinʒ, dös àïˉs = dieser, diese, dieses eine oder einzige; [4] vor Substantiven überwiegt nach dem Demonstrativ und noch mehr nach dem Possessiv einzig: deʒ oder màˉ (b)àïˉsichʒ[5]) Ruʒk.

Die artikellose schwache Form (ahd. eino, eina, mhd. eine = allein ist nicht mehr im Gebrauch; mit dem bestimmten Artikel aber hat sie nicht die Bedeutung des bloßen Zahlwortes (dʒ àïˉ .Moʒ ist nicht = der eine, einzige Mann, der Mann allein), sondern nur die des Korrelates zu ander.

§ 471. Von den Bedeutungen ist ein = allein eben nur in der Verbindung allein (eg. ʒlàïˉds § 469 Schl.) erhalten: geläufig sind dagegen der Mundart die Bedeutungen ein = ohne Unterbrechung (in àin Àfwàschn § 382), e. = derselbe (attributiv Dös is àʒ Ding ebda., prädikativ nur im Neutrum Dös is àlʒ)s àïˉs),[6] endlich e. als Korrelativ zu ander (= alter—alter, alius—alius).[7] Ausschließlich auf die letztere Bedeu-

---

[1] St > eg. ts, dʒ wie in Plan. Fentʒʒ, fintʒʒ, Solumetʒn (Salzueste), vgl. Gradl MW 667 c; elàˉïˉʒ (neben elàˉïˉʒ) auch in d. Sechsäml. Wirth § 32, 5.

[2] Über eins = ein Mensch § 299 S. 269.

[3] Aʒ = einige auch bayr.-ost. Schmeller I 87 ff. Nagl Roanad S. 163 zu V. 109 ʒaïˉ, vgl. Schöpf Tir. Id. 8 àin.

[4] Nach dem nicht mit einem Substantiv verbundenen Possessiv mʒin sind die starken Formen einʒr (M.), eine (F.) = einziger, einzige der Ma. so wenig geläufig wie der nhd. Schriftsprache; aber auch das Neutr. (mʒin eins und alleʒ) klingt mir nicht volkstümlich: ich hörte nur Deʒ is mˉïˉ (oder ʒïˉ) àlʒ.

[5] Nl. bàïˉsich Neubauer Id. 38 f., vgl. den mhd. adverbialen Dat. bi einʒigen > beinʒigen Lexer I 532. Schmeller I 89, Khull 63, 197. Übrigens ist einzig auch ohne Substantiv ebenso häufig wie in der nhd. Schriftsprache.

[6] Auch öst. Schon in älteren eg. Quellen mit flektiertem al, 1. B. Elboguer Chron. S. 118 Z. 2 her! wen ir bed erslagen wert worden, wer (wäre) als eins, gegenüber mhd. al ein = ganz gleich, vgl. Sommers Anm. zu Flore 2806, Lambel zu Volmars Steinbuch 670; auch handschuhsb. àlʒans Lenz Nachtrag S. 2.

[7] Für der andere tritt in der Ra. Da ist der eine wie der andere auch indef. dʒ weichʒ (§ 482) ein; seltener ist dʒ r àïˉ selbst der andere; so ist doppeltes di àin — di àin wiʒʒ = die einen — die anderen zwar an der Spitze zweier Sätze zulässig (so auch oöst., z. B.

tung beschränkt ist die schwache Form mit dem bestimmten Artikel
(§ 470 Schl.), doch kann auch die starke Form, besonders ohne Artikel
àinə — *ə r ànnərə*) gelegentlich aber auch *àinə* mit dem Demon-
strativ (*U souch ma(r) an Strumpf zu dean àin* Und suche mir einen
'anderen` Strumpf zu diesem einen [den ich noch habe] HTV S. 347
N. 707 Plan, Tachau, Budweis; die 1. Str. auch oöst.) und dem Possessiv
'mǟ àinə — *m. ànnərə*) den korrelativen Sinn erhalten.

§ 472. Über die Verwendung von *ein* — *ander* (und *einander*)[1])
als reziprokes Pronomen vgl. § 457. *Einander* (*ənànnə* oder *ənànə*) er-
scheint am häufigsten in Verbindung mit den Präpositionen *auf, aus, bei,
für, hinter, in, mit,*[2]) *neben, unter, über, von, zwischen,* seltener *vor,* kaum
jemals *wegen.*

Diese Verbindungen von *einander* können wie in der Umgang-
sprache und z. B. in der nhd. Schriftsprache auch von einem einzigen
Gegenstand ausgesagt werden, indem sie die Trennung seiner Teile aus-
drücken (*k* [< *d*] *Kistn is ásənànə* oder *vərənànə*)[3]) oder das vollzählige
Beisammensein der erforderlichen Teile (z. B. der Kleidung: *Deə r is öitzə
wïdə schäï̄ bərənànə* = gut gekleidet, die Geisteskräfte: *Deə r is niət reət
bərənànə* = nicht recht zurechnungsfähig) oder die Aufeinanderfolge der
Teile (*Dös gäiht nàuchənànə* Das geht nacheinander = schnell, auch als
Befehl: *Nàuchənànə!* = Flink!), auch die Unordnung zeitlicher oder räum-
licher Teile (*Dös wàə untərənànə;* über das substantivierte *Untərənànə*
S. 279 Anm. 2). Verbindungen mit einfachem neutralen *ein* = einander
(mhd. *bî ein* = bei einander, *in ein, enein, über ein*[4]) u. dgl.) fehlen.[5])

§ 473. Die proklitischen stark abgeschliffenen Formen des zählen-
den und indefiniten *ein* dienen als sogenannter unbestimmter Artikel.

Stelzhamer *D'Äïnt* 1415 f. Ma. D. II 154. Kaltenbrunner A. D. S. 88), nicht aber in dem-
selben Satze wie z. B. in der Fügung *einer* (*mit*) *dem einen* = *einer* (*mit*) *dem andern* wie
oöst. *Und 's Vögerl und 's Bächerl Oans mit den Oan'n plauscht* Stelzhamer Ma. D. I 112
N. 54, 9 f.; *Koans hat olls, koans kann olls und oans braucht dət oan* ebda. II 231 N.
40, 35 f.; desgleichen ist einzelnes *der eine* = *der andere* (wie bayr. *Dî aï̄'n tân' schō'
furt* Die andern sind schon fort: Schmeller I 88, oöst. *Ja, wia wïr denn dər müglî?
Sagn wieda dö oan'* = die anderen: Kaltenbrunner A. D. S. 89) dem Egerl. ebenso fremd
wie die bayr. Sonderbedeutungen von *dər aï̄, dîə aï̄* (Schmeller a. a. O.). Über *der eine
= der andere* vgl. auch Nagl Roanad S. 311 zu V. 342 *dâr ōū̄.* Daher entspricht auch
der nöst. Bezeichnung *di ōū̄ wóuchä* = *die vorverflossene oder übernächste Wocke* (Nagl ebda.
S. 312, vgl. Schmeller I 88, im Trauntal neben *də andá W.* = die nächste Woche) im Egerl.
äf di ànnə Wochn = auf die Übernächste Woche (im Gegensatz zu *äf d'Wochn* = nächste
Woche); die vorverflossene W. wird nur durch *vɔə virə Tōgn* bezeichnet.
   [1]) Nicht mehr mit Flexion von *ander* wie noch im Eg. Fronl. 1801 *zu ein andern.*
   [2]) *Mit-ənànə* dient häufig als Verstärkung von *alle* (wie öst.), ist aber auch allein
ungefähr = *alle:* *Grüß Gott mit mànə!* Öst. *Grüss G. beinand!* Schwäb. *Guten Abend bei
einander* (oder *zusammen*)! Fischer I 807. Sonneberg. *tannàcht* (< gute N.) *bəzàmm*
Schleicher 65.
   [3]) Nicht *ab einander* wie baselstädt. *der stïl isch ab enander* Binz § 95; els. Martin-
Lienhart I 49 b.
   [4]) *Überein* begegnet im Volkslied: *In Hea(r)ts u Sinn stïmmt 's üwaràï(n)* HTV
S. 215 N. 206 a (Plan-Eger).
   [5]) Ebenso im Öst., das von den angeführten Verbindungen *auseinander* (wie bayr.
auch = *verrückt* Schmeller I 158), *bei-, nach-, unter-einander,* dazu wie eg. *über-, für-,
ein.* besitzt.

<table>
<tr><td></td><td>M.</td><td>N.</td><td>F.</td></tr>
<tr><td>N.</td><td></td><td>ɔ</td><td></td></tr>
<tr><td>D.</td><td></td><td>ɔn, (ɔ)rɔn</td><td>ɔ, (ɔ)rɔ</td></tr>
<tr><td>A.</td><td>ɔn, (ɔ)rɔn</td><td></td><td>ɔ, (ɔ)rɔ</td></tr>
</table>

Das Egerländische hat somit die *n*-Form im Gegensatz zu anderen Mundarten auch im Femininum eingebüßt.[1]

Der Genitiv fehlt. Die Dativendung -*m* des M. N. ist auch hier zu -*n* geworden.[2]) Die *r*-Formen *(ɔ)rɔn, (ɔ)rɔ* (die Schneider *setzten sich af eren papieren Karrn* und *da saffen sie as eren Fingerhut* HTV S. 240 N. 248 *b* Eger. *In rɔ Háus. Áf ɔrɔ Wisn* = *auf eine* und *auf einer Wiese,* neben seltenerem einfachen *áf ɔn Kárrn, in ɔ Háus, áf ɔ Wisn*) sind ausschließlich nach Präpositionen gebräuchlich und darum wohl rein phonetisch aus dem angetretenen Gleitlaut *r*[3]) entstanden: *hintɔ r ɔn* > *hintɔrɔn* < *hinter einem* oder *einen* (zum Unterschied von den Formen des bestimmten Artikels *hintɔ 'n* < *hinter dem* oder *den*), wornach auch *áf rɔn, in rɔn* usw. und mit neu entwickeltem Svarabhakti-Vokal *áf (ás, in, üm) ɔrɔn* gebildet wurden, vielleicht unter Vorschubleistung des gleichlautenden *hintɔ r ɔn, nέwɔ r ɔn, iέwɔ r ɔn* usw. von *hintɔ, nέwɔ, iέwɔ*.[4]) Auf demselben Wege wurden aus *mit-ɔn-ànnɔ, áf-ɔn-ànnɔ* u. a. < *miteinander, aufeinander* die Nebenformen *mitɔrɔnànnɔ, áfɔrɔnànnɔ* usw.; auch hier ist die Form-*ɔrɔnànnɔ* auf die Präpositionalverbindung beschränkt.

Die Proklise des unbestimmten Artikels führt (wie beim bestimmten § 458 S. 421) hie und da zur Verwachsung mit dem Substantiv, wobei es im einzelnen Falle freilich schwer ist zu entscheiden, ob der vorgesetzte *n*-Laut vom unbestimmten oder vom Akkusativ des bestimmten Artikels (*ɔn*) herrührt:[5]) *Nigl* < Igel, *Nàu(d)n* < Atem, *Nōst* < Ast Gradl MW 424. 577; über *nöllɔrɔ* § 408. Die falsche Abtrennung des als

---

[1]) Das Erzgeb. unterscheidet den Nom. M. N. vom F. sowohl beim Zahlwort (M. N. *i*, F. *ɛn*) als auch beim Artikel (*o, ɔn*): C Franke BM II 323, 6; das Schles. behält im Fem. die volle Artikelform *annɛ* Weinhold Dial. S. 23, 3, ebenso der Brüxer Dial. Haosenblas S. 19 *dnɔ flunî moxn*; der Ruhlaer *ɔf ɔnner dann* (neben *mit ɔ̈r ganz*) Regel 92, 2, 1, auch schweiz. Maa. haben nach Präp. im Akk. Fem. -*ɛnɛ*, A. Neutr. -*ɛnɛɛ* (sonst *ɛɛ, nɛɛ*) Schweiz. Id. I 272 III, vgl. Winteler Kereuzer Ma. S. 188 § 4 (ahd. seltenes *einaɛ* als Art. Braune Ahd. Gr. § 270 *a* Anm. 1).

[2]) Das Schles. hingegen unterscheidet *am* < *einem* und *an* < *einen* Weinhold Dial. S. 23, 3.

[3]) *r* (Zungenlaut) ist im Egerl. überhaupt der regelmäßige Gleitlaut, vgl. S. 361 Anm. 4, 1.

[4]) Selbst an älteres *inner, üzer* (als Präp.) könnte man vielleicht noch denken. Auch Nagl Koanad S. 100 zu V. 122 *midánaúnà* erklärt in nöst. (auch oöst.) *inà r-ǟn haús das r* als Hiatustrenner, weicht aber sowohl hier als S. 199 *zu* V. 233 *öll midánaúnà* (vgl. S. 327 zu V. 351 *midánaúnà*) im übrigen von der oben gegebenen Erklärung etwas ab. Schatz (§ 130, 4 S. 149) erklärt die dem Egerl. fehlenden analogen *n*-Formen des Imster Dialektes (*noiwɔ-n-ɔn* > *noiwɔ-nɔn* ebenfalls rein phonetisch und die einzige *r*-Form (Dat. *ɔrɔ* < einer) als Analogiebildung zu *ɔnɔ*. Schmellers Auffassung (§ 635 S. 143, vgl. § 609) von bayr. *ɔ̈*(< *ɛin*)-*r*(hiatusfüllend)-*ɔn*(Flexion), Schwäbls Erklärung (§ 54 II 1), der in *anɔn*, *arɔn* stammhaftes *n* sieht, das mit *r* wechselt, wie Gradls Annahme (a. a. O.) von Doppelformen *einein* > *enen, ɔnɔn* > *ɔrɔn* scheinen mir die Beschränkung dieser Formen auf die Präpositionalverbindung völlig unerklärt zu lassen.

[5]) Vgl. Schmeller § 610 (einzelnes auch oöst.), Lessiak § 34.

Artikel gefaßten Anlautes begegnet auch hier in *Jost* < Nest, *Auton* < Natter (vgl. Gradl MW 445).[1] Über die Verbindung des unbestimmten Artikels mit dem Substantiv vgl. § 400—408.

§ 474. *Zwei* und *drei* zeigen im Nom. Akk. außerhalb der Zusammensetzung [2] die regelrechten Entsprechungen der alten Geschlechtsformen, die in der echten Volksmundart auch noch überall im Gebrauche richtig auseinandergehalten werden.[3]

	M.	N.	F.	M. F.		N.
N. A.	*zwäi⁻*	*zwà⸱*	*zwou*	*drái*		*drá* (< *dreu* < *driu*)
G.		*zwái⸱*			*dráiᵃ (drᵃrᵃ)*	
D.		*zwàiᵃn*			*dráiᵃn (dráiᵃ)*	

Ältere Formen von *zwei* sind bei Baier erhalten (*zwen, zwue, zwey* Gradl Eg. Chron. S. 436, *zwen* auch im Volkslied, z. B. HTV S. 398 N. 99 a). Mit dem Neutrum *zwà⸱* werden auch Mann und Weib[4] (ähnlich·mit *drá* drei Personen verschiedenen oder nicht näher bezeichneten Geschlechts) zusammengefaßt.

[1] Vgl. wetterau. *Ache* < Nachen Crecelius 14.

[2] Deutsch-Ung. auch in der letzteren, vgl. *zwi⁻stöckech, zwdwächech* (zu *Fach*) Schröer Nachtrag 50 [292].

[3] Der letztere Umstand ist beachtenswert, denn viele ober- und mitteldeutsche Mundarten besitzen zwar noch mehrere Geschlechtsformen von *zwei*, so die Ma. der Sechsämter *zwäi⁻, zwou, zwä* Wirth § 33, 2, das Oberpfälz. die gleichen Formen wie das Egerl. Schmeller II 1167, Nürnberg. *zwöi, zwou, zwá* Frommann zu Grübel 96 a, Bayr. *zwé* oder *zwei⁻, zwó* oder *zwu, zwa⸱* Schmeller a. a. O., Oöst. *zwé⁻, zvo, zwa⸱*, Nöst. *zwai⁻, zwoú, zwóä* Nagl Koanad S. 135 zu V. 167, vgl. S. 313 zu V. 254 *naini*, Kärnt. *zwean(a), zwoa, zwá* Lexer Kärnt. WB 268, Schweiz. (Toggenburg.) *zwe, zwo, zwuá, tzwái* Winteler Kerenzer Ma. S. 180 § 6, Deutsch-Ung. *zwín* oder *zwe⁻, zwi⁻, zwö, zwá* Schröer Nachtrag 50 [292], die 7 und 13 comm. *zbeen, zbo, zboa* Schmeller Cimbr. WB 52 [109], vgl. 181 [243], Lus. *zwiu⁻, zwai, zwoa* Zingerle 60, Nordböhm.-Schles. *zwine, zwu* und *zwue, zwí* Knothe WB 45. 556. Markersd. Ma. S. 128, Handschuhsh. *zrwei, zrwou, zrwa* Lenz 51, Ruhla. *zwân, zwu, zwá* Regel 294, Obhess. *zwin⁻* oder *zwin⁻, zwú* oder *zwá, zwá* oder *zwé* Crecelius 939, die Rappenauer Ma. *trwee, tzwuu, trwaai* Meisinger HLZ. II 254 § 30 usw.; ebenso von *drei*, so die Ma. der Sechsämter *drái, drᵉ* Wirth § 33, 2, das Bayr. m. f. *drei, drey*, n. *dreu, dreu, driu, droi, drui* Schmeller I 561, Oöst *drei*, wohl schon selten *droi*, vgl. die folg. Anm., Tir. (in Virgen) m. f. *drei*, n. *drói* Schöpf Tir. Id. 89, (in Imst) *drei* und *drui* Schatz § 148, Kärnt *drei, droi, drui* Lexer Kärnt. WB 68, Pernegg. *drei*, n. *droi* (fast ganz ausgestorben) Lessiak § 157, Kerenz. *dri, drü* Winteler Kerenzer Ma. S. 189 § 6, Deutsch-ung. m. f. *drai*, n. *dreu* Schröer Versuch 131 [381], die 7 und 13 comm. *drei, dreü* Schmeller Cimbr. WB 52 [109]; allein die meisten Maa. (vgl. die Belege) zeigen schon Ansätze zur nhd. Verallgemeinerung des Neutrums (seltener einer anderen Form, z. B. in der Leibitzer Ma. des Fem. *tzvui⸱* Luntzer II § 175 Anm.), so die bürgerliche Ma. im Altbayr. (*zwa⸱, drei*, während die bäuerliche die Geschlechter noch unterscheidet) Schwäbl § 67, 2; Ins. ist *zwia⁻, zwai* m., *zwoa* f. n. Zingerle 60; iu Ruhla beginnt die Neutr.-Form sich beim M. einzuschleichen: Regel 294. Andere Maa. besitzen nur noch das N., so die Imster (*trwøa*) Schatz a. a. O., das Pernegg. (*trwü*) Lessiak § 157. Das gegenwärtige Schles. hat den Geschlechtsunterschied bei *zwei* verloren, anderseits aber unorganisch bei der *zweite* (*zwéte, zwöte*) eingeführt: Weinhold Dial. S. 144.

[4] Vgl. *äi⁻⸱ — ᵃ ànnᵃ* § 299 S. 269 f. Das Neutr. *dé zwa⸱* in gleichem Sinne auch bayr.-öst. Schmeller II 1168; ein klassisches Beispiel der Unterscheidung der Genera bei dem Innviertler Stelzhamer Ma. D. II 285 N. 3, 65 ff. *Bald droi* (beide Geschlechter!) *und bald zwea* (ein Mann und ein Weib) *Und bald zwo* (zwei Weiber) *und bald zwen* (zwei Männer) *Singᵃin ṣ' und musiṣirn ṣ', Daß 'ṣ d Schandl iṣ, sodl schen.*

Der Genitiv begegnet nur noch in Zusammensetzungen wie *zwåis*-, *dråis-(dråra-)låi*.[1]) Der Dativ auf -*an*, gegenwärtig nur in substantivischer Verwendung[2]) (*mit åln Zwåisn, Dråisn*), zeigt unechte adjektivische Endung (gegenüber ahd. *zweim, drim, drin*, mhd. *zwein, drin*, aber auch schon *zweien, drien*); die Formen mit vokalisiertem *n > i*: *zwåis, dråis* (vgl. die vokalisierte Infinitivendung -*i* in *schråis* S. 190) erscheinen nur vor Substantiven: *Va mein zwåia Måidlan* Lorenz S. 29. *Mid ihran draia klåin Kinnan* ebda. S. 17. *A n eghalandarisch's Singg'spül in dreia r Afsüghan* EJ XIII 91. *Entzwei*, mhd. *enzwei*, fehlt.[3]) In den Zusammensetzungen mit Substantiven und Adjektiven herrschen die Formen *zwi*-, *dri*-.[4])

Da *beide* fehlt, wird die bestimmte Zweizahl stets durch *zwei* oder *alle zwei* ausgedrückt:[5]) *Druck du deina zwoa Aighala zou* HTV S. 394 N. 81 (Pobitz—Plan). *Al zwou* (beide Frauen) *sánn scho gstur(b)m*.

---

[1]) Auch öst.; eg. -*låi* (wie öst. -*loa*) stets in voller Form, nie abgeschwächt wie in den Sechsämtern *a¯¹ne(r)le* usw. (neben -*låi*) Wirth § 36.

[2]) Ebenso in den Sechsämtern Wirth § 33, 4. Im Planer Pass. S. 63 auch noch adjekt. *in zweien Tagen*, ebenso bei Baier 254 *zwischen zweyen redern*, Elboguer Chron. S. 2 Z. 10 f. v. u. *in zweyen oder dreyen stunden*. Das l'eruegg. flektiert die absolute Form von 2 und 3 im Dat. stets, die attribut. ist vorwiegend unflektiert: Lessiak § 157.

[3]) Ebenso bayr.-öst. Schmeller II 1169; dagegen z. B. nordböhm. *azwee* Tiese Heimt I 13 (Warnsdorf), handschuhsh. *aizwi* Lenz S. 9, obhess. *zanzwed* Crecelius 939.

[4]) So heißt *zweijährig* nur *zwigårich, dreispitzig* nur *drispitzst* (Lorenz S. 18); andere Bildungen dieser Art sind (abgesehen von *Zwist, Zwilch, Zwilling, Zwitter, Zwirn* u. dgl.) *zwibållè* zweibällig, von Stiefeln, die auf beiden Füßen getragen werden können, zu (Fuß-) *Ballen, zwibräuchn* mhd. *zwibrächen*, eine Art des Pflügens: Grüner S. 69. John Oberlohma S. 117, dazu das Subst. *Zwibräuch* f., *zwi-äisrst* zweiöhrig, zweihenkelig von Töpfen, *Zwi-fåckl* ein Teil des Rockes (jemanden *bîn Z. drwischn*, vgl. Schmeller II 1170, auch öst.), *zwifåch* zweifach (*zw. gåik* = sehr gebückt gehen, z. B. vor Schmerz zusammengekrümmt: Neubauer Z. f. öst. Volksk. I 234), *zwiflüjjè = zwrwåksi* weiter unten, *zwischlåchtè* zweischlächtig, *zwispånnè* zweispännig, auch von Betten (ebenso öst.; vgl. Schmeller II 673), *zwistäißn*, Part. *zwigståißt* zweigestoßt, von Holz, Getreidegarben (vgl. Schmeller II 1171), *Zwiwåks* und Adjekt. *zwiwåksè* Zwiewachs, zwiewächsig, von ungleich reifender Frucht (vgl. Weinhold Bayr. Gr. § 230), *zwisèch zwiezähe* = zähe, *zwizènkè* zweizinkicht, von Gabeln: *Driängl* ein dreieckig gerissenes Loch im Kleid, *dríckst* dreieckig, dreispitzig (O du *dríckats* A¯låi HTV S. 177 N. 136 Eger, vgl. ebda. S. 339 N. 634 Eger), *Drischlock* oder *DrifouB* Dreischlag, -fuß, eine Tanzart (John Oberlohma S. 137), *DrifouB*, auch ein Küchengerät (ebda. S. 112) u. a.; außerhalb der Zusammensetzung nur in der ablautenden Formel des Liedchens, mit welchem die Kinder der Schnecke zum Ausstrecken der Fühlhörner (*Hårb*) zu bewegen suchen: *Schnèck, Schnèck. g¹mm* (gib mir) *dåins vùis Hårb, Kråigst kåins dri-drå Gåomskirla* (Johanneskörnchen) HTV S. 421 N. 265 (Plan).

[5]) Vgl. handschuhsh. *als zwei*, = fehlendem *bride* Lenz S. 7, bayr. *dll¹ zwè* Schmeller II 1168 neben *bard* ebda I 209, nösl. *òll zwöü* neben seltenem *bidi* Nagl Koanad S. 64 zu V. 65, auch oöst. ist *all(e) zw.* wohl geläufiger als *bard* (*beedzeit* Adlv. Kaltenbrunner A. D. S. 109 N. 58). Das Schles. verbindet mit Vorliebe *zwei* und *beide* Weinhold Dial. S. 144: vgl. Raabe Der Hungerpastor (1901) S. 152 f. *daß wir zwei Beide ... hier sitzen*. Sudermann Es war (1901) S. 15 *Auf uns zwei beide, Alter* (ebda. noch zweimal); obhess. *allzweenbrede* H. Menges Z. f. d. U. VIII 694, vgl. die umgekehrte ags. Verbindung *bâ twâ* Sievers Ags. Gr.³ § 324, 2 Anm. 1. Einige Mundarten haben bei *beide* einen ähnlichen Geschlechtsunterschied eingeführt wie bei *zwei* (*zweite* S. 433 Anm. 3); so gebraucht das Bayr. hie und da neben dem Neutr. *bard* ein M. *bèd*, seltener ein F. *bòd* Schmeller I 209, vgl. MB § 774: das Kärnt. verwendet *pådda* und *pradu*, jedoch ohne Geschlechtsunterschied: Lexer Kärnt. WB 20; das Lus. unterscheidet *pèdè* m., *pradè* f. n. Zingerle 23, das OberelsaB.-Schweiz. *bèdi* m., *bödi* f., *bèdi* n. (daneben *ei* in allen Geschl.) Meyer DVK 286. Schweiz. Id. IV 1018. Seiler Basler Ma. 26 (*bèd, bòd, baid*), das Schwäb. auf dem Lande noch *bèd, bard, bèed* Fischer I 701, das Wetterau. (*alle*) bid, bèd (*bòd*), bèd Crecelius 145.

Alle zwei tritt wie *beide* sehr häufig als Apposition zum Personal-
und Demonstrativpronomen sowie zum Substantiv, zu letzterem aber auch
als Attribut; *zwei = beide* dagegen kann in der Regel nur die attri-
butive, nicht die appositive Stellung einnehmen.

§ 475. Die übrigen Grundzahlwörter lauten *vöiɔ, fimf, seks, si.b,m,
àcht, nái¯, zeɔ, ā¯lf* oder *àlf,* auch *ēlf* [1]) oder *elf, zwölf, dráizeɔ*; die
Zehner von 14—17 werden wie die Dekaden von 40—70 mit kürzeren
Formen gebildet: *virzeɔ,* vor Substantiven auch zu *virzɔ* geschwächt
(*virzɔ Tōch* Gradl MW 302, die gewöhnliche Bezeichnung statt *zwei
Wochen*),[2]) *virzg,*[3]) *fufzeɔ, fufzg* (über den Ausfall des Nasals Kauffmann
PBB XII 512 A), *sechzeɔ, sechzg* (mit offenem *e* gegenüber dem ge-
schlossenen in *seks* K. Luick PBB XI 492 - 517, bes. 503 ff. H. Paul
ebda. XII 548 f. K. Heimburger ebda. XIII 218. Fr. Kauffmann ebda.
XIII 394), *sibzeɔ, sibzg*; dann *àchtzeɔ, nái¯zeɔ,* und *zuànzg, dráißg, àchtzg,
nàinzg* (auch *zwànzich* u. s. f.).

Vor *Hundert, Tausend* und *Hunderttausend* tritt *ein* überhaupt nur
ausnahmsweise [4]) (gewöhnlich ist *Hunnɔt = Einhundert*), *zwei* und *drei* in
den neutralen (*zwàɔhunnɔt, drītdusnd*, die übrigen von 4—9 in den unflek-
tierten Formen (*vöiɔhunnɔt* usw.). Von 200000 (seltener von 100000) an
wird gerne das Multiplikativum gebraucht, wohl um durch emphatische
Verbreiterung des Ausdruckes die Größe der Zahl hervorzuheben: *Fünf-
màlhunnɔttdusnd.*[5])

Die Zahlen zwischen den Dekaden sowie zwischen den Hunderten
und Tausenden werden im allgemeinen wie in der nhd. Schriftsprache
gebildet. Die Einer (und zwar 1 in einer dem flexionslosen Neutrum *ein*
gar nicht entsprechenden Form *àin,*[6]) vgl. § 469, 2 und 3 in der
neutralen,[7]) die übrigen 4—9 in der flexionslosen Form) können den
Zehnern nur vorgesetzt werden; *und* (> *ɔ,* vgl. § 49, vor Vokalen *ɔd* :
fimfɔdàchtzg)[8]) fehlt nur nach 2 und 3 : *zwàɔzwànzg, drǎfufzg.*[9]) Sonst

---

[1]) *Ā·lf, ēlf* mit dem alten Nasal von *einlif* (Gradl MW 422) wie bayr.-öst. *aɔ·lif,
aɔ·lf* u. Ä. Schmeller I 89. Schwäbl § 67, 2. Schöpf Tir. Id. 103. Schatz § 148. Lexer Kärnt.
WB 83. Lessiak § 157.

[2]) Dagegen *àcht Tōch* = eine Woche.

[3]) -*zg* < -*zig* auch bayr.-öst. Schmeller II 1093. Schwäbl § 67, 2.

[4]) Z. B. bei der Richtigstellung eines Mißverständnisses u. dgl. Im Nöst. ist *ein* im
Innern der Zahl unentbehrlich: *taŭsnd ŭa¯ hŭnäd fimbv* Nagl Roanad S. 214 zu V. 254
naini a, egerl. lieber entweder *Tausnd u hunnɔt fufzg* oder meist (wie oöst. ausschließlich)
Elfhunnxtfufzg.

[5]) So schon von 100000 an auch öst.

[6]) Nicht flektiertes *eins* wie im Alt. Bayr. *eins und driter* Weinhold Bayr. Gr. § 258
und noch heute bayr. (nicht oöst.) *aɔ·ɔɔwaɔnzg* Schmeller I 86, *àɔn¯ɔdreißgē* neben *àɔnɔdreißgē*
Schwäbl § 67, 3.

[7]) Nicht mehr z. B. in der fem. wie noch bei II. Sachs *zwō und dreißig* Schmeller
II 1168 f.

[8]) Im Imst. ist der Auslaut von *und* sogar an der Zehnzahl hängen geblieben: *dɔxɔzk*
Schatz § 148 S. 164.

[9]) Pernegg. nur nach *zwā* Lessiak § 157. Diese unverbundene Anfügung ist wohl
von den übrigen Verbindungen mit 4—9 ausgegangen, in denen *ɔ* (*vöi-ɔ-r-ɔ-zwànzg, fimf-ɔ-
dráißg*) zwar zweifellos < *und* ist, aber offenbar als neutrale Endung (*vöiɔrɔ* < mhd. *vierin*
vgl. § 476) gefaßt wurde, weshalb die Verbindungen der Konjunktion zu entbehren schienen:
diese Auffassung hat sogar, wie der Stammvokal beweist (vgl. S. 429 Anm. 3) auf *àin-ɔ-
(> àinɔ)* übergegriffen.

werden nicht nur die Einer an die Zehner, sondern gelegentlich auch diese (weniger die Einer) an die Hunderter gerne mit *und*, dann aber in der volleren Form *u*, angeschlossen: [1]) *Fimfhunnət-u-séks-ə-sechsg*.

§ 476. Als Attribute von Substantiven erscheinen die Zahlen von 4 an (wie schon im Ahd. 4 – 12 Braune Ahd. Gr. § 271 *a*) ohne Endung:[2]) Alleinstehend haben die Zahlen 4—19 nur bei Beziehung auf ein sächliches Substantiv die schon im Ahd. angetretene adjektivische Endung des N. A. Pl. Neutr. (-*iu* > eg. -*ə*, die hier auch beim Adjektiv nicht abfiel § 421) behalten:[3]) *Wöi v(ii)l Kinnə hàust ənn?* — *Fimfə* (hingegen nur *fimf Kinnə*). Die alte Nachsetzung des flektierten Zahlwortes (Braune Ahd. Gr. § 271 *b*) ist auch in der Mundart unmöglich geworden.

Die gleiche neutrale Endung zeigen entsprechend den hier ebenfalls ausschließlich gebrauchten neutralen Formen (*'S is ài˜s, swàə, drd*) die Stundenzahlen von 4—12: [4]) *'S is vöiərə, fimfə* usw., endlich substantivierte Zahlen (ohne bestimmte Grenze): *àlə Vöiərə, àlə Fimfə, àlə Ndinə, Náinzeənə* oder *Náinəndinzgə*,[5]) vgl. § 307.

Der Genitiv ist auch von 4 an auf Verbindungen mit -*lei* beschränkt (etwa bis *zeənəlài*, dann *swànsichə-, hunnətə-, táusndə-l.*), der

<hr>

[1]) Im Pernegg. lautet *und* bis 100 -*ə̀.*, -*ed*- Lessiak § 157, von 100 an -*ŋt*- (jüngere Zusammensetzung), seltener fehlt *und* ganz, ebenso bei 1000: ebda. S. 201 f.

[2]) O.- und nost. begegnen vor Neutren auch die flektierten Formen *fiərvi hàisà* u. ä. Nagl Roanal S. 60 zu V. 49 *viàri*. In eg. *Zəmə-Bràut* Zehn(uhr)-Brot, *Elf-Mess* Elf(uhr)-Messe (dies u. a. auch oöst.) ist *Zehn* nicht Attribut, sondern Kompositionsteil.

[3]) In den Sechsämtern ist die Endung -*e* der nicht attr. Zahlen schon von 3 an bis 19 überhaupt möglich (*dráie*), bei Stundenangaben notwendig: Wirth § 33, 1. Altbayr. (wie oöst.) ist diese Flexion nicht auf das Neutr. beschränkt: Schwäbl § 67, 3. Im Pernegg. lauten die Zahlwörter von 3—19 in nicht attrib. Stellung durchwegs auf -*ə̀* (< -*iu*) Lessiak § 157: auch Sonneberg. nehmen die ohne Subst. oder nach demselben stehenden Zahlwörter von 3—12 gerne die Endung -*a* an: Schleicher 47: auch die nd. Soester Ma. hat für die alleinstehenden Zahlen 2—12 Formen auf -*ə*: Holthausen § 395 Anm. 1 *a*.

[4]) Ebenso altbayr. Schwäbl § 67, 3 und öst.

[5]) Als typische Zahlen (gleich den zuletzt angeführten) dienen in erster Linie wie allenthalben in deutschen Landen 10, 100, 1000: *Dəs hêw ə də scho uər*- oder *hunnət*- oder *táusməmál gsògt*, hie und da auch *swànəichmál*; *Dəs wenn uəmál níks dəfuə koi˜* Wenn er auch gar nichts dafür kann; *Dəən mou mə r àls uəmál sogn*; *Dəs wàiß də uət nist*, vgl. § 302: *Es wàiß s zeətmál* (= zumeist) *nist, wöi ødə wot* (vgl. oöst. *i hast mi . . . Dəs zöhntmol nət àf* Stelzhamer Ma. D. I 109 N. 53, 19 f.: auch die vorausgehenden Wendungen sind öst.); *əs də zeən Suppmschüssl ə Blètschl*, von weitläufiger Verwandtschaft (Weise III.Z I 34 verzeichnet als egerl. *aus 7 Suppen ein Schnipsel* mit weiteren Parallelen; vgl. noch schles. *er ist das kleine Brotel aus dem vierzehnten Gebäcke* Weinhold Schles. WB 7 *backen*): über *tausendschön* vgl. S. 396 Anm. 1 (auch erzgeb. *Tausndschiena Kattl, Tausndschieni Munna* als Anreden Erzgeb. Ztg. XVIII 283: über *tausndsöt* im Nordbohm.-Schles. Knothe WB 174). Sodann ungerade Zahlen: *Als gouts Dingə sinn drê* (auch öst.); *drê Kssb hàusch* drei Käslein hoch; *Nist bis drê süsln künnə* (öst. *net fünf s. k.*); in Segensformeln für das Vieh aus der Tepler Gegend kommen drei Würmer vor: Toischer Mitt. XVI 236, 1. S. 237, 8: der Formel gegen Zahnschmerzen müssen 3 oder 5 oder 7 Vaterunser angehängt, ein bestimmter Zettel muß nach 9 Tagen ins Wasser geworfen werden: ebda. S. 237, 5: beim Niesen gehen 9 *Kránkstn* ab (über die 0, 77 oder 99 Fieber des Menschen Meyer DVK S. 264); *sài˜ si(b)m Zwetschgn stámmpäckm* (auch öst.; über eine Beziehung dieser Ra. zum Weihnachts-Zwetschkenmann Spälter Z. f. d. U. XIII 69 f.); *nái˜gschiit* (zur Erklärung vgl. Schmeller I 1748); *Də Zwist hàut nái˜ Hiit* (Volksrätsel: *Hàut nái˜ Hàit, bàißt àl Láit*), ein Gesicht machen *wii nái˜ Tôch Rengwidə*. Auch das Volkslied liebt die Zahl 3, der Kinderzählreim reicht von 1 bis 3 oder 7 oder 9 oder 13 usw.: vgl. zu dem Ganzen John Sitte S. 253 ff.

Dativ (*vöian, fimfm* usw.) tritt nur ohne Substantiv [1]) und meist nach Präpositionen auf: *mit vöian, séksn, àchtn* (sc. Pferden) *fàa(r)n* (hingegen *mit vöia Pfán*), *in sibagn, àchtagn sá* in den siebzigen, achtzigen (sc. Jahren) sein. Die Stundenzahlen bleiben zumeist unflektiert: *voa r ài⁻s, zwischa r ài⁻s u zwàa,*[2]) *sw. á⁻lfa r u zwölfa.*

§ 477. In die mit *-mal* und *-fach*[3]) gebildeten Wiederholungs- und Vervielfaltigungszahlen[4]) treten die unflektierten Neutralformen *àã, swàa, drá* und von 4 an die flexionslosen Formen ein: *àã- màl,* [3]) *-fōch* usw., *vöia-màl, -fōch* usw.; über *einmal* vgl. auch § 495 β.

§ 478. Der distributive Sinn geht entweder lediglich aus dem Zusammenhange hervor (*Döia Tüpfla dàu kostn swànzg Kràisa u döia fimfaswànzg* = Diese Töpfchen hier kosten [je] zwanzig und diese hier [je] 25 Kreuzer, sagt ein Verkäufer), oder er wird durch Wiederholung des Kardinalzahlwortes ausgedrückt (*Si sánn drái u drái* [5]) *gànga*) oder durch *einer, jeder* (*Si hàmm àina* oder *jéda drái G.ü⁻l(d)n kröigt*), *alle* (*àl drái Schrit bláibt a stäik* = nach je drei Schritten bleibt er stehen), *àlamàl* oder *jédasmàl* (*Füa döi drái Fouan hàut a àlamàl* oder *jédasmàl an G.ü)l(d)n grechnt* = Für diese drei Fuhren rechnete er je einen Gulden),[7]) endlich bei großen runden Zahlen[8]) durch Zusammensetzung mit *-weise* (vgl. *haufenweise*): *as da gàns'n Welt kumma d'Leut häa taus'nd u taus'ndweis* Lorenz S. 10 (ebda. S. 16 mit einer Mischung aus *su Táusndn* und *táusndwáis*: *z' tausnd u tausndwais*).

Über den möglichen distributiven Sinn von *zu zweit, zu dritt* usw. § 480, 2.[9])

§ 479. b. Die Ordinalzahlen stimmen in der Bildung mit den nhd. Formen im allgemeinen überein: *da erscht,*[10]) *swàit (koã swáita*

---

[1]) Ebenso in den Sechsämt. Wirth § 33, 4; so zuweilen auch Pernegg. Lessiak § 157, auch in der Soester Ma. (bei 2—12) Holthausen § 395 Anm. 1 a; aber oöst. *mit viere* usw. (fahren).

[2]) Auch oöst.; els. dagegen 3 *Viertel nach den einsen* = nach 1 Uhr: Martin-Lienhart I 44 a, schles. *sw. elfen und swölfen* Weinhold Dial. S. 144, altenburg. *vor und nach einsen, vor sweien* Weise § 8, 6. Ungebräuchlich ist gegenwärtig flektiertes (wie unflektiertes) *Uhr* wie *swischen Fylff vnd Zwelf vhren* im Notariatsakt des Adam Viether, Siegl Mitt. XXXIX 227, vgl. Zimm. Chron. II 1 l. 7., *umb ein vren*. Martin-Lienhart I 63 b *am ein Uhren*.

[3]) Nie mit *-fältig*; selbst *einfältig* = albern (in Pernegg. Lessiak § 158) hört man seltener.

[4]) Mit *-mal* kann nicht nur Wiederholung, sondern auch Vervielfältigung ausgedrückt werden: *Drã-, vöiamàl ǔwaló(d)n* (überladen) ist ein Ernte-Leiterwagen, wenn das Getreide über den Leitern noch drei, vier Garben hoch aufgeschichtet ist, also ein Wagen mit drei-, vierfacher Überladung.

[5]) Über *nist swàamàl* = einmal und nicht wieder vgl. S. 396 Anm. 2.

[6]) Nicht *eins und eins* wie o.- und nöst. *ōa⁻s ǔnd ōa⁻s* oder *ǔanàr ǔnd ǔanàr* Nagl Roanad S. 214 zu V. 254 d. Auch Pernegg. *trwà unt trwà* usw. Lessiak § 158.

[7]) Alles bisher Angeführte auch öst.

[8]) In Theusing auch bei *einzig*: *òui⁻sewéis* = einzeln: Mannl S. 17.

[9]) In den 7 und 13 comm. müssen die Kardinalzahlen von 2 an sogar die fehlenden Ordinalia ersetzen: *dar sboa, drái* usw. Schmeller Cimbr. WB 53 [110].

[10]) Westerzgeb. und südostthüring. *aansta* (eins-te) E. Gierbel HLZ I 128 § 15 Schluß.

= kein ähnlicher, auch öst.`, in beschränktem Umfang auch noch *ànnɔ* ander = zweite, *dritt*, *vöiɔt* (neben schriftdeutschem *virt*) usw., *dɔ ɛeɔt* (über *dɔ ɔ.* = so mancher vgl. § 302 S. 274. S. 436 Anm. 5), *dɔ ɛwänɔichɔt*[¹] usw., *dɔ hunnɔtɔt* (die erleichterte Form *der Hunderte* begegnet im Planer Pass. S. 55 *aber das Hunderte* sc. Schaf) usw.

Die alte Bedeutung von *ander* ist erhalten in *ànnɔthàl*[²] (§ 480, 1), *df di ànnɔ Wochu* = die zweitnächste Woche (vgl. S. 431 Anm. 7 v. S. 430), *ànnɔrɔ Gschwiſt(ɔ)rɔkinnɔ* = Geschwisterkinder zweiten Grades,[³] und in *ɛɔ wànnɔ* zu zweit = zu zweien.[⁴]

§ 480.   Mittels der Ordinalia werden abgesehen von ihrer gewöhnlichen Funktion auch Grundzahlenbegriffe dargestellt, so

1.   Bruchzahlen, insoferne sie sich nicht bloß mit *-teil* > *-tl* (*-'l*) zu *Drittl*, *Vöiɔ'l* usw., sondern auch mit *hàlwɔ* (halber, halbe, *hàls* halbes) zu attributiv gebrauchten, flektierten Adjektiven verbinden: [⁵] *ànnɔthàlwɔ Litɔ* = 1 ½ Liter, *dritthàlwɔ r Elln* = 2 ½ Ellen, *vöiɔthàls Pfund* = 3 ½ Pfund usw.   Doch sind die sinnesgleichen Verbindungen der Kardinalia mit *halb* wie *ɛwäi˜ u ɔ hàlwɔ Litɔ*, *drɑ Pfund u ɔ hàls* (weniger *ài˜s u ɔ hàls*)

[¹] Die kürzeren Formen *ɛwànɔgɔt* usw. werden hier der Sprachschwierigkeit wegen gemieden, da vor dem *ɔt* keinesfalls ein Vokal eintritt (wie in bayr.-öst. *ɛwànɔgɔt* Schmeller II 1093): auch Pernegg. tritt von 20 an *ɔt* an die nicht synkopierte Form der Grundzahl (*ɔtwanɔɔikɔte*) Lessiak § 158.

[²] Auch oöst., vgl. S. 430 f. Anm. 7, desgleichen *alle andern Tag* jeden zweiten Tag, vgl. Schmeller I 100. Lessiak § 158, Ins. *ander* = zweiter Zingerle 22, 2; els. schwäb. *di ander Woche* = nächste Woche Martin-Lienhart I 49 ª, Fischer I 183.

[³] Ebenso *Annergeschwisterkenner* in Kurhessen, Oberhessen, Siegerland, Nassau, im Westerwald; das Schwäb. unterscheidet *ɔ'ander kind (consobrina)* und *ɔ'dritten, vierten Kind* (die nächst tieferen Grade) W. Schoof HLZ I 254 unter IV 1 *a*; vgl. Fischer I 663. Martin-Lienhart I 40 ª. Im Gottscheew. heißen Geschwisterkinder erster Ordnung *'ɔ ErɔtE gEɔbitɔr* Schröer WBG 92 [256]. Mhd. *alɔ (ɔam) ein ander* = nhd. *wie ein* findet sich noch bei Baier 551 (Ein Geistlicher hat auf der Kanzel) *die . . . lehen verkundiget und wie ein anderer puttel angeschlagen an die kirchthuren*; auch im heutigen Bayr. Schmeller I 100 *wie ɔn andrɔ' Spitɔbuɔ'*, dafür auch *wie nɔ a mahl ɔ Sp*. Brenner BII I 142 zu S. 132 Z. 33.

[⁴] Der erste Teil wird gegenwärtig unzweifelhaft als *ɔɔ* < *ɔu* empfunden. Der *w*-Laut ist keinesfalls bloßer Gleitlaut (wie in *gäik-w-i* geb' ich), da nach *ɔu* sonst das regelmäßige *r* eintritt (*ɔɔ r in* zu ihm), da ferner das Nürnberg. *ɔ'wàndɔr* (DM II 51, ähnlich om Eichstätt Weber HLZ III 65, 134) es auch unmittelbar nach *ɔ* festhält und andwärts Formen mit *b* auftreten (henneberg.-fränk. *ɔum banner* DM II 49, in Rappenau *tɔɔpanɔ* Meisinger HLZ II 254 § 31; els. in *ɔhalb-ander* entstellt Martin-Lienhart I 50 ª). Gradls unmittelbare Ableitung (MW 302. 617. 642. 655) aus *ɔelbander* läßt wiederum den Anlaut *ɔ* unerklärt; die von ihm für den angeblichen Übergang von *r* > *ɔ* angeführten Beispiele lassen alle eine andere Auffassung zu: in *dɔ Mil hàltn* ist der *t(d)*-Laut wohl aus der häufigsten Wendung *hàtɔ Mil!* vom Verbum herübergenommen worden, *dɔ Nächtɔ* ist wirklich < *ɔu Nachtɔ* (§ 497, 2), Ortsnamen wie *Buɔ(d)nɔɔhuof* < *Bodnerɔhof* sind Analogiebildungen zu *Arnɔdɔgräi˜* < Arnoldsgrün u. ä. Auch lassen sich die mit *ɔam* anlautenden bayr. Varianten (*ɔmwander*, *ɔamtwander*, *ɔamhtwander* Schmeller I 100. II 285) weder unmittelbar aus *ɔelbander* noch aus einer Vermengung von *ɔelbander* mit *ɔu ander* (zu zweit) erklären. Schon Schmeller hat a. a. O. für die bayr. Formen *ɔam* (got. *tama*) und *b'ander* oder *ɔamb ander* (was er unentschieden läßt) argeseict. Vielleicht lassen sich nun nach Lambels ansprechender Vermutung alle diese Formeu auf ein ursprüngliches *ɔ(e)ɔam(enɔ)-b'anɔtɔr* zurückführen, woraus einerseits *ɔamwander* u. ä., anderseits *ɔambander*, *ɔumbanner*, *ɔɔwandɔ*, *ɔɔwannɔ*, *ɔwandɔ* u. ä. werden konnte.

[⁵] Nicht mit *-viert(e)lig* wie nordböhm. *enɔ dreitɔentholbvittliche Saachɔ* eine dreizehntehalbviertlige, also 3 Ellen, 1½ Viertelellen lange Säge: Tieze Hejmt II 26 (Neu-Ohlisch).

bei den niedrigen Zahlen ebenso häufig, bei den mit 10 gebildeten wohl schon häufiger als die Zusammensetzung mit dem Ordinale; die Zahlen von 20 an treten in Verbindungen letzterer Art überhaupt nicht mehr ein.

2. Die Ordinalia von 2—12 (selten darüber hinaus) vermitteln in der Verbindung mit *su* den Begriff einer zu einem gemeinsamen Zweck verbundenen Gesamtzahl von Personen: *Miǝ sánn sǝ swáit,*[1] *sǝ dritt* = Wir sind (unser) zwei, drei (vgl. *selbdritt*), z. B. bei einer gemeinschaftlichen Arbeit. *Dort arbeiten drei* kann dagegen heißen: Jeder der drei arbeitet etwas anderes. Dies ist auch der Grund, weshalb *sǝ swáit* usw. nicht leicht auf leblose Dinge angewendet wird (etwa: *die Steine liegen dort su dritt*). Soweit der Sinn der Gesamtzahl durch den Augenschein oder den Zusammenhang der Rede ausgeschlossen ist und sich *sǝ swáit, sǝ dritt* usw. auf die Glieder gleicher Abteilungen einer Menge bezieht, können sie auch distributiven Sinn gewinnen: *Si sánn bǝ dǝ Láich sǝ dritt* (in Reihen von je drei) *gàngǝ.*

III. Indefinite Pronomina.

§ 481. Von den Bildungen des Stammes *hva* besitzt unsere Mundart *weǝ, wos* (auch in der Verbindung *wos füǝ r àinǝ* oder *w. fǝ r àinǝ* = *qualis, quantus* oder *quot, quis*, vgl. S. 204 Zus. zu S. 45), *dǝ wèchǝ* (< ahd. *hwelichèr*), *wèdǝ* (außer in *wèdǝ — wèdǝ, ent(s)wèdǝ* § 49 S. 31. § 50 S. 34) in *jèdǝ* < ahd. *iogiwedar, iowedar*, nicht unmittelbar < *ieder* (vgl. *iewer, iewd* Weinhold Mhd. Gr. § 496. 497. Schatz § 147 S. 161) wegen *ie* > eg. *èi* (*äi, öi*, Gradl 231. 237,[1]) *jèd(ǝ)rǝ* = jeder-er.

Weǝ, wos, dǝ wèchǝ sind zunächst Indefinita und Fragepronomina, *wos fǝ r ǝ* sowie die Nebenformen von *wèchǝ: wèchǝrǝ, dǝ wöllǝ* (§ 61) und *welchǝrǝ* (Gradl MW 397), *wüǝllǝrǝ, wöllǝrǝ* < welcher-er (ebda. 480) sind ausschließlich fragend, *weǝ, wos,* sehr selten *dǝ wèchǝ, wèchǝrǝ* auch relativisch (§ 66, 2).

Die Formen von *wer, wos* (stets ohne *irgend* und andere Vorschläge)[2] lauten

	M. F.	N.
N.	*weǝ*	*wos*
G.	*weǝns* oder *weǝn sǝ̀*	
D.	*weǝn* oder *weǝ*	
A.	*weǝn* oder *weǝ*	*wos*
I.		*wèd*

[1] Nie = *an swèiter Stelle* (anschließend an *su erst*) wie nordböhm. *waifr sur sweit gehaun hotte* Tieze Hejmt II 13 (Leipa).

[2] Das sechsämt. *jedweder(er)* (Wirth § 42, 3) ist mir aus dem Plan. nicht bekannt. Die Imster Ma. besitzt *dǝrwöidǝr* = *wer von beiden* vnd *der eine von beiden, dǝ u'stwöidǝr, kxu'stwöidǝr* < *ein (kein) deweder* Schatz § 147; die Pernegger Ma. *òtwödr* (mhd. *ietweder*), selten *antwödr* (mhd. *eintweder*) = *jeder, einer von beiden* Lessiak § 156, 6; els. *jedweder(er)* Martin-Lienhart I 403[1].

[3] Pernegg. *kritwer, kritawer* = oft jemand Lessiak § 156; ostpreuß. *ersttwer* (Akk. *ersttwen*) = der erste beste (*ein junges Mädchen will nicht ersttwen heiraten*) Nahle Z. f. d. U. XIX 199.

Von diesen Kasus gehören der Gen. *weəns* und der Instr. *wǎ (sə wǎ, zʼwǎ, və wǎ* vgl. § 61 S. 45) nur dem fragenden Pronomen an, die übrigen werden indefinit, fragend und relativisch gebraucht. Der Genitiv *weəns* (< *wems*,') *wens*, vgl. das analoge demonstrative *deəns < dems* § 458) scheint eine Kompromißform aus der geläufigen Umschreibung *weən sǎ* < *wem sein* und der Genitivbildung auf -*s* zu sein.[2]) Die mit dem Nominativ gleichlautende Dativ-(Akkusativ-)Form *weə* (neben *weən: Weə wàiß, weə* [wem] *də Vödə r ən Schimml schenkt* UE V 32 N. 335; so besonders nach Präpositionen: *və weə hàust ənn dös?*) kann, falls sie überhaupt rein phonetischen Ursprunges ist, nicht durch Übergang des *n* in *r* (Gradl MW 435, der allerdings auch an eine allgemeine Vermengung mit dem Nominativ denkt) entstanden sein, sondern nur durch Schwund der Nasalierung (*weən > weə̃ > weə*), sie läßt sich aber auch als weibliche Analogiebildung zu dem herrschenden Ausgang des pronominalen und adjektivischen Dativs Fem. (*wer: mir, dir, ihr, der, einer* usw.) verstehen, zumal da sie auch außerhalb der Mundarten[3]) und des Zwanges ihrer Lautgesetze begegnet, so in Goethes Gedicht *Kore* (W. 3, 130) 2 *Von Helios gezeugt? Von wer geboren?*

§ 482. Der schon der älteren Sprache angehörige indefinite Gebrauch des einfachen *wer, was, welch* (ahd. allerdings selten ohne Präfix) ist bei *wer* und *was* in vollem Umfange erhalten,[4]) bei *də wéchə*[5]) meines Wissens nur in der Redensart *Dàu* (oder *Və deən zwàiən) is àinə wöi də wéchə* der eine wie der andere[6]) (John Oberlohma S. 179 N. 154). Im übrigen tritt für indefinites *welcher* (außer dem Gen. *ərə* ihrer § 454 S. 415) im Sg. und Pl. *einer* ein, so vor allem bei der Wiederaufnahme eines Substantivs:[7]) (*Hàuts eppa kàa̅ Feua? ih gi enk àĩ̅s* ich gebe Euch eins, ein Feuer zum Anzünden der Pfeife, Lorenz S. 6) und (wie in dem Beispiel) als ausdrücklicher Gegensatz zu *kein*.[8])

---

[1]) Vgl. *Wem's sind die Kinder hier?* HTV S. 228 N. 225 *a* (Gabel).

[2]) Die fragende sowie die demonstr. Mischbildung besitzt schon das Mittelniederd. (*wems, wens*) Behaghel Gesch. d. d. Spr. § 220 (191) und heutzutage noch die Leibitzer Ma. (*véns* = wessen Lumtzer II § 161, *déns* = dessen ebda. § 165 Anm.), die fragende auch die Berliner Ma. (*wems, wemst, wemstn sein* = wessen H. Koppel Z. f. d. U. IV 223). Anderen Ursprunges (neutrale Endung) ist wohl das angehängte -*s* in schweiz. *im(e)s* (enkl. Akk. des persönlichen *es*, auf Personen bezogen: Schweiz. Id. I 509. 510, 2). Über *Inəns* S. 416 Anm. 2.

[3]) Sie ist z. B. auch henneberg. (in Obermaßfeld) *bèr hàlte of die kèrmeß gelàde* (der Dat. lautet hier *bàm*, Akk. *ban*) Spieß 53, 2.

[4]) Ebenso o - u. nöst. Nagl Roanad S. 107 zu V. 139 *wǎs* (das Bayr. läßt gern *ete*-vortreten: Schmeller § 754. 755, vgl. Lessiak § 156), schles. Weinhold Dial. S. 143, 6, altenburg. (mit gewissen Einschränkungen) Weise § 133, Soest. Holthausen § 404 Anm. 3. Dem Haselst. ist indef. *wer, was, welcher* verloren gegangen: Binz § 70.

[5]) Beispiele für indef. *welcher* aus der neueren Literatur sammelt F. Branky Z. f. d. U. VIII 115 ff.; Pl. *welche = einige* ist z. B. altenburg. Weise § 91, 2, vgl. auch DM V 300 (Fallersleben) *wecke,* Soest. *viske* Holthausen § 404 Anm. 3.

[6]) Vgl. im bayr. Wald *aənə̃' wiə də wéchə* = einer wie der andere, jeder: Schmeller II 895 *welch* 2.

[7]) Vgl. darüber Gebler Z. f. d. U. VIII 596, 5.

[8]) Doch nur absolut (ebenso altbayr. Schwäbl. § 54, 2), nie attrib. wie Pernegg *ǔobm sint noh ant psoln* droben sind noch »welche« Fisolen: Lessiak § 156 S. 200. Auch gänzlicher Ausfall statt der Wiederaufnahme des Substantivbegriffes (baselst. *hesch Füdere? — Jo, i ha* Binz § 71) ist dem Egerl. nicht angemessen.

Wer, was = jemand, etwas steht in Haupt- und Nebensätzen als Subjekt und Objekt: *'S is we᷎ dráß (wail we᷎ dráß is). 'S gilt wos (wenn 's wos gilt).* *I wi᷎schscho (< wi᷎ 's scho) we᷎n g᷎b)m;* über *wos* oder *wos erle᷎s* als inneres Objekt vgl. § 240. Auch *wos* steht gerne als ausdrücklicher Gegensatz zu *ne᷎ks* (wie *ein* zu *kein*): *Dös schàdt ne᷎ks.* — *I dös schàdt scho wos* (aber auch bloß, wie schriftdeutsch, *Dös schàdt scho* Das schadet schon). Als Prädikat nimmt *wer, was* in der Regel eine prägnante Bedeutung an (*jemand* oder *etwas von Bedeutung, Ansehen*): *E᷎ denkt, e᷎ r is we᷎.[1]) Dös is wos! Dös hàißt fái̅ wos!* (S. 213 Anm. 5, vgl. *aliquis, -id,* gr. *τις, τι*). *Wos* wird gleich dem schriftsprachlichen *etwas* (= *um etwas*) vor Komparative gesetzt: *da wahren die meitmacher* (da waren die Meuterer) *und aufrurer was linder worden, den sie zue vor geweßen* Baier 353. *Döi dàu sánn wos bés᷎ u döi wos gring᷎* sagte ein Elbogner Pumpernickelhändler von den verschiedenen Sorten seiner Ware; vgl. auch die Abweisungsformel *Jà, wos weng᷎s!* § 142 S. 102.

§ 483. Besondere Bedeutungen entwickelt *wer, was* außer hier und in Wendungen wie *Dàu kánnt àin᷎ wos kröign* (§ 441 S. 399), *Hái̅t künnt wos* oder *H. kröign m᷎ nu̅ wos* (Heute kommt ein Gewitter), auch in der Verbindung *od᷎ we᷎, od᷎ (su᷎) wos = oder jemand, etwas von ähnlicher Art, Größe, oder dergleichen:[2]) Dráß is ᷎ B᷎(d)lmoš od᷎ we᷎. E᷎ wà᷎ r ᷎ Ráisnd᷎ od᷎ wos*; bei Zahlenangaben daher = *ungefähr: D'Becki gàiht u künnt nàu ara hàlbm Stund oda wos wieda* Gradl EJ X 156 N. 17. *'S wen᷎ 5 Mét᷎ od᷎ su᷎ wos gwésn sd̅* Es dürften ungefähr 5 Meter gewesen sein. Über elliptisches *od᷎ wos = keinesfalls* vgl. § 31.

Häufungen sind hier durchaus gewöhnlich: *Hàut we᷎ wos ghäi᷎t?*[3])

§ 484. Von den Zusammensetzungen mit *ete-* besitzt das eigentliche Egerländische nur *épp᷎s* (< mhd. *etewaz* etwas, dazu das Adverb *épp᷎* < mhd. *etewá*), die südliche Übergangsmundart (um Neuern) auch *äpa* < *etewer*[4]) Gradl MW 50. *Épp᷎s* kann in der Regel nicht den un-

[1]) Vgl. S. 398 Anm. 5. II. Bahr Der Franzel (Wien 1901) S. 51 *Jezt bin i wer — I hab' a Geld*; erweitert *Gott wàiß* oder *wàiß Gott* (auch *we᷎ w.) we᷎ (wos)* § 29 S. 16 f., vgl. nöst. *wú᷎s gàd wú᷎* Nagl Rosnad S. 194 zu V. 229 *wú᷎s gàd.*

[2]) In ähnlichem Sinne stehen egerl. indefin. *wie viel* (auch im Teplitzer Dialekt: *e Stückre dreißich oder wie viel* Laube VÜ S. 112) und auch indef. Adverbia wie *wo: (od᷎) wàu = (oder) an einem ähnlichen (anderen) Orte*; vgl. Rosegger Heimgarten XXIII 643 *Die Alten sind weggestorben, die Jungen haben sich um ein besseres Stückel Welt umgetan. Im Miesertal oder wo, Fabriksarbeiter oder was. Ich weiß nit* (eg. wie öst. im letzteren Falle auch *oder so was*).

[3]) Auch mit entsprechenden Adverbien *wöi, wàu: Hàut épp᷎ we᷎ (wàu) wos gh.̅i᷎t?* Ebenso bayr.-öst. Schmeller § 755. Das Bayr. (Oöst.) häuft in dieser Weise auch Bildungen mit *ete-,* vgl. Schmeller I 174 *etwer.* Schwäbl § 76, 4; vgl. Stelzhamer Ma. D. I 286 N. 55, 16 *Mecht eahm ebber öbs thoan.*

[4]) *Épp᷎s, épp᷎* und flektiertes *épp᷎r, épp᷎* (Dat. *épp᷎n, épp᷎'n)* auch bayr.-oöst. Schmeller § 756. BW I 174. Schwäbl § 76, 3. 4; *etwer* und *etwas* (sowie *etwa)* tir. Schöpf Tir. Id. 111. Schatz § 147; ähnliche Formen im Kärnt. Lexer Kärnt. WB 88. (Lessiak § 156 nur *öpp᷎;* in den 7 und 13 comm. und Lusern. nur neutr. *eppas* und adv. *etba, eppa, epper < etwa* Schmeller Cimbr. WB 117 [170]. Zingerle 28). *Epper < etwer* auch alem.-schweiz. Martin-Lienhart I 83. Hoffmann-Krayer HLZ IV 161. Binz § 70, vgl. Seiler Basler Ma. 229.

bestimmten Gegenstand (*aliquid*), sondern nur die unbestimmte Menge (*aliquantum*), *wos* hingegen beides ausdrücken.

In prägnanter Bedeutung (= *viel*) steht *éppəs* in Wendungen wie *Dàu sétzt 's éppəs* (oder *wos*) *ō* = Da gibt es viele Prügel.

§ 485. Als Indefinita dienen auch die Pronomina und pronominalen Bildungen *àinə*, *ài‾s* (letzteres auch = ein Mensch § 299 S. 269, Pl. *ài‾* = einige, vgl. § 470; stets ohne *irgend*)[1]) und die damit gebildeten *koǐ* kein (§ 530 Schl.), *ài‾sé* oder *bài‾sé* einzig (§ 470), *àinich* einig (*àinichə Nàit* § 497, 3, sonst fehlt *einig* sowohl = ahd. *einíc*, mhd. *einíc* [2]) = ullus, als auch = ahd. *einac*, mhd. *einec* [2]) = unicus; ebenso *einzeln*). Hiezu kommen *mànchə*, *étlé* etliche [4]) (über *ə nöllərə* < *ein ietllcher* vgl. § 408, *jeglich* fehlt) und die ursprünglichen Substantiva *man* (*mə*, stets enklitisch und proklitisch, sowie die Zusammensetzungen *emməts* oder *eməts* und *nemməts* § 299 S. 270) und *néks* nichts (*iht* fehlt).

Indefinite Pronominalbegriffe liegen endlich auch in der Mundart in den Adjektiven *ə gwisə* (nicht *ein sicherer*), *də nämlé* (in diesem Sinne nie *derselbe*), in *alə* aller (auch im Sg. *àln Wài‾*, *ən Wài‾ àln*, aber nicht *alle Welt*; *àls* alles, auch = alle Leute § 299 S. 269, über erstarrtes *àlə* § 425), Pl. *àl* alle (über distributives *àl Àu(b)mblik* § 495 β, über das Verhältnis von *all* zu *ganz* § 429), *lдttə* lauter (ebda.), *vüü'l*, *weng* (etwas *z'weng ho(b)m* = vermissen, *z'weng sd‾* auch = abgängig sein; [5]) über *dös Weng Wésch* § 300), *gnouch* genug, *ə pàə*, *Mehrere* fehlt.[6]) Auch die Umschreibungen mit *weə* (oder *Gott*) *wàiß weə* (*wos*) S. 441 Anm. 1 nähern sich bisweilen einem indefiniten Begriffe *irgend jemand* (*etwas*): *Dàu hàit weə* (oder *Gott*) *wàiß weə kummə künnə* = Da hätte wer immer kommen können (auch in konzessivem Sinne).[7])

§ 486. Bemerkenswerte Eigentümlichkeiten des Gebrauches zeigen hievon nur *einer* und *man*, namentlich in ihrem gegenseitigen Verhältnisse.

Winteler Kerenzer Ma. S. 188 § 3 *b*. Schweiz. Id. I 590. 594 f. Hingegen ostfränk. nur *eppes* < *etwas*; ergeb. u. vogtländ. nur *wos* und (westerzg. u. vogtl.) *epr* < *etwa* Franke BH II 323, 11. Abschleifung des ersten Teiles zeigt auch bayr. *e'uvr*, *e'wen* Schmeller § 755, altenburg. *ewas* < *etewas* Weise § 144, osterl. *ewǎr*, *ewas* Treba § 46, 2, deutsch-ung. *ewér*, *ewǎs* Schröer Versuch 34 [284] ; Pernegg. *awér*, *awǒn*, *awǒ*, nach I.essiak (§ 156) < *iewǒl* usw.

[1]) In Pernegg *andr* oder *indrt* (*indrǐt*) *andr*, i. *khandr* I.essiak § 156.

[2]) Lus. *uanigε* = einige, manche Zingerle 56, auch anderwärts, z. B. in Soest in dieser Bed. Holthausen § 404 Anm. 3. Anderen Ursprungs sind die oöst. Formen auf *-ch* : *oanch*, *oach* (Nom. Mask.), z. B. *oanch den oan froat* Stelzhamer Ma. D. I 264 N. 40, 46: S. 319 N. 66, 410, *oanich*, *koanich* (Nom. Fem.) S. 286 N. 55, 18. 15, Dat. *oandch*, *koanich* S. 194 N. 14, 131. S. 220 N. 25, 4: hier ist das *ch* überall erst an die Endung (Nom. Mask. ohne Endung, Fem. *i*, Dat. *d*) angetreten: *oa(n)ch* < *ein-ch*, *oanich* < *einiuch*, *oandch* < *einer-ch*; vgl. ebda. S. 268 N. 44, 5 *zu derǎch* (D. Sg. F.) < *derǎ* (= der, dieser) *-ch*, worauf schon die Anm. zu S. 286 N. 55, 15 richtig verweist und die nicht ganz klare Anm. zu S. 220 N. 25, 4.

[3]) Kärnt. *ǎnik* = *ǎnuik* einzig, allein : Lexer Kärnt. WB 82 *ǎnuik*.

[4]) Fehlt z. B. dem Lus. Zingerle 56 *uanig*.

[5]) Auch von Personen, vgl. *Drei Tǒgh is a* (der Sohn) *schǒ‾ s'weng* EJ XIII 101.

[6]) Das Osterl. hat *marə* < mehrere : Trebs IIIZ IV 14, 4.

[7]) Beides auch oöst., vgl. S. 441 Anm. 1, osterl. Trebs Ma. a. O. N. 12. Hingegen sind die dem mhd. *newein iwer* (*was*) u. a. entsprechenden Formen (alem. bei Hebel *nǎumer*, *nǎumis* u. a. Hoffmann-Krayer IIIZ IV 160, vgl. auch Schweiz. Id. IV 807) dem Eg. fremd.

Man bezeichnet auch in der Mundart

1. die große Allgemeinheit der Menschen, des menschlichen Wesens (*Wemmə old wiəd* Wenn man alt wird), deckt sich also beiläufig mit dem generischen Singular *der Mensch* (also = *Wenn də Mensch old wiəd*; die *Menschen* ist hier ungebräuchlich),[1] obwohl in festen Redewendungen wie *Schöll mə r àffə sog'n!* (Lorenz S. 10, etwa = *Was soll man dazu sagen?*) niemals *də Mensch* für *man* erscheint. In Sätzen wie *Mə tät 's jà gern* = *Ich täte es ja gerne, Jung is mə hàlt ä nimmə* = *Jung bin ich auch nicht mehr, Suə sàgt mə niət* = *Sage nicht so!*[2]) kann man nicht von einem Ersatz des *ich, du* durch *man*, d. h. von einer unmittelbaren und ausschließlichen Beziehung des *man* auf die erste und zweite Person reden, sondern nur von einem Einschluß derselben in die Allgemeinheit;[3]) um die Behauptung oder Aufforderung dem Schein subjektiver Willkür zu entrücken, wird deren Allgemeingiltigkeit betont, aus welcher sich die Anwendung auf den Redenden oder Angeredeten von selbst ergibt. In solcher Ausdrucksweise kann sich Bescheidenheit und Vorsicht (Wunderlich Umgangspr. S. 223. Weise § 90, 1), aber auch Selbstgefälligkeit spiegeln, die rechthaberisch die eigene Kenntnis des Gemeingiltigen betont.

2. Auch in den selteneren Fällen, in denen sich *man* nicht mittelbar, auf dem Umwege durch die Allgemeinheit, sondern tatsächlich unmittelbar auf eine andere, einzeln bekannte aber nicht näher bezeichnete Person (nicht auf den Redenden) zu beziehen scheint (wie in *Öitsə làit mə* Jetzt läutet man, d. i. der Glöckner, Meßner, *Dàu schlegt ma(n) hàkwa dra* Da schlägt man, d. i. der Türmer, dann auch auf die Uhr übertragen, halb drei Uhr HTV S. 176 N. 132 Plan-Eger),[4]) ist es doch die Allgemeinheit, die Gemeinde, die Stadt, deren Wille sich in der Handlung der einzelnen, des hiezu angestellten Glöckners, Türmers, äußert. Für diese Grundlage des Sinnes spricht die Unmöglichkeit, *man* zu gebrauchen, wenn etwa eine unberufene Hand zu ungehöriger Zeit den Glockenstrang rührt (nur: *Hurchts, dàu làit àì⁻nə* oder *weə oſ*). Daher

---

[1]) *D'Làit* hat diesen umfassenden begrifflichen Sinn ebenso wenig wie nhd. *die Leute*, sondern einen mehr oder weniger okkasionell beschränkten (= *die Menschen unserer Umgebung* u. dgl.).

[2]) Bisweilen stehen (wie öst.) *ich* und *man* nebeneinander: *Owa r ih ho ma ə⁻büldt* (eingebildet), *ma könnl niəl gcan gicah sa(n) u destwegn howo a mi a näi⁻ 'traut* EJ XIV 123. *Owa r unna àiuə iə scho⁻ làng üwri af dàra Welt, wal mə glàtt neks hàuf* Lorenz S. 7. Die barsche Frage *Wer ist man? Was will man?* = Wer seid Ihr? Was wollt Ihr? und die Anrede mit *man* (*Kan hèrt!*; ähnliches els. Martin-Lienhart I 686 b) sind dem Egerl. wie dem Öst. fremd.

[3]) Wunderlich Satzbau II 232 Anm. 3 spricht von *man* als einem »Deckmittel« für den Redenden und den Angeredeten; Beispiele aus Halbe und Keller ebda., aus dem 17. Jh. bei Kehrein Gr. d. 15.—17. Jh. III § 71. *Man* (= ich) ist heutzutage auch öst., fränk.-henneberg. DM II 402, 16, schles. z. B. *jong iə ma ju əə nemme* Langer Aus d. Adlergeb. I 52.

[4]) Beim Zusammenläuten mehrerer Glocken wird auch der Plural gebraucht: *Öitsə làitn 1'. Hàmm sɨ scho s'iamm'gläiit'?* Haben sie schon mit allen Glocken (unmittelbar vor Beginn des Gottesdienstes) geläutet? *Schlagen* wird ebenso oft unpersönlich gebraucht: *Öitsə schlàgts drä. Man* bei *schlagen* auch altbayr. Schwäbl § 76, 1 Anm. 1 (öst. dagegen nur onpers.) und anderwärts, so obhess. Crecelius 733; *läuten* öist. nur im Plur. *7Aàm schan s'iamläutn d*; *aft làutns ins selbö in dá Kīrä inf* (unten) *s'iamm* Matosch D'vàsàmti Prödl Aus dä II. I⁰ 314.

sind auch Fälle, in denen *man* (einfach = *jemand*) einer solchen allge-
meinen Beziehung ermangelt wie das auf der Bühne heimische *Stü*,
man kommt! der Mundart fremd (nur *Du, dau künnt àinə* oder *weə!*). ¹)

Indefinites *einer* ersetzt

1. wie in der nhd. Schriftsprache ²) die fehlenden obliquen Kasus
von *man*: *Wenn àin wos gschiət*;

2. auch den Nominativ fast in allen Stellen, wo nhd. *man* steht; ³)
so vermittelt es gleich und neben dem letzteren den Begriff der Allge-
meinheit: *Wenn àinə* oder *àiˉs hàlt old wiəd. Wenn àiˉs kràʃk is.
U àffə schöll àina niad wöidi wean!* Und dann soll man nicht wütend
werden! = Da muß man doch wütend werden! Lorenz S. 25; ferner
kann es wie *man* den Begriff *ich* vermitteln : ⁴) *Dös mou àinə hàlt wissn
= Das hätte ich eben wissen müssen* oder *sollen. Dös mou àin gsàgt
weən = Das hätte man mir sagen sollen*; es tritt aber sowenig wie
man in der Anrede auf (*Hör einer den Schalk*, vgl. Wunderlich Um-
gangspr. S. 224). Dagegen kann *einer* zum Unterschied von *man* nur
einen als unbestimmt hingestellten einzelnen (also = *irgend jemand*,
eməts und indef. *wer*), nie einen einzelnen bezeichnen, den man als be-
kannt nicht näher zu bestimmen braucht: *Dàu hintn künnt àinə* (*eməts,
weə*) *nàuché, i kenn nən niət.* Vorgezogen wird *àinə* besonders dann,
wenn der Zusammenhang einen Begriff vermittelt, der wenigstens der
Gattung nach bestimmter ist als *eməts, weə*: *Wöi ə in də Nàcht hàim-
gàngə r is, hàut nən àinə* (ein Strolch, Wegelagerer) *mittn in Wold àˉ-
pàckt. Dənəlé* (Da neulich) *is àinə* (ein Hausierer) *mit Stràuhpàntoffln
ümgàngə.*

§ 487. Besondere Bedeutungen entwickelt *einer, -e, -es* durch den
Zusammenhang als Vertreter bestimmterer Substantiva, ⁵) so in den Ver-
bindungen *àiˉs singə* oder *màchn, tànzn, ràuchn* (S. 23 Anm. 6. § 239 *a*),
jemandem *àiˉs* (einen Schlag) *géb̦m, àiˉhàuə, diˉláichtn* (gewöhnlicher
hier *ə pàə*, oft selbst dann, wenn es sich nur um einen einzigen Schlag

---

¹) Gilt auch für das Oöst.

²) Auch in anderen Maa., so z. B. öst., koburg. DM III 176, 17, schwäb. DM II
115; altbayr. tritt dafür *eahm* als Dat. Akk. ein: Schwäbl § 76, 1.

³) Ebenso z. B. nürnberg. *Wenn áner halt kortsichti'* is DM VI 260, Der Kurz-
sichtige Z. 1, öst. (gern das Neutr.), nordböhm. *andre* (Bücher), *wou ajn'n urntlich 's Hur
uf'n Kuppe zu Barge schtieht, wenn 's enner liest* Tieze Hejmt I 12 (Warnsdorf). Vgl. lat.
unus, das in Verbindung mit *aliquis, quidam, quivis, quilibet, quisquam* u. a. (bei Tereuz,
Plautus, aber auch bei Cicero, Livius) auf dem Wege zu einer indefiniten Bedeutung ist:
Freund WB der lat. Spr. IV 874 a B.

⁴) Vgl. Goethes Mutter Br. II 73 N. 41 *laße* (Imp.) *einem* (= mich) *nicht so lange
auf die Fortsetzung* (des »Wilhelm Meister«) *harren* — *denn ich bin gar begirig drauf.* Im
O.- und Nöst. (nicht im Wienerischen) wird *einer* = *jemand* (mit Einschluß des Redenden,
meist geradezu = *ich*) und *einer* = *irgend ein anderer* (mit Ausschluß des Redenden) sogar
lautlich durch *ánàr* und *õünàr* unterschieden: Nagl Roanad S. 141 zu V. 171 *ăn.*

⁵) Elliptisch möchte ich diesen Gebrauch nicht nennen (wie Weise § 138), weil in
Egerl. nur die substantivischen vollen Formen von *ein* erscheinen, nie die abgeschliffenen
attributiven d. i. die Formen des unbestimmten Artikels, die als proklitische Formen übrigens
nie ohne das stützende Substantiv auftreten können.

handelt), jemandem *ài˜s* (eine Grobheit) *ošlàinɔ* (anlehnen), *Öitzɔ hàut wìdɔ r àinɔ* (ein Unverständiger) *grédt* = Da hast du wieder einmal eine Dummheit gesagt, *Dös is dɔ r àinɔ!* Das ist dir ein Schalk, Schlaukopf u. dgl., *Eɔ hàut àinɔ* (ein Mädchen) *vɔn Dorf gnummɔ* (geheiratet`, *Eɔ hàut wàu àinɔ* (eine Geliebte, Braut) *stäiꞏꞏ* (oder ohne *stäiꞏꞏ* : *Eɔ h. w. à.*), *Eɔ r is in dɔ Sŕod üwɔ d'Nàcht bɔ r àinɔ* (euphemistisch = Hure) *gwťsn, Eɔ hàut àin* (einen Bauchwind) *fàɔn* oder *gäiꞏꞏ làuɔ* u. dgl.[1])

C. Verbindungen des Pronomens.

I. Bestimmungsgruppen.

§ 488. *a*) **Appositive** Bestimmungen und zwar **Pronomina** treten nur wenige zum Pronomen; so verbindet sich *mir, mich, dir, dich* usw. mit erstarrtem *selwɔ* (§ 459); die ältere Form der Übereinstimmung (auch beim Genitiv *mín selbes* sowie beim Possessiv) ist nicht mehr üblich. *Ihr, wir,* seltener *sie* wird durch folgendes *einer* beschränkt : *Kummts àinɔ heɔ! Mɔ gengɔ öitzɔ r àinɔ dàɔ* = Einer von euch komme her! *Einer von uns geht jetzt hin.*[2]) Zu *wir, ihr, sie* tritt wie in der nhd. Schriftsprache *alle,* zu fragendem *wer, was* das indeklinable Neutrum *alles* :[3]) *Weɔ wàɔ r àls dönɔ? Weɔn hàust àls gsešh? Zɔ weɔ moußt ɔnn àls gäiꞏꞏ?* Das Possessiv verbindet sich auch in der Mundart mit *eigen* (*àign*).

Mit **Substantiven** gehen Pronomina abgesehen von der eigentlichen Apposition (*eɔ, dɔ Michl* § 452) kaum andere appositive Verbindungen ein. . *Ich lɔsl* steht gegenwärtig mindestens an der Grenze der attributiven Verbindungen (§ 381).

Auch appositive **Adjektiva** treten in Wendungen wie *Deɔ nìɔt fàl* (Der, nicht faul) | *läfft n.ɔn nàu* gewöhnlich mit dem Pronomen zu einem Satztakte zusammen.

§ 489. *b*) **Syntaktisch untergeordnete** Bestimmungen sind

1. in gleichem Kasus: die Artikel *der, ein,* dazu *kein: dɔ màiꞏꞏ* § 302, *dɔ sell* § 459, *dɔ r àiꞏꞏ* — *dɔ r ànnɔ* § 470. 471, *dɔ erscht, zwàit* usw. § 479, *dɔ wèchɔ* § 481, *s Weng* § 300; *ɔ drài* § 404. *ɔ u*

---

1) Oöst. die meisten dieser Wendungen (mit Ausnahme von *hineinleuchten, anlehnen*), auch *eine* sc. Geliebte *haben* (ohne „*stehen*'). Nordböhm. wie übrigens gelegentlich auch egerl. in gleichem Sinne wie *eine* (Geliebte) auch *etwas*: *Det hot Schuljahnen Frans wos* (Anm. 4 »ein Mädchen«) *stihn* Tieze Hejmt I 39 (Rosendorf). Nöst. Wendungen dieser Art verzeichnet Nagl Roanad S. 311 zu V. 342 *dàrꞏꞏɔ b*), els. Martin-Lienhart I 43 b, altenburg. Weise § 138.

²) Auch oöst. *Kèmts* (oder *Mia geugàn*) *oanà he(r)* bezw. *hin*; nordböhm. *Kummt ma enue ha* Tieze Hejmt I 5 (Windisch-Kamnitz).

³) Nicht dekl. *aller* wie bayr.-öst. *Wer ist aller da? Wen hast allen gsehn?* Schmeller I 57 ; vgl. Anzengruber Dorfgänge II 26 (Ges. W. IV 26) *wer jetzt mit einmal aller zu ihm kam.* Auch altenborg. *mit wem allem wollt ihr 'n gehn?* Weise § 131.

oder *ɔ r ànnɔrɔ* § 471, *ɔ jễdɔ,*[1]) *ɔ nöllɔrɔ*, *ɔ mànchɔ* § 408; *koꝛ séchɔ*, *koꝛ ànnɔrɔ*, *koꝛ zwàilɔ*; Kardinalzahlwörter vor 100, 1000: *vöiɔhunnɔt* usw.; Demonstrativa und Possessiva sowie Adjektiva vor substantivierten Pronominalbegriffen: *dɔ r àinɔ, md˜ àls* § 470. § 299, 1 S. 270, *ɔ kloi˜s Weng* § 300, *ɔ s(ü)kwɔs pàɔ Schnàlln* = ein paar silberner Schnallen § 419 *b*;

§ 490. 2. in verschiedenem Kasus: ausschließlich Genitive und zwar meist partitive wie *unnɔ, enkɔ, irɔ (ɔrɔ)* vor Zahlbegriffen: *unnɔ r àinɔ, unnɔrài˜s* § 447; über *enker einer* ebda., über *irɔ, ɔrɔ* § 454; seltener andere: *s Gàuɔs dràmàl* des Jahres dreimal (neben *s Gàuɔ*[2]) und *in 'n Gàuɔ dr.).*[3])

Eine Erinnerung an die pronominale Natur des *nicht* hat nur das Volkslied erhalten, z. B. *Unsers Bleibns is nit hier* HTV S. 25 N. 43 (Eger).[4])

Hingegen ist der alte Genitiv bei *nichts* wie im Schriftdeutschen durch eine selbständig flektierte Form ersetzt: *nɛks Gouts, tɔ nɛks Gou(d n* nichts Gutes, zu nichts Gutem.[5]) Bei *was* sind sowohl der Genitiv Pl. von Substantiven (*no˜ wos Làit!* = welche Menge von Leuten! vgl. mhd. *was liute*) als der Genitiv Sg. von substantivierten Adjektiven (*wos Schäi˜s*) unkenntlich geworden, desgleichen bei indefinitem *was* und *wer*, *emɔts* und *nemmɔts* der alte adverbial erstarrte Genitiv *anders* (*wos* und *weɔ, weɔn* usw. *ànnɔs`,*[6]) bei *wer, jemand, niemand* die nominativisch gedeuteten substantivischen Adjektiva wie *Fremdes* (*weɔ, emɔts, nemmɔts Fremms, Rechts* § 299, 1 S. 269).[7]) Soweit das Genitiv -s nicht nominativisch gedeutet wurde, fiel es ab: *wos Huls! Wunnɔ wos* Wunder was! § 29 S. 17.[8])

---

[1]) Im Pemegg. erstarrt der Artikel vor *jeder*: *aniɔdr* (= seltenem *aur iɔdn*) *dirn* einer jeden Magd: Lessiak § 156, 5.

[2]) Beim Fem. ist der Akk. die Regel: *àl Wochn dr.*

[3]) *Alɔ goutɔ Dingɔ sànn drꝛ* ist ebenso gut = *Aller guter Dingɔ* als *Alle gute D. s. dr.*

[4]) Das Heidelberg. besitzt den part. Gen. bei *nicht*: *ich weess mer nit Rots, es is noch nit der Zeit* Sütterlin Genitiv S. 4. Fremd ist dem Egerl. der Genitiv (abgesehen von *ihrer*) auch bei *kein* (fichtelgeb. *hi aurèd˜nt* DM IV 256, 9 f., preßburg. und koburg. *ka bleib˜us* DM V 506 N. IV, ähnl. in Rappenau Meisinger III.Z II 249 § 5, 2) und bei indef. *ein* (nach Matthias Sprachleben S. 267 Anm. nur im Süden, aber auch heidelberg. Sütterlin Genitiv S. 4, altenburg. *ein* und *kein Bleibens, ein Erbarmens* Weise § 47, 2); über (*nicht*) *der Zeit* oder *Weile haben* vgl. S. 223 Anm. 4.

[5]) Heidelberg. hingegen *mit nix guts* Sütterlin Gen. S. 5; auch henneberg. *nisɔ wirrts* nichts von Wert: Spieß 86.

[6]) Neben *weɔ (emɔts) ànnɔrɔ*, Akk. *wɔɔn ànnɔn*, und *weɔ (weɔn) ànnɔscht.*

[7]) Das Mask. (daß *man glaubt, weiß Gott wer Rechter kommt* aus E. Karlweis Z. f. d. Spr. VII 28) ist mir hier nicht geläufig.

[8]) Hingegen rudolstädt. *Wunders was* Weise § 47, 2, märk. *bot wunnɔrs* DM V 419 N. II 2. Andere Maa. kennen bei *was* noch deutliche Genitive von Femininen: *Wasɔ* ist der Mer (vgl. mhd. *was mære*) Schmeller I 1634, tir. Schöpf Tir. Id. 421, fränk. DM I 142, 14, Schleicher 69, an der schwäb. Retrat DM VII 397, obhess. Crecelius 577; in Rappenau *epɔs tv mɛɔp* Meisinger III.Z II 249 § 5, 2. Auch der Genitiv bei *was für ein* (heidelberg. *was is des for e Lärmɛs* Sütterlin Gen. S. 4, ähnlich in Rappenau Meisinger a. a. O.) ist im Egerl. unbekannt.

Den Genitiv der Trennung bei (*all*)*ein* = verlassen von [1] (mhd. *alters, muoter eine, der fröude aleine sîn* Lexer I 36) bietet nur die erstarrte Verbindung *moudəsəlàiˉ(z)* Mutters allein oder *moudəslàiˉ(z)*, in Theusing *immuttəschəluiˉ* [2] Mannl S. 10, sonst im Egerlande auch *moudschiəlàiˉ* neben dem volleren *moudəsällnəlàiˉ(z)* mutterseelenallein.[3]

§ 491. Wie zum Substantivum treten auch zum Pronomen attributive Adverbia:[4] *dez géstən, dez hàiˉt* [5]) kann z. B. mit Beziehung auf *Wein* heißen *der gestern, heute getrunkene Wein*; über *dez dàu* vgl. § 461, über *wez ànnəscht* § 490; ferner Präpositionalausdrücke: *Du mit dàin ärwingə Gschimpf wiəst àm wengstn dsrichtn* [6]) = Du, der du immer schimpfst, usw., besonders gern stehen lokale und andere Bestimmungen beim Demonstrativ: *dy vam Elbogen* = die Elbogner Bürger: Elbogner Chron. S. 2 Z. 8 und so noch heute *Deə* sc. Lehrer *və Bruck wàə r à durt*. *Dös* sc. Feld *àm Büəl* am Buhel oder *hintən Wold*. *Dös mi(dːn Nauchbən* Die Angelegenheit, der Vorfall mit dem Nachbar *is in Ordnung* [7]) u. ä.; auch zu Indefiniten: *Dàu is wos ás* oder *və Jəghə* Da ist eine aus oder von Eger gekommene Sendung. *Ainə və Bruck* usw. wie schriftdeutsch.

---

[1] *Ein* = einig verbindet sich in *Aànnlàiˉz* handeleins (Mitt. XXII 128 Z. 15) wie öst. nur mit der flexionslosen Form, nicht mit dem Gen. (*handelseins*); dagegen z. B. henneberg. *hannels eenig* Spieß 44.

[2] Diese Form zeigt Abtrennung und Vorschiebung des *in* von *inluiˉ* allein, wie das nürnberg. a *moutterla* Frommann zu Grübel 102 *d*, vgl. *ˉ musdáslaˉ* Schmeller I 1699.

[3] Letzteres auch öst. Ob *moudschiəlàiˉ* aus *muttersteligallein* (vgl. *mutto'seligəlaˉ* Schmeller I 1699. Schöpf Tir. Id. 448. Martin-Lienhart I 47 ª. Schweiz. Id. I 275) verkürzt ist, wie Gradl MW 528 anzunehmen scheint, wage ich nicht zu entscheiden; es enthält aber jedenfalls eine Bildung auf -*ig* (< eg. -*i*) gleich dem obpfälz. *ˉ moudigəʻlàiˉz* (Schmeller a. a. O.). Wer *mutterseelenallein* mit Grimm Gr. II 556 als *verlassen von jeder Seele, jedem Menschen den die Mutter geboren hat* erklärt, muß *Seele* = Mensch (vgl. *keine Seele* = niemand) fassen, also *Mutterseele* wie *Muttermensch* oder *Mutterkind* (= Mensch) DWB VI 2827. Diese farblose Bedeutung von *Mutterseele* scheint mir aber der emphatischen Betonung, dem Gefühlston nicht ganz gerecht zu werden, der wenigstens gegenwärtig für ein aufmerksames Ohr in *Mutter* zittert, weshalb mir Nagls Erklärung (Rosnad S. 190 zu V. 221 *sáll*) *selbst von der Mutter Seele verlassen* vorzuziehen scheint.

[4] Vgl. *Wir heute kennen den Gradunterschied nicht mehr* usw. Fr. Kluge Über die Entstehung unserer Schriftsprache, Wiss. Beih. VI 10.

[5] Vgl. »Kömmə, sagte sie, »wir wollen uns vertragen: *das heut* (deine heutige Leistung) *ist besser als da du mir die Katze totschlugst!* Storm Der Schimmelreiter Ges. Schr. XIX 167.

[6] Die Wortstellung und der einheitliche Satzakt bis nach *Gschimpf* verbürgen hier die attributive Natur des Präpos.-Ausdruckes; vgl. § 412.

[7] Oöst. *weit hat mi grödt von »Der« s' Moarhofə* Stelzhamer *D'Àhnl* 44 (Ma. D. II 85); auch die übrigen in § 491 angeführten Gebrauchsweisen sind dem Oöst. und wohl dem Bayr.-Öst. überhaupt nicht fremd; vgl. auch *Das mit dem Kater hab ich rein gemacht* Storm Schimmelr. Ges. Schr. XIX 136. Daß man es hier in der Mundart nicht umgekehrt mit einer durch den Artikel substantivierten Präpositionalverbindung zu tun hat, zeigt die betonte volle nur dem Demonstrativum angehörige Form *dez, dòi, dəz* usw. (gegenüber den tonloser proklitischen Artikelformen *də, dˉ s*) sowie die Unmöglichkeit, den unbestimmten Artikel *ə* (etwa wie in *ein Von der Hagen* = einer der Familie V.) statt des Indefin. *einer* (*àinə və Bruck*) zu setzen.

II. Erweiterungsgruppen.

§ 492. Verstärkungsgruppen aus sinnesähnlichen Begriffen sind hier kaum nachzuweisen. *Dieses und jenes* oder *Dies und das* fehlt (§ 461), auch *Alles und jedes* klingt mir nicht echt mundartlich.[1] Verdoppelungen desselben Pronomens mit *und* haben meistens einen besonderen Sinn: *deɔ r u deɔ* = N. N., vielleicht mit Beziehung auf den Vor- und Zunamen, *deɔn u deɔn*, auch *ɔn snɔ r u suɔv(ü)ltn*[2]) als Ersatz des Datums, vielleicht mit Beziehung auf Tag und Monat, vgl. § 461, *Eɔ r is mit in df du u dn* = sie duzen sich, mit Bezug auf die wechselseitig gebrauchte Anrede u. dgl.

Erweiterungen des Begriffes sind z. B. die Verbindungen der Einer mit den Zehnern: *virɛɔ, vöiɔrɔɔzwänɔg* usw.; die Erweiterungen der Aussage *ich u (odɔ) du, weɔ r n (odɔ) wos* u. dgl. unterscheiden sich nicht von den entsprechenden Gruppen der Substantiva.

6. Adverbium.

A. Bedeutung des Adverbs.

§ 493. Unter den relativen Adverbien haben in bestimmten Verbindungen einen absoluten Sinn entwickelt

der leere Begriff *so*: A. *Häust éppɔ r ɔ Gschäft drü(b)m in Tänchn* (Tachau)? — B. *Nd̄, i gäih nō suɔ r ümmé* Ich gehe nur so, d. i. ohne besondere Veranlassung, hinüber; daher dient es auch als ausweichende Antwort. A. *Wärum gäihst ɔnn ümmé?* — B. *Nō̄ suɔ!* (vgl. § 44);

ferner die verknüpfenden Begriffe *fnrt* fort, *sou* zu, beide auch = fortwährend, immerfort: *Eɔ r is zon sitɔn bli(b)m*; *uɔ(b)mdf* obenauf ist auch = im ersten Stockwerk des Hauses: *Di Altn sánn* (= sind oder wohnen) *uɔ(b)mdf*; *druntn* kann von körperlicher und geistiger Entkräftung gebraucht werden (*Eɔ r is gänɔ druntn*, vgl. *herabgekommen*), *bɔsàmm* beisammen (= *bɔ r ɔnànnɔ* § 472) von körperlicher oder geistiger Gesundheit oder Kraft (*Si is wïdɔ bɔsàmm* = *bɔn Záich*; § 294, 3 S. 260. *Eɔ r is mɔt rɔɔt bɔsàmm* Er ist schwach- oder irrsinnig); auch *df* auf = in Bewegung, Aufregung (§ 503 *b*) u. a. nähert sich einer absoluten Bedeutung. *Sī̄st* ist in relativem Sinne wie im Nhd. = sonst, in einem mehr absoluten = in der der unsrigen vorausgehenden Zeit (im Gegensatz zu *jetzt*): *Sünst hànt da Mülla a Napfl g'nmmua, Öitza nimmt a(r) a Strich* IITV S. 349 N. 724 (Plan). *Wöi 's sinst g'west is* Lorenz S. 8.

Auch beim Adverb (wie beim Adjektiv, § 417, 1 a) gelangt der Komparativ bisweilen vom relativen vergleichenden zu einem absoluten Begriff, vgl. *öftr* öfter = ziemlich oft (gegenüber dem stärkeren *oft*).[1]

Übergang anderer Wortklassen in die des Adverbs.

§ 494. Abgesehen von den mit adverbialen Suffixen gebildeten adjektivischen Adverbien[2] besteht die Gruppe der Adverbia aus erstarrten Substantiv- und Adjektiv-Kasus und Verbalformeln.

1. **Pronominale** Bildungen sind außer den schon erwähnten *alai̇̅s* allein (§ 469. 471, nie als Konjunktion; *einst* fehlt), *ännəscht* oder *ännərischt* (letzteres E. J. XIV 121, beide Formen schon im Planer Pass. S. 56 *anderst*,[3] S. 61 *anderist*, immer nur = anders, nicht mehr = zweimal, zum zweitenmale wie mhd. *anders, anderest, andrest* Lexer I 56; vgl. § 490), *mànnə, mànə* einander (§ 472), *selwə (selbst, selben, selm* fehlen § 459) sowie einigen Präpositionalverbindungen wie *trotz-, wärənddean* trotz-, während dem,[4] letzteres = unterdessen, *imasi̇̅st* umsonst[5] (*umbe sus, sust, sunst* Lexer II 1327. 1742; vgl. § 507; andere wie *indem, indes, indessen, ohnedies* und *ohnedem, unterdessen, überdies, überein, vordem, sudem* fehlen) noch

---

[1] So, *fort, obn (drobn), herunt, beinand, auf* (= nicht zu Bette), *sonst, öfter* in gleichem Sinne auch öst.

[2] Von diesen besitzt das Egerl. nur die adjektivischen auf ahd. *-o*, mhd. *-e*, das abgefallen ist (im Gegensatz z. B. zum Obsächs.; *stille, gerne, June* C. Franke BII I 272 *o*, zum Schles. Weinhold Dial. S. 135; vgl. auch Schmeller § 826; vereinzeltes egerl. *gouts* = adverb. *gut*, z. B. *In Eghaland is 's gouta* HTV S. 167 N. 115 [Eger-Plan] ist schwerlich das mhd. Adverb. *guote*; Hechstein zu Gottfr. Trist, 5236, vgl. o.-nöst. adverbiales *guadi* Nagl Roanad S. 155 zu V. 190 *bügi*, sondern eher erstarrtes *guter*, vgl. eg. *als = alter* und kärnt. *i'kann 's guoter* = mir geht es gut: Lexer Kärnt. WB 128, ähnlich *litzer* ebda. S. 178): ferner einige wenige Bildungen auf *-ing* wie *giling* (§ 499), auf sekundäres *-t* wie *gnaucht* nahe (auch in d. Sechsämt. *gnaucht* neben *nau* Wirth § 32, 5, obpfälz. *nauhht < näheut, nähet* Schmeller I 1735 f., öst. *nahdt), ännzscht* oder *änzscht < anders-t, vs sonst* von ferne: Lorenz S. 22 (mhd. *von verrens* Lexer III 201, Weinhold Mhd. Gr. § 320), *vstnlmit* verstohlener Weise, *s'endst* und *gringst* § 407: in *endlest* (= endlich, in der Tachauer Ma.: J. Koferl Der politische Bezirk Tachau 1880 S. 53) scheint *-st* als Endung angehängt zu sein (falls nicht auch hier Gen. *endlés < endliches* zugrunde liegt); vgl. auch *öffət = öffə, nächst = nächs*, beides = nachher, sodann. Fremden Ursprungs sind die Adverbia *extrə* (⌢ lat. *extra*) = bei Seite, abgesondert (*Dós how-i extrə g'ligt*), dann = besonders (*Mir r is nist extra* = Mir ist nicht besonders gut), endlich = *s'flüß, justment* (*Oits tou i 's extra nist*); *akrat* (< lat. *accurate* Neubauer Mitt. XXVII 173) = genau, auch = *justament!* nun gerade!, *netto* (lediglich in kaufmännischem Sinne) < *netto*; alle diese fremden Adv. auch öst. (*nettá;*" nur, nicht bloß kaufmännisch).

[3] Über die seit dem 15. Jh. auftretende Form mit *t* vgl. DWB I 313. Bayr. *anders* Schmeller I 100, altbayr. *andsscht, -schts* Schwäbl § 97, 2. 4, *an(d)erst, an(d)ästá* auch oost., vgl. Stelzhamer Ma. D. I 15 N. 1, 24 *nöt viel andstá*, tir. *ánderst, anders* Schöpf Tir. Id. 14, kärnt. *ánderst, ánderstar* Lexer Kärnt. WB 6, vgl. kärnt. S. 185; schwäb. *anders, -st, -ster* Fischer I 186: die komparativische Fortbildung auf *-er* auch schles. Weinhold Dial. 136, obhess. Crecelius 40. Den egerl. breiten *sch*-Laut zeigt außer den bayr. F. u. dem schles. *anderscher* z. B. auch handschuhsh. *analt* Lenz S. 8.

[4] Gelegentlich hört man von Landleuten in halbschriftl. Redeweise 'S *is nist in dem* = Es verhält sich nicht so.

[5] Bayr.-öst. *umssunst, umasist* Schmeller I 77. II 333.

a) die aus dem Stamm des Personalpronomens der 3. P. gebildeten *sus, sus* [1]) so [2]) (*alse* also, folgernd und vor Adjektiven § 425, *àls* als, *àls-dann, -donn* alsdann) und *si̅·st, sinst, si̅·st, sünst* sonst; [3]) ältere Formen noch in den Egerer Stadtges. v. J. 1400, z. B. S. 12 XV [b], 3 *susi*, ebda. S. 19. N. 43 *susten*, im Planer Pass. S. 70 *sonsten*; heutzutage, wie schon mhd., umgelautet: [4]) Gradl MW 389;

b) die vom Demonstrativstamm *da* gebildeten *dàu* da, in räumlicher und zeitlicher Bedeutung wie im Nhd. (< älterem *dà<dàr*; über *à* > eg. *àu* Gradl MW 129, aber auch dem seit dem 14. Jh. mit *dà* vermengten *dò* lautlich entsprechend; über *ò* > eg. *àu* Gradl a. a. O. 170), *dàs* dorthin (< älterem *dar, dare* < *dara*; vgl. Gradl a. a. O. 15) und die z. T. schon seit dem Mhd. zu einheitlichen Wörtern gewordenen Verbindungen mit unbetontem [5]) *da'r*) wie *dràf* darauf, *dràs* daran, *dràs* daraus, *dràss* oder *dràssn* draußen, *drà͞* darein, *drin* darin, *drinns* drinnen, *drim* darum, *drus·b̀m* d(a̓)roben, *drunin* darunter, *driws* darüber, *drunts* darunter; [6]) *dsfis* dafür, *dsvos* davon, *dsgégn* dagegen, *dsmit* [7]) damit (nie als Konjunktion § 88), *dsnàu(ch)* darnach, *dsnàu·st* danächst (eig. danachst, = neulich, z. B. Lorenz S. 36, neben einfachem *nàu·st*

---

[1]) Auch bayr.-öst. *sto* Schmeller II 204. Schwäbl § 98, 1. Schöpf Tir. Id. 677. Lexer Kärnt. WB 234: auch els. schwäb. Martin-Lienhart I 2 [b]. Fischer I 151; es ist eher < *also* (Schmeller, Martin-Lienhart, Fischer a. a. O., Weinhold Schles. WB 7, vgl. Gradl MW 294. Weise § 32 S. 23. Lenz 4. Crecelius 788) als < *ete-so* (Trebs § 46, 2), weil *ete(s)-* im Egerl. nie tonlos wird (vgl. *éppe*), wohl aber *al-* (*alai·s* § 469), kaum auch < *it-so* (Schwäbl a. a. O.), da dieses mhd. zumeist = *itso* ist: Lexer I 1416. Vielleicht hat die Verbindung *s sus, s sus r s* ein so, ein so ein (§ 406) bei der Entstehung von *sus* irgendwie mitgewirkt. Vor präd. Adjektiven und Adverbien wird *sus* vorgezogen, vor attrib. Adjektiven und vor Verben kann *sus* und *sus* stehen; soviel als Verstärkung des einfachen *so* tritt nie vor Adjektiva und Adverbia (wie bayr.-öst. *so-f·l, sif·l* § 437 S. 396).

[2]) Die wichtigsten Bedeutungen des einfachen *so* sind bei stärkerer Betonung: *auf diese Weise* (wie in der Schriftspr.), *so sehr* (*I ho moin sus làchn!*), im übrigen, sonst (*Es r is sus kos· itwb Mos*), dergleichen, ähnlich (in *u sus, ods sus*: *Zs wos gwölt* [gewählt] *màcht s hält wenn u sus. Nist dà r s 'n épps àfsàssi gredt wf ods sus*; vgl. *Aber der Lehrer hat 's immer jelobt! und er war auch sonst — Er that ein' was as Jefallen — und so!* G. Reicke Der Sterngucker, Magazin f. Litt. 69. Jahrg. S. 923; *so — so* als Gegensatz = *so — anders, auf diese — auf andere Weise* u. ä. (Planer Pass. S. 59 *ciner redt so, der andere so*; vgl. die scherzhafte Redensart *I soch* [sage] *nist sus u nist sus, dàß 's àffs nist haißt, s ho sus r ods sus gsàgt*). Mit schwachem Tone ist *so = auf die bekannte oder* der *Situation angemessene Weise* (*Es hàut sus s.* B. auf spöttische Weise *g'làcht*); *so ziemlich* (*Nö, 's gàiht sus! - so so!* in der Umgangspr.), *beiläufig* (*sus r s swàng* § 404); für die Bedeutung *ohnehin, ohnelies* wird egerl. *sus* oder *scho sus* vorgezogen; altbayr. auch hiefür *sto* oder das bayr.-öst. weitverbreitete, eg. aber in diesem Sinne unbekannte *eh, vonneh, s·a·scht*, vgl. § 490. Im übrigen sind die angegebenen Bedeutungen von *so* auch öst., namentlich bei. *so* = so sehr, übrigens, *odá so, so — so* (*net so und net so, so odà so*).

[3]) Auch als Gegensatz zu *so*, wie mhd. *sus(t) und sò, sò und sus* Lexer II 1327. Schmeller II 315, aber eg. nur noch in *suanàu — si̅·stndu* = nach dieser Seite — nach jener Seite: die Gans *gutat schoichat bal suanàu bal sünstnàu* Lorenz S. 25.

[4]) Auch bayr.-öst. neben unumgelauteten Formen: Schmeller II 314. 333. Nagl Roanad S. 134 zu V. 165 *ilsdà*. Schöpf Tir. Id. 731. Lexer Kärnt. WB 246.

[5]) Über *dàrum* § 306. Betontes *da* (wie sonneberg. *dauf*á̈ *davon*, gegenüber *dsrf*á̈ davon usw. Schleicher 54) ist sonst unbekannt (§ 463).

[6]) Unbekannt sind Formen mit unterdrücktem *r* vor vokalisch anlautendem Adverb: *dans, dinn(e)* Schmeller I 476. Weinhold Bayr. Gr. § 252, auch öst. steir. Khull 146 *dankon*, 155 *dinnert*, 157 *doben* u. a., henneberg.-fränk. Regel 180, obhess. Crecelius 241.

[7]) In Theusing *bsmit* (wohl < *beimit*) in *'s gàiht sus bsmit* es geht an: Mannl S. 17.

nachst = unlängst), *dǝnǻli* da neulich, *dǝni̯(b)m* daneben, *dǝnid* hier unten (Lorenz S. 9) und *dǝnidǝ* darnieder, auch = heruntergekommen, *dǝsidǝ* oder *dǝsáidǝ* (§ 83 S. 58), *dǝwidǝ* dawider = dagegen (*niks d. ho(b)m*), *dǝgou*, *dǝzwischn*; *da* (> *dǝ*) verbindet sich auch mit sich selbst zu *dàudǝ* = da,[1] mit *dō'n* (dorten) zu *dōn'dǝ* (EJ XIII 104);[2] ferner gehören hieher *dort* (in Plan *durt*, *durtn* und *durtǝ*) und *dō'n*,[3] beides = dort (vgl. *Bis ih selwa do(t)n àd(n)long* HTV S. 13 N. 22 Eger-Plan); *dann* und *dannen* fehlen.

Vom Demonstrativstamm *hi* besitzt das Egerländische außer *hdi͞t* (§ 495 β) und *háiǝ* (§ 498) noch *hin* und *her* (*hie*[4]) und *hier* fehlen gleich den damit zusammengesetzten wie *haußen* Schmeller I 1179 u. a.), die abgeleiteten *hintn* und *hintǝ* hinter, (*hinnen* ist ungebräuchlich) und die zahlreichen Verbindungen mit *her* und *hin*[5] (vgl. mhd. *her üz*, *üzher*, *üzhin* u. a.), wobei sie in den östlichen Strichen[6] des Nordgauischen voran-, in den westlichen häufiger nachstehen:[7] Gradl MW 306. 309. 663. 664, vgl. 20. 621. 626. In beiden Stellungen sind die vollen For-

[1] Bayr.-öst. *dàdǝ* Schmeller I 475, *dǝwidǝ* (mit der gleichen Wendung) auch öst.

[2] Anzuschließen ist wohl auch (*ǝ*)*suǝdǝ* (in den Sechsämt. *mete(r)d* Wirth § 71), gewöhnlich als Satzwort = *So ist es gut*, *Nun ist es geschehen*, also in gleichem Sinne wie öst. (*ǝ*)*sǝdǎ(n)* Nagl Roanad S. 105 zu V. 135: eg. hie und da auch vor Verben: *dass sie suada háint* weint, in einem Volkslied EV I 54: Formen mit *d* auch sonst bayr.-öst., vgl. *sǝdǝ*, *sǝdǝb*, *sǝ'l* Schmeller II 204. 228. Schwäbl § 98, 1. P. Schmieder in s. Ausg. Lindemayrs S. 388, *d sǝdl* auch öfter bei Stelzhamer, z. B. Ma. D. I 16 N. 1 33 u. ö. Lexer Kärnt. WB 234: es ist wohl < *sǝ-dǝ* oder *-dar* (Nagl Roanad S. 44 zu V. 11 *ǝtǝudǝ*. Schröer WBG 36 [200]. 73 [237] *ahǝdre*, *ǝtǝdre*, *-dre* < *dara*; andere Erklärungen bei Schmeller a. a. O. Lexer a. a. O.); über das Anhängsel *-l* vgl. beim Demonstr. S. 419 Anm. 1. Über die Verbindung *der da* § 461.

[3] Der ō-Laut weist auf die Form *dadǝn*, während nach Schmellers Ansatz (I 544 *dorl*) *dǝ-n*, *dà-l* < *dǎdǝn*, *dǎ-del* ein eg. *dǝu(d)n*, *dǝu'n* zu erwarten wäre (Gradl MW 129).

[4] In den Sechsämt., in der Verb. *hii e dau* (hie und da) erhalten: Wirth § 65; echt egerl. dafür *hin* ǝ *widǝ*. Bekannt ist jedoch die Ableitung *hicrig* § 416.

[5] Vgl. Palm DM VI 348 ff. und Frommanns Zusatz ebda. 350 f. mit reichen mundartlichen Beispielen.

[6] *Hin* geht solche Verbindungen hier weniger ein.

[7] Unbetont treten *hin*, *her* vor vokalischen Anlaut als '*n*, '*r* : '*nauff*, '*rauff* in der md. Schlaggenwalder Sprachinsel: J. Hahn Erzg. Ztg. XX 40 f. und so anderwärts, z. B. im Nürnberg. Frommann zu Grübel 51 *c*, *f* (wo aber auch die Nachsetzung üblich ist : ebda. 87 *b*, *srd*, *snd*, *nd*, *rd* auch els. Martin-Lienhart I 4[b] und sonst (als *n*, *r* oder *ǝn*, *ǝr* in ml. Gegenden: Schmeller I 1116 *hin*. Knothe Mark. Ma. 20. Regel 79. Schleicher 50. Lenz 8 *anǝra*. Crecelius 3 *ab*. 340 *en*), während diese Formen im Altbayr. (Schwäbl § 108, 3) und Öst. wie im eigentlichen Egerl. als »herrisch« empfunden werden. Bayr.-öst. treten die beiden Partikeln sonst in der Regel in betonter voller Form vor, oder in tonloser, abgeschwächter (*-hi*, *-i*, *-hǝ*, *-ǝ*) an den Schluß: Schmeller a. a. O. und I 93 *ein* u. a. 1148 *her*. MB § 699. 1011 ff. Weinhold Bayr. Gr. § 252. Schwäbl § 108, 1. 2 (über die betonte volle Form ebda. § 109). Nagl Roanad S. 51 zu V. 30 *nǒuchi*, S. 77 zu V. 80 *fǝrǎbring*. Schöpf Tir. Id. 258. 265. Lexer Kärnt. WB 139. 142 (der nur Nachstellung bezeugt). Lessiak S. 143 Anm. (der außerdem höfisches *aufl* und bäurisches *aufn* < *aufhin* unterscheidet); über die schweiz. Bildungen vgl. Schweiz. Id. II 1316—1332 (bes. 1318) u. 1559—1568. Weder egerl. noch bayr. ist der Gebrauch der Adverbia '*nei*[~], '*nauf*, '*nüber*, '*nunter* als Präpositionen (*nei*[~] '*n Gartn*) im Fränk. (Tambach, Königsbofen, Schweinfurt, Bamberg) DM VI 170, 94. 328 f., 202; vgl. III 541 f., 7. 8. Schmeller I 1116, vgl. ebda. I 93 *ein*, auch sonneberg. Schleicher 61. O. u. L. Hertel HLZ III 114, 6, westergeb. und südostthür. Gerbet HLZ I 129 § 17, 4; vgl. deutsch-ung. *drundǝ* *uns* Lumtzer II § 176. Etwas Ähnliches ist es, wenn nürnberg. und ostmitteld. seit dem 14. Jh. *ein* als Präp. (= *in*) und als Adverb gebraucht wird : *ein di Airche* Schmeller I 93, vgl. MB § 262. Weinhold

men selten (vgl. *No˘ herdin!*, in Plan ein Ausruf des Erstaunens § 147
S. 113, *herengêgn, hexwirts, hi˘ wárts, untnhe͜ɔ, v͜ɔ wáithe͜ɔ*), gewöhnlich
wird *he͜ɔ* zu *͜ɔ*, *hin* zu *i* (in Plan zu *é*) geschwächt,[1] so ersteres in der
Vorsetzung: *͜ɔrássu, ͜ɔrinn͜ɔ, ͜ɔru͜ɔ̓b̓m͜i, ͜ɔruntn, ͜ɔri̓(b̓m͜i, ͜ɔ̓r)háim͜i, ͜ɔ̓(r)hiutn,
͜ɔ̓r̓jo͜ɔ̓(r)n* = heraußen, herinnen usw. Gradl MW 663. Verbindungen mit
-hin scheinen hier zu mangeln, *hinheim* begegnet Eger. Stadtges. v. J.
1352 S. 11 N. XV 6 (über *'nauf* in der Schlaggenwalder md. Sprach-
insel S. 451 Anm. 7): beide, *-͜ɔ* und *-i* (*-é*), sind Regel in der Nach-
setzung (Gradl MW besonders 306. 309. 663, für die Sechsämter vgl.
Wirth § 65): *ɔw͜ɔ, ài͜ɔ* und *͜ɔwi, ài* abher, abhin = herab, hinab, *áff͜ɔ* und
áffi aufher, aufhin = herauf, hinauf, *àin͜ɔ* und *àini, ài˜, ài˜chi*[2] anher, an-
hin = heran, hinan (letzteres aber = hinweg) und so *áss͜ɔ* und *ássi* her-,
hinaus, *dorché* durchhin[3] (bei Mannl S. 31 bezeugt), *àin͜ɔ* und *àini, di˜i,
ài˜chi, ài˜* her-, hinein, *fir͜ɔ* und *firi* her-, hinfür = her-, hinvor, *hint͜ɔ* (in
Plan lieber *hintuhe͜ɔ* oder *v͜ɔ hintn*) und *hinti* = von hinten, nach hinten,
náuch͜ɔ, nàch͜ɔ,[4] *nàch͜ɔt* und *nàuchi* nachher = *dann, später*, nachhin
= adv. *nach-*[5] (z. B. *nàuchigäih˜* nachgehen, neben *nàugäih˜*), *u͜ɔ(b̓m͜ɔ*
und *u͜ɔ(b̓mi* obenher (und = oben), obenhin (nach oben), *imm͜ɔ, umm͜ɔ*
und *immi, ummi* her-, hinum (auch *ummi* nur lokal, nicht im Sinne des
nhd. *umhin* in *Ich kann nicht umhin*), *unt͜ɔ* und *unti* untenher, untenhin
(= nach unten), *iw͜ɔ, iw͜ɔr͜ɔ* und *iwi* her-, hinüber, *͜ɔu͜ɔ* und *͜ɔwi* her-,
hinzu; dazu kommen *furt͜ɔ* < forthin (Eger. Fronl. 4020 *forthin* = fortan,
vgl. ebda. 5103) = immerwährend, *hàim͜ɔ* und *hàimi* < *heimher, -hin* von
heim, nach heim, heimwärts (aber auch schon *hàin͜ɔ* in letzterem Sinne),
uns͜ɔ < *uns͜e her* einstweilen, bis jetzt (Gradl bei Neubauer Id. S. 114 zu
S. 105).[6] Ungebräuchlich sind *her-* und *hinbei, hindann, hingegen, her-
nieder, her-* und *hinweg,*[7] *vorher* und *vorhin, immerhin, weithin* u. a.

Mit doppeltem *-her* sind gebildet *áss͜ɔr͜ɔ* ausherher (HTV S. 297
N. 220 Plan, auch obpfälz. Schmeller I 1149), *áff͜ɔr͜ɔ, imm͜ɔr͜ɔ* (HTV
S. 301 N. 265 Plan), *nàuch͜ɔr͜ɔ* (ebda. S. 172 N. 126 c Plan); Bildungen

---

Schöpf Tir. Id. 286; oder wenn bayr.-öst. *(her)außer, (her)enter* u. a. Adverbia (ohne *halb*)
als Präp. mit Dat. oder Gen. verwendet werden: Schmeller MB § 1013. IIW. I 92. Schwäbl
§ 111, 2. Nagl Roanad S. 138 zu V. 169 (auch *oöat.*).

1) Im Deferegg. behält auch die nachgesetzte Partikel ihre volle Form : *ū˜hin, ū˜her*
anhin, -her: Hintner S. 102, vgl. gottscheew. *aßhin* < *anßhin, außßin* < *aushin, ßßwin,* auch
ūßhin < abhin Schröer WHG 43 [207]. 190 [456]. 223 [489].

2) Worin der Anlaut *h* als Inlaut behandelt wird: Gradl MW 569. 664. Bei Grübel
lautet *anhin : annen* Frommann zu Grübel 87 *b*, tir. *àni, anni, a˜hi, ū˜chn* DM IV 62.
Schöpf Tir. Id. 13, els. *an(h)i(n), ane(n), annd(n)* = hin : Martin-Lienhart I 342, obhess. *anne*
Crecelius 31.

3) Bayr.-öst. *dur(chh)i(n)* und *dur(chh)ɛ(r)* Schmeller I 1116. 1148 ; vgl. Nagl Roanad
S. 77 zu V. 80 *fârábrinɡ.*

4) Als Präp. *(nacher München)* gehört es im Bayr. der Redeweise Halbgebildeter an :
Schmeller I 1714, vgl. Schöpf Tir. Id. 455.

5) Ruhla gebraucht *nàchen* < *nachhin* in der Bed. von *nachher* Regel 83, § *a*.

6) *Dū˜n͜ɔ* und *dur͜ɔ*, beide = dort, könnten < *do˜n-her* < *dorten-her*, aber (wofür die
Bedeutung zu sprechen scheint) auch Analogiebildungen zu *dáud͜ɔ* (vgl. S. 451) sein.

7) O.- u. nöst. *week͜ɔ, wíik͜ɔ* < *wegher* = hinweg : Nagl Roanad S. 106 zu V. 136
wíik̩éd.

mit doppeltem *-hin*[1]) fehlen. Vor- und Nachsetzung desselben Adverbs begegnet nur in älteren Quellen, z. B. Egerer Fronl. 3183 *her aber*, 3212 *her aüser*, 3946 *hernacher*, 4326 *herzuher*, auch bei Clemens Stephani: Gradl MW 663.[2])

Vom Demonstrativstamm *sa* (Adverb *sáʾrᵢ*) stammt wohl *uas∂* und *uls∂*, auch *u.∂st∂* und *ulst∂* = sogleich, auf der Stelle, < mhd. *iesâ* und *alsâ*[3]) Weinhold Bayr. Gr. § 253).

Der Demonstrativstamm *na* liegt vor in *noˇ* nun (nie temporal), *nūˉ* (*nūch*) noch (vgl. § 143 S. 103, auch in der Verbindung *nūˉmäi∂* nunmehr, auch in den Sechsämt. Wirth § 66).

c' Vom Interrogativstamm *hwa* gebildete zugleich indefinite und fragende (relative) Adverbia sind *wàu* < a.-mhd. *wâr, wâ* wo, mit den Verbindungen *wàuhiˉ* und in gleicher Bedeutung *wàuzou* (vgl. § 61 S. 45), *wàuhe∂*; von den Verbindungen mit *war* besitzt unsere Mundart bloß *wàrum*; ferner *wöi* wie, und *wöinan* wienach = nach welcher Seite oder wieso, und *wöisu∂* wieso; *wenn* (*wann, wannen* fehlen, vgl. § 61). Mit *ete(s)*- verbindet sich nur *wàu* zu *épp∂* etwa (§ 484), mit *irgend* keines (§ 481).

Zusammensetzungen mit dem indefiniten *∂o, ie* (einfaches *je* fehlt) sind *iulz∂(t)*[4]) < mhd. *iezuo* jetzt, *näi* nie, *imm∂* oder *umm∂* immer klingt mehr schriftsprachlich als *àlzwâl, furt∂, nimm∂* nimmer, aber = nicht mehr, nicht wieder,[5]) *néks* nichts (*ni∂t* = nicht ist wie nhd. nur Nega-

---

[1]) Bayr. *auffihiˉ* < aushinhin : Schmeller § 1012.

[2]) Vgl. Schmeller § 1013. BW 11149 *her.* Weinhold Bayr. Gr. § 252. Schwäbl § 110; els. *herumher* Martin-Lienhart I 39 ª: deutsch-ung. *roper, roffer* Schröer WB 29 [239] f. 11 [241], vgl. 60 [270] *her.* Lumtzer II § 166. Soest, (wo *r-* < *her-* in der Vorsetzung auch für *hin-* eintritt) *rüpa* Holthausen § 405, 3 Anm., der diese Form jedoch als Neubildung nach den Präpos. auf *-a* faßt. Bildungen wie *hernacher, heraber, herfürher, herzuoher, herusser* liebt II. v. Sachsenheim: Moerin S. 60 Anm. zu 419. *Heraußer* auch bei Goethe, Gegenseitig V. 7 (W. 3, 56). Wo nicht *-her*, sondern nur *-er* bezeugt ist, könnte hie und da auch bloß die Bildungssilbe *-er* vorliegen, wie denn Weinhold Dial. 97 diese Bildungssilbe auch wirklich in *hernacher* ansetzt. Doch vgl. *néw∂* usw. § 509.

[3]) Die egerl. Verdumpfung des Anlautes ist schwer zu erklären. Schmeller (I 165 vgl. II 197 *sâ*) denkt für obpfälz. *u∂∂, u∂∂∂* an *als-sâ, ur-sâ* (der letzteren Ableitung schließt sich Gradl MW 321 an, erwähnt aber die egerl. *l-*Form nicht, die wenigstens in Plan durchaus heimisch ist) oder *ie-sâ.* Vielleicht ist das hypothetische *ursâ* entbehrlich, wenn man Analogiewirkung der ähnlichen Verdumpfung in eg. *umm∂* = immer (vgl. m.-n. rrl. *nrmm∂r, numm∂r*) annimmt.

[4]) Der von Hildebrand (Z. f. d. U. VIII 688) angezweifelte Bedeutungsübergang von *iruuo = immer su* in *jetzt* scheint mir an sich um nichts unbegreiflicher als der von fränk. *alleweil* zu *in diesem Augenblick* (vgl. § 147 S. 113 Anm. 4 u. Schmeller II 889). Die ältere Form ohne *t* ist durchaus gebräuchlich; das Oöst. hat umgekehrt auch das bloße *t* ohne den *∂-*Laut in *iat, z,* B. Stelzhamer Ma. D. I 197 N. 16, 11, *iatn* ebda. S. 212 N. 23, 10. Für das auslautende *t* bedarf es keiner Anlehnung an *sit* (Schmeller II 1161. Nagl Roanad S. 71 zu V. 74 *hiutár*. Crecelius 476, vgl. Schweiz. Id. I 630), sondern es erklärt sich genügend aus sekundärer Entwicklung nach *t*, hinter das sich auch noch vokalische Gleitlaute einschoben, vgl. Wilmanns D. Gr. II § 473, 2 und 456 Anm. 2. DWB IV 2, 2318, 3: Formen mit gehauchtem Ansatz (o - und nöst. *hieut* Schmeller I 181. Nagl Roanad S. 42 zu V. 8 *hïas*, auch tir. Schöpf Tir. Id. 285, kärnt. Lexer Kärnt. WB 151 f.) fehlen egerl.

[5]) Auch bayr. Schmeller I 1711; in den 7 und 13 comm. ist *nimmar = je* und *nie* ders. Cimbr. WB 150 [212].

tion., *äiɔring*, *äirgn* und *näiɔring*, *näirgn* [1] irgendwo, nirgends; dagegen fehlen die auf *łoner*, *ioner*, *iener*, *iender*, *inder* zurückgehenden Formen (z. B. bayr. *nemt(-n)*, *neɔndɔrt* u. ä. Schmeller I 9, els. schweiz. *ienen*, *ien(d)ert* Martin-Lienhart I 48 [a]. Schweiz. Id. I 296, schles. *erne* Weinhold Dial. S. 143. Schles. WB 18).

§ 495. 2. Von substantivischen Adverbien sind gebräuchlich

a) akkusativische

α) lokale: *hȧɔm* nach Hause, ahd. mhd. *heim* neben dem dativischen auf a.-mhd. *(dä, hie)* *heime* zuruckgehenden *dɔhȧim* zu Hause, eg. auch in der Form *hȧimɔ* [2] <. *heimher* § 494 S. 452, während die Nebenform *dɔhȧimɔ* [3] mit Schmeller I 1108 als dativische Form = *daheimen*, mhd. *dȧheime*, gedeutet werden muß; zum Vokalwechsel *ȧɔ*—*ȧi* vgl. Gradl MW 205—214), *hȧlmwȧch* < *halben Weg* oder *hȧlwȧch* < *halbweg*,[4] beides in der Bedeutung des nhd. genitivischen *halbwegs*[5] = einigermaßen.

β) temporale (abgesehen von *wȧl* weil): *hȧint*, *hȧi‾t* < *hint*, *hinaht* (im Planer Pass, z. B. S. 58 noch wie *jetzt* mit *an-* verbunden: *anheunde*, das jedoch nach dem Auslaut eine Mischform mit *heute* darstellt·), stets in der Bedeutung des instrumentalen im Egerländischen fehlenden ahd. *hiütü* > *hiute* > *heute*,[6] ein Bedeutungsübergang, der an die altgerma-

---

[1] Auch in den Sechsämt. *näi‾i‾e(r)kng* Wirth § 65.

[2] Z. B. *u wöi a(r) uffa hȧima künnt* (kommt) HTV S. 221 N. 215 (Plan).

[3] Z. B. *Maa(n)*, *du moußt dahȧima bleibm* HTV S. 219 N. 212 *e* (Plan). Verbindungen mit Präpositionen (schles. *nach heme*, *se heme* Weinhold Schles. WB 34) fehlen·

[4] Wohl dieselbe Form wie altenburg. *halbweige*, die Weise § 58 nach Paul als Akk. Pl. *halbe Wege* deutet; vgl. rudolstädt. *halwag* DM V 474, koburg. *halwag* neben *halmig* Frommann zu Grübel 83, in Ruhla *halwɔ* = einigermaßen, *halwɔk* = halb, von der Stundenzeit, das erstere nach Regel 201 < *halbe wege*, das letztere < *halben wg* (ebda. 202; vgl. *halbn weg* < halb: Schmeller I 1087). Auch *halmig* (egerl. *hȧlmé* nur = halb, zur Hälfte, z. B. *Ih ho nu neat halme aig'schȧuffm* HTV S. 260 N. 286 Plan-Eger, in gleicher Bedeutung an der Pegnitz *halbig*, *halmi* Schmeller I 1088, schles. *halbig* = zur Hälfte, einigermaßen: Weinhold Dial. S. 109) dürfte < *halbenweg* (gegenüber *halbig* < *halbwg*) sein, wie Schmeller a. a. O. versuchsweise ansetzt, vgl. auch Weinhold a. a. O. Gradl MW 485. Harnenblas S. 40. Gegenwärtig wird es im Egerl. wie ein Adjektiv auf *-ig* dekliniert: Akk. *hȧlminɔ* < *halbigen*, wie *bloutinɔ* < *blutigen*, vgl. Lorenz S. 25 *an hȧlminga Teich*.

[5] Genitivform öst. tir. *hȧlwȧks* Nagl Roanad S. 84 zu V. 93 II *a*. Schöpf Tir. Id. 237. Ungebräuchlich ist das sonst in verschiedenen Formen begegnende *allerweige*, *allerwegen*, *allweg*, *albig* (Schmeller II 875. Khull 15. Schöpf Tir. Id. 806. Lexer Kärnt. WB 252. Martin-Lienhart I 32 [b]. Fischer I 145, vgl. Schweiz. Id. I 208 f. Crecelius 23) und *allerwege(n)*.

[6] Vgl. die egerl. Verbindungen *hȧi‾t Nȧcht* (mhd. *hinaht an [bi] dirre nacht* Mhd. WB II 1, 301 [a]), *hȧi‾t äu(ß)nds*, *hȧi‾t fröi*. Einige Maa. besitzen noch dem alten *hinaht* nahestehende Formen, so die alem.-schweiz. (auch Straßburg.) Schmeller I 1713. Heilig III.Z. III 91, 154. Hoffmann-Krayer ebda. IV 157. Schweiz. Id. IV 661; andere unterscheiden *heint* und *heut*, so die des bayr. Waldes (das erstere deutet mehr auf den Abend und die Nacht, das letztere auf den Morgen und den Tag): Schmeller I 1135 mit Verweisung auf den gleichen Unterschied von *hütt* und *hint* im Fuldaischen, vgl. für den Spessart ebda. 1188, für das bayr. Unterl. ebda. 1718 und Schwäbl § 101; das Tir. (Pustert.) Schöpf Tir. Id. 255. Hintner S. 92; das Kärnt. (*hoit* und *hoint*) Lexer Kärnt. WB 140; das Luzern. (*haint* = heute abends, diesen Nachmittag, *heut* = heute vormittags, heute) Zingerle 34. 35; die 7 und 13 comm. (*haint* = diesen Abend, diese Nacht, *heute* = ahd. heute) Schmeller Cimbr. WB

nische Zählung nach Nächten erinnert (Schmeller I 1718 ; *mai* (*sai*) *Töch* [1]) meine (seine) Tage = seit jeher [2] oder in alle Zukunft, auch zur Verstärkung der Bejahung und Verneinung: *welches zuvor sein tag nicht ist geschehen* Baier 714 S. 142 und so noch heute; *mai Töch* wird auch mit Beziehung auf die zweite Person Sg. und Pl.,[3] *mai* und *sai* *T*. auch auf den Plural der 1. und 3. Person verwendet; in gleicher Bedeutung und Verwendung tritt *mailettə, sailettə* [4]) mein sein Lebtag [5] auf (nicht mehr genau in der beschränkten ursprünglichen Bedeutung *so lange ich lebe*),[6] auch für sich allein dient es (wie obpfälz. Schmeller I 1408 [7]) als eine etwas unwillige Antwort auf eine unnötig zweifelnde Frage, mit der Negation als energischer Widerspruch.[7] Die starke Abschleifung [8] läßt nicht mehr erkennen, ob pluralische (vgl. mhd. *min lebetage*) oder singularische Formen vorliegen.[9]

127 [189]. 130 [192]; das Altenburg. (*hinte, heute* = in dieser Nacht, *heute* = an diesem Tage) Weise § 56; auch andere Maa. haben die alte Bedeutung der *n*-Form erhalten, so das Nordböhm.-Schles. (*hinte* = die folgende Nacht, *hente* = die vergangene N., neben *heint* = heute) Knothe WB 294, vgl. Langer Aus d. Adlergeb. I 191 Anm. 6; das Erageb. (*hint, hinte* = diesen Abend, diese d. i. die vergangene oder folgende Nacht) Göpfert 44; das Oblaus. (*hinte* = heute abends) DM II 518; d. Aschaffenburg. (*heint* = vergangenen oder künftigen Abend) Schmeller I 1135; das Hennеberg. (*heint* = in der vergangenen Nacht) DM VII 295; die Ma. von Ruhla, Hessen, Tabarz, Kabarz, *heint* nicht das übrige Thüringen (*hTint* = letzte Nacht) Regel 200; das Obhess. (*haint* = vergangene oder kommende Nacht, in Kurhessen nur = vergangene N.) Crecelius 456; auch das Deutsch-Ung. (*heunt* = vergangene oder kommende Nacht) Schröer WB 60 [270]. Im bayr.-öst. Sprachgebiete wird im übrigen (mit den angegebenen Ausnahmen) wie im Egerl. *hei͂t* mit erloschener alter Bedeutung = *heut* gebraucht. Die letztere Form ist (wiederum mit den angegebenen Ausnahmen des bayr. Wahles usw.) überhaupt ungebräuchlich. [*heint, heunt* in steir. kärnt. tir. (U.-Inntaler) Weistümern des 17. 18. Jhs. Öst. Weist. VI 605 b. V 4, 865 b. In den von Wackernell herausgegebenen altd. Passionsspielen aus Tirol (Quell. n. Forsch. s. Gesch. Lit. u. Sprache Österreichs u. s. Kronländer I Graz 1897) ist *heint* noch = heute Nacht oder kommende Nacht, wechselt aber auch schon mit *heut*: Glossar S. 534. L.]

1) Stets in voller Form wie z. B. auch im Osterl. *mei tpqsə* Treb III.Z IV 24, 4 (hier auch = länger als nötig ist), in der Hennsen-Ma. hingegen *meinta', teinta'* DM VI 337. Das egerl. Pronomen zeigt hier deutliche Pluralform (§ 464).

2) Steir. als Ausruf der Verwunderung = mein Lebtag! Khull 138. Andere Form und Bedeutung zeigt im Steir. das genitivische *teiner Tage* (= seiner Zeit, z. B. Rosegger Alpler* 1888 S. 328).

3) Vgl. dagegen Goethe Egmont I, 1 (W. 8, 173, 7 f.) *Drei Ringe schwarz, die habt ihr eure Tage nicht geschossen.*

4) *Mälitta* auch nürnberg. DM II 431, 25, ähnlich abgeschliffene Formen auch obpfälz. bayr. Schmeller I 1408; nöst. *sai* *liipä* Nagl Roanad S. 163 zu V. 199 *liipä*; ohne Assim. des *bt*: öst. *mein Lebtag* (*Lebts*) Mareta Proben I 39 f., *m.i Löbtś* Stelzhammer Ma. D. I 116 N. 56, 21. Unbekannt sind Formen auf *-tig, -tich*: westlech, *Lebtig* Schmeller I 1408, tir. *löbti* Schöpf Tir. Id. 733, nordböhm.-schles. *mailatich, salatich* Knothe WB 47, vgl. elsla. 375. 457, koburg. *mai Lättig, seilattig, zəlattig*, Salzunger Ma. *si Lädig* DM II 285, 8, ähnl. in Rubla, Oberhessen: Regel 83, 5 a, Crecelius 244.

5) Das eg. fehlende *dein L.* besitzt das Bayr.-Öst. Schmeller I 1408. Mareta Proben I 39.

6) Nach Schöpf Tir. Id. 733 ist diese im Tir. noch lebendig.

7) Nie als Interjektion des Erstaunens wie nöst. *Mi Lobta* = Ist's möglich! Stelzhamer Ma. D. I 116 N. 56, 21, vgl. Mareta Proben I 39, oder wie nd. *minlëde* = jemals Z. f. d. U. VI 442.

8) Über den Verlust der Nasalierung in *mẽ, sẽ*, vgl. Gradl MW 421 b.

9) Schmeller faßt I 1408 das dem Akk. *Lebtag(e)* vorangehende *mein* als Genitiv: an unzweideutigen Genitivformen der ganzen Formel fehlt es nicht, sowohl solchen des Sg., z. B. obbess. *meines Lebtags* Crecelius 545, als besonders des Pl.: bayr. *meiner, deiner, seiner*

Dazu kommen eine Reihe von Verbindungen mit *all* wie *àl Au b'm-blik* alle Augenblicke = sehr häufig [1] (*jéiñ A.* in gleichem Sinne und = sogleich), *àl Bust*=jedesmal, immer (Neubauer Id. 44, vgl. Lexer Nachtr. 98 *al bot*) [2]) und die gleichbedeutenden *àl Kid* [3] Neubauer Erzg. Ztg. X 271), *àl Züch* (Neubauer Id. 34, vgl. mhd. *alsoges*, *alzuges*, hier jedoch = in einem fort, durchaus), [4] endlich *àlʒmàl* allemal (bisweilen auch als spöttische Bejahung von etwas Selbstverständlichem) [5]) sowie die anderen Zusammensetzungen mit *Mal*: *ʒmàl* (‿ ‑) einmal = aliquando, dann = doch einmal, endlich einmal [6]) (nicht, wie obpfälz. *Jmaul* = künftiges Jahr: Schmeller I 1582 *Màl* 2), *àʒmàl*, *zwàʒmàl* usw. semel, bis (§ 477), *àf àʒmàl* oder *àf ʒrʒmàl* = plötzlich, *éiʒmàl* oder *éirʒmàl* [7]) < *ie ein-mal* [8]) = manchmal Neubauer Erzg. Ztg. X 271, *sellmàl* oder *säimàl* < *selbmal*, *selwésmàl* selbiges Mal (§ 459), *ʒ n ànnʒsmàl*, *ʒ jédsmàl* oder *jédʒsmàl.* [9])

ihrer L. Schmeller a. a. O., im schweiz. Aargau *miner Läbtige* DM V 258, 43, handschuhsh. *maina läpdik* Lenz S. 28, ähnlich heidelberg. Sütterlin Genitiv S. 7, Rappenau. Meisinger III.Z. II '250 § 9, 1, obhess. *meiner Lebtage* Crecelius a. a. O.; doch gibt es auch akkus. Formen, z. B. obhess. *meine Lebtage* Crecelius a. a. O.: Formen mit genit. erstem Bestandteil des Substantivs zeigt z. B. erzgeb. *mei Lawestoch* Erzg. Ztg. XVIII 46, altenburg. *mei Lebitage* Weise § 58. Der Form der 7 und 13 comm. *sillittan* sein Lebtage = ewig (Schmeller Cimbr. WB 169 [231]) kann der Akk. Sg. des schwach flektierten *lebetage* (Mhd. WB III 5, Lexer I 1849) zugrunde liegen.

[1]) In dem gleichbedeutenden *àln Au'gnbli"k*, *àl Nàn'mbli"k* (‿ – ‿), das man in Plan hören kann, liegt wohl der Sing. vor, vgl. Goethe an Voigt v. 19. Dez. 1798 (Br. 13, 348, 23 f.) *besonders wenn ich allen Augenblick gestehen muß, daß es ja nicht einmal von ihm abhängt* usw.

[2]) Bayr.-öst. *allébod* (auch *-bud*) = jedesmal, alle Augenblicke, bald, sogleich: Schmeller I 309 (der auf den gleichen Ausdruck im Harz und sonst in Norddeutschland verweist). Schöpf Tir. Id. 51. Lexer Kärnt. WB 37, schwäb. *all bot* Fischer I 132 II 4 a β. 1323, 1 d, handschuhsh. obhess. *alle Gebot* Lenz 7 und Nachtrag 2. Crecelius 23.

[3]) In ähnlichem Sinne *alle Kid* auch bayr.-öst. Schmeller II 181. Mareta Proben II 5 (vgl. steir. *auf einen Ritt* in einem Zug oder auf einen Anlauf: Khull 503), schwäb. Fischer I 132 II 1 a β, auch im Saazer Kreis: Hausenblas Z. f. d. U. VII 766, altenburg. Weise § 58, Sonneberg. Schleicher 70, handschuhsh. Lenz S. 41, Rühla. Regel 253, obhess. Crecelius 23. 695, Mainz. Reis II § 20.

[4]) Unbekannt sind bedeutungsverwandte Verbindungen wie bayr. *alle Büff* (schwäb. *Puß*) Schmeller I 213. Fischer I 132 II 1 a β, *alle Pfts* Schmeller I 446. Fischer ebda. n. I 1052, vgl. *all fūts amou* Knothe Mark. Ma. S. 37, *allé Kint* Schmeller II 124 (auch öst. Mareta Proben II 12, schwäb. Fischer a. a. O., handschuhsh. Lenz S. 40) und *allé Strashh* oder *Strishh* Schmeller II 805. Fischer a. a. O., ferner schwäb. *alle Fahrt*, *Furz lang*, *Schaitt*, *Tritt* Fischer a. a. O., Markersdorf. *oll pfiff amou* Knothe Mark. Ma. S. 91, handschuhsh. *almits* und *abkmits* Lenz S. 7 und Nachtrag S. 2 (mit weiteren Verweisungen), obhess. *alle Schlag* Crecelius 23 u. a.

[5]) Ähnlich altenburg. Weise § 36. *Alltmal* = auf jeden Fall, ganz sicher, auch in Zwickau: Philippi III.Z. V 9.

[6]) In ähnlichen Bedeutungen erscheint oöst. tir. auch die volle Form: *Sei aʒ'màl* (– ‿) *still!* Sei doch einmal stille! DM III 524, 6, 4; nöst. *ĕuml* = quondam und *amüll* = olim (aber auch = *ēuml*) Nagl Rosaad S. 222 zu V. 266.

[7]) In den Sechsämt. *éremàl*, *mràl*, 6, obpfälz. *éismaul* Schmeller I 9; über den Anlaut *āi* (*ei*) < *ie* Weinhold Bayr. Gr. § 81, 1 (egerl. *äuring* < *iergen*). Eine Form mit *r* auch im Fichtelgeb. *eramoll* DM II 556, 37.

[8]) Vgl. *Je einmoll* = nur bisweilen, in einem Regensburger Fastnachtspiel v. J. 1618 (BII II 57 zu 153), bayr. *i-ʒmàl* > *izmàl* > *izml* Schmeller I 9; die ebda. angeführten aus *et-ie-màl* hervorgegangenen Formen (vgl. Schöpf Tir. Id. 416, Weber III.Z III 64, 103) sowie Formen mit Doppel *l* (*elle-*, *jellemol* neben *euemol* im Els. Martin-Lienhart I 666) fehlen.

[9]) Verbindungen mit *Stund* (mhd.), *Fahrt* (mh.), vgl. Schmeller I 759 und heute noch kärnt. Lexer Kärnt. WB 90 *ferte*, der schwäb. und schweiz. Parallelen anführt, gottscheew.

Akkusativische Präpositionalverbindungen sind *df d'létz t*, vgl. S. 269
Anm. 2, *gabárch, gafól, weig* (< mhd. *emwec = in wec*).

§ 496. *b,* D a t i v i s c h e Adverbia: Ortsbestimmungen wie *wegen*
Präp.`, *wellenden* ` (< mhd. *welhen enden* = wo denn: Neubauer Erzg.
Ztg. X 272, die Verbindungen mit *-hàl b m* (< *halben* , Zeitbestimmungen
wie *náchtn* = gestern abends ` Neubauer Id. 85, mhd. *nehten, morgn* .in
Plan *murgn* = cras, nie = mane `) ahd. *morgane,* mhd. *morgen e),* *morn e*.
Weiland (< mhd. *wilen, wilent* ahd. *wilóm*) und *einzeln* (< *einzeln*) sind
ungebräuchlich.

Von präpositionalen Verbindungen gehören hieher *baläi* beileibe,
ingiagn entgegen (*zugegen* fehlt`, *trotsdean, untawegn* oder *untawéch* (mit
lassen, wie mhd., = unterlassen: Neubauer Id. S. 104; *unterwegs* und
durchwegs sind unbekannt; auch *wégn* < mhd. *von wegen* gehört hieher`,
vahàndn, a'ruck, a'wéch zuwege; *zu Zeiten, zuweilen, bisweilen* fehlen wie
die älteren mit *stundln, málen* u. a. (Grimm Gr. III 152).

§ 497. *c)* G e n i t i v i s c h e Adverbia und adverbiale Formen:

1. Bestimmungen des O r t e s wie *links* und *rechts* *Hent, gringst-*[4])
(oder *schái b)mst-, tschái b mst-* scheiben-) [5] *ümmé* oder *ümandium* = rings

Schröer WBG 81 [245] *wärt,* lus. Zingerle 29 *vart,* in den 7 nnd 13 comm. Schmeller
Cimbr. WB 119 [181] *vart.* DWB III 1265, 10), *Reise* (dentsch-nng. Schröer Versuch S. 15
[265]. 95 [345]. 38 mit bayr. und nl. Parallelen), *Gang* (schweiz. Schröer a. a. O.), auch
schwed. vgl. Schmeller I 759) fehlen dem Egerl. Das vielgebranchte *a bissl* hat wie in der
Schrift- und Umgangspr. lok., temp., mod. Sinn. Es wird aber auch noch als Substantiv
gefühlt, wie die Attribute beweisen: *a klei's (schäi's, gouts) bissl* = sehr wenig (iron. ziemlich
viel): *a gouts Bissl* auch = *a gouts Früchtl* = ein Tangenichts (§ 302 Schl., in Zwickau. *ihr
einsiges B.* = eine Kind: Philipp HLZ. VI 42); über *ein kleines (kein) Wenig* § 300 Schl.

[1]) Nürnberg. *wulenden, wolenden* DM II 139; bayr.-öst. *wollent, -ten* (älter *wellent,
-den*) Schmeller II 895 *welch.* Stelzhamer Ma. D. I 195 N. 14, 227. II 176 N. 6, 14. Schöpf
Tir. Id. 104 *end* ; ähnliche Formen sonneberg. Schleicher 72, henneberg. Schmeller II 828,
schles. DM IV 175, erzgeb. Göpfert S. 55. Unbekannt sind egerl. die Zus. mit *all* und
kein : alloenden, alleng(en), keinengen im Schles. Weinhold Schles. WB 5. Knothe WB 57
alle, 4, Erzgeb. Göpfert S. 22, Altenburg. Weise § 55, Ruhla. Regel 159, Obhess. Cre-
celius 23.

[1]) Bayr.-öst. *náchl, náchtn* = *den vergangenen Abend* oder *Tag,* anch überhaupt *gestern*
(dazu *vornácht* vorgestern) Schmeller I 1717. P. Schmieder zu Lindemayr S. 388 (auch bei
Stelzhamer Ma. D. II 190 N. 24, 1. I 246 N. 33, 147 nnd bei anderen oöst. Dial.-Dich-
tern). Khull 471. Schöpf Tir. Id. 456 u. Hintner S. 172 (auch *nechte'n*). Zingerle 45
nechta. Lexer Kärnt. WB 195. Schröer WBG 183 [449]. Schmeller Cimbr. WB 149
[211] *Rainechtem*: ähnlich (*necht[e]*) alem. Hoffmann-Krayer HLZ. IV 161, ostfränk. (Pferalorf)
O. u. L. Hertel HLZ III 117, nordböhm.-schles. Knothe Mark. Ma. S. 84, altenburg. Weise
§ 8, 6, kurhess. Schmeller I 1717, handschuhsh. Lenz S. 32, Ruhla. Regel 240 f. *näjt(en),*
vgl. ebda. 291.

[3]) Dafür *in da fröi.* Das Subst. *Morgen* anch nur in der Grußformel *Gou(d)n Morgn !*
(beides so anch öst. in der weiten Ma.).

[4]) < *g(e)ring(e)s-* (Schmeller II 121. Lexer I 883) mit angetretenem *t* (wie in den
beiden folgenden), mhd. *za ringe* = im Kreise, bayr. *za ring, za rings* (*zrings um ad um*) nnd
gerings Schmeller a. a. O., tir. *rings, g'rings* Schöpf Tir. Id. 556, els. *grings* oder *gringels
erum* Martin-Lienhart I 39[a]: nordböhm. *imaring rim* = in die Runde, ringsherum, danu
= rasch von statten (Knothe Mark. Ma. S. 58) gehört zu mhd. *umbe rine, ummen ring* Lexer
II 443; vgl. noch sonneberg. *kringslich rüm* Schleicher 68.

[5]) Gradl MW 538; vgl. bayr. *scheib um, gschei' um'* = rings herum: Schmeller II
358, steir. *gescheibs* = rundherum : Khull 285.

herum, r. um und um (neben *s'endst* S. 461), *dǝ Qeǝ¹*) oder *dǝ Querch* (neben *nàu dǝ Q.*) = in *die* oder in *der Quere*, vgl. mhd. *tweres, twerhes, twirhs* (*In Mullischtau drunťn hobm s' ď Schädl ďa quergh* HTV S. 368 N. 879 Plan), *dǝ Kráiz u dǝ Queǝ* (Lorenz S. 11. 17), *dǝ Häich²*) der Höhe = in die Höhe, empor (*Deǝ r is dǝ Häich gsprungǝ* Der ist in die Höhe gesprungen), *hàuchǝ bàuǝ*, gleichfalls = in die Höhe, nach der gegenwärtigen Silbentrennung lautlich genau < mhd. *hôher bor(e)*, von *bor* f. = oberer Raum, Höhe,³) könnte aber immerhin erst aus *hôch enbor* (Mhd. WB I 150) entstanden sein; ungebräuchlich sind *angesichts, eingangs, geraden Wegs* (egerl. *grôdwťg* geradeweg = *ohne Umschweife* und *geradezu* ist schon mit dem Adverb *wťg* weg, nicht mit dem lebendigen Substantiv *Wťch* Weg, gebildet), *keineswegs, aller Orten*;

2. Bestimmungen d e r Z e i t wie *àu(b)mds* abends, auch mit Präpositionen, z. B. *gťchǝ r àu(b)mds* neben *gťchǝ r Àu(b)md, áf àu(b)mds* z. B. eine Speise aufheben, auch *s'àu(b)mds,*⁴) bei Baier 392 *zue abents* neben *zu abent* ebda. 171, (vgl. mhd. *wider âbendes* ⁵) Lexer I 10, bei Opitz *zu Abends* Kehrein Gr. d. 15.—17. Jh. III § 263, 1), *z'nàchts* (ebenfalls schon in der älteren Sprache *zu nachts* Kehrein a. a. O., im Egerländischen nie ohne Präposition, neben *bǝ dǝ Nàcht,* sowie für das ältere *tags* nur *bǝn Tôch* gebraucht wird) und in älteren Urkunden *zu morgens*⁶) (z. B. in einer Urkunde v. J. 1542 *zw morgenst* Eg. Chron.

---

¹) Auch oöst. *dǝ Q., dǝ Krais* und *dǝ Q.* (auch *in dǝ* oder in *d'Kr. und Q.,* z. B. herumgehen, herumführen), nöst. *dǝ kweári, dǝ zweári* Nagl Romad S. 83 zu V. 93, I *b*, Ruhla. *d'r quár* Regel 249. Dem mhd. *tweres, querhes* entspricht z. B. bayr. *zwerchs* (neben *nach der Zwerch*) Schmeller II 1182, oöst. *zwerist* (neben *na dǝ Zwer(ch)* oder *nach dǝ Quer*), fränk.-henneb. *quáres, quáres* DM V 268, 3, 11. *Der Quer* auch bei Goethe Die ungleichen Hausgenossen I (W. 12, 234, 242) Rosette: *Das Maul ist ihm* (dem alten Diener) *der Quere gehauen, daß er nicht ganz vernehmlich spricht.*

²) Vielleicht hat die scheinbare Analogie zu dem gegensätzlichen *dnidǝ* < *darnieder* auf die Form eingewirkt.

³) Vgl. mhd. *inbore, enbor* Grimm Gr. III 145, bei Logau *in di por,* zitiert von Hoffmann von Fallersleben DM IV 180; bezüglich des Vokals (*àu*) vgl. Gradl MW 91. Das mhd. Substantiv *bor* f. m. ist egerl. (wie bayr. *die Hor* Schmeller I 266, kärnt. *pour* m. Lexer Kärnt. WB 36) auch in der Bedeutung *Emporkirche* erhalten: *Häus* f., doch meist im Diminutiv *s Häix(r)l.*

⁴) Elis. Charlotte (Briefe S. 99 N. 56) gebraucht mit Mischung der Konstruktion *Abends* sogar an Stelle des Akk.: *Ich kan ihr ohnmöglich dießen abendts antworten.*

⁵) Über den Gen. bei *wider* Lexer III 825; über *wider* und *gegen* mit pronom. Gen. in älterer Zeit und heute in bayr.-öst. Ma. vgl. auch Zwierzina Z. f. d. A. 44, 25 ff., dazu 275 Anm. 1.

⁶) Das diesen Tageszeiten vorgesetzte *s* läßt sich in unserer Ma., da sie für die Artikelform *des* nur enkl. *s* kennt, nicht wohl als *d's* < *des* deuten (vgl. Schmellers Schreibung *ďs mórxens* § 751, *ďs Môrgǝ'st* I 1648, in Ruhla *ď's nájts* bei Nacht: Regel 241, bezüglich *ǝs* oder *z'áwwel* vgl. ebda. 291), wodurch diese Verbindungen allerdings bis auf ahd. *ther dages* (Erdmann Otfr. Synt. II § 213), *ther nahtes* (Braune Ahd. Gr. § 241 Anm. 2) zurückgeleitet werden könnten, sondern nur als die Präposition *zu,* die sich mit jenen frühzeitig erstarrten Genitiven so gut wie *gegen, auf, von* (vgl. mhd. *von morgens unz an die naht* Kudr. 1041, 3, wo Martin und Symons [1042, 3] gegen die Hs. *von morgen* schreiben) verbunden hat [*hinez abenz* ist Walberan 137 (*hinz âbendes* Müllenhoff DHB I 240 = Laurin K II 135 ed. Holz, der *hin zu âbent* schreibt) überliefert. L.]. Gradl spricht MW 655 in unklarer Weise von einem Übergang des *s* in *dz,* Weise § 45 ergänzt *gegen Abends* durch *Zeit,* was bei den lokalen Gen. wie *sendst* nicht angeht (vgl. auch oöst. *z'Gangs* = in einem Gange: Schosser Aus d4 H. III 77). Schatz § 86 verweist für die Bevorzugung von *zu* anstatt des Gen. *s* vor *Abends, Morgens* auf den Zusammenfall des Gen. *-s* mit dem Nom.

S. 380 Z. 16), auch im Volkslied, z. B. HTV S. 42 N. 63 (Plan-Eger) *s' Morgens*, ebda. S. 37 N. 56 *a* (Westböhmen) *s'morgenst* (mhd. *ze morgens(t)* Lexer I 2199, gegenwärtig auch nicht einmal einfaches *morgens*,[1]) sondern *fröi, in də fröi*;[2]) *hái tēstōchs* (heutiges Tages, bei Lorenz S. 9 *heintis Togh*; neben *hái tingə Tōchs* heutigen Tags A. Treixler UE. X 32 und *hái tsətōch*),[3]) in älteren Urkunden und im Volkslied auch noch *Summəs* Sommers (man soll den Lehrknechten geben *des summers vier grosch vnnd jm winter zehen* Meißner Verordnung des Egerer Stadt-rates v. J. 1511 Mitt. V 65. *Summa's weckst Laab u(n) Gros* HTV S. 336 N. 611 Eger, mhd. *sumers*, gegenwärtig *ən* den oder wie öst. *in Summə, Summə r u Wintə*), *dzwál*[4]) < mhd. *der wīle* der Weile = unter-dessen, auch adversativ = statt dessen (der Akk.[5]) in älteren Urkunden, z. B. *vir* '4] *vrowen, di di weil*, nämlich während des Taufganges, *vor dem Kindelpett sein* Eger. Stadtges. v. J. 1352 S. 9 N. III 1, ebenso in der Fassung v. J. 1400 ebda. S. 14 N. 16 und v. J. 1460 ebda. S. 18 N. 27), *derə Wál* derer Weile = während dieser Zeit, unterdessen,[6]) *ålə Wál*[7]) aller Weile = immer (*d'Angst a Nåut wàa r ålawaal nu gràuß*

---

und Akk. bei Neutren. Genitivische Bildungen (vielfach mit angetretenem *f*) nach *zu* und anderen Präp. sind für die genannten Tageszeiten ziemlich verbreitet, vgl. *d's Mörgə'st, d's Margist, d's Mörist* u. K. Schmeller I 1648, *s'morges, d's morist, dschmàrgest* Schöpf Tir. Id. 443, *s'àb'ndter, tschmorgans, tschmorgənster* Lexer Kärnt. WB 1. 192. Lessiak § 122 *b* α, *zu abəs* Zingerle 21, *as abəs, af s abəsn* Schmeller Cimbr. WB 105 [167], elsäss. *s Owe(s)*, *z Owel, s Oweds*, sogar *snem s Owelêsse(n)* DM IV 118 N. V 2. Martin-Lienhart I 5 b, schwäb. *s'elbe(n)d, am Abe(n)ds* Fischer I 11, *s'nachts* (= am Abend) Schmeller I 1716, *tschnàckts* (= heute abends und abends überhaupt) Lexer Kärnt. WB 195, der es als *zu nachts* deutet. Eine deutsch-ungarische Ma. schiebt sogar das Gen. *s* noch vor *zu*: *'s s'àbend* Schröer Versuch S. 173 [423], 2: umgekehrt zeigt das von Schmeller I 1648 an-geführte *zu schmorgens* (vielleicht auch *dschmörgist, dschmargist*) das gen. *-s* (*-sch*) im Anlaut des Wortes hinter der Präposition: das Oöst. kennt statt der gen. Bildungen von *Morgen, Abend* und *Nacht* nur *chuiti, fruak* (*i di Fruak, Früeh*), *spat, gegn spat, auf d'Nacht*.

[1]) Wie heidelberg. *morgends*, auch *nachts* Sütterlin Gen. S. 7, ebenso maine. *morjens nachts, owends, mittags* Reis I § 45, 1.

[2]) Die übrigen Tageszeiten lauten als adverb. Bestimmungen eg. (wie oöst.) *z'Mittöch* (mit dem Ton auf *töch*), aber nur *vormittöch, nåmmittöch* oder *nåummittöch* vor-, nach-mit-tags, vgl. S. 216, Anm 1, hingegen kärnt. *vourmittàgis, nummittàgis* Lexer Kärnt. WB 50 *tat* II 1; im Nordböhm. begegnet *nachmittags* sogar an Stelle des Akk. (vgl. oben *ahends* S. 458 Anm. 4). *du hottn sichs die Madl virgenumm, daß n ganzn Nachmötts de Hausthüre sollte zugerieglt warden* Tieze Hejmt I 73 f. (Gabler Bezirk). Ungebräuchlich sind im Egerl. andere Zusammensetzungen mit *-tags* wie *Sonntags, Werktags, Feiertags* (so in Rappenau: Meisinger III.Z. II 250 § 9, 1).

[3]) O.- u. nöst. *kei'tigs Tags* Nagl Roanad S. 84 zu V. 93 II a, in Pernegg. *hsintiksīg* Lessiak § 122 *b* α. Andere Verbindungen dieser Art fehlen, z. B. *chester Tags* Goethe an Knebel v. 30. Okt. 1798 (Br. 13, 301, 6) *Ich werde mich chester Tags wieder nach Jena begeben*; ebenso Soest. *erster Tage* = nächstens; Holthausen § 396 Anm. 4 und *dieser Tage* = neulich ebda. § 401 Anm. 1.

[4]) Vgl. § 83 S. 58 Bayr.-öst. *di Wál* Schmeller II 889. Schwäb. § 117, 1 a Anm., *derweil* Schöpf Tir. Id. 808. Nagl Roanad S. 83 zu V. 93 I *b*, vorarlberg. *dərwil* DM III 214, 6, altenburg. *der Weile* Weise § 55.

[5]) Über *döi Wál* (Akk.) § 252, 2; auch akk. *s Wil* eine Weile = eine Zeitlang (wie schriftspr.) kennt die Mn. (in anderer Bed. *äwi, äwil* in Ruhla: Regel 286).

[6]) Ebenso bayr. Schmeller II 889.

[7]) Mit dem Hauptton auf *aller*, nicht auf *Weile* wie besonders im Md., und auch nicht = gegenwärtig, diesen Augenblick, soeben wie *alle Weile* in Franken und am Rhein Schmeller II 889, in Zwickau (hier außerdem = eine ziemliche Weile) Philipp III.Z. V 9, in Thüringen Regel 286, im Henneberg. DM VII 133, Altenburg. Weise § 58, Hess. n. Pfälz.

g'nough Lorenz S. 17, auch vor Komparativen, z. B. *àlzwål schänns*; *mittlerweile* ¹) ist ungebräuchlich), *ders Zdit* derer Zeit = während der jüngst vergangenen Zeit (so schon bei Baier 409 *der* [Nickel Hobel] *dero zeit im siechheußlein geweßen*, vgl. *döi Zäit* § 252, 2; Gen. und Akk.²) schon mhd. Mhd. WB III 911, 15 ff., 43 ff.), auch *jèds Zäit* jederzeit;²) ungebräuchlich sind *augenblicks, anfangs, dieser Tage*;

ferner 3. Bestimmungen der Art und Weise wie *ungedànks* = ohne daß man daran denkt, unversehens ⁴) (Urban Erzg. Ztg. XIV 20, zu mhd. *der ungedank* = die Gedankenlosigkeit), *àinichs Näit* einiger Nöte = mit einem Male, Knall und Fall, mit Gewalt, durchaus ⁵) (*à. N. hàut 's sd̄ möin* = Knall und Fall mußte die Sache auf sein Drängen in Szene gesetzt werden, vgl. *Des hàut s Nàut* Not = drängende Eile, und *nàidé* nötig oder *nàutwendé* = eilig wie mhd. *nôtec* vgl. S. 24 Anm. 6), Zusammensetzungen mit *Weise* wie *gräinzwàis* = in rohem, ungekochtem Zustande, *gschäidzwàis*,⁶) *unbskànntzwdis* (einen grüßen lassen), in temporale Bedeutung hinüberspielende wie *gungzwàis, gsundzwàis, lisdichs-zwàis* = als junger Mann, als Gesunder, als Unverheirateter oder = so lange man jung, gesund, unverheiratet ist,⁷) ferner Zusammensetzungen mit *-dings* und *-falls* wie *àlsdings* (§ 50 S. 34 und Nachtrag, ohne unorganisches *-s* z. B. in der Inschrift einer Egerer Schüssel *Ich bin ein fogel aller ding, dess brot ich ess, des liet* (ich) *sing Anno* 1782: John Mus. S. 24 N. 1003: ungebräuchlich sind *schlechterdings, platterdings, neuerdings*,⁸) *glàichfàls, àlsfàls, jèdsfàls* (wie nhd., aber nicht *andernfalls, gegebenenfalls, vorkommendenfalls*), mit *teils* wie *màistutàls* (weniger schon *gräißtntàls*), *àīstàls* (§ 49, 2 S. 31 und Nachtrag: *teils* fehlt);⁹) *trucknz Fouß* (Lorenz S. 10 *damma r öitsa truckna Fouß inwaràl draf ümmgäih̄ kàā* daß man jetzt trockenen Fußes überall darauf, auf dem Moore, herum-

Wunderlich Umgangspr. S. 233 (in Sonneberg nur = immer, jedesmal: Schleicher 70): vgl. S. 113 Anm. 4. Über den Betonungsunterschied vgl. Hildebrand Z. f. d. U. VIII 688. Bayr. geuil. *àlb' Wäl* und akk. *àlwdl*, beides = immer: Schmeller II 889, nöst. genit. *Sllä-wäl* u. akk. *Sllwäl* Nagl Roanad S. 84 zu V. 93 II *b*. Die Akk.-Form *alhweil* ist auch nürnberg. öist. (hier auch *alhiwoil* und *alhwäl*) tir, kärnt. DM I 289, 17. Schöpf Tir. ld. 808. Lexer Kärnt. WB 253.

¹) Heidelberg. üblich: Sütterlin Genitiv S. 7.
²) Beides z. B. auch bayr. Schmeller II 1161, fränk.-henneberg. DM II 278, 47.
³) Eine Mischbildung ist *fröits Zäitn* frühers Zeiten = in fr. Z.: A. Treixler CE X 32.
⁴) Ebenso am O.-Main Schmeller I 522. Steir. *undankts* Khull 607, im Pernegg. *zudenkst* Lessiak § 122 *b α*.
⁵) In derselben Bedeutung obpfälz. *àinighs' Nèid* und *Nèidn* Schmeller I 1771; MB § 874 (*ainiger Nöt*).
⁶) Auch selbständig als Aufforderung = *Spaß bei Seite!* Solche Zusammensetzungen auch bayr.-öst, Stelzhamer Ma. D. I 100 (*ugschafft i Weis* = ungeheißen), vgl. S. 197 Anm. 1 und S. 336 Anm. 3, schwäb. Fischer I 1325 (*botenweis*).
⁷) Also in gleichem Sinne wie die im Egerl. unbekannten Verbindungen mit *-keit* (mhd. *keit* f. m. Stand, Beschaffenheit) im Bayr.-Öst. Schmeller I 1186, Khull 370 *jungerheit*, und anderwärts, z. B. handschulish. *ledigerkeit* Lenz S. 15 *hail*, obhess. *lediger, junger, be-soffener, kleiner, großer Heit* Crecelius 456.
⁸) Letzteres in der Bedeutung *wieder, wieder einmal, von neuem* nach Matthias Sprach-leben S. 446 auf Österreich und Süddeutschland beschränkt. Ebenso fehlen *neuding* (*von n.*) Khull 476, *neuzeit* (S. 215 Anm. 4).
⁹) Im Pernegg. *mastentál, anstál, greastntál* Lessiak § 122 *b α* S. 162.

gehen kann) entspricht zwar der Form nach auch dem Genitiv, wird aber wegen des Zusammenfalles mit dem Nom. Akk. kaum als genitivische Formel gefühlt.

Auch die Präposition *stätts*, *aJstätts* (statt, anstatt) gehört hicher. *Gschwäigns* [1]) = ne dicam, geschweige denn, der Form nach wohl eine infinitische Genitivform, nähert sich durch die Verdunklung der Bedeutung dem Charakter der Konjunktion.

Ungebräuchlich sind *flugs,*[2] *spornstreichs, dergestalt, derart, gutes Mutes, guter Dinge,*[3] *unverrichteter Dinge, meines Erachtens,*[4] *meines Wissens.*

Präpositionalverbindungen sind (außer den bereits angeführten wie *s'aŭ'b mds* u. a.) *hintrrucks*[5] (mhd. *hinder rucke* = zurück, im Passional Mhd. WB II 1, 783, 48 f. und schon bei Notker Grimm Gr. III 152, 2', *irwɔrĕcks*[6]) (mhd. *über ecke* Lexer I 507), *irwɔhứps* (vgl. EJ XI 134, 3] = überhaupt(s), dann auch = besonders, ;) *untʒſŏcks* untertags (aber nicht *unterwegs*,;) *s'enls(l)*[9]) < *z'enles'(.)* bis zu Ende (*z. dffi, s. ài, z. ümʒndüm* = längs des ganzen Weges hinauf, hinab, ganz herum).

§ 498. *d*) Ein alter Instrumental ist *heuer* < mhd. *hiure* < *hiŭjárŭ*.

Erwähnenswert ist auch das fremde *stántʒplédé* < *stante pede*. [10])

§ 499. 3. Adjektivische Adverbia, und zwar aus starken Flexionsformen hervorgegangene sind die akkusativischen *fröi* frühe,

[1]) Bayr. *gtschwcigens* Schmeller II 629; kärnt. *gtchweig-ntter* Lexer Kärnt. WB 229; über andere Ausdrücke für diesen Begriff vgl. S. 32 Anm. 1 und Nachtrag dazu.

[2]) Hingegen bayr.-öst. sogar ein Kompar. *flugser* Schmeller I 790. Nagl Roanad S. 83 zu V. 93 I *a*.

[3]) Gottscheew. *hir assen und trinkhen und lőben gueter dinge* Schröer WIG 46 [210] «Der Bettler».

[4]) Obhess. *meines Bhalts* = so viel ich mich erinnern kann, meines Erachtens: Crecelius 112.

[5]) Auch bayr.-öst. öfter *hinterrugks* als *hinterrugk* Schmeller II 79 (oöst. nur ersteres). Schöpf Tir. Id. 569. Lexer Kärnt. WB 210. Lessiak § 122 *b n*; dagegen westergeb. *hintrricka*, von Gerbel HLZ I 128 § 15 als Dat. Pl. erklärt (könnte es nicht schwacher Dat. Sg. sein?).

[6]) Bayr. mit und ohne -*s* Schmeller I 20. 33. Schwäbl § 111, steir. mit -*s* Khull 602, vgl. auch Lessiak § 122 *b n*; ebenso els. Martin-Lienhart I 27 *n*; er/geb. ohne -*s* : *bereck* Göpfert S. 45.

[7]) Auch in Wien: Hallada Z. f. d. U. XIII 830, 7 und nl. W. Holzgraefe ebla. XIV 663, 6. Die Bedeutung von mhd. *über houbet — ohne die Stücke zu zählen, im ganzen, all* zeigt bayr.-öst. *ubi' häpps* Schmeller I 877. BW I 1144. Schöpf Tir. Id. 243. Khull 602 (= *Hals über Kopf* und *insgesamt*): zur Form vgl. auch Schwäbl § 111.

[8]) Dies (und *untertags*) altbayr. Schwäbl § 111.

[9]) In den Sechsämt. *ŭnst* Wirth § 65, obpfälz. *uns, zenst, unst ← s'Ends* Schmeller II 1140, der auf schles., schweiz. und nd. Formen verweist (vgl. für das Alem.-Schweiz. auch Hoffmann-Krayer HLZ IV 172), im sächs. Er.geb. *tʒndst* Göpfert HLZ VI 30, altenburg. *uns, unst* Weise § 268, sonneberg. *unds (üm)* Schleicher 72.

[10]) Öst. *stántápedi*, steir. *stantipé* und *stantipedi* Khull 569.

gnouch genug; *v̥ü̥l* (einfaches *meist* fehlt, vgl. S. 463), *weng* wenig, *àls* [1]) alles = gewöhnlich, stets (*Döi gäng₃ r àls b₃ d₃ hint₃n Tü₃ r äï* Die gehen gewöhnlich bei der hinteren Türe herein), das sinnverwandte *völl₃* (verstärkt *völl₃ furt*) = immer, jedesmal [2]) (Neubauer Z. f. öst. Volksk. I 228. Mannl S. 10 *àll₃weil*, auch obpfälz. = immer, stets : Schmeller I 840; wohl < eg. *völlé, völli* < *völlig*, dessen Ausgang dem bedeutungsgleichen *imm₃* oder anderen auf -₃ endigenden Adverbien angeglichen wurde), *fern* oder *fert₃n* = im vorigen Jahr, *vo₃fern*, seltener *vo₃vo₃fern* = vor zwei, drei Jahren [3]) (Neubauer Id. S. 57 f., vgl. Wirth § 66, mhd. *vern(e), vernt, vert* [4]) u. a. Nebenformen Lexer III 185, zum Adj. *virne, verne* Lexer III 366; vgl. DWB III 1535. 1538. 1547. 1675 f.); von *eh(e)*, eg. *äi*, [5]) das nur in alten Quellen als Adverb erscheint (z. B. Eger. Stadtges. v. J. 1352 S. 10 N. VI 2 *der geb é*, d. i. bevor er das Bürgerrecht erlangt, *der stat zwainzig pfunt haller*, ist der Mundart vornehmlich der Komparativ *äi₃* oder *end₃, end₃r₃* (Gradl ebda. 492. 621, beides auch = lieber) und der Superlativ *äi₃scht* oder *endst* [6]) geläufig; adverbiales *äi₃scht* (erst) ist auch = vor kurzem, [7]) dann = wider Erwarten, dennoch: *F₃ is äi₃scht ni₃t su₃ gä̃zé wöi é denkt ho* (auch öst.); die alte, auch bayr. und obpfälz. Verstärkung mit *al* (Schmeller I 122) ist nur nach *su* üblich : *s'àl₃äi₃scht*;

---

[1]) Im Hinblick auf die Bedeutung und auf das gleichbedeutende plattd. *all* (DM II 421, 51. III 267, 3, 1. 278, 7) eher < mhd. *alles* = immer als < mhd. *alles* = ganz und gar, immer fort: Weise § 142, 1. DWB I 229; vgl. Schmeller I 58. Die Bedeutung *ganz und gar* zeigt ergeb. *als* < *alles*: *es ist alles finster* Göpfert S. 31; vgl. in den 7 nnd 13 comm. *alles dear* = ganz dieser: Schmeller Cimbr. WB 106 [168]; anders schles. *ilst* < *alles* (auch *ilsta, ilstamal*, henneberg. *alst, alstamal* = zu Zeiten, zuweilen) Weinhold Schles. WB 38. Zur Bedeutung von *alles* vgl. DM IV 244, 25 (oöst.), Martin-Lienhart I 28. Fischer I 133 f. III 2 a. Schweiz. Id. I 170. Lenz S. 7. Ders. Nachtrag S. 2. Crecelius S. 24. Über die Zusammensetzung *altzan* < *alles ane* Schmeller I 58; über nönt. *ölln* Nagl Roanad S. 50 zu V. 28 *zén*.

[2]) Nie = entschieden, ganz, wie bayr.-öst. vor Adjekt. betontes *völli(g)* oder unbetont bayr.-öst. = beinahe: Schmeller I 840. Nagl Roanad S. 53 zu V. 35. Schöpf Tir. Id. 790 f. Lexer Kärnt. WB 100 (*vella*); oöst. auch vor anderen Worten : *und olls über oans Han i volg iähikert* Stelzhamer Ma. D. I 140 N. 1 I 174, *So volg in dá Mitt* (des Büchleins) . . . *Han i 's Lösen angholt* ebda. S. 170 N. 11 II 121.

[3]) Deferegg. *vorr'foorscht'n* und *nouvr'föorscht'n* Hintner S. 58, kärnt. *vourfért, vour-vourfert* oder *nou'vourfert* Lexer Kärnt. WB 94 *fert*, els. *vorfern(t)* und *vorvorf*. Martin-Lienhart I 142 ª.

[4]) Dieses *vert* begegnet egerl. nur im Eg. Fron. 4802, ist aber (auch *fert₃n*) bayr.-öst. u. sonst verbreitet: Schmeller I 761. Höfer I 211. P. Schmieder zu Lindemayr S. 388 § 4 b 3. Khull 221. 247 (*vorfert*). Schöpf Tir. Id. 132. Lexer Kärnt. WB 94. Schröer WBÖ 83 [247]. Zingerle 29. Schmeller Cimbr. WB 119 [181]. Weinhold Schles. WB 19. Knothe WB 529. Ders. Mark. Ma. 121. DM II 32, 5 (koburg.); *fern (fé'n)* Schmeller I 757. Martin-Lienhart I 142 ª : (*vor*)*fernts* um Eichstätt: Weber HLZ III 66, 157, *fernt (fern)* alemann. Heilig HLZ III 89, 86.

[5]) Über die Konjunktion § 83; nie = ohnehin, wie bayr.-öst. Schmeller I é 4. Nagl Roanad S. 60 zu V. 52 *é*; els. *eh* = früher und lieber: Martin-Lienhart I 2 ª.

[6]) *Ehnti* auch oöst. = ohnehin: *Und do andern Leut wölln Mit ean ehnta nix habn* Stelzhamer Ma. D. I 69 N. 25, z u. ö. (auch = lieber), *ç̧antr* auch Pernegg. Lessiak § 152 S. 192, *ender* auch els. Martin-Lienhart I 51 b, *ehnder* und *am ehndtn* auch schles. obhess. Weinhold Dial. 136. Crecelius 325. *Ehnder* übrigens auch im nhd. Briefstil, nicht nur bei Goethes Mutter Br. II 11 N. 6, sondern z. B. auch bei J. Grimm Freundesbriefe S. 40 N. 23 *nicht ehnder schicken*.

[7]) Vgl. *ich han ir erst vil erschlagen ze nachst in dem wald* Hachmann-Singer DVB 166, 28 f.

hieher gehört auch der Superlativ *nàust* [1] oder *dɔnàust* »(da)nachst« = *unlängst* (Neubauer Erzg. Ztg. X 270, Zusammensetzungen mit *-làng* wie *wochnlàng* u. a.;

das dativische *mittn* (Grimm Gr. III 95): *einzeln* (vgl. Lexer I 532) ist nicht volkstümlich;

die genitivischen [2] *links, rechts, bɔràits* (= schon, dann = *fast,* [3]) *so gut wie*: *D'Stràuß gäiht bɔràits iɔ(b)m dàɔ* Die Straße geht fast eben, d. i. ohne Steigung und Senkung, hin), *erschtns, zwáitns* usw., *häichstns, máistns, làngstns, schänstns* (weniger üblich ist *nächstens*, gar nicht *mindestens*), *iɐwrings* (< *übrigens*) neben *üɐrisch* (< *übrigs,* z. B. *ih . . . ho àa̅ däau dàuda üɐrisch g'nouch* Lorenz S. 18; schon in der älteren Sprache *überigs* Weinhold Bayr. Gr. § 250 a und heute bayr.-öst. Schmeller I 21. Schosser Aus dá H. III 49), *widrings* (< *widrigens* = widrigenfalls, z. B. *Sie, die Schwangere, soll nicht im Sand graben, weil das Kind widrigens Ungeziefer bekömme* Grüner S. 35), *sousäɔgns* zusehends, *unvɔsäɔgns* unversehens, und Zusammensetzungen mit *-wärts* eg. *-wárts* (alle diese wie in der nhd. Schriftsprache); dazu kommen *gschwinds* [4] *(dɔ r a sua näidi sa̅ kàa̅ u sua g'schwinds* Lorenz S. 9) und *murɔ* (vgl. S. 339 Anm. 4). Ungebräuchlich sind *besonders* (dafür *iɐwɔháps* § 497 Schl.), *vergebens, stets, stracks, längs* (auch *längst* = *diu* ist mehr städtisch), *eilends, durchgehends, einst* (vgl. § 469 Schl.), ferner *des näheren, öfteren, längeren, kürzeren, weiteren, genaueren, des langen und breiten* u. ä.

Erstarrte schwache Flexionsformen sind das akkusativische *gèstɔn* gestern, die ursprünglich dativischen auf *-(l)ing* (< ahd. *-lingun*) wie *gàling* [5] (ohne *-s*) jählings, *voring* = vorhin (zu *vorig*), *schwerling* = schwerlich (Gradl MW 637), *zwàring* = allerdings (aus *ɐe wàre*), *hintɔwàrtling* (Neubauer Id. 71, < *hinterwertlingen*).

An Präpositionalverbindungen gehören hieher außer *am* mit dem Superlativ (*àm máistn* usw. S. 421 Anm. 6, auch *ɐ'màɔst* Gradl MW 358, *sɔn máistn* oder *mäiɔrɔstn* § 301) und *dfs wengst* aufs wenigste neben *sɔn wengstn* = wenigstens § 301, gelegentlich auch *dfs häichst* = höchstens), *df glàich* § 432, 6): *bɔwáitn* bei weitem, (*dɔ)né(b)m* (da)neben,

---

[1] Ahd. *nàhist* Erdmann Otfr. Synt. II § 111, mhd. *nähste, nehste, nàst, nɐɐt,* bayr. *nɐchstɐn*), obpfälz. *nàust(n), nàussn* = jüngst (bei Aventin *aufs nächst* = in Zukunft): Schmeller I 1735, oöst. *nächst* letzthin und *dfs nächst* künftighin: I'. Schmieder zu Lindemayr S. 388 § 4, 3, sonst *ɐ'nàigst* = kurz vorher: Schöpf Tir. kl. 455. Lexer Kärnt. WB 195. Khull 656.

[2] Die ältere Bildung *neuss* = *aufs neue* (Baier 163) ist verloren gegangen.

[3] In dieser Bedeutung obd., md. und nd.: obpfälz., vogtländ. W. Fischer Z. f. d. U. XIII 640, bayr. steir. Spälter ebda. 268, 2. Khull 66, alem. schwäb. F. Pfaff ebda. 637. Fischer I 864, schweiz. Hoffmann-Krayer ebda. XIV 661, 3; nordböhm. Knothe WB 86, südschles. G. Wecks Z. f. d. U. XIV 146 ff.; westfäl. Holzgraefe ebda. XIII 428; vgl. noch ebda. XII 747. XV 203 f.

[4] Auch altbayr. Schwäbl § 97, 4.

[5] Z. B. Baier 259 *gɐling gestorben*; vgl. *etɐgeb. gɐɐling* Göpfert S. 43. Die Dativendung *-en* zeigt das els. *hàlinge(n)* Martin-Lienhart I 319 ᵃ, auch rappenau. *helinɐɔ* = hehlings: Meisinger HLZ II 250 § 9, 3: über altbayr. Formen auf *-inɐen* vgl. Schwäbl § 63, 3 Anm.; öst. obsteir. auch *ɣɐɐting* Khull 313.

üwəràl auch *iwəràltn*,[1] z. B. HTV S. 256 N. 278 Lobs bei Falkenau', *fə r ungout* für ungut (*néks fə r u.* nichts f. u.,[2] *və feənst* von ferne (S. 449 Anm. 2', *və frái* = von selbst (*af àaٍumàl hebt's'n va frei af* plötzlich hebt es ihn, den Sterbenden, von selbst auf = richtet er sich v. s. a.: Urban Alad. G. S. 9; ein Geschwür entsteht *və frái* = ohne vorhergegangene Verletzung u. dgl.', *və frischn* von frischem = von neuem, *və ld* von leer = umsonst, vergeblich, ohne Zweck oder Erfolg, *vənäi*[2] auch *vəmäi*, schwerlich unmittelbar < *vən dem* e Schmeller I 4 e 3, vgl. S. 421 Anm. 7) von *eh* = vorher, *s'äischt* zuerst (neben *fə s äischt* fürs erste, *in də äischt* und *am äischtn* § 277 S. 231', *s'lëtzt, sn schänstn* = aufs schönste, *s'hintəst, s'uswəst, s'üntəst.* Hingegen fehlen *aufs kostbarste* u. ä., *fürbaß, fürwahr, insbesondere, insgesamt, insgemein, insofern, über kurz oder lang, von neuem, zumindest* und *zum mindesten, zunächst, zuvörderst, zum ersten.*

§ 500. 4. Verbale Adverbia sind *gldu* und *herich* (§ 220 S. 185 f.), *hàlt* § 29 S. 17 u. Nachtrag', *neə* nur (wie altbayr. Schwäbl § 102 häufig mit *gröd* verbunden', *sámgokkə* (S. 64 Anm. 2', *gschwáigns* (§ 497, 3 Schl. S. 461', *s'ráff s' r. weən* zu rauf = *ráffəd* werden, zu r. beginnen, § 156, 3. 232. Auch das eingeschobene *miə schài`t, schài`t mə* nähert sich einer adverbialen Bedeutung: *Deə is miə sch. scho furt* = Er ist vermutlich schon fort, vgl. § 55, 1 c.[4]

Wahrscheinlich gehört hieher auch das rätselhafte *inzöd*,[5] *enzöt* (- -) mit *kummə* = zum Vorschein, zu Besuch kommen, sich zeigen:

---

[1] Der Ausgang -*en* ist wohl so wenig wie im deutsch-ung. *überallen* (Schröer Versuch 17 [267]) ursprüngliche Flexion, sondern Adverbialendung.

[2] Älter auch *vergut* < *vür guot* (Lexer III 121. Martin-Lienhart I 249 a mit einem Beleg aus Moscherosch), z. B. im Eg. Fron. 3989: *Nim meinen dienst, herr, verٍut* (nimm vorlieb); in gleichem Sinne bayr. *für guet, verguet haben, nehmen* Schmeller I 964: *verguet nud veruuguet* Schöpf Tir. Id. 220. Lexer Kärnt. WB 128. Sollte auch der in einem erzgeb. Weihnachtspiel zweimal begegnende Ausruf *verguts!* (z. B. l'*erguts! Der Bua ist sehr gescheidt* Erzgeb. Ztg. XVIII 102) hieher gehören?

[3] Ebenso in den Sechsämt. Wirth § 66. In der eg. Nf. *vənə́ids* faßt Gradl MW 667 e den Ausgang -*ds* als Umstellung eines Adverbialsuffixes -*st*; da läge doch die Superlativendung -*st* (mhd. *von erste*) näher. Mir scheint jedoch *vənə́idt* eine Mischform aus *vənendit* und *vənäit* (über *endst* und *äischt* § 499 S. 462); denn an das *d* des Artikels (etwa mhd. *i des* Mhd. WB I 437, 36 ff.) ist wegen der abweichenden Behandlung der abgeschliffenen Form im Egerl. (vgl. *des* > *s* S. 458 Anm. 6 und § 458) nicht zu denken; auch zur oöst. Nf. *eht, ed* = ehe (Stelzhamer Ma. D. I 198. 223 N. 16, 27. N. 27, 63, auch adverb. = *ohnehin, eher* Schosser S. 134, auch heute noch lebendig, nach Lambel < entnasal. *end* I exer I 549) stimmt der egerl. Vokal von *vənə́idts* (*äi* < *í*) nicht. — In gleichem Sinne fichtelgeb. *venní* DM IV 259, 26, bayr.-ost. *von í* (> *vmé*, obpfälz. *vənéi, vnéi*) = vorher, zuvor, ohnehin: Schmeller I 4 u. 4. P. Schmieder zu Lindemayr S. 388 § 4, 3. Stelzhamer Ma. D. I 159 N. 10, 46. Khull 246. Die Formen mit *vu* (bayr. *s'í*, obpf. *s'bí* = vorher Schmeller a. a. O., eg. nur superl. *s'äischt* zuerst, wie nhd.) und *an, am* (obpf. *mbí = ané* Schmeller I 81, steir. *aneh* Khull 20, tir. *anéa, amíarst* Schöpf Tir. Id. 98 *éa* 3, *dmerst* auch oöst. = *zuerst* Stelzhamer Ma. D. I 145 N. 1 II 131. S. 236 N. 31, 243: = *von vornherein, überhaupt* [*anfänglich*, wie die Anm. erklärt, paßt nicht] ebda. S. 147 N. 2, 20, in letzterem Sinne auch *s'erst*, vgl. Schmeller I 122 *ér*) sind dem Egerl. fremd.

[4] In Rubla wird der Fragesatz *bínnwərsch* (wann war's?) adv. = *einstmals, früher einmal* gebraucht: Regel 161.

[5] Auch in Jechnitz und Podersam *inzot*, nordmährisch *azöd* = *bei der Hand* Peters Mitt. XXVII Lit. Beil. S. 83, schles.-nordböhm. a:*öte ٍin* oder *sein* = *sichtbar werden*, in

Neubauer Id. S. 35 *anzot*, in älteren Quellen auch *ent sat sein* = da sein: *souiel Hünner nur ent sat gewest, mit wegk genommen* Gradl-Pistl in Nagls DM I 169.

§ 501. Was das im Laufe der Sprachentwicklung vielfach wechselnde Verhältnis zwischen Adverb, Präposition und Konjunktion betrifft, so dienen im Einzelgebrauch (d. i. außerhalb der verdoppelnden Formeln wie *umundum*)

a) als Adverbia (nie als Präpositionen) ō ab [1] (und *ai < abhin*; mhd. *dar abe* [2] sowie bayr. *abauss, abdurch* Weinhold Bayr. Gr. § 256, fehlen), *zou < mhd. zuo*, zu = *geschlossen* und *fortwährend*, in Zusammensetzungen auch = *fort, weiter* (z. B. *sougäih* : *Gäih zou!* Geh fort!, bisweilen auch als Formel der Ablehnung oder ungläubiger Verwunderung, vgl. § 142 S. 102, dagegen *Dau gäiht 's zou!* Da geht es hoch, larmend, schlimm u. dgl. her!; mit *hin, her, da* : *zoui, zoua, dazou*; *nahezu, geradezu* fehlen; die egerl. Präposition lautet ausschließlich *za*, vgl. unten *c*, wo der gleiche Unterschied zwischen *bdi* oder *bd* und *ba* angeführt ist [3], *affa* = nachher, dann (< ahd. *aftar*; [4] bayr.-öst. *aftn* < ahd. *aftana* fehlt , *nida* nieder im nhd. Sinne (< ahd. *nidar*; dazu *nid* und *danid* , *wida* = wider ,in Zus. wie *widalaua* widerlassen = nachlassen, von gespannten Stricken u. dgl., *dawida, z'wida* zuwider, letzteres Adverb und Adjektiv und *wida* = wieder;

b) als Adverbia [5] und Präpositionen die alten pronominalen Präpositionen *df* auf (dazu nur adverb. *drdf, affa, dffi, ua b)mdf*, vgl. § 503 III *b, wuldf* wohlauf = *gesund*,[6] *ds* aus dazu nur adv. *drds, dssa, dssi,*

oder *unter großer Menge gehen*, überhaupt *herumgehen* Knothe WB 72. 560, schles. *zu zarte g.* = *sich ereignen* Weinhold Schles. WB 107. Das eg. Wort entspricht lautlich genau dem mhd. *en-zat* von *enzetten*, während *Sod* = Rasen oder siedendes Wasser (woran Schmeller II 227. 228 denkt) eg. *Säud*, Gradls hypothetisches Substantiv *saht* (zu *sehen* Neubauer Id. 112 zu S. 35) eg. *Sächt* ergäbe; allerdings scheint *inzöt* mit der Bedeutung von mhd. *enzat* (*e. gān* = zerstreut gehen) nicht ohne weiters vereinbar, wird aber doch von *zetten* nicht zu trennen sein, denn auch bayr. *zetten* (Schmeller II 1159) ist außer = *zerstreut fallen lassen* auch = zerstreut, einzeln zum Vorschein kommen; die eg. Bedeutung stellt sich wie die schles.-nordböhm. zunächst als eine Verallgemeinerung des letzteren Sinnes dar.

[1] *Ab* als Präp. noch im Schweiz. u. z. T. im Elsäss. Schwäb. Schmeller I 11. Martin-Lienhart I 4 a. Fischer I 3. In der Zus. nimmt *ab* im Egerl. vielfach die Stelle von *aus* ein : *azöign* = ausziehen (ein Kleidungsstück, auch *sich abz.*), *öloschn, öbläusn* (eine Flamme), *ogäih* abgehen (vom Licht, Ofenfeuer, auch übertragen = *ablaufen*: *Dös gäiht nist gout ō*, vgl. *azoßuiwi*: Gegensatz *dfgäih* von ausbrechendem Schadenfeuer); alles dies (mit Ausnahme von refl. *sich abziehen*) auch o.- u. nöst. Nagl Roanad S. 334 zu V. 359 *agai*. Über *äichst* (zweisilbig) < ab-icht vgl. § 416. *Aza* < mhd. *aber* = vom Schnee entblößt, aufgetaut, sonnig (o.- u. md. weit verbreitet: Neubauer Id. 36 f. Schmeller I 13 *äber*. Knothe WB 53) möchte ich wegen des Vokals (*ä* statt *ō*) nicht zum Verbum *ähen* (Peters I 8), sondern mit Wackernagel (Altd. HWB 4) und DWB I 31 zu dem fremden *apricus* stellen.

[2] Für die Zus. mit *da(r)* > *dr-, da-* und mit *her* > *a, hin* > *i* vgl. § 494. Hier und dessen Verbindungen fehlen.

[3] Das Sonneberg. unterscheidet Adverb und Präp. außer bei *zu* (*zuu, za, zu*) auch bei *auf* (*auf, uf*), an (*äā, än*), *mit* (*miit, mit*) Schleicher 60.

[4] Vgl. § 101. Präpos. *after* am O.-Inn : Schmeller I 46. Schöpf Tir. Id. 5.

[5] Vgl. den präd. Gebrauch der Adverbia § 503 III *b* und bezüglich der in den Klammern angeführten Zus. mit *dar, her* und *hin* oben Aum. 2.

[6] *Obel auf* (z. B. bei Elis. Charl. Briefe S. 38) ist nicht üblich.

dr.ássn [dr.außen,[1]) *ásə* außer, Präp. u. Konj., *grödás, grödássé* gradaus, geradehinaus: *überaus* fehlt, *fiə* oder *fuə* [dazu nur adv. *dəfiə, firə, firi*: *fürbaß* und bayr. *fürsi, furschi* Schmeller I 746 fehlen, *voə = vor* und *vorhin*[2]) (dazu nur adv. *voroś* voran, *vorás* voraus, *vəbái* vorbei, letzteres meist auch statt *vorüber*,[3]) auch *vorhin* klingt städtisch: *vorab, vorher* und *bevor* sind ungebräuchlich, *áu*, *ánnə* ohne (*áu* *weən* § 150, 4 S. 125: *ohnehin* fehlt, *mid* mit (dazu adv. *dəmid*, *im* oder *üm* um dazu adv. *drim, immə, immi*, ferner *gringstümmé* § 497, *kurzum*: *wiederum, rundum* fehlen); endlich die nominale Präposition *durch* (dazu adv. *dədurch, dorché, durchás*;

c ausschließlich als Präpositionen (abgesehen von der verbalen Zusammensetzung *oś* an dazu die Adverbia *droś, ăinə, ăi*, *grodoś* geradean, z. B. *gr.* *staiï* oder *hurchn*, beides = *obstupescere*; *anheunde*[4] nur noch in älteren Quellen, z. B. im Planer Pass. S. 58, vgl. § 495 *a β.* ebenso *anjetzo* Plan. Pass. S. 60; *anso, ansonst, annoch, anheim* fehlen, *bə* bei (< mhd. *bi, be-*, volles *bai, bá* < mhd. *bi* nur hochtonig in Verbindungen wie *Baispül* Beispiel, *Bäldál* Beilädchen = Nebenabteilung einer größeren Lade, und in den Adverbien *vəbái, dəbá* vor-, dabei; *her-, hiebei* fehlen, *in* in [dazu adv. *innə* innen, *drinn'ə* darinn en, *binnən* binnen), *və* von [5]) (dazu adv. *dəvoś, vənái* § 499 S. 464), *sámt* samt (dazu adv. *bəsámm, z'sámm* bei-, zusammen; über *mitsamt* § 415, 8, *zə* zu (< mhd. *za, zi, ze*; dazu adverb. *z'sámm*; mhd. *hinz(e* fehlt, über das Adverb *zon* oben *a*), *hintə* hinter dazu adv. *dəhintə, hintə, hinti, hintu, hintnheə*, *nəwə* ober [dazu adv. *druəwə* darober = darüber, *nə b'm* oben, *uə'b.mheə*; einfaches *ob*[6]) fehlt); *iwə* oder *irwə* über (dazu adv. *driwə, iəvər ə, iwi, dri(b)m*), *untə* unter dazu adv. *druntə, untə* < *unther, unti, untn, drüntn*; die nominalen Präpositionen *nauch, nau* nach (dazu adv. *dənáu* und *dənáust* § 494, 1 b. 499, *nauchə, nách.ə,t*, *náuchi*, *ně b'm*[7]) oder *néwə* neben dazu adv. *dəne(b)m*; *nebenan, nebenaus, nebenher* sind nicht volkstümlich, *gěgn* oder *gécha* gegen dazu adv. *dəgégn, ingiəgn* entgegen: *zugegen, gegenüber* fehlen, *-hálwə, -hál.b.m* -halber, -halben 'mái st-

[1]) Daneben hört man gekürztes *dəs* außen: *Durt aß uf en Bergla* HTV S. 144 N. 60 *b* Westböhmen.

[2]) Aber nicht = *vorher, vormals, zuvor* wie mhd. *vor, vore*, auch Eger. Stadtges. v. J. 1352 S. 10 N. X 2 *der tue vor einen ait.* Eg. Fron. 420 f. *Die pesten speis . . . Die dü entpissest vor nie mee.* Elbogner Chron. S. 46 Z. 15 v. u. *und sint fur auch da blanken . . . gestanden* u. ö. *l'or = zuvor*, gegenwärtig nürnberg. DM I 263, = *vorher* und *vorhin* bayr. Schmeller I 846 (neben *vorhin*), Tir. Schöpf Tir. Id. 791, schles. DM III 248, 48 (*vür = vorher*, ohnehin); auch bei Goethe Hanswursts Hochzeit (W. 38, 49, 54 f.) *vor war nur alles Kinder spiel, und ietz* usw. Analoges *nách = nachher* und *hernach* in Hildburghausen, Handschuhsh. Obhess. DM I 141, 6. Lenz 33. Crecelius 616. *Vor wie nach* fehlt im Egerl.

[3]) Auf der von C. Hofreuter i. J. 1735 gemalten Darstellung der Ermordung Wallensteins im Egerer städtischen Museum (Jobn Mus. S. 12 N. 6) steht *Wahre Abbildung der Execution, so zu Eger den 25. Februar Anno 1634 furobergegangen.*

[4]) *Anheut* auch bei Goethe Maskenzug v. 18. Dez. 1818 (W. 16, 268, 303).

[5]) Adverb. *von* im älteren Bayr. Schmeller I 842, 4 und noch heute nordböhm. (*De Loite derzählln siehr vill von* Tiere Hejmt II 47 Schönau) und nordd.

[6]) Die alem. Kenzinger Ma. hat *ob* = wegen: Heilig III.Z. III 87, 1.

[7]) O.- u. nost. *neïm* auch als adv. = nebenan, nebenher, nebenbei: Nagl Roanad S. 78 zu V. 82; über die Nf. *néwə* sowie *gécha* u. ä. vgl. S. 475 Anm. 6.

hàl'b)m, derəhàl(b)m = deshalb u. ä., dazu adv. *dəhàl(b)m* < derhalben = doch immerhin, z. B. *Dös is d. ə hübschs Stickl Wéch), wéchə, wégn* (in *mái˜stwégn*; *von-wegen* [1] ist bis auf die Formel *və Rechtswégn*, § 368, ungebräuchlich), *im-wü Un* um-willen *(im Gottes* oder *Himmlsə(ü Un* § 368 Schl., *zwischn* [2] oder *zwischə* zwischen (dazu adv. *dəzwischn*; *inzwischen, zwischenhin, zwischendurch* fehlen);

(də)sidə oder *də)sáidə*, mhd. *sider* (über ein für *sáidə* anzusetzendes älteres *sider* vgl. Lexer II 906) ist sowohl Präposition als Konjunktion [3] § 83; desgleichen *bis, bis* (*b. murgn*, vor Substantiven gewöhnlich *bis auf*, *bis zu*);

d) ausschließlich als K o n j u n k t i o n e n dienen gegenwärtig *owə* aber (gegenüber got. *afar*), *äih* [4] ehe (vgl. § 83, gegenüber mhd. *ér, é*: dazu das adverb. *vənäi*, vgl. § 499 S. 464);

e) nur untrennbare P r ä f i x e (wie in der neueren Sprache überhaupt sind *ent-* (eg. häufig *int*, z. B. *intláussn* entlassen; im ganzen nicht häufig, *er-* dafür vielfach *der-* > *də-*, vgl. § 155, 1), *ge-* (vgl. § 155, 2), *ver-*.

§ 502. Die mit *und* gebildeten V e r d o p p l u n g e n werden s t e t s a d v e r b i a l gebraucht; sie bestehen teils aus Formen, die auch im Einzelgebrauch noch als Adverbia dienen können wie *durch u durch* (z. B. *d. u d. naß, faul* wie nhd.),[5] *üməndüm* um und um auch mit vorgesetztem *g'ringst-, tschái(b)mst-*, § 497, 1; diese Verstärkungen haben nur lokalen Sinn, einfaches *üməndüm* auch temporalen: *Owa wöi 's ümmandümm dazou kumma r is* nachdem die Zeit »herum« war, endlich, schließlich,[6] Lorenz S. 15), teils aus solchen, die einzeln nur noch als Präpositionen auftreten wie *nàuch u nàuch* nach und nach (wie nhd.), *üwəndüwə* über und über (wie nhd., Neubauer Z. f. öst. Volksk. I 234.[7]

---

[1] *Um-wegen* mit dazwischen gestelltem Genitiv (nürnberg. Frommann zu Grübel 107) und *unwegen* (=*wegn* Schmeller II 876, Khull 657) fehlen.

[2] Steir. auch adverbial, vgl. Rosegger Das Buch der Novellen II 7 (1888) 187 und *zwischen war das Wasser und der rieselnde Brunnen*.

[3] Auch bayr.-öst. Schmeller II 338. Khull 594. Schöpf Tir. Id. 672. Lexer Kärnt. WB 233. Das egerl. daneben gebräuchliche *sáit* ist nur Präp. u. Konj., obwohl es selbst in nhd. Briefstil adverb. begegnet, z. B. Grimm Br. S. 462 (N. 145 v. 23. Juni 1815) Z. 4 *Vom Karl hab ich seit nichts gehört* (Wilhelm).

[4] Vor *ich* auch *ell* : *ell i* = ehe ich: Neubauer Chr. Meyers Gern. I 206; strichweise auch *al* Gradl MW 400, so in Theusing: Manul S. 10 (*ále, álti* ehe ich, e. du).

[5] Nicht = fortwährend wie in der Heanzen-Ma. DM VI 31. Auch nicht einfach *durch* wie bei Grimm Br. S. 491 (N. 159 v. 7. Dez. 1815) Z. 12 f. *Er* (Ringseis) *ist ein durch braver, frommer Mensch* (Jakob).

[6] Vgl. Goethe Der ewige Jude V. 264 ff. (W. 38, 64) *Doch war er gar nicht Liebe los, Und dacht, kommt alles ringsherum, Verlangt er ein Viaticum*. Dieselbe lok. u. temp. Bedeutung zeigt *um ed um, dummedum* im Bayr. u. Tir. Schmeller I 77 *um und an*. Schöpf Tir. Id. 781.

[7] Unbekannt sind die Verbindungen *auf und auf* (= von unten bis oben: Schmeller I 43. Schöpf Tir, Id. 22: = überall, immer: Lexer Kärnt. WB 11. Rosegger Die Alpler 6 S. 288 *keckе Burschen sind es aber auf und auf*: = aufgehäuft in der Heanzen-Ma. DM VI 24: nd. *up und up* = überall DM V 427, 3; vgl. übrigens auch Grillparzer König Ottokar III. Akt *wo auf und auf die goldne Traube hängt* SW VI 86) und *aus und aus* (= fort und fort, die ganze Zeit: Schmeller I 158. Schöpf Tir. Id. 23. Lexer Kärnt. WB 12: nd. *üt und düt* DM V 427, 3).

B. Gebrauchsformen des Adverbs.

§ 503. I. Als Ergänzung des Verbums wurde das Adverb bereits
§ 266—269,

II. als Ergänzung des Substantivs (als adverbiales Attribut) § 412
behandelt.

III. Öfter als in der nhd. Schriftsprache dient das Adverb (und der
Präpositionalausdruck) als Satzhauptteil.

a) Die Stelle des Subjektes nimmt es ein in Fällen wie *Murgn
is Fáisťoch*. *Zə diə* (oder *Áf ď'Haid*) *is mə s'wáit*; der adverbiale Aus-
druck vermittelt hier zugleich eine Bewegungsvorstellung (*Gang, Reise,
Fahrt*), die aber nicht in bestimmter Form vorzuschweben braucht.

b) Der bis ins Althochdeutsche (Erdmann-Mensing II § 111) zurück-
reichende prädikative Gebrauch adverbialer Bestimmungen, zunächst
solcher, welche einen Punkt des Raumes oder der Zeit bezeichnen, er-
streckt sich auf Adverbia wie *da, dort, oben, unten, vorne, heute, morgen*
(*Ich bin da*, auch = Ich lebe, z. B. *Suə làng i dàu bin*; ferner wie schrift-
deutsch *Er ist oben, vorne* usw. *Das war gestern* u. a.), auf die Zusam-
mensetzungen mit *da* (*Ich bin draußen, drinnen* u. s. f.), auf Präpositional-
verbindungen (*Eə r is in Tàuchn*; dazu modale wie *Dös is ás Áisn, mit
Sinn, sən Làchn, sən Drvoäláffm*; aber nicht *Das ist von Wichtigkeit,
Bedeutung, derart* u. a.); natürlich auch, wie schriftd., auf andere mo-
dale Adverbia wie *so, anders, umsonst, am* mit dem Superlativ.[1]

Den prädikativen Gebrauch von Orts- und Zeitadverbien (und Prä-
positionalausdrücken), die eine Richtung bezeichnen, teilt die Mundart
mit der Umgangs- und z. T. mit der Schriftsprache. Ein verbaler Begriff
der Bewegung (in Partizipialform) wird bei *sein* mit dem Adverbium nur
bei unzweifelhafter Vergangenheitsbedeutung der Aussage mitgedacht, so
neben anderen die Zeitstufe verdeutlichenden adverbialen Bestimmungen:
Voə r ə hàl(b)m Stund is ə furt. *Géston sånn sé* (die Soldaten) *dàu durch*
(hier durchmarschiert);[2] ferner im Zusammenhang der Erzählung neben
anderen Präteritis: *Is a r áffa wida r an ànan Häufla nàu* (nachgerannt,
döi aa' wos furt (fortgetragen. hobm, sonn dî äiaschtn schö wida mit

---

[1] *Er ist rechts, links* = nur die rechte, linke Hand gebrauchend (Erdmann Grundzüge
I § 118 b, auch baselst. Binz § 32) ist mir nicht als egerl. bekannt; ebensowenig das nord-
bohm.-schles. (auch in Saaz, Mähren und sonst gebräuchliche) *ich bin gern = ich bin froh,*
vielleicht nach dem tschech. *já jsem rád* Knothe WB 48. 250. Das der städtischen Um-
gangsprache angehörige *Düt is nist ohne,* stets ohne Ergänzung, wird nicht in der alten all-
gemeinen Bedeutung von *àne wesen* (mit Gen.), auch nicht = *es fehlt nicht* (wie in älteren
Quellen *und ist nicht ane, das . . .* Egerer Chron. S. 386 N. 1209 Urk. v. J. 1553, *aber
nicht ane ist es, das . . .* ebda. S. 387 N. 1211 aus dems. Jahre, vgl. auch Schmeller I
84), sondern = es ist nicht übel (also = nicht ohne Sinn, Annehmlichkeit u. dgl.) gebraucht.
Ane = außer, ausgenommen (wie mhd.) findet sich noch in den Egerer Stadtges. v. J. 1400,
r. B. S. 12 N. XV b 3 *ön wer in dem haus wonhaftig ist*, S. 10 N. VI 3 *än di, den di
stat verboten wirt, di sein ir gestet zeit aussen,* auch noch bei Haier, z. B. 019 *alle röhr-
kesten verfroren, ohn der heim Schempach nicht.*

[2] Vgl. dagegen *D'Süd sånn durch,* S. 471.

ihran Bálkn weita (weitergelaufen. Lorenz S. 21. *Öitz? bin è he?* her-
gegangen,' d. i. habe ich mich über die Sache gemacht) *u ho de?n Bám*
umgháut. *Öitz? bin è dá?* Jetzt bin ich zu ihm hingeeilt; auch in Fragen
mit *wohin*: *wo sindt nún hin dein helffer, die dir geratten hand darsu?*
Egerer Fronl. 138. *Schön's Liebel, wo bist du denn zu?* HTV S. 165
N. 110 (Grün); über *wáusou* = wohin vgl. § 494, 1 c : neben Präposi-
tionen der Richtung: *E? r is áf Plo?, in d'Haid* usw. *Weil die Erdäpfel*
und das Kraut schon vom Felde sind Grüner S. 66; aber auch sonst: *E?*
r is áf u d?vo? Er ist aufgesprungen und davongeeilt.

Es kann aber auch die Beziehung der Aussage auf die Vergangen-
heit gegen ihre Giltigkeit für die Gegenwart und damit der Begriff der
Bewegung gegen den ihres in der Gegenwart fortdauernden Ergebnisses
zurücktreten. Dies gilt nicht nur von prädikativem *weg* in Sätzen wie *'s Göld*
is wég. I bin gánz w. = erschöpft, oder vor Staunen, Begeisterung, Schmerz
usw. außer mir; in anderem Sinne in Zusammensetzungen: *E? r is ?*
weng grödwég ein wenig geradeweg = derb, grob), *hin (E? r is hi* =
ermattet, krank, verloren, tot, *s Glös is hi*˜ = zerschlagen u. dgl.; auch
in Verbindung mit *machen, richten*),[2] *her* (hint? r ain he? sá*˜ = ihn ver-
folgen, ihm auflauern; *hin* und *her* auch in Wendungen wie *Schánt hi*˜
Schánt he?, sondern auch von *ab* [ö sá*˜ = abgebrochen, gerissen sein [3] von
Nägeln, Stricken u. dgl., vgl. die Redensart *Dáu wid d? Kátzn s Bo?*
á nu ni?t ö sá˜ Da wird der Katze das Bein auch noch nicht ab sein =
Da wird der Verlust, das Unglück auch noch nicht zu groß sein, *auf*
(áf, zunächst als Gegensatz zu *nid?, d?núd?: E? r is nü*˜ *áf* = Er ist noch
außer Bette.[4] *Di gánz Stöd wá? r áf* = Die ganze Stadt war auf den
Beinen oder in Aufregung,[5] vgl. *also dass ein gantze gemeine auf gewest*
und dy nacht gewacht Elbogner Chron. S. 23 Z. 20: ferner wie ander-
wärts als Gegensatz zu *geschlossen,* eg. *zu* : *áf* und *zou sá*˜ von der Türe,
vom Fenster, von einem Deckel u. dgl., *zou sá*˜ auch von der Eisdecke
des Teiches, Flusses; [6] *u?(b)máf sá*˜ obenauf s. = die Oberhand haben,
dann = im ersten Stockwerke wohnen ; [7] ferner *auf* = auferlegt, aufgegeben;
vgl. die Frage der Schulkinder nach dem Lernpensum *Wos is ?nn áf?*,[8]

---

1) *Hiaut bin i her* oder *hin* (u. *hergehen*) zur Bezeichnung des Verfahrens auch nöst.;
vgl. das handschuhsh. Beispiel bei Lenz Nachtrag S. 9 *hergehn.*

2) *Hi*˜*richtn* = verderben; aber nicht *hinhaben* = weg, fort haben, wie in Franken
DM II 24, 13.

3) Ebenso öst. kärnt. Lexer Kärnt. WB 1 *abe*: nicht abgetan, aufgehoben sein wie
in der älteren Spr. Lexer I 5. Schmeller I 11, oder = los sein wie baselstädt. Binz § 27.

4) Hingegen mit Vergangenheitsbedeutung: *Öitz? r is ? áf (u d?vo?*) jetzt fohr oder
sprang er auf (und lief davon). *Auf* noch sonst als Adverb: *I klii áf* bleibe außer Bette
(mit *sein* und *bleiben* auch öst. schwäb. Fischer 1 358), auch wie öst., *wos loust denn scho*
áf? Was machst du schon außer Bette = Wozu bist du aufgestanden? Aber nicht .. aus
= zu Ende wie els. *die Erdäpfel sind auf* Martin-Lienhart I 10 [b].

5) Vgl. tir. *auff sein* = in der Hitze, im Feuer sein (vom Affekte): Schöpf Tir. Id. 22.

6) Weniger *áf ?.* in entgegengesetztem Sinne, vgl. Goethes M. Br. I 21 N. 7 *zumahl*
da der Mayn zu war, ebda. S. 107 (das Kanonensignal) *daß der Mayn auf sey.*

7) Els. in diesem Sinne *über ob(en)* Martin-Lienhart I 7 [b], obhess. *dce 'nnus* Crecelius
636. Henneberg. ist *óbe of* : genau, eben : *óbe of pfingste* Spieß 64 [h].

8) In diesem Sinne auch *wos áf ho(b)m* (in anderem Sinne in der Jägerspr. *Der Bock*
hat auf h. Geweih) und *wos áf kriign* etwas aufbekommen und in den sehr häufigen Ver-
bindungen *auf haben* oder *behalten* (eine Kopfbedeckung), wie auch *an, um* h., *b.* (ein Klei-
dungsstück).

gröᵭoⁱ gerade-an 'einfaches *an* dient nicht als adverbiales Prädikat; auch bei *gr.*[1] liegt wohl ursprünglich eine Bewegungsvorstellung zugrunde, die aber in den Wendungen *Er ist gr.* = *teilnamslos* oder *roh, Eine Speise* oder *Ein Getränk ist gr.* = *schmeckt unentschieden, ist geschmacklos* ganz zurückgetreten ist), *aus (ds sď* = zu Ende sein :[2] *U wöi affa Kirchn*, der Gottesdienst, *as is g'west* HTV S. 201 N. 178 Eger-Plan; *Mit dem is 's ds* = Mit dem geht es dem Ende zu, Der ist verloren. *Öitzᵊ r is 's ds!* = Jetzt ist alle Hoffnung zu Ende! auch in der Verbindung *As is 's u gscheᵊgn is!* = Nun ist alles vorbei!;[3] auch = gar gekocht, gebraten usw.; *Dös is hell ds!* = Da hört sich alles auf! als Ausruf des Unwillens: *S wird ds*[4] = Es genügt, ist annehmbar; ferner ist *aus* = nach außen, auswärts : *in der nacht sint dy vam Elpogen mit puchssen ausgewest* Elbogner Chron. S. 113 Z. 17 f. v. u.; *làng ds sď* = lange unterwegs sein, z. B. von einem abgeschickten Boten, den man zurückerwartet;[5] sodann im finalen Sinne *ďf wos ds sď* = auf etwas ausgehen: *Eᵊ r is no͡ ďf s Säffm ds),* fur *(fiᵊ sď* = vorgelegt, vorgeschoben sein :[6] *'s Reiwrl*[7]) *is viia r)* HTV S. 293 N. 188 Plan), *vor (voᵊ,* in der Verneinungsformel *Gott sei vor*, vgl. § 142 S. 102. § 188, 3 S. 166), *mit (mid* = dabei, in Gesellschaft anderer : *Weᵊ waᵊ r ᵊnn als mid?* Wer war alles dabei, nahm an der Gesellschaft teil?[8]) u. dgl.: vgl. jemanden *mit haben*

[1] Vgl. *grodoⁱ stäih͡*, *hurchn* § 501 c.

[2] Ähnlich bayr.-öst. Schmeller I 158. Schöpf Tir. Id. 23; els. schwäb. Martin-Lienhart I 78 a. Fischer I 449 A 1 a; obhess. Crecelius 66. In Grimms lk. begegnet *aus* häufig = mit dem Lesen fertig: Zwar *bin ich noch nicht aus* (= zu Ende mit der Lektüre der neuen Geschichte von Jean Paul), *bis jetzt aber ist es, als ob es nach aufge-gebenen Wörtern gemacht wäre* (Jakob) S. 105 N. 32 v. 31. Mai 1809 Z. 16 f. u.; öfter *aus haben* = ausgelesen haben: *Es tut mir recht leid, daß ich Dir das Buch nicht geben kann; wie ich es aus habe … Du kannst es wohl leiken* (Wilhelm) S. 95 N. 28 v. 13. Mai 1809 Z. 8 f. Die *Libuffa* (von Cl. Brentano) *habe ich erst zur Hälfte aus oder noch nicht einmal* (Wilhelm) S. 385 N. 114 v. 12. Nov. 1814 Z. 16 v. u., vgl. *Warum erscheint wohl Görres Rezension des Wunderhorns nicht aus?* (Jakob) S. 153 N. 49 v. 16. Aug. 1809 Z. 12 f.

[3] Vgl. § 431, 2 S. 387 f. Oöst. *Aus wä(r)'s*, vorbei wär's, Schosser II. II 73: *aus wärs und gschehä* Matosch Aus dä II. 1³ 324: *Aus is 's!* als Ausruf der Überraschung und des Staunens; *es is aus* = Es geht über die Maßen: Stelzhamer Ma. D. I 101 N. 50, 12, kärnt. *Das wär aus* = Das wäre nicht gut: Lexer Kärnt. WB 12 *wo aus*; schwäb. *Das ist doch aus!* (Fischer I 449 A 1 a) = egerl. *Dös is hell ds!* (s. oben).

[4] Unbekannt ist das bayr.-öst, *Das wäre nicht aus* = Das wäre nicht zu verachten, annehmbar, recht schön: Schmeller I 158. Schöpf Tir. Id. 23; nordböhm.-schles. *Das ist nicht aus* = Das hat noch gefehlt : Knothe WB 71, 3. *Aus* = zu Ende verbindet sich auch mit anderen Verben als *sein*; vgl. (der Friede, der) *wern sol fünff wochen nacheinander, denselben letzten tag ganz aiß piß zu untergang der sunnen* Egerer Friedbrief v. J. 1452 Eger. Chron. S. 272 N. 1086.

[5] Auch öst. In gleichem Sinn hört man *lang aß sď* = aufk(en) s.: *die Maid, die war lang aß* HTV S. 226 N. 222 Eger; vgl. S. 466 Anm. 1 und eg. *off* = *offen* und so *drunt, dähint* usw.

[6] Auch öst. Nicht = vorüber wie bayr. tir. kärnt.: *Kirch*, d. i. der Gottesdienst, *is scho͡ für* Schmeller I 745, 2. Schöpf Tir. Id. 162. Lexer Kärnt. WB 105, oder = gestorben, wie Deseregg. Hintner S. 56.

[7] Ein kleiner drehbarer Türhaken, zu *reiben*; vgl. Schmeller II 8 *Reiber*, auch öst. (bes. an Fenstern).

[8] Oöst. in derselben Bedeutung auch *mit und bei*: Stelzhamer Ma. D. II 57, 333 (Wer) *not is gwön mit und bei*; in anderem Sinne nordböhm. *wenn willst mit sein?* (= mitessen): Tieze Hejmt II 33.

wollen: adverbiales *mid* = *unter anderen* kann neben jedes Verbum treten: *a Beedlmàa‾ hàut af da Welt nu mid 's best Lebm* Lorenz S. 30. *Eɔ r is mit dɔ bést* = einer der besten`, *durch* (*d. sà‾* = durchlöchert sein, von Stiefeln, Schuhen; auch = durchgebeizt, reif, vom Käse), [1] *um* (*üm sà‾* = vorüber sein: *wenn die drei Jahr' um waren* HTV S. 132 N. 42 *d* Plan; vgl. *ümɔndüm* = zuletzt § 502; dann impers. *Dàu is niɔt v{ü)l üm* = Da ist kein großer Unterschied, von Wegen, aber auch sonst, vgl. *Umweg* und das Sprichwort *ɔ goutɔ Wéch in dɔ Krümm is niɔt üm*).[2]

Über *Das ist nicht ohne* vgl. S. 468 Anm. 1. Auch bei Adverbien und Präpositionalausdrücken mit *von*, welche die Herkunft, die Heimat bezeichnen, schwebt gegenwärtig ein bestimmter Bewegungsbegriff im allgemeinen kaum mehr vor: [3] *Wàu satt 's denn hàa?* Wo seid Ihr denn her? Lorenz S. 7.

Neben den Modalitätsverben *dürfen, können, mögen, müssen, sollen, wollen* sowie bei *lassen, sich getrauen* vermittelt das Adverb der Richtung oder ein entsprechender Präpositionalausdruck seit alter Zeit (Grimm IV 135 ff. Paul Mhd. Gr. § 322) zugleich eine Bewegungsvorstellung: *Ir müst all in die tieffe hellen* Eg. Fronl. 174 und so noch heute *Eɔ derf koŝ, mou, sol, w{ü)l} hi‾* oder *dàɔ, furt,*[4] *hàɔm, âfs Gricht* u. dgl. *Dös w{ü)l mɔ niɔt d‾* Das will mir nicht ein(gehen), *Eɔ w{ü)l uɔ{b)mássé* obenhinaus = Er ist hochmütig; auch fragend *Wàu w{ü l é hi‾?: Làu mé dssé* Laß mich hinaus; *I trâu mé niɔt dàɔ* getraue mich nicht dorthin; [5] *Ih mogh neat mit* mag nicht mitgehen HTV S. 121 N. 296 (Plan).

---

[1] Weniger = zerschlagen s., vom Fenster wie kärnt. Lexer Kärnt. WB 78, 2, nie = zu Ende s., etwas überstanden haben wie obhess. Crecelius 313, oder = vorüber bei Zeitangaben wie schles. *'s kunnt schon zwölfe dorch gewost sen* Langer Aus d. Adlergeb. I 51 (eg. wie oöst. *sw. vɔbdi*), oder adverb. *durch* = immer wie deutsch-ung. Schröer Ma. d. u. B. S. 240 [234], gottscheew. ders. WBG 75 [239].

[2] Jakob Grimm gebraucht sogar einmal *su um* = ein zu großer Umweg: *Ober Coblenz zu reisen wäre zu um gewesen* Grimm Br. S. 469 N. 147 v. 13. Sept. 1815 Z. 16.

[3] Der Begriff *gekommen* oder ein ähnlicher ist selbst neben *hervor, herein* nicht mehr recht lebendig; vgl. *Dàu hintn bin ih vüra van Howaltein* Ich bin von dahinten hervor, von einer Gegend, die nach den mit Hafer bebauten Berglehnen den Namen hat: HTV S. 267 N. 299. Der Eingang *Dàu h. bin ih vüra* oder ein ähnlicher kehrt in Vierzeilern öfters wieder, so ebda. S. 289 N. 146 Eger; S. 278 N. 42 Plan; ebda. N. 43 *a* und S. 317 N. 420, beide aus Eger; N. 421. 422. 423, alle drei aus Plan; vgl. N. 425 aus Budweis. *Am Wold bin ih vüra* ebda. S. 305 N. 303 Plan. *Von draußt bin ih eini* ebda. S. 278 N. 43 *b* Strodenitz bei Budweis.

[4] Aber nicht *ich brauche fort* = ich muß fortgehen wie Grimm Br. S. 336 (v. 7. Juni 1814) Z. 20 f. v. u. *Allein auf der anderen Seite ist es noch nicht so gewiß, ob ich schon su Ende Juli wieder nach Wien fortbrauche* (Jakob).

[5] Das Nöst. kennt neben den Modalitätsverben auch Ellipsen transitiver Bewegungsbegriffe wie *Ich will meinen Sohn nach Wien* (schicken), *Du sollst die Egge auf den Wagen* (heben) u. dgl. Nagl Roanaŝ S. 75 zu V. 78 *tmu* (nicht oöst.).

C. Verbindungen des Adverbs.

I. Bestimmungsgruppen.

§ 504. Adverbia, die nicht als Präpositionen dienen, werden am häufigsten bestimmt

1. durch andere Adverbia und adverbiale Präpositionalausdrücke.

a) Die meisten verstärkenden Adverbia der Adjektiva können auch vor die entsprechenden Adverbia treten (§ 437); hervorzuheben sind betontes *so (Des häut su ɔ schäï⁻* = sehr schön *gsungɔ*), *gerade (grōd ɔsuɔ*, *all (àlso*).

b) Zu den bestimmenden und erläuternden Adverbien gehören abgesehen von den bereits zu einheitlichen und vielfach abgeschliffenen Wörtern verschmolzenen Verbindungen wie *assé* usw. (§ 494 S. 452) die weit verbreiteten Verbindungen von *da* in voller Form *(dàu)* mit anderen Adverbien, auch mit solchen, die bereits mit *da* zusammengesetzt sind (wie *drōf* u. ä.): *dàu uɔ(b'm* und *dàu druɔ(b'm* da (dr)oben, *dàu drōf* ¹) u. dgl.; ferner von *mitten: mittn drin drōf, drɑ⁻* u. ä.) und andere wie *von — aus, nach — hin* u. dgl. Im übrigen gilt das von den adverbialen Bestimmungen der Adjektiva Gesagte (§ 439) auch für die der Adverbia; man verbindet also nicht *unverständlich schnell* (z. B. sprechen), *unerwartet günstig* (ausfallen) u. dgl.

§ 505. Unter den mannigfaltigen Verbindungen zwischen Adverbien und Präpositionalausdrücken sind zu unterscheiden

a) solche, in denen der Präpositionalausdruck in syntaktischer Abhängigkeit vom Adverb steht (letzteres tritt dabei stets voran) wie in *mittn in dɔ Stumm* = in der Mitte der Stube, *wàu ōf dɔ Welt* = an welchem Orte der Welt (vgl. *ubi terrarum*, *ποῦ γῆς*), *wenn in däin Lèb m* = zu welcher Zeit deines Lebens u. dgl. Auch Fälle wie *hāïⁿt irwɔ s Gàuɔ* (oder *voɔ r ɔn Gàuɔ* = an demselben Tage wie heute) *des nächsten* oder *vorhergehenden Jahres* lassen sich hieher stellen;

b) solche Verbindungen, deren Teile ein appositives Verhältnis zeigen (z. B. *dàu in Ploɔ* hier in Plan, und so wie schriftd. *drüben über der Straße, draußen vor dem Hause* u. dgl.). Unter diesen sind besonders die pleonastisch klingenden Verbindungen häufig, in denen eine Präposition zu einem Adverb desselben Inhaltes und sogar desselben Stammes tritt; ²)

---

¹) Der lokale Sinn solcher Verbindungen wird von dem temporalen nicht durch verschiedene Betonung unterschieden wie z. B. osterl. lok. *dadran* von temp. *dadran* Trebs HLZ. IV 20 § 14, 4 c. Im HS können die beiden Adverbia zu einem Worte verbunden werden: *Dös moul' dàudrōf lĕgn* (doch treten öfter andere Formen dafür ein: *ōf dɔs häuf ɔ niks gɔagt* oder *drif gɔagt*), im NS werden sie lieber getrennt: *Wenn ɔ dàu niks drōf gagt . . .* (ebenso oöst.).

²) Sie sind in der Umgangsprache und in den meisten Maa. heimisch; vgl. Binz § 54. Reis II § 66, Schwäbl § 111, 5.

dabei kann das Adverb, das meist (als trennbare Partikel) mit dem Verbum verbunden ist, vor oder nach der Präposition stehen: *dasida da'* (seit daß) *döi töif'm Grabm* . . . *durch 's Moda* (Moor) *durchzuag'n sau* (Lorenz S. 10) und so *in Wässə drin* (oder *drin in W:, a'n Stöl ássé* aus dem Stall hinaus, *áfs Döch áffé* oder *dráf [áf dös àls áffé* oder *áf dös gàns Zäich á.* = obendrein), *üwɔn Gro'bm ümmé, bə r àln dəbá sá⁻* u. ä.; mit verschiedenen Stämmen *áf Ploʒ̄ sou* [1]) (vgl. *auf* § 513 a).

Sehr häufig wird wie in der Umgangssprache eine präpositionale Orts· oder Zeitbestimmung mit *da* wieder aufgenommen: *In Ploʒ̄ — dau wiəd's scho nu⁻ ás* = In Plan — da geht es schon noch an. *Zən Wái⁻nachtn — dàu wàə r ə Költ.*[2])

§ 506. 2. Die Ergänzung durch Kasus ist nur in sehr engen Grenzen möglich. *Genuṛ* kann als leerer Quantitätsbegriff[3]) noch durch die Genitive *Mannes* und *Zeugs*[4]) (*Mànus gnouch sá⁻, Dös is Zäichs gn.* bestimmt werden (sonst mit *von* oder mit dem flexionslosen Substantiv).[5])

Über *einmal, zweimal* usw., welche die Genitive *des Tages, des Jahres* zu sich nehmen können, vgl. § 490; auch *öftə* tritt noch mit solchen Genitiven auf: *s Toghs öfta* Lorenz S. 29. Über *die Stiege hinauf* vgl. § 242 Schl. *Làidə* (Kompar. des Adverb. *leid*, ahd. *leidōr*, *leidor*, mhd. nhd. *leider*) verbindet sich in interjektionalem Sinn[6]) mit *Gottes*,[7]) auch = *Wehe!* z. B. *L. G.! wenn dàu əmàl ə Fáiə áskünnt* (auskommt)*!*

§ 507. Adverbia, die als Präpositionen dienen, werden verbunden

a) mit Adverbien: *vənäi* (§ 499 S. 494), *və dàu, v. durt, v. uə b'm* u. dgl., auch *və dàu ás, və mir ás* § 42 u. Nachtrag zu S. 26, *və fernst* (S. 449 Anm. 2, *və hái⁻t, və géstən* (z. B. *Döi Müilch is və h., və g:, bis hái⁻t, áf h., áf bis áf*) *murgu* oder *üwəmurgu, üməsi⁻st* (§ 494, 1), *və si⁻st* (in *və si⁻st u və néks* = ohne allen Grund § 537 a), *gêchə fröih* gegen Morgen;[8]) auch *wuláf, uə b máf* § 501 b. 503 III b S. 469 gehören hieher; *insofern, mitunter, von hier, von hinnen, von wannen* fehlen, meines Wissens ist auch *von dannen* (*və dànnə*) selten und klingt mir nicht echt volkstümlich;

---

[1]) In Hohenelbe *of naufzu, of wonderau* HTV S. 418 N. 254 a.

[2]) Über Aufnahme des Nom. Akk. durch *da* vgl. § 77.

[3]) Die andere im Begriffe *genuṛ* liegende Beziehung auf ein Bedürfnis wird durch *für* oder *auf* erläutert.

[4]) In anderen Maa. noch durch andere Gen.; vgl. Sonneberg. *daffn is ginunk dou*: *duarə senn weng* Schleicher 45.

[5]) Vgl. § 432, 5.

[6]) So schon ahd. Wilmanns II § 476, 2.

[7]) Auch in der nhd. Schriftsprache: Sanders WB II 1, 99; dagegen bayr. *l. Gott* Schmeller I 1437.

[8]) Oöst. auch *gegen spat*; über Präp. mit adverb. Gen. § 497, 2.

§ 508. *b)* mit Präpositionalausdrücken. Auch in unserer Mundart [1] kann einem als Einheit betrachteten Präpositionalausdruck neuerdings eine Präposition vorgesetzt werden. Diese Erscheinung ist nicht auf *bis b. an, b. auf, b. gegen* wie schon mhd., *b. vor, b. zu* [2]) usw.) und nicht auf Zusammensetzungen wie *fɔ nàummittŏck* für nachmittag [3]) beschränkt : man sagt *vɔ z'endstümɔndúm* § 497 Schl., *đf z'lètzt, mit z'Fláiß, wégn ɔn Gŏld hàkwɔ, ɔ Augnglōs fɔ in dɔ Gnàicht zɔn seɔh* ein Augenglas für in der Nähe zu sehen, in der städtischen Mundart auch *vɔ z'hàus*: [4]) auch mehr als zwei Präpositionen treffen so zusammen, z. B. in *bis đf z'lètzt*: *I kumm hàĩ̀t scho bis vɔ untɔ dɔ Hàid heɔ* bis von der Gegend unterhalb des Ortes Haid.[5]) *Um su* und *ohne zu* vor dem Infinitiv fehlen : § 229. Hingegen treten im Egerländischen nie zwei Präpositionen zusammen, von denen die eine zum Substantiv, die andere zu dem vor dem Substantiv stehenden Attribut gehört *mit vor Wut entstellten Zügen).* Deutsche Präpositionen vor einem fremden Präpositionalausdruck sind mir in unserer Mundart nicht begegnet; [6])

§ 509. *c)* mit einem nominalen Kasus. Soweit solche Verbindungen selbst adverbiale Bedeutung erlangt haben wie *zurück, trotzdem*, wurden sie bereits § 495—497 erwähnt. Der Besitzstand an Präpositionen zeigt der nhd. Schriftsprache gegenüber große Lücken.

Alte pronominale Präpositionen sind *an* [7]) *(oɔ̃), von (vɔ), ohne (àunɔ, àu), bei (bɔ), vor (vɔɔ*, prokl. *vɔ: da r a ihnan . . . grod va đ.Nos'n hi~bauat* Lorenz S. 20), *für (fɔ*, prokl. *fɔ,* [8]) vgl. *fɔ r ɔn Nàrrn*

---

[1]) Vgl. Binz § 52, der auf ähnliche französische und englische Erscheinungen verweiß.

[2]) Solche Bestimmungen auf die Frage *bis wann?* treten nicht selten an Stelle der richtigeren auf *wann?* z. B. *bis ám Sunntɔ krigst dɔ Gŏld* = Am Sonntag bekommst du dein Gield (auch henneberg. *bis Donnerstag gehen wir auf den Meininger Markt* u. ä. Spieß 65 c). Pleonastisch ist *bis* in *bis af àiwi Zeitn* = für immer : Lorenz S. 15.

[3]) Leicht tritt eine solche Fügung bei präpositional gebildeten Eigennamen auf, vgl. tir. *v' unta da Husbm* = von einem Weiler, der *unter der Huben* heißt : Hintner S. 47 Anm. 25: vgl. die Personennamen *von Zurmühlen, von Zurlinden.*

[4]) Gelegentlich auch in der Schriftsprache: *Den Dingen von su Hause hatte derselbe obenhin nur nachgefragt* Th. Storm Zur Chronik von Grieshuus (Ges. Schr. XVI 54).

[5]) Auch in der nhd. Schriftsprache begegnen derartige Häufungen, vgl. *indem man . . . Inschriften mit bis su 20 Worten druckte* Dr. Th. Adler in einem Artikel »Gutenberg«, Beil. z. Bohemia N. 160 v. 21. Juni 1900 S. 1. So harte Zusammenstöße, wie sie Andresen Sprachgebrauch S. 310 anführt (*Es wird ein Mädchen für mit nach dem Oberlande gesucht*), dürften jedoch selbst in der Ma. sehr selten sein. Vgl. zum Ganzen Teipel Herrigs Arch. VIII 394 f.

[6]) Lumtzer (II § 181) führt aus der Leibitzer Ma. an *ɔn sa rŏbɔk* gehen = in die Arbeit gehen.

[7]) Nicht in allen Maa. erhalten: das Nöst. der Neunkirchener Gegend ersetzt das nur noch in Zusammensetzungen vorkommende *an* durch *in, auf* Nagl Roanad S. 99 zu V. 121 ám bŏɔd, das Pernegg. durch *auf, bei* Lessiak S. 165 Anm. 1; oöst. ist *an* nicht eben häufig; doch klopft man *an's Fenster*, schlägt *an đ'Tür* etc.

[8]) *Vor* und *für*, praktisch zusammenfallend, werden also in voller Form lautlich, aber nicht immer der Bedeutung nach getrennt: ähnlich bayr. Schmeller I 7452 *ßr*, ebda. 846 *vour* : während jedoch das Bayr.-Öst. auch in räumlicher Bedeutung den alten Unterschied zwischen mhd. *vur* m. Akk. auf die Frage wohin? (wofür in der nhd. Schriftspr. auf Grund der mhd. Lautform *vor(e), vur(e)* in räumlichem Sinne *vor* getreten ist) und *vor* m. Dat. auf die Frage wo? auch bei der Präposition festgehalten hat (altbayr. *es' sitzt vo'n' Haus draußt,*

ho'b'm', *hinter* (*hints*), *in* (*in*, in der Schönbacher Gegend *ɔ*: *ɔ'n Oɔt* in den Ort, *ɔ dɔ Láit'n* in die Leite: Mitt. XXII 127 Strophe 3), *mit* (*mid*, ober *¹*' *'uɔwɔ*), *samt* (*sàmt, mitsànt*: über *miñd n zàntn Haitn* § 415, 8, auf (*áf*', *um* (*üm, im*), *unter* (*untɔ*), *aus* (*ás*), *zu* (*zɔ, z'*).² Binnen, das man hie und da auch hören kann, klingt mir nicht ganz volkstümlich.³)

Nominalen Ursprungs sind *durch* (*durch*), neben *ni̇́b m̜, ni̇́wɔ* oder *i̇́wɔ* Gradl MW 421', gegen *'gi̇́gn, gi̇́chɔ, gi̇́gnɔ; gɔ < gen* in *gɔbárch, gɔ̄ól*, ⁴) vgl. § 399 *d* S. 356 f.), nach (*nàu, nàuch*), seit (*sidɔ, dɔsidɔ, dɔsáidɔ*, *-halber, -halben* (*-hálwɔ, -hál b̜m̜*), wegen (*wégn, wi̇́chɔ, wi̇́gnɔ*, auch *z'wégn < zu wegen*; von wegen ⁵) nur in *vɔ Rechts wégn*, § 368, und im Volkslied, z. B. von wegen dein HTV S. 135 N. 43 Eger), um willen (*üm Gottɔs* oder *Himmls w'ü lln* § 368 Schl.), statt, anstatt (*stàtt s', oɔstàtt, oɔstàtts*), zwischen (*zwischn, zwischɔ*; ⁶) während wird in der Weise der älteren Sprache noch als Partizip verwendet und zwar gewöhnlich vor männlichen und sächlichen Substantiven und vor dem Infinitiv: *in* ⁷) *wärɔdn Reng, Gäih* während des Regens, Gehens (wohl auch schon *wärɔd 'n Gäih*,⁸), sonst wird es meist durch *in, unter* ersetzt: *untɔ dɔ Pri̇́dich*). Bis wird außer als Konjunktion auch (wie schon mhd. Weinhold Mhd. Gr. § 333 wenigstens in Verbindung mit *an, üf, gegen* und in der heutigen Schriftsprache) als

---

aber *ɔ' sitɔ-ɪč vüɪ's Haus auߞi* Schwäbl § 112), ist im Egerl. das alte räumliche *zür* zwar als Adverb und in der Zusammensetzung bewahrt (*s Ráiwɔ(r)l is fɔ* § 503 III *b* S. 470, *Firtɔ < Fürtuch* = Schürze, *Fishàng* Vorhang usw.), in präpos. Verbindung dagegen beginnt *vür* schon dem nhd. *vor* zu weichen: *Eɔ hàut si fɔ z Tàuɔ fɔgɪtellt* vor das Tor vorgestellt, um den Eintritt zu verhindern, aber auch sowohl *Eɔ sitɔt si voɔ d'Hàustɔ àɪɪi* als *Eɔ sitɔt voɔ dɔ H.* In den übrigen Bedeutungen von *für* und *vor* stimmt die Ma. mit der nhd. Schriftsprache überein. Für der Tür, für Lachen auch els. Martin-Lienhart I 134 ᵇ.

¹) Einfaches *ober* auch bayr.-öst. Schmeller I 16, schles. Weinhold Schles. WB 66.

²) *Zɔ* tritt vor Pronomina, vor die durch Pronomina (Artikel) oder Adjektiva bestimmten Substantiva (mit geringen Ausnahmen, z. B. *z'gláichɔ Fuߞn* zu gleichen Füßen = eilig, u. stets *s'* lat. nimis), *s'* unmittelbar vor Substantiva (auch alleinstehende Adjektiva und Adverbia; über das Bayr.-Öst. vgl. Schmeller II 1068. Schwäbl § 113. Nagl Ruanad S. 48 zu V. 24 *zrük*.

³) Ebensowenig im Oöst. Das Bayr. gebraucht dafür *Zeit*: *Zeit vɔ̄ àcht Tägn* Hartmann Volksschauspiele S. 607.

⁴) In den 7 und 13 comm. auch sonst *ka, ca, kan, can = gen*: *ca mir, ca Fenédige* Schmeller Cimbr. WB 133 [105], ebenso lus. *ka, kan* Zingerle 36.

⁵) *Zɔ wegen* schon in einer Wunsiedler Urkunde v. J. 1472 (Eg. Chron. S. 314 N. 1140 Z. 11, 13 v. u.), *vonwegen* bei Baier, z. B. 423: *von* und *zu wegen* auch bayr.-öst. Schmeller II 875 (oöst. auch *vo-zwögn* Stelzhamer Ma. D. ⌊ 66 N. 27). Lexer Kärnt. WB 253, 7 und 13 comm. Schmeller Cimbr. WB 110 [172] *Beg*: *von w.* auch altenburg. Weise § 254, ebenso. Crecelius 898.

⁶) Die Formen auf *-ɔ* : *gi̇́chɔ, nkwɔ, wlchɔ, zwischɔ* (bayr. *nébɪ'd* Schmeller I 1713, nordböhm.-schles. *ki̇́chɔ* Knothe WB 329, sonneberg. *naɔwɔr, waaghɔr* Schleicher 60) und wohl auch *àunɔ* (Gradl MW 357 Anm., vgl. ebda. 429 Anm. 1) sind wahrscheinlich Analogiebildungen zu *obɔr, untɔr, hintɔr* usw. (Weinhold Bayr. Gr. § 164), obwohl auch Verbindungen mit *-her* in Betracht kommen könnten (vgl. *unɔ < unɔ her*); eg. *w/gnɔ, g/gnɔ* (*w/gnɔ màinɔ*) scheinen mir Mischformen aus *w/gn* und *wlchɔ*, die durch den Antritt des Artikels *-ɔn < dem* (*w/gn ɔn > w/gnɔ 'n*, wornach auch *w/gnɔ diɔ* u. a.) begünstigt wurden.

⁷) Kaum jemals mit anderen Präpositionen; dagegen nordböhm. *under wehrender Zeit* Tieze Hejmt II 96 (Schönlinde). Über nöst. adverb. *in woürɔdn = unterdessen* vgl. Nagl Ruanad S. 110 zu V. 143 *in w.*; handschuhsh. *über dem währenden = während* dessen Lenz S. 19.

⁸) *Währɔd n'* und *in währɔdn* z. B. *Essn* auch oöst.

Präposition zur Bezeichnung der räumlichen, zeitlichen und begrifflichen Grenze gebraucht, so besonders vor Adverbien (*bis häi't* u. a. § 507), vor Substantiven weniger allein (*bis Wäi'nächtn*, öfter *bis san W.*)[1]) als in Verbindung mit anderen Präpositionen (§ 508).

Nicht geläufig sind dem Egerländischen die (zumeist jüngeren) Präpositionen *angesichts*, *entgegen*, *gegenüber* (dafür *bei — hinüber*, vgl. § 511), *behufs*, *ober-*,[2]) *unter-*, *inner-*, *außerhalb*, *kraft*, *entlang*, *längs* (*längst*), *laut*,[3]) *gemäß*, *inmitten* (dafür *mitten in*), (*ver*)*mittels*, *vermöge*, *nebst*, *nächst*, *ob*, *sonder*, *dies-*, *jenseits*, *trotz* (außer in *trotzdem* § 50 S. 34), *unfern*, *unweit*, *unbeschadet*, *ungeachtet*, *wider*, *zufolge*.

Die **Stellung** der Präposition stimmt mit der nhd. im allgemeinen überein.

§ 510. Die mit derselben Präposition verbundenen verschiedenen **Kasus** (auf die Frage *wo? wohin?*) sind von Haus aus nicht von der verschiedenen Bedeutung der Präposition, sondern von der Bedeutung des Verbalbegriffes abhängig, der durch die Präpositionalverbindung näher bestimmt wird.[4]) Es ist nun bemerkenswert, daß in vielen Mundarten manche Unterschiede dieser Art verwischt sind, sodaß für intralokale und für translokale Verba derselbe Kasus neben der Präposition erscheint.[5]) In unserer Mundart ist eine solche Angleichung noch nicht eingetreten.[6])

---

[1]) Im Henneberg. *bis dunnerstig* Spieß 65 e; in der Krefelder Ma. r. B. *bos Hüs* = bis nachhause DM VII 74, 234.

[2]) Auch in den Sechsämt. ist *ober-*, *unterhalb* nicht recht gebräuchlich: Wirtb § 68, 4. Dagegen in der südlichen Übergangs-Ma. (Neuern) *D'Stean sån åm Firmament owahol'm Hos* (Haus): Rank Aus d. Böhmerw. S. 95 und bayr. (*her*)*außerhalb*, (*her*)*innerhalb*, *vörderhalb*, *hinterhalb*, (*her*)*enterhalb* Schmeller § 877. Schwäbl § 111, 2.

[3]) In älteren Quellen noch *nach* *laut*: *haben erhaltung geworen noch laut irer verschreibung* Elbogner Chron. S. 6 Z. 16 f. In der Leibitzer Ma. vereinzeltes *laot* = entsprechend: Lumtzer II § 178.

[4]) Vgl. Behaghel Hel. S. IX und § 165.

[5]) Das dürfte nicht so sehr auf Unterschiede der Auffassung (wie etwa bei *ponere*, *τιθέναι* gegenüber *stellen*, *setzen*) als auf äußerliche Angleichung zurückzuführen sein.

[6]) Im Bayr. wird *bei*, *mit*, *von*, *zu* neben translokalen Verben mit dem Akk. verbunden Schmeller § 879. DM III 240, 3, 1: altbayr. jedoch ist der Akk. Pl. Regel beim artikellosen Substantiv und bei den Artikelformen *de*, *d'* (beide < *die*, die erstere als Dat., die letztere als Akk. empfunden), der Dat. bei den *n*-Formen des bestimmten Artikels: *mid'n Aindi'n* Schwäbl § 61. Im O.- u. Nösl. Tir. wird der Dat. Pl. nach Präp. schon fast allgemein durch den Akk. ersetzt: Nagl Roanad S. 53 zu V. 36 *än gi äil*; S. 63 zu V. 62 *zä di kyeichl*. DM III 457. Schöpf Tir. Id. 34 *bei*. Im Pernegg. wird wenigstens das Pronom.-Adjektiv nach Präp. gewöhnlich in den Akk. gesetzt: *mit auf* (*meine*) *Khindro* statt *mit an* (*mein*) *Khindro* mit *einen* (meinen) Kindern: Lessiak § 146 S. 187. Für einzelne Präp. gilt auch sonst o.- u. md. Ähnliches, so *bei* mit Akk. deutsch-ung. Schröer WB 115 [221], 2 u. 12. Preßburg. DM V 505 N. I, 7 und 13 comm. steht der Akk. bei intralok. Verben: *ins bazzar* = im Wasser: Schmeller Cimbr. WB 62 [119], ostfränk. *bei* (statt *zu*) *jemanden gehen* O. u. L. Hertel HLZ III 114, 3. 5 (an letzterer Stelle nur ein Beispiel mit dem Pl. aus Pfersdorf), sonst ist ostfränk. vogtl. u. westerzgeb. wenigstens eine große Unsicherheit in dieser Hinsicht eingetreten: *auf dem Dach nauf* und *aufs Land sein*, im Meißn. auch *von* mit Akk., ostmeißn. zuweilen *nach dick*, südostnußißn. *in* m. Akk. statt Dat.: Franke BII II 326 f. 14. 327, 4. obsächs. *bei mir sein*, *bei mich kommen* ebda. 327, 7. henneberg. *mit*, *zu*, *bei*, *von*, *nach* mit Akk. Spieß 64 f., *bei* mit Akk. altenburg. mainz. obhess. Weise § 254. Reis I § 43, 3. Crecelius 143, auch in der nordd. Umgangspr. Wunderlich Umgangspr. S. 54 Anm. 1; in der nd. Krefelder Ma. ist abgesehen von gewissen pronominalen Ver-

Ich finde nur in einem Volksliede aus der Falkenauer Gegend *am* < *auf dem* neben dem translokalen Verbum *stellen* (*Stell'n mer'n Tod am Butterfoß* HTV S. 52 N. 76), eine in meiner Heimat unerhörte Fügung.

§ 511. Nur mit einem Kasus werden verbunden und zwar mit dem Dativ

ås aus, im Sinne der räumlichen, der begrifflichen Trennung (*Dos is ås do Wåis* [1]) = unerhört, vgl. mhd. *ûz der mâze*), des örtlichen, zeitlichen, stofflichen, geistigen Ursprunges (*ås Gold*, nicht *von G.*, etwas *ås Gspås*, *ås Ernst* [2] *sôgn* oder *tåu*),[3] *åso* im Gebrauche = nhd. *außer* [4]) (aber auch, gleich *statt*, neben selbständigem Kasus: Das könnte niemand getan haben *åso des* außer der); *bo* [5]) in räumlichem Sinne (*d'Mêdosi* is *niot bo r in bli'b*)*m* = Er mußte die Medizin erbrechen; auch neben Adverbien der Richtung: *bon* neben *zon Fenzo r åssé*, *åi* u. ä., *bo* — *üwé* oder *bo* — *ümmé* = gegenüber: [6]) *Ist der steinern rohrkhasten bei dem statthauß uber gebaut* Baier 159, *as sua 'ran gràußn Fuksluach grod ba r iah uwi* = gerade ihr g. Lorenz S. 18), in zeitlichem Sinne (*bo do Nàcht, bo deon Larmo*, wo *bei* wie nhd. in die kausale Bedeutung hinüberspielen kann), im Sinne der Annäherung an eine Zahlen-, Quantitäts-, Begriffsgrenze (*zwen fidler und noch bei 19 handwergkgesellen* Baier 280 und so noch heutzutage, *bo r on Kráizo* = bei Heller und Pfennig, *bo r on Bisslo*, *bo r on Hàuo* oder *Hiolo* bei einem Haare oder Härlein = beinahe), kaum in anderen Bedeutungen (z. B. = neben, außer: also nicht *bei viel Verstand eine große Einbildungskraft*, auch nicht mehr = bei Strafe, wie z. B. Eger. Stadtges. v. J. 1352 S. 9 N. I 9 *der gesetz iceleihs zu halten bei funf pfunden hallern*; *mid* in instrumentalem (*Eo schü(d)lt mi(d)n Kuopf*), in

bindungen der Akk. Regel: DM VII 74, 230. Zur Geschichte der Erscheinung: Akk. neben translok. Verben bei einzelnen Präp. wie *bei* schon got. ahd. mhd. (weitaus überwiegend in m.-nd. Quellen) und noch bei Luther: Erdmann-Mensing II § 183. Weinhold Mhd. Gr. § 333; ältere md. Beispiele auch bei Crecelius 143; übrigens auch in Grimms Br. S. 30 N. 6 v. 24. März 1805 Z. 15 f. *den Zettel habe ich bei die Minnelieder gelegt* (Wilhelm): S. 166 N. 54 v. 10. Sept. 1809 Z. 8 ff. v. u. *sonst sehe ich täglich mehr, wie die meisten nordischen Sagen . . . nicht bei altdeutsche Romane . . . gehalten werden dürfen* (Jakob) u. ö. Umgekehrt herrscht Dat. für Akk. Sg. u. Pl. bei allen Präp. in der Saazer Ma.: *Er geht in 'n Kloster am Gabelfrühstück* = Er geht in die Klosterschenke aufs G. *Er geht in der Schul* (dies sowie *auf der Börs* u. dgl. *gehen* auch im Judendeutsch). *Er wartet am Geld. Sie hat was für 'n Madl* (für das Dienstmädchen) *gekauft*; ähnl. südostthür. (mit Ausnahme der Pronomina, besonders in der höflichen Anrede): E. Gerbet III.Z I 129 § 17, in Annaberg und Freiberg: Göpfert S. 25.

[1]) Nicht mehr mit Beziehung auf Personen: *Wie mainst, wer sy* (die Tochter) *auß der weis?* Der verstossen Rumpold Fastnachtsp. v. J. 1512 V. 43 (Wiener Neudr. 11 S. 16). Bayr.-öst. *aus der Weis* (mit dem Ton auf *aus*) = über die Maßen, außerordentlich: Schmeller II 1024 (mit einem Beleg aus Megenberg, der den Ursprung der Ra. beleuchtet). Stelzhamer I 163 N. 11 I 100.

[2]) *Aus E.* = im Ernst begegnet in Lenz' »Soldaten«, vgl. K. Weinhold Z. f. d. Ph. V 200.

[3]) Alle diese Beispiele auch oöst.

[4]) Über altbayr. *außer* als Präposition = aus vgl. Brenner BHl I 144 zu S. 137 Z. 33. In der Leibitzer Ma. ist *außer* eine Interjektion des Unwillens: Lumtzer II § 178.

[5]) Altbayr. noch *bei* mit Dat. = mhd. instrum. *bl dem* = durch, vermittels: Schwäbl § 111, 6.

[6]) *Geheniwwer* (mit Dat.) besitzt das Mainz. Reis I § 44.

raumlichem (*mit cinem, einer gehen*, von Liebschaften, *mit einem Kind
gehen* = schwanger sein),[1] zeitlichem (*mi'd,u hăi~tingə Tŏch*, im ganzen
minder häufig', modalem Sinne (*Làu mĕ mid Frid*[2]) oder *mit Rou.
Dös is mid Süntn. Mit Gwàlt* = lat. vi, dann = schnell : *Ŏitzə wiəd 's
mit G. Wintə*); *sàmt* und *mit sàmt* wie im Nhd. über das letztere vgl.
§ 415, 8); *nàu'ch*) nach, in räumlichem Sinne, aber nicht vor Ortsnamen
(dafür *auf*), wohl aber in räumlichem und zugleich finalem Sinne vor
Personen- und Sachnamen (*ist herr Jorg Mĕnil nach im geweßen. der hat
im wieder mit herein gebracht* Baier 486 und so heutzutage *nàu 'n Doktə,
nàu Wàssə gäih~* = gehen, um den Arzt, um Wasser zu holen),[3] auch
zeitlich wie im Nhd. ; (*də sidə* oder *(də)sáidə*, im Gebrauch = nhd. *seit*; *və* von,
bezeichnet den räumlichen (*və Bruck* = aus Bruck kommend oder von B.
gebürtig), zeitlichen (*və gung df* = von jung = Jugend auf) und geistigen
Ausgangspunkt (*və miə r ds*,[4] *von etwas reden*, weiterhin *və selwə, və
frài* § 499 S. 464); weiter abstehende Verwendungen wie *ə Táifl və r
ən Wài* (als Vertretung des Gen. appos. der klassischen Sprachen) sind
unserer Mundart [5]) geläufig, dagegen die nach französischem Muster ge-
bildete Qualitätsbestimmung mit *von* (*von gelber Farbe*) unbekannt. Das
in kausalem Sinne gebrauchte *və, vən* (*və* oder *vən Zorn*) kann lautlich
ebenso gut als *von, vom* (vgl. mhd. *von schulden*, Egerer Fron. 860 *von
kürz ichs unterwegen lan* wie als *vor, vorm* gedeutet werden; über das
instrumentale *və ud* vgl. § 481 : *və* zu, in räumlichem Sinne [6]) (neben
intralokalen Verben: *z'Ploə*,[7] neben translokalen: *z'Fell, z'Äckə* § 399 d,
4: hieher gehören wohl auch Fluchformeln wie *zən Táifl!* § 144 S. 107),
in zeitlichem Sinne *zən Wăi~nàchtən*, im Sinne der räumlichen oder zeit-
lichen Zusammengehörigkeit (*Döi Schràu'b)m g'hàiət zən Wŏgn*), in distri-
butivem Sinne neben Zahlen (*zə drittə § 480, 2), in geistigem Sinne und zwar
final (*Dös ghàiət zən Fest* Das ist für das Fest bestimmt. *Dös is zə nĕks
neben fə nĕks*, zu, für nichts ; [8]) zur Umschreibung des prädikativen Nomi-
nativs und Akkusativs [9] wird *zu* weit weniger verwendet als in der älteren
und neueren Literatur, so namentlich selten bei *werden* und *sein* (man
hört etwa *z'Schàntn weə'n* = intrans. verderben, z. B. von Speisen, *zən
Eckl weə'n* oder *sd~, zə làttə Wàssə weə'n*; sonst sagt man statt *zum
Kinde, zum Stein, zum Unrecht werden* u. ä. lieber, ohne *zu, ə Kind*,

---

1) Beides els. Martin-Lienhart I 188 a.

2) Auch bayr. Schmeller I 800, els. Martin-Lienhart I 178 a, altenburg. Weise § 262.
Unbekannt ist *mit* = zu, bei, wie im Vinschgau *er hat mit mer g'sàggt, er ist mit mer g'wesen*
DM III 330 *d*.

3) Neben *um* (vgl. dieses); über altbayr. *um* bei *gehen* vgl. Schmeller I 1714 *ndch*
(alles dort Bemerkte, auch über *auf* und *in*, auch öst.).

4) Vgl. § 42: am Ober-Main *vor mein, vaə' mä~* (z. B. kannst du tun, was du willst) :
Schmeller I 846, bei Hebel *mirá* (gemein. schweiz. *mira*) < *mir au* = so viel an mir liegt,
meinetwegen ; Hoffmann-Krayer III.Z IV 160.

5) Auch der öst. (*von áu* II'.).

6) Daß dieser Sinn auch in der Verbindung *wozu* durchwegs bewahrt ist, wurde
§ 404, 1 c erwähnt.

7) Ebenso bayr.-öst. Schmeller II 1068. Über die vielen aus Fügungen mit *zu* ent-
standenen Ortsnamen vgl. § 263 c.

8) Beides auch öst, vgl. bayr. *z'nicht zu* nichts nütze ; Schmeller II 1068, vgl. mhd.
ze nihte u. bayr. adj. *znichtw*, Wien. *z'nifto* S. 374 Anm. 5.

9) Vgl. Erdmann-Mensing II § 119. 204.

ə Stoʃ weʃ'n usw.); eher bei *màchn, w'ö lln* wählen u. dgl.; über *ɜu* bei *spieln* vgl. § 264, über *ɜən màisln* = am meisten § 499 S. 463, über den Instrumental *ɜə wɑ́* § 481 S. 440.

§ 512. Mit dem Akkusativ verbinden sich

durch, wie seit alter Zeit in räumlichem und begründendem Sinne (*durch dös* = dadurch,[1]) vgl. § 463, *durch Güte* als Vermerk auf Briefumschlägen),[2]) auch im Sinne der Vermittelung (*durch d'Bintě* durch die Bötin = Botin), aber kaum in zeitlichem Sinne;[3]) *fiə, fə* für,[4] in räumlichem Sinne[5]) (hauptsächlich neben Verben, die mit dem gleichen *fur* zusammengesetzt sind: etwas *fiə d'Tiə fiəstölln, fiə s Fenzə fiəhenkn* S. 475 Anm. 8 v. S. 474, im Sinne des Hindernisses oder des Schutzes, z. B. gegen die Sonne; sonst wird es lieber durch räumliches *vor* ersetzt: *Eə hàut sé vəə s Hàus dàəgstöllt*; aus der Bedeutung des Hindernisses oder Schutzes läßt sich auch die Bedeutung *gegen* in Bauernrezepten[6]) herleiten: *Für den Griesharn* Rieber Bauernrez. S. 27, vgl. W. Toischer Mitt. XVI 236 f.), im Sinne des Tausches oder der Verwechslung = anstatt (*Fur dich soll brinnen das wilde thir* Eger. Fronl. 810; *fiə* oder *iim dös Göld kröich ë ən gànsn Oʒzuch* Anzug; aber nicht bei bestimmten Preisangaben, also nicht *für*, sondern in der Regel *um ɜeə Kràizə Essə* Essig)[7]) und daher auch = *in der Meinung, vor sich zu haben* (der Bauer *trägt 'n*, ihn, den in dən Sack gesteckten Knecht, *in d'Mühl vüa'r*) *an Howasook* HTV S. 199 N. 176 c Plan, vgl. ebda. S. 198 N. 176 a, die Variante *b* bietet hier *als*: etwas *fiə r ə Hennl essn*); aus dem Begriff des Tausches und der Stellvertretung erklären sich die Wendungen *fiə s Lʃ(b)m gern, fə néks u wüdə néks* = *ohne Ersatz*, dann *ohne Ursache*, ferner die Bedeutung *im Verhältnis ɜu* (*fiə dös Göld is döi Ur schäi⁻ g'nouch*) sowie der Gebrauch beim prädikativen Akkusativ[8] (*àin fə r ən Nàrrn ho(b)m*, vgl. Lorenz S. 21): der Bedeutung des Schutzes und der Stellvertretung verwandt ist die Bedeutung *im Interesse, ɜu Gunsten* und allgemeiner *mit Beɜiehung auf*[9] (wie nhd.); aus der Verallgemeinerung aller dieser Bedeutungen ergibt sich der finale Sinn (*fiə wos* = wozu, z. B. *für wos waa r ih denn àffa r a Beedlmàǟ?* Lorenz S. 28. *Dös g'häiət füə murgn*); *iim* um, in räumlichem (*mit də*

---

[1]) Altenburg. nur räumlich: Weise § 253; vgl. *durch Gottes Willen*, bayr. *de' Gotı wulln* (oöst. nur *um*) = um G. w. u. A. Schmeller I 536; *durch* = um willen auch deutschung. Schröer Versuch S. 172 [422], 8.

[2]) Auch bei Rosegger Das Geschichtenbuch des Wanderers I 95 erwähnt.

[3]) Dieser fehlt auch in ältester Zeit, z. B. bei Otfried: Erdmann Oɦr. Synt. II § 168.

[4]) Vgl. § 509 S. 474 Anm. 8.

[5]) Auch bayr.-öst. Schmeller I 745. Schöpf Tir. Id. 161, 4. Lexer Kärnt. WB 105 (nordböhm. mit dem Dat. *für unsrer Thür* Braunauer Hirtenspiel bei Knothe WB 233).

[6]) Auch öst. tir. Schöpf a. a. O. 161, 2, altenburg. Weise § 260.

[7]) Altenburg. *für 20 Pfennige Wurst* Weise § 265; bayr. und wohl auch anderwärts (im Munde Halbgebildeter) *vor 3 kr* Schmeller I 846.

[8]) Am Ober-Main auch für den präd. Nominat. *für ʃ⁻n Bruikneckt dii⁻n* Schmeller I 745.

[9]) *Schade* wird wie in der Schriftsprache mit *für* oder *um* verbunden, öst. mit *um*: erɜgeb. mit *auf*: *Schod of'ɜ Pfar un of'n Wogn* Ereg. Ztg. XIV 172. In Saaz heißt *Schöd frə Kerl* nicht *Schade für den Kerl* sondern *Schade um jedeɜ Wort, um jede Bemühung f. d. K⁻*, also unter Umständen soviel wie *Nicht schade um den Kerl*.

Kirchn üm s Kroiz gäiłˉ = etwas verkehrt oder sehr umständlich machen, [1] zeitlichem Sinne *un ɔ drd́*, vgl. § 404, *üm s Náigàuɔ, üm s Grommɔt, um s Hd́* = um die Zeit der Grummet-, der Heuernte : Neubauer Chr. Meyers Germ. I 206, im Sinne des räumlichen und zeitlichen Maßes (neben Komparativen und *zu* mit dem Positiv: *üm drai Làuftɔ, üm ɔn Tō̈ch làŋɔ* oder *z̓làŋ*, in finalem Sinne (besonders bei Personennamen *üm ɔn Doktɔ gäiłˉ* gehen, um den Arzt zu holen, neben *nach* § 511 S. 478, bei Sachen tritt neben *gehen* lieber *nach* als *um* ein, [2] doch vgl. das Sprichwort *Deɔ r is mi̓d́n Storch üm d̓ Wd́ d̓ l gàŋɔ* § 292 Schl.: *üm* und *nàu wos stäiłˉ* = etwas für begehrenswert halten, verlangen, *mi̓ɔ r is nō̈ üm* . . . vgl. § 40), im Sinne des Wechsels, Tausches (wie schon in ältester Zeit : Erdmann Otfr. Synt. II § 170; *àinɔ r üm ɔn ànnɔn* = *einer abwechselnd mit dem anderen,* dann auch *einer nach dem anderen,* ähnlich *oʒ̄màl üm s ànnɔmàl*), besonders des Tausches gegen Geld *üm ɔn Kráizɔ wos kàffm,* vgl. oben S. 479, auch *üm wos sp(ü)łln* und weiterhin im Sinne der Beraubung (jemanden *üm wos briŋɔ* wie nhd.); die ältere begründende Bedeutung *(wer umb schult . . . gezvangen zvirt oder umb unfuge* Eger. Stadtges. v. J. 1352 S. 12 N. XVII 1) ist bei *beneiden* (nicht mehr bei *klagen* u. ä.) erhalten.

Ům-ze̓ u̓,lln mit dazwischen gestelltem Genitiv ist auf feste Verbindungen (mit *Gottɔs, Himmls* beschränkt, § 368 Schl.

§ 513.　Mit mehreren Kasus verbinden sich und zwar

a mit dem Akkusativ des Zieles bei translokalen, mit dem Dativ bei intralokalen Verben

oʒ̄ an, im Sinne der Annäherung im Raume (wie nhd.), weniger in der Zeit (etwa *oʒ̄ deɔn Tōch* neben *deɔn Tōch;* keinesfalls aber *an Weihnachten* u. a., [3] oder wie Eger. Fronl. 1767 *an diser nacht* = in d. N.) oder in der Zahl *oʒ̄ di fufzg* neben weit häufigerem *in di fufzg;* im Adverb des Superlativs *am meistɔn* S. 421 Anm. 6; *df* auf, in räumlichem Sinnє = nhd. *auf,* vor Ortsbezeichnungen [4] = nhd. nach *(df Ploʒ̄* = nach Plan, *df Ploʒ̄ zou* = in der Richtung gegen Plan, *df s Ràuthàus, df d̓Pfàrai, df d̓Univcrsitàt,* vgl. R. Hildebrand Zum deutschen Sprachunterrichte S. 225 Anm. 7 und = in *(àm* [5] *Triɔl* in Triebl, *ám Stinkɔ* auf dem Stinker [6] = in Konstantinsbad): an den räumlichen Sinn knüpfen die Fügungen *am Kàłvɔlɔn, àm Koiɔn dɔinɔ* = auf den Kälbern, den Kühen

---

1) Auch öst.

2) Desgleichen bei anderen Verben wie *langen, greifen* (nöst. *um* und *nach etwas ins Wassɔr greifen* Nagl Roanad S. 194 zu V. 230 *üm dàuɔu*).

3) So altenburg. Weise § 256.

4) So o.- und md.: bayr.-öst. Schmeller I 1714 *ndch,* Schöpf Tir. Id. 455 *nàck* (in einigen Gegenden Tirols ohne *auf: gàt Kópfstòṻ* ? Gelbst nach Kufstein? DM V 105, 1). Nagl Roanad S. 48 zu V. 23 *ã·· raüm,* ostfränk. vogtländ. Franke BH II 327, 5. O. o. L. Hertel HLZ III 114, 4, obhess. Crecelius 55, 2; auch im nbd. Briefstil, z. B. Goethe an Christiane V. v. 14. Juli 1803 (Br. 16, 258, 21 f.) *fahre auf Dessau und wieder auf Lauchstedt zuruck* u. o.

5) Über *àm* < auf dem (den) § 458.

6) So genannt wegen der Moorlager und Moorwässer dieser Gegend.

dienen, d. i. im Meierhofe den Dienst in der Abteilung der Kälber, der Kühe usw. haben (vgl. Urban Alad. G. S. 283) und *jemanden âm Zúch, âm Strich* (auf dem Zug, Strich) *ho b͜m* [1]) = j. nicht leiden können; über *âm Zäich sá͞* vgl. § 294, 3; ferner in zeitlichem Sinne: *áf s Gàu͜ɔ* = im nachsten Jahre, *áf d͜ Wóchu* = in der nächsten Woche, vgl. S. 431 Anm. 7 v. S. 430, *âm Moǔ͞dɔ* = am nächsten [2]) Montag, *áf d͜Nàcht* = bei Einbruch der nächsten Nacht (*öitzɔ r áf d͜Nacht* = jetzt bei Einbruch der N., auch *öitzɔ áf sai͞ àltn Tách͜*, *'s gäiht áf elfɔ* (auch *áf e. zou* HTV S. 108 N. 20 a Eger), *'s is vöiɔ͜r l áf zɔnɔ,* [3]) *áf d͜létzt*; räumlichen und zeitlichen Sinn zeigen Verbindungen wie *áf d͜Hànchzɔt, áf s Fest, áf d͜Làich* u. dgl. *gäili͞* oder *kummɔ*; das Übergreifen des räumlichen oder zeitlichen in den finalen Sinn ist im Egerländischen häufiger zu beobachten als im Schriftdeutschen: *áf ɔrɔ Böiɔ gäili͞* ins Gasthaus gehen, um Bier zu trinken (auch *ɛɔn Böiɔ g.*), *áf d͜ Zwetschgn kummɔ* zur Zeit der Zwetschkenreife zu Besuch kommen, um sich an dem Obste gütlich zu tun; *Dɔ Ruɔk is áf* (oder *fiɔ*) *d͜Sunntɔ, deɔ r áf Àltöch* Dieser Rock ist bestimmt, an Sonntagen, dieser, an Werktagen getragen zu werden vgl. *Zu dem Rocke auf Werktage* Grüner S. 114; *áf ɛɛm* oder *àin schöiůn* schießen, [4]) *röifm* rufen, *schráiɔ, pfáifm* [5] u. ä. (*i werd͞ af unsara Schäfer schreia* werde unsere Schäfer durch Schreien herbeirufen: Joachimsthaler Christspiel Mitt. XVIII 312; *kinn ma mitanàna af Zÿwala lockn* mit Locklauten die Hühner herbeirufen, egerl. Bastlösereim UE IV 58); *áf wos seɔh* oder *scháuɔ* in eigentlichem Sinne und = nach etwas streben, *áf wos áfscháuɔ* = etwas erwarten, *áf wos hàiɔn* (z. B. auf einen Namen, von Hunden), übertragen in rein finalem Sinne *áf wos g'häiɔn*, z. B. *áf Böiɔ*, [6]) auch mit Ellipse von gehören: *ɔ pàɔ Kráiɔɔ áf ɔrɔ Böiɔ*, auch mit anderen Verben: *âm Gàÿɔ͜ gäili͞* § 279 t, *âm Bé͜d͜l gäili͞*, etwas *âm Scháu heɔrichtn* § 278 S. 234, *áf wos nárisch sá͞* oder *ɛid.ɔn* (zittern) nach etwas leidenschaftlich verlangen, *áf wos ás* (aus) *sd͞* oder bloß *áf wos sd͞* = auf etwas Wert legen, darnach trachten (*döi*, ein Mädchen, *is äihar af d͜ Àrbat àls wöi am Stàat* [Putz] EJ X 165; vgl. *Deɔ r is áf ɔrɔn Kràiɔɔ wöi dɔ Täifl áf ɔrɔ armɔ Seĺ*; es bezeichnet auch sonst die Richtung seelischer Bewegungen nach einem Gegenstande: *áf* (neben *mid*) *àin bäis sá͞* böse sein=jemandem zürnen,[7]) *áf wos* oder *niks denku, vɔgessn* an etwas, nichts denken, etwas vergessen, *sich áf wos dɔrinnɔn*[8]) s. an etwas erinnern; dem finalen Sinne

---

[1]) Beides in gleicher Bedeutung Zwickau. Philipp HLZ VI 51.

[2]) Soweit nicht ausdrückliche Beziehung auf die Vergangenheit vorliegt, wobei übrigens die Präpos. ebenso oft wegfällt: *Dɔ wàɔ r ɔn* (den) *M.* Henneberg. ist *ɔf* in Zeitbestimmungen = *am, zu(m)*: *offn Sonntag* (darf man nicht arbeiten): Spieß 65 e. 86 f.

[3]) Westfäl. dagegen ist ¹/₄ *auf* 10 = ¹/₄ *nach* 10 DM III 503, 2.

[4]) Man unterscheidet: Der Jäger *schöiůt áf ɔrɔ Hoɔn* = er nimmt sich ihn zum Ziel (ohne daß gesagt wird, ob der Schuß trifft) ond *ɔ schöiůt ɔn H.* = erlegt d. H.; *erschieůen* (*ɔɔschöiůn*) wird besonders von der unvorsichtigen oder verbrecherischen Tötung gebraucht (man *ɔɔschieůt* eine Kuh, einen Menschen. Alles dies auch öst.)

[5]) *Auf etwas pf.* (auch *husten* und noch derber) in rein lok. Sinn ist = verachten, verächtlich verzichten, dgl. ost.

[6]) Ebenso in der südd. Übergangs-Ma. (Neuern) *Jetzt hɔb ih nɔ an Kreuza, Dɔr kehrt* (gehört) *auf a Bier* HTV S. 301 N. 263.

[7]) Häufig bezeichnet man damit zugleich die äußere Folgeerscheinung, den Abbruch des freundschaftlichen Umganges.

[8]) Letzteres ist nach Matthias (Sprachleben S. 210) südd. und sächsisch, *auf etwas vergessen* außer deutsch-böhm. auch öst., überhaupt obd.; vgl. DM III 185, 34.

verwandt ist der des Endergebnisses (*áf* neben *in Trümmə gäih̃* in Stücke gehen: *Ma(n) Schnapprl* [1]) *is broch'n af tausend Trümma* HTV S. 291 N. 170 Plan); es bedeutet ferner die Annäherung an eine Zahlen-, Quantitäts- oder Qualitätsgrenze, vgl. den Preis eines Gegenstandes *áf hunnət Gül(d)n áffètrái(b)m*, doch ist *Dös künnt áf hunnət Gül(d)n* nicht bloß = *Das kommt gegen*, sondern auch *genau auf 100 fl. zu stehen*; *áfs wengst, áf gláich* u. a. § 499 S. 463, *áfs schänst* u. dgl.; aus der Bedeutung der Richtung entwickelt sich (wie bei *nach*) erst die von *hinter* (in räumlichem und zeitlichem Sinne; [2]) der letztere wiederum streift in *áf dös = auf das hin* an den kausalen wie nhd.) und weiterhin von *gemäß* (vgl. *secundum*), im *Verhältnis zu*: *áf döi kurzə Zäit is dös gnouch*: eine andere abgeleitete Bedeutung ist die modale (*áf döi Art* oder *Wais* = demnach, sonach, unter diesen Umständen; *áf bäimisch* und sogar *af unsara Spràuch* = in unserer Sprache HTV S. 21 N. 36 Westböhmen); [3] *géchə gegen*, muß vielfach auch *entgegen* (dieses ist nur = *obviam*) und *gegenüber* (als Präposition) ersetzen: *Eə r is géchə mi kummə*,[4]) *Eə hàut sə géchə mi gsetzt*; es tritt auch wie nhd. vor Zahlen: *géchə hunnət G(u)l(d)n*; mit dem Dativ (so schon ahd. mhd. Erdmann-Mensing II § 183. Erdmann Otfr. Synt. II § 248 Schluß) ist es gegenwärtig nur = im Verhältnis, im Vergleich zu; [5]) *hintə* im Gebrauche = nhd. *hinter*;[6]) *in* in räumlichem, zeitlichem und geistigem Sinne wie nhd.; *in* = nhd. *an* steht in der Wendung *Öitsə künnt 's in di, in mi* usw. = Jetzt kommt die Reihe an dich, an mich. Neben Verbis der Bewegung verbindet sich mit dem räumlichen Sinn der Präpositionalverbindung oft ein finaler, vgl *in d'Ràuppiə, in d'Schläiə, in d'Schwämmə* u. dgl. *gäih̃* = gehen, um Rot (= Erd)-beeren, Schlehen, Schwämme u. dgl. zu sammeln oder zu holen, [7]) *ins Wàssə g.* = sich ertränken; als Ziele dienen auch andere als örtliche Begriffe, vgl. *in s Tölàu¯, in s Hulzhàuə, in s Nä̃n gäih̃* ins Taglohn, Holzhauen, Nähen g.: [8]) über *in* vor Zahlenbegriffen (*in di hunnət* vgl. § 395; *nẽwə* im Gebrauche = nhd. neben; *untə* unter, in räumlichem, zeitlichem Sinne (= während: *untər də prêdich*, vgl. Eger. Stadtges. S. 18 N. 19, *untə n Amt* während des kirchlichen Hochamtes, *untə də Kirchn* während

---

[1] Taschenmesser mit einschnappender Klinge.

[2] Vgl. *dm Blɩ̃z* auf den Blitz = sogleich: Maunl S. 21.

[3] Die meisten Fügungen (in örtl. Sinn, auch *auf dem Zug h.*), die Beispiele für den zeitlichen Sinn, ferner *auf die Hochzeit, das Fest* (aber *zu der Leiche*), *auf ein Bier gehen* und *gehören* u. dgl. *auf* (oder für) *Sonntag, auf etwas sehen* usw. *bis auf einen Kreuzer, auf einen* (mit einem) *bös sein, auf etwas denken, vergessen, sich erinnern, auf 1000 Trümmer brechen, auf 100 fl. kommen, auf gleich, auf die kurze Zeit, auf die Art und Weise, auf böhmisch* auch üst.

[4] Vgl. (Er sticht die Geliebte) *daß 's ràut Blout geger ih(n) sprüst* HTV S. 130 N. 41 (Eger-Plan).

[5] Ebenso in älteren südböhm. Texten (*Was ist den diese kurze Zeit gegen der langen Ewigkeit* Ammann VS II 100 Z. 38, während heutzutage südböhm. wohl wie oöst. der Akk. steht), obsächs. Franke BH II 327, 7, altenbmg. Weise § 254. Altbayr. steht bei *gegen* überhaupt der Dat., beim Pronomen auch der Gen.: Schwäbl § 111, 3.

[6] *Hinter* = *unter* und umgekehrt (im nördlichen Altbayr.: Hartmann Volksschausp. S. 601. Schmeller I 1136, 2) ist unbekannt.

[7] Els. *in den neuen* (Wein) *gehen* u. a. Martin-Lienhart I 188 ª.

[8] Nach diesen wenigen nachträglich beobachteten Beispielen von Infinitiven mit dem richtungweisenden *in* ist S. 282 Anm. 3 zu berichtigen.

des Gottesdienstes[1] im Sinne eines Maßes (= weniger als), in geistigem Sinne (= unter der Amtsführung u. ä.) wie nhd.; *irwə* über,[2] in räumlichem Sinne (bei *hauen, schmeißen, schlagen* unterscheidet man *über* und *um*: *Háu nən 's irwə 'n Schéɡɽ* Hau es ihm über den Kopf = auf den Kopf, *Háu nən 's iim ən Schéɡɽ* = um die Ohren; ebenso kann man etwas *irwə* und *üm d'Eɽ d n háuṣ*, in zeitlichem Sinne (*irwən Wintə, irwə 's Gáuə* = nach einem Jahre, daher auch = im übernächsten Jahre), auch im Sinne der Häufung (*Eə háut nən àin Lumpm irwən ànnən ghàißn*), im Sinne eines Maßes = mehr als (wie nhd.) oder des Überschreitens einer begrifflichen Grenze (*üwə Dáʃk* vgl. § 399 *d*, 4 S. 357. *Deə r is irwə r ə n àllə Gumpfə* Der ist ärger als eine alte Jungfer),[3] der physischen oder geistigen Überlegenheit (*I gwinn 's irwə di* = Ich bin dir an Körperkraft überlegen, vgl. *irwə r àin oʒstäik* = sich über jemanden hermachen, ihn angreifen);[4] im Sinne rein geistiger Beziehung = betreffs, lat. *de* (*reden über*,[5] dann = wegen (s. ärgern *über*, alles wie nhd.); hieher gehört auch der Gebrauch im verwunderten Ausruf: *Nó irwə deən Moʒ! Nó irwə r Jnənl*[6] (besonders als Ausdruck heiterer Verwunderung über die Reden anderer); *vo* und *zwischə*, im Gebrauche = nhd. *vor, zwischen*; letzteres wird vor Substantiven (weniger vor Pronominen) bisweilen in unlogischer Weise wiederholt: *zwischə də Wänd u zwischə 'n Bétt*.[7]

§ 514. Von den bisher genannten Präpositionen können *gegen, hinter, neben, unter, vor, zwischen* (diese schon mhd. Weinhold Mhd. Gr. § 333—335), *auf, nach* und *über* auch mit dem Genitiv verbunden werden, jedoch abgesehen von festen Verbindungen wie *hintərucks, untərochs, iwəréks, rcəháps* (§ 497 S. 461) nur mit dem Genitiv Sg. des Personalpronomens[8] *máinə, dáinə, sáinə*. Dies gilt für intra- und translokale Verba: *Vagiß niat af mcina* HTV S. 144 N. 60 *a* (Plan-Eger). *Zwischa mcina r u deina is a weita Stráußn* (Straße) ebda. S. 291 N. 171 (Eger), vgl. ebda. N. 172 (Plan). *Eə r is vo (néwə) máinə gàngə, géchə máinə kummə* u. dgl.

§ 515. *b)* Bloß mit dem Genitiv und Dativ verbinden sich
wéchs, und zwar sind bei Pronominen beide Kasus zulässig: *w.*
máins und *w. mis*,[1] *maĩ(s)twégn*,[2] *w. desn* wegen dem = *des t wégn*,
drs(n)twégn,[3] dazu mit erstarrtem *was : wéchs wos* = weswegen;[4] vor
Substantiven ist der Dativ Regel: *wegen seinen Blut* Plan. Pass. S. 85:
wécha r sn Bissls Bràut. Neben der begründenden steht die Bedeutung
betreffs (lat. *de)*: *Es schràibt wéchs ds Erbscháft*, auch mit selbständigem
Satzwert: *u wécha ds Erbscháft* (= was die Erbschaft betrifft) — *dös waiß
scho ds Notár*; derselbe Unterschied des Kasus gilt für *stàtt(s), osstàtt's*
(st. màins und *mis, st. sn Gü(ldn)*; daneben tritt wie bei *außer* der Nom.
Akk.[5] auf: *Stàtt ds r ài* (= Statt [daß] der eine gekommen wäre) *is
ds r ànns kumms. Stàtt s Cnes hàut s s Cnts wéggschütt* Statt das Obere
(der Flüssigkeit) hat er das Untere weggeschüttet; *hàlws, hàl'b)m* hat bei
Pronominen immer, bei Substantiven meist den Genitiv *(maĩs(s)thàl'b)m,
dershàl'b m* = deshalb, auch wie dieses = trotzdem, *dshàl'b)m* < derhalben
= immerhin, bei alledem;[6] *Àltss hàlws hàit s nú wöi làng léb m
künns;*[7] *Màins Hens hàlws bràucht ds Pfars kàin Hàns s'hàltn* (sprich-
wörtlich: UE V 8 N. 6); nur bei Substantiven findet sich gelegentlich
der Dativ: *sn Göld hàlws,*[8] besonders in der pleonastischen Verbindung
mit *wégen: wégn sn Göld hàlws.*

§ 516. Mit dem Genitiv, Dativ und Akkusativ verbindet
sich *àuns* ohne, in der nhd. Bedeutung,[9] und zwar bei Pronominen und
Substantiven gewöhnlich mit dem Akkusativ *(àuns mi, àuns r s Wort*,
minder häufig mit dem Dat.[10] *(àuns ders, àuns àlln* = ohne alles; *ohne-
dem* und *ohnedies* fehlen, mit dem Genitiv[11] nur bei Pronominibus *(àuns
dàins)*.

§ 517. Ein ganzer Satz an Stelle des einfachen Kasus kann (ab-
gesehen von den Konjunktionen *bis* und *sàids* wie in der nhd. Schrift-

[1) Altenburg. hat *wegen* außerhalb der Zusammensetzung nur noch den Dat.; Weise
§ 254, vgl. ebda. § 252. Sonneberg. *waughsr miir* und *meitwaaghsn* Schleicher 60.

[2) Über *m.* = nehmen wir an § 25 S. 15 u. § 55 *g,* γ S. 39.

[3) Mit betonter erster Silbe sind die beiden letzteren = trotzdem, ebenso o.- u. nöst.
Nagl Koanad S. 86 zu V. 95, in letzterer Bed. im Pernegg. *dér-w.* Lessiak § 153 S. 196.

[4) Bei Rosegger Heimgarten XXV 351 *wegen warum* = weswegen.

[5) Ebenso baselstädt. Binz § 51 Anm. 1, altenburg. Weise § 52, 2 und 252. Ver-
einzelt treten diese absoluten Kasus durch Konstruktionsmischung auch bei *einer von den
andern* (= einer nach dem andern) auf: *dàu künnt* (kommt) *àina üm da ànna* Zedtwitz
Aladah. S. 49.

[6) Ebenso Zwickau, Philipp III.Z VI 47.

[7) Dieselbe Wendung Zimm. Chron. II 216 Z. 8 f. *Es hat der graf alters halb noch
vil jar leben megen.*

[8) In Eisenberg auch *mir halben* = meinetwegen: Weise § 254.

[9) Die älteren Bedeutungen *minus (4 wochen ohn einem tag* Baier 485, vgl. Schmelle
I 84) und *außer* fehlen gegenwärtig; vgl. § 503 III *b.*

[10) Schmeller I 83 f. § 877 beobachtete den Dativ selbst unter gebildeten Bayern;
auch oöst. ist er gewöhnlich neben Akk., bei Pron. auch Gen., nöst. Dat. u. Gen. Nagl
Koanad S. 129 zu V. 159 *úni àing,* kärnt. Geu. Dat. Akk. Lexer Kärnt. WB 202.

[11) Zuweilen schon ahd. neben dem regelmäßigen Akk.: Erdmann-Mensing II § 184.]

sprache nicht unmittelbar, sondern nur durch Vermittlung eines Demonstrativpronomens [1]) zur Präposition treten: *imo dos, wos; wecho dem, wos* oder *das* usw.

II. Erweiterungsgruppen.

§ 518. *a*) Bloße Verstärkung bewirken Verbindungen wie *lang u lang* Lorenz S. 16); über *ümondium, incondiceo* vgl. § 502. 592.

b) Nicht zur Verstärkung, sondern zur Kennzeichnung eines tatsächlich zweigliedrig gedachten Begriffsinhaltes dienen Verbindungen gleicher oder ähnlicher Adverbia durch *und, oder, wie: suo r u suo,*[2]) ähnlich wie *deo r u deo*[3]) an Stelle bestimmter Angaben, z. B. *Dau wuo r é sögn: Dös is suo r u suo*) Da werde ich sagen: Das ist so und so; *suo r odo suo* = auf die eine oder die andere Weise, auch = auf irgend eine Weise, *suo wöi suo* so wie so = ohnedies, ohnehin; *dau u durt* = an einzelnen Orten (*hie und da* gehört mehr der städtischen Umgangsprache an), *hin o wido* hin und wieder = hin und her,[4]) oder = gelegentlich, an einzelnen Orten, manchmal, *öf u nido, öf odo r ö o Güldn öf odo r ö* ein Gulden auf oder ab = mehr oder weniger), *hint u vorn, hái~t odo murgn* = in kurzer Zeit, irgend einmal *Wenn é hái~t odo murgn stirb*) u. dgl. Über die Verbindung durch *aber schäi~ cxo táio* ist nichts Besonderes zu bemerken.

Konjunktionen.

§ 519. In Bezug auf den Reichtum an Konjunktionen steht das Egerländische hinter der nhd. Schriftsprache bedeutend zurück, vgl. § 49—52. 83—112.

Durch Konjunktionen werden wie in alter [5]) und neuerer Zeit verbunden

1. einzelne Wörter, und zwar solche, die einander näher bestimmen, d. i. Glieder einer Bestimmungsgruppe, durch *wöi* wie in Vergleichen: *o Kerl wöi o Kis, als, wöi* und *als wöi* nach Komparativen (S. 63 Anm. 7), *àls* oder *àls wöi, sàm* = *das ist, das heißt* in erklärenden Zusätzen (§ 224); ferner Glieder einer Erweiterungsgruppe durch *und* (nicht *auch*)[6]) in einfacher oder verstärkender Bedeutung §49 *b u* 1; dieses

[1]) Ohne diese Vermittlung öfter bei Elis. Charl. z. B. Briefe S. 53 *ich kau mich noch nicht getrösten über waß in der armen Pfalz vorgangen.*

[2]) Verdoppelnde Zusammensetzungen wie *suo suo* (‿ —, so so) dienen weder der Verstärkung noch der Gliederung des Begriffes, sondern seiner (spöttischen, bedauernden usw.) Schattierung.

[3]) Vgl. § 402.

[4]) Vgl. die Schilderung der ruhelosen Bewegung der Zwerge bei Lorenz S. 16 *wei si . . . asti u cini u hinawida g'ränklt samu.*

[5]) Behaghel Hel. § 65 (dem ich hier in der Anordnung der Fälle folge).

[6]) Wie z. B. siebenbürg.-sächs. *kingd uch kigel* Kind und Kegel, *wasser uch brid* DM IV 281, 3.

tritt zwischen die Verdopplung eines Wortes (*lang u lang*, vgl. § 440.
592, *niʒt u niʒt hàut ʒ 's tàu* er tat es durchaus nicht, § 537 *a*.
592; über *suʒ r u suʒ* § 518 *b*) und verbindet substantivische § 413), adjek-
tivische (§ 440), pronominale (§ 492), adverbiale Erweiterungsgruppen
(§ 518); ferner durch *oder* (*odʒ, owʒ*), *aber* (*owʒ, odʒ* § 50); *aber* verbindet
einen adjektivischen oder adverbialen Begriff mit einer Steigerung durch
so: *Hài't bin é mòid, owʒ suʒ mòid!*, vgl. § 437, 2 S. 395. Über die
zumeist mit der nhd. Schriftsprache übereinstimmende Rolle des *oder*
und *aber* in Erweiterungsgruppen vgl. § 274 Schl. 413 Schl. 440. 492
Schl. 518;

2. ganze Sätze. Sowohl vor bei- als vor unter- und überge-
ordneten Satzen erscheint *und* (§ 57, 2).

Über die Verbindung nebengeordneter Sätze vgl. § 48—53. 116,
über die Verbindung untergeordneter Sätze § 83—112.

§ 520. Die Konjunktionen kommen auch verbunden vor, und zwar
wie schriftdeutsch

a) beiordnende: *und aber, und aber auch, und deshalb* (§ 49, 1
S. 30) usw., *aber auch, aber deshalb, aber dennoch* (*oder aber, denn auch*
fehlen); alle diese Verbindungen treten in der Regel zwischen Sätze,
selten zwischen einzelne Wörter, kaum jemals zwischen attributive Ad-
jektiva;

b) bei- und unterordnende: *und daß, und wenn* (§ 57, 3. 4), *denn*
(oder *d. warum*) *weil* (§ 51).

§ 521. Nicht mehr lebendig ist gegenwärtig die verbindende Funk-
tion von *denn* (enkl. *ʒnn*) als Verstärkung des Fragepronomens oder
-Adverbs (S. 34 Anm. 8. § 63, 1), *dennoch* (*dennʒ*) beim Imperativ (§ 182),
beim optativischen Konjunktiv (§ 191).

§ 522. Alleinstehende Konjunktionen können elliptisch auch ganze
Sätze vertreten, so *Wöi! = age!* (§ 147 *a* S. 113), *Drüm* oder *Nö ʒ́bʒm-
drium = ja* (§ 52), *Nö und?* (zur Fortsetzung einer Mitteilung drängend,
z. B. A. *Gestʒn how é 's ʒmàl vʒsoucht.* B. *Nö und?*).[1]) *Wenn á!* Wenn
auch! (= *mòch* § 146).

V. Kongruenz.

§ 523. In Bezug auf die Übereinstimmung im Geschlecht und in
der Zahl macht vielfach wie im Ahd. Mhd. und in der neuhochd. Schrift-
sprache die logische Kategorie statt der grammatischen ihren Einfluß
geltend, so

---

1) Auch öst. Dagegen gehört *Dàrum* als abweichende Antwort auf eine Frage mit
Warum? (Weise § 42) schon der Form nach der städtischen Umgangsprache an.

1. beim G e n u s das natürliche Geschlecht der bezeichneten Dinge. Dieser Einfluß erstreckt sich aber nur auf die anaphorischen Pronomina, nicht auf das Attribut (auch nicht auf den Artikel, abgesehen von *d' Fráln* die Fräulein, vgl. § 296 *y* u. S. 310 Anm. 2) und findet sich am häufigsten wie seit den ältesten Zeiten (Erdmann-Mensing II § 3 S. 4 f. Erdmann Otfr. Synt. II § 59. Behaghel Hel. § 197) bei *Wái* Weib im Sg., gelegentlich bei *Máidl* Mädchen (*s Máidl háut 's irn Vödə gsàgt* u. dgl., vgl. mhd. *ein edel magedîn — si . . .* Paul Mhd. Gr. § 229), weniger bei *Kind* (*Wenn si 's du neā dean Kind soghatn, döi gawat* gäbe ma *'s räat gean* Lorenz S. 26). Aber auch, wo anfangs das anaphorische Pronomen sich nach dem grammatischen Neutrum solcher Substantiva richtet, muß bei wiederholter Aufnahme desselben Substantivs das grammatische Geschlecht regelmäßig alsbald dem natürlichen weichen, so daß *Weib, Mädchen* keinesfalls auf die Dauer z. B. mit *es* aufgenommen wird. Im Plural ist die deutliche Neutralform des Demonstrativs *döiə* (vgl. § 458) mit Beziehung auf *Weiber, Kinder, Mädchen* außerhalb der attributiven Verbindung wohl überhaupt kaum zu hören. Beim Plur. *sie* ist der Genusunterschied ohnehin nicht mehr ausgeprägt. Über die im Diminutiv hervortretende Reaktion des natürlichen Geschlechtes vgl. § 328.

Wird *einer (anderer), keiner, jeder* auf eine Mehrheit von Personen verschiedenen Geschlechtes bezogen, so tritt das Neutrum[1] (*koi's, ə jéds* ein : *Eə r u si* (Mann und Weib) *sánn bəsàmm gsessn; koi's háut ə Wort grédt* (vgl. mhd. *er vuorte daz wîp und den man und volgte im dewederz dan* Paul Mhd. Gr. § 231).

Sachnamen verschiedenen Geschlechtes können durch das Neutr. Sg. *eines, jedes* u. dgl. wieder aufgenommen oder lieber mit *das*[2] *dös*, oft *dös àls, dös àls mitənànə*) zusammengefaßt werden: *Goutə Luft, ə schäinə Gégnd u ə gsunts Wassə dös* (auch *ài's wöi s ànnə*) *häi d'n mə scho*.

Einem anderen Zwecke, nämlich der Bezeichnung eines Vorstellungsobjektes überhaupt, dient das Neutrum des Demonstrativ- und Relativpronomens (*dös, wos*), welches mit Bezug auf männliche, weibliche und sächliche Personen- und Sachnamen auftritt in Fügungen wie *Deə Döi, Dös), wos . . .* (vgl. § 461 Schl.); *Weə niət kummə r is, dös wàə də Michl* (ebda. § 462, 2); *d'Kátl* (Katharina), *dös wàə r ə tüchtichə Mäəd* ebda. § 462, 3). Über *Ich bin es* vgl. § 453. 2 a. Über *dös Häffm Göld* vgl. § 419 *b*.

§ 524. 2. Die Egerländische Mundart besitzt im Vergleiche zur älteren Sprache[3] nur wenig Fälle, in denen die Übereinstimmung im

---

[1] Es ist das Neutrum des unbestimmt gelassenen Geschlechtes, das auch bei der Beziehung auf eine einzige Person so häufig ist (vgl. § 299, 1). Im Mainz. tritt das Neutr. Sg. regelmäßig auch mit Beziehung auf mehrere Wörter weiblichen Geschlechtes ein: *die Kutherinebas un die Greta sin di gazz enuff gange, awer nur äns hot mich gesehe* Reis II § 33. In älteren Quellen wird auch *dienstbote* m. (= Knecht oder Magd) durch *es, das* aufgenommen: *so geb im sovil es* (der vorhergenannte *dinstboten, knecht ader maid*) *verdient hat* Eger. Stadtges. v. J. 1460 S. 21 N. 61; *nimbt ein dienstbot urlaub . . . das sol seins lons darben . . . hat es aber das ursach* usw. ebda. N. 62.

[2] Mhd. durch den Plural *diu*: Paul Mhd. Gr. § 231.

[3] Vgl. Erdmann-Mensing II § 33. 41. Behaghel Hel. § 189.

Numerus von der Bedeutung des Wortes statt von seiner grammatischen Form bestimmt wird. Attributive Pronomina (auch der Artikel) und Adjektiva werden hier durchwegs übereingestimmt, nur das Prädikatsverbum, das anaphorische (*er, der*) und relative Pronomen zeigen einzelne Abweichungen; so steht bei *Hàffm* (Haufen, dann = Menge überhaupt), *Gouttàl* (Gutteil) das Prädikat im Plural, wenn es mit einem Plural (dem alten Teilungsgenitiv) verbunden [1]) oder die Beziehung auf eine Mehrzahl anderweitig gegeben ist: *Dàu sànn ə Hàffm Làit əf d'Stràuß àssé. ə Gouttàl* (z. B. Äpfel) *wàən fàl* (faul). Regel ist der Plural des anaphorischen, demonstrativen und relativen Pronomens, die einen solchen singularischen Kollektivbegriff aufnehmen: *I ho ən Hàffm* oder *ə Gouttàl* (Äpfel) *wéggschmissn, wàl s* (sie, oder *döi wos* = welche) *wurmstiché wàən. Dàu wàə r ə gràußə Gsöllschàft bəsàmm u döi ho(b)m vəlàngt* usw. *Dùzəd, Schuək, Pàə* (ein Paar = zwei zusammengehörige Dinge) werden mit dem bestimmten Artikel auch neben dem alten pluralischen Teilungsgenitiv als Singulare behandelt (*s Dùəəd Schnupftüəchlə, s Schuək Niəgl, s Pàə Süfl kosi't . . .*), mit dem unbestimmten Artikel als Singulare oder Plurale [2]) (*ə Pàə* in der Regel als Plural, [3]) wohl im Anschluß an den pluralischen Begriff *ə pàə* = etliche). [4]) Bei *genug, mehr wenig* richtet sich der Numerus im allgemeinen nach dem dabeistehenden Substantivs. [5])

Titel wie *Seine Majestät, Ihre Hoheit* usw., in der schriftgemäßen Form aus der Schule und der Zeitung bekannt, werden außerhalb der Ansprache (wo sie wie höfliches *Sie* behandelt werden) keinesfalls mit dem Plural verbunden.

Bei den Grundrechnungsoperationen (mit Ausnahme etwa des Dividierens) ist der Plural des Verbums (neben dem Sing.) dem Egerländischen durchaus geläufig: *séks u* (oder *màl, wengə*) *vöiə sànn (is) . . .*

Wegentfernungen werden am liebsten als Plurale behandelt, sobald eine andere Zahl als 1, ein Ganzes, Halbes, Viertel usw. in Betracht kommt: *əf* (= nach) *X̄ is ə Stund, ə hàləs, ə vöiə(r)l St.*, aber *əf*

---

[1]) Unter derselben Bedingung altenburg. bei *Masse, Menge, Herde, Haufen* Weise § 15, 4. Einfaches plur. gefaßtes *Volk* begegnet im Böhmerwaldschauspiel: *Das Volk hieben Ohlzweige vom Bäumen und streiten es auf die Straße* usw. Ammann VS I 106, 21 ff.: sogar *jemand, die* (Pl.): *er hat auch jemanden, die das Schwert ziehen können* ebda. S. 108, 26.

[2]) Altenburg. nur als Plur. Weise § 15, 4.

[3]) Hingegen oöst. *dort steht à l'aar Roß* Stelzhamer Ma. D. II 203 N. 32 III 3. *Das oder ein Paar* = Braut- oder Ehepaar gilt im Egerl. für das Prädikat als Sg., für das anaphorische Pronomen wohl auch als Pl. (*Woi ə Bràutpàə hàimgàngə r is, sànn sé* neben *is 's əfg'hàltn wàən*); oöst. ist bei *Paar, Dutzend* d. Sg. Regel.

[4]) Der letztere Begriff nimmt anderseits trotz seiner pluralischen Natur singularische Attribute zu sich (wie *ein Paar*): *ə schāi's pàə G(ü)ld(ə)n* = sehr viele Gulden; vgl. ersgeb. *off er.s schiet poor Toch* (eigentlich *wurm*) Erzg. Ztg. XIII 38.

[5]) Wenn neben *einer, eines* (= jemand) in Befehlen die 2. P. Pl. erscheint (*Gàiklts a r àint iimmi u sàggts* FJ X 163, vgl. § 488, ebenso oöst. altenburg. Weise § 15, 3, vgl. *exite hinc aliquis* bei Plaut. und so 2. P. Pl. des Imp. bei *quis, aliquis, quisquam, uter* Stolz-Schmalz Lat. Gr. [Müllers Handb. d. kl. Alt. II] 402; vgl. griech. τὸν πλοῖτον ἔξω τις *xùəs* Aristoph. Passow II 2, 1910 [b]), so liegt hier eine appositionelle Fügung zwischen *ihr* und *einer* (= einer von euch) vor.

Máriəbūd sánn drái Stundn; áf X sánn drǎvöiə,r)l Stund. [1] Doch ist der Singular auch hier nicht unerhört, bei ³₄ wohl häufiger als der Plural.

Eigennamen als Prädikate pluralischer Subjekte werden neben der Kopula häufig in den Plural gesetzt, soweit dieser üblich ist: *Döi* ˏbesser *Dös) dàu sánn láttə Seffm* Diese hier sind lauter Josefe; neben *heißen* jedoch wie seit alter Zeit ²) in den Sing.: *Döiə drǎ Mai(d)lə ho'b˛m Mariə ghàißn.*

Andere Fälle der Inkongruenz zwischen Subjekt und Prädikat sind auf Erstarrung der Verbalform zurückzuführen, so bei *Fifát d'Seldadn!* (HTV S. 74 N. 3 Eger), bei *Hàltás!* als Interjektion des Ärgers ³ ˏvgl. § 145 S. 109). Inkongruenz des attributiven Substantivs, die durch Erstarrung der ganzen Verbindung hervorgerufen würde, ist selten zu beobachten. Man hört hie und da von Kindern *d'Heə Pátə'n* die Herr-Patern = die Herren Geistlichen (S. 334 Anm. 4); über andere erstarrte Sing. § 342.

§ 525. Zwei durch *und* verbundene Subjekte im Singular können durch nachfolgendes *döi (döi zwàə, döi zwàə mitərənàuə, döi àlzsàmm)* ausdrücklich zu einem pluralischen Begriffe zusammengefaßt werden: *Də Fránz u də Seff döi wean hdiˉt niət kummə.* Ohne diese Zusammenfassung ist neben dem Plural auch der Singular möglich,⁴) bei Voranstellung des Verbums sogar häufiger als der Plural (*S wiəd də Fránz u də Seff niət kummə*), bei Zwischenstellung des Verbums aber wie in der nhd. Schriftsprache Regel (*Də Fránz wiəd niət kummə u də Seff á niət).*³

Werden singularische und pluralische Subjekte zu einem Mehrheitsbegriffe vereinigt, so kann sich das vor- und das nachgesetzte Verbum im Numerus nach dem zunächststehenden Teil richten oder auch in den Plural treten: das dazwischengestellte Verbum folgt im Numerus stets dem ersten Teil: 'S hàut nən 's (hat ihm's, oder *ho(b)m ən 's* haben ihm's) *də Voəstäiə u sáiˉ Frdiˉd u də Pfarə gsàgt.*⁶) *Sáiˉ Fraiˉd, də Pfarə, də Voəstäiə hàut nən 's* (neben *ho(b)m ən 's) gsàgt.*⁷) *Dös hàut nən də Voəstäiə gsàgt u sái Fraiˉd* usw. Eine ähnliche Anlehnung an

¹) Ebenso öst. altenb. nach plur. Subj. der Sg., daneben auch der Plur. Weise ₇ 15, 6; eg. steht der Pl. des Verb. selbst bei der mit dem abrundenden und vereinheitlichenden unbestimmten Artikel versehenen Zahlenangabe: *des sann feiˉ a gouta drə zeiàrl Stund* Lorenz S. 9.

²) As. Behaghel Hel. ₇ 193.

³) Dagegen wird *häll!* als Halteruf auch numerisch abgeändert: *Hált əmàl! Halts* (Haltet) *əmàl! Hàltn S* (Halten Sie) *əmàl!*

⁴) Im Mainz. nur der Pl.: Reis II ₇ 34.

⁵) Alles dies auch öst. Ein Unterschied zwischen Personen und Sachnamen (wie im As. Behaghel Hel. ₇ 191) tritt hiebei im Egerl. nicht hervor. Nach einem Sg., an welchen ein Pl. durch *mit, samt* angeschlossen ist, kann (abweichend vom Mhd., das hier vereinzelt den Pl. des Prädikates kennt: Erdmann-Mensing II ₇ 33 Schluß) in der Regel nur der Sing. reintreten: *Dər mitsánt sáin gou(d)n Fráində(r)ln is néks wert.*

⁶) Vgl. *so hat sich maister vnd gseln bedacht* Regensburger Schreinerspiel v. J. 1618, (Hartmann BII II 1 ff.) V. 21, aber auch *da Maister vnd gseln hat im Sin* ebda. V. 1190 (vgl. ebda. die Anm. zu V. 21 S. 50).

⁷) Vgl. *Die Ställe und das Vieh wird rein gehalten* Grüner S. 63.

das letzte Glied ist auch beim Relativpronomen nicht unmöglich, während das anaphorische *er*, *der* wohl stets dem pluralischen Gesamtbegriffe gerecht wird. Ähnliche Regeln gelten auch dann, wenn mehrere Nomina von verschiedenem Numerus in der Form der Apposition oder Variation aneinandergereiht werden, die also keine neue pluralische Größe bilden: *'S hàut 's di gànz Fráï¯dschàft, sáï¯ u irə Fráï¯d, gsàgt; di g. Fr. hàut 's gsàgt, sáï¯ u i. Fr.; di g. Fr., s. u i. Fr., ho(b)m 's gsàgt.*

§ 526. 3. Für die Personalform des Verbums gilt bei mehreren Subjekten, die verschiedene Personen vertreten, wie im Mittel- und Neuhochdeutschen im allgemeinen der Vorrang der 1. und (falls diese nicht unter den Subjekten ist) der 2. Person. Zusammenfassendes *wir* und besonders *ihr* nach den Subjekten ist häufig, aber nicht unbedingt nötig: *I u də Tōnė sánn* (neben *sámmə* sind wir, oder *miə sánn) in d'Stōd gàngə. Du u də Tōnė (diəts) sáts in d. St. g.* Doch hört man im letzteren Falle oft genug auch die 3. Person (*Du u də Tōnė sánn . . .).* Bei vortretendem Verbum ist dessen Anlehnung an das erste Subjekt auch in der Personalform möglich, bei dazwischentretendem Regel: *Scheïsmàl bin i u də Tōnė* (neben *sámmə r i u d. T.) in d'Stōd g. Də Tōnė is in d'St. g. u i.* Bezieht sich das Relativ *wos* auf die 2. P. Pl. (nhd. *ihr, die ihr*; die Beziehung auf *du* habe ich in der Mundart nicht beobachtet), so steht das Prädikat in der 2. P. Pl.: *Diəts Mánnə, wots* (was ihr = die ihr) *mé suə g'ärchət hàuts.*

Die Beziehung von erstarrtem *mái¯ Tōch, málettə* mein Lebtag § 495 β) auf die 2. oder 3. Person u. dgl. läßt sich nicht mit Sicherheit als Inkongruenz der Person bezeichnen, da z. B. *Er hat sein Lebtag . . .* und *Er hat mein Lebtag . . .* von Haus aus verschiedenen Sinn haben können. Eher liegt Inkongruenz vor in *I bin sálettə niət kroʃk gwést.*

§ 527. 4. Die Kongruenz im Kasus hat wie in der nhd. Schriftsprache gegenüber dem Mittelhochdeutschen abgenommen.

Prädikative Substantiva mit *als* treten lieber in den Nominativ als in einen obliquen Kasus; eine Fügung wie *Dos hot mir mei Mutter g'lernt àls a klein's Kind* (= als ich ein kl. K. war: HTV S. 323 N. 479 b ¹) Gatterschlag, vgl. *a* Eger) wäre auch im Egerländischen möglich. Seltener ist die mangelnde Übereinstimmung in verkürzten Vergleichen: *die großen Schellen, die ihnen* (den Ochsen) *wie Schlittenpferde* heute lieber *wöi ən Schlï(d)upfá'n) um den Hals gehängt werden* Grüner S. 60.

Der prädikative Gebrauch flektierter Adjektiva ist nur bei *erst I bin erschtə* § 423, 1 a und 430) und *all s Böiə is àls* § 430) erhalten. Über die erstarrten *sekwə, àlə, hàkwə, vũlə* vgl. § 425, über *àlsə gànzə, krànkə* u. dgl. § 425 S. 385, über *weə r àls* § 488.

§ 528. Folgen einem Substantiv in obliquem Kasus eine Reihe von substantivischen Appositionen, so wird die Übereinstimmung

---

¹) In dieser Fassung (mit einigen Var.) auch oəst.

gewöhnlich nicht längere Zeit festgehalten, sondern oft schon im zweiten, fast immer aber bei den späteren Gliedern fallen gelassen und mit dem Nominativ (der leicht den Charakter des selbständigen Satzwortes gewinnt), oft sogar mit einem neuen Satze fortgefahren: *ɔn Michlɔ häut 's hält d̕ niɔt 'glückt* (dem Michel hat es halt auch nicht geglückt), *suɔ r ɔ tichtichɔ Hàndwerkɔ* usw. Übrigens baut nur der Affekt z. B. in Schimpfreden durch wiederholte Nachträge, in denen sich der Zorn nicht genug tun kann, längere Reihen gleichartiger Kasus: *Mit deɔn Lumpm riɔd é gàuɔ niɔt, mit deɔn nidɔträchtingɔ, deɔn Bɔtröuchɔ, deɔn* oder *suɔ r ɔn Làitoɔ̃schmirɔ* usw.

Aber auch schon bei e i n e r substantivischen Apposition finden sich oft Freiheiten der Übereinstimmung im Kasus, die aus dem Satzcharakter der Apposition zu erklären sind (§ 366). Selten ist indes mangelnde Übereinstimmung der substantivischen Apposition mit dem Kasus obl. eines persönlichen Pronomens:[1] *Sua bitt enk hält gàua schäïn, da Seff u d'Mària* HTV S. 28 N. 47 Plan, heutzutage wohl nur *ɔn Seffm u d'M.* Umso häufiger dagegen ist es, daß ein Substantiv im Nominativ als logisches Subjekt vor den obliquen Kasus des Demonstrativs gestellt wird:[2] *Dɔ Seff, deɔn wiɔ r é 's scho sogn.*

§ 529. Einschränkung der Flexion beim substantivischen Attribut, bei Titeln (vgl. schon mhd. *künec Artiises* Paul Mhd. Gr. § 235, nhd. *König Rudolfs heilige Macht*) ist in der Mundart nur im Genitiv bemerkbar; doch sind Verbindungen wie *s Nàuchbɔ Michlɔs Häus* im ganzen minder häufig als die Vorsetzung des einfachen Genitivs (*s Nàuchbɔs H.* oder *s Michlɔs H.*) und seiner Umschreibungen (*ɔn Nàuchbɔ Michl sǟ H.*). Über *vɔ r ɔ pàɔn* von ein paaren S. 363 Anm. 1.

VI. Verneinung.

§ 530. Da die alte Verneinungspartikel *ne-, en-* wie in der nhd. Schriftsprache verloren ging und nur noch in den bekannten Zusammensetzungen vorliegt, kann die Verneinung nicht mehr als eigne Wortklasse behandelt werden; jene Zusammensetzungen lauten im Egerländischen *niɔt*[3] (auch mit unorganischer Nasalierung *niɔ̃t, neʒ̃t* Gradl MW

---

[1] Im südböhm. Volksschauspiel *Verstoß mich Armer Sinder nicht!* Ammann VS II 148, 26.

[2] Diese Vorschiebung ist schon alt (Erdmann Otfr. Synt. II § 84. Paul Mhd. Gr. § 325. J. Grimm Kl. Schr. III 333 ff.) und in o.- und md. Maa. bekannt, vgl. baselst. Binz § 90. mainz. Reis II § 13. 35.

[3] Der von Grübel beobachtete Unterschied zwischen stark betontem *niet* und schwach betontem *nit* (Frommann zu Grübel 30, ähnlich obhess. *nët* und *net* Crecelius 626) ist mir im Egerländischen nicht begegnet, ebensowenig die fränk.-henneberg. *r*-Formen *niert, niart,* enkl. *nert, net* (nach Sterzing DM II 405 N. 6, 1 < *niergent*), deren *r* wohl nur ein au: dem *ɔ* in *niɔt* entwickelter Gleitlaut ist. *Nichte (so die Stebnitzer nichte ime wehre zu hulf khemmen* Baier 639) ist vielleicht < instr. *niwihtu, nihtu, nihte* Schmeller I 1718. Ob die nordböhm. Formen *niche* (z. B. HTV S. 218 N. 212 *b* Gabel), *neche* (ebda. N. 212 *c* Nordböhmen) zu diesem *niche* zu stellen sind, scheint mir nicht sicher.

425 nicht, *neks* (< *nichs*, aus *nihtes niht* verkürzt: Schmeller I 1719) nichts,[1] *näimjts* oder *nemmjts* (Gradl MW 294) niemand, *nëijring* oder *näïjring* (ders. ebda. 637) nirgends, *näï* nie, *näïmàls*, *nimmj* (nur = *nicht mehr*, nicht = *niemals*; *nimmermehr*[2]) fehlt), auch *koj* oder *kàj*, kein, insofern es sowohl aus *dehein*, *dekein* als aus *nehein*, *nekein*[3]) hervorgegangen ist.

§ 531. Gebrauch. Allgemeines. Dem natürlichen Zuge des Denkens entsprechend bezieht sich die Verneinung regelmäßig auf die Verbindung zwischen Subjekt und Prädikat, d. h. auf den Urteilsakt als solchen: *X ist nicht freigebig* (= *X — freigebig? Nein!*). Die künstliche Verwandlung des verneinenden Urteils in ein bejahendes mit verneintem Prädikatsbegriff (*X ist — nicht freigebig = X — nicht freigebig? Ja!*) liegt abgesehen von den Zusammensetzungen mit *un-* dem volkstümlichen Denken im allgemeinen ferne. Dieser Natur der prädikativen Verneinung entsprechend wird auch bei der Attribution in der Regel die Verbindung mit einem positiven Attribut verneint (*kein freigebiger Mensch*), nicht die Verbindung mit einem verneinten gesetzt *ein nicht-freigebiger Mensch*). Die Verneinung einzelner attributiver Begriffe durch *nicht* ist überhaupt kaum volkstümlich, aber auch jene durch *un-* in viel engere Grenzen eingeschlossen als in der heutigen Schriftsprache;[4]) im übrigen hilft sich die Mundart, soweit sie nicht positive Begriffe dafür besitzt (*gräï* grün = unreif oder ungekocht, *dreckjt* = unrein u. ä.) durch Umschreibungen mittels ganzer Sätze (*àinj*, *dej wos dös nijt kennt* = ein Nicht-Kenner u. dgl.).

§ 532. 1. Die einfache Negation *nicht* (auch = nicht einmal, neben *nijt jmàl*: *Dös fàljt mj nijt in Tràm d* Das fiele mir nicht im Traum

---

[1]) In der südlichen Übergangs-Ma. (Neuern) *ninks* Rank Ans d. Böhmerw. S. 289 Str. 4. Über *nikt*, *nëks* vgl. außer Schmeller a. a. O. Lexer Kärnt. WB 197. Schöpf Tir. Id. 467; über bayr. *nichten* (nürnberg. *nixn* Frommann zn Grübel 74 *a*) < *nicht-en* (= *-ne*) Schmeller I 1719; über bayr. *icks* = nihil, *it* oder *et* = non: Schmeller I 30, auch obsteir. *ichts* (*ix*) n. = nichts: Khull 364, tir. *it* = nicht: Schöpf Tir. Id. 467. kärnt.*it* (bei vorhergehendem Vokal *nit*) = nicht: Lexer Kärnt. WB 147, gottscheew. *et* Schröer WBG 79 [243]. 186 [452] *nitch*; vgl. alem.-schwäb. Weinhold Alem. Gr. § 322. DM I 292, 7. 22. 25. 27. VII 420, 15. Schweiz. Id. I 83 f. Ob diese Formen = mhd. *iht* zu setzen sind, das nur in abhängigen Sätzen = *nicht* steht (Paul Mhd. Gr. § 375), ist fraglich. In den oberital. Gemeinden wird *nia* und *nimmar* außer = *nie* in gewissen Verbindungen = *je* gebraucht: Schmeller Cimbr. WB 150 [212].

[2]) Nöst. *nëumàmëu* = gar nicht mehr, nie = *keineswegs* Nagl Roannd S. 243 zu V. 280 *nëumàmëu*, ebenso oöst. (mhd. *niemermèr* Mhd. WB II 154).

[3]) Die Limburger Ma. besitzt *nin*, *nain*, *nenn* < *ni-ên* = kein: DM VII 235, 60, das Ostnieders. und Fries. gleichbedeutendes *neen* Meyer DVK S. 292.

[4]) Im Gebrauch sind etwa von Substantiven *Unband* unbändiger Mensch, *Undànt*, *Unflaut* Unflat, *Unfurm*, *Unnüzzkàit*, *Unrëcht*, *Ungrechtëkàit*, *Unsinn*, aber nicht *Unbilden*, *Unëhre*, *Unglaube*, *Unmensch*, *Unsitte*, *Untiefe*, *Untier* oder verstärkende wie *Unsumme*; von Adjektiven und Adverbien *unit(h)m* uneben, *unerlë*, *unentgeltät*, *ungern* (dafür jedoch öfter *nit gern*), *ungläich*, *ungout* (in *nëks fj r u.* § 490 S. 464), *ungröd*, *nngëhäis*, *unglampj* = ungelenk, *plump*, *unpass* unpässlich, *unrichtë* (*s gäiht u.* = es tritt ein Abortus ein), *ungschickt*, *unàisstäilë* unausstehlich, *ungsund*, *untrëi*, *unkwl* unübel. Hingegen fehlen die meisten verneinten Adjektiva auf *-bar*, viele auf *-lich* (wie *unerträglich*, *unerquicklich*, *unersichtlich*) und viele andere wie *unfein*, *unlieb*, *unschön* u. a., Part. Präs. und Prät. wie *unwissend*, *ungetadelt*, *unerklärt*, *ungelesen*, *ungebessert* u. a.

ein) wird im Egerländischen nicht mehr in dem ursprünglichen Sinne von *nihil* verwendet.[1]) Umgekehrt jedoch steht *néks* (nichts) nach neuhochdeutschem Sprachgefühle oft an Stelle eines einfachen *nicht*[2]) (*I fraich néks dənàu* = Ich frage nicht danach, Es ist mir gleichgültig. *Dös Zäich hölt néks* Dieser Stoff hält nicht, ist nicht haltbar, dauerhaft.[3]) *Wöi a Oks, dea'r) neks zöigt* der nicht zieht = der ein schlechtes Zugtier ist : HTV S. 266 N. 295 Plan), noch öfter *kein*, besonders nach artikellosen Substantiven (*Naidárfə how i koin gseəh* Neudörfer, Bewohner von Neudorf, habe ich keinen gesehen = Einen Bewohner v. N. habe ich nicht gesehen), aber auch prädikativ[4]) (*Unna Brouda Michel, dea(r) wollt a Keita wea(r)n, dàu hàut a kàin Sab'l, kàa-r-a kàina wea(r)n* = kann er nicht Reiter werden: HTV S. 390 N. 57 c Plan. *Dəə künnt málettə əf koʃ Pràuch* = Der kommt mein Lebtag nicht nach Prag)[5]) und attributiv 'So halt du mich für keinen Narr'n = So- halte mich nicht zum Narren: HTV S. 142 N. 57 Kohling bei Falkenau; ähnlich *Du taugst za kàina Bürghasfrau* ebda. S. 334 N. 592 Plan; vgl. Wendungen wie *koʃ seə* keine 10 = nicht 10). Bemerkenswert ist, daß auch das lediglich zur Einschränkung von *all, jeder* dienende, somit unmittelbar zu diesen Begriffen gehörige *nicht* ohne Veränderung des Sinnes durch *kein* ersetzt werden kann; nur muß die Zusammengehörigkeit von *jeder* und *kein* (= nicht jeder) durch ihre gemeinsame stärkere (bei *jeder* steigende, bei *kein* fallende) Betonung hervorgehoben werden : *Kröigt dö'n jédə r ə Dépətàt?* Bekommt dort jeder ein Deputat? — *Jédə kröigt gröd koi's. Häuts àl Gàuə suə r ə schäi's Kráut?* Habt Ihre alle Jahre so schönen Kohl? — *Al Gàuə ho(b)mə gröd koi's* (neben *Jédə kröigts gröd niət; Al Gàuə ho(b)məsj niət)* = Nicht (gerade) jeder bekommt, Nicht jedes Jahr haben wir usw. Ohne solche Hervorhebung könnte auch der schriftsprachliche Sinn (*Wir haben alle Jahre keines*) entstehen; doch ist die letztere Ausdrucksweise der Mundart überhaupt weniger angemessen als die umgekehrte: *Koʃ Gàuə ho(b)mə r ài's* Kein Jahr haben wir eines.

§ 533. Besondere Bedeutungen entwickelt die Verneinung

---

[1]) Wohl aber noch beschränkt im Bayr. (Oberloisach): Schmeller I 1718, 2, vgl. MII § 763, Kärnt. Lexer Kärnt. WB 197, in den nordital. Gemeinden, wo *niet* außerdem = *nein* ist : Schmeller Cimbr. WB 150 [212], im Steir. Weinhold Bayr. Gr. § 255, in der Wetterau, auf dem Vogelsberg: Crecelius 474, vgl. ebda. 626 f.

[2]) Vgl. *nihil* = *uen*. Im Schweinfurter Dial. drängt sich überall *nichts* für *nicht* ein: O. Steinel BII I 145, vgl. obpf. *Mer is nicks waərm* Schmeller I 1719; auch altenburg. *nichts* = nicht: Weise § 26 (in dem angegebenen Beispiele ist es allerdings eher = nein): zu *nichts* und *nicht* vgl. Grimm Gr. III 67. 738 und DWB VII 723. Im Fränk. und im fränk.-bayr. Grenzgebiet wird auch *nimmer* = *nit, net* gebraucht: I., Fränkel Z. f. d. U. VII 139 f. (der franz. *ne-jamais* vergleicht).

[3]) Beide Beispiele auch öst.

[4]) Auch öst.

[5]) Beispiele für *kein* vor Eigennamen, bei denen nicht etwa eine Mehrheit der Träger desselben Namens in Betracht kommt, finden sich auch in der Literatursprache: *Es wird Abend, es wird Nacht und — keine Marie da* (= und Marie ist nicht da). *Im Garten, im Grenzbusch, an den Klippen im heimlichen Grund, im ganzen Forst — keine Marie.* Otto Ludwig Der Erbförster I 4.

a) in verneinten Fragesätzen von rhetorischem Charakter. Diese haben wie in der nhd. Schriftsprache häufig den Sinn einer entsprechenden bejahenden Aussage: *Hōw é 's niət gsàgt?* = Ich sagte es ja! *Wos tout deə miət?* = Was glaubt ihr, daß dieser tat? *Gäiht deə niət dàə u zäigt mé oš?* = Denkt euch, er ging hin und zeigte mich an! u. dgl. Im eigentlichen Ausrufe dagegen ist *nicht* entbehrlich, wird aber immerhin oft gehört: *Wos hàut 's üm döi Zàit niət mànchəsmàl fiə r ən Schnäi gʼhàtt!*; auch in abhängigen Ausrufsätzen: [1]) *Da hat man 's halt wied'rum gesehen, Was falsche Liebe nicht thut* (direkt: Was tut f. L. nicht!) HTV S. 133 N. 42 *e* Plan, namentlich in elliptischen Nebensätzen mit *was*: *Wos deə niət àls wàiß! Wos dʼniət sàgst!* als ernster oder spöttischer Ausruf der Verwunderung.[2])

b) Die Verneinung des regierenden Satzes setzt sich in gewissen Fällen in einer durch den logischen Sinn nicht geforderten Weise auch durch den abhängigen Objekt- und Temporalsatz fort, welchem die Negation eigentlich nur dann gebührte, wenn er unabhängig wäre *(Ich verbiete dir, es nicht zu tun = Tue es nicht!)* oder in einer anderen abhängigen Form gegeben würde *(Man merkt nichts, bis man nicht hincinkommt = solange man nicht h.)*; in beiden Fällen liegt Kontamination vor:[3] Egerer Fronl. 5540 ff. *Wir wissen, das Jhesus hat Dem volck*

¹) Aber nicht in Rel.- und indir. Fragesätzen überhaupt wie baselst. *me ka gar nit sage, was me nit alles gse ka dert* Hinz § 44, vgl. Schweiz. Id. IV 875, 1. In Fällen dieser Art könnte man allenfalls vom rein logischen Standpunkte aus von unechter Negation sprechen; denn während im unabhängigen Satze *Was tut falsche Liebe nicht!* die Negation von dem ursprünglichen Sinne ausgehen kann: *Was nicht?* = *Alles!*, so wird sie in der Abhängigkeit von *man sieht* überflüssig und könnte logisch sogar zum gegenteiligen Sinne *(Man sieht, was sie nicht tut = unterläßt)* verführen. Lörcher (PBB 25, 543 ff.) bezeichnet nach Sigwarts Erklärung der Verneinung als unechte Negation schon Fälle negierter Ausdrücke wie *nicht sehend*, wenn man einfach *blind* erwartet, oder ahd. Fälle (Otfr.) wie *thar sas . . . ni fon imo ouh ferron einlif dagasterron*, weil hier nicht das versuchte Urteil *die Jünger saßen ferne von Jesus* zurückgewiesen wird, sondern die Neg. lediglich das positive Urteil umschreibt *die Jünger saßen rings um Jesus, Jesus et duodecim apostoli cum illo*. Ich würde eine Verneinung nicht mecht nennen, so lange sie die Wort, bei dem sie steht, verneint und das ist doch in allen angegebenen Beispielen der Fall, dagegen nicht in den von mir oben angeführten Fällen. Lörcher scheint mir überhaupt die Sigwart'sche Forderung eines vorausgesetzten vollzogenen oder versuchten affirmativen Urteiles für das Wesen der Negation zu sehr zu pressen. Es genügt zur logisch sinnvollen Verneinung doch stets, daß die Bejahung überhaupt in Betracht kommen kann (wie in *Dieser Mensch ist nicht sehend* und ebenso in *Dieser Mensch ist nicht blind*); ist dies nicht der Fall, so ist sie sinnlos (wie in *Das Dreieck ist nicht sehend* und ebenso in *Das Dreieck ist nicht blind*). Praktisch ergibt sich allerdings noch der Unterschied, daß man *nicht sehend* wegen der stillschweigenden Voraussetzung des Sehens z. B. bei Menschen überall ohne weiters aussagen kann, *nicht blind* nur bei ausdrücklich vollzogener oder versuchter Bejahung des Begriffes *blind*. Oft entscheidet über die Wahl des positiven oder negierten Begriffes *(nahe — nicht fern)* wobl auch lediglich der Zufall oder eine beabsichtigte Bedeutungsschattierung (durch *nahe* scheint eine geringere Entfernung ausgedrückt werden zu können als durch das unbestimmtere *nicht fern* u. dgl.). Ob aber (worauf Lörcher besonders Gewicht legt) die Verneinung eines Begriffes einem bestimmten positiven Begriffe gleichkommt, hängt gar nicht von der Verneinung selbst ab, sondern davon, ob nach Ausschluß des verneinten Begriffes der Rest seines höheren Gattungsbegriffes logisch oder wenigstens für das praktische Bewußtsein ein- oder mehrgliedrig ist; deshalb kann z. B. *nicht rot* keinen bestimmten Begriff vertreten, wohl aber *nicht sehend*.

²) Alles unter *a)* Angeführte mit Ausnahme des *nicht* in abhäng. Ausrufsätzen auch öst.

³) Im ersten Falle möglicherweise ein Nachklang aus alter Zeit, welche die grammatische Unterordnung noch nicht kannte; Paul Prinz. S. 138 f. O. Schwab Z. f. d. U. VII 807 ff., vgl. auch § 214.

verpotten an mancher stat, Das man dem keiser den zius nit sol geben.
Egerer Chron. S. 257 N. 1068 (um d. J. 1417) *auch het es der konig
... verpoten, daz sie .... kein entwurt solln thun* und so nach *ver-
bieten* noch Elbogner Chron. S. 121 Z. 18 v. u., Planer Pass. S. 63 und
gelegentlich heutzutage; ferner nach *ehe* und *bis*: [1]) *Deʒ gäiht niʒt furt,
äih ʒ niʒt sď Göld kröigt.* Lorenz S. 11 *uabm u untn* (d. i. oberhalb und
unterhalb des im Flusse liegenden Eichenstammes) *is 's Wassa frei weg-
g'loffm, daß ma gäua neks inna woan is davoa̅, bimm-ma* (bis man)
niad einig'schwummua r is. Nach *Es fehlt(e) wenig* steht in der Regel
ein unabhängiger Satz: [2]) *'s fált niʒt v(ü)l* oder *s' hant niʒt v(ü)l gfáll, sʒ
wď r ʒ ämégfålln*; ebensowenig findet sich die übergreifende Negation
im Vergleichungssatz nach einem Komparativ.[3])

c) Öfter hat die Verneinung in behauptenden Sätzen ironischen
Sinn, namentlich in den Wendungen *Niʒt schleʒt! Niʒt üwl!* die aller-
dings im Sinne einer Litotes (vgl. unten *d*) als Anerkennung = *Gut!*
gebraucht werden können, aber auch ironisch = *Das ist doch zum Teufel-
holen!* [4]) Ferner gehören hieher die Verbindungen von *weiter* mit *nicht,
nichts, kein* [5]) (die aber auch ohne allen ironischen Sinn auftreten: *Eʒ
hant waitʒ néks* oder *w. koʒ Wort grédt*): *Dös wäa weita kåa̅ Zoulauf =*
Das war ein großer Menschenzulauf: Lorenz S. 11.

d) Umschreibung eines positiven Begriffes durch die Negation des
Gegenteiles (Litotes) findet sich kaum bei Substantiven (*kein Bettler =*
ein Reicher), öfter bei prädikativen und attributiven Adjektiven sowie bei
Adverbien: *Deʒ r is niʒt reʒt* (mit einer Bewegung der Hand nach der
Stirne) = Dieser ist verrückt, auch *Deʒ r is* oder *Bʒ deʒu is 's niʒt
richte*[6]) *(in Kuʒpf)*; *Eʒ r is koʒ iœlʒ*, d. i. ein schöner, *Mloʒ, Si is koʒ
olwʒs* albernes, d. i ein schönes, *Måi'd'l. Deʒ r is d̆ niʒt dʒ Gschäitst*
= ist dumm. *Deʒ r is niʒt schleʒt dʒschrockn* u. dgl.[7])

---

[1]) Vgl. Nagl Roanad S. 70 zu V. 73 *bijemä*, was auch für das Oöst. gilt.
[2]) So auch öst., und nhd. bei Luther, Goethe, Schiller: O. Schwab Z. f. d. U. VII S14.
[3]) Wie im älteren Nhd., im Lat., Griech., Roman.: O. Schwab a. a. O. 816.
[4]) Ähnlich o.- u. nöst. Nagl Roanad S. 357 zu V. 372 *dös*.
[5]) Auch bayr.-öst. Schmeller II 1052; über *weidá wál* = nicht besonders, aber auch
= tüchtig, sehr vgl. Hartmann Volksschausp. S. 604 f. Der Wiener Dialekt liebt ein iron.
so nicht, so kein: Sie (Anrede), *die hab'm so nicht g'schaut!* = Diese machten erstaunte Augen!
Schlögl Wiener Luft S. 38: *da hab' ich so nicht meine blauen Wunder g'seg'n!* ebda. 320;
hat so kein Aufseg'n g'macht ebda. S. 36; *Sie, das war so kein' Arbeit!* ebda. S. 43; *das
war so kein' Hetz* ebda. u. ö.
[6]) Ebenso öst. frank.-henneberg. *nert richtig* sén DM III 404, 8; *kein üßer Manu*
auch öst. els. Martin-Lienhart I 8 a.
[7]) Ähnliche altenburg. Wendungen verzeichnet Weise § 25. Auch die Wendung *Das
ist mir nicht lieb* ist kaum jemals ganz frei von einem verstärkenden Sinn (etwa einfach
Das ist mir gleichgültig), gewöhnlich ist sie = *Das ist mir unangenehm*, so z. B. auch in
der Beileidsformel, mit der die Trauergäste des egerl. Bauernhauses die leidtragenden Fami-
lienmitglieder beim Begräbnis begrüßen: *Enkʒ Tráurickkäit is mʒ niʒt loib*, worauf der Ange-
redete antwortet: *Unnʒ Heṛgott hant 's mua g'wellt, mir r is 's d̆ niʒt loib*; bei Grüner S. 60
Der traurige Umstand ist mir nicht lieb. — Gott hat es gefallen, auch mir ist es nicht lieb.
Diese schlichten Redensarten, die übrigens je nach dem Ton erhöhte Wärme gewinnen,
klingen namentlich im Vergleiche zu dem Überschwang mancher konventionellen Beileids-
formeln fast kühl und sie sind jedenfalls für das Volk charakteristisch, das in seinen Ge-
fühlsausdrücken die großen Worte nicht liebt und sie auch bei persönlichen Erlebnissen
formelhaft bindet.

c Etwas anderes ist die Umschreibung d:r positiven Begriffe *so*, *geradeso* oder *geradezu* durch *nicht anders als*,[1]) der Begriffe *nur*, *bloß*, *ausschließlich*, *ununterbrochen*, *fortwährend* durch *nichts* (*anders*) *als*[2]) (vgl. mhd. *nicht wan*: *das* (daß) *der himel nicht anderst ist gewessen wie lauter feuer und blut* Baier 746; (mit ausgelassenem *als*: *haben nicht anders vermeint, der jungste tag werde kommen* ebda. 375), und so noch heutzutage *l ho niət ànnəscht denkt àls dеə wiəd nдrisch*.[3]) *Dös is nèks àls reət* = Das ist nur billig. Das kann man nur billigen. *Neks àls* oder *nèks wöi* erscheint auch als die Verkürzung der vollständigeren Formel *nichts* (*anders*) *tun* oder *sein als*, die ebenfalls begegnet: *áa hàud an ganzn loibm Togh neks ànas thàn̄ àls g'floucht* Lorenz S. 20; verkürzt *neks àls g'floucht*, sowie ebda. *dää r in 'n Kröigh* (Krieg) *neks àls g'stuhln u plündat hàud*;[4]) zur Formel erstarrt wird dieses *nèks àls* (*n. wöi* = *bloß*, *fortwährend* in die verschiedensten Sätze eingeschoben, ohne daß eine Ergänzung überhaupt mehr in Betracht kommt: *Wennst Àubmds amàl og'làua* (abgelassen, von der Kette losgelassen) *wiast, büst du neks àls vula Cwamouth* sagt die Gans zum Kettenhund: Lorenz S. 26; *Dàu rennt ə nèks wöi assé u m̄* u. dgl.

f Verwandt ist die Umschreibung des Begriffes *ebenso* durch *wie* . . . *nicht*: *Dеə hàut ən Màishuəf, wöi nən də Gràuf д̇ niət schännə ho b̄ m koə*.

Dagegen wird in *niət zwàəmàl* = nicht besonders viel, wenig (S. 396 Anm. 2) und *də zeət niət* = nicht viele, wenige (S. 436 Anm. 5) eine allgemeine unbestimmte Größe gemäß der Vorliebe der Mundart für das Besondere durch eine besondere, bestimmte Zahl ersetzt.

Über den negativen Sinn gewisser nicht verneinter futurischer Formen des Ausrufes vgl. § 164, 1 *a—f* S. 149.

§ 534. 2. Häufung der Negation hebt wie in der älteren Sprache[5] auch noch im Egerländischen die Verneinung nicht notwendig auf.

Die zahlreichsten Verbindungen dieser Art, die mit *kein* und einer anderen Negation, gehören eigentlich mit Rücksicht auf den Ursprung von *kein* < *dehein* und *nehein*) nur nach der gegenwärtigen Bedeutung hieher. Die Verbindungen dieser Art sind übrigens auf bestimmte Fälle beschränkt; so wird

---

1) Dagegen wendet sich Schopenhauer Über Schriftstellerei und Stil, Parerga II Kap. 23 S. 562 ff., wohl mit Unrecht, vgl. Sanders Z. f. d. Spr. II (1889) 429.

2) Auch öst. *niłs alt* (— ‿, *alt* mehr o ler weniger reduziert, abgeschliffen zu *nêk ät*) = *nur*, vgl. Nagl Ruanad S. 98 zu V. 117 *àrwiä*. In der sprichwörtlichen Redensart *I'ə dеə* (oder *I'ə dеm*) *is nêks sicho àls wöi gloiəds Äən u M(ü)lstei*̄ (John Oberlohma S. 177 N. 60) dient die ironische Ausnahme zur Verstärkung des Begriffes *nichts*.

3) Nordböhm. *docht hаr nej andrsch, ols da leibhoftiche Teifl wi 'n hulln* Tiete Hejm: I 70 (Mertendorf).

4) Alles das wäre auch o.- u. nöst. möglich.

5) Vgl. Grimm Gr. III 727, Paul Mhd. Gr. § 313. Andere Lit. bei Weise § 24, dazu noch Lörcher PBB 25, 546 f., R. Richter Z. f. d. U. VI 527 f., Schweiz. Id. IV 875, 2. Beispiele aus neueren Schriftstellern bei Andresen Sprachgebrauch S. 208 f.

a) *kein* gern doppelt gesetzt, am häufigsten unmittelbar nebeneinander in substantivischer und adjektivischer Eigenschaft: *es khonnet* (könnte) *kheiner kheinen kalch* (Kalk) *bekhommen* Baier 352 S. 106. *'s hàut koinə koš Göld*; aber auch in gleicher syntaktischer Eigenschaft: [1]) *s hàut koinə koin wos* (keiner keinem etwas = einer dem andern nichts) *tàu*. *Kàa(n) ràuthkopfat's Màidl mogh ih sa kàin Schàtz* HTV S. 330 N. 547 (Plan).

b) In den Verbindungen anderer Negationen mit einfachem *nicht* muß dieses zur Aufrechterhaltung des verneinenden Sinnes nachgesetzt werden: [2]) *so sol auch kein hüger fischer keinen fremden fischer keinen fisch nit einsetzen* Eger. Stadtges. v. J. 1460 S. 24 N. 98. *I ho . . . kàin söchtn Glànz neat g'seah* HTV S. 29 N. 49 (Plan). Besonders beliebt ist hiebei Anfangs- und Endstellung von *kein (nichts)* und *nicht*: *Kàin Schneida mogh ih niat*[3]) ebda. S. 365 N. 857 (Eger); *Nèks bèssəs gitt's niət* = Besseres gibt es nicht. [4]) Weniger geläufig ist schon die Verbindung *niemand* — *nicht* (etwa: *Dəə gitt* [gibt] *nemmətsn niət ən Kràizə*) oder *nirgends, niemals (nie)* — *nicht.*[5]) Vorgesetztes *nicht* müßte die Aufhebung der folgenden Negation bewirken, wenn diese Fügung in der Volkssprache überhaupt vorkäme. [6])

c) Für die übrigen verstärkenden Verbindungen zwischen *kein, nichts, niemand, nirgends, niemals (nimmer, nie)* ist die Reihenfolge der Teile im allgemeinen gleichgültig; doch dürften nicht alle Verbindungen gleich häufig sein; bevorzugt werden Verbindungen mit *kein*: [7]) *Əə tout koin* (oder *koin Menschn*) *nèks Unrechts* und *Nèks Unrechts hàut dəə koin* (*k. Menschn*) *tàu*; *Kàa neu's Haus hobm sa si'* (sie sich) *dörbm nimma*

---

[1]) Vgl. oöst. *mir kinnts mit koan Nàger* (Bohrer) *Koan Loch ins Hirn bohrn* Stelzhamer Ma. D. II 230 N. 39, 3 f.; doppeltes *kein* (und *nirgends kein*) auch els. Martin-Lienhart I 446 b.

[2]) Im Baselst. ist es unter den in verstärkendem Sinn gehäuften Negationen unzulässig: Binz § 42.

[3]) Hiebei findet sich sogar Aufnahme des ersten negierten Begriffes mit demonstr. *der*: *Kein'* (< keinen) *Edelmann, den mag ich nicht* HTV S. 199 N. 176 a (Steinbach); *Kain Howasook* (Habersack), *dean mogh ih neat* ebda. Variante 176 c Plan. Vgl. *Kein bares Geld, das hab' ich nicht* ebda. S. 228 N. 225 a (Gabel). *Kàne Junga* (kein junges Weib), *lieba Brudu, de rot'i ih da nit* ebda. S. 208 N. 196 (Westböhmen).

[4]) Die Trennung von *nichts* und *nicht* ist hiebei jetzt Regel; seltener dürfte die alte unmittelbare Verbindung *nihtes niht* sein, aus welcher *nichts* hervorgegangen ist: bekannt ist diese Verbindung im Bayr.-Öst. und Schwäb.: Schmeller I 1719 (oost. auch *niksö nèt*). Khull 477, im Deutsch-Ung. (Leutschau): *es wil* (wird) *der nischt nèch feiln* Schröer Versuch S. 32 [282] Z. 8 f., im nordl. Harz: *nischt nich hof r g'nommen, nischt nich!* Georg Reicke Der Sterngucker (Mag. f. Litt. 69. Jahrg. 1900, N. 37 S. 927).

[5]) Ein Beispiel für *nie nicht* aus Lohenstein bei Weinhold Schles. WB 64 c: der Mittelwalder Dialekt verbindet regelmäßig *nemme nè* ebda.

[6]) Auch im Baselst. ist sie nicht heimisch; Binz § 43. Wenn in einzeluen Fällen, z. B. bei der nachdrücklichen Zurückweisung einer Verneinung, einfaches *nicht* vor andere Verneinungen tritt, hat es zumeist selbständigen Satzwert: A. *Wäu wàəst ənn?* B. *Nöiəring.* A. *Niət nöiəring* (= Sage nicht: nirgends) — *i w(ü)l öilə wissn, wàəst wàəst!* sagt man etwa zu einem Kinde. In den ital. Gemeinden scheint auch Voranstellung möglich: *Er hat net koan korp* Schmeller Cimbr. WB 137 [199], vgl. 149 [211] *net* (der auf das ital. *non* . . . *messuno* verweist), vgl. auch Nagl Roanad S. 190 zu V. 221 Schluß.

[7]) Verbindungen von *kein* mit einem durch *un-* verneinten Adjektiv ohne Aufhebung der Verneinung ist selten; man hört *Dəs is koš unüwələ* (neben *k. üwlə*) *Məš.*

33*

bana Lorenz S. 14 und *Alawal nea'r) sauas Kraut, Näimàls kàa'n) sõiß's*
HTV S. 366 N. 863 Eger; *Koš Zunthölzl hàut d näimɔts mitg'hatí* und
Hàut näimɔts koš Zunthölzl?; ferner Verbindungen mit *nichts*, das hiebei
in der Voranstellung fast immer mit dem alten Teilungsgenitiv verbunden
ist: *Desgleichen sol auch sust niemand anders nichts furkaufen* Eger.
Stadtges. v. J. 1460 S. 25 N. 111. *U làu ma a* (auch) *va näimats neks
sɔgn* HTV S. 263 N. 290 b Plan. *Oɔa näimàls neks '*) *g'scheit's* (habe
ich geredet) HTV S. 276 N. 30 (Plan) und *Neks Dümnɔs hàut denns ní
näimɔts* (oder *how é denns nu näi~*) *gseɔh. Eɔ richt't näiɔring neks ás*
(vgl. Planer Pass. S. 73 *nirgends nichts ausrichten*) und *Neks Gscháits
hàut deɔ näiɔring ásgricht't. Niemand, nirgends, niemals* dürften selten
untereinander Verbindungen eingehen; statt *nirgends niemanden sehen*
sagt man *näiɔring weɔn* (nirgends wen) *seɔgn*, ausnahmsweise auch umge-
kehrt *niemanden wo;*[2]) *Wemma näimaz wàn siaht, siah-r-ih du* (doch
ma'n' *Lisell* HTV S. 276 N. 24 Eger.

§ 535. Über den Sinn der Verbindung von *nirgends, niemand,
niemals* mit den nicht verneinten Indefinitpronominen und -Adverbien
einer, wer, wo, wann entscheidet wie in der Umgangsprache die Stellung:
Wemmɔ näiɔring weɔn siɔht = Wenn man nirgends einen Menschen
(= überall niemanden) sieht; *IV. m. weɔn näiɔring s.* = Wenn man je-
manden (einen bestimmten, gesuchten Menschen) nirgends sieht.[3])

§ 536. Die ältere pleonastisch erscheinende Verwendung der Ne-
gation nach *als*[4]) (bei Komparativen: *mehr* oder *weniger als nie =*
mehr, weniger als je, z. B. bei Elis. Charlotte Briefe S. 38. 41) sowie nach
ohne (*ohne nichts* = ohne etwas, ebda. S. 152) ist mir im Egerländischen
nicht begegnet.

§ 537. Die Verstärkung der Verneinung wird erreicht

a) durch Verdopplung (*Nizt u niɔt hàut ɔ 's tàu~. Eɔ neks u wíds
neks*[5]) = ohne allen Grund § 512) oder durch Verbindung von Synony-
men (*oɔ si~st u wɔ neks* = dem vorhergehenden, § 507 a, vgl. *koš Enᵈ
n koš Trumm* = kein Ende § 419 S. 378);

b) durch vorgesetzte Adverbia (hauptsächlich bei *nicht, nichts, kein,*
minder häufig bei *niemand, nie,*[6]) *nimmer,* noch seltener bei *nirgends*
wie *gàns* gar, *gàšz u gàuɔ, durchás, ráin,*[7]) *alɔdings* = in jeder Hinsicht

---

[1]) Die Verbindung *nie nichts* liebt Elis. Charlotte, z. B. Briefe S. 35 *Gott gebe, daß er
nie nichts bekommen möge*; ebda. *Ion der alten churfürstin jugtshabit habe ich nie nichts
gehort*; ebda. *weder mein frau mutter s.* (selig) *noch ms tante von Tarante haben mir nie
nichts davon geschrieben.*

[2]) Ebenso oöst.

[3]) Derselbe Unterschied öst.

[4]) Auch im Baselstädt, nach *as, weder* (= comparat. *ob*) üblich: Binz § 46.

[5]) Brides auch öst. tir. (*um u. n. w. n.*) Schöpf Tir. Id. 467 und handschuhsh. (*fur
n. u. w. n.*) = umsoust, vergeblich Lenz S. 32; els. (*fur n. n. w. n.*) Martin-Lienhart I 135 *:
altenburg. (*um nichts und wieder nichts*) Weise § 26.

[6]) *Noch nie* oder *nie mehr* wird gerne durch *i n* (*sdin*) *Lé(b)m niɔt* verdeutlicht.

[7]) Auch nordböhm. *rene nischt* Tieze Hejmt I 36 (Wind.-Kamnitr).

(vgl. § 497, 3), *iməndum* (§ 502), *hintu u vorn, màletts* oder *màĩ Tŏch* (§ 495 β), das fremde *pàrtu*; *grŏd, extrs* und *justəment*[1]) treten bei trotziger Verneinung vor *niət, neks, koš*, dagegen *glàtt* und *grŏdtweg* nur vor *neks*:[2]) *wal ma glàtt neks hàut* Lorenz S. 7. Ungebräuchlich sind *ganz*,[3]) *durchwegs, schlechter-, platterdings, ein für allemal* u. a.;[4])

c) durch Substantiva: so gibt man *niemand* durch *koš Mensch, k. Sell,*[5]) *k. Sellumensch, k. Täifl,*[6]) *k. Katz* (*k. K. fräigt dənàuch*),[7]) *d' Welt niət* (*Dös hàut d' Welt niət gseəh* = Das hat niemand erlebt, Das ist unerhört);[8]) *nichts* durch die Verbindung von *nicht ein* oder *kein* mit Substantiven, die etwas Geringfügiges, Geringwertiges ausdrücken.[9]) Solche Verbindungen sind *niət ə* oder *koš bissl, weng, wengl* (= nichts, aber auch = nicht, z. B. *Ei, Schàtz, vawaa* weshalb *sua trauri, u gàua kàa'n' wengal froh?* HTV S. 195 N. 173 Eger-Plan), *niət ən* oder *koin Kräizə* (auch *k. bloutiŋrs*[10]) oder *luckətn Kr., Hells), k. Pitschàins* kleinste Münze,[11]) vgl. *diß jhar hat die stadt drey jhar noch ein ander pietzscher gemuntzet* Baier 133), *k. Schmekəs* Schmiele (Neubauer in Ch. Meyers German. I 208 und Erzgeb. Ztg. X 272, vgl. mhd. *küme ein smêle* Lexer II 1006), *k. Birnstü l* Birnstiel[12]) (Neubauer in Ch. Meyers Germ. I 205. Id. 41, wie schon mhd. Teichner *nicht ein birnstil* = nichts: Mhd. WB II 2, 636), *k. Schüß Pulfs, koš Huntsfut* Neubauer Z. f. öst. Volksk. II 208, die letzteren sechs Ausdrücke mit *wert sein* verbunden, ferner *niət ə* oder *koš Bräisə'r'l* Bröslein,[13]) *Büzə'r'l* Neubauer Id. 46, *Fêsə'r'l* oder *Fìsə(r)'l*[14]) (mhd. *vese', IIə'r'l* Härlein, *Kàiml* Keimlein (vom Getreide u. ä.), *Körl*

---

[1]) Nöst. *justàmaint* wird vom bäuerlichen Sprachbewußtsein fälschlich als *just üm aint*, just am Ende, gedeutet: Nagl Roanad S. 98 zu V. 117 *fußt*.

[2]) *Glatt* vor *nicht* im Bayr. Schmeller I 977, Tir. Schöpf Tir. Id. 193.

[3]) Baselst. *ganz nit, g. nie, g. kai* Binz § 39.

[4]) *Gar, rein, umàdum, hint und vorn, mein Lebtd, grad, extrá, justament* auch öst. als Verstärkung; die ungebräuchlichen fehlen auch öst.

[5]) Ebenso nöst. Nagl Roanad S. 190 zu V. 221 *sàll*; bayr. auch *kas Hund und kas Sel* Schmeller II 256; altenburg. *keine Menschenseele* Weise § 26.

[6]) Auch öst. Mareta Proben I 11.

[7]) Nicht *weder Hund noch Katze* (*Darnach wird weder Hund noch Katze krähen* Kleist Hermannsschl. III 3).

[8]) Ebenso öst. schles. *dos hoot de Welt ne gesahn* Langer Aus d. Adlergeb. I 59.

[9]) Vgl. Grimm Gr. III 728 f. Paul Mhd. Gr. § 314 (mhd. *niht ein ber, brôt, strô, ei u. dgl.*, vgl. Zingerle Wien SB 39, 414—447). Schmeller § 892; viele Beispiele sammelt Tobler DM V 300 f. Die allgemeinste Umschreibung von *nichts* ist *kein Ding* (vgl. altes *ni-wiht*): *Dös is koš Ding!* = Das ist nichts, taugt zu nichts, befriedigt mich nicht u. dgl.: mit dem bestimmten Artikel *niət s Dingl* = nicht das mindeste (in Theusing Mannl S. 28): in Studentenkreisen hört man gelegentlich *nicht die Laus, nicht die Bohne* = ganz und gar nichts, auch als Antwort = Keineswegs! (vgl. obhess. *nicht eine Laus* = gar nichts: Crecelius 542).

[10]) Über dieses *blutig* vgl. DM III 176 f., 28.

[11]) Das Egerer Stadtmuseum (John Mus. S. 14 N. 173—186) bewahrt mehrere *Pietscher* oder *Pitschauner*; deutsch.-ung. *Potschauer* Schröer WB 39 [240].

[12]) Vgl. handschuhsb. *khau Inuts* (Apfel- oder Birnenschnitz) Lenz S. 45, obhess. *keine Schnitze* (wert sein): Crecelius 756.

[13]) Bayr. *kas Brês!, Brêsmə-l* Schmeller I 364 *Brôsem*, tir. *kein brismele* Schöpf Tir. Id. 64; vgl. handschuhsb. *khau krims* Krume: Lenz S. 26.

[14]) Bayr. *kas Fäs'l* (mhd. *vase*): Schmeller I 762, tir. *kai fsl, k. fésele* Schöpf Tir. Id. 133.

Körnlein: Neubauer Z. f. öst. Volksk. I 227, *Zwáidə‚r‚l* oder *Zwáidell*
Zweiglein,[1]) ferner *koin Strȧ‚ch* Streich[2]): Neubauer Z. f. öst. Volksk. I
233; *niət ə* oder *koə̃ Ster‚b‚mswȧrtl*, auch *niət Gmȧu͞z*[3]) (der Laut der
Katze) oder *niət Meff*[4]) *sogn*; ferner *niət röiə r oə̃* nicht rühr-an ‚von
etwas, z. B. finden, vgl. § 142. 312 S. 285), *'niət zwos schwȧrz untən
Nȯgl is*[5]) oder *niət suə v‚ü‚l* ‚mit Beziehung auf eine Fingerbewegung
gesagt, bei welcher die Daumenspitze ein weniges zwischen Zeige- und
Mittelfinger vorgestreckt wird) *geben, nehmen* u. dgl., ferner wie in der
Umgangsprache *koə̃ Gədànkn, k. Idĕ, k. Spur* ‚von etwas).

Nichts wird auch durch zweigliedrige Formeln[6]) wie *niət Hund u
niət Sáu 'sogn*) wiedergegeben.[7]

§ 538. Noch stärkeren emphatischen Wert haben Umschreibungen
von *nichts* (und soweit *nichts* egerl. = *nicht* gebraucht wird,[8]) auch von
letzterem) durch nicht verneinte Substantiva wie *ən*[9]) *Bĕ‚d‚l* Bettel z. B.
krȯign, ən Dȧu͞dəling (zu *tantus*, span. *tanto*, bayr.-öst. *Tántəs* oder
Tantləs = Spiel-, Rechenpfennig;[10]) Schmeller I 610, vgl. Mannl S. 46 f.),
ən Drĕk,[11]) *ən Pfif* Pfiff[12]) oder *ən Pfiffəling,*[13]) *ən Schmȧrn* Schmarren.[14]
Bisweilen ist *də Tȧifl* = kein Mensch, niemand;[15]) *Döi* (die stinkenden Eier)
kàa‚n‚i da Teuf'l freß'n HTV S. 375 N. 948 Plan. *Dǖs wàiß də Tȧifl!*[16])

[1]) Die Annahme eines eingeschobenen *d* (Gradl MW 509) ist mit Rücksicht auf alt-
bayr. *Zweid* n. = mhd. *zwi, swie* (Schmeller II 1173) nicht nötig, vgl. auch Lexer Kärnt.
WB 268 *Zweid*.

[2]) Bayr. *nĕt s'n* oder *kas'n Strəəkh* = nicht das mindeste: Schmeller II 805 *Straich*,
nöst. *kȧun Itrȯã* = um keinen Preis : Nagl Roanad S. 207 zu V. 245 *Itrȯã* und die Anm.
zur Übersetzung.

[3]) Urban Allad. G. S. 256; *nĕt mau͞* oder *gmau͞ sagen dürfen* auch bayr.-öst.
Schmeller I 1554.

[4]) Man sagt auch *dȧusitən woi də Sánkt Meff*, von einem, der aus Unbeholfenheit oder
Verlegenheit schweigt.

[5]) Vgl. fränk. *I ho' nit 's Schwȧrz unter'n Nougl kriĕgt* DM VI 324 N. 353.

[6]) Vgl. bayr. *i was nĕt gick und nĕt gȧck* Schmeller I 884.

[7]) Oost. *kein Mensch, k. Seele, k. Seelenmensch, k. Teufl, k. Katz, k. Schuß Pulver,
k. locketen Heller, nicht ein* oder *kein Brŏslein* oder *Haar, Faserl, Stroach, Eichll, Bissl,
Noagll, k. Sterbenswortl, nicht was schwars unterm Nagl ist, nicht so viel* (mit derselben
Geberde), *nicht Hund und nicht Sau,* vgl. S. 499 Anm. 8.

[8]) Vgl. § 532.

[9]) Nie ohne Artikel wie Mainz. *der kimmt hundsfolle* = komm; unter keinen Um-
ständen : Reis II § 23.

[10]) Die gleiche Ableitung von kärnt. *tänderling* = schlechte, wertlose Sache gibt Lexer
Kärnt. WB 52 *tintes*; auch oöst. in gleichem Sinn *Daunderlaun* (Main, 'n D. *froat mi um
Schaden und Gwing* Stelzhamer Ma. D. I 162 N. 11 I 35), dagegen wird bayr. *Daundälaun*
= langsamer Mensch von Schmeller I 513 zu *daunt'n, maunt'n* = langsam sein gestellt.

[11]) Über die große Rolle, die dieses Wort im Volksmunde spielt, vgl. Schmeller I
565. Über *ən Drĕk* u. ä. als Abweisung § 142.

[12]) Auch bayr. Schmeller I 422, 4.

[13]) Allgemein bayr.-öst. = wertloses Ding : Schmeller I 423.

[14]) Bayr. = unzulängliches, schlechtes, unschönes Ding : Schmeller II 553 *c*.

[15]) *Einen blauen Teufel = nichts* ist meines Wissens nicht egerl.

[16]) Auch öst. *ən Schmarrn* und die Wendungen mit *Teufel*.

§ 539. Beim Verbum endlich kann die emphatische Verneinung für die Gegenwart durch Bejahung für die Vergangenheit ersetzt werden : *Wenn i suɔ wos* (etwas Ekelhaftes) *siɔh, àffɔ how i scho gfressn* = Dann kann ich nicht essen.[1] *Wenn i dös ɜɔ deɔn söch* (sage), *àffɔ how i 'n di gànɜ Wochn gseɔh* = Dann sehe ich ihn die ganze Woche nicht mehr.

VII. Wortstellung.

§ 540. Der gesprochenen Sprache war wohl seit jeher eine größere Beweglichkeit der Satzteile eigen als der geschriebenen. Die Mundarten haben manche der Schriftsprache verloren gegangene Freiheit der älteren Sprache bewahrt; so belegt Behaghel (Wiss. Beih. 17/18 S. 233 ff.) die in älterer Zeit geläufige Stellung des Infinitivs und des Partizips sowie der adverbialen Bestimmungen hinter dem Verbum finitum aus hoch- und niederdeutschen, die gleiche Stellung einzelner Kasusformen wenigstens aus niederdeutschen Mundarten. Auch die in der älteren Sprache begegnende Form der Nebensätze, die sich außer durch die Satzeinleitung in nichts von Hauptsätzen unterscheiden (Behaghel a. a. O. S. 242), ist unserer Mundart nicht fremd (vgl. § 57, 2 die Sätze mit *weil*). Andere Freiheiten aber, z. B. die mittelhochdeutsche bewegliche Stellung des flektierten attributiven Adjektivs vor und hinter dem Substantiv, hat unsere Mundart gleich der gegenwärtigen Schriftsprache eingebüßt (vgl. § 547).

§ 541. Die Hauptgesetze der deutschen Wortstellung knüpfen sich an den grundlegenden Unterschied, ob das Prädikatsverbum dem Subjekt nachfolgt oder vorangeht;[2] hiernach ergeben sich zwei Hauptschemata der Wortstellung, deren jedes mit Rücksicht auf die Stellung des Objektes und anderer adverbialer Bestimmungen in zwei Formen zerfällt:

I. a) *Der Vater schrieb heute einen Brief.*
b) *Der Vater heute einen Brief schrieb.*

II. a) *(Da, Es) schrieb der Vater heute einen Brief.*
b) *Einen Brief* (oder *Heute*) *schrieb der Vater.*

In Sätzen mit dem Verbum substantivum und einem Prädikatsnomen kommen dem letzteren die Stellungen des Objektes zu.

Die Stellungen I *a* und II *b* zeigen das Prädikat in der Mittelstellung zwischen Subjekt und Objekt oder adverbialer Bestimmung, I *b* in der End-, II *a* in der Anfangstellung.

---

[1] Auch öst., hier auch überhaupt *Da hab i schon gfressn* = Da h. ich alle Lust verloren, keine Lust mehr.

[2] Vgl. Ries § 1. Wunderlich Satzbau I 398 ff.

§ 542. I. Bezüglich der Voranstellung des Subjektes[1] im Hauptsatze (I *a*) herrscht gegenwärtig in der Mundart, abgesehen von der beim Nachsatz angegebenen Ausnahme, im ganzen derselbe Gebrauch wie in der nhd. Schriftsprache.

Die Endstellung des Verbum finitum hinter allen anderen Bestimmungen des Satzes (I *b*) findet sich gegenwärtig wie in der nhd. Prosa nur im Nebensatze[2] und in den in Nebensatzform auftretenden Ausruf-, Wunsch- und Befehlsätzen (vgl. die elliptischen Sätze mit *was, wie, ob* § 64, mit *wenn* § 99, mit *dass* § 110).

§ 543. II. Die Voranstellung des Verbum finitum, das dabei entweder den Satz eröffnet (allein oder mit vorgeschobenen Partikeln, anaphorischem *es*, Schema II *a*) oder hinter inhaltlich bedeutungsvolle Wörter (wie Objekte, adverbiale Bestimmungen, auch hinter Sätze, welche die Rolle solcher Bestimmungen spielen) zurücktritt (II *b*), kennt unsere Mundart beim Imperativ, z. T. beim optativischen Konjunktiv (vgl. § 188, *Gröiß enk Gott*, seltener *Gott gröiß enk àll='sàmm* wie im Kirchweihliede IITV S. 67 N. 101 Plan-Eger, *Gott vɔzàih mɔ d'Sünd, Goggis < Gott gi's* Gott gebe es, vgl. S. 166 Anm. 6), im Fragesatz (außer wo das Fragewort selbst Subjekt ist), im Wunschsatz ohne *wenn* (und dem daraus abgeleiteten konjunktionslosen Bedingungssatz), gelegentlich auch in Sätzen mit begründendem *ja* (*Hàut ɔ jà niɔt grouht* § 137, 6), in Ausrufen (*Nŏ krácht dŏs!* steigend, *Nŏ krácht dŏs!* fallend betont; ähnlich *Scháust du ás! Bin i möïd! Is dös ɔ Hitz! Gäiht deɔ Kerl dàɔ u vɔklàgt mé!* § 163 S. 145, *Möißt é áj Pràuch ai̅*! vgl. § 194, *Möcht ich wißn, wos mein Mádel wa* HTV S. 142 N. 57

---

[1] Sie bildet seit den ältesten historischen Zeiten den Grundtypus der indogermanischen Wortfolge (vgl. Ries S. 9, der sich auf Delbrücks und Bergaignes Forschungen stützt), von deren Standpunkt aus auch die deutsche Nebensatzstellung (oben I *b*) das Ansehen höherer Ursprünglichkeit gewinnt (Ries § 27, bes. S. 88 ff. 94 f.; auch die untrennbare Verbalkomposition weißt auf diese Ursprünglichkeit: *du übertreibst* setzt die Juxtapos. voraus: *du über treibst* Behaghel Germ. 23, 284). Die Annahme eines noch älteren, vorhistorischen Typus mit nachgestelltem Subjekt ist durch den Hinweis auf die Entstehung der Verbalflexion aus nachgesetzten pronominalen Subjekten sowie auf das Gesetz der Komposition, nach welchem der prädizierende Teil dem prädizierten vorangeht, ebensowenig zweifellos erwiesen als durch die Tatsache, daß in allen den ursprünglichen Sprachäußerungen näher stehenden affektvollen Redeformen, im Ausruf, im Befehl, im Wunsch, in der Frage die Voranstellung des Verbums Regel ist: so erklärt Ries (§ 18) diese Stellung im Befehl und Wunsch aus dem Prinzip der Anordnung, nach dem Gleichgewichte der Glieder, in der Frage (ebda. § 20 f.) aus logisch-rhetorisch-syntaktischen Gründen sowie aus der steigenden Satzmelodie, deren sprachliches Abbild die Fragestellung ist. Zur Entscheidung der Frage nach dem ursprünglichen Typus der Wortfolge dürfte aus der lebenden Mundart kaum etwas zu gewinnen sein.

[2] In der älteren Sprache der Urkunden und Chroniken begegnet diese Stellung auch im Aussage-Hauptsatz, besonders wenn ein einleitendes Demonstrativ oder ein *und* dessen Anknüpfung vermittelt: *solichs ich nit bedurft hette, hetten sie mir meyne frinhde . . . nit auß und eyn gelassen* (= wenn sie nicht . . . gelassen h.) Schlick'sche Urk. aus d. 15. Jh. Mitt. XXXIII 386. - *Der* (= Dieser, der vorherbeschriebene) *schade mir nit ergangen noch geschehen were, hetten sie* (= wenn sie) *mir* usw. ebda. S. 300. *Dasselbe fewr zu Falkennaw . . . gesehen wordt* ebda. S. 300. *Und etlich unter vn selbst dorumb geuurnet haben, dɔ . . .* ebda. S. 300. *Und auf dem sloß nichts bestanden ist dann ein alte kemnath* ebda. S. 301. *Und der schlicke* (Gen. Pl.) *procurator auch dy czeit zu Rome gewesen ist* ebda. S. 304. Vgl. darüber auch Wunderlich Satzbau I 409 f. Über die Trennung von Subjekt und Prädikat durch dazwischentretende Bestimmungen im Heliand vgl. Ries S. 91 ff.

Kohling bei Falkenau), dann auch noch in einfacher Aussage (ohne vor-
geschobenes *da, nun, also* u. ä.), wobei viele Beispiele den Eindruck
machen, als ob die Voranstellung des Verbums, durch welche die Aus-
sage den Charakter des Nachsatzes gewinnt,[1]) eine engere, sonst durch
Konjunktionen oder durch Unterordnung bewirkte Verbindungsweise ver-
träte (wie dies Ries S. 25 ff. im Heliand beobachtet): *Anno (15)91
dem*[2]) *22. julii hat Adam Schempach dem bauern zum Keißsach in der
herrn grossen stadt teich uf einem schuß 12 genß mit 9 schröten . . . er-
schossen,* (und deswegen) *hat er fur die genß geben mußen 3 fl, . . . ist
bey solchem* (= dabei) *geweßen Floriau Beyer* usw. (= wobei Fl. B....
zugegen waren): Baier 902. *dem 22. october hat er die straf erlegt, hatt
man im 10 fl wieder geben* (= wovon man ihm .... wiedergab) ebda.
906; und so heutzutage *Es haut durchás s Göld gwellt, no͞ — ho͡b͞m
s' 'n 's g͡é͡b͞m* = so haben sie es ihm denn gegeben oder: weshalb sie
es ihm g. h.[3]) Mit einem *Wenn ma hält schaua* (= So werden wir denn
sehen oder abwarten, was zu tun sein wird u. dgl.) schließt man oft
Rede und Gegenrede ab. Zu dieser Beobachtung stimmt auch die Tat-
sache, daß die Formel *das heißt* bei einschränkendem oder gegensätz-
lichem Sinne (= jedoch vorausgesetzt; doch nur unter der Bedingung,
daß;[4]) oder vielmehr) gerne in *haißt dös* umgestellt wird:[5]) *Af d' Wochn
kumm é gwis amál za dia — haißt dös, wenn 's Wéda schäi͞ is.*

Im ersten Satz ist die gleiche Voranstellung seltener und auch hier
weist sie nach meinem Sprachgefühl oft auf eine engere (z. B. gegen-
sätzliche) Verbindung mit dem folgenden Satze: *How é denkt, i tou nau
wos Gouts; drwål möch a gaua niks wissn drwoß* = Da dachte ich immer,
ich tue ihm etwas Gutes; in Wirklichkeit dagegen mag er usw. oder:
Während ich dachte . . .).

Ohne eine solche nähere Verbindung der Sätze begegnet die Vor-
anstellung des Verbs in der Aussage außer im Chronikenstil hauptsächlich
im Volks-(besonders im Kinder-)lied:

---

[1]) Vgl. Reis II § 57, der darauf aufmerksam macht, daß diese Nachsatzstellung nur
in der Fortsetzung der Erzählung auftritt, also mit der ähnlichen Erscheinung im Volkslied
(*Sah ein Knab ein Röslein stehn*) nicht zu verwechseln ist. Über die gleiche Stellung im
ersten Satz weiter unten.

[2]) *Dem* ist bei Baier sehr häufig = *den*.

[3]) Vgl. südböhm. *Aois Vé(i)grl gsogt: »Ge(i)bt ma di ollersche(i)nsten Stiefeltkn!«
Ho(b)m 's im 's ge(i)bm* Glockelberger Fassung des Märchens vom Machandelboom: Deutsche
Arbeit i. B. S. 112.

[4]) Diese Bedeutung von *das heißt* kennt auch das Oösl.: *Das hoaßt, wann s' ma
rigeln mein schwarzgreane Gall: Denn sist bin i frum* Stelzhamer Ma. D. I 92 N. 45, 57 ff.
(auch umgestellt *h. d.* in ders. Bed.).

[5]) Etwas anderes ist es, wenn diese Umstellung bei dem gewöhnlichen rein erklären-
den Sinn der Formel deswegen eintritt, weil sie der Erklärung nachgestellt wird (wie *sag ich,
sagt' ich* der direkten Rede § 220) oder eingeschoben, vgl. *Nun ist aber nach Goethes
Denkweise der Gegensatz des Natürlichen das Willkürliche, dasjenige wo der Wille »kürt«,
dasjenige, heißt das* (= mit anderen Worten: dasjenige), *wo der Wille, nicht die reine Er-
kenntnis . . . den Ausschlag gibt«* H. St. Chamberlain Die Grundlagen des 19. Jahrh. I
München 1899, S. 406 u. ö.

ABC
Loft d'Kots ubrn Schnee,';
Hout se routa Scheigla oa,
Loft se bis af Kutenploa.

Kinderlied aus der Tepler Gegend: Mitt. XXI 249 N. XII, vgl. XIV.

Zu den Wörtern, welche (nach dem Schema II *a*) dem Prädikat vorgeschlagen werden können, ohne (in Bezug auf das Objekt usw.) dessen Anfangsstellung aufzuheben (*es, da, dagegen* usw.), zählt in unserer Mundart niemals *und*.[2]) *Auch* gehört selbst dann, wenn es, stets stark betont, an die Spitze des Satzes tritt und ihm das Verbum unmittelbar folgt, nur zu einem Begriff, nicht zum ganzen Satze: *A hàut ə 's niət gəwißt* Auch hat er es nicht gewußt = Auch er hat es nicht gewußt. Nach *entweder — oder* folgt wie in der nhd. Schriftsprache das Verbum ;so in einfacher Aussage: *Entwédə gitt ə 'n d'Hirwə odə s Göld* Entweder gibt er ihm die Herberge, d. i. die Wohnung, oder das Geld; auch in futurischem Sinne), oder auch das Subjekt, so besonders beim imperativischen Indikativ, der auch außerhalb der Verbindung durch *entweder — oder* an die normale Stellung I *a* gebunden ist, z. B. *Du gäihst!* = Gehe! *Dəə gäiht!* = Der muß, soll gehen!; also auch *Entwédə du schwäigst odə du kinnst mə nimmə r ins Hàus. Entwédə eə gitt nən d'Hirwə odə s Göld!*

Zu den betonten Bestimmungen, die nach dem Schema II *b* dem Verbum finitum vorangehen können, gehören Objekte [3], (Prädikatsnomina),[4]) adverbiale Bestimmungen [5]) sowie ganze Objekts- und Adverbialsätze; die Nachsätze der letzteren zeigen die Voranstellung des Verbums sowohl bei grammatischer als auch bei bloß logischer Überordnung: *Dä r*

---

1) In der Variante IITV S. 386 N. 48 *a* steht in diesem Vers das Subjekt voran.

2) Über die Frage der wohl mit Unrecht so genannten Inversion nach *und* vgl. J. Poeschel Auch eine Tagesfrage, Wiss. Beih. V S. 193—237; Lit. jetzt bei Wunderlich Satzbau I 417 Anm. 2 (dazu A. Heintze Die Stellung des Zeitwortes nach *und* Wiss. Beih. IX S. 144—152); vgl. auch Ries S. 11.

3) Auch Objekts-Infinitive, unter denen besonders *sein* bemerkenswert ist; der Satz 'S *ist eine wahre Plackerei, aber sein muß doch auch wer* (jemand) *dazu* (zum Amte des Kirchenwaschels, Rosegger Die Älpler* S. 36) ist auch egerl. möglich. Vgl. Wunderlich Umgangspr. S. 262. Über *tun tut er mir nichts* vgl. § 150, 11 *b a* S. 129.

4) Auch die adverbialen Prädikate *weg, fort, draußen, drinnen* usw., sowie *aus* u. dgl. werden in emphatischer Betonung gerne vorangestellt; *U af àä'mäl wàa 's Mannl af u davea' u weeg wàa 's* Lorenz 18; ähnlich *Furt (drä̀ü) wàə r ə. Aə is 'sl* (so auch oöst.)

5) Auch *freilich, natürlich, richtig* (von denen die beiden letzten eigentlich Prädikate zum folgenden Satz darstellen, vgl. Wien. *Richtig fangt 's schon wieder den alten Marsch an blasen an* Schlögl Wiener Luft S. 343): nach den beiden ersteren kann, gewöhnlich nach einer kleinen Pause, auch das Subjekt folgen, wobei sie den Sinn von selbständigen Satzwortern annehmen: *Fräle* (= Allerdings ist Folgendes richtig:), *eə hàut schwə näks.* Dagegen heißt *Fräle hàut ə näks* (mit dem Hauptton auf *Fr.*): Und es ist doch wahr (trotzdem es geleugnet wird), daß er nichts besitzt. *Nätirle* (= Das Natürliche ist:), *eə wäsd wos və dis wellu.* Nach *nur* folgt weder das Subjekt (auch schriftspr. selten: *Auch Er,* Homer, *kennet jene rohe Mythologie älterer Zeiten;* nur *er gebrauckt sie äußerst sparsam und zweckmäßig* Herder S. W. Suphan XVIII 431, Z. 3 f.) noch das Verbum fuitom (nur *gebrauckt er sie* etc.), sondern der sinneswichtigste Bestandteil des Satzes: (Du kannst das auch durch die Post schicken:) *nə gənt ə̃'pàckn moußt 's hàlt;* auch *nə, d'i(s)* Nachtr. zu S. 28 § 45 *a.*

*ə (daß er) kummə w(ü)l (oder Eə w(ü)l kummə), schráibt ə. Wöi 's zwölfə
gschlögn hàut (oder Gród hàut 's zw. gschl.), is ə kummə.* Kurze, logisch
übergeordnete Sätzchen wie *sóch é, how é gsàgt, sàgt ə, hàut ə gsàgt,
màin é, denk é, schàint mə,[1] schráibt ə* u. dgl. haben die Nachsatzstel-
lung auch bei der Einschaltung, während größere Einschübe gleicher
Art wie *I ho 's kánm gláu(b)m wélln* u. dgl. ihre gerade Wortfolge unter
allen Umständen behalten. Nachsätze mit gerader Wortfolge (Schema I),
wie sie die ältere Sprache kennt, formt die Mundart nach grammatisch
untergeordneten Sätzen seltener (am ehesten, wenn ein Demonstrativ an
die Spitze tritt: *Wenn bə də Nàcht niət weə bə r in bláiwət* bliebe, *deə
sterwət in Schouchən və r Àngst*) als nach bloß logisch untergeordneten:
*Wá r ə no˙ əə miə kummə, i wollt (wellt) nən scho má˙ Moi˙ning gsàgt
ho(b)m.*[2] Bei der Aneinanderreihung von Nachsätzen wird die Nach-
satzstellung wie in der Umgangssprache alsbald, gewöhnlich schon beim
zweiten Satze, aufgegeben. Endlich ziehen auch einige Interjektionen[3])
regelmäßig das Verbum an sich: *Plumps! is ə drin glégn in Böch* (etwa
= Mit Geplätscher fiel er in den Bach). Doch gehört die Verbindung
mit Interjektionen dem Satzcharakter der letzteren entsprechend zu den
Satzverbindungen (§ 570).

§ 544. Über die regelmäßige Stellung der übrigen
Satzteile ist Folgendes zu bemerken:

1. In der Stellung der Hilfs- und Modalitätsverba zu den von ihnen
abhängigen Infinitiven und Partizipien bewahrt die Mundart manche ältere
Freiheit. Hiebei macht sich ein Unterschied geltend zwischen *sein,
haben, werden* und den Modalitätsverben *können, mögen, müssen* usw.:
(vgl. unten *b*);

a) die finiten Formen der ersteren Gruppe, stets tonschwach, wer-
den den inhaltsschwereren Nominalformen des Hauptverbums wie regel-
mäßig im Hauptsatz, so häufig (aber durchaus nicht notwendig) auch im
Nebensatz vorangeschickt, immerhin jedoch minder häufig, wenn das
Verbum allein steht, als wenn sein Gewicht noch durch adverbiale Be-
stimmungen vermehrt wird:[4] *Wenn é wiə r əmàl éf Táuchn* (Tachau)
ümmékummə. Wennţs Diəa (Ihr) weats gout wirthschàftn EJ X 169.
Fehlen solche Bestimmungen, so können gelegentlich andere betonte
Satzteile (so das Subjekt) zwischen Hilfs- und Hauptverbum treten: *Wöi
àffə is də Vödə kummə.* Am wenigsten angemessen aber ist unserer

---

[1]) Aber auch *miə schàint*, vgl. § 55, 1 c. Dabei bilden diese Einschübe mit dem
vorausgehenden Satzteil beim Sprechen einen Satztakt: *Də r Àlt miə schái˙t* (oder *Də r ə˙l.
schàint mə*) | *schláft scho*. Sie werden also wie vorgeschobene Adverbia behandelt: *Der
Àlte wahrscheinlich | schlief schon*, vgl. *Der rechte King vermutlich | ging verloren* Lessing
Nathan III 7.

[2]) Auch unter den von Helmer § 31, 3 Anm. 2 Schluß angeführten drei Beispielen
dieser Art aus Hugo von Montfort sind zwei konjunktionslose Vordersätze mit nachfolgendem
ich wollt (wollt).

[3]) Vgl. *Wusch* (etwa = Im Nu) *wor sε* (die Katze) *em Socke dren* HTV S. 430 N.
319 (Kettendorf).

[4]) Vgl. *Wennst hàust koin Weg g'wüst* (gewußt), *hàlt'st solle dahoim bleib'n* Joachims-
thaler Christspiel Mitt. XVIII 318.

Mundart gegenwärtig jedenfalls der unmittelbare Vortritt des Hilfs- vor das Hauptverbum,[1] obwohl diese Stellung hie und da selbst in Gradls Sagenbuche aus dem Egerlande begegnet, z. B. *däa* (= welcher, sc. der Jesuit) . . . *nàu sain Tàud ùmmàgäi" hàut möiu*. Kommen *sein* und *werden*, *haben* und *werden* zusammen, so steht die infinitivische Form im Haupt- und Nebensatze unmittelbar hinter dem Partizip des Hauptverbums am Ende: *'S weret* (Es würde, ebenso *Wenn 's weret* Wenn es würde) *ànnəscht gàngə så"* [2] neben *Wenn 's ànnəscht gàngə så" weret*.

b) Die Modalitätsverba *dürfen, können, mögen, müssen, sollen, wollen* können nur dann vor das Hauptverbum treten, wenn sie tonschwächer sind als das Verbum oder seine näheren Bestimmungen; tragen sie hingegen selbst den Hauptton, so treten sie lieber hinter das Vollverbum in eine nachdrucksvolle Endstellung. Dies gilt im Nebensatz sowohl für die finiten Formen als (in den zusammengesetzten Zeiten) für den Infinitiv des Modalitätsverbums,[3] im Hauptsatz bloß für den letzteren.

Hauptsätze (nicht alle Modalitätsverba sind in den zusammengesetzten Zeiten gleich üblich): *I ho möin schàuə, dà r è hàimkumm. I wiə möin dàəgäih"* = Ich glaube hingehen zu sollen. *Hàist* (Hättest) *künnə scho nu" màiə dàublài(b'm. Kàa" neu's Haus hobm sa si* (sie sich) *dörbm nimma bàuа* Lorenz S. 14. *Döi hobm 's welln gàuа ràad* (recht) *gscheid àa"stölln* ebda. S. 15; dagegen lieber *I wiə dàəgäih" möin* = Ich werde gezwungen sein hinzugehen.

Nebensätze mit einfachen Formen: *Dà r ə* (Daß er) *dennə màcht wos Gschaits làrnə*. *Wenn è möußt suə wos tàu"*; mit zusammengesetzten Formen: *àffa r äioscht, wenn ih ho möin z'Nàchts va Schlada* einer Ortschaft *hinəwidə gäih"* Lorenz S. 9; dagegen *Wenn ə no" wos làrnə màcht!* = Wenn er nur Lust hätte, etwas zu lernen! *Wenn ə hàit hinəwidə gäih" möin* usw.

Brauchen, lassen, wissen erscheinen gegenwärtig nur in der schriftspr. Stellung.[4]

Die Verbindung des einfachen Modalitätsverbums mit einer zusammengesetzten Zeitform des Hauptverbums weicht in der Wortfolge von

---

[1] Häufiger ist er in älteren Urkunden: *di* (= welche, sc. die Büchse) *ich . . . von den von Burg abəkaufen habe mussen* Schlick'sche Urk. aus d. 15. Jahrh. Mitt. XXXIII 380. Vgl. in der Eisensteiner Ma. *daß i ihran Ohm* (Atem) *hon gspürt und druckt hoţ mi a so, daß i koan Ohm hon kriəgt* Deutsche Arbeit i. B. S. 113; *Wassersuppen, wie du weißt, daţ wir sie im vorigen Jahr haben gehabt* Rosegger Das Volksleben in Steiermark² S. 197. *Wenn 's nur kein Vieh hat derschlagen!* Ders. Sonderlinge aus dem Volke der Alpen⁴ S. 84; deutsch-ung. *der hund, der nöch zwait dervôn ţis gelögen* Schröer Versuch S. 31 [281], 5 v. u.

[2] Gegenwärtig nie *so wir* (= wörde) *es anders sein zngangen* Baier 834.

[3] Über die gleiche Voranstellung der Partizipialform im Deferegg., Deutsch-Ung., Schles. vgl. S. 154 Anm. 4.

[4] *Lassen* wird in älteren Quellen (*do hat man lassen fischen* Baier 193 u. o.) und im Volkslied (*Maĭr) hobm uns làmı wàuəstegn* wahrsagen lassen: HTV S. 45 N. 65) vorgesetzt; ebenso altenburg. *wenn er sich nicht von ihm braucht lassen anməschnəuzen* Weise § 201, 1; im Deutsch-Ung auch *wissen*: *Bail bie sech beļen* (Weil wir sich [= uns] wissen) *ze erinnern* Schröer Versuch S. 147 [397], 1 u. ö.

der schriftspr. Fügung nicht ab:[1]) *Döi möin gherich gloffm sd⁻*. *IIos koʃ dös kost' ho(b)m* usw.

§ 545. 2. Die Objekte, von denen das schwächer betonte bei der Stellung II *a* dem stärkeren gerne vorangeht,[2]) zeigen keine Eigenheiten der Stellung. Der alte Akkusativ *nicht* hat sich zwar der Bedeutung, aber nicht der Stellung nach zur bloßen Negation entwickelt; es stehen ihm nämlich (gleich *nichts*) nur die Stellen des Objektes offen: die nachdrückliche Endstellung in Hauptsätzen (*Ronʒ tout deʒ niʒt!*, die Anfangsstellung in Haupt- und Nebensätzen (.*Viʒt hàut ʒ 's tàu⁻*: selten vor dem Imperativ: *Niʒt tou's! — Niʒt wenn ʒ 's tàu⁻ hàit*) und im übrigen wie in der nhd. Schriftsprache im Hauptsatz die Stellung nach, im Nebensatz vor dem Verbum finitum. Zur Verneinung eines einzelnen Satzgliedes tritt es in der Regel vor dieses Glied; nur *nicht so* wird auch getrennt und die Negation ans Ende geschoben: *Dös is suʒ r itvl niʒt*. Auch wenn der Satz nur aus einem einzigen Begriffe mit der Negation besteht, wird diese in wirksamer Weise lieber nach- als vorgesetzt: *Suʒ niʒt. Dös niʒt. Du niʒt. Dʒ Vödʒ niʒt* u. dgl.[3]) vgl. *Dös scho!* = Das ja! = Gewiß! Freilich! § 143 S. 102).

§ 546. Bezüglich der Stellung der adverbialen Bestimmungen des Verbums gelten im allgemeinen für alle Satzschemata die schriftspr. Regeln. Die Trennbarkeit der Partikel vom Verbum hat weitere Grenzen als in der Schriftsprache: *dös làuts 'n Herrn itva* das überläßt dem Herrn (Gott): Lorenz S. 7. Die nachgesetzte Partikel kann durch den dazwischentretenden Infinitiv noch weiter vom Verbum getrennt werden: *Öitzʒ fängt ʒ z'làffm oʃ*. Die vom Süden her in die Schriftsprache vordringende Neigung, die Partikel auch vor der finiten Verbalform festzuhalten,[4]) ist im Egerländischen nur bei starker Betonung der Partikel zu beobachten: A. *Deʒn àrmʒ Tàifl is 's denk ê ð schlʒt gàngʒ*. B. *Às schàut ʒ dʒnàn* (neben *Àsschàuʒ tout ʒ dʒnàu*). A. *I gàih widʒ r ins Màriʒböd*. B. *Mit gàiht éppʒ hài⁻t nemmʒts?* oder *Mit nimmst néks?*;[5]

---

1) Dagegen *Was mʒg sich haben zugetragen!* Rosegger Waldheimat II Lehrjahre 6 S. 152; schles. *se mĕʒʒu wol seu* (sein) *techtich geloffa* Langer Aus d. Adlergeb. I 58, ebenso in Saaz *Des muß sei* (sein) *großortich gewesn*. *Der meg sei krank gewesn* u. dgl.

2) Ruht auf keinem der Objekte ein stärkerer Ton, so geht der Dativ dem Akk. gewöhnlich voran, vgl. Reis II § 44. Daß im Schema II *a* das Dativobjekt noch vor das Subjekt rückt, ist auch in der Ma. (wie in der Schriftsprache) durchaus nichts Seltenes: *Es schʒdʒt scho ʒu Fellʒn ʒ Reuʒ ð néks* Es schadete (Konj.) schon den Feldern ein Regen auch nicht (im Mainz. ist diese Stellung unmöglich: Reis II § 46).

3) In solchen Antworten ist eigentlich Anfangs- und Endglied des Satzes mit starkem Ton herausgehoben und aneinandergereiht, wobei das erstere mit steigendem, das letztere mit fallendem Ton gesprochen wird; über die Auffassung gewisser Antworten als Zusammenschiebungen von Frage und Antwort vgl. Reichel Studien S. 23 ff. Über die ähnliche Endstellung von *kein, nichts* vgl. § 532. 555.

4) Vgl. Th. Matthias Wiss. Beih. X 196. Dergleichen Beispiele finden sich u. a. bei Raabe: *Höchste Ahnungen gehen uns auf, und niederschreiben wir . . .* Der Hungerpastor [?] (1901) S. 8.

5) Vgl. Rosegger Die Alpler 6 S. 190 *Du, das gibt a Muri! nix Zweif's — umfalist!* Zusammenschreibung der vorgesetzten Partikel empfiehlt sich im Egerländischen deshalb nicht, weil die Partikel mehr eine selbständige adverbiale Stellung einnimmt, wie die dazwischengestellten Wörter und Einschübe beweisen: *Üm kànnt àins fàlln vʒ Durscht. Mit sech é* (sag ich) *nimmst néks?*

nachgestellter Imperativ ist in der Regel nur dem wiederholten Befehl eigen (vgl. weiter unten).

Das Adverb *fein*, das, zum Verbum gehörig, in verkürzten Sätzen auch scheinbar steigernd zu adjektivischen und adverbialen Begriffen tritt, kann diesen auch nachgesetzt werden: *Bring ən Wäi* — *ən gou d̦n fäi*! (nachgesetztes *aber* ist minder üblich) neben *fäi* *ən g.*!

§ 547. 3. Das adjektivische Attribut zeigt folgende Eigenheiten :

a) die unflektierte Form kann abgesehen von Formeln und Zusammensetzungen weder vor- noch nachgesetzt werden, § 432, 5;

b) die artikellose flektierte Form kann im Anruf, z. B. bei Schimpfreden,[1] nicht nur vor, sondern auch hinter das Substantiv treten: *Iəsl ältə*! mit dem Ton auf dem Substantiv = Alter Esel!), auch mit mehreren Attributen *(Iəsl ältə, dummə, dàlkətə!*), die dann den Charakter nachträglicher Zusätze haben. Wird *du* in der Anrede verwendet, so steht es entweder doppelt, vor dem Substantiv und vor dem Attribut *(Du Iəsl du ältə!*), oder einfach und dann vor oder hinter dem Attribut *(Iəsl du, ältə! Iəsl ältə du!*[2]) Auch bloßes *du* ohne Adjektiv steht doppelt und einfach *Du Iəsl du! Du Iəsl! Iəsl du!*).[3] Unter den ähnlichen Verbindungen mit *ich* entfällt einfaches *ich* vor oder hinter dem Attribut *(Esel ich alter. Esel alter ich)* sowie hinter dem Substantiv *(Esel ich).*

Wenn der bestimmte oder unbestimmte Artikel oder das Demonstrativ vor das Substantiv tritt, so dürfen sie auch vor dem nachgesetzten flektierten Adjektiv nicht fehlen, so zunächst wieder im Ausruf: *Də Lümml də gruə!* Der Lümmel der grobe! *Des* (dieser) *Lümml des gruəːə!* *Suə r ə Lümml ə gruəwə!*;[4] dann auch in der Aussage: *Da sell wàa r əwa a rätta Lümml a gruawa* Lorenz S. 20. *Schau, ma(n) Kind, dàu bring ich dia'r) a Lamprl a klài(n)s . . . a Hemdrl a fei'n's* Weihnachtslied HTV S. 28 N. 47 Plan.

Über die an das Englische erinnernde Trennung des attributiven *kein* von seinem Substantiv *(Nàidárfə how è koin gseəh)* vgl. § 532.

§ 548. Unter mehreren adjektivischen Attributen hat nicht immer der weitere Begriff den Vortritt vor dem engeren;[5] man kann ebenso gut sagen *ə kloi's z'sàmmghüəlts Männl* wie *ə z'sàmmg'hüəlts kloi's M.*

1) Außerdem nur in der kirchlichen Formel *Vàtər u n ɔ.* Außerhalb des An- und Ausrufes ist das nachgesetzte flektierte Adjektiv unerhört, weshalb auch in den Anfangsworten des *Gldu(b)mgott v à t t ə* (§ 312, 330) das Attribut *allmächtigen* gegen das ahd. *Gilaubju in got fater almahtigon, sceppjon himiles enti erdā* (Weissenburger Katechismus Müllenhoff-Scherer Denkm. LVI 43) zu dem folgenden *Schöpfer* gezogen wird.

2) Am seltensten ist eg. wohl die Stellung *Du Lausejunge verfluchter!* wie altenburg. Weise § 276.

3) Auch osterl. *ηkɔ tuu!* und *tuu ukɔ!* Trebs III.Z. IV 28 g.

4) Nicht *So ein Spitzbube eleuder!* wie Altenburg. Weise § 276.

5) So altenburg. Weise § 275.

§ 549. Die attributiven Verbindungen mit dem Personalpronomen *ich, du*) wurden schon § 547 *b* erwähnt, die mit zählendem Pronomen bieten nur einzelne Besonderheiten. *Zwei* im Sinne des fehlenden *beide* wird in der Anrede vereinzelt dem Substantiv nachgestellt; so hörte ich in Plan ein Weib ihre beiden kleinen nachlässig angezogenen Mädchen mit den Worten begrüßen: *Sáts dáu Schluttən zwou?* Seid ihr da, ihr zwei »Schluttern«? [1]) Über nachgesetzte Kardinalia in Wendungen wie *ɔ Gàuɔ r ɔ drá* vgl. § 405.

§ 550. In der Verbindung mit adjektivischen Attributen eröffnen attributive Pronomina und Zahlwörter stets die Wortgruppe (*má̄ lóiwɔ Bou,*[2]) *drá gràußɔ Mài̇(d lɔ*), falls sie nicht mit dem Substantiv zu einem Begriff verwachsen sind wie in *d' haling drei Köni*[3]) HTV S. 48. N. 69 *b* Plan, darnach auch in der Ansprache an die heiligen drei Könige *diaz halinga drei Manna* ebda.

§ 551. 4. Das genitivische Attribut kann mit wenigen Ausnahmen (*Ross Gottes* u. a. § 373) unter den in der älteren Sprache möglichen Stellungen (Erdmann-Mensing II· § 245) nur noch die vor dem artikellosen Substantiv einnehmen und zwar abgesehen von den Formeln *in Gotts Nàmmɔ, üm Himmlszw(ü)lln* stets mit dem bestimmten Artikel: *s Vȫdɔs Ruɔk.*[4])

§ 552. Das adverbiale Attribut wird mit geringen Ausnahmen (*so, wie* u. a.) in der Regel wie in der nhd. Schriftsprache nachgestellt (§ 412, 1).

§ 553. 5. Adverbiale Bestimmungen adjektivischer und adverbialer Begriffe stehen regelmäßig vor diesen; Ausnahmen bilden *genug* (wie schriftspr.), das vor- und nach-, und *satt (sŏd)* = genug, das in der Regel nachgesetzt wird: [5]) *gout sŏd* gut genug: Lorenz S. 15 (über den *Goutsŏd* vgl. § 305); *Wenn ich neat reich sat bin* HTV S. 143 N. 59 (Grün).

---

[1]) Vgl. bayr. *die Schlutt* Pfütze, Lache, dann = unreinliche Person, *schluetten* in oder mit nassen, unreinlichen Dingen zu tun haben: Schmeller II 539. Eine in Plan ehemals bei den Maskenumzügen der Fastnacht beliebte Figur hieß *d'Bräischlutten*, die aus einer Pfanne statt Brei Wagenschmiere mit einem Löffel unter die Kinder schleuderte (egerl. *schléttən*, vgl. schwäb. *schlattern* Feuchtes einzeln fallen lassen, verschütten: Schmeller II 537).

[2]) Gottscheew. dagegen *lieber main pue* Schröer WBG 158 [424].

[3]) Die engere Verbindung verfestigt sich hier beinahe zur Komposition (vgl. Goethes Epiphaniaslied *Und wenn zu den dreien der vierte wär', So wär' ein heiliger drei König mehr*), wie sie wirklich vorliegt in dem alten *zwelfpoten* (Sing. *zwelpote*, auch Egerer Chron. S. 241 *nach sant Jacobs tage des heiligen czwelfpoten*), in *Siebenschläfer* u. dgl. Dieselbe Stellung findet sich übrigens hie und da auch sonst, vgl. die Ansprache an die den Apostel Petrus, das Christkind und den »Morgenkönig« darstellenden Kinder im Reichenberger Weihnachtslied (Mitt. XXI 98) *Ihr lieben drei Kinder*, ebda. S. 100 *wir lieben drei Kinder*.

[4]) Baier schaltet in einer gegenwärtig unstatthaften Weise zwischen Genitiv und Substantiv noch andere Bestimmungen ein, z. B. 501 *hat sich Hans Gruners mit jungkfraw .Anna Winckelmanin hochzeit angefangen*; 550 *des herrn Christof Henrichs von Zedtwitz auf der purgkh hausfraw.*

[5]) Auch dem alten Teilungsgenitiv: *Góld sŏd* und G. *gnouch* (ebenso altenburg. *Butter satt* = genug Butter: Weise § 270, der in dieser Ma. übrigens zwischen *satt schon* = sehr schön und *schön satt* = schön genug unterscheidet, ebda. § 295).

So tritt in der Regel, *gar*, *ganz*, *noch*, *desto* treten häufig vor den unbestimmten Artikel, z. T. auch vor indefinites *wer*, *was*: ¹) *suə ʼgauə*, *ganz*) *ə gschäitə Moə*, *gänz weə (wos) äunəs,*²) *nü ə schännəs Häus, nü̃ wos Schännəs,*³) *ästə r ə gräiθərə Fräid wisd ə ho(b)m* desto eine gr. Fr. wird er haben. Über die Doppelsetzung des Artikels vgl. § 406, uber die Stellung von *mächtig, winzig* § 437, 1.

§ 554. 6. Unter den Konjunktionen hat *ď* (auch) die mannigfaltigste Stellung; es kann, wenn es zu einem einzelnen Begriffe gehört, diesem in der Regel nicht mit schwachem Ton unmittelbar vorgesetzt werden (wie schriftspr. *auch mir*),⁴) sondern folgt ihm regelmäßig mit stärkerem Tone nach: *miə r ď,* wobei auch andere Satzteile zwischen beide treten können: *Miə r is gəstən ď wos pàssiət* = Auch mir ist gestern ein Unfall begegnet. Bisweilen rückt es bei der Beziehung auf einen einzelnen Begriff (besonders auf das Subjekt) in die betonte Anfangstellung: *Á is ə bətruəgn woən. Á haut ə ·s niət gwißt* Auch er ist betrogen worden, hat es nicht gewußt.

Gehört *auch* zum ganzen Satzgedanken, so kann es nicht wie in der nhd. Schriftsprache schwachtonig an die Spitze des Satzes treten *Auch hab' ich stets auf dich gehofft*, wohl aber schwachtonig hinter das Verbum finitum (wie nhd.: *'S is ď müglé, dás* usw., besonders in folgerndem Sinne *Eə hàut ď ·s Häus vəkáffm möin* = Er hat denn auch das Haus verkaufen müssen, wobei es sich gerne mit *aber* oder *ja* verbindet: *Eə hàut owə r ď* oder *jà ď* usw.), oder hochtonig an den Schluß des Satzes: *Eə häit künnə in Ploə bláib m ď* = Auch hätte er in Plan bleiben können, (aber auch = Er hätte auch in Plan bleiben können); häufig erscheint in dieser Stellung ein fur das nhd. Sprachgefühl etwas pleonastisch klingendes *auch* in Wendungen wie *Furt is sie u nimma wida kumma r aa* Lorenz S. 23. Über *wäuə r ď* § 49, 2.

Die Verbindungen *auch noch, auch wieder, auch schon* (schon *auch* können außer in die schriftspr. Stellungen auch an den Schluß des Satzes rücken: ⁵) *Dàu soll ė inən əppə wos vəböï(d)n ď nü̃*? Da soll ich ihnen

---

¹) Auch oöst. Das gleiche gilt im Nost. von *viel: vüll wiə äunärä* = jemand ganz anderer: Nagl Roanad S. 107 zu V. 139 *vull* (oöst. *viel* oder *weit was Bess.is*); ähnlich altenburg. *viel was Besseres*: hier auch zu *ein dummes Tier* Weise § 294: vgl. Goethe Wahlverwandtschaften II 9 (W. 20, 304, 15 f.) *aber er hatte zu ein tiefes Gefühl, zu einen reinen Begriff* usw.

²) Vgl. *In dem Verhältnuß wo Sie bey uns war, war das wieder ganz etwas anders* Goethes M. Br. II 263.

³) Goethe Briefe aus d. Schweiz II (7. Nov. 1779, St. Maurice, Br. 10, 250, 22 f.) *Tritt man weiter hinauf, so sieht man noch eine schönere Erscheinung.* Bei Goethe auch Beispiele für *sehr*, wie in gleicher Stellung: *Die anderen Brüder dagegen behaupteten, daß solche Gewässe . . . sehr ein geringes Gewicht hätten*: Reise der Söhne Megaprazons 2. K. (W. 18, 373, 5 ff.): *so sieht man erst, wie ein armseliger Behelf es ist* Briefe aus der Schweiz II (W. 19, 224, 25).

⁴) Ebensowenig schwäb. Fischer I 354.

⁵) Die bisher angegebenen Stellungen von *auch* (mit Ausnahme von *auch wieder, auch schon, schon auch*) ebenso o st. Aber *auch* bleibt z.g. lieber in der schriftspr. Stellung ungetrennt: *Eə hàut sé owə r ď plàuçn mein*, gelegentlich aber auch wie sonneberg. *Er hat sich aber müssen plagen auch* Schleicher 63.

etwa auch noch etwas verbieten? *Mànchrꝛ wiꝛd gsnnd d̄ wiꝛꝛ. Deꝛ r is àirꝛmàl üm sd̄ Gòld kummꝛ r d̄ scho* Dieser ist bisweilen auch schon um sein Geld gekommen; sie können aber auch getrennt werden, wobei *auch* hochtonig an den Schluß rückt: *Dàu schöllt ih 'nan eppa nu wos vaböidn aa?* Lorenz S. 29. *Mànchrꝛ wiꝛd wiꝛꝛ gsund d̄. Deꝛ r is scho àirꝛmàl üm sd̄ Gòld kummꝛ r d̄*; vgl. *'s wàa r owa scho̅ nemmats einikumma r aa* Lorenz S. 8.

§ 555. Anfangs- und Endstellung werden also sowohl wichtigen als selbstverständlichen Gliedern zuteil; zur bevorzugten Stellung werden beide erst durch die Betonung. In einer der nhd. Schriftsprache nicht oder minder geläufigen Weise verteilt die Mundart an den Anfang und das Ende des Satzes die betonten Glieder einiger Verbindungen, so der Frageadverbien *wohin* (egerl. *wàuhi̅* oder *wàusou*), *woher*[1]) (*Wàu denkst ꝛnn hi̅?* *Wàu gàihst ꝛnn zou?* *Wàu hàust dös heꝛ?* neben *Wàuhi̅ gàihst ꝛnn?* und seltenem *Wàuheꝛ is ꝛ r ꝛnn?*, dagegen niemals *Wàusou gàihst?*), der entsprechenden Demonstrativ-Adverbia[2]) (*Durt* oder *Dö'nꝛ gàih w ė niꝛt hi̅*), der Negation *kein*, *nichts* und des negierten Wortes (*Hungꝛ how ė koin*. *Extrichs is dös néks* Das ist nichts Besonderes, vgl. oben § 547 Schl.).

Bezüglich der Trennung anderer Wortgruppen befolgt die Mundart gewisse Regeln. Fragendes *was* wird von dem zugehörigen substantivischen Adjektiv (dem ursprünglichen Genitiv) stets, indefinites *was* dagegen seltener getrennt:[3]) *Wos hàuts ꝛnn hài̅t Gouts d̄f Mittòch?* Was habt ihr denn heute Gutes als Mittagessen? *Wos is* oder *gitt's Nàis?* aber gewöhnlich *Miꝛ ho[b]m hài̅t wos Gouts d̄f M*. neben *Nàis is* oder *gitt 's d̄ wos*. Das stets fragende *was für einer* oder *was für ein* mit einem Substantiv wird entweder als geschlossene Gruppe behandelt, so stets nach Präpositionen, oder *was* wird durch dazwischengestellte Satzteile abgetrennt und zwar häufiger im Nominativ und Akkusativ als im Dativ; hiebei nimmt der abgetrennte zweite Teil im Haupt- und im Nebensatze die regelrechte Stellung des Subjektes, beziehungsweise des Objektes in Satzfragen ein: *Wos hupft ꝛnn durt fiꝛ r ꝛ Vuꝛgl üm?* (vgl. Hüpft dort ein Vogel herum?) und *I wàiß niꝛt, wos durt fiꝛ r ꝛ Vuꝛgl ümhupft*. *Wos hàut denn dꝛ Jǻchꝛ gèstꝛn fiꝛ r ꝛn Vuꝛgl gschossn?* und *I wàiß niꝛt, wos dꝛ Jǻchꝛ gèstꝛn fiꝛ r ꝛn Vuꝛgl gsch. h*. Steht neben *was für ein* als Subjekt noch ein Objekt, so ist die Trennung nur in beschränktem Maße üblich: *Wos möin ꝛnn neꝛ fiꝛ Làit sèttꝛ Böuchꝛ lĕsn!* Was müssen nur für Leute solche Bücher lesen! = Was müssen das für L. sein, die solche B. l.! lieber *Wos fꝛ L. möin ꝛnn neꝛ s. B. l.*; aber nicht *Wos hàut ꝛnn fiꝛ r ꝛ Hund dös Kind bissn* u. dgl. Das Objekt folgt dabei der Regel entsprechend dem Subjekte nach, außer wenn es als enklitische Pronominalform sich dem Verbum finitum anschließt: *Wos hàut dꝛ 's ꝛnn fiꝛ r ꝛ Mǻꝛ gĕ[b]m?* Was hat dir 's denn für ein Mann

---

1) Die Trennung **wo-hin**, **wo-her** auch öst.

2) Die untrennbar mit *da* zusammengesetzten wie *drin* werden durch volles *da* verstärkt: *Dàu is nĕkt drin* (§ 504, 1 δ). Auch dies, ebenso die Trennung *dort-*, *da-hin* und die Endstellung der Negat. ist öst.

3) Ebenso öst.

gegeben? (fragt man etwa ein Kind, das von einem Fremden Geld erhalten hat). Das Adverbium steht dabei stets an seiner regelrechten Stelle im Fragesatze.[1]

§ 556. Es erübrigt nun noch, jene Eigentümlichkeiten der mundartlichen Wortstellung anzuführen, die sich aus dem Wesen der mündlichen Rede überhaupt ergeben. Auch diese Besonderheiten können wie manche der bisher angeführten vielfach nur im Zusammenhang mit der Satzbetonung verstanden werden.[2]

Der Laut hat ein näheres, unmittelbareres Verhältnis zur Vorstellung als der Buchstabe. Mehr als in der Schriftsprache macht sich daher in der Mundart geltend

I. der Unterschied, ob der sprachliche Ausdruck einem erst werdenden Gedanken in seiner Entwicklung folgt oder ob er einen abgeschlossenen Gedanken darstellt,

II. die Festigkeit des Zusammenhanges einzelner Wortgruppen.

§ 557. I. Der Schreibende hat unter allen Umständen mehr Zeit zur Ordnung der Vorstellungen als der Sprechende; deshalb kommt für diesen der Anschluß an die empirische Reihenfolge der Vorstellungen mehr in Betracht als für jenen.

a) Dieser Anschluß tritt allerdings in erster Linie bei selbständigen Satzwörtern (Ausrufen) und ganzen Sätzen hervor;[3] doch ist es immerhin möglich, daß in aufgeregter Rede auch die Reihenfolge der Teile eines Satzes etwas von der Aufeinanderfolge und Entwicklung der

---

[1] Andere noch mehr ins Einzelne gehende Regeln, wie sie z. B. Trebs HLZ. IV 20 f. für das Osterl. aufstellt, sind deshalb im Egerl. entbehrlich.

[2] Wackernagel geht Indogerm. Forsch. I 333 f. geradezu von diesem Zusammenhange aus; vgl. auch Wunderlich Satzbau I 403. Alle mannigfaltigen Erscheinungen der mundartlichen Wortstellung nach der von Nagl (Z. f. d. U. XIV 575 ff) vorgetragenen geistreichen Gleichgewichtstheorie in Zusammenhang mit dem wechselnden Satzton zu bringen, will mir nicht gelingen. Ich sehe davon ab, daß z. B. trotzige Rechthaberei an der ursprünglichen Form der Aussage festzuhalten pflegt (*Ich bleibe dabei: Die Buren hatten vor zwei Monaten jene Höhe besetzt*), während die wegen des erhobenen Widerspruches betonte Zeitbestimmung entweder an die Spitze des Satzes treten oder doch ein Glied weiter vom Verbum wegrücken sollte (Nagl a. a. O. S. 578 f.). Mit jenem tonischen Gleichgewichte des Subjektes einerseits und der übrigen Satzteile anderseits scheint mir schon der proklitische Gebrauch der pronominalen Subjekte *ich, du, sie* nicht recht vereinbar. In Wortfragen (Nagl a. a. O. S. 586) würde das Prinzip des Gleichgewichtes für das Fragewort als den inhaltlich wichtigsten Teil nicht nur die Vorschiebung vor das Verbum fin., sondern auch die stärkste Betonung erfordern; dies ist jedoch nur ausnahmsweise der Fall, z. B. wenn die fragliche Betonung überhört werden oder dem Gedächtnis entfallen ist (*Wo kaufst du deine Hüte?*) oder in der Frage-Aufforderung (*Wer hat das getan?!*); sonst betont man *Wo kaufst du dein deine Hüte? Wer hat das getan?* Im Nebensatz schließt sich das enklitische Pronomen nicht durchwegs an das Bindewort (Nagl a. a. O. S. 589), z. B. dann nicht, wenn der Nebensatz noch ein stark betontes Pronomen enthält (schriftspr. *Wenn er es erlaubt*).

[3] Die Reihenfolge der Wahrnehmungen wird gewöhnlich auch beim Aufsuchen und gleichzeitigen Mitteilen von Zitaten eingehalten: Goethe, *Hempel*. Teil IX. Abt. 1, S. 14 gegenüber der späteren Zusammenfassung *S. 14 der I. Abt. des IX. Teiles der Hempel'schen Ausgabe von Goethe* (vgl. Reichel Studien S. 62).

Wahrnehmungen verrät: *Auf der Stiege — horch! — leise Tritte — kommen herauf = Leise Tritte kommen die Stiege herauf.*

§ 558. *b)* Aber auch die spätere Mitteilung von Erlebnissen aus lebhafter Erinnerung heraus kann unwillkürlich oder absichtlich die ursprüngliche Reihenfolge der Eindrücke einhalten; so wird der Zuhörer zuerst in die Situation versetzt, in welcher den Erzähler das Ereignis traf (vgl. auch § 163 S. 147), weshalb besonders gerne die näheren Umstände des Ortes und der Zeit vorangeschickt werden; [1] unbestimmte Wahrnehmungen erhalten wo möglich ihren Platz vor den bestimmteren: *Géstɔn ám Föld* (erzählt jemand) — *suɔ swischn Löichtn* (in der Dämmerung) — *häiɔ r é áf aɔmàl ɔn Schüß — ásn Wold drü(b)m — u nu˘ ɔ pàɔ — scho gnäichtɔ heɔ* usw. gegenüber der ohne Zurückversetzung in die Situation zum ruhigen Bericht geformten Mitteilung *Gestern um die Zeit der Abenddämmerung hörte ich auf dem Felde plötzlich aus dem gegenüberliegenden Walde wiederholte, sich nähernde Schüsse* usw.

§ 559. *c)* Wie bei äußeren Wahrnehmungen kann die Wortstellung auch beim Nachdenken und Erinnern sich unter Umständen der Entwicklung des werdenden Gedankens bis zu einem gewissen Grade anpassen. Über den zunächst liegenden und deshalb vorangeschickten Bestimmungen gewinnt der Sprechende Zeit zur Entwicklung schwierigerer Gedankenglieder; [2] so werden

α) besonders dem Eigennamen oder einem ihn vertretenden Appellativ oft Bestimmungen des Ortes und der Zeit vorausgeschickt, die syntaktisch als seine Attribute zu fassen sind: *Géstɔn in Kuttnploɔ deɔ Bráutföiɔrɔ hàut mɔ gfálln* = Der Brautführer, den wir gestern in Kuttenplan bei einer Hochzeit beobachteten, machte mir Spaß. *Ásn Máiɔhuɔf drü(b)m dɔ Schäffɔ wàɔ hái˜t dàu* [3] = Der Schaffner vom Meierhofe drüben war heute hier.

β) Ähnliches gilt von Zahl- und Zeitangaben (wenn sie den Kern der Aussage bilden), insofern vor sie im Haupt- und Nebensatz vieles oder alles vorgeschoben wird, was sonst an Satzgliedern vorhanden ist, um zu ihrer Aufstellung Zeit zu gewinnen; [4] häufig müssen hier auch noch Pausen aushelfen: *Deɔ häit* (hätte) *'s Háus vɔkäffm künnɔ üm — sékstáusnd G(ü)l(d)n* (oder *Wenn ɔ s H. vɔkäfft häit üm — sékst. G.*). *Dös hàut nɔn in gànzn kost ɔ* (oder *Dös wiɔd nɔn in g. kummɔ sá˜ suɔ*

[1] Vgl. Reichel Studien S. 46. Reis II § 41.

[2] Nach Wunderlich Satzbau I 413 läßt sich im Gegensatz zu früheren Tendenzen unserer Sprache schon bei Luther die Neigung beobachten, die Sätze mit leichteren Formen zu beginnen und die gewichtigeren erst an zweiter oder letzter Stelle zu bringen.

[3] Derartige Stellungen greifen in die Schriftsprache hinüber: *Aus dem Pflanzenreich die nimmermüde Touristin, die Legföhre, kriecht noch am höchsten* Rosegger Die Alpler S. 233. *Von Rom aus hatte der Kaiser es befohlen; in Karthago der Prokonsul hatte es ausgeführt* Wildenbruch Der Zauberer Cyprianus, Berlin 1896, S. 1.

[4] Auch die Voranstellung des Substantivs in *ɔ Gàuɔ r ɔ drá* (vgl. § 405) sowie die Einleitung des Befehles mit *tou ɔmàl ɔ weng* tue einmal ein wenig (vgl. § 150, 11 *b* L S. 129) kann mit dieser Ursache in Zusammenhang gebracht werden.

áf ərə) sékstàusnd Gṳ́|{d n. Dös wìəd gwésu sắ — vöiə Wochn wə Hä̈i͂nàchtn.

§ 560. *d)* Während die verspätet gesetzte Bestimmung in den bisher angeführten Fällen schon im Anfange oder doch während der Bildung des Satzes wenigstens unklar vorschwebte, tritt sie in anderen Fällen erst nach dem psychischen und sprachlichen Abschluß des Gedankens ins Bewußtsein und wird als **Nachtrag** mit selbständiger Betonung und gewöhnlich auch mit der Geltung eines selbständigen Satztaktes angehängt (oft, aber nicht immer, nach einer größeren oder kleineren Pause): *Das kann kein Baumeister tun* (Senkung der Stimme) — *für das Geld!* ¹⁾

Daneben treten jedoch in Haupt- und Nebensätzen noch eine andere Art nachgesetzter adverbialer Bestimmungen auf, die als mehr oder minder wichtige Ergänzungen den Eindruck organischer Bestandteile des Satzes machen.²⁾ Diese in der Schrift nicht immer mit Sicherheit zu unterscheidenden Fälle sind in der mündlichen Rede durch ihre Unselbständigkeit nach Betonung und Takteinteilung unzweideutig gekennzeichnet; sie werden nämlich

1. dem tonischen Übergewicht eines vorangehenden Satzteiles untergeordnet und

2. in den vorausgehenden Satztakt einbezogen:

Das kann kein Baumeister | tun für dieses Geld oder *Das kann kein B. t. f. d. G.* und so in der Mundart *Wéə wos | árwət ám Sunntə* (statt zu ruhen). *Wál (= Während) ə | schláft óf də Benk.*³⁾ Bei dieser Nachsetzung könnte die empirische Gedankenentwicklung auch durch den

---

¹⁾ Vgl. *Sie* (die Braut) *schickt dem Bräuti;am 1 Hemd 2 Tage vor der Hochzeit von feiner Leinwand mit bunter Seide und Goldfäden an mehreren Orten ausgenäht, und den Ehering* Grüner S. 48. *Den Holzmeister hatte ich erstochen. Der Margerl wegen, er wollte sie auch haben. Im Kinnwald — mit meinem Taschenmesser. In der Faschingsdienstagsnacht. Von hinten in den Nacken hinein.* Rosegger Heimgarten XXV 352.

²⁾ Daß in hoch- und niederd. Maa. keineswegs bloß wirkliche Nachträge zum abgeschlossenen Satz nachgestellt werden, beweißt Behaghel Wiss. Beih. 17/18 S. 234 ff.; vgl. auch Tomanetz A. f. d. A. XX 13; die ältere Sprache zeigt, wohl im Anschlusse an die lebendige Rede, die gleichen Freiheiten; Behaghel bringt a. a. O. S. 237 Beispiele vom 13. Jh. an; dazu Helmers Belege aus Hugo v. Montfort § 31, 2. § 33 II 3. Reste der alten Freiheit bewahrt vom 17. Jh. an das Drama: Behaghel a. a. O. 247. Für die neueste Zeit belegt Behaghel die freiere Stellung aus Schillers Räubern, Goethes Werther, Hauffs Liechtenstein, Heines Rabbi von Bacharach, Scheffels Ekkehard; vgl. auch Frankes Beispiele aus Fichtes Reden an die deutsche Nation Z. f. d. U. VI 351 ff.; in der zweiten Hälfte des 19. Jh. findet sie Eingang in die ruhige wissenschaftliche Darlegung, u. zw. schon vor Schröders Buch Vom papiernen Stil (vgl. Behaghel a. a. O. S. 251 mit Beispielen aus Scherers Literaturgeschichte).

³⁾ Der mündliche Verkehr wie die mundartliche Literatur bieten Beispiele umfangreicher Zusätze, in denen organische Anhänge mit Nachträgen wechseln; so ist in dem Satze *Affa ho ih hált widə r àlə Knəət* (Knecht) *furtdäint dàu ə'Stär* (hier in der Ortschaft Stein) *sua r a n etla dreissig Gàua əf dəan nämlinga Huaf immasou* (Lorenz S. 7) die Bestimmung *dàu ə'Stär* wohl an das stark betonte *furtdäint* anzugliedern, die Bestimmungen von *sua r a* bis *Huaf* sind als Nachtrag oder auch als zwei Nachträge zu fassen, während *immasou* sich wieder dem beherrschenden Tone von *nämlinga Huaf* unterordnet.

festen Zusammenhang zwischen Subjekt und Verbum (vgl. § 566) beein-
flußt worden sein.

Aus den Mitteln der gekennzeichneten Angliederung ergeben sich
ihre Grenzen: wo die tonische Unterordnung des Nachzusetzenden nicht
möglich ist, weil es selbst den Hauptton tragen muß (etwa *Wenn ich
komme nach Eger*), und wo auch von einem Nachtrag nicht die Rede
sein kann, weil der Satz ohne das in Betracht kommende Glied unvoll-
ständig wäre (etwa *Er ist getreten vor das Gericht*), da ist die einfache
Nachsetzung gegenwärtig unmöglich, während die ältere Sprache noch
sagen konnte *also ist der Cunrat Raytenbach getreten fur das lantgericht*
Elbogner Urk. v. J. 1412 Egerer Chron. S. 252 N. 1065.

Objekte können abgesehen von der unter *c ß* angeführten Art der
Sätze (*Des hàut sölt — zwölfhunnatfufsich G(ü)(d)n*) wohl nur als Nach-
träge (so bei Verben, die auch ohne Objekt stehen können: *I ho hài~t
scho 'gessn — Kràut u Knia(d'l)* Ich habe heute schon zu Mittag gegessen
— [u. zw.] Kraut und Knödeln), aber nicht als organische Anhänge er-
scheinen, ohne daß ein pronominaler Vorläufer ihre rechtmäßige Stelle
ausfüllt: [1]) *Ea hàut nan scho gseah an Vèttа*.

§ 561. Was von einem Satzgedanken zuerst ins Bewußtsein tritt,
kann jedoch nicht bloß das Bekannte, also minder Wichtige, sondern
auch das durch die Kraft der Assoziation, namentlich der gegensätzlichen,
hervorgetriebene wichtigste Glied sein (vgl. Schema II *b* und § 555);
auch in letzterem Falle geraten durch den Kurzschluß des psychisch-
sprachlichen Mechanismus der mündlichen Rede leicht Glieder in die
Anfangstellung, denen diese nach den gewöhnlichen Gesetzen der Wort-
folge nicht zukommt. Hieher gehört die besonders den suddeutschen
Mundarten geläufige [2]) Vorsetzung eines betonten Wortes vor die ein-
leitende Konjunktion des Nebensatzes (besonders vor *wenn, wie, ob*), die
schon in der mittelhochdeutschen Poesie beobachtet wird (Paul Mhd. Gr.
§ 356), in der neueren Schriftsprache aber wieder verpönt ist.[3]) Der
Nebensatz ordnet sich hiebei dem vortretenden betonten Worte tonisch
unter und bildet mit ihm einen Satztakt: *Da r Alt wenn dös wüßt: Af
wenn è stäih; Von Zöln* (Vom Zahlen) *wòi a ghàiat hàut: Hài~t ob wea
künnt (mài~st)?*

§ 562. Diese Verbindung unterscheidet sich wesentlich von der
der älteren und neueren Sprache geläufigen Vorsetzung eines Gliedes des

[1]) Über die Nachstellung des Objektes in ad. Quellen vgl. Behaghel Wiss. Beih. 17/18
S. 236. Ohne einen solchen Vorläufer (*hat man gefangen alle fisch* Baier 1931) wird sie im
Egerl. jetzt als jüdische Sprechweise empfunden. Ähnliche (adverbiale) Vorläufer sind übri-
gens auch bei den nachgestellten Adverbien beliebt: *Ea hàut nan durtn gseah in Jacha.*

[2]) So nürnberg. (vor *wenn, daß*) Frommann zu Grübel 109 a, oberbayr. (vor *wenn*)
DM III 240, 2, 2, ostfränk. und vogtl. (vor *wenn*) Franke BM II 327, 8; aber z. B. nicht
mehr altenburg. Weise I 284 (mit weiteren Verweisungen).

[3]) Besonders Norddeutsche berührt sie unangenehm: so sagt M. Osborn (Litt. Echo
III, 1900, Sp. 100) von Benno Rüttenauer, daß dessen lebhaft munterer Plauderton »gelegent-
lich (»»Diesen Weg wenn sie gefunden hätten! Dürer wenn sie hätten begreifen können!««)
allzusehr in süddeutsche Sorglosigkeit ausartet«.

Hauptsatzes vor den voranstehenden Nebensatz, in welchem dann das
vorgesetzte Wort durch ein anaphorisches Pronomen wieder aufgenommen
wird; denn hier entfällt jene Angliederung des Nebensatzes in Ton und
Takt: *Die fraw von Spanheim, wie sie hir war, hat mir seiner gemahlin
contrefait gewießen* Elis. Charlotte Briefe S. 33. *De Spielhansl obe, wie
e kemme is, hot thou, us wenn iahm 's Geld in ne Locken* Lacke *g'folln
war* KHM N. 82 (I 414).

§ 563. Auf demselben Wege drängt sich ein Glied, das eigentlich
dem nachfolgenden Nebensatz angehört, an die Spitze sogar des vor-
angehenden Hauptsatzes: *Af dära Kàmman* (Auf dieser Kammerflur) *wàiß
ih nu va mein Vodan häa, daß glàtt neks d'raf g'wesn is* Lorenz S. 16.
*Dàu am Saling drunt'n wàiß ih àls Bou nu, daß gàua neks dàu g'stànd'n
is àls da Saalingstuak* ebda. S. 8. *Ba dera Àichn* (Eiche) *ba Reichlas-
dorf wàa r ih daba, wöi si 's assa'zuag'n hobm²)* ebda. S. 11; oder ein
Glied gerät wenigstens an eine frühere Stelle, als ihm gebührt, z. B. aus
dem Hauptsatz in den vorangehenden Nebensatz: *Wenn ài~s nàtirlé niət
gsund is, àff> höl't mə dös niət ds =* Wenn man nicht gesund ist, dann
hält man das natürlich nicht aus.³) *Wenn ə àləmàl hàəmkumm> r is,⁴)
wàə r ə wöi dsgwek'slt =* Wenn er heimkam, war er allemal wie ausge-
wechselt. *Nea~r àä'schaua wenn i' d'Kathl scho~ thou, lafft 's eiskold
iiwan Bugl oi~i⁵ =* Wenn ich die Kathl nur anschaue, läuft es (mir) schon
eiskalt über den Rücken EJ XIII 103; oder es schiebt sich aus dem
Nebensatz in den vorangehenden Hauptsatz: eine Wendung wie *Wann i's
(ich es, das Erzählen) halb so schen kann, Woaß i nuh, dáfs 's enk gföllt
(=*weiß ich, daß es euch immer noch gefällt, Stelzhamer Ma. D. I 163
N. 11 I 79 f.) ist auch im Egerländischen möglich.

§ 564. Der § 556 I betonte Unterschied zwischen dem Ausdruck
eines werdenden und eines fertigen, bloß reproduzierten Gedankens tritt
in charakteristischer Weise bei den mannigfaltigen Wiederholungen der
Rede und Gegenrede des mündlichen Verkehres hervor;¹) hier macht
sich meist das mehr oder minder unwillkürliche Bestreben geltend, das
wichtigste Glied des nunmehr abgeschlossen vorliegenden Gedanken-
ganzen stark betont an den Anfang zu schieben; so

¹) Das gleiche gilt von dem der direkten Frage vorangestellten Satzteil: *D> r Àlt —
wes hàut nən gsəəh?*

²) Vgl. *Mit so dummen Späßen ist's mir lieber, du gehst hinaus, als wie hinein*
Rosegger Waldjugend S. 185. »Die Gepflogenheit der Zeitungen, den orientierenden Begriff
auszusondern« (Keichel Studien S. 63) hat also ein volkstümliches Gegenstück und Sätze wie
»*In Dippoldiswalde hätte nicht viel gefehlt, so wäre der letzte Jahrmarkt gar nicht zustande
gekommen* (a. a. O.) entstehen nicht bloß in der Redaktionsstube. Seltener wird mehr als
ein Begriff in dieser Weise vorangestellt, vgl. *Nach Jahren erst, der Müller Hügelbach, als
er die Waidmann abholte, daß sie Frau Hügelbach wurde, war der erste, der darnach fragte,
wen das Bild darstellte* E. v. Wildenbruch Die Waidfrau (Tiefe Wasser, Berlin 1898, S. 310).

³) Vgl. Weise § 293.

⁴) Vgl. Schmeller I 1532 *lauter.*

⁵) Auch oöst. möglich.

⁶) Über die Wiederaufnahme der direkten Frage in indirekter Form vgl. § 64.

a) wenn der Redende selbst eine Aussage wiederholt, sei es, um sie zu verstärken (*I wiɔ diɔ wos pfáifm, pfáifm wiɔ r ɔ dɔ wos!*), [1] oder weil der Hörer ihn nicht oder mangelhaft verstanden hat; dann auch, wenn die gehörte Mitteilung von einem Hörer an andere weitergegeben wird: A. *Öitzɔ r is gröd in dáin Stöl ɔ Mödɔrɔ hintègloffm* Jetzt ist gerade in deinen Stall ein Marder (nach hinten) gelaufen. B. *Wos?* A. *ɔ Mödɔrɔ is öitzɔ gröd in dáin Stöl hintègloffm!*;

b) wenn der Angesprochene statt der Antwort das Gehörte in Form einer Gegenfrage wiederholt: A. *I mächt mit diɔ wos riɔ(d)n.* B. *Riɔ(d)n mächst mit miɔ wos?* oder *Wos riɔ(d)n m. m. m.?*; [2]

c) wenn der Angesprochene sich in der antwortenden Aussage enge an den Wortlaut der gestellten Frage anschließt: A. *Hàut di éppɔ scho ɔmàl wcɔ dɔwischt?* B. *Dɔwischt hàut mi nū̃ nemmɔts*, oder A. *Hàut diɔ éppɔ scho ɔmàl dɔ Lërɔ dɔwischt?* B. *Dɔ Lërɔ h. m. nū̃ näĩ̃ dɔw.*;

d) endlich, wenn man eine Behauptung ausführlich in engem Anschluß an ihre Form zurückweist: A. *Dɔ künnt immɔ äiɔscht głchɔ fröi hàɔm.* B. *Głchɔ fröi künnt ɔ niɔt äiɔscht* u. dgl.

Bei diesen Wiederholungen kann jedes Satzglied an die Spitze treten, unter den adverbialen Bestimmungen auch die trennbaren Partikeln, und zwar nicht nur im Indikativ (*mit gäiht ɔ scho* oder *mit wiɔl ɔ gäiĩ*), sondern auch im Imperativ: (*Stäih áf! — Áf stäih!* [3]) Über die Verwendung von *sollen* im wiederholten Befehl vgl. § 185 *b)* und ferner gewohnheitsmäßig selbst in dem Falle, daß das inhaltliche Hauptgewicht gar nicht auf der Partikel ruht: A. *Dɔ schául mɔ niɔt dɔnàu ás.* B. *As schául ɔ frálé niɔt dɔnàu* (neben *Ásschàuɔ tout ɔ fr. n. d.*).

§ 565. Infolge dieses mannigfaltigen Bedürfnisses der Voranstellung eines kräftiger betonten wichtigen Gliedes gewann in der Mundart unzweifelhaft an Boden

a) der reichliche Gebrauch von *tun* zur Umschreibung des einfachen Verbalbegriffes (§ 150, 11 *b)*,

b) der Gebrauch von *sollen*, besonders im wiederholten Befehl (§ 185 *b)*,

c) die Bevorzugung der prädikativen Fügung vor der attributiven [4])

---

[1] Im Schles. kann das betonte Glied ohne Wiederholung ἀπὸ κοινοῦ stehen: *Ich zrer' Der was sch . . . . en, wer' ich Der was!* G. Hauptmann Fuhrmann Henschel S. 75. *Ick hɔ och schwere Kumden jekannt hɔ ick* Ders. Der rote Hahn, Berlin 1901, S. 33.

[2] Rosegger Der Geldfeind (Buch der Novellen 1890) S. 164 »*Ich mocht' was reden mit Euch, aber gans allein.*« »»*Mit mir was reden willst?*«« [Oöst. Matosch D'Ähnl bein Launin (Aus d. II. I² 316): »»*In Himml is á drobn — gibt 's Engerl sur Antwort; da sitzi dr auf dá goldán Ofmbenk und thuat launin*««. »*Auf dá goldán Benk — hast gsagt und launin thuat á . . . . hat á mi nu nöt gans vágɔssn?*« »»*Ih belei, sagt 's Engerl dráf, dös suchts ja, dass á mi gschickt hat*««. »*Ja mein, ja mein, gschickt hát á di, ja geh, gschickt hát á di zu mir — o dá guat Ähnl.*« L.]

[3] Es ist dies der einzige Fall der alten Endstellung des Imperativs.

[4] Vgl. Reichel Studien S. 67.

in Fällen wie *Də Ruək is nən z'làng* = Er hat einen zu langen Rock. *ən Krogn hàut ə áfgschlogn ghàtt* = Er ging mit aufgeschlagenem Kragen.

§ 566. II. In einzelnen Fällen gewinnt man den Eindruck, als ob der festere Zusammenhang einzelner Satzteile ihrer sonst üblichen Verteilung im Satze Widerstand geleistet hätte; so scheint die Mundart schon bei den § 560 S. 515 behandelten organischen Anhängen des Satzes z. T. dem Zuge des natürlichen engeren Zusammenhanges zwischen Subjekt und Prädikat zu folgen, der für das minder entwickelte Denken des Volkes namentlich durch zahlreiche eingeschobene Zwischenglieder leichter zerrissen wird als für den geübten Denker; dieser kann auch bei einer längeren Reihe solcher Glieder das am Ende nachrückende Verbum finitum (oder den Infinitiv, das Partizip des Hauptverbs) im Auge behalten. Dies gilt namentlich für vielgliedrige Nebensätze. Auch in dem Satze *Eə hàut Záit ən Spàziəngáik̀ dənàu á mì̀* (Er hat Zeit zum Spazierengehen nachher auch noch, den ich einmal hörte, scheint das Übergewicht des Zusammenhanges der Redensart *Er hat Zeit* die ungewöhnliche Umstellung mitverursacht zu haben.

§ 567. Von anderer Art und wichtiger, jedoch nur für die Mundart, nicht für die mündliche Rede überhaupt, ist der feste lautliche Zusammenhang, in welchen tonlose, abgeschliffene Wörter in der Proklisis und Enklisis zu anderen Wörtern treten;

a) so hindert die durchwegs proklitische Natur der egerländischen Artikelformen (vgl. § 458. 473) jede Einschiebung attributiver Bestimmungen zwischen Artikel und Substantiv.

b. Die enklitischen Formen des Personal- und Reflexivpronomens (dazu *mə* = man) werden verschieden behandelt, je nachdem eine solche Form allein auftritt oder neben andere volle oder enklitische Pronominalformen zu stehen kommt.

1. Enthält der Satz nur eine einzige dieser enklitischen Formen, wobei von *sə* (< *es* und *sie* abzusehen ist, das nie allein vorkommt (§ 448), so lehnen sie sich stets unmittelbar an das Verbum finitum an *(Də Véttə wiəd dé hái̇̀t üəə r àcht Tóch b'souchn*, nie *Der Vetter wird heute über acht Tage dich besuchen*, außer bei betontem dich, eg. *dì*, in Nebensätzen an das einleitende Wort (die Konjunktion oder das Pronomen, Adverb: *Wemmə* Wenn mir *də Ackə gföllt*, nie *Wenn der Acker mir gefällt*, außer wiederum bei betontem *miə)*; diese Stellungen nimmt das enklitische Pronomen selbst dann ein, wenn es nicht zum Verbum finitum, sondern zu einem von diesem abhängigen Infinitiv gehört: *Də r Alt hàut nən wiələ r oəgfángə ász'schimpfm. Wenn nən də r Alt widə oəfängt ászschimpfm* = Der Alte hat wieder angefangen (Wenn d. A. w. anfängt), ihn auszuschelten.

2. Treffen volle und enklitische Pronominalformen im Satze zusammen, so lehnen die enklitischen sich in der Regel nicht an die vollen an,[1]

[1] Wie Sonneberg, *iichnı < ich ihn* (oder *ihm*): Schleicher 50.

sondern nehmen die in 1. bezeichneten Stellungen ein: *Schickt nən si hes? Wenn nən si heəschickt* (nie *Schickt si nən hes?* Schickt s i e ihn her? usw.). Wohl aber können zwei volle Formen in der letzteren Stellung nebeneinander treten: *Schickt si in?* (oder *es si?*.

3. Treten mehrere enklitische Pronominalformen zusammen, unter denen auch das Subjekt ist, so geht meist dieses den obliquen Kasus und weiterhin der Dativ dem Akkusativ (wie beim Substantiv) voran: [1]) *Wöi vụ)l sánn s' ərə?* Wie viele sind sie ihrer? [2]) *Dàu möcht sə sẹ* [3]) Da macht es sich (= geht es an). *Dàu glückt's 'n* (kaum *g. nən 's*, eher noch *glückt 'n 's*). *How ə də 's niət gsàgt?* Hab ich dir's nicht gesagt? (nie *How ə 's də* . . . Hab ich's dir . . . . *Gitt mə də 'n* Gibt man dir ihn. *Eə gitt ich 'n* (oder *ich 's*) Er gibt euch ihn (euch es).[4]) *Eə gitt əs 'n* uns ihn (*əs 's* uns es, ist wegen der Unhörbarkeit des *'s* nicht üblich neben *Eə gitt 'n ich* (minder gut klingt mir *gitt's ich*, *gitt's əs*;[5] besser schon *Eə sàgt's ich*, *sàgt's əs*; sonach kommen hier vielfach noch Gründe der Deutlichkeit in Betracht). Deutlicher sind auf alle Fälle die nach 2 gebildeten Verbindungen mit vollen Formen *Eə gitt nən enk* (uns). Im übrigen lehnen sich die am meisten abgeschliffenen Formen *'s < es* und *s' < sie* (beide als Akkusative; als Nominative fallen sie unter die oben *b* 3 eingangs angegebene Regel), *'n < ihn, ihm* [6] gewöhnlich an vollere vokalische Enklitica an, so daß sie die letzte Stelle der Gruppe einnehmen: *Gı mə 's* (*s'*) Gib mir es (sie); nie *Gı 's (s') mə. Də Vödə gitt nən 's (s')*[7]) Der Vater gibt ihm es sie). *Gı mə 'n* Gib mir ihn.[8])

Treten endlich der Dativ *'n* und die Akkusative *'s* oder *s'* zusammen, so tritt der Dativ *'n*, der Regel entsprechend, voran:[9] *Gı 'n 's* (oder *s'*) Gib ihm es (sie). *Gẹ'b)m-mə-'n 's* Geben wir ihm es. Der Zusammenstoß zweier Akkusativformen dieser Art kommt in unserer Mundart kaum vor.

---

[1]) Vgl. Nagl Roənad S. 146 zu V. 179 *siáchd-s'-n'* nud Weise § 280.

[2]) Nie umgekehrt wie altenburg. *Wie viel sind 'rich* neben *sind t' r'* Weise § 281.

[3]) Die umgekehrte Verbindung *sẹ 's* sich *'s* (*ə < es* wird nur v o r *sich* gebraucht, vgl § 448) ist daher nur möglich, wenn *es* Akkusativ ist: *Eə stíßt sẹ 's in d'Hind* Er stößt sich *'s* (das Messer) in die Hand. Außerdem ist *sẹ 's* = sie es.

[4]) Vgl. *Ich ģib Euch 's recht wohlfeil* HTV S. 80 N. 14 Lobs bei Falkenau; die Verbindung *enk 's* ist schon wegen der Nebenform *enks = enk* (vgl. § 442 S. 400. 402) nicht immer zulässig.

[5]) *Es uns* auch in der Kerenzer Ma.: Winteler S. 224 zu 9, 3. 4. *Es uns, es euch* auch Mainz. Ries II § 48.

[6]) Die ebenfalls vokallosen Formen *d' < du*, *'s < ös* (Dual) treten nur an die Verbalform und an Einleitungswörter (*hàustd', hàuts, wennst, wennts*, vgl. § 442). Tritt *'s < es* an die 2. P. des Verbs, so wird die Verbindung *st's > st: Hàust's < Hàst du es*; desgleichen hinter den Einleitungswörtern: *wöis < wie du es* usw.

[7]) Schon ahd. *imos < imo es, dûmos < dû imo es* Braune Ahd. Gr. § 283 Anm. 2 b. In den Sechsämtern dagegen *l ho s m* (< es ihm) *gsakt* Wirth § 37, 1, auch Mainz. *es ihm* Reis II § 48, sonneberg. *es ihm, es ihr, es dir* Schleicher 50.

[8]) Dieselbe Stellung oöst., in Imst. Schatz § 138.

[9]) An der Nab herrscht die Ordnung *ns', nß < ihm* oder. *ihnen sie (es)*, an der Pegnitz *sn, ßn*: Schmeller § 726; auch in Ruhla *gámmesen < geben wir es ihm*: Regel 83, 4.

Abgeschliffenes enklitisches *ənn* [1]) < *denn* schließt sich nicht an volle Pronominalformen an,[2]) sondern entweder unmittelbar an das Verbum *Ho ənn i dos gsàgt?* Hab' denn i c h das gesagt? nicht: Hab' i c h denn d. g.), oder an die enklitischen Pronominalformen: *Wàu is ə r ənn gwėst? Wės hàut də 's ənn gschenkt?* Dem minder deutlichen *Wės hàut də 'n ənn* (dir ihn denn) *gschenkt* zieht man deutlicheres *W. h. də r ənn deən gsch.* vor.

Ähnliches wie von *ənn* gilt von enklitischem *à < jà* (vgl. § 137, 6 S. 96).

Satzstellung.

§ 568. Der Unterschied, daß in der Beiordnung die Verbindung der Sätze erst vollzogen wird, während die Unterordnung ein durch eine bestimmte Verbindung geschaffenes Ganzes als solches darstellt, spiegelt sich auch in der Stellung der Sätze wieder. So steht in der Beiordnung der Satz, der den Grund, die Absicht ausdrückt, naturgemäß an zweiter Stelle, in der Unterordnung kann jedoch der begründende und der finale Satz (§ 87. 90) auch in der Mundart dem übergeordneten Satze vorangehen. Dies gilt sogar von verkürzten Vergleichungssätzen mit *wie:*[3] *Dem 3. julii hat es . . . . gesteinget* (gehagelt = sind Hagelkörner gefallen) *wie die haßelnus gross* Baier 433. *Wöi a ràuts Naghrl sua schäi(n)* HTV S. 172 N. 126 c (Plan), vgl. auch ebda. S. 96 N. 8 c (Nordböhmen) und S. 173 N. 126 c (Landskron). Schwerlich begegnet diese Voranstellung jemals beim Komparativ.[4])

Formelhafte Sätze wie *Gott sei Dànk!*, die in der Verbindung mit anderen Sätzen eigentlich einen übergeordneten Gedanken darstellen, können entweder in ihrem vollen Satzsinne in selbständiger Stellung und Betonung auftreten (*G. s. D.! | Öitzə is ə widə gsund!* oder zu einer Art von Adverbialbegriff verdichtet in der Stellung und Betonung der Satzadverbia (§ 266) einem anderen Satze an- oder eingegliedert werden: *Gott sei Dànk is ə oitzə w. gs.* '= Zum Glücke ist er usw.) und *Öitzə r is ə G. s. D). widə gs.*[5]

---

[1]) Volles *denn* steht regelmäßig nach auslautendem *n* : *Wenn denn?* Wann denn? Hingegen wird nach Vokalen der Hiatus mit der enkl. Form lieber durch *r* ausgefüllt: *hàut ə r ənn* hat er denn, oder er bleibt unausgefüllt: *ho ənn i* Hab denn ich (neben *how ənn i*).

[2]) Wie osterl. *hummüirtn* haben w i r denn : Treba IILZ IV 2 c.

[3]) Auch im Altenburg.: Weise § 301. Vgl. übrigens W. Grimm Freundesbriefe S. 17 N. 11 *Wie hier diese Kleider hat unsere Kurprinceßin sehr ähnliche* und Goethes *Wie Sterne leuchtend, wie Äuglein schön.*

[4]) So bei Rosegger Die Älpler* S. 352 *Wie du. sind mir 9 Tag Regenwetter lieber*; bei Stelzhamer Mu. D. II 284 N. 3, 9 ff. treten in einer dem Öst. sonst kaum geläufigen Weise sogar vollständige Vergleichungssätze mit selbständigem Verbum vor den Komparativ: *Aber als in schwärn Zug Gehn mit Mergel und Dung, Liaber träppeln maine Käppel Oder spreng(d)n in Sprung.*

[5]) *Gott sei Dank, wird der Tag länger* M. v. Schwind an Mörike 17. Jänner 1867, Bächtold S. 21; ähnlich ebda. S. 41. 43 (die hier durch den Beistrich nach *Dank* angedeutete Satztaktpause fehlt egerl.).

In der Stellung der untergeordneten Zwischensätze weicht das Egerländische im ganzen nicht vom gemeindeutschen Gebrauch ab. Das Nachklappen einzelner Wörter wird im allgemeinen vermieden etwa *Dɔ Vuɔgl wàɔ, wöi sé hi˘kummɔ sann, furt,* : zum Nebensatz überhaupt vgl. § 118.

§ 569. Die **eingeschobenen** Sätze sind wie in der nhd. Schriftsprache teils formal selbständig,[1] teils unselbständig; die ersteren können den umschließenden Teilen der Rede inhaltlich gleich - (1), unter - (2) oder übergeordnet sein (3).

1. *D'Westn — ɔn Ruɔk* Rock) *hàut ɔ scho fröiɔ ászuɔgn ghàtt — hàut ɔ á˘ nu˘ untégrissn.*

2. *Géstɔn — i ho gröd furtgäili˘ welln* (= als ich gerade fortgehen wollte) *— is ɔ endlé dɔheɔ kummɔ.*

3. *Deɔ Lump — wiɔst 's scho seɔh — bɔtröigt dé˘* (= Du wirst erkennen, daß usw.).

Die häufigsten Einschübe der dritten Art enthalten Verba des Denkens oder noch häufiger des *Sagens* (*I — suɔ v[˘ü]l koɔ̆ r ɔ dɔ hái˘t scho sogn — tou niɔt mit*; vgl. die massenhaft in die Wiedergabe direkter Rede eingeschalteten *sag ich, sagt er* usw. § 220). Ähnliche Ergänzungen schweben auch vor bei den an die Frage und Aussage so oft angehängten Zustimmung heischenden *wos?* oder *wo?* (§ 75), *wöi? niɔt? : I wiɔ hàlt dennɔ dàɔgäik˘ möin — wos?* (oder *niɔt?*) = Was meinst du? (Meinst du nicht?); über *heißt das* S. 503 Anm. 5, über *scheint mir* § 94 Schl. 543 Schl.

Andere Einschübe stehen in keinem bestimmten formalen Verhältnisse zum Satzganzen, so die Interjektion und der Vokativ.

§ 570. Unter den Interjektionen und verwandten Bildungen mit Satzcharakter erscheinen in der Einschaltung weniger die eigentlichen Empfindungslaute wie *á, áu* usw. (da sie ihrer Natur nach lieber als Vorläufer der artikulierten Rede auftreten, § 543 Schl., ausgenommen etwa *ach!*, das auch einzelnen Begriffen vorgeschlagen wird: *I wàɔ scho — àch wöi làng niɔt durf*) als z. B. *ja*, besonders als bekräftigendes Einschiebsel (§ 137, 4): *Söch neɔ, dös koɔ̆ r é niɔt làu˘ — jà — u eɔ soll sé neɔ sekwɔ drüm kümmɔn*; auch mit dem steigenden Tone einer Zwischenfrage: *Wenn dɔ r .Ilt hái˘t stirbt — nö˘ jɔ˘* (= habe ich nicht recht?) — *sɔ wàiß s .Mài[d]l niɔt wàuhi˘* (§ 141 S. 100). Redepausen, die durch stockende Gedankenentwicklung verursacht sind, werden hie und da durch ein *hm* oder noch unbestimmtere Laute (§ 44) ausgefüllt: doch wird darnach besonders nach längeren Pausen naturgemäß die Rede selten in der angefangenen Form fortgesetzt: *Wenn dɔ r Ilt hái˘t — hm — sogmɔ* (sagen wir), *eɔ stirbt* usw.

[1] Nach Behaghel (Hel. § 380 ff.), dem ich in der Unterscheidung der einzelnen Fälle folge, ist diese Art der Einschaltung im Heliand besonders stark entwickelt.
[2] Derselbe Satz kann auch ohne alle Einschaltungspausen gesprochen werden, wobei das absteigend betonte *betrügt dich* an den Satztakt des stark ansteigend betonten *sehen* angegliedert erscheint: *Deɔ Lump wiɔst seɔh bɔtröigt dé.*

Auch Fluchformeln drängen sich lieber an die Spitze der Rede, doch schieben sie sich gelegentlich wohl auch in den einzelnen Satz ') (*Wöi wisd ȝ 's nes zȝn Sàkrȝment oȝfàngȝ!*) und zwischen Neben- und Hauptsatz ein (*Wenn è dàȝkumm — Himml Sàkrȝment! — àffȝ soll ȝ zouschàuȝ . . .*.

Der Vokativ, der sich häufig mit Interjektionen verbindet, klingt am nachdrucksvollsten an der Spitze des Satzes, wo er stets einen eigenen Satztakt bilden kann; er leitet daher nicht nur als Anruf zur Erregung der Aufmerksamkeit (*Michl — kumm ȝmàl heȝ!*, sondern auch im emphatischen (entzückten, vorwurfsvollen, drohenden usw.) Ausruf gerne die Rede ein (*Michl! — wenn dös wàuȝ is!*). In der Einschaltung klingt er sowohl zwischen Haupt- und Nebensatz als im Innern eines Satzes matter; im letzteren Falle steht er am häufigsten nach dem persönlichen und hinweisenden Pronomen, an das er bezüglich der Satztakteinteilung angeschlossen wird: *Mit deȝn Hàns | richst néks* = Mit dem, Hans! richtest du nichts aus: *Mit diȝ Seff | u mit enk àlnz'sàmm riȝd è néks màiȝ; I mà⁻ lörȝȝ Toné | bin schu z'old sȝ suȝ zwos* = Ich, mein lieber Anton! usw.

§ 571. Was die Stelle der Einschaltungen betrifft, so können sie ebensowohl zwischen eine Bestimmungs- oder Erweiterungsgruppe als zwischen Subjekt und Prädikat (vgl. die letzten drei Beispiele in § 570)²) und zwischen bei- wie zwischen untergeordnete Sätze treten: *Frali* (Freilich *how ih dahàim neks z'lebm, kàin Pfenning Göld u kàa⁻ Bröckl Bràut (— 's gebm àin d'Leut schö nimma vul —), owa r in da Schtod* (Stadt) *beedl a ma* (bettle ich mir) *Bràut z'sàmm* usw. Lorenz S. 28. *Dausi* (Daß sie, die Zwerge,) *öitza nimma dàu sann, — u wäa zwàißl 's 'enn? — dös möcht's àffa nu miad as, dans' gàua nài⁻ g'wesn zwàan* ebda. S. 17.

§ 572. Nach der Einschaltung wird die Gruppe, der Satz, die Periode entweder fortgesetzt, oder es wird zuerst das vor dem Einschub Stehende wiederholt; das leztere ist nicht etwa bloß nach längeren Einschüben der Fall; in emphatischer Rede werden stark betonte Teile selbst nach dem eingeschobenen einfachen Vokativ gern wiederholt: *Mi* (mich), *Lump, mi zwü⁻lst ins Unglück bringȝ?* Die Fortsetzung entspricht nach kurzen Einschuben zumeist dem Anfang; nach längeren Einschaltungen wird das syntaktische Gefüge des Ganzen oft durch eine inkongruente Fortsetzung gesprengt.

§ 573. Nebensätze zweiter Ordnung können wie im Schriftdeutschen dem übergeordneten Nebensatze erster Ordnung sowohl nachfolgen als in denselben eingeschaltet werden. Folgen beide Nebensätze dem Hauptsatze nach, so ist außerdem die Voranstellung des Nebensatzes zweiter Ordnung vor jenen erster Ordnung³) (*A a₂ a₁*) nichts

¹) Vgl. *Was Teufel mecht für do?* Was zum Tenfel macht Ihr da? HTV S. 253 N. 274 (Ossegg-Schönlinde).

²) Doch ist die Erscheinnng natürlich nicht auf Vokative beschränkt.

³) Diese Stellung schon mhd. Paul Mhd. Gr. § 376, 3 b. Beispiele aus der Kudrun und aus Herbhohl v. R. sammelt O. Toifel Progr. d. Salzburger Oberrealsch. 1896 und d. Staats-Gymn. in Riel 1901.

Ungewöhnliches: *Es hàut sč Göld gnouch mitgnumms, wenn 's épp? mäi?
kostət, də r ə 's* (daß er es) *bəzöln kánnt.* Beim Vorantritt der beiden
Nebensätze vor den Hauptsatz kommt die gleiche Stellung des Neben-
satzes zweiter Ordnung nur dann vor, wenn der Hauptsatz zu ergänzen
ist, so daß der Nebensatz erster Ordnung selbst die Stelle des Haupt-
satzes einnimmt: [1] *Wenn s' də wos gẹ́ b)m* (Wenn sie dir etwas g.,
dəstd' dé jái˜ schäi˜ bədänkst! (= Bedanke dich!

VIII. Sparsamkeit des Ausdruckes.

§ 574. Was in der Sprache den Eindruck der Kürze macht, be-
ruht entweder schon auf ursprünglicher logischer Verdichtung des Ge-
dankens oder auf bloßer Ersparung an Wortmaterial, insofern nicht alle
Glieder des Gedankens sprachlichen Ausdruck gefunden haben. Logi-
sche Verdichtung, wie sie z. B. in den sogenannten partizipialen
und infinitivischen Verkürzungen der Nebensätze (vgl. § 230. 237) vor-
liegt, erfordert sowohl zu ihrer Durchführung als zu ihrem Verständnisse
mehr ruhiges Verweilen beim Gedanken, als die flüchtige mündliche
Rede im allgemeinen gewährt; daher neigt die Mundart in dieser Hin-
sicht dem Buchdeutsch gegenüber, das die Sätze mit vielfaltig einge-
schachtelten Bestimmungen vollzupfropfen liebt, eher zu einer gewissen
der Klarheit förderlichen Breite.

§ 575. Dagegen liegt es umgekehrt gerade in der Natur der Mund-
art als einer gesprochenen Sprache, daß ihr eine Ersparung an Wort-
material in weit zahlreicheren Fällen möglich ist als der geschriebenen
Sprache; letzterer ist schon die Vertretung [1]) und die Unterstützung des
Wortes durch Mienen und Gebärden versagt, überdies wendet sie sich
an einen abwesenden Leserkreis von unbestimmter Ausdehnung und oft
auch von unbestimmter Eigenart [2]) und kann bei keinem dieser Leser
mit einer bestimmten Situation rechnen, die dem Verständnis entgegen-
käme. Der Redende hingegen (mit gelegentlicher Ausnahme etwa des
Redners im engeren Sinne) hat einen bestimmten Hörer in einer be-
stimmten Situation vor sich und kann dieser sowie der individuellen
Verfassung des Hörers und seinem gesamten Anschauungskreis überhaupt
(wenn und soweit ihm beide bekannt sind) die Ergänzung seiner Rede
in mannigfaltiger Weise überlassen. [4]) Diese Bedingungen der Ersparung

---

[1]) Also nicht wie mhd. Paul Mhd. Gr. § 376, 3 a.
[2]) Es werden ganze Sätze wie einzelne Begriffe durch Mienen oder Gebärden ver-
treten. Beispiele sind hier unnötig.
[3]) In dieser Hinsicht genießt nur der Brief einige Vorteile der mündlichen Rede.
[4]) A. Hauffen verweist in der Rezension des I. Teiles dieser Arbeit (in Haberlandts
Z. f. öst. Volksk. V [1899] 282 l.) auf Heines Reisebilder (Elster III 92), wo dieser von
Schifferfamilien auf Norderney sagt: *Alle gemeinsamen Lebensbeziehungen sind ihnen im Ge-
dächtnis und durch einen einzigen Laut, eine einzige Miene, eine einzige stumme Bewegung
erregen sie unter einander so viel Lachen oder Weinen oder Andacht, wie wir bei unseret
gleichen erst durch lange Expositionen . . . hervorbringen können.* Der neuere dramatische
Dialog macht von ähnlichen Beobachtungen Gebrauch, vgl. z. B. Otto Ludwig Der Erbförster
I 1 Försterin: *Sollt er vielleicht schon mit dem Herrn Stein* — Weiler: *Ja. Sand gestreut
schon am Dienstag* usw.; ebda. I 4 Robert: *Aber sollte denn* — Förster (eifrig): *Nein, Robert.*

sind in dem nach Anschauungen, Sitten, Interessen ziemlich homogenen Kreise des Landvolkes gegeben.

§ 576. I. So übernimmt die Situation

a) die Ergänzung der Hauptteile des Satzes, des Subjektes vgl. § 29), des Prädikates (§ 31), des Objektes (§ 37), mehrerer dieser Teile (*Wohin?* = Wohin gehst, fahrst du? *Koš sètts gràußs!* § 34, auch in kurzen Befehlen: *Wasser!* § 39 Schluß);

b) die Ergänzung des Artunterschiedes und anderer determinierender Merkmale der Gattung; so macht die Situation jede nähere sprachliche Bestimmung des Begriffes *Hut* im Hutladen, im Zuckergeschäft, beim Pilzeschneiden entbehrlich; ebenso versteht man *Karte* im Gasthause ohne weitere Bestimmung als Speisekarte (*Karten* als Spielkarten), an der Bahnhofkasse als Fahrkarte: *Kaffee* ist im Kaufmannsladen die rohe oder gebrannte Frucht, im Hause oder in einem Kaffeehause das (mit Milch vermischte) Getränk, *Tropfen* und *Pulver* sind in der Apotheke, *Herl, Zipfl, Spitzl* [1]) im Bäckerladen etwas anderes als außerhalb derselben. In anderen Fällen werden nähere Bestimmungen des Ortes, des Zieles, des Grundes u. dgl. aus ähnlichen Ursachen überflüssig: *Kinnst murgn?* heißt in einem bestimmten Falle *Kommst du morgen zum Feste, zur Versammlung, zu unserer gewöhnlichen Spielpartie?* u. dgl.; *Ich muß Bier holen* heißt bei einem Kinde oder Dienstboten: Vater oder Mutter bezw. der Herr, die Hausfrau haben mir den Auftrag gegeben, Bier z. h.

Umgekehrt wird auch der selbstverständliche Gattungsbegriff durch die Situation ergänzt: [2]) im Weinhaus verlangt man bloß *einen roten, weißen*, im Kaffeehause *einen schwarzen*, in der Bierschänke *ein gewöhnliches, ein Lager, Pilsener* usw., aber auch *ein großes, kleines, ganzes, halbes* (Glas), im Tabakladen *ən ordináré* (einen ordinären Rauchtabak), *ə långə, ə kurzə* (Zigarre), *ən Tirolə* (Schnupftabak); beim Kartenspiel ist *ə gräinə, ràutə* eine Laub-, Herzkarte usw.; auch attributive Zahlbegriffe treten in dieser Weise allein auf: *ə vöiə'l* ein viertel ist im Fleischerladen ein bestimmter Teil des Fleisches (*ə hintəs, vüədəs v.*), *ən àchtl* (oder mit haftendem *n*: *ə nàchtál*) im Branntweinladen ¹/₈ Maß Branntwein (Mannl S. 8); *'S is scho drávöiə(r'l* ist morgens vor der Schulzeit unter Schulkindern = Es ist schon ³/₄ 8 Uhr, u. dgl.

In ähnlicher Weise beschränkt sich die Mundart gelegentlich bei adjektivischen Begriffen auf den Ausdruck der Determination statt des determinierten Ganzen; wenn jemand z. B. von einer ihm vorgesetzten Leberwurst sagt *Döi is nu˘ ə zweng s'weng*, so meint er *ein wenig* (= etwas) *zu wenig gekocht* oder *gebraten*.

c) Vielfach übernimmt die Situation die Ergänzung mehrerer Glieder zugleich: zur Erntezeit ruft ein mit der ersten Garbenfuhre vom Feld

---

[1]) *Hörnlein, Zepflein* sind in Plan beliebte nach der Form benannte Weißgebäcksorten; die *Spitzlein* wurden früher zur Semml-ə-Mü)lch (vgl. § 24) am Allerheiligenabende verwendet.

[2]) Die Loslösung aus dem Verhältnis der Abhängigkeit von der Situation führt zur Substantivierung adjektivischer Begriffe (vgl. S. 267 Anm. 2).

zurückkehrender Knecht dem Bauern zu: *Hái˜t táugt àls!* = Heute taugt alles Getreide (das wir geschnitten haben) zum Einführen in die Scheune 'weil es trocken genug ist'.

d) Endlich lassen sich in der mündlichen Rede Sätze beobachten, die geschrieben dem Leser nicht ergänzungsbedürftig scheinen, während dem Angeredeten die Situation, oft auch eine unterstützende Gebärde des Sprechers, klar macht, daß ein Glied des Satzes eigentlich einen selbständigen Satzgedanken repräsentiert; so hörte ich eine Mutter zu ihrem Jungen sagen: *Durt ám Stöll* (mit einer Kopfbewegung nach dem Stuhle, auf welchem eine kleine Weste lag) *how ə də dă˜ Láiwl* (Leibchen) *gflickt*; das sollte nicht heißen *Dort auf jenem Stuhle habe ich dir dein Leibchen geflickt* (denn den Jungen interessierte nicht der Ort, wo die Arbeit vorgenommen wurde, sondern wo er das geflickte Leibchen fand, und dieselbe Fügung ist auch möglich, wenn die Arbeit an irgend einem anderen Orte vorgenommen wurde), sondern: *Sieh auf jenem Stuhle nach; ich habe dir dein Leibchen geflickt und es dort hingelegt.* Angesichts der ganzen Situation kann also die adverbiale Bestimmung syntaktisch in den Satz eingegliedert werden, ohne daß eine Zweideutigkeit zu befürchten wäre. In anderen Fällen ist diese Eingliederung dem Sinne nach ohnehin nicht gut möglich, so wenn ein Vater zu seinen Kindern sagt: *Dráss in də Kämmən how i enk ə pàə Epfl mibbràucht* = Seht einmal draußen in der Kammer nach! Dort findet ihr Äpfel, die ich euch mitgebracht habe.

§ 577. Auch ganze Sätze lassen sich mit Bezug auf eine Situation ersparen: *Denkst öitzə r d nǔ oš s Áswànnən* (Auswandern)? fragt man etwa einen Armen, dem ein Glücksfall aus der Not geholfen hat (also *jetzt noch = nachdem du in bessere Verhältnisse gekommen bist*.

§ 578. II. Was in den bisher besprochenen Fällen die Situation an Ergänzungen liefert, das könnte natürlich gelegentlich auch der geeignete Z u s a m m e n h a n g d e r R e d e [1]) leisten; dieser schafft jedoch auch noch andere Möglichkeiten und Formen der Ersparung, und zwar werden ergänzt

1. Satzteile, die sich n u r aus dem Zusammenhange der Rede ergeben, die also auch an keiner anderen Stelle genannt werden. Dabei wird das Fehlende bisweilen durch ein hinweisendes Pronomen angedeutet: *Dem Schwindsüchtigen eine Ader geöffnet, und das* (das so gewonnene Blut) *einem Hunde oder Hahne beigebracht* Rieber Bauernrezepte S. 11 N. 21 Schluß; vgl. § 37, 2; gewöhnlich aber fehlt auch eine solche Hindeutung. So macht der bloße Zusammenhang entbehrlich

a) den Ausdruck des Gattungsbegriffes: *Dəə wàiß àləhànd suə vöiəsdlichə* (vierzeilige Liedchen). *Eə r is scho sechzich* (Jahre). *Dös wàə r in séksəsechzg* (im Jahre 1866). *Wöi viul* (Gehalt) *hàut ə r ənn öitəə scho?* — *Sékshunnət* (Gulden). Bei der Bezeichnung eines mehrere Tausende von Gulden betragenden Heiratsgutes wird auch *Tausend* weg-

---

gelassen: *Wos hàut denn da Voda vasprochn?* Hansl: *Vöiara* Vier =
4000 Gulden *Hansl u˘ Màrghat,* Egerländisches Singspiel EJ XIII 114);
ähnlich fehlt bei der Angabe des Viehpreises *Hundert 'zwàɔ, drɑ̊ = 200,
300 Gulden),* bei der des Datums *Tag* und *Monat 'Häi˘t is dɔ zeɔt),* in
gewissen Fällen auch das *Jahrhundert* [1]) z. B. in *séksɔsechɩg),* bei der
des Besitzstandes der Begriff *Hof* (= Hofwirtschaft: *Eɔ hàut nèɔ r ɔ vöiɔ˘l*
einen Viertelhof) usw. ;

b) den Ausdruck des determinierenden Begriffes, bei Substantiven:
Murgn is in Hàlingkràiɩ s Fest des Kirchenheiligen). *'S fɑ̊lt nɔn in Wàssɔ*
Es fehlt ihm im Urin, in der Harnblase; bei Verben:[2]) *Eɔ r is scho ɔmàl
gsessn* (im Arrest). *Si ho(b)m ɔn gschloßn, d˘rɑ̊föiɔt* (in Ketten geschlossen,
in den Arrest geführt). *Eɔ r is vɔseɔh* [3]) *wàɔn* (mit den Sterbesakramenten
versehen w.). *Wenn zöign s' ɔnn scho?* Wann ziehen sie denn schon aus
der Wohnung weg? Hieher gehört *d'Làich hiɔh)m* = den Sarg auf die
Bahre heben (dagegen *einen Begrabenen* oder *Sarg heben* = exhumieren); [4])
oɩgröiɔt (angerührt) heißt in einem gewissen Zusammenhang ein mit einem
Gnadenbild, der Monstranz oder einer Heiligen-Reliquie in Berührung
gebrachter und dadurch geweihter Gegenstand: der Gebärenden wird
*ein Band um den Leib gegeben, welches angerührt ist und die Länge der
heiligen Maria haben soll* Grüner S. 35;[5])

c) das Ersparte ist oft auch nur ein Teil der Determination: diese
Beschränkung des Ausdruckes auf den wichtigsten, sinnfälligsten Teil der
Determination [6]) ist wie allgemein der echten Zusammensetzung eigen, so
bei Substantiven: *ɔ Kàfféhäuchɩɔl* ein Kaffechochzeitlein = eine ärmliche
Hochzeit, bei der die Gäste einen Frühstückskaffee, aber kein weiteres
Mahl erhalten; *ɔ gàssɩgoutɔ Wirté* eine gassengute Hauswirtin = eine
Hausfrau, die sich bezüglich der Küche nur dann als gute Hauswirtin
zeigt, wenn sie damit vor der Öffentlichkeit, der »Gasse«, glänzen kann;
ähnlich bei Verben, wo die Richtungsbezeichnung oft einen selbständigen
Bewegungsbegriff vermitteln muß: *ōrouɔ* oder *ōràstn* abruhen, -rasten =
durch zeitweiliges A b s e t z e n einer getragenen Last ausruhen, z. B. *No˘
routs ɔmàl ō!* *Wöi ögessn zvàɔ* = Als gegessen und der Tisch oder das
Eßgeschirr a b g e r ä u m t war (auch oöst.). *Öitzɔ bin é schäi˘ dàɔgläuscht*
Jetzt bin ich schön hingelauscht = habe ich mich lauschend, still genähert ;
hicher gehören auch zahlreiche Fachausdrücke wie *d˘hemmɔ* einhemmen

---

[1]) [Vgl. die Beschränkung auf die Angabe der *minnern ɩal* in Urkunden bes. des
15. Jhs. L.]
[2]) Vgl. *schlàchtn* u. ä. Verba mit ständiger objektiver Determination § 37.
[3]) Alle drei Beispiele auch öst.
[4]) Vgl. *die leich legen = begraben,* z. B. in Nürnb. Polizeiordn. d. 13. 14. Jh. Lexer
I 1857, mit. *mortuum ponere.*
[5]) Öst. *gweicht und a˘grüɩt.* Durch den Zusammenhang mit einer bestimmten Art des
Nebensatzes gewinnt man das regierende Verbum wie in der Schriftsprache häufig erst seine be-
stimmte Determination; so unterscheiden sich *schauen, ob (nachschauen =* nachsehen, ob) und
sch., daß *(darauf schauen, sehen =* darnach streben, daß); vgl. das Sprichwort *Gehts, Bäurin,
dàu schauts* (= ihr wundert ihr euch darüber, macht erstaunte Augen), *wöi dɔi Häuslbou(b)m*
(Häuslersöhne) *tanzn,* dagegen *Schau* (Sieh), *wöi si tanɩn* u. dgl.
[6]) Bei *wäißɔ Mài(d)lɔ* = weiß g e k l e i d e t e Mädchen (auch öst.) ist diese Beschrän-
kung schon vom Zusammenhang unabhängig geworden, da der Begriff des *Mädchens weißer
Rasse* nur ausnahmsweise in den Gesichtskreis unseres Landvolkes tritt.

= durch Andrehen der Bremsvorrichtung, früher durch Unterlegen des Hemmschuhes, den Wagen bremsen, Ausdrücke des Kinderspieles wie *âssickɔn* (zu mhd. *ɛic* = leichter Stoß) = bei jeder Silbe des Auszählreimes eines der mitspielenden Kinder berühren und das auf diese Weise zuletzt berührte Kind auslosen ¹) u. dgl. Doch ist diese Beschränkung auf den sinnfälligsten Teil, wozu bei Verben in erster Linie die Richtungsweisung gehört, auch außerhalb der Zusammensetzung zu bemerken; ein einfaches Leichenbegängnis, bei welchem das Grablied nur von zwei Hornbläsern begleitet wird, habe ich schon öfter einfach als *ɔ Laich mit swàiɔ Härnɔn*, eine Leiche mit zwei Hörnern, bezeichnen hören; ein Rock wird *in ːdˑ, Kirchn, áf ˑdˑ Gàss, áf s Föld* = beim Gange in die Kirche, auf die Gasse, auf das Feld˙ angezogen: ein Mädchen *heiratet* (und kommt dadurch) *áf Plo˙* usw.; vgl. auch *hi˙wárts hàuts grengt* u. dgl. (§ 267) und den finalen Nebensinn von *in d'Schwàmmɔ gàih̄* ˙(§ 513 *a* S. 482).

d Überhaupt werden aus einem größeren Gedankenzusammenhang oft nur die wichtigsten Glieder (auch unverbunden) nebeneinandergestellt und die Ausfüllung dem Zusammenhang überlassen; diese sprunghafte, fragmentarische Darstellung liebt zunächst wie allenthalben das Sprichwort (§ 45) und das Volkslied: *Schäiˑn̥s Màidrl, schäiˑn̥s Börɯrl, wea rˑn schäina Kinna* = Wenn ein schönes Mädchen einen schönen Burschen heiratet, gibt es schöne Kinder: HTV S. 287 N. 130 Plan. *San maˑn̥' lusti, wal maˑn̥) gung san, 's wiad uns vagäih̄ˑn̥); 's àiˑn̥) wia rˑd in da Wöign lign, 's ànna kàaˑn̥) nu neat gäih̄ˑn̥)* = Laßt uns lustig sein. so lange wir jung sind, denn es (das Lustigsein˙ wird uns ˑin der Ehe) vergehen; das zweite (Kind) wird schon in der Wiege liegen, ehe das erste noch gehen gelernt hat (sc. so rasch werden die Kinder aufeinander folgen): HTV S. 209 N. 198 (Plan). Mit diesem Volksliedstil haben jedoch auch manche wortkarge Mitteilungen des alltäglichen Lebens große Ähnlichkeit.²)

§ 579. 2. Eine Mittelstellung zwischen der bisher besprochenen Verkürzung und der Unterdrückung des Gleichartigen (§ 580) nehmen jene Fälle ein, in denen das Ersparte nicht auf bestimmte Teile der vorausgehenden Rede, sondern auf die bloße Tatsache und die Art der Äußerung eines anderen hindeutet; so bezieht sich ein einer Frage entgegengehaltenes *Warum?* oft nicht auf den Inhalt, sondern auf die Veranlassung der Frage: A. *Weɔ r is ɔnn öitɔɔ uɔ bˑmáf?* (Wer wohnt denn jetzt im ersten Stocke?) B. *Wàrum?* (oder auch erst der Antwort nachgeschickt: *Dɔ r Alt. Wàrum dɔnn?* = Warum fragst du? oder Warum willst du wissen, wer im ersten Stocke wohnt?). Verhältnismäßig seltener dürfte in der volkstümlichen Wechselrede der Fall eintreten, daß sich ein Wort nach Art gewisser Zwischenrufe bei öffentlichen Reden auf die Tat-

---

¹) Vgl. nordböhm. *ausbleckeln* Knothe WB 95. Ähnliche Zusammensetzung zeigen auch andere der Schriftsprache fremde Verba wie *ȧˉröö(r)hɩ* einrohrln = das Wasser nicht vom Spiegel des Brunnens schöpfen, sondern durch das Einlaufröhrchen in den Krug laufen lassen.

²) Auch Wendungen von der Form *Geld hin Geld her!* und *Was Geld!* (= Was ist da vom Geld zu reden! oder: Was soll da das Geld!) sind der Ma. nicht fremd.

sache einer eben gehörten Äußerung, nicht auf ihren Inhalt bezieht, etwa, wenn jemand damit Beifall erntet, daß er über einen einflußreichen, aber gefährlichen Mann ein schonungsloses Urteil abzugeben wagt: *Des säuters Her is wäils néks àls ə Bətröuchə* (die Zuhörer: *Brāwo!*). Häufiger hört man hier vollständige Sätze wie *Suə r is reət!*

§ 580. 3. Endlich können inhaltsgleiche Glieder ausfallen, weil sie an einer anderen Stelle (desselben oder eines benachbarten Satzes) ausgedrückt sind. [1] Auch dies gilt für Satzteile und ganze Sätze.

A. Die Ersparung inhaltlich gleicher Satzteile (in gleichen oder syntaktisch verschiedenen Rollen) tritt überwiegend anstatt der Wiederaufnahme desselben Begriffes, also im zweiten Gliede ein. Das Unterdrückte ist

1. Glied einer Bestimmungsgruppe.

a) Vom Substantiv und seiner näheren Bestimmung kann wohl kaum jemals der zum Substantiv gehörige Genitiv, wohl aber

aʼ das attributive Adjektiv unterdrückt werden. Das artikellose Attribut ist (abgesehen von Präpositionalverbindungen) im Singular überhaupt selten, im Plural ist die Ersparung auch bei verschiedener Flexionsform üblich, soweit nicht zum Zwecke der Hervorhebung des Begriffes die Wiederholung vorgezogen wird: *Schäi⁻ Knöpf u (schäinə) Bäntələ* Schöne Knöpfe und Bändchen (an einem Kleide). Das Gleiche gilt von attributiven Pronominibus: *mäi⁻ Bou'b)m u (mäinə) Mäi'd lə; döi* (oder *séch) Mlutsu u (döi⁻ Hout; àl Bĕd lmánnə u (àlə) Bĕd kwáirwə.* Im Singular begegnet die gleiche Fügung nur bei der gleichen Form und zwar bei Verstärkungsgruppen aus ähnlichen Gliedern: *dös Gətou u (dös Gweəmə* dieses Getue und Gewimmer (aber nicht *dəs Bou u [dös, Mäi'd l* oder im Akk. *Mäin Bou'b)m u [mä⁻] Mäi'd)l*). Der bestimmte und der unbestimmte Artikel wird nicht nur dann wiederholt, wenn die Verbindung zwei verschiedene Gegenstände bezeichnet (*də Oƒstiftə u də Oƒgǝwə der Anstifter und der Angeber), sondern in der Regel auch, wenn sie denselben Gegenstand in zwei verschiedenen Eigenschaften kennzeichnet (*der Anstifter und Angeber* d. i. derjenige, der die Sache angestiftet und zugleich angezeigt hat). Auslassung des Artikels im zweiten Glied dürfte überhaupt nur bei verstärkenden Formeln (*d'Ångst ə Nàut* die Angst und Not) und bei förmlichen Zusammensetzungen (*ə Buttrəbràut* = ein Butter-und-Brot, vgl. § 24) vorkommen. [2]) Für die Verbindung des Artikels mit anderen pronominalen und adjektivischen Attributen gelten dieselben Regeln wie für diese allein: *di schänstn Knöpf u Bäntələ, s äiwich Gətou u Gweəmə,* aber nur *də kloi⁻ Bou u s kloi⁻ Mäi'd)l.*

β) Das regierende Substantiv kann neben dem possessiven Genitiv wie neben anderen Attributen ausfallen: *Eə hàut swàə Fellə* (Felder)

---

[1] Diese Art der Ersparung teilt die mündliche Rede von altersher mit der Schriftsprache; vgl. Behaghel Hel. § 433 ff., dem ich in der Gruppierung dieser Fälle in den Hauptzügen folge.

[2]) Im Mainz. muß hier Pronomen wie Artikel stets wiederholt werden: Reis II § 61.

käfft, s Michlas u s Ferdlas.[1] *Kumm fai̇̃ df unna Fest, i wàa àm enkan d* Komm zu unserem Feste, ich war auf dem euren auch.

b) Vom prädikativen Adjektiv und seinen Bestimmungen[2] kann der bestimmende Teil eher unterdrückt werden als der bestimmte: A. *Bist éppa mi̇̃dn Nàuchban bäis?* B. *Bäis bin è grõd niat* (nicht *Mit dem Nachbar bin ich es nicht*).

c) Ähnliches gilt vom Adverb und seiner Bestimmung: (*d* >) *b Pfàrái is rechts va da Kirchn, links is d'Schöll* (Schule).[3] Allgemein üblich ist die Auslassung wiederum bei Verstärkungsgruppen (*Sua dåmisch u dumm*); bei Erweiterungsgruppen entscheidet wie im Schriftdeutschen die Satzform, die Betonung und der Zusammenhang über die einseitige oder doppelte Geltung des Adverbs: *Sua schäi̇̃ u b(ü)llé how è nu̇̃ niat käfft* = So schön und (so) billig habe ich noch nicht gekauft; aber *Dos is hàrt schäi̇̃ u b'ü)llé* Das ist sehr schön und (dabei doch) billig. Die Ersparung der Präposition ist bei artikellosen Verbindungen aller Art wie in der Schriftsprache Regel (*df Murd u Brànd, mit hàrta Möih u Nàut, df Huasn u Westn* auf Hose und Weste); neben dem an beiden Stellen gesetzten Artikel jedoch ist die Unterdrückung der bloßen Präposition z. T. von der Form des Artikels abhängig; sie ist nach meinem Sprachgefühl häufiger bei *di* (Plur.), das einen vollen Vokal zeigt, als bei dem reduzierten *da* (< der): *df di Àltn u di Gunga, mit da Hàckn u* (lieber *mit*) *da Schàufl.* Von den vokallosen Formen *'n* (< dem, den), *'s* (< das, des), welche sich lautlich enge an die vorausgehende Präposition anschließen (*in* < in den, *oJn* < an den, *oJs* < an das usw., vgl. § 458), kann das deutlichere *'s* noch eher nach *und* allein stehen als *'n*, obwohl auch bei *'s* die Wiederholung der Präposition weitaus die Regel sein dürfte: *fia 's Hå u* (*fia*) *'s Grummat* für das Heu und (für) das Grummet, *fia 'n Gàrtn u* (*fia*) *'s Hàus* für den Garten und (für) das Haus (keinesfalls aber *oJ u Hàus u 'n Gàrtn* an dem Hause und dem Garten); *d'* (< *die*) hingegen, das sich lautlich enge an den folgenden Anlaut anschließt und sich, wenn möglich, ihm assimiliert (*d* > *k Kirchn*), kann die Präposition im zweiten Gliede als Stütze eher entbehren: *df d'Huasn u d'Westn.* Für den gleichzeitigen Wegfall des Artikels oder eines Attributes im zweiten Gliede (*va da làttan Àngst a Nàut* vor der lauteren Angst und Not) gelten auch nach Präpositionen die für diese Wortklassen oben *a a* aufgestellten Regeln.[4]

d) Bezüglich der aus dem V e r b u m und seinen kasuellen und adverbialen Bestimmungen gebildeten Gruppen kennt das Egerländische

---

[1) Das Pronomen *der* (*die, das*) verbindet die Ma. nie mit dem Genitiv (*das des Michel*), sondern nur mit der Umschreibung mittels *von* (*Dös van Michls*; auch *in M. sdi̇̃s*): ebenso oöst.

2) Das attributive Adjektiv nimmt überhaupt kaum jemals andere als steigernde Bestimmungen zu sich, vgl. § 437.

3) Hier würde die umgekehrte Ersparung des Adverbs (etwa *Ist die Pfarrei rechts von der Kirche?* — *Von der K i r c h e ist sie es nicht* selbst in der nhd. Schriftsprache gezwungen klingen, wenn nicht auch das Verbum unterdrückt wird.

4) Ausnahmsweise wird im Volkslied eine verschiedene Flexionsform des Artikels nach der Präposition weggelassen: *Aa(n) da wàhrn Rai u Laid* an der wahren Reue und Leid: HTV S. 13 N. 22 Eger-Plan: *Reue und Leid* (über seine Sünden) *erwecken* ist als feste Verbindung gewissermaßen e i n Begriff geworden.]

wie die nhd. Schriftsprache bei beiden Bestandteilen nur die Wiederaufnahme durch den Begriff selbst oder durch ein stellvertretendes Pronomen, aber nicht vollständige Ersparung.[1]) Dabei ist es gleichgiltig, ob das Verbum durch einen benachbarten Satz oder durch ein einzelnes Glied desselben seine Ergänzung findet: *Eɔ hàut nɔn bě̀dɔ̆n, eɔ mächt nɔn hunnɔt Gü̆ldɔ̆n bárgn; sɔ hàut ɔ ·s làü̆* oder *sɔ hàut ɔn 's gě̆b̆m*. Der vom Verbum abhängige Infinitiv wird öfter gänzlich erspart als im Schriftdeutschen: *Eɔ wollĕ jà gern àls ǎf sich nemmɔ, ōwɔ eɔ derf niɔt* = Er wollte ja gerne alle Verantwortung auf sich nehmen, aber er darf (es) nicht. Unter den pronominalen Vertretern des Verbums ist vorangestelltes *das* häufiger als nachgestelltes *es*: *Dös derf ɔ owɔ niɔt*; über relatives *was* vgl. § 70.

Der zweite Satz, in dem die Ersparung stattfindet, kann dem ersten wie im Nhd. bei-, über- oder untergeordnet sein.

§ 581. 2. Ersparung eines der beiden Hauptbestandteile des Satzes, und zwar

a) des Prädikatsverbs im zweiten Satze kann man ebenfalls bei jeder Form der Verknüpfung mit dem vorausgehenden Satze beobachten, selbst dann, wenn der zweite Satz eine andere Personal-, Numerus- und Tempusform des Verbums verlangt: *I fàɔr ǎf d'Haid u mǎ̆ Broudɔ* (fahrt) *ǎf Tàuchn*, ebenso *Wǎl i ǎf d'H. gfiɔ'r̆n bin u mǎ̆ Br. ǎf T.* Im Satzgefuge begegnet die Ersparung wie in der Schriftsprache[2]) nur in Vergleichungssätzen und zwar am häufigsten, wenn der Vergleichungssatz nachfolgt: *Dǒi ɔɔstengɔ* (verstehen) *grǒd suɔ viǐ̆l wǒi du.*

b) Das Subjekt kann im allgemeinen nur mit Beziehung auf einen vorausgehenden beigeordneten Satz erspart werden, der denselben Begriff in gleicher Funktion oder doch in gleicher Lautform[3]) enthält (§ 443, 3. 449, 2). Ein Unterschied in der Häufigkeit der Ersparung pronominaler und substantivischer Subjekte besteht nach meinem Sprachgefühl nicht. Bei adversativer (konzessiver) Verbindung ist wie schriftd.) bei Vorantritt der Konjunktion *aber* (aber trotzdem) nicht die Ersparung, sondern die Wiederaufnahme durch das Pronomen Regel: *Eɔ wàɔ scho dǎu, owɔ eɔ hàut sě niɔt lang ǎfghàltn*; tritt jedoch die Konjunktion *aber und aber, und aber auch*) hinter das vorangestellte Verbum finitum, so kann die Ersparung eintreten: *Eɔ wàɔ dǎu, hàut sě owɔ niɔt làng ǎfgh. Eɔ hàut 's ɔɔrěɔt, dǎi r ɔ nǐ ɔmàl dàɔgàiht, u hàut sě owɔ r ǎ richtě dɔsidɔ nimmɔ schǎinɔ làuɔ*. Beim kausal nebengeordneten Satze kann die Ersparung des Subjektes in der Schriftsprache nicht bei der Verbindung mit *denn*, sondern allenfalls neben dem begründenden *ja* (§ 137, 6 S. 96) eintreten:

---

[1]) Zum Unterschiede von der älteren Sprache, z. B. vom As. (die Blinden baten ihn, ihnen die Augen zu öffnen): *Cualland frumiɔt* Heliand 3578 Behaghel Hel. § 434, 1 u aa.

[2]) Ausnahmen machen hier leicht den Eindruck einer Stilmanier, so bei Robert Schumann: *so empfindest du, was ich beim Übergang vom Rosenhainschen Trio zu einem von Anton Rohrer* Ges. Schr. herausg. v. H. Simon (Reclam) I 191 u. ö.

[3]) Die Ergänzung des Subjektes aus einem Kasus von anderer Form kennt unsere Mundart gegenwärtig nicht mehr. Ältere Beispiele (aus Balers Chronik) § 53 und Nachtrag. Über diese Erscheinung vgl. Wunderlich Satzbau I 107 ff.

Er fürchtet sich vor der Arbeit, ist ja auch wirklich zu schwach dazu.
Die Mundart zieht nach meinem Sprachgefühle selbst hier die Wieder-
aufnahme durch das Pronomen vor. Bei unverbundener Nebenordnung,
z. B. bei Einschüben, kann das gleiche Subjekt nie ausfallen: *Də Müllə
— eə schräibt se Wáis — is gstur(b)m.*

§ 582. 3. Die unterordnende Konjunktion (besonders *wenn,
wøi,* aber auch eine andere) kann im zweiten von zwei gleichartigen mit
beiordnenden Konjunktionen verbundenen Nebensätzen [1]) ausgelassen wer-
den, für sich allein jedoch nur dann, wenn die Subjekte verschieden sind;
bei gleichem Subjekte wird dieses im zweiten Satze mitunterdrückt (§ 583, 3):
Wöi affə də Häns kroʒk wàən is u säi Fráird zə r in kummə sánn . . .
Mehr als zwei oder drei Nebensätze der gleichen Art reiht die Mundart
in ruhiger Rede überhaupt nicht aneinander; in den im Affekt gebauten
längeren Reihen pflegt man die einleitende Konjunktion in geringen
Zwischenräumen oder selbst in jedem Gliede zu wiederholen.

§ 583. Die Ersparung kann sich auf mehrere Bestandteile
des Satzes zugleich erstrecken, so

1. in der kurzen Antwort auf eine Frage: A. *Wäu gäihst ənn hi ?*
B. *Táichstrá máï n* Teichstreue, d. i. Teichschilf (zur Stallstreue) zu mähen,
sc. gehe ich:² A. *Häut 's ənn bə r enk d grengt?* B. *U wöi!* (nicht
Und ob! ;

2. in der Gegenrede, die sich auf die zustimmende oder berich-
tigende Heraushebung eines einzelnen Gliedes aus einer Behauptung oder
Frage beschränkt: A. *Bist eppə mi(d)n Nauchbən* (Plur.) *bäis?* B. *Bäis
niət* (oder *Mi(d)n uəwən scho* Mit dem oberen schon = M. d. o. bin ich
allerdings entzweit` ;

3. in dem im § 582 angegebenen Falle fällt bei gleichem Subjekt
der beiden Sätze auch dieses im zweiten Satze neben der Konjunktion
aus (wie in der nhd. Schriftsprache): *Wöi də Häns kroʒk wàən is u sá
Testəment gmàcht ghätt häut . . .*

4. überaus häufig wie in der nhd. Schriftsprache im verkürzten
Vergleichungssatz bei gleichem Subjekt, wobei jedoch Unterschiede des
Numerus und Tempus vernachlässigt werden (§ 581 a): *Deə r is häiə
gröd suə löi* (schwach, kränklich) *wöi fertn* wie (er) voriges Jahr (war);
desgleichen in verkürzten indirekten Fragesätzen mit *wer, was, wie, warum*
u. dgl.: *S wàə r äinə däu, i wàiß niət, weə. Eə lächt u wáiß niət,
wàrum* u. ä. Vgl. die Scherzantwort auf die Frage *Was?*: *Wös, ən
ålts Föß, sitzn drá Wáiəə drin, wissn niət, wos* (ähnl. öst.).

---

¹) Auch schon im As. ist in diesem Falle die Ersparung bei den meisten Konjunk-
tionen Regel: Behaghel Hel. § 440 b.

²) Wiederholt werden die gleichen Bestandteile (hier Subjekt und Prädikat) haupt-
sächlich dann, wenn auf dem Subjekt einiger Nachdruck liegt: A. *Nøʼ wàu gäikst ənn du
hi ?* B. *I gäih ə weng* usw. oder *I? — i gäih . . .,* auch *Táichstrá mïʼn gäi w d;* vgl.
§ 54 und Weise § 39.

§ 584. B. Im ersten Gliede kann der Natur der Sache nach im ganzen weit seltener[1]) ein gleiches Glied erspart werden, so

1. in den Bestimmungsgruppen das gleiche Substantiv einer kopulativen Verbindung neben verschiedenen adjektivischen Attributen oder Präpositionen: *ràut u wáiß Bloumɔ* (falls dies *rote und weiße Blumen*, nicht *rot-und-weiße*, etwa *rot-weiß gesprenkelte Bl.* bedeutet), *untɔ u uɔwɔn Wold* unter und ober dem Wald (wie schriftsprachlich) oder *untɔn u uɔwɔn Wold* unter dem und ober dem W.; die Verschiedenheit des Kasus spielt bei mask. und neutr. Substantiven wegen des Zusammenfalles des Dativs und Akkusativs Sg. keine Rolle; beim Pronomen dürften derlei Verbindungen kaum vorkommen (also kaum *mit und durch mich*).

2. Das Subjekt kann im ersten Gliede nie, das Prädikatsverbum im ersten von zwei gleichartigen Nebensätzen, doch auch wohl selten, erspart werden: *Hál i áf d'Hàid* (fahre) *u má¯ Broudɔ áf Täuchn fäɔt.* Die analoge Unterdrückung des gleichen Verbums im vorausgehenden vergleichenden Nebensatze eines Satzgefüges ist der Mundart nicht so angemessen wie die Ersparung im zweiten Glied, etwa *Hői du dáin Wold* (verkauft hast), *suɔ gout koɔ r i má¯ Föld vɔkáffm*; eher *Suɔ gout wői du dáin Wold, koɔ r i má¯ Föld vɔkáffm* oder *I koɔ má¯ Föld suɔ gout vɔkáffm wői du dáin Wold.*

Mehrere Glieder (Subjekt und Prädikat) werden z. B. in priamelartigen Sprüchen erspart wie *s Tràid áf dɔ Oɔmɔt u s Mài(d)l bɔn Tàns soll mɔ niɔt káffm*[2]) Das Getreide auf der Anwand (am Rande des Ackerbeetes, wo es in der Regel am üppigsten steht) und das Mädchen beim Tanze (wo es nur seine anziehenden Eigenschaften zeigt) soll man nicht kaufen.

§ 585. Ganze Sätze können gleich den Einzelworten erspart werden

1. ohne daß ihr Gedanke in den benachbarten Teilen der Rede ausgedrückt ist; hieher gehört die sogenannte freie Anknüpfung der Nebensätze (§ 65. 81. 89. 95. 100) sowie die Ellipse des Hauptsatzes (§ 64. 81. 86. 95. 99. 103. 110) und des Nebensatzes (§ 116. 117).

2. Ersparung eines Satzes mit Rücksicht auf einen inhaltsgleichen vorangehenden oder nachfolgenden Satz ist ohne hinweisendes oder aufnehmendes *es, das* nicht häufig; Regel ist sie, wie in aller mündlichen Rede, in der Antwort auf eine Frage nach dem Grunde oder Zwecke:[3]) A. *Wàrum häust dé ɔnn niɔt drům kümmɔt?* B. *Hál 's mé néks oɔgäiht* (oder in Hauptsatzform *Mi gäiht dös néks oɔ*). Breite Wiederholung eines die Frage aufnehmenden Aussagesatzes gewinnt durch den Ton leicht die Bedeutung einer gereizten oder spöttischen Antwort: *I ho mé niɔt drům kümmɔt, wál 's mé néks oɔgäiht.*

---

[1]) So seit den ältesten Zeiten: Behaghel Hel. § 442.
[2]) Eine andere Fassung bei John Oberlohma S. 177 N. 73.
[3]) Soweit die Frage nicht vor der Antwort in indirekter Form wieder aufgenommen wird (§ 54. 64).

§ 586. Hieher gehören auch die Fälle, in denen ein gemeinschaft-
licher Hauptsatz in der Weise mit einer Gruppe beigeordneter Haupt-
sätze zusammentritt, daß er mit jedem einzelnen zu verbinden ist; bei
der Wiederholung des gemeinschaftlichen Satzgedankens fällt das Haupt-
gewicht mehr auf die Gleichartigkeit, Unveränderlichkeit des Zusammen-
hanges (*Eɔ hàut 'klopft — i ho mé niɔt gröiɔt, eɔ hàut 'pfiffm — i ho
mé widɔ niɔt gröiɔt, eɔ hàut gschriɔ — i ho mé àlɔwàl nũ niɔt gröiɔt
u. s. f.*), bei der Ersparung mehr auf die Reihe des Gleichartigen, das
demselben Zusammenhange unterliegt (*Eɔ hàut 'klopft, eɔ hàut gschriɔ,
eɔ hàut 'pfiffm — i ho mé niɔt gröiɔt*). In gleicher Weise verbindet sich
ein gemeinschaftlicher Nebensatz mit jedem einzelnen von mehreren
Hauptsätzen (nicht mit der durch diese gebildeten Einheit), wobei
die Hauptsätze entweder vor den Nebensatz treten (*'S waɔ gröd zwölfɔ,
d'Kinnɔ sánn ás dɔ Schöll gloffm, d'Làit sánn vɔn Föld hàɔm gàngɔ, wòi
é ins Dorf kummɔ bin*) oder ihm nachfolgen: im letzteren Falle wird die
Nachsatzstellung (wie in der Schriftsprache) kaum jemals bei einer länge-
ren Reihe von Hauptsätzen festgehalten (also nicht *Als ich ins Dorf kam,
war es gerade 12 Uhr, gingen die Kinder aus der Schule, kamen die
Leute von den Feldern*, sondern . . . *war es g. 12 U.; die K. gingen
. . ., die L. kamen* usw. § 543 Schl. S. 505). Bezüglich der gleichen Ver-
bindung eines gemeinschaftlichen Hauptsatzes mit mehreren Nebensätzen [1]
bietet unsere Mundart keinerlei Besonderheiten. Auch hier wird die
Gleichartigkeit des Zusammenhanges durch die Wiederholung des ge-
meinschaftlichen Satzes stärker gekennzeichnet als durch die Ersparung:
*Wenn ɔ kroɔk wá, möißt' é 's dennɔ dɔfàɔ(r)n ho b)m, u wenn ɔ niɔt dɔ-
hàim wá, möißt é 's á dɔfàɔ(r'u ho'b'm*. Hier scheut die mündliche Rede
vor der Wiederholung umso weniger zurück, als der Zusammenhang
anderer Gedanken mit dem gemeinschaftlichen Satze oft eben erst wäh-
rend des Sprechens ins Bewußtsein tritt.

§ 587. 3. Eine besondere Stellung nehmen jene Verkürzungen
ein, die aus der Vermischung mehrerer ähnlicher Sätze entstanden sind;
eine Fügung wie *Du bist schun ɔ gruß Mädl, wemmr nainzehn Johr is*
(Tieze Hejmt I 97 Politz) ist auch im Egerländischen möglich: sie ist
aus *Du bist schon ein großes Mädel, da du 19 Jahre alt bist* und *Man
ist schon ein gr. M., wenn man 19 J. alt ist* zusammengeflossen. [2] Der
Ton jedoch läßt bei der Mischung an eine verschiedene Ergänzung
denken und zwar wird vor dem fallend betonten Nebensatz ergänzt:
Wie man überhaupt ein großes Mädchen ist, nach dem steigend be-
tonten Nebensatz: *(wie du,)* ist man eben schon ein großes Mädchen.

---

[1] Priamelartige Volkssprichwörter oder Lieder, welche diese Form (mit Voranstellung
der Nebensätze) oft zeigen, weiß ich aus dem Egerländischen nicht anzuführen; vgl.

Wer kommt von Jena und Leipzig ohne Weib,
Von Wittenberg mit gesundem Leib,
Von Helmstedt ungeschlagen.
Der hat von Glück zu sagen.

(W. Körte Die Sprichwörter der Deutschen, Leipzig 1861, N. 3964.)

[2] Vgl. auch *Nach Frankfurt kann man täglich ein paarmal auf der Eisenbahn in
einer halben Stunde fahren, wenn Sie einmal die Frau von Guaita besuchen wollen, die nicht
weit vom Bahnhof wohnt* W. Grimm Frenndesbriefe S. 180.

§ 588. Eine lautliche Ursache (Reduzierung wegen Tonlosigkeit und Abschleifung bei flüchtigem Sprechen) hat der Ausfall von Wörtern in formelhaften Redensarten, namentlich in Grußformeln, wo er meistens die in der Eingangssenkung stehenden Wörter betrifft.[1] Er ist im Egerländischen nicht so häufig, als man annehmen möchte; man hört etwa *Nau̇b̊md!* < Guten Abend! *Mmorgn!* < Guten Morgen![2] *Tsáiskristos!* < Gelobt sei Jesus Christus! *Smária!* < Jesus Maria! (S. 107 Anm. 9 zu 106), aber nicht *Tag! Mahlzeit!* u. dgl. und auch die angegebenen Verstümmlungen[3] sind keineswegs Regel, sondern eher die vollen Formeln *Gou̇d̊n Au̇b̊ md* oder sogar *Schäin gou̇d̊n Au̇b̊md wünsch é* u. dgl.

Der Ausfall von Wörtern und Sätzen in stockender Rede fällt nicht mehr unter den Begriff der bloß sprachlichen Ersparung, weil hier auch das Gedankenglied fehlt.

IX. Fülle des Ausdruckes.

§ 589. Mißt man die mündliche Rede nicht an dem rein logischen und sachlichen Bedürfnis der Verständlichkeit, sondern an dem Inhalt und zugleich an den subjektiven Spannkräften jenes Vorstellens, Fühlens, Begehrens, das in ihr nach angemessenem Ausdruck ringt, so erscheint alle scheinbare Überfülle der Sprache zunächst in den tatsächlichen seelischen Vorgängen wohl begründet. So spiegeln manche Wiederholungen die ungeordnete Gedankenentwicklung wieder, die sich in Zickzack- und rückläufigen Linien bewegt; E. v. Wildenbruch läßt in seiner Erzählung »Neid« (Rodenbergs Deutsche Rundschau CIII, 1900, S. 322) den alten Graumann erzählen: *daß nämlich das Bild gemalt wurde, das war ihr (der Mutter) Werk gewesen, das hatte sie durchgesetzt, während er (der Vater) es eigentlich gar nicht hatte haben wollen. Wenigstens, daß auch der ältere von den beiden Jungen auf dem Bilde war, daran lag ihm nun schon gewiß gar nichts, denn — Aber wie gesagt, denn ihren Willen hatte sie auch; nur daß es eine ganz andere Art war als wie der seine . . . . . . Aber mit dem Bild, das hatte sie durchgesetzt* usw. Ebenso charakteristisch sind die Wiederholungen der Gedankenarmut;[4] so sagt der Stauden-Hiesel bei Rosegger Das Geschichtenbuch des Wanderers I 293: *Wird eh völlig schön bleiben jetzt, das Wetter. 'S ist, daß es schön bleibt, mich deucht schier. Ja eh', 's kann frei sein, daß es schön bleibt, das Wetter! Es verzieht sich zwar der Sonnenschein*

[1] Vgl. Wunderlich Satzbau I 78.

[2] Sonneberg. *tannäcät* (‿ ‿) ⸦ gute Nacht: Schleicher 65; vgl. Delbrück S. 141.

[3] Gelegentlich verfällt der Verstümmlung auch nur eine Silbe, so in *Schäms* (oder *Schimts Dins* Gehorsam(s)er Diener! Zur Form vgl *Koschama Diener seiner Exelents!* Ammann VS III 61, 7.

[4] In schriftlichen Aufzeichnungen minder federgewandter Leute führt oft auch eine gewisse Unbehilflichkeit zu Wiederholungen; vgl. *Ack* (auch) *thu ich euch seu wißen, alzso a/z ich pin von euch auß geschickt* (geschickt), *also so woit, das etliche rede get ucum Kadan* (zu Kaaden) *und auch andern enden, das man redt, wie sie willen haben* usw. Egerer Urk. v. J. 1426 Mitt. XXXI 47 N. 76.

ein wenig. Mag sein, daß es regnet. Ist schon möglich. Na, leicht doch, daß es schön bleibt, das Wetter. Andere Wiederholungen könnte man **malende** nennen, insofern sie wirklich mehrfache oder wiederholte gleiche Eindrücke wiedergeben: *Dàu hàut 's üwəràl g'hàißn: 's is niət wàuə, 's is niət wàuə* = Da hat es überall geheißen (oder Da hat man immer wieder gesagt): Es ist nicht wahr usw. (vgl. § 593 S. 536).

§ 590. Zum großen Teil aber will der Sprechende mit seinen Wiederholungen des Wortes oder Begriffes, mehr oder weniger bewußt, bestimmte Wirkungen erzielen, nämlich 1. die Einprägung, 2. die Verdeutlichung, 3. die Verstärkung des Inhaltes.[1])

1. Zum Zwecke der Einprägung werden einzelne Wörter oder ganze Sätze namentlich Kindern gegenüber wiederholt; doch findet man im Volk auch Leute, die sich gegen jedermann gewohnheitsmäßig in wunderlichen Wiederholungen ergehen,[2]) was je nach dem Tone ihrer Rede häufig den unangenehmen Eindruck macht, als ob sie alle ihre Mitteilungen der besonderen Einprägung wert hielten oder dem Auffassungsvermögen ihrer Zuhörer nicht eben viel zutrauten.

§ 591. 2. Unter den Gesichtspunkt der Verdeutlichung fällt unter anderem auch die Wiederaufnahme des Substantivs durch das Demonstrativ *der* (§ 462, 3), *da* (§ 505 Schl.), die Verdeutlichung von Ortsbestimmungen durch deiktische oder Ortsadverbien[3]) (*df də Wisn durt, druə b'm in Tiəpl*, § 505 *b*); ferner Verbindungen wie *öitsə üm döi Zàit (oitsə deən Au b'mblik* klingt eher wie eine Verstärkung), *sé ənànnə* (sich einander, zum Unterschiede von bloß reflexivem *sich*) u. ä., Zusammensetzungen wie *Pfərditə* Pferdereiter (in der Kindersprache; im Volkslied *Reiter zu Pferd* HTV S. 387 f. N. 52 *a. b. c. d.* N. 53 *a. c. d*, u. dgl.

§ 592. 3. Das zur Verstärkung Wiederholte wird (abgesehen von der Wiederholung des Pronomens in *Ich ləsl ich! Deə Lump deə!*

---

[1]) Natürlich können diese Gründe auch verbunden auftreten: in formelhaften Wendungen wie *iəch é hoəw é giəgt* (oder umgekehrt, S. 145 Anm. 4) tritt für gewöhnlich keiner dieser Gründe mehr ins Bewußtsein.

[2]) Diese Neigung scheint auch nach Gegenden verschieden zu sein: *Die Leute von Wiesen (Rétfalva) pflegen ihre Worte zu wiederholen (,Repetierhcanzen')*. Die österr.-ung. Monarchie in Wort Bild, Ungarn IV. Band (Wien 1896) S. 393.

[3]) Andere mehr überflüssige Verdeutlichungen wie *Er hat den Hut schon viele Jahre lang auf dem Kopfe getragen, Er hatte eine große Nase im Gesichte* (altenburg. Weise § 222, vgl. nordböhm. *ar word a Narr ein Kuppe* Tieze Hejmt III 6 Ehrenberg) sind unserer Mundart nicht geläufig. Die Wendungen *mit àigns Auchən səh* mit eigenen Augen sehen, und (vor Schnupfen) *niət à'n* (oder *bən) Auchən üəstschdun künns (hab ich einen großen schnupen bekommen, ... das ich nicht hab auß den augen sehen können* Elis. Charlotte Briefe S. 16) sind nicht hieherzustellen, die erstere nicht wegen der Doppelbedeutung von *sehen*, die letztere nicht wegen der Wiedergabe der subjektiven Empfindung und des objektiven Eindruckes eines Verschnupften. In (*jemanden) mit àuch seik (I ho nən mit k, Ä. giəeh*, vgl. Freund *Mercken habe ick seit seinem Abschied im rothen Hauß mit keinem Auge gesehen* Goethes M. Br. I 2) ist die an sich sonderbare Teilung der Augen wohl durch die Analogie von *keine Hand oder keinen Fuß mehr rühren (oder rühren können)* veranlaßt.

§ 547 *b*) gerne mit einem bekräftigenden *ja* angefügt: ') *Dɔ Mensch mou ɛirɔmàl vü)l ɓsstäiĥ* — *jà*, *v(ü)l ɓsstäiĥ*; oder die Behauptung wird (gewöhnlich ohne *ja*) in abhängiger Form wiederholt: *Dös is niɔt wàuɔ — dá* (daß) *dös niɔt wàuɔ r is!* § 105.

Bei Verdopplungen desselben Wortes (meist mit *und*) ruht der verstärkende Sinn bisweilen auf der deutlich erkennbaren Unterlage eines anderen ursprünglicheren Sinnes, so des malenden: '*S gäiht niɔt u gäiht niɔt* = Es geht nicht und (bei einem wiederholten Versuche) wieder nicht, dann = Es geht ganz und gar nicht, durchaus nicht; *Eɔ rouht niɔt u rouht niɔt* = Er ruht durchaus nicht, so oft man ihn auch zur Ruhe ermahnt;²) vielleicht gehören hieher auch Verbindungen wie *làng u làng*, auch *ɔ làngɔ, làngɔ Stàngɔ, Wɛ́ch, Zàit* u. dgl. (§ 440. 518), welche die wiederholte Anlegung des Maßes, bei Weg- und Zeitstrecken auch das wiederholt herbeigewünschte Ende andeuten könnten, vgl. auch *v(ü)l u v́ül, üwɔndüwɔ* § 502. 518, *niɔt u niɔt, vɔ néks u widɔ néks* § 537 a. Weniger zugänglich sind dieser Auffassung Wiederholungen anderer Adjektiva wie *ɔ gràußɔ gràußɔ Moʃ* (im Kindermärchenstil).³)

Häufiger sind die verstärkenden Wiederholungen nicht des Wortes, sondern des Begriffes, wie sie in den Verbindungen von Synonymen⁴) auftreten, und zwar

a' in kopulativen⁵) wie den verbalen *niɔt mucksn u niɔt röiɔn* (*Döi ɔnva hobn si neat g'muckst u neat g'röiat* John Oberlohma S. 174), *bittn u bɛ(d'ln* u. a., den substantivischen *oʃ Oɔt u Stöll* an Ort und Stelle, *v́ülɔ Gift u Gàl*,⁶) *ɔ Schànt u ɔ Schpuɔt* Schande und Spott, *Fetɔn u*

---

¹) Vgl. sūdbohm. (Neuern) *Nö, und du bist o goa brav, jo goa brav!* . . . *l hồn dɔ ràcht gɛan, jo ràcht gɛan* Rank Aus d. Böhmerw. S. 154; ähnl. öɔl. Die Wiederholung des letzten Wortes ist auch im Volkslied heimisch (vgl. HTV S. 130 ff. N. 42 *a. b. c. t. f. g*); natürlich ist sie aber im Volkslied wie in der gewöhnlichen Rede nicht auf das letzte Wort beschränkt und kann das bekräftigende *ja* auch entbehren, vgl. *No wài(n)* (weine), *nɔ wài(n)*, *nɔ wài(n). trauf's Bräutrl wài(n)!*, die stehende Einleitung aller Strophen eines Hochzeitsliedes: HTV S. 214 N. 205 (Plan-Eger). Andere Wiederholungen bilden bloß ein Textfüllsel für die Melodie, vgl. ebda. S. 235 N. 237 (Tuschkau).

²) Vgl. obhess. *e* (der kranke Fuhrmann) *brauchd' ɛann* (< und) *brauchd' ɛann docderʃ ɛann docderʃ àwwer* . . . . . *'s holf naud; 's wollʃ nɛid ɑ̀nnerschder wear'n ɛann wollʃ nɛid ɑ̀nnerschder wear'n* Crecelius XXXIII; nd. *man se kregen keen un kregen keen* (sie bekamen keine Kinder), Von dem Machandelboom KHM N. 47 (I 232); *un weend* (weinte) *un weend* ebda. S. 234 und ähnlich wohl in allen Maa.

³) Zur Wiederholung im ganzen vgl. Behaghel PBB XXX 431 ff. u. Dess. Rektoratsrede Bewußtes und Unbewußtes im dichterischen Schaffen (S.-A.), Leipzig 1907, S. 24. 48.

⁴) Die an Homerische Wendungen erinnernden Verbindungen mit dem verneinten Gegenteil, namentlich in der alten Rechtssprache (Grimm RA I 37 ff.), aber auch sonst seit Otfrid u. bei mhd. Dichtern (Beispiele mit *niht* aus Wolfram bei K. Kinzel Z. f. d. Ph. V 12, vgl. II. v. Sachsenheim Moerin 4029) dienen eg. nur zur nachdrücklichen Zurückweisung des behaupteten Gegenteils: *Dot wàɔ r ɔ n àlʃ Pfɔ u koʃ gunɔ.

⁵) Über alte tautologische Rechtsformeln, die dem Satze teils erhöhten, belebteren Sinn, mehr Stärke und Festigkeit verleihen, teils aber auch im zweiten und dritten Glied bestimmte Besonderheiten hervorheben, vgl. Grimm RA I 19 ff.

⁶) Vgl. südbohm. *blos daß ich an Euch Gift und Gall ausgießen kann!* Ammann VS II 79 Z. 22 f. *G. u. G.* sowie *bittn u bedeln, Schand u. Spott* auch öɔt.

Trümmə (in *F. u Tr. schlogn* Urban Allad. G. S. 142', *koʃ End u koʃ Trumm* = kein Ende § 537 *a*; adjektivische und adverbiale Verbindungen dieser Art sind *fiks u firté, àngst ə bàng, richté u wàuə, sichə r u gwiß, mòid u màtt, glàtt u gout* = ganz und gar (Neubauer Erzg. Ztg. X 250', *gnouch u sōd* (Lorenz S. 28), *dəstunkn u dəluəgn, bərdits scho* (oder *scho bəráits*', *və sī⁻st u və néks* (§ 537 *a*), *öitzə deən Au'(b)mblīk*; auch Häufungen des Adverbs in Wendungen wie (etwas) *mittn drd⁻ àinė schmdißn* (mitten drein hinein werfen), *mittn drds dssé* (daraus heraus) *gäilī⁻, uə(b)m drdf dffé* (darauf hinauf) *légn* sowie die Verbindung der Präposition mit einem Adverb gleichen Inhaltes *df s Bétt dffé* § 505 *b'* gehören hieher;

b) determinative Verbindungen von Synonymen sind z. B. *md⁻ létzəs End ʹI ho denkt, 's is md⁻ létzəs End*, vgl. *mein letziges Ende* HTV S. 127 N. 35 Westböhmen, *'s letzt End* ebda. S. 323 N. 477 Plan), *àm helllöichtn Tóch, ə kloī⁻s Bissl* oder *Wengl, s'äiəscht oʃfàngə* (*Weə hàut s'äiəscht oʃgfàngt.²*); hieher gehören Sätze wie *'s koʃ scho müglé sd⁻*; ¹) *wie woln die sag gangen,* (*das*) *si sich an einer guldenen ketten soll erhangen haben²*) Baier 700; *wenn unna Hergott dään Zwarglan niad g'schàfft* (befohlen) *häid, das s' untan Åadbuan* (Erdboden) *a n äiwis .Feua dahàltn möin* (Lorenz S. 13).³)

Verstärkende Zusammensetzungen von Fremdwörtern mit dem gleichen deutschen Begriff (z. B. *Plesirvergnichn* in der Teplitzer Mundart Laube VÜ S. 121) sind mir im Egerländischen nicht bekannt; über Häufung der Negation vgl. § 534.

§ 593. Weniger auf das Bedürfnis nach Verdeutlichung oder Verstärkung des einzelnen Begriffes als auf das Bestreben, dem Satze eine gewisse emphatisch wirkende Klangfülle zu verleihen, sind Häufungen von Synonymen zurückführen, wie sie seit alter Zeit namentlich in Rechts- und Gebetformeln begegnen; auch die älteren egerl. Rechtsquellen bieten reiche Belege hiefür: ⁴) *dorumb, das er Im seinen vater Nickel wenther erslagen vnd ermort vnd In vom leben sum tot pracht hat* Eger Achtbuch II N. 98 S. 530, ähnl. N. 180 S. 562; *das er . . . sein aigen Eeweib . . . . entleibtt, ermordtt vnd vmbbracht* (*hat*) ebda. N. 204 S. 569 u. o.; *der* (Dienstbote) *sich einer herschaft su dinen verdingt und verspricht* Eger Stadtges. S. 21 N. 63, *setzen und wollen unsere herren* ebda. N. 69, *furbringen und horen lassen* ebda. N. 72 u. dgl. ō.

Auch in volkstümlichen Segensformeln ist diese Erscheinung heimisch: *Da sprach unser Herr Jesus Christi mit seinem Mund und mit seinem Atem: Ich will euch segnen* usw. A. Benedikt Mitt. XVIII 158, 21.

---

¹) Vgl. *Kompt den* (denn) *so baldt, alß es Füch nur möglich sein kann* Elis. Charlotte Briefe S. 18 N. 10; *wanns möglich sein könnte* Ammann VS I 10 Z. 2.

²) Vgl. *aber das Gerücht tut mir leid, daß drei Studenten seinethalben cum infamia verwiesen seyn sollen* J. Grimm Freundesbriefe S. 33.

) Fix u. fertig, angst u. bang, müd u. matt, erstunken u. erlogen, mein letztes Ende, beim helllichten Tag, ein kleines Bißl oder *Wengl, es kann schon möglich sein* auch öst.

⁴) Vgl. S. 536 Anm. 5.

§ 594. Scheu vor dem unhöflichen Klang[1]) der einfachen Bejahung und Verneinung führt zu deren Verbreiterung durch andere Interjektionen und Partikeln (vgl. § 141 S. 101).

§ 595. Die Kunst endlich, aus demselben Wort- und Begriffsmaterial durch Abänderung des Verhältnisses der Bestandteile verschiedene Verbindungen zu bauen und diese zu gefälligen Variationen oder zu feingeschliffenen Gegensätzen zu vereinigen,[2]) bleibt als ein Erzeugnis einer höheren logisch-grammatischen Kultur dem Volke fremd.

---

[1]) Aus einem verwandten Grunde meidet das Volk wohl das einfache *Gott*, wofür es stets *unns* (*lônos*) *Hergott* gebraucht.

[2]) Vgl. (*Johannes*,) *dem diese Eine Gemeinde ein genugsam großer Schauplatz seiner lehrreichen Wunder, und wundertätigen Lehre war* Lessing Das Testament Johannis. Ein Gespräch (1777). Sämtl. Schr. (Lachmann-Muncker) XIII 12, 29 f. *Rembrandt war nicht nur ein protestantischer Künstler, sondern auch ein künstlerischer Protestant* Rembrandt als Erzieher S. 15. Vgl des Verfassers Abhandlung Über die Umkehrung der Begriffsverbindungen. Progr. des Staatsgymn. in Saaz 1894.

SCHLUSZWORT.

Der im Jahre 1899 erschienene erste Teil der vorliegenden Arbeit wurde von der fachmännischen Kritik in der Hauptsache durchwegs gunstig aufgenommen. Zunächst ist mir von Seite der Kenner der nordgauischen Mundart, meiner Heimatgenossen, bisher kein Einwand gegen die Echtheit des verwendeten Materiales oder gegen dessen Auffassung im einzelnen und kein Hinweis auf etwa Übersehenes bekannt geworden.[1] Indessen zweifle ich keinen Augenblick, daß genaue Kenner einer der zahlreichen Untermundarten des Nordgauischen sowohl kleinere syntaktische Besonderheiten gegenüber dem Planer Dialekt, welchem die aus der Beobachtung des mündlichen Verkehres stammende Mehrzahl meiner Beispiele entnommen ist, als auch mancherlei Ergänzungen beizubringen in der Lage wären. Für jede öffentliche oder private Mitteilung dieser Art werde ich stets dankbar sein.

Meinen Bemühungen, den von Behaghel (Literaturblatt für germ. und rom. Phil. XXI 1900 S. 56) und J. Ries (A. f. d. A. XXVII 239) geäußerten Wünschen betrefls der Anordnung des Stoffes Rechnung zu tragen, waren durch die im I. Teil gezogenen Grundlinien der Arbeit natürlich enge Grenzen gezogen; doch wird man im II. Teil das Streben nicht verkennen, die großzügige und vollendete Systematik der Behaghelschen Heliand-Syntax für den weiteren Ausbau meiner Arbeit möglichst fruchtbar zu machen. Dem neuen Gesichtspunkte der Wortgruppe suchte ich dadurch gerecht zu werden, daß ich jeder Wortklasse einen Abschnitt über ihre Verbindungen anschloß, wobei ich im Sinne Seemüllers (vgl. dessen Rezension des Sütterlin'schen Buches Die deutsche Sprache der Gegenwart A. f. d. A. XXVII 237) die einzelnen Wortgruppen aus den bisher gebrauchten Kategorien der Satzglieder aufzubauen versuchte. Wo ich hiebei dem vorbildlichen Werke Behaghels über allgemeine Richtungslinien hinaus mehr ins Einzelne der Anordnung zu folgen vermochte (es ist dies nicht oft der Fall), habe ich dies ausdrücklich angegeben.

Kongruenz und Wortstellung (hier im V. und VII. Abschnitt behandelt) gehörten eigentlich vor die besondere Lehre von den Wort-

---

[1] Die von J. Trötscher (Mitt. XXXIX Beil. S. 1 ff.) vermißte Ablehnungsformel *Dâu wi mi!* habe ich an drei Stellen (§ 38, 142, 147 d) erwähnt. Wirth (s. Abk.-V.) stellt S. 4 die vollständige Übereinstimmung der sechsämterischen Syntax mit der egerl. fest, wie ich sie in meinen beiden Programm-Aufsätzen (I. T. S. VII Anm. 1) dargestellt habe.

klassen, in die Gruppe der allgemeinen Mittel der syntaktischen Verknüpfung (vgl. Ries a. a. O. 240).[1]

Eine Einschränkung der literarischen Nachweise und Parallelen hat nur ein Kritiker (Hausenblas Z. f. d. U. XIV 1900 S. 621) gewünscht, während andere, namentlich Behaghel a. a. O., darin einen besonderen Wert der Arbeit erblickten; ich habe daher den Kreis der verglichenen Mundarten noch erweitert (vgl. das Abkürz.-V. unter Crecelius, Dunger, Göpfert, Hausenblas, Höfer, Khull, Lenz, Lessiak, Lumtzer, Maurmann, Petters, Regel, Schatz, Schleicher, Schwäbl, Spieß, Sütterlin, Trebs, Weise, Wirth, Zingerle u. a.);[2] besonders wollte ich im Kapitel über das Genus der Substantiva die zahlreichen Vergleichungen mit anderen Mundarten nicht zurückhalten, weil meines Wissens gerade auf diesem Gebiete (abgesehen vom DWB) kaum Ansätze zu einer vergleichenden Behandlung der Mundarten vorhanden sind. Die auf diese Weise unter verschiedene Gesichtspunkte verteilten M. F. u. N. sind im Register zu bequemerer Vergleichung unter Genus übersichtlich zusammengestellt; außerdem ist jedes einzelne der behandelten Wörter im Register angeführt.

Der von Ries (a. a. O.) erhobenen Forderung nach einer gleichmäßigeren Anordnung der Parallelen entsprechend habe ich die Reihenfolge: ober-, mittel-, niederdeutsche Belege genauer eingehalten und innerhalb der beiden ersten Gruppen den verwandten Nachbarmundarten den Vortritt vor den übrigen eingeräumt.

Die aus der Wortbedeutungslehre herübergenommenen Einzelheiten sollen wiederum bloß dazu dienen, die Lehre von der syntaktischen Bedeutung des Wortsinnes zu stützen; denn eine erschöpfende Satzlehre verlangte eigentlich eine erschöpfende Wortlehre als Unterbau: eine solche besitzt jedoch das Egerländische trotz Gradls, Neubauers, Mannls, Köferls u. a. verdienstvollen Arbeiten noch nicht, da jene hauptsächlich die mundartlichen Idiotismen behandeln. So greift der Unterschied zwischen abstraktem und konkretem Ausdruck nicht nur in das Material,

---

[1] Auch fördernde Einzelbemerkungen habe ich den Rezensionen zu danken: Behaghel Rez. S. 57: Der S. 11 Z. 5 f. genannte elliptische Nebensatz kann den fallenden Satzton unmittelbar von dem daneben gebräuchlichen Aufforderungssatze angenommen haben; ob zu *Ich werde dir stehlen* (S. 26 Z. 1 ff.) ‚lehren‘ zu ergänzen ist, wird durch anderwärts gebräuchliches *Ich stehle dir* zweifelhaft; der Hinweis auf *nam* (S. 34 Anm. 8 Z. 2) ist als irreführend besser zu tilgen; *dsïdə* (-*sdidə*, S. 58 Z. 7) kann Analogiebildung zu *dəwäl* (§ 497 S. 459) sein (es kommen wohl auch die S. 450 f. angegebenen Bildungen mit *də*- in Betracht): zur Mischung des fut. u. pot. Sinnes (S. 149 § 104 *b* Z. 4) vgl. auch Lumtzer II § 197; Behaghel Rez. S. 58: *Sie entschuldigen schon* ist imperat. Indik.; die imperativische Natur von *Jung gefreit* (S. 199 § 235) usw. scheint mir allerdings doch nicht sicher. Brenner Lit. Centralblatt 1900 Sp. 278: *waiß wos* (S. 16 Z. 1 v. u.) kann auch < *enweis was* sein (zumal *Gott* sonst eg. nicht ausfällt: *Gott böwär!* gegenüber altenburg. *bewahre!* Weise § 217). Hauffen bringt Haberlandts Z. f. öst. Volksk. V 282 einen Beleg für *es pirt sich*, vgl. auch S. 523 Anm. 4. J. Trotscher an dem S. 539 Anm. 1 a. O. S. 5: *Tausend* im Fluch (S. 108 Z. 1) zunächst wohl < mhd. *tûs* (so auch Neubauer Erzg.-Ztg. X 248). Der Bemerkung Nagls in seinen Deutschen Mundarten I 259 über die schiefe Stellung der Interjektion im Kreise der Wortklassen (Abschnitt IV 1 des 1. Teiles) muß ich zustimmen.

[2] Dazu kommen die in HLZ erschienenen lexikalischen und grammatischen Arbeiten von Th. Gartner, O. Heilig, O. u. L. Hertel, E. Hoffmann-Krayer, O. Meisinger, O. Philipp, G. Schöner, H. Weber u. a.

sondern vielfach auch in den Bau des Satzgedankens ein (vgl. § 275); aber mit einigen kahlen Allgemeinheiten über die farbenreiche Sinnlichkeit der Volkssprache gegenüber der blassen Abstraktheit unserer Buchsprache oder über den bezeichnenden Abgang zahlreicher Abstrakta ist hier für die Charakteristik einer einzelnen Mundart nichts getan, wenn nicht das einschlägige Wortmaterial selbst vorgelegt wird.

Einzelne mundartliche Flexionsformen, so besonders die stark reduzierten enklitischen und proklitischen Pronominalformen, die teils für Fernerstehende unverständlich sind, teils mißverstanden werden könnten und deren syntaktische Verwendung anderseits gerade mit ihrer reduzierten Form in innigem Zusammenhange steht (vgl. § 567), mochte ich nicht ohne ein Wort der Erklärung lassen.

Von älteren Quellen [1]) habe ich (außer den im I. Teile genannten) benützt die Achtbucher des Egerer Schöffengerichtes v. J. 1310—1668, das Buch der Gebrechen am Egerer Schöffengerichte, den Codex Teplensis, die Egerer Stadtgesetze von 1352—1460, das Stadtbuch von Falkenau von 1483—1528, das Planer Passionsspiel; ferner Trötschers Programm-Aufsatz über die ältesten Egerer Familiennamen, Gradls umfangreiche Arbeiten über die Ortsnamen, das für Goethe niedergeschriebene Buch des Egerer Polizeirates S. Grüner über die ältesten Sitten und Gebräuche der Egerländer; manches wertvolle Material bot auch A. Johns Monographie über das Dorf Oberlohma und sein Buch ,Sitte, Brauch und Volksglaube im westlichen Böhmen', das Egerländer Volksliederbuch, einzelne Aufsätze in ,Unser Egerland'. Die von J. J. Ammann herausgegebenen Böhmerwald-Volksschauspiele konnten mehr als im I. Teil zu Parallelen herangezogen werden. Die gelegentliche Verwertung der Briefliteratur wird durch die Ausbeute, welche nicht nur die Briefe der Liselotte und der Frau Rat, sondern auch z. B. die Goetheschen, Grimm'schen und Grillparzer'schen, Schwind'schen für die mundartliche Syntax bieten, gerechtfertigt erscheinen.

Vielfache Anregung und Belehrung im einzelnen verdanke ich der Heliand-Syntax Behaghels, dem monumentalen »Deutschen Satzbau« Wunderlichs (2. Aufl.), sowie der Abhandlung von J. Ries über die Stellung des Subjektes und Prädikates im Heliand.

Fast alle die hier genannten Quellen und Arbeiten, sowie die oben S. 540 angeführten zur Vergleichung neu herangezogenen mundartlichen Werke boten aber auch für den ersten Teil der Arbeit wertvollen Stoff. Daß dadurch die folgenden Nachträge zu einem etwas größeren Umfange anwuchsen, wird hoffentlich durch ihren Wert gerechtfertigt erscheinen.

Eine wenn auch nicht lückenlos fortlaufende, so doch durch die ganze Arbeit reichende Vergleichung gestattete Weises Altenburger Syntax; neben dieser fällt das Schwergewicht der Vergleichung auf die bayrisch-österreichische Gruppe, dank der umfangreichen Vorarbeiten von Schmeller, Schöpf, Lexer, Nagl, Schatz, Schwäbl, Khull u. a., aber

---

[1]) Vgl. das Verzeichnis der Abkürzungen.

auch dank der rastlosen Mitarbeit des Herrn Herausgebers Professor
Dr. H. L a m b e l in Prag, der nicht nur wiederum die oberösterreichi-
schen Parallelen sowie eine Reihe von Belegen aus der oöst. mundart-
lichen Literatur beisteuerte, sondern außerdem alle bayr.-öst. (und viele
andere) Belege nachprüfte und auf Grund seiner Kenntnis der ober-
österreichischen Mundart auf Mißverständnisse sowie auf notwendige
Einschränkungen oder Erweiterungen der einzelnen Angaben aufmerksam
machte. Auch die Verweise auf die ältere Sprache und auf einschlägige
Literatur erfuhren durch ihn manche wertvolle Bereicherung.[1] Aber
auch darüber hinaus ließ er es wiederum an fruchtbaren Winken nicht
fehlen, durch welche er zu erneutem Durchdenken einer Frage, zu
größerer Zurückhaltung, zu klarerer oder richtigerer Fassung so manches
Urteiles anregte. Hiefür sowie für die Bereitwilligkeit, mit welcher er
mir Bücher aus der Vereins- und Univ.-Bibliothek verschaffte oder aus
seinem Privatbesitz zur Verfügung stellte, sei ihm auch an dieser Stelle
der gebührende Dank gesagt.

Auch dem löblichen Verein für Geschichte der Deutschen in Böh-
men, der die bedeutenden Kosten der Drucklegung auch dieses umfang-
reicheren zweiten Teiles übernahm, bin ich wiederum zu Dank verpflichtet.

---

[1]) Zusätze, die ihrem ganzen Wortlaut nach von ihm herrühren, sind wie im ersten
Teil durch [L.] bezeichnet.

Nachträge.

S. 1 Anm. 1: Über Tempo jetzt Saran S. 98. 120. 152. 176: Tempo und Redepausen Minor Neuhochd. Metrik S. 197. Hobbing D. Mundart von Greetsiel (mir nicht zugänglich): Tempo und Rhythmus auch Wundt I 2, 404.

S. 3 ff.: Über musik. Akzent Saran S. 101 ff. Wundt I 2, 413 f., über singenden Dialekt (S. 5 Anm. 4) Schmeller MB § 700, über Notenbilder (S. 8 Anm. 1) O. Heilig Gramm. § 13—16. Schatz § 32. E. Fuchs (Merziger Ma.) III.Z. V 12 ff. Die Tonbewegung ist im Pernegg. nach Lessiak § 50 der egerl. ähnlich.

S. 10 Z. 2: Durch stark betontes Fragewort (bei steigender Betonung) dringt man wie öst. auf Wiederholung einer unverstandenen oder unglaublich erscheinenden Äußerung: A. (beim Kegelschieben) *I ho áchts.* B. *IV ö i v(ü)l háust?*

S. 10 Z. 9: Überwiegt der Charakter des Ausrufes, so tritt nach anfänglich steigender Satzmelodie am Schlusse wieder eine Senkung ein: *IVer hoi döi wissn!* Gleichgiltiger gesprochen nähern sich jedoch solche Sätze dem einfachen Aussageton: *IVer waiß 's snn,* so betont wie *Das wollen wir abwarten*; auch öst.

S. 10 zu § 17 Schl.: Doppelgipfliger Akzent ist besonders häufig bei *So?* sowie bei ungeduldig drängenden Fragen: *IVas? IVie? Wo? IVann?* u. dgl., auch bei unwillig erstauntem, aber auch drohendem *Du!* (ähnlich öst. osterl. Treba III.Z. IV 22 § 15, 4 u. S. 28 f. § 19 g. i).

S. 11 § 21: Nicht erwähnt ist bei Sütterlin S. 7 III a das (eg. seltene) betonte *und* in Sätzen wie *Aber Gutswohnung o n d* (sic) *Stadtwohnung o n d Jagdschloß o n d Kennstall — nt, dass langt 's nich* Sudermann Es lebe das Leben[10] II 48. Über den dyn. Akzent im Nöst. Nagl Rosnad S. 246 ff. zu V. 286 ts, vgl. S. 335 zu V. 361 blüädinä, im Imst. Schatz § 31, im Pernegg. Lessiak § 44—47; über die Merziger Ma. F.. Fuchs III.Z. V 13, 2; im allg. noch Saran S. 40 ff.

S. 12 § 24: Wie *Hesng-s-Bráut* auch *Schmols-s-Br.* John Oberlohma S. 125.

S. 12 Anm. 6: Altenburg. *um Gotteswillen* = ja nicht! *um Gottes willen z.* B. den Armen geben, also etwa = als Christ: Weise § 303.

S. 12 Anm. 7: Auch Pernegg. nur ausnahmsweise auf der zweiten Zahl: Lessiak § 47 b.

S. 13 nach a) a): aa) *lebendig* (vgl. Behaghel Gesch. d. d. Spr. § 31(19). Hildebrand Z. f. d. U. VI 641. VII 91. Glöde ebda. VII 632 f.); eg. *liwenté* neben den auf die älteren Formen *lentic, lemtic < lembtig, lebmdig* (Lexer 1 1847 f.) zurückgehenden *lénti, limpi*; Pernegg. *lowéndi* (entlehnt) neben echt ma. *lobmti* Lessiak § 47 b; ferner *strswänsn* (Subst. *Strswäns* § 283 S. 239), ebenso Pernegg. Lessiak a. a. O.

S. 13 zu a) β): hingegen *Musik* Musik; fremde Personen-Vornamen (§ 285): *Märchsi <* Margareta, *Máris*; bei Koseformen wird auch im EgerL keineswegs immer die betonte Silbe des vollständigen Namens zur Hauptsilbe gewählt: *Ghönss < Johannes,* aber *Wálpi < Walburga* u. dgl.; das scheint auf anders betonte Ursprungsformen zu weisen.

S. 13 zu b) β): *dárum, wárum* nur in der sprichw. Wendung § 306 S. 278, *wúrum* auch bei herrischer Betonung der Frage und in der Abwehrformel *IVárum nist gáus;* sonst *wárum*; niemals *davon* u. ä., sondern nur *dsvoi* S. 450 Anm. 5; sonneberg. beides Schleicher 59.

36

S. 13 Z. 8 v. u. l. *hin* und *her*.

S. 13 Anm. 2: auch Pernegg, bei Vornamen (dagegen Ortsnamen mit *Sankt* in ursprünglicher Betonung: *Michdtl, Urbin, Johánn*) Lessiak § 47 a. 50; über das Mannheim. O. Meisinger III.Z. II 103 § 7.

S. 13 Anm. 5: über das Fremdwort vgl. Behaghel Gesch. d. d. Spr. § 33 (§ 19).

S. 14 zu γ): dreigliedrige verstärkende Zs. betont man am öftesten mit ungefähr gleichschwebender Betonung aller drei Glieder: *fukstlijtrw(ü)ld*, dagegen *Ádsfrdib, Bánkrnotln* Banko-Note (gegenüber *Bánkrdttl*), *gráußmdchtí* (ebenso Pernegg. Lessiak § 47 b S. 51, neben eg. *gráußmáchtí*) u. ä. (§ 437, 1).

S. 14 zu δ): *Fimfhunnst* besonders dann, wenn »Hundert« selbstverständlich (daher beim Viehhandel auch weggelassen § 578, 1 a), bei Gegensätzen und ohne Subst. *Fimfhunnst* usw. (etwas anders Pernegg. Lessiak § 47 δ); wie *Längswdt* auch *Mittrsnäch* (S. 383 Anm. 1) und trotz fehlender Flexion (s)*Mittöch* (dies auch Pernegg. Lessiak a. a. O. und Rappenau. Meisinger III.Z. II 104 § 8 Anm. 1); wie *Kärlsböd* auch *Márisböd*.

S. 14 Anm. 1 u. 6: über das Rappenau. O. Meisinger IILZ II 104 § 9. 105 § 11, das Pernegg. Lessiak § 47 c a; vgl. noch Behaghel Gesch. d. d. Spr. § 31 (19). J. E. Wülfing Z. f. d. U. XV 53; über die Verbindung der Eigennamen von Personen untereinander und mit Appellativen vgl. § 364.

S. 15 Anm. 2: In der Stadt-Ma. wohl auch *ds ldihháftich Tüjl*.

S. 16 Z. 3 v. u.: Zu diesem Zug in die Breite stimmt auch, daß Personen nie durch bloße Namensnennung vorgestellt werden: Also nur *Dös is* (oder *I bin*) *ds M(ü)lls vs X. Mis schrái(ö)m sé Wáis* u. dgl.

S. 16 Anm. 4 v. S. 15: vgl. auch Delbrück S. 136 ff. 145.

S. 17 § 29 Schl.: *Wunder was* auch altenburg. Weise § 126.

S. 17 Anm. 2: *mí¯* < mein (ich) auch in Brüx: Hausenblas S. 13; zu *mein' ich* u. ä. Weise § 146, 6. § 205. Petters I 12. II. 7.schalig Z. f. d. U. XV 25. Schleicher S. 63.

S. 17 Anm. 4: zum Ursprung von *halt* auch Schwäbl § 100, zur Bedeutung und Literatur besonders Nagl Roanad S. 118—127. 128 zu V. 158 *hálld*, vgl. S. 403 Anm. 4; die Form *holter* auch bei Goethes M. Br. II 148, 21 und in Mainz (*hadter, hadters*) Reis II § 20; Formen mit *ich*: *hallich* (< *hadtich*) Knothe WB 281 f., vielleicht auch erzgeb. *heich* Göpfert S. 44.

S. 18 Z. 10: über *es ist* (*sum*) = die Zeit ist gekommen vgl. weiter unten zu S. 193 Z. 11 v. u.

S. 18 Z. 10 v. u. vor *'s sétsl*: *'s háut ms gschrámt* = ich habe es so berechnet, geschätzt (obpfälz. *schramen* schätzen, taxieren: Schmeller II 601, mhd. *beschremen* festsetzen).

S. 18 Anm. 1: Altenburg. immer *es* mit Ausnahme von *mir hat gtträumt* Weise § 89, 1.

S. 18 Anm. 7: steir. = beschleunigen (trans.), sich beeilen, rasch vorwärtsgehen oder gedeihen: Khull 542.

S. 19 Z. 2 ff.: dazu *'s möcht sn Spráidsrs* (oder *sn Schü(d)b* etc.) § 279 d, *'s gußeint* John Oberlohma S. 185, *'s grápptl, 's háut s weng ghárscht*, von leichtem Frost, vgl. spätmhd. *ge-, verharsten, 's wird láinisch* = taut, *'s schmist sé os* bewölkt sich dunkel: John Oberlohma a. a. O.

S. 19 Z. 15 ff.: dazu: *'s gáiht was füs* = geschieht, *'s gáiht dssé* = es reicht oder langt zu, *'s gáiht unts'n Láiin üm* unter den L. tritt eine Krankheit (besonders Influenza u. ä.) auf, *mis gáiht 's in Báuch üm* von Bauchgrimmen oder kollernden Darmgeräuschen; *'s künnt nsn os* es kommt ihn (sder Raptus«) an, *dsn ráibt 's* = der möchte vor Ungeduld, Begierde usw. aus der Haut fahren; *mi híbt 's* = ich verspüre Brechreiz (ebenso nordbohm.-schles. Knothe WB 289, 3).

S. 10, 2 u. Nachtrag S. 203 zu *di háut sé wül*: nordd. *hat sich was!*, steir. *atahoul* < hat sich wohl (mit *ja, nein* verbunden): Khull 12. 319.

S. 19 Z. 8 fl. v. u. nach Firm. III 613: Grüner S. 78 N. 1 Str. 3 (dagegen persönlich HTV S. 67 N. 101); *'s láppst sé s'sämm* = es kommt allmählich viel zusammen (vgl. Schmeller I 1496 *lappen*), *'s stäßt mé df* stößt mich auf, von gestörter Verdauung: in älteren egerl. Urkunden (wie in Chron. d. 14. 15. Jb. Lexer III 1225) impers. *zweifeln*: *als uns mit zweyfelt* Eg. Chron. S. 298 N. 1123 Z. 11 f., vgl. S. 314 N. 1140 Z. 13. S. 317 N. 1144 Z. 7. S. 357 N. 1186 Z. 2.

S. 19 Anm. 4: vgl. Weise § 80, 1; in Hessen-Kassel aber *der Abwesende (Sterbende) ängt 1.* Crecelius 65.

S. 19 Anm. 5: *ru es ralt sich* u. dgl. auch Weise § 13, 4.

S. 20 Z. 1 ff.: dazu *mis r is (nist) rest,* vgl. § 256, 1 S. 218.

S. 20 § 31: Subjekt neben der Negation: *Dös nist!* Das (ist) nicht (richtig) § 545; vgl. *Du bist ews!* oder *D. b. o. denns!* Du bist aber denn doch: (sc. grob, sonderbar u. dgl.). Ähnlich *Dös is* (oder *wd' r) ews dü* (=doch)! oder *D. is* (w.) *o denns!* Das ist (wäre) denn doch! (schlimm, sonderbar u. dgl.); vgl. Ammann VS III 31, 35 f.

S. 20 f. § 33: auch eg. möglich sind Wendungen wie (*Er ist 19 Jahr alt — schön von Gestalt —) und einen Baß, wie wir noch keinen gehört haben* Goethes M. Br. II 148; dazu *Hàlpárt!* = Gib mir die Hälfte! (ähnlich Schmeller I 406. Schöpf Tir. Id. 237); *Als* (Alles sc. lasse ich gelten, twe ich; oder Imp.: Alles tu!), *wot rest is!* = Nur nichts Unbilliges! *Als* (muß man sagen), *wos wàus r is!* (beides auch nordböhm.-schles. Tieze Heļmt III 52 Reichenberg o. ebda. S. 53).

S. 20 Anm. 1: dazu lus. *ant tuan* leid tun: Zingerle 22, ebenso 7 u. 13 comm. Schmeller Cimbr. WB 106 [168].

S. 21 § 35: dazu *kurs o gout* oder *kursum* (nicht *kurs* allein) = um es kurz (und gut) zu sagen; statt *àls wöi* (=sehr) auch *wes wùiß wöi*; so auch *wes wùiß wùuhī* außer = *unbestimmt wohin* auch = *sehr weit fort* u. ä.

S. 21 § 36: dazu *néks fo r ungout* § 499 S. 464; zum Infin. vgl. Ammann VS II 23, 4 f.

S. 22 f. § 37 α 1: dazu *süffm làus* (das Vieh, auch fränk.-henneb. DM III 226, 4, 1), *gout dfnemms* von Haustieren = sich leicht füttern lassen, schnell fett werden (ein Gegenstück zu *gut aufnehmen* oder *fassen* in geistiger Hinsicht); zu *schütten*; steir. *ausschütten* Kbull 402; ferner eg. *mä'n* mähen, *bràim, schüswon* (schöbern) sc. Heu, Grummet, *vofgnemms* = das mit der Sense gefüllte Getreide mit einer Sichel zusammenraffen: John Oberlohma S. 118, *dfsàmms* (John a. a. O., neben dem S. 23 Z. 1 erwähnten *sàmms), dreschn, d'schöißn* einschießen (Brot in den Backofen), *sprengs* Blumen, Gemüse, Wäsche auf der Bleiche (mit der Gießkanne) besprengen, *d'-, dsschenkn, dstrinkn* (im Wirtshause), *ffl ho(b)m* feil h. (das Objekt ergibt sich aus dem Subj.: *dn Mirk ho(b)m ses Schousts fil ghàtt: [Huter], so feihl gehabt* Baier 554), *ötàln* abteilen, von der Ehetrennung und -Scheidung (*si kàmm ötàlt), schrái(b)m : es,* ein Abwesender, *hàut scho làng nist gschrái(b)m,* sc. einen Brief (sonst auch *schr.* = Schreiber sein), *blus (Ds Nauchbs bàust hdū* unternimmt einen Neu- oder Umbau), *spitzn (Gelt, dùu spitst d'? Des hàut gspitst!* u. dgl. wie öst.) = begierig aufhorchen, wenn die Ohren zu erg. ist (auch mit *auf etwas;* Planer Pass. S. 77 refl. *ich thu mich schon drauf spitzn),* beim Kartenspiel *künns* können = eine Karte stechen k. (*Kös'st döi?* Kannst du diese?).

S. 23, 2: *ài's (o pàs) mit ds Páitschn hī-* oder *dàssüntn* den Pferden mit der P. einen Schlag geben, jemandem *ài's os'loi'ns* anlehnen = durch eine bissige Bemerkung treffen, einen »Hieb« versetzen (am Eichstätt *hi(n)loins* beim Nächsten herabsetzen, anschwärzen: H. Weber HLZ. V 167 N. 390); aber *ài's, o pàs* auch § 239 a. 246.

S. 23 Anm. 4: *rufen* ebenso nordböhm.-schles. Knothe WB 454.

S. 23 Anm. 5: auch schwäb. *ausrufen* Fischer I 502. Els. *üwer d'Kane(e)l ab gheie(n)* abwerfen: Martin-Lienhart I 315 b, wie auch eg. *Hlä't sánn sì* (das Brautpaar) *vo ds Kànsl àigschmissn worn.*

S. 24 Z. 3: *es wäim:* so schon Plan. Pass. S. 77.

S. 24 Z. 8 ff. *haben: es mit jem. h.* = mit jem. im Streit liegen (*Mit wem hàus sn öitts scho wids?,* ähnlich handschuhsh. Lenz Nachtrag S. 9), *es nicht gehabt haben wollen* = an etwas unschuldig sein wollen, auch = unzufrieden sein: Zuerst verspottet er ihn und wenn er dann geschlagen wird, *àffs tv(ü)l o 's nist ghàtt ho(b)m;* zu *nàutwendé* oder *nàité* nötig: beide auch neben *séin: Doi sánn öitts s'n. mß(d)n Schnid* haben jetzt mit dem Getreideschnitt zu viel zu tun; *es hinter den Ohren haben* wie in der Umgangspr.

S. 24 Anm. 8 auch Weise § 89, 2.

S. 25 § 40 *mir ist (es) um:* Ammann VS II 106, 12.

S. 26 § 41: *Er ist fischen* auch altenburg. Weise § 175.

S. 26 Anm. 5: in anderem Sinne in den 7 und 13 comm. *von miar aus* = außer mir: Schmeller Cimbr. WB 108 [170]; els. *mir ab, mir a(n)* = von mir aus, meinetwegen: Martin-Lienhart I 4 b. 702 a.

S. 27 § 43 Schluß: A. *Gittst* (Gibst du) *rwäī' G(ü)/(d)n difus?* B. *Zwäī' nist* oder *sn G(ü)/(d)n ìù* u. ä. (vgl. § 545).

S. 27 Z. 16 f.: zu *Ding*: Nagl Roanad S. 322 zu V. 344 *söckär* unterscheidet hier für das Nöst. *söckä* und *diŋ*.

S. 27 Z. 2 v. u.: ähnliche Wetterregeln bei John Sitte, z. B. S. 378 unter Dezember.

S. 28 § 45 *a*) Schl.: auch *nes* (nur), *dá*(*s*). Häufiger in der Umgangsprache als in der echten Ma. scheint die Nebeneinanderstellung von subst. oder pron. Subjekt und adjekt. Prädikat in der Aussage (*uix ἀγαθὸν πολύκοιρανίη, salíg thie armkerū* Erdmann Otfr. Synt. II § 89), etwa *Glücklé s júdrs, des wos niks drvoi* waiß; am häufigsten in Fragen wie *I old?* Ich — alt?

S. 28 § 45 *b*): zum Attributsatz vgl. Delbrück S. 146 ff.

S. 29 § 49: *und* auch > eg. *u* Gradl MW 422: *u* > *s*: *hin s wids* = hie und da, *Zittr s Mord* (schreien; Gradl MW 514 bezeugt *Zéds r s M.*) § 144 Schl., *How s Gout* Hab und Gut, *Her s Gott* Gradl MW 316, *kráis s ques, Mord s Brand, Böds r s Plts* § 294, 2 S. 260, Zahlenverbindungen wie *áinzswänig* usw. und die § 24 angeführten Fälle (nicht *Ldiwellm* Leib und Leben wie in den Sechsämtern: Wirth § 69, 1).

S. 29 Z. 5 v. u. nach ja: in älteren Urk. die Erklärung und das zu Erklärende durch *und nämlich* Urk v. 1553 Eger. Chron. S. 385 N. 1208.

S. 30 Z. 9: über *und* in Verstärkungs- und Erweiterungsgruppen § 519, 1.

S. 30 Anm. 4: *und aber* bei Ammann VS I 4 Z. 9 f. Fischer I 16. Grillparzer Briefe S. 12 N. 10 (von Karl, 12. März 1815); ebda. S. 13.

S. 31 Z. 2: ähnlich auch bayr. *is wär d* Schmeller II 966, tir. *ist auch wär* Schöpf Tir. Id. 801.

S. 31 Z. 8: *gewiß auch noch*: Rosegger Waldjugend (Leipzig o. J.) S. 25.

S. 31 Z. 12 Schl.: *auch* oder *aber auch* außerdem statt des egerl. ungebr. *denn auch*: (N. N. hat verschwenderisch gelebt) *es häut (ows) d s d Hius vskäffm mein.*

S. 31 Z. 4 v. u.: *noch—noch* im Planer l'ass. S. 69; auch z. B. Schmeller Cimbr. WB 150 [212].

S. 31 Z. 3 v. u. und S. 204: einfaches *äistals* auch handschuhsb. Lenz Nachtrag S. 1 *a.a.*

S. 31 Z. 1 v. u.: *nicht—nicht* oder *nicht* — (*und*) *auch nicht* (*auch nicht* auch altenburg. Weise § 231, 2).

S. 31 Anm. 1: zu *auch* beim erwiderten Gruß vgl. Stelzhamer Ma. D. II 246 N. 49 II 1 f.; Weise § 230.

S. 32 Z. 9: in den Sechsä. *einer-, anderseits* Wirth § 69, 1.

S. 32 Z. 16 v. u. *oder* für *aber*: ältere Beispiele Eger. Urk. v. J. 1452 Eger. Chron. S. 269 N. 1082 *wy oder wan.* Eger. Stadtges., v. J. 1460 S. 17 N. 12. 13 (in demselben Satze *ader* zweimal auch = *oder*); vgl. noch ebda. S. 20 N. 51. Falk. S. 32 Z. 7; über *oder = aber* und umgekehrt vgl. noch Wirth § 69, 2. 3. Fischer I 17. Göpfert S. 34. E. Gerbet III Z I 129 § 17, 2. O. u. L. Hertel ebda. III 117. Schleicher S. 60. Weise § 236. Lenz S. 10. Crecelius 11. Behaghel DSpr. S. 135.

S. 32 Z. 3 v. u.: solches *aber!* (und gleichbed. *oder!*) auch sonst, nicht bloß alleinstehend, in Ausrufen: *Häi't häut 's srs ows (ods)!* = Heute ist es aber arg! *Bist ows (ods) du sn losi!*

S. 32 Anm. 1 vor *Affs*: *Sowohl — als auch* und *weder — noch* fehlen auch altenburg. Weise § 231. Für *geschweige denn* (und *geschwolignz* § 497, 3 S. 461) auch *i w(ú)l nist vs . . . . ris(d)n* oder *vs dsn . . . w(ú)l i ögäik* abgehen = absehen; handschuhsb. *wi* (< will) *klwais las* Lenz S. 26.

S. 33 Z. 3 u. Anm. 2: *derweile* (§ 497, 2 S. 459) = *unterdessen, jedoch* auch altenburg. Weise § 31. Lumtzer II § 208 Schl.

S. 33 Anm. 3 Z. 7 *ader* häufig in den Eger. Stadtges., vgl.- zu S. 32 Z. 16 v. u.

S. 34 Z. 2: 7 und 13 comm. *odar—odar* Schmeller Cimbr. WB 151 [213].

S. 34 Z. 3 f.: *denns*, auch *denst* wie nöst. *dainäst* Nagl Roanad S. 117 zu V. 157 *dsinä*; *destwign* auch nöst. Ders. S. 200 zu V. 234 *düstwöin*.

S. 34 Z. 8 f.: gleiches *allerdings* steir. Khull 15, vgl. Schmeller I 520 (Aventin).

S. 34 § 51: dazu kausales *ja* (*ů*) § 137, 6.

S. 34 Anm. 4: *wollweil* nach meiner Erfahrung auch tir.

S. 34 Anm. 8 Z. 2: egerl. unbetontes *dsnn* und *snn* in der Frage ohne Bedeutungunterschied (aber Theusing. *Wös ds? Was denn? Wös denn? Was denn sonst!* Mannl S. 28);

betontes *denn* in *Wos denn? Wos denn?* = Wer, Was anders? W. sonst? und in der kräftigen Bejahung *No° wos denn!* = Natürlich! Selbstverständlich! (? 142 S. 102; ebenso obbess. *wäasdänn* Crecelius 249); altenburg. klingt *denn* ungeduldiger als *jnn* Weise ? 238.

S. 36 Z. 2 nach *worden*: vgl. Eger. Achtbuch I 238 Einl. Z. 6 f. Grüner S. 68. Ammann VS II 27 Z. 5 f.

S. 36 Z. 9: vgl. ? 581.

S. 36 Anm. 1: Weise ? 193—206. Lumtzer II ? 206.

S. 36 f. zu ? 55, 1 *a*): häufig im Volksmärchen- und im lässigen Briefstil: KHM I 9 N. 3. S. 175 N. 34 u. o. Grimm Freundesbriefe S. 5 N. 3.

S. 37 zu 1 *b*): auch nach *nu° nist* noch nicht: *I wo? nu° nist b? d? Tü? drüß, is 's Dunn?wld?* (= Geschimpfe) *scho os̃gäng?*; auch oöst. möglich.

S. 37 zu 2 *a*): auch nach *es täte not: 's tät näu?, m? tröchst 'n ? G(o)ld näu* man trüge ihm das Geld (das er nicht nehmen will) nach; auch öst.

S. 38 Z. 1: auch nach *sagen*, bisweilen nach *anfangen* (statt Inf., beides auch öst.): *Dös mou m? sögn, s'gndu* (zu genau = knickerisch) *is ? nist. Oitas häu? des os̃cfangt u häu? gschimpft*, vgl. Elis. Charlotte Briefe S. 152 *ich fange ahn umd werde sehr alt.*

S. 38 zu *d*): nach *nichts anders als*: *Dau is näks änn?? üwrl äls du gäihst nu° ?mät däs* (bin); nach *zu* (statt *als daß*): *Des r is s' grus* (grob), *denn künns d° Läit nist läi(d)n*; statt *wie* . . : *Häi?°t how-i ? Rou(b)m* (Rübe) *gseh, ? sichs how-t nu° nist gseoh* (wie ich sie noch nicht sah); alles auch öst.

S. 38 zu *f*): auch statt eines Heischesatzes (oder Infin.) nach *bitten* steht wie öst. Imperal. oder Wunschsatz: *I bitt di res? schäi, läu mt in Rou* (Ruhe)! *D? Vöds läß? bittn, Si mächtn* usw. vgl. ? 57, 2; daneben auch *wenn* ? 91; bei Grüner S. 44 statt des Wunschsatzes eine meines Wissens der Ma. unbekannte Wendung mit *werden*: *Ich bitte Sie werden mir solches nicht für ungut halten* in der Einladeformel des »Prokurators« zum Eheverlöbnisse, wohl Mischung aus *Ich bitte . . . zu halten* und *Ich hoffe, Sie werden . . .*; ebda. am Schluß nochmals *Ich bitte Sie werden . . . .*

S. 39 Z. 1: auch statt eines Konzessivsatzes.

S. 39 zu *g*) *β*): auch Imperativ im konzess. Sinn (wie öst.): *Sõch* (Sage), *wos d° w(ü)llst: i gibu d? 's nist* (oder *Dös kos° nist st̃* u. dgl.), vgl. Lumtzer II ? 212. Bei gerader Wortfolge des Nachsatzes (statt *ss*, öfter mit Nachsatzstellung) tritt besonders der kondiz. Sinn des Imperat. zurück, namentlich, wo der beide Sätze verbindende Ton fehlt, vgl. *Menge einen Schuß Pulver in Mistlacken, gib es* (dem Vieh) *ein, es hilft* Rieber Bauernrezepte S. 9 N. 9; über kondiz. Sinn des Part. Prät. vgl. unten zu S. 156 ? 174, 3.

S. 39 zu *g*) *γ*): gelegentlich wie öst. auch mit *müssen* oder *können*: *D° Tü? gäiht scho äf, mouß? nes fest dsdruckn* (auf die Klinke); *I kinnt unnon Heryott dm Bugl ho(ß)m, ss känn? t t̃ nist ännscht ris(d)n* (Ra. zur Beteuerung der Aufrichtigkeit). Über eine verballose Form der Bedingung vgl. ? 578, 1 d.

S. 39 nach *γ*): *δ*) Doppelgliedriger Konzessivsatz (*ob — oder*) kann durch eine HS-Form ersetzt werden: *I ho well'n owa niad* Lorenz S. 10 (= *ob I gwellt ho od? nist* = ich mochte wollen oder nicht); vgl. *Döh du breamelst und greinst, As is spat odä frua* Stelzhamer Ma. D. I 83 N. 34 1 12.

ε) Über Exzeptivsätze in HS-Form mit *äß?, äß? denn* (so besser als *d. dem*) = außer wenn ? 93.

S. 40 Z. 2 ff.: vgl. Ammann VS II 130 Z. 27. Goethes M. Br. II 150 N. 82.

S. 40 zu ? 56, 1: über den Ersatz abstrakter Substantiva durch Sätze vgl. S. 229 Anm. 4 und S. 230 Anm. 2. Lumtzer II ? 217.

S. 40 zu ? 56, 2: andere Fälle der Appos. ? 366.

S. 41 Z. 4: formelhafte Folgesätze: *feuchn, däss st d? Himml boigt* (biegt), bes. Androhung von Prügeln: *I gi d? r ? pås* (Schläge), *däss d° unt? n Tisch st̃oigst* oder *däss di ümandüm drähst* u. dgl., vgl. O. Weise HLZ II 40. (Ähnliches auch öst.)

S. 41 zu ? 57: Übergang von der demonst. zur rel. Bedeutung von *der* (Wunderlich Satzbau II 290) nur in älteren Quellen: Eger. Achtbuch I 239 N. 5 *Ich han in die echt bracht herrn Cunraden von Neyperch . . . umb das si vlrichen den Murren han vom leben zo dem tode bracht* (dagegen ebda. S. 240 N. 6 an ähnlicher Stelle *dar vm. das*, S. 242 N. 23 *vm das, das*); vgl. Ammann VS II 78, 4 f. *um daß*.

S. 42 zu § 57, 1: Unterordnung durch den verbindenden Ton allein, mit Nachsatzstellung des zweiten Satzes, in Ausrufen: *H'oi läng wird 's däum*, (*s*) *is d*i *Wints däu* (auch öst.; vgl. Joachimstaler Christspiel Mitt. XVIII 321): stärkere Unterordnung mit Verschiebung des Pronomens und der Wortstellung im Ausruf: eine Salbe, *so sie aber nicht angenohmen und gesagt, traß ihr Vatter Sagen würde* = Was würde mein V. (dazu) sagen! Egerer Gerichtsprot. v. J. 1679 UE V 6, und so noch heute: aber ähnliche Unterordnung auch in einfachen Aussagen: *Dondlä* (neulich) *säi-w-i äf s Feld, künnt d*i *Müllr dohts*; auch öst. möglich.

S. 42 Anm. 2: ebenso südböhm., Ammann VS I 124, 14; vgl. ebda. Z. 16 f., altbayr. Schwäbl § 117, 1 *b*.

S. 43 zu § 57, 4: auch Eger. Stadtges. v. J. 1400 S. 16 N. 38 *als oft und*, S. 22 N. 80 *so verren und*, S. 25 N. 110 *alle die weil und*; vgl. Eger. Chron. S. 292 Z. 13 v. u. S. 298 Z. 11. S. 314 N. 1140 Z. 4 f. S. 321 Z. 6 f. v. u. u. ö.

S. 43 zu § 5: *denn weil* auch bei Rosegger Das Buch der Novellen II¹ (1888) S. 325.

S. 43 Anm. 2: vgl. Zimm. Chrou. I 438, 38. 439, 3.

S. 44 Z. 1 ff.: auch in Wunschsätzen mit *wenn*: *Wenn des sus gschäit wä u gäng nist däs!* = und nicht hinginge!, in Frage(Ausruf-)sätzen: *Wes koš wism, wes r als sougschäut häut u rädt äffs in d*i *gänzn Stoi drvos r üm?*, vgl. Weise § 286.

S. 44 Z. 2 f. v. u.: Artikel vor *welcher* auch bayr.-öst. Schwäbl § 75, 1. Schatz § 146. Lessiak § 155: schwäb. Fischer II 156 D I 4.

S. 45 Z. 1: besser: *wölchms* einerseits > *wéchms*, andererseits > *wölbrs* Gradl MW 397. 480. *Was* in kurzer Frage auch *wö* vgl. § 75 (zur Entstehung Behaghel Gesch. d. d. Spr. § 220).

S. 45 Z. 9: *Was* auch = *wozu*: *Wos wis r è däu läng ümläu*; vgl. Ammann VS I 132, 5 f. Über den Gen. § 481. 258 *a*.

S. 45 Z. 12 f.: über unverändertes *wos* auch Schwäbl § 75, 3 (vgl. 74, 3). Lumtzer II § 171. Weise § 123.

S. 45 Anm. 4: vgl. Weise § 126.

S. 45 Anm. 6 Anfang: Neubauer Id. S. 106; vgl. ferner Nagl Romad S. 95 zu V. 109 (*s'wäiŋ wäi*). Schwäbl § 75, 3. Khull 623. 658. Lessiak § 155 (*firawä* < *für ein* [?] *wiu*). Petters III, 11.

S. 45 Anm. 9 Schl.: bei Urban Allad. G. S. 178 fragt jemand einen Begegnenden *H'äu is u wäu a(n)?*

S. 46 Anm. 2 Z. 5: *wos* = *als* auch altbayr. Schwäbl § 65, 4 (hier auch in anderen Bed. ebda. § 115), lus. Zingerle 57.

S. 47 zu § 63, 1: vgl. Reis II § 31. Weise § 35 (eg. auch noch volles *denn* in Fragen). Trebs § 45.

S. 47 Anm. 4 Anfang: vgl. Frommann zu Grübel 108 *a*. Schwäbl § 116. Weise § 129 f. Schleicher 63.

S. 49 zu § 64 Schl.: Hieher gehört das § 75 erwähnte *we?* (auch *wos? wäi?*, vgl. Weise § 39); mit einleitender Konjunktion: A. *Wäi s kndippt* (= die Kneipp-Kur gebraucht). B. *Wäi s wos?* Über direkt fragendes elliptisches *wärum?* vgl. auch § 579. Indirekte ellipt. Fragewörter in Fällen wie *Es künnt murgn, wenn* (= wann), *häut s nist gisgt* wie in der Umgangspr.; über *Wunns* (oder *waiß*) *wos* § 29 u. Nachtr., vgl. S. 441 Anm. 1.

S. 49 zu § 65: Ammann VS I 99 Z. 16 f.

S. 50 Z. 12 ff.: relat. *welcher* öfters in älteren Quellen: Eger. Gerichtsprot. v. J. 1679 UE V 5 (2 Beispiele). Planer Pass. S. 98: selten in neuerer Zeit, z. B. Urban Fr. Kl. S. 59 (3 Beispiele); vgl. auch Ammann VS I 124, 23 f.; in anderen Maa. nur fragendes *welcher*: Schwäbl § 74, 1. Weise § 114. 124. Crecelius § 262, 2. 903. Schleicher 46.

S. 50 Anm. 2: angehängtes deikt. *-da* auch Schmeller Cimbr. WB 114 [176]. Lumtzer II § 160. Weise § 118.

S. 51 zum Paradigma: Der Genitiv wird durch *wo* (eg. *wäu*) umschrieben: *s Häus, wäu d'Tia* (= dessen Türe) *frisch oigstrichn is*; bei Personen durch den Dat.: *d*i *Mos, dem wos d*i *Bou* (dem der Knabe = dessen Knabe) *gstur(b)m is*; oder durch Koordination.

S. 51 Anm. 4: 7 u. 13 comm. indeklin. rel. *das* Schmeller Cimbr. WB 114 [176]: *der* (*die, das*) *wo* auch nordböhm.-schles. Tiere Heimt I 31 (Wind.-Kamnitz).

S. 52 Z. 19 f. v. u.: ebensowenig auf *du*; eher auf *ihr* § 526; vgl. Reis II § 30.

S. 52 Z. 7 v. u.: *was* = seitdem auch nordböhm.-schles. Knothe WB 537.

S. 52 Anm. 3: und altenburg. Weise § 121.

S. 53 Anm. 1: 7 und 13 comm. *Got, beme ist kon Ding impossibel* Schmeller Cimbr. WB 110 [172].

S. 54 Anm. 2: solches *was* auch altenburg. Weise § 121.

S. 54 Anm. 3 Anfang: Gradl MW 535, vgl. Trebs III.Z IV 22 § 15, 7. Spieß 54.

S. 55 Z. 5 f. v. u.: korrel. *was* — *der* u. ä. § 73: *wer* — *das* § 462, 2.

S. 55 Anm. 1 Anfang: auch in den Sechsämtern *der wau* (neben *d, was* und *der*) Wirth § 40, rel. *wo* Schwäbl § 74, 2. Zingerle 15. 58. Fischer II 157 B III. Lenz S. 55. Crecelius 920. Meisinger III.Z II 263 § 41. O. u. I. Hertel ebda. III 114. Spieß 52 f. Schleicher 46. 63.

S. 56 Z. 5 ff.: vgl. die ergeb. Hausinschrift Mitt. XXI 278.

S. 56 § 81: ähnlich *wer 's däläbt* (*Dös wird mäl 3 schäins Wold, w. 's d.*, vgl. Weise § 120); *wer 's gibbt* S. 49 Anm. 1: *Dös is 3 schäi~s Häus, wern dös ghäist* etwa = Derjenige, dem d. H. g., hat sich da ein sch. H. gebaut; vgl. Weise a. a. O. u. § 208. Andresen Sprachgebrauch S. 318 f.

S. 56 Anm. 1: dieselbe Attraktion Nagl Roanad S. 62 zu V. 60. Weise § 59.

S. 57 zu § 82 Schl.: *wos é (s) hos* was ich (er) kann = nach Kräften (z. B. laufen, nordböhm. fragend *wos hosto, wot konnste* Tieze Hejmt I 47 Schönlinde; Weise § 38. 121); *wes no² gred* — *häißt, z.* B. *fil* (faul), *w. n. g. fil h.*

S. 57 Anm. 2: *wie* Schwäbl § 114. Lumtzer II § 208. 215.

S. 57 Anm. 3: auch altenburg. Weise § 241.

S. 57 Anm. 5: über *wie dass* Wunderlich Satzbau II 325.

S. 58 Z. 5: eg. *sns bàl* und *s. b. äls*; bayr.-öst. einfaches *bald* = sobald, wann, wenn Schmeller I 233. Schwäbl § 117 b. Schöpf Tir. Id. 27. Lexer Kärnt. WB 15.

S. 58 Z. 7: *däidi, däsäidi*, auch nordböhm. *dersider, daseira* Knothe WB 506.

S. 58 Z. 12 v. u.: *seitdem was* Ammann VS II 101 7. 38.

S. 58 Z. 1 v. u. temp. *als* im Altenburg. Weise § 241; fehlt aber auch anderen Maa.: Lenz 8. Crecelius 25. Schleicher 63; *wann* (und *dann*) im Planer Pass. häufig (durch fremden Einfluß?) z. B. S. 60 (viermal *wann*, einmal *dann*); els. *wo* = temp. *als* Martin-Lienhart I 72.

S. 58 Anm. 2: hs. *wenn* = wann, als usw. Zingerle 57.

S. 58 Anm. 3: temp. und kaus. *weil* Schwäbl § 117, 1 a. Weise § 241. 249.

S. 58 Anm. 7: els. *eb daß* = ehe, bevor: Martin-Lienhart I 6 a; *daß* nach Konjunktioneu (Adv., Pron.) im Mainz. Reis II § 64, im Baselst. Binz § 78.

S. 58 f. Anm. 11: temp. u. kond. *wann* auch obhess. Crecelius 893.

S. 59 Z. 3 f.: im Nachsatz auch *dáu* (da), nie *dann* (dieses klingt auch nöst. »Närisch« Nagl Roanad S. 83 zu V. 92). Formelhafter Temporals. z. B. *äih ms té* (oder *äih té äins*) *üm̃dr̃äht* (oder *im̃schäiut*) = im Handumdrehen; nordböhm. *eeh* (< ehe sich) *enner im- und osag* Tieze Hejmt I 12 (Warnsdorf).

S. 59 Z. 7: ein älteres Beispiel für kaus. *daß* (Erkenntnisgrund) aus unserer Gegend Plan. Pass. S. 69.

S. 59 Z. 7 f.: Sätze mit *dadurch daß* werden sonst wohl auch als Modalsätze bezeichnet, vgl. § 55, 2 A S. 39.

S. 59 Anm. 6: kaus. *da* in den Sechsämtern (in *scmöl dau*) Wirth § 69 II; altenburg. selten Weise § 249.

S. 59 Anm. 7: altbayr. *nachdem* = kaus. *da* Schwäbl § 114, 1 Anm. 1, Geschichtliches Behaghel Z. f. d. U. XIV 725, 2. Meidel ebda. XV 336 f.

S. 60 Anm. 3: fin. *daß* auch altenburg. (hier selten *damit*) Weise § 250, Leibitzer Ma. Lumtzer II § 210.

S. 61 zu § 88 Schl.: *auf daß* unbekannt; statt *damit desto* mit Komp. öfter einfaches *daß*: *dä r 3 béiss läffm hos*; auch öst.

S. 61 Z. 13 ff.: andere Einl.-Formeln: *Dá ms vs r äln rä(d)n. Dä r é nöt vs r äin ins änns kumm. Dä r é rest dumm fräuck* (neben *öirs mou é scho rest dumm fräugn*); formelhaft auch *Gí nən* (Gib ihm) *3 weng* (von einer Speise), *dä nən 3 Herstrippl nist fcllt* oder *dá nɔn ɪ Gung niɪt o̊ɣäiht* ₰ 299 S. 268, vgl. in Annaberg *damit ihm*, dem Kinde, *das Goorwochs nicht abgehe* Göpfert S. 43; *Nö̆ dos Kind sisht jà ás wöi ɪ Lí(b)m — b'hàuf's Gott* (erg.: das sage ich), *dá mɔ 's niɪt vɔschrdis*: über das *Verschreien* John Sitte S. 108.

S. 61 Anm. 5: *wollen* auch altenburg. Weise ₰ 249.

S. 62 Z. 11 vor Über: Nach *gɛnug*, *satt* stets wie öst. *daß* (nicht *so daß*, *um ɪu*): *Des hàut G(ö)ld gɛmouch (ɪŏd), dá r ɪ . . . .*; *ohne daß* fehlt (dafür *aber nicht . . .*). Adverb. Formel: *dáɪs 's ɪ n Àrt hàut* = ordentlich (₰ 403).

S. 62 Anm. 9: *ɪu astɪa* vgl. Gradl MW 59. 406; sonneberg. *autor* = desto Schleicher 60, altenburg. *was dr — was dr* (neben *je — je*) Weise ₰ 246.

S. 63 Anm. 6: starke Betonung des *wie* in *w o i ⁻s dau ɪdnn* ergibt die Bedeutung *alle ohne Ausnahme*, auch öst., vgl. Nagl Roanad S. 287 zu V. 336 *wĭa̋ɪ-s̓*, 1. *Tapfer, wie er war*, u. ö. ist egerl. (ebenso öst. altenburg. Weise ₰ 244) kaum recht heimisch. Statt *je nachdem wie . . . .* rel. *dɪnàu* vgl. Druckfehler u. Der. zu S. 50 Z. 5.

S. 63 Anm. 7: *als wie* bayr.-öst. DM II 90, 7. Schwäbl ₰ 114, 2; ein Beispiel aus Goethes Faustfragment bei Wunderlich Satzbau II 391; einfaches vergleich. *als* (Martin-Lienhart I 72 ᵃ) fehlt z. B. im Sonneberg. Schleicher 63; *denn* nach Komp. nicht eg., aber noch ud. (auch *wie* nach Komp. bes. nordd.): Matthias Wiss. Beih. X 196. 197.

S. 64 Anm. 2: vgl. steir. *Gedika* u. andere Formen Khull 298; els. *Gottmersprich* u. ä. F. Martin-Lienhart I 245 ᵇ. Schweiz. Id. II 517 (handschuhah. *as Kö̆t alp̌ric* Lenz S. 8 u. Ders. Nachtrag S. 3 = *als gut er spräche*); zn *Gott geb'* Grimm Gr. III 74. Weinhold Mhd. Gr. ₰ 326.

S. 65 Z. 13 fl.: ähnliche sprichwörtliche Raa. UE V 8. 9. 10. 16. 17. 32. 33. 40. 41.

S. 66 Z. 10: Formelhaftes *woi někɪ* = als ob es nichts wäre, z. B. *Dos hiɪw ɪ̆* (hebe ich) *w. n.* oder *Dɪs gɪhht w. n.*; *tnds àls niɪt* = eher ja als nein, z. B. *Dɪs gláɪw í ɪ. à. n.* = Ich neige mich mehr znm Glauben als zum Unglauben; vgl. Ammann VS I 101, 43 f.

S 66 Z. 9 v. u.: *wofern* obhess.: Crecelius 920; auch *wo nicht* (Wunderlich Satzbau II 335 Anm.) fehlt eg.

S. 66 Z. 7 v. u.: *wo im Fall* Eger. Chron. S. 372 Z. 4 (Urk. v. J. 1534): statt *numal wenn* eg. *ɣáuɪ* (gar) *wenn*.

S. 66 Anm. 2: So vorgesetztes *wie* auch altenburg. Weise ₰ 244.

S. 66 Anm. 4: altbayr. meist *wann* Schwäbl ₰ 117 *a*.

S. 67 Z. 8 vor usw.: auch als Ausruf an Stelle der Antwort: *Ja̋ wɛnn í dö̆ɪ wí̋Bl!* (auch altenburg. Weise ₰ 41).

S. 67 Z. 15: stark betontes *dɪs* auch in der Formel *No̤ wɛnn í dö ɪ d̓ wàiB!* = Wenn ich *das* gewußt hätte! (sc. dann hätte ich anders gehandelt); zum Ind. Präs. vgl. ₰ 178, 1. In Bauern-Rezepten (Rieber S. 9 N. 9 *Wenn ein Stück Vieh den kalten Brand hat*) ist wohl das folgende Rezept (*Menge einen Schuß Pulver* usw.) als Nachsatz gemeint.

S. 69 zu ₰ 101: auch mit *dáu*, das aber meist etwas von seiner lok. oder temp. Bedeutung behält; in Plan auch *nàchɪ* < nachher (auch altenburg. Weise ₰ 240).

S. 69 Z. 20 f.: einräumendes *so — als* Grüner S. 110; altenburg. gleiches *so — wie* (*wɛr auch immer* u. dgl. noch hier fast nicht üblich) Weise ₰ 248; *was auch* z. B. in der Leibitzer Ma. Lumtzer II ₰ 212.

S. 70 zu ₰ 103: auch ohne Betonung des *wenn*: *A̋, wɛnn í 's d̓ niɪt sihh!* (so liegt nichts daran); *A̋, ob í dö̆ɪ sihh r ɔdɔ niɪt!* Kaum echt mundartlich ist *wenn auch* vor einem einzelnen Wort (z. B. *wenn auch ungern*).

S. 70 Anm. 7: *wo, w. doch* auch altenburg. Weise ₰ 248.

S. 70 Anm. 8: über *daß* im Nost. Nagl Roanad S. 350 ff. zu V. 370 *dás*; 7 u. 13 comm. *as, ad* = daß und *wenn* Schmeller Cimbr. WB 114 [176].

S. 71 Anm. 3: oöst. Stelzhamer Ma. D. I 104 N. 51, 67 *und jdwohl, dass d̓ sdmt.*

S. 72 Anm. 6: *daß* als Rel. auch altbayr. Schwäbl ₰ 116, 4 (ebda. 3 die anderen Verwendungen von *daß*).

S. 74 zu ₰ 113 Schl.: ähnlich nordböhm. Tieze Hejmt I 89 (Wind.-Kamnitz). Goethes M. Br. II 112.

S. 74 Satzverschl.: Häufiger *Wau mäi⁻st* (meinst) *dɪnn, dá r í gwist bin* oder *Wos m. d., wàu í ɣw. b.* als *Wo meinst du, wo ich ɣɛw. b.* (so altenburg. neben den beiden anderen Fügungen: Weise ₰ 127. 129. 130).

S. 75 zu § 114 Schl.: *wissen* mit folgendem Fragewort und Infin.: Paul Prinz. S. 135 (spät-lat., rom., engl. Parall.).

S. 75 zu § 115: ein älteres Beispiel eines Anakoluthes Eger. Stadtges. S. 28 N. III 4.

S. 76 Anm. 2: Wirth § 70. Schwäbl § 69 Bes. Bem. 3. Lessiak § 151. Treba HLZ IV 30, 6. Maurmann § 221 Anm. 3; andere Lit. bei Weise § 83 Anm.

S. 77 Anm. 2: Wirth § 71. Weise § 34.

S. 77 Anm. 3: stannendes *d* Fischer I 1. Martin-Lienhart I 1 ª. Schweiz. Id. I 1. Weise § 34. Crecelius 2.

S. 78 Z. 2 f.: auch *d seho!* John Oberlohma S. 186 (ohne nähere Bedeutungsangabe).

S. 78 Z. 7 f.: nicht nasaliertes *a-a* in gleicher Bed. obhess. Crecelius 2, ähnlich Sonne-berg. Schleicher 37; els. *e-a* = eg. *di-di* Martin-Lienhart I 1 ª.

S. 78 Z. 12 v. u.: *i* auch obhess. (Verwunderung und Freude) Crecelius 473.

S. 78 Anm. 1: nöst. *d'-ka!* = beileibe! was dir nicht einfällt! Nagl Roanad S. 249 zu V. 288 *d'*; vgl. Rosegger Die Älpler* S. 340 *ah 'ih* (ich)! sc. bin das angebotene Brot nicht wert; verneinendes *d* schwäb. els. Fischer I 1. Martin-Lienhart I 1 b.

S. 78 Anm. 2: *ah bah* nicht eg., aber anderwärts: Martin-Lienhart I 5 ª. Lenz 8.

S. 78 Anm. 3: *ech* auch nordböhm. Tieze Heimt III 29 (böhm. Schweiz).

S. 78 Anm. 4: altbayr. *bebe, gaga* Schwäbl § 120, schwäb. *bäbä* Fischer I 549, els. *ä, ä-ä* = Notdurft, und verneinendes *ä* Martin-Lienhart I 1 b, vgl. Fischer I 2, obhess. *ä* (Ekel) oder *bä, bäbä, bäks* Crecelius 2. 76, vgl. Goethe Satyros (W. 16, 80, 74) *Pfui, was ist das ein ä Geschmack.*

S. 79 Z. 4: zu *o* Wunderlich Satzbau II 99 Anm.

S. 79 Z. 10: els. ohne l'ron. *o Elend* Martin-Lienhart I 3 b.

S. 79 Anm. 2: *o, ou(ll)* Lenz 33, *ou(tsch)* Crecelius 53, *auka, aub(e)* Göpfert 36.

S. 79 Anm. 3: verwundertes und bewunderndes *au* Fischer I 353.

S. 80 Z. 1: *ei, ai* Martin-Lienhart I 3 ª. Weise § 34. Crecelius 326; vgl. Wunderlich Satzbau I, XXI.

S. 81 Z. 11 f.: auch *ui Straisl* John Oberlohma S. 186; obhess. verwundertes *ui, hui* Cre-celius 834.

S. 81 § 123 Schl.: auch *ui-di* = *ei ei* John Oberlohma S. 186. Wirth § 71.

S. 81 Anm. 2: obhess. *aiai* Crecelius 21; erzgeb. *heizen* liebkosen Göpfert 44; vgl. School HLZ I 211 *d* (denkt an ahd. mhd. *eidi, eide.* Mutter, schwerlich richtig).

S. 81 Anm. 3: els. *oi* (Schmerz), *ui* (Freude, Angst) Martin-Lienhart I 3 b.

S. 82 Z. 12 v. u.: *Hui-Moi* Lorenz S. 9. Urban Erzg. Ztg. XVII 140. John Sitte 99. 180.

S. 82 Z. 10 f. v. u.: auch *dauts* = da halt ihr! Lorenz S. 18.

S. 82 Z. 6 v. u.: ein'aches *ho*: beim gemeinschaftlichen Heben einer Last, z. B. beim Anf-ziehen des Rammklotzes, *hō—r u c k!* John Oberlohma S. 185; Ra. *Asswentl hui, innsventi pfui.*

S. 82 Anm. 3 zu *sē*: Schwäbl § 69 Bem. 3. Nagl Roanad S. 106 zu V. 136 *gschiä'chd* (mit abweichender Erklärung). Kholl 588.

S. 83 Z. 4 f.: altbayr. *han'ts* und außerdem *fats, nan'ts, sots Kinder!* = ja, nein, so, ihr K.! Schwäbl § 69 Bem. 3.

S. 83 Anm. 1: els. *hene* (< *ha na, he nu*) als Frageanhängsel: Martin-Lienhart I 289 b.

S. 83 Anm. 2: sonneberg. vorgesetztes *hä* Schleicher 63.

S. 83 Anm. 4 Schl.: ohst. *djä (ejä), hänad* auch bei Stelzhamer Ma. D. I 58 N. 14, 3. II 202 N. 31, 13.

S. 83 Anm. 6: els. *aha* bei Aufklärung eines Zweifels, *ähä* (Kindersprache) = ja: Martin-Lienhart I 25 ª, vgl. Schweiz. Id. I 161 f. Fischer I 119.

S. 84 f. Anm. 5. schles. *bubu* Weinhold Schles. WB 13, vgl. DWB II 199.

S. 85 Z. 9 f.: *jē* (auch Überraschung) klingt oft wie Abkürzung von *Jässss!* (§ 144 S. 106).

S. 85 Anm. 3: *oha* vgl. Stelzhamer Ma. D. II 57 N. 30, 329 f. Ammann VS II 94, 7 f. Schwäbl § 118. Martin Lienhart I 3 b. Schweiz. Id. I 22.

S. 86 § 127, 3: altenburg. *hm* (Mitteilung zwischen *ja* und *nein*) Weise § 36.

S. 86 Anm. 3 Schl.: vgl. mhd. *schoch* Lexer II 765; obhess. *schuch* Crecelius 727 (zu *scheuchen* nd. *schuschen* gestellt).

37

S. 87 Z. 4 f.: vgl. § 125, 3; *m-m* (‿ ‒, mit Kopfschütteln) = nein, auch altbayr. (neben *mäm*, faules *ja*) Schwäbl § 118, handschuhsb. Lenz 14 (hier neben *mäm* ‒ ‿ = ja, *mäm* ‿ ‒ = ab so!).

S. 87 zu § 127, 5: ergeb. *bisten* Göpfert HLZ. I 45.

S. 87 zu § 129: Ammann VS I 9, 22 f. S. 10, 23 (*e mich, ach mich*). S. 30, 29 (*l'fuy dich*). S. 11, 16 (*e wehe meines armen Herzens*).

S. 87 Anm. 2: *ätsch* Weise § 34. Lenz 10 (= pfui). Crecelius 50. Kegel 211 (*itsch, itsch-ätsch* u. ä.), altbayr. *älschtsdocks, elecksl* Schwäbl § 118; Mareta Proben II 39 belegt außer *schlecka'ba'tl* auch *Schleck-schleck!*, steir. *Schleckerbatwl* oder-*bartel* Khull 542.

S. 88 zu § 130 Schl.: eg. *ts-ts-ts* mit eingezogenem, saugendem Atem gesprochen = mitleidigem *äi-äi!*, ebenso altbayr. Schwäbl § 119.

S. 88 Z. 12 v. u.: in Theusing *pouts-ö* (‒⊥ ‒‿) für Knallen und Fallen; Manul 25; anderes handschuhsb. (*po)pouts* ‒ mhd. *butw* Lenz 37; dazu eg. *pitsch-patsch* (Klatschen der Peitsche.)

S. 89 zu § 131 Schl.: Weniger Lautnachahmung a's wirklich beim Niesen erzeugter Laut ist *hätschi, hätti* (ähnlich in ganz Deutschland; franz. *atchi*, engl. *tishoo* Lenz Nachtrag 9. Martin-Lienhart I 392. Schweiz. Id. I 627).

S. 89 zu § 132 Schl.: eg. *Gingelingging* ‒ ‿‿ ‒, das Gebimmel kleiner (Haus)Glocken (auch im Kinderspiel: *G. wes r is dräss?*, ähnlich oöst.)

S. 89 Anm. 9 Schl.: im Saazer Land *Gá'ga nas* Wilhelm Erzg. Ztg. XVII 128.

S. 90 Z. 1 v. u. und Anm. 9 und zu S. 283 Z. 3 ff.: Theusing. auch subst. *der Bäs. Der Stuben-B.* = ein in der Stube aufgezogenes Lamm, dann Stubenhocker, Muttersöhnchen: Manul 16 f. (Sonneberg. *bets* = Hammel; Schleicher 37); eg. *Bätlö* auch = Blüten z. B. der Haselnuß (vgl. schwäb. *bilt* Fischer I 568, obhess. *Lemmerche* Crecelius 532, osterl. *mötschaffm* Weidenblüten Trebs 4 Anm.) gegenüber schriftl. (Blüten-)*Kätschen* und in ähnlichem Sinne z. B. 7 und 13 comm. *Kettle* Schmeller Cimbr. WB 134 [196], ergeb.

S. 90 Anm. 1—4: *gatsch, piep, bud (budala)* auch im Saazer Lande: Wilhelm Erzgeb. Ztg. XVII 127 f., für Hühner: schwäb. *bibi* (und *gluck*) Fischer I 1093, handschuhsb. *pip-pip* Lenz 36, obhess. *bibi* Crecelius 158, steir. auch *Pusterl, Wuserl* Khull 126. 132.

S. 90 Anm. 6: vgl. Neubauer Erzg. Ztg. X 273. Schmeller auch I 1781; für Gänse: wetterau. obhess. Crecelius 162, um Eichstätt Weber HLZ V 185 N. 690, handschuhsb. Lenz 19 (*kus*). 55. *Hussala, Wiwala* auch im Saazer Land: Wilhelm Erzgeb. Ztg. XVII 127.

S. 90 Anm. 7 Z. 3: zu *tischtasch* Schmeller I 628 (*tischtascheln*).

S. 90 Anm. 7 Z. 5: zu oöst. *Reideiniania*: eg. *Keiti-Keiti hear* oder *Fink, Fink, reitich hear* (der andere »grölzende« Finkenruf, der mit heißerem Laut schlechtes Wetter ankündigt, lautet *Götsch* oder *Pots*) Urban Allad. G. 138. Erzgeb. Ztg. XIII 220 Anm. 12: der Finkentriller heißt daher auch *der Keiter* (auch schles. Weinbold Schles. WB 77, vielleicht = *Keiter* zu mhd. *reiden, reide* Wendung, Wirbel), vgl. Fr. Tb. Vischer Auch Einer S. 516 *Buchfinken schmettern ihr Keitersignal*; zur lautlichen Nachahmung der Tier-, bes. der Vogelstimmen vgl. noch Wilhelm Erzg. Ztg. XVII 127 ff. Nagl Roanad S. 194 zu V. 229 *wildwägl*. Crecelius 27. 668. 672. 773. Regel 200. KHM II 342 ff. N. 171, S. 347 N. 173. Laube VÜ 77. Alois Fietz Deutsche Arbeit (Monatschrift) I 975. G. Schöner HLZ IV 112 f. H. Benkow Die Woche, 1902, S. 1640 f. Meyer DVK 267. W. Wundt I 1, 257 f.

S. 90 Anm. 9: für Schafe steir. *lele* Khull 437.

S. 91 Z. 3 v. u.: *ks-ks* auch in Verbindung mit *l'uteweg* wie im Saazer Lande: Wilhelm Erzg. Ztg. XVII 128.

S. 91 Anm. 1: für Schweine: *tschuk* auch im Saazer Lande: Wilhelm Erzg. Ztg. XVII 130; auf dem Vogelsberg *sick* (Schafe) Crecelius 779 (der es als Imp. von *schen* faßt, kaum richtig); altbayr. *susu, lulu* Schwäbl § 119, 2, steir. *putsch(erl) pantsch(a)* Khull 48. 126, obhess. *wuds* Crecelius 928.

S. 91 Anm. 2: für Katzen ähnlich im Saazer Land: Wilhelm Erzgeb. Ztg. XVII 128 f., ergeb. Göpfert S. 21; handschuhsb. *mi,ns* Lenz 31 (der an mhd. *minne* denkt); andere Formen noch bei Crecelius 593 (hier 933 auch *si si, dschi dschi* für Katzen).

S. 91 Anm. 3: *miihaha* für Pferd im Sonneberg. Schleicher 37. Zusammens.: handschuhsb. *hötikaits* (Gäulchen), *khü-moksls, mums-* oder *mi,ns-khttsl, wals-hans* Lenz 18 (mit Verweisung auf Schillers *Hottegaul*). 23. 31. 55, obbess. *Mähllmmchen, Muhhuh, Muhham-mel* Crecelius 572 f. 605.

S. 91 Anm. 4: schwäb. *bsbsbs, bswrws* für Katzen und Hunde: Fischer I 1482.

S. 91 Anm. 5: Farbennamen: auch *Bläsch* (oder *Bläss* Mannl 20, mhd. *blasse* weißer Stirn-fleck), *Gscheck*, mhd. *scheckt*, vgl. S. 267 Anm. 1: Namen nach dem Geburtstag oder -Monat wie *Montag, Horni, Laubi* (Meyer DVK 135) eg. minder häufig; Menschennamen (vgl. § 286, 1): handschuhbah. *Peter* für Gänse Lenz 20. *Da da* auch bayr. schwäb. schles. Hundelockruf Schmeller I 475. Fischer II 12. Weinhold Schles. WB 13. Zum Ganzen vgl. noch John Oberlohma 136. Sitte 207. 217 ff. J. Köferl UE XI 107. Wilhelm Erzgeb. Ztg. XVII 125 ff. Schwäbl § 119. Stelzhamer Ma. D. I 152 N. 6. J. Satter Volkstüml. Tiernamen aus Gottschee. Gottschee 1899. O. Glöde Z. f. d. U. V 741—749. VII 115—126. E. B. Taylor Die Anfänge der Kultur (deutsch v. J. W. Spengel n. Fr. Poske) Leipzig 1873, I 177 ff. 205 ff.

S. 91 Anm. 8: handschuhsh. *hus* (Wegtreiben der Gänse) Lenz 19.

S. 91 Anm. 9: Saazer L.: *gsch, gsch, huckscha 's Hühnl* Wilhelm Erzg. Ztg. XVII 128; altbayr. *ksch* Schwäbl § 119; 7 und 13 comm. *schua* Schmeller Cimbr. WB 167 [229].

S. 92 7. 6 v. u.: *prrr* oder *prrrhd*; obhess. tieftönendes *brr* (Halteruf für Pferde) und hoch-tönendes *rr* (Lockruf für Schafe) Crecelius 211; über die nordböhm.-schles. *Prr-Wurst* Knothe WB 149.

S. 92 Z. 4 v. u. *wüs-hott*: auch *prr h o t t* (häufig um Plan beim Ackern zu hören.)

S. 92 Anm. 1: *Gauda-gauda* als Nachahmung des Trothahnes auch im Saazer L. Wilhelm Erzg. Ztg. XVII 130.

S. 92 Anm. 2: els. *hoi* Martin-Lienhart I 290 ª.

S. 92 Anm. 3: steir. *wist, wistahä, wistaha!* = links! Kbull 637 (dagegen Formen mit *h* in anderer Bed. ebda. 350. 321, vgl. els. *ho* als Halteruf, *hoho* = Langsamer! oder An-ziehen! Martin-Lienhart I 290); *wistohaa* ebenso um Eichstätt Weber HLZ V 184 N. 680, altenburg. *wistu* Weise § 34, 2, obhess. *wist* Crecelius 920; *här* und verwandte Rufe Crecelius 450. Lenz 15.

S. 92 Anm. 4: zu *hott* noch Kbull 351. 154 (*tihott*). Weise § 342. Lenz 18.

S. 92 Anm. 5: eg. auch *houf s'ruck* John Sitte 207; um Eichstätt *hüf, hü-ä(f)* Weber HLZ V 152 (ohne *f* auch im Saazer L. *hui* Wilhelm Erzg. Ztg. XVII 129), steir. *hof* Kbull 351 (dagegen *helf* im mittl. Murtal = rechts! im Raabtal = links! ebda. 340), in Ruhla *hüf* Regel 208.

S. 92 Anm. 6: im Saazer Land *wia* Anruf zu langsamem Gehen; *ja* zum Laufen: Wilhelm Erzg. Ztg. XVII 129; *jü, jö* auch obhess. Crecelius 491, els. *hu, hü* und *ji, jü* Martin-Lienhart I 290. 401 ª, handschuhsh. *hip, hilt* n. ä. Lenz 17. 19; *tschahi, tschihi* auch im Saazer L. Wilhelm Erzg. Ztg. XVII 129, steir. Kbull 178.

S. 92 Anm. 7: steir. *oha* für Rinder, *ohöt* für Pferde: Kbull 483; els *oha, ô* Martin-Lien-hart I 3 ᵇ; obhess. *ôhä* für Rinder, *ôhi* für Pferde : Crecelius 636. Steir. Hirtenrufe Kbull 146 Für d. Niederd. vgl. W. Rimpau Corresp. Bl. f. nd. Sprachf. 1899/1900 S. 54, vgl. ebda. S. 32 und Holthausen S. 109 N. 7 III Anm. zu V.I; zum Ganzen Weinhold Schles. WB 37 (mit einem Logau'schen Gedicht und einem lat. Vers über diese Befehlrufe.)

S. 93 Anm. 1: els. *sie bubais* Martin-Lienhardt I 3 ª, vgl. Schweiz. Id. I 19; steir. *Heidel* f., *Heiderl* n. = Wiege Kbull 336, Sonneberg. *hcia(la)*, *bria(la)* in ders. Bed. Schleicher 37.

S. 93 Anm. 2: zu *hutschn*; *Hutschn* f. = Schaukel (*hotze, hotsche* in der Düring. Chron. d. Joh. Rothe Lexer I 1345); Bildungen auf ō (< mhd. -d) in den Hirtenrufen A. *Uidi-ō, Käil-ō, hàust ẑnn du gout höi(d)n* (hüten) ō? *Käil ui-ō.* B. *Uidi-ō Girgl-ō, ih ho scho gout höi(d)n ō. Girgl ui-ō!* EV II 43 N. 41. John Oberlohma S. 136.

S. 94 7. 2: *Troudi*-Melodieen EV I N. 42. 42.

S. 94 zu § 136: über die ursprüngliche Bedeutung von *ja* und *nein* Delbrück S. 141 f. *Cha* in Asch, Schönbach und im Vogtl., *Aä* in Asch, Roßbach, Schönbach, Theusing : Gradl MW 581. 582, vgl. ebda. 27. 28.

S. 94 Anm. 1: in Plan auch *Räis Räis Ringels* oder *Ais Ais R.*, in Abaroth *äua äua ringa* oder *ringa ringa rdua* Uhl UE IV 59.

S. 94 Anm. 1 Schl. vgl. noch K. Schmidt Z. f. d. U. XV 208 f.

S. 94 Anm. 2: altbayr. *ja, jà* (bäurisch im Enkl. *i sàg's-jà* auch bürg.), *jo* (auf ver-neinte oder zweifelnde Frage) Schwäbl § 104; erzgeb. *jü* (= mhd. *joh, jö*), *jää* Göpfert

S. 45: handschuhsh. *ja* (auf eine bejah. Frage), *jo* (auf eine verneinende) Lenz 19; andere Abstufungen Martin-Lienhart I 400 f. Schweiz. Id. III 1. Treba 9 § 13. Weise § 36. Schleicher 60. Pfaff PBB XV 185; A-Formen vogtl. E. Gerbet S. 2, nordböhm.-schles. (A- neben j-Formen) Knothe WB 46.

S. 94 Anm. 3: els.-schweiz. Abstufungen Martin-Lienhart I 774 b f. Schweiz. Id. IV 759, westerzgeb. Gerbet HLZ. I 132 § 21.

S. 95 Anm. 2: *ja nein* auch els. Martin-Lienhart I 400 b, altenburg. Weise § 37.

S. 95 Anm. 3 Schl.: obhess. *scha, schå* (= ja) als Einleitung der Rede: Crecelius 712.

S. 96 zu § 137, 7: vor- und nachgesetztes, aber auch eingeschobenes *ja* entspricht wohl dem ateir. Einschiebsel *haltja* Khull 323.

S. 96 Anm. 1: begründendes *å* < *jå* auch in den Sechsämtern: Wirth § 69, 5.

S. 97 zu § 137, 8 *b*: nönl. *i moa* *schau* = immerhin : Nagl Ronsad S. 317 γ ꝛ.

S. 97 zu § 137, 8 *c* β *doch ja*: Goethe Br. 16, 175, 9 f.

S. 98 Z. 10: altenburg. *ei ja* (ir.), *ei jo* (ernst) Weise § 37.

S. 98 Z. 8 v. u.: altenburg. *jåjå, nini* Weise § 36. 37; eg. *jajå* wie in der Umgangspr. auch vor elegischen oder resignierten Ausrufen: *Jåjå, sus göiht's!*

S. 98 Anm. 1: über *a wol* W. Horn in Nagls DM I 224. Hintner ebda. 231. Lenz 9 u. Ders. Nachtrag 3.

S. 98 Anm. 2: iron. *nein* im Nönl. Nagl Ronsad S. 311 zu V. 342 *c*; nie iron. ist egerl. *no nå*, altenburg. *nu nein* (*nt*) Weise § 37.

S. 99 Z. 16: wegen dieser Betonung (— ‿) heben sich wenigstens gegenwärtig *i-jå, n-ni* von der emphatischen Konsonantenverstärkung des Anlautes ab (*du Lllump! du vifflouchtn Kerl!* vgl. Nagl Ronsad S. 345 zu V. 368 *nån schinlå* 4, *a*. Schwäbl § 104, der *n-nan* so auffaßt). Vorgeschlagenes *i* (vor *jå, nein*), *n* (vor *nein*) auch altbayr. Schwäbl a. s. O., handschuhsh. Lenz 19. 31. 33, erzgeb. *iš* (gegenüber einfachem *jö*) Göpfert 45.

S. 99 § 140 Schl.: *Nå dån* als »gedehntes« Nein bei Stelzhamer *D'Åhnl* 485 Ma. D. II 106.

S. 100 Z. 5: zwischen »eifrig bejahendes« *i-jå* (-*nå*) tritt gerne *Gott, Jåsss*: *i-Gott(J.)-jå* (*nå*), selten einfach *Gott ja*, dagegen oft *Jåsss jå*.

S. 101 Z. 9: teilnehmendes *ach ja* (*nein*) auch altenbrrg. Weise § 36. Nicht egerl. ist dagegen *Ja doch!* (Ders. ebda.) sowie einfaches *doch!*: ja.

S. 101 § 141 Schl.: Dazu verneinendes *m-m*, vgl. oben zu S. 87 Z. 4 f.

S. 101 Anm. 2: *aber!=ja* auch obschwäb. Fischer I 17.

S. 102 Z. 4 ff.: dazu *Nö åbmål!* als spöttische Bejahung von etwas Selbstverständlichem, das angezweifelt wurde, auch altenburg. Weise § 36; über *Frải!* vgl. auch S. 504 Anm. 5; einfache Billigung noch durch *Dås låu* (lasse) *s ms å-rix(d)n!* oder *Dås is s Kind!* (ähnlich Köln., *Dat soll e Wört sin* Boll Z. f. d. U. XV 772), wohl auch durch *I nö* (oder *Nö so*) *vs wå r son nist!* Warum denn nicht!

S. 102 Z. 18 f.: außer *Gott sei vor* auch *Goppswås* < Gott bewahr' (nicht einfach *Bewahre!* *Behüte!* Weise § 37); *Warum nist gåu* auch mit dem Zusatz *m Råusch* (wie altbayr. Schwäbl § 118); *Gott b.* und *Warum n. g.* auch öst.

S. 102 zu Anm. 3: *nu oben* auch altenburg. Weise § 32; erzgeb. einfaches *noo* (*nonoo*) = ja : Göpfert S. 50.

S. 103 Z. 4: dazu *Ows dåu!* und *Nö o. d.!* (Nun) Aber da! (Verwunderung). *Nå ows sus wos!* (mißbilligendes Erstaunen).

S. 103 Anm. 1: über schwäb. *aber!* Fischer I 17.

S. 103 Anm. 10: *noch = noch einmal so* auch altbayr. Schwäbl § 103 Anm.; wie anderwärts (s. B. bei Grimmelshausen Wiss. Beih. VII 82 Z. 56) auch im Plan. Pass. S. 92.

S. 104 Z. 10 v. u.: *nez* oder *nes* (sekund. nalasiert) Gradl MW 425.

S. 104 Anm. 2: beschwicht. *nun* auch altbayr. Schwäbl § 103.

S. 104 Anm. 3: *nonoo* drohend erzgeb. Göpfert S. 50.

S. 104 Anm. 4: zu *nö* (altbayr. *nan, nu,* beides = nun, nur: Schwäbl § 103) vgl. Nagl Ronsad S. 289 f. zu V. 338 *nå*; zu *ockert* Martin-Lienhart I 13 b f. (*Eckt*). Schweiz. Id. I 82. Hausenblas 26. Weinhold Schles. WB 66. Crecelius 638. Regel 78 und Grimm Gr. III 113. 663.

S. 104 Anm. 5: dem südd. *nur* entspricht nordd. *man* Weise ⸗ 33.

S. 105 zu ⸗ 144: vgl Delbrück S. 144 f.

S. 105 zu 1. Vokative: *dudū!* als Warnung (wie osterl. Trebs HLZ IV 29 *k*); *Mⁱ Löiwⁱ* fordert in gemütlicher oder ironischer Weise zur Aufmerksamkeit oder zur Verwunderung über die folgende Mitteilung auf (auch nöst. Nagl Roanad S. 147 zu V. 180 *Kẽwä*); eg. ungebräuchlich *mein Mensch!* (Rosegger Geschichtenbuch des Wanderers I 98, als Anrede an einen Knaben). Eg. *Männⁱ!* (selbst als Ausruf von Kindern und von Mädchen in ihrem Kreise) auch humoristisch erweitert *M. u Sennⁱⁱblättⁱ* (Verwunderung) Urban Erzg. Ztg. XVIII 247.

S. 105 Anm. 6: *Ei Leuⁱ u Kīⁿa* auch erzgeb. (Joachimsthaler Christspiel) Mitt. XVIII 321.

S. 106 Z. 2: *Du liebe Zeit!* auch handschuhsh. Lenz S. 50.

S. 106 Z. 7 ff.: über *Lüidⁱr Gottes!* als Interjektion ⸗ 506; zu *Herrgott: I nō ju schdinⁱ Harrchaⁱ va da Wiⁱⁱ* (Ortschaft)! *I nō alloinickⁱ Herrchaⁱ!* UE V 17 N. 282. 307; *Häⁱchⁱ Antoni!* Neubauer Mitt. XXXIII 110, auch *H. Mullⁱgottⁱⁱ!* und bloß *Hⁱllⁱckⁱro* (in Absroth) Uhl UE IV 56.

S. 106 Z. 8 v. u.: außer *Himmⁱl!* auch *Himmⁱl Sãitⁱ!* (ebenso oöst. Stelzhamer *D'Ahnⁱ* 218 Ma. D. II 93, altbayr. Schwäbl ⸗ 118, um Eichstätt Weber HLZ V 167 N. 385, *Himmⁱl-* auch sonst als Verstärkung in Schimpfwörtern: eg. *Dⁱ Himmⁱl-Hund!*, auch in Ruhla Regel 206; über *Himmⁱl-* vgl. auch Martin-Lienhart I 337 ᵇ). *Himmⁱl-Schimmⁱl!* John Oberlohma S. 186; *Himmⁱl-sechⁱich* N. Krauß Der Förster von Konradsreut S. 61; altbayr. Glimpfformen von *Sakrament* u. dgl. Schwäbl ⸗ 118.

S. 106 Z. 4 ff. v. u.: auch *L'i Jⁱdⁱlⁱ* (wie *iōdⁱl*) Urban Erzg. Ztg. XVIII 247; auch *Jammⁱⁱⁱiⁱ* EJ X 163, in Absroth *Jennⁱⁱ* Uhl UE IV 56.

S. 106 Anm. 5: Franz Schubert an A. Hüttenbrenner, 18. Januar 1828 (O. E. Deutsch im Jahrb. d. Grillparzer-Ges. her. v. K. Glossy 16 [1906], 134): *Was ist denn das? Sapperment hinein!!!*; in Theusing auch *auⁱⁱin: Dunnⁱrⁱⁱⁱⁱ* Mannl S. 13, um Eichstätt *hinein* auch Weber HLZ V 181 N. 620.

S. 106 Anm. 9: bayr., steir., (nordböhm.-)schles. Formen: Schwäbl ⸗ 118. Khull 364. Knothe WB 316 *jⁱkⁱrⁱⁱ*. Weinhold Schles. WB 38 *Jⁱⁱⁱ*; vgl. noch *O Du mein Jⁱ* Raabe Der Hungerpastor¹² (1901) S. 164.

S. 107 Z. 1: auch *Himmⁱl-Herⁱchäft!* (*Herⁱchaft* auch els. Martin-Lienhart I 368 ᵇ; in Rappenau Meisinger HLZ IV 176, 8).

S. 107 Z. 5 f.: auch *Sⁱⁱitⁱ* (vgl. zu S. 106 Z. 8 v. u.) dürfte eine Glimpfform für *Sakrament* sein; *Kⁱäiⁱ diⁱ* (oder *diwⁱ*) *domini* nach *Luⁱⁱ tibi d.* Neubauer Mitt. XXVII 185; *Kⁱäiⁱ-Millⁱon! Kⁱ.-Himmⁱl-Täiⁱl!* (steir. Höllⁱakⁱateⁱⁱfⁱl Khull 354); auch eg. *Kⁱⁱauⁱⁱlⁱ, Kⁱⁱauⁱⁱlⁱ!* (Urban Erzg. Ztg. XVIII 247) ist wohl verglimpftes *Kⁱⁱⁱⁱ*.

S. 107 Z. 5 v. u.: auch *Tⁱⁱiⁱⁱ* in *Pfⁱⁱ T.!*

S. 107 Z. 2 v. u.: *Strahl Zeitⁱl* N. Krauß Heimat I 37.

S. 107 Anm. 1: zu *Potⁱ* Fischer I 1328 f.; im Volksschauspiel des Böhmerwaldes *Hⁱtⁱ* Ammann VS I 41, 2. S. 53, 31.

S. 107 Anm. 2: steir. *herdⁱgⁱtⁱ* Khull 342.

S. 107 Anm. 3: zu *Herⁱⁱott von Mannheim* Schwäbl ⸗ 118; in Wien *H. von Mailand* Gartner HLZ IV 268; über *Gottⁱtⁱambⁱck* (nicht eg.) Koch Z. f. d. U. V 643. Söhns ebda. VI 132 f.

S. 107 Anm. 4: steir. Zus. mit *Sⁱkⁱa-* Khull 515, mit *Hakⁱa-, Schlapⁱa-, Schlakⁱa-, Fikⁱa-* ebda. 321. 540. 234, ähnl. bayr. Bildungen Schmeller II 530. Schwäbl ⸗ 118, Wien. Gartner HLZ V 104, nöst. Nagl Roanad S. 50 zu V. 30 *inⁱkⁱl*; Eichstätt, Weber HLZ V 181 N. 620, obhess. Crecelius 707. 736, Handschuhsh. Lenz S. 41, Rappenau. Meisinger HLZ IV 177, 20.

S. 107 Anm. 5: auch *Kⁱⁱuⁱinⁱⁱⁱ!* Wien. *cⁱuci-* Gartner HLZ IV 256 (*Fikⁱ Lⁱuⁱⁱ* ebda. 259, auch eg.), steir. *Kⁱⁱautⁱⁱiⁱⁱ* Khull 410.

S. 107 Anm. 7: *Taiⁱl* Wien. Gartner HLZ V 120; andere Formen (*Dãiⁱⁱcheⁱ, Dⁱitⁱchⁱl*) Crecelius 265. Regel 173. Zu den Glimpfformen überhaupt noch Nagl Roanad S. 191 zu V. 222 *ⁱchⁱiⁱaⁱ⁴ laⁱⁱkⁱ.* Martin-Lienhart I 244 (*Gott*). Schweiz. Id. II 207. K. Scheffler Wiss. Beih. 14/15 S. 115 ff. H. Zschalig Z. f. d. U. XV 29.

S. 107 Anm. 10: *Höllⁱinⁱⁱⁱ* vielleicht zu mhd. *anⁱⁱindⁱn* angreifen (vgl. *I ho denkt, mi windⁱ wⁱⁱ oⁱ* = ich werde krank, z. B. vor Schrecken).

S. 108 Z. 1: schwäb. Flüche mit *Tausend* Fischer II 118.

S. 108 Anm. 1: auch obhess. *maíh'er Sígt* Crecelius 786, bei Hebel *uf mi Seechl* bei meiner Seele: Hoffmann-Krayer HLZ. IV 166, vgl. Goethe Was wir bringen (W. 13, 1, 108 V. 305) *Bei meiner Treu, bei meiner Sechse!* Zur Entwicklung *treu—drei—sechs* vgl. jetzt noch Gartner HLZ. I 143 Anm.; zu *beim Blut:* ersgeb. *godsbldad!* Göpfert HLZ VI 30 f.

S. 109 Z. 1: auch kürzer *Dau schduts he!* oder *Schduts es!*

S. 109 Z. 9: außer *schdu* auch *páss df!* § 55, 2 a.

S. 109 Z. 9 ff. u. Anm. 5: mhd. *wartd*; nöst. (drohend) Nagl Roanad S. 155 zu V. 189; obhess. *wáard* oder *wáard ēmāl* mit oder ohne *ich homme der* Crecelius 894, osterl. ist *warte!* interjekt., *weçerts* rein verbal: Treba HLZ. IV 18, 4 a; altenburg. erstarrtes *warte!* wie *sieh! guck!* auch als Anrede an mehrere: Weise § 15, 2, vgl. ebda. § 166. 167.

S. 109 Z. 14 f.: *Hált!* auch = Halt ein! Warte! *(S, hált!),* höfl. Pltr. *Háltn S'!*(S. 489 Anm. 3), vgl. Lessing Minna von Barnhelm II 9.

S. 110 Z. 1 ff. u. Anm. 1. 2: *Gäih däs* mit dem Zs. *wennst kein Steckn háust* UE V 16 N. 211. John Oberlohma S. 179 N. 122; oöst. verwundertes, ungläubiges *gā*, erstarrt (auch bei Ansprache mit *Sie*), altbayr. *Geih weits' bleib da!* Schwäbl § 117 S. 88, tadelndes *geh* im Altenburg. Weise § 165; handschuhsb. *ks m,. wek (keus)* (Zweifel, Unglaube) Lenz S. 21: *geh* vor Imperat. auch Nagl Roanad S. 243 f. zu V. 280 *gids* (hier auch vor indik. Form *gidt míā rōān* ebda. S. 244), Lnmtzer U § 204.

S. 110 Z. 12 v. u.: vgl. *hopp nemms* = mit sich fort nehmen, auch term. t. im Kartenspiel (davon das Verbum *hoppen*).

S. 110 Z. 8 v. u.: *schmeck 's* auch mit dem Zs. *Kropfads* (Kropfiger, beides auch öst. Mareta Proben I 55).

S. 110 Anm. 4: *rips-ràps* Schwäbl § 120, vgl. Weinhold Schles. WB 76.

S. 111 Z. 2: statt *ālls* auch *ālrwánté* (steir. *alawanti* Khull 14).

S. 111 Z. 4 f.: *H'iisst!* einer Aufforderung nachgeschickt, vgl. Ammann VS II 106 Z. 33 f. 39: einleitendem *hāūst* entspricht ungeführ obhess. *sieh* (Imp.) *säite* (< siehst du), *sichste sich!* u. ä. Crecelius 779 f.; *sichste sich* auch schles. Weinhold Schles. WB 89.

S. 111 Anm. 1: *dfo =* wohlan! auch handschuhsb. Lenz S. 7.

S. 111 Anm. 7: zur Lit. des imp. Inf. vgl. Weise § 172.

S. 112 Z. 3 f. u. Anm. 1: ahd. *meg* in Grimm Gr. I 882; *mog* (und *wenn d*) in den Sechsämtern: Wirth § 71, gleiches *i mog* altenburg. Weise § 159 (hier auch einfaches *immer* =meinetwegen § 31), obhess. *mag* (oder *ma*) mit *es* (*is*, *in's*, *ins*) Crecelius 571.

S. 112 Anm. 3: obhess. *dd=* franz. *aién*, Plur. *dad* Crecelius 243; osterl. *ta = ecce*, *tçq* lok. temp.: Treba HLZ IV 19, 4 a b.

S. 113 Z. 4 auch *N'es wou!* Nur so weiter!

S. 113 Z. 3 f. v. u.: zum imp. Part. vgl. Delbrück S. 141.

S. 113 Anm. 3: vgl. Schwäbl § 114, 3.

S. 113 Anm. 4: *allrweile =* eben jetzt, auch in Franken und am Rhein: Schmeller II 889, altenburg. Weise § 31.

S. 113 Anm. 5: altbayr. *hàsB, hàßsdals, hàsBsdals hàsB Deigsl* (oder *Nass*) Schwäbl § 118.

S. 114 § 147 Schl.: Unverstandene Formel ist auch *Áijl, Nö' ss áijl < a dieu* (Annaberg. meist *Hadjiē* Göpfert S. 59).

S. 114 Z. 1 v. u.: auch *Mlinsb-Mdinsb l* (Erstaunen) Urban Allad. G. S. 10.

S. 114 Anm. 3. 4: zu *mein!* Khull 457. Martin-Lienhart I 688. Schweiz. Id. IV 310. Lenz 29 (nicht mehr altenburg. Weise § 34. 93), *meints* auch altbayr. Schwäbl § 69 Bem. 3.

S. 114 Anm. 5 Z. 7: betontes *mein* auch altenburg. in *mei Tage, du meine Gütte* Weise § 302, 4. 303.

S. 114 Anm. 5 Z. 2 f. v. u.: Vokalunterschiede einer isolierten interjektionalen Form auch bei osterl. *warte* (vgl. oben zu S. 109 Z. 9 ff.) und *ta* (vgl. zu S. 112 Anm. 3).

S. 115 Z. 1: strichweise *get* Gradl MW 397.

S. 115 Anm. 5 v. 5. 114 Schl.: andere Erklärungen bei Lenz S. 29. Crecelius 586.

S. 115 Anm. 1: Martin-Lienhart I 217 a.

S. 115 Anm. 2: altbayr. *ged, gelts, geltn S'* Schwäbl § 69 Bem. 3, altenburg. *gälle* Weise § 147, 2, handschuhsb. *gel* Lenz 21, obhess. *gelte (gelle)* Crecelius 923 (neben *werre,* worüber Rieger ebda. S. 924).

S. 116 zu § 149 l e und S. 205: es fehlen auch *darstellen, äußern, besprechen, bekräftigen, bejahen* (obbess. *bejáhsen* [rhein.] u. *bejáen* [Hunsrück] Crecelius 116, mhd. *bejáhen*), *verneinen.*

S. 116 Anm. 1: Ein präd. Adjektiv (Weise § 73, 3) ist hier kaum zu ergänzen; auch *Holz machen* (neben *hacken, hauen*) ist nicht = H. *klein m.* (dies eg. unbekannt), sondern = *Brennholz m.*

S. 116 Anm. 2: *werden* = gehen, reisen in den nördlich von Berlin gelegenen Dörfern: Nagel Z. f. d. U. XIX 664; auch bei Elis. Charlotte S. 13. 16. 36.

S. 117 zu § 149 e: *tun* auch impers. *'S wird niit v(ü)l* oder *néks tàu* oder *máchn* = nicht viel, nichts regnen, schneien, wettern; *Döi tout 's* Diese Spielkarte sticht, entscheidet das Spiel; *Dös tät 's Das wäre* hinreichend (alles auch öst., vgl. *Thaun tháts es, thaen!* Stelzhamer Ma. D. II 253 N. 51, 56).

S. 117 Anm. 5 Z. 3: *antun* ebenso in Ruhla Regel 178; der Gegens *auftun* z. B. Goethe Gesch. G. v. Berlichingen V (W. 39, 143, 24) *den Zauber auftuhn.*

S. 118 Z. 7 ff.: *machen* (oder *ism.*) = betragen, von Geldsummen: *Dös möcht 100 fl.*, nicht mehr wie Baier 460 *es thut 450 fl.*, vgl. Eger. Chron. S. 257 N. 1069 (v. J. 1437); auch Schwind schreibt am 30. Juni 1869 (Baechtold S. 78) nach einer Aufzählung weiblicher Besucher: *thut sieben Frauen-Zimmer;* über *nichts m.* vgl. oben zu S. 117 zu § 149 e; *vrmáchn* = i. gut abschließen, z. B. einen Topf durch Hüllen (Kieber Bauernrez. S. 10 N. 78), auch den Hals, eine Zaunlücke u. dgl.; 2. = vergeuden; *soumáchn* außer = schließen auch = eilen im Imp.: *Oitss mách sou!* in Ruhla ebenso *mach fort!* Regel 233.

S. 119 zu § 149, 2: für sich irren auch *ir si*, für schmerzen *wáik táu*; *lieben* von Ostfriesland bis zu den Alpen unbekannt: Meyer DVK S. 152, 3, vgl. Nagl Roamad S. 286 zu V. 335 *gfn;* für nicht denken (an etwas) *kein Gedánkn ho(b)m,* etwas scheuen *Schicht ho(b)m* (vor), erfreuen, röten, töten u. dgl. *Frdid, ráut, táut máchn* u. dgl.; vgl. auch die einzelnen Verba (*sein* usw.) § 150.

S. 119 Anm. 2: Ausdrücke für *prügeln* Weise HLZ. II 38 ff., für *prügeln, hängen* C. Müller ebda. IV 9 ff.; zu *trunken sein* Lichtenbergs Methyologie Verm. Schr. (Göttingen 1844) III 63; Ausdrücke für Häßliches überwiegen: Nagl Roamad S. 343 zu V. 367 *ridrädn-s.*

S. 120 zu § 150, 1: *sein* auch = wirklich sein, der Fall s.: *Jà — wenn s gsund wd — ows dös is jà niit!*, aber nicht ohne weiters (*So was*) *ist nicht* = Das gibt es nicht = Nein (wie nordd.): zu *es gibt* u. dgl.: *Wos is?* Was ist? = Was gibt es? (*W. is 's?* W. ist es? wird an der Schärfung des *s* erkannt), vgl. Goethe Stella I 1 (W. 11, 127, 5 f.); eg. auch *Wos is mn?*; iron. *Dàu wird 's* oder *werst 's* (*witts wos*) *iś!* = Da läge nichts daran, Das wäre zu ertragen u. dgl.; *Wói 's nö denns r is!* Wie es doch nur ist! = Wie mag es nur so kommen!

S. 120 Z. 13 f. v. u.: zu *sein* = stattfinden: Goethe Br. 16, 84, 15 f. Grimm Freundesbriefe S. 53, übrigens auch vom Gottesdienst: *Hái't is néks (in db Kírchn);* auch = taugen: *D'Háuchnos'n* (die hochnasigen Mädchen) *san néks* HTV S. 208 N. 194 Plan.

S. 121 Z. 4 v. u.: auch *Dàn háut 's sn Dunns* Mannl S. 29.

S. 122 nach Z. 8: auch (wie schrifd.) *Wos háust snn? Wos háut snn db Hund?* = Warum bist du (ist der Hund) so unrubig? u. dgl.

S. 122 Z. 7 ff. v. u.: *s Griß ho(b)m* § 158, 3; *'s háut kein Os'scháu* § 278.

S. 123 zu § 150, 3: vgl. die S. 210 Anm. 3 zitierte Akademieschrift von H. Paul, und Wunderlich Satzbau I 206.

S. 124 Z. 17 f.: *in d' Häich schöi(b)m* = rasch in die Höhe wachsen, *nist ŏrláßn* = ohne Unterbrechung fortdauern, *durchbrenns* = entfliehen.

S. 125 § 150, 5: über *mögen* und die übrigen Modalitätsverba im Altenburg. Weise § 150—162.

S. 125 Anm. 1: *jung* w. ebenso obhess. Crecelius 493; nordböhm.-schles. *ich werde heute nicht alt w.* = ich werde bald schlafen gehen; Knothe WB 60, 8; in Sazz *Laß mich heute nicht alt w.* = L. m. h. n. warten.

S. 125 Anm. 4: *mögen* = lieben auch Sonneberg. Schleicher 69.

S. 126 Z. 4: *ls 's wöi 's möch* = Dem sei, wie ihm wolle (Indik. immerhin häufiger als Konj. § 209, 1).

S. 126 § 150, 6 Schl.: dazu *néks möis künns* = impotent sein.

S. 126 Anm. 5 Schl.: dieselbe Grundbedeutung in *Des soll nsn hdi't nu̇ fimf G(ü)l(d)n söhn* = Der ist ihm heute noch fünf Gulden schuldig.

S. 127 Z. 6 ff.: gleiches *dürfen* öst. Nagl Roamad S. 176 zu V. 211 *deürad.*

S. 128, 10 Schl.: auch Sätze wie *ich wollte ihn noch malen, wie er hinter seinem Ladentische hantierte* (altenburg. Weise ₰ 156, 2) sind egerl. möglich.

S. 128 Anm. 5: *tun* = veranlassen auch Falk. S. 48 Z. 7 f. u. 15, S. 49 Z. 11.18.25, S. 51 Z. 13 u. ö.

S. 129 Z. 2: vgl. Rosegger Heimgarten XXIII (1899) 573 und oben Nachtrag zu S. 117 ₰ 149 f.

S. 129 nach ₰ ₰: η) Häufig ist *tun* bei der Wiederholung eines Satzes (Ind. u. Imp.); A. *Dz Wirt schlachtt* (schlachtet) *Adi't*. B. *Was?* — A. *Schlachtn tout dz Wirt Adi't*; vgl. ₰ 565 a.

S. 129 Anm. 2: Über altbayr. umschr. *tun* Schwäbl ₰ 86, Sonneberg. Schleicher 62.

S. 130 ₰ 150, 11 Sehl.: in Theusing *Dös tout mi fäi'd* (als *wäi*) = Das kränkt mich (sehr) Mannl S. 10 *als*; *bastant* (‿ —, span. ital. *bastante*) *täu'* = gehorchen, sich fügen ebda. S. 16; egerl. *biss* (Theusing. *bü'st* < *bienfait*? Mannl S. 19, vereinzelt *bei'f*) nur in *Dös tout b.* = Das tut wohl; wie schriftd. *bekannt, fremd, schön t.* (mit jem.).

S. 130, 12: *machn* mit Part. Präs. wie *lachad m.* u. a. ₰ 232 und unten Nachtrag zu S. 196 Z. 7 ff.

S. 131, 13: die aktive Fügung ist als Ausgangspunkt der intrans. abzuweisen, denn diese ist alt (schon as. Behaghel Hel. ₰ 369, vgl. ders. Wiss. Beih. 14/15 S. 141).

S. 132 ₰ 152, 2 a: dazu *wöign* ziehen, z. B. *d' Pfaifm wöigt nit* oder *häut koin Zuch* = ist verstopft.

S. 132 Z. 17 ff.: dazu *fär(b)m* färben = Farbe gewinnen (*s Heund färbt in dz Pfannn nit rein*), *öschäi(b)m* abschieben - abgehen, sich forttrollen, *trennen* = auseinanderklaffen: *Ötua trennat wieda doi Suhln* HTV S. 348 N. 715 Eger; objektiv absolut ist *päck d* pack' ein = gib dich zufrieden, überwunden (auch henneberg. DM VII 173), ebenso *schölln* = Schule halten; vgl. Behaghel Hel. ₰ 134. Wunderlich Satzbau I 61. Erdmann-Mensing II ₰ 144. Wilmanns DGr. II ₰ 28 ff.

S. 132 Anm. 3: *sehen in* (ins Müllersche 'uein) auch altenburg. Weise ₰ 66, 3; ein sinnesgleiches *schlachten* bei Marie Madeleine Frivol S. 33 *Ursel, du schlachtest nicht nach deiner Mutter.*

S. 133 Z. 10 ff.: dazu *dsfroisn* erörieren (Part. *dsfräusn* erfroren) und *dsfröün* erfrören = erfrieren machen (l'art. *dsfräit*) Neubauer Id. 60; *glösn* und *glänn*, letzteres in Färbereien = glänzend machen; über solche Unterschiede im Altbayr. Schwäbl ₰ 92.

S. 133 zu ₰ 154: *s. häusn* s. haaren = Haare verlieren, von Hunden, Pelzen (auch steir. Khull 316).

S. 134 f. zu ₰ 154 b: *sí bö(d)n* = baden (aber nur i *gäih bö(d)n*), *s. dsnou ho(b)m* s. dazu haben eilen, *s. vsfälln* = schwanger werden (Ich hörte in Plan: *Wenn S' ä nimm denkt ho(b)m, dd(s)n S' sí nu' smäl*, nämlich in so vorgerückten Jahren, v.), *s. vsmäins* z. B. *dsf Märiakulm* = eine Wallfahrt nach M. gelobten (tir. nach münll. Mitt. *s. verhaißen*); zu *pelln* und *rösn*: *s. äpfi-, däs-pölln* sich irgendwo auflehnen, aufstützen u. dgl., *s. wids vömm-rösn* wieder auf die Beine kommen, von notdürftiger Genesung z. B. alter Leute, *s. vskloppisn* wie in der Umgangspr., *s. vsgt(b)m* (außer = s. vergiften) auch = im Ausgeben der Spielkarten einen Fehler machen, *s. vsplemps(r)n* s. verschwätzen (von unüberlegten Geständnissen u. ä.), *s. srdißn* mit etwas = s. Mühe geben (auch absol. *Dei häit sí w. müşn* = Er gab sich alle Mühe), *s. vsrschäus* unrichtig oder ungenau sehen (ähnlich *s. vshäisn* s. verhören, *s. vslöffm* von Hunden u. a.) und = s. verlieben in jem. (s. auch weiter unten *s. versehen*), *s. sowschickn* s. (übel) zurichten oder s. z. B. durch unpassende Kleidung entstellen, *s. schnäi(d)n* = s. türschen, s. betrügen, *s. untsschräi(b)m* (neben *ein Schriftstück u.*, daher auch persönliches Pass. *Wes r is untsschräi(b)m?* und unpers. *Is sun doi Quilting scho u.?*, vgl. J. E. Wülfing Z. f. d. U. XII 664), *s. vnsoh* s. versehen (von Schwangeren), *s. späis* = erbrechen, *s. ständßn*: *d'Költ häut sí gständßn* hat plötzlich abgenommen, *s. täu'* (*s Butta tout sí* = bildet sich beim Buttern), *s. vswenin* verwenden = die Farbe wechseln (daher *s vswents Fürts* eine seidene Schürze in Changentfarben), *s. soign* s. ziehen s. sich davonmachen, *s. wöin* s. sieren, sich mit Ziererei nötigen lassen.

S. 135 Z. 10 f.: statt *s. bskumpsdisn* eg. gewöhnlicher *s. vskumpsnisn* Neubauer Mitt. XXVII 179. Refl. Wendungen mit *lassen* im Sinne einer Litotes: *Dös läßt sí häisn, ssm* = Das ist angenehm zu hören, schmackhaft, sogar *'s Liedl is g'wesn, Häut sí singa laua* = war schön HTV S. 319 N. 442 Plan. Unbekannt sind die alten *ging rich, wert s, was s.* (Hel., Volksepen des 13.—15. Jahrhts., auch schles. im Volksd. u. ä. Spr. Wunderlich Satzbau I 135 Anm. Weinhold Dial. 138).

S. 135 zu § 154 c: dazu s. ö(oder ös)-báus s. ab(ars)bauen, von einer Feldfrucht = allmählich immer geringeren Ertrag liefern: Mannl S. 17, auch spöttisch vom Aussehen oder der Wirtschaft eines Menschen, s. ōtáu' s. abhärmen.

S. 136 Z. 7: Es fällt sé s'táut (fällt sich zu Tode schon Baier 469).

S. 136 Anm. 4: lus. (dar-) Zingerle 27; in Ruhla, nicht im eigentl. Thüringen: Regel 79.

S. 137 zu d: es dzmotts(r)t s.: erschöpft sich in Tadel, in Zanken u. dgl.

S. 137 Anm. 2: der- = zer- auch altbayr. Schwäbl § 95, 2; lieber s. tzkülln als dzk. sich verkühlen = s. erkälten.

S. 137 Anm. 4 Schl.: vgl. noch Weise § 171. DM I 123. II 3. 190. 277. Spieß 56. Regel 100, 4, 1 b. Schleicher 62.

S. 138 Anm. 1: jetzt Wunderlich Satzbau I 163. 251 ff.

S. 138 Anm. 3: beißig u. dgl. auch altenburg. Weise § 182, 3, vgl. DM 492 (Schweiz.) Lenz Nachtrag 1 f. ailic.

S. 138 Anm. 4: norddt. am Abnehmen s. Th. Matthias Wiss. Beih. 10, 197.

S. 138 Anm. 6: nicht eg. ist geigend, blasend werden (von Musikanten) Stelzhamer D'Áhnl 832 Ma. D. II 123.

S. 139 Z. 4: Älterer Beleg: Wann man das Liegens gebliebene graß (Gras) findet Gerichts-prot. v J. 1679 UE V 5.

S. 139 Anm. 1: vor öst.: altbayr. Schwäbl § 85, 3.

S. 140 Anm. 1: In Leibitz bloß Ind. Präs. Lomtzer II § 198.

S. 141 Anm. 3: auch altenburg. Weise § 11, 1.

S. 141 Anm. 4: s Griß h. Schmeller II 148. Weise § 92. 110. Lenz Nachtrag 13.

S. 142 § 161 b: vgl. noch Schwäbl § 94. Weise § 180. Sütterlin HLZ IV 174 f. Wunderlich Satzbau I 121; dazu eg. fressds Wás = Eßware (Eger. Stadtges. v. J. 1460 S. 19 N. 32 von essenden dingen).

S. 143 § 161 c Schl.: ohne mit Part. Zimm. Chron. I 433, 28. II 310, 25. S. 362, 5. S. 390, 30. S. 522, 11 u. ö.; oni (ohne) gessen und ungessen auch els. Martin-Lien-hart I 48 b. 75 a.

S. 143 Anm. 1: altbayr. Part. Prät. mit akt. Sinn: Schwäbl § 94, nöst. Nagl Rosnad S. 98 zu V. 119 glóuji. Sütterlin HLZ IV 175

S. 143 Anm. 6: für das Nd. vgl. Wunderlich Satzbau I 189, Thüring. H. Klinghardt Z. f. d. Phil. XXI 115, Altenburg. Weise § 20.

S. 145 Z. 3: söch-é auch nach der Wiederholung einer nicht beachteten Äußerung (= hörst du?!)

S. 145 Z. 7 Schl.: Ich höre = Ich habe gehört (altenburg. Weise § 17, der auf ähnliches ἀκούω, πυνθάνομαι verweist) eg. hauptsächlich = Ich hörte in jüngster Zeit oder wiederholt.

S. 145 Anm. 4 Z. 2: jetzt Wunderlich Satzbau I 220.

S. 146 I. Z.: anch in Folgesätzen: dj r é denk = so daß ich dachte (neben dá r é denkt ho, vgl. § 56, 4).

S. 147 § 163 b: Futur. jedoch eg. auch in wenn-Sätzen nicht geradezu ausgeschlossen (Wunderlich Satzbau I 175 f.).

S. 148 zu § 163 c Schl.: Aufforderung durch ein unpersönliches Präs. Pass. § 159, 2.

S. 148 nach d: e) Das sog. logische Präs. hat auch in der Ma. die Bedeutung der Dauer, Gewohnheit: es ráucht, trinkt = ist Raucher, Trinker. Wenn stâihst áft? = Wann pflegst du aufzustehen? Des Tuapf rinnt = er läßt, wenn man ihn füllt, aus Sprüngen oder Löchern Flüssigkeit ausfließen.

S. 148 Anm. 3 Z. 4 nach: nicht gebraucht: höchstens in Antworten wie So gáiht s hált dás! = So gehe er meinetwegen hin! (auf die Bemerkung I'áss ôf, des gáiht dás !), vgl. Weise § 146, 2 und Goethe Werther W. 19, 6, 8.

S. 149 § 164 b Z. 4: jetzt Wunderlich Satzbau I 170 (hier mo lal erklärt). Erdmann Otfr. Synt. I 7.

S. 149 zn b β Schl.: auch in Teilitz Laube VC S. 120, altenburg. Weise § 41, handschuhsb. Lenz HLZ I 18.

S. 149 ru b y: in Ausrufen auch nordböhm. Tiere Hejmt I 5 (Wind.-Kamnitz).

S. 151 § 166: rein temp. Fut. ex. nach K. Müller Z. f. d. U. XV 319 in Sachsen sehr häufig.

S. 151 Anm. 3: in der Sechsämter-Ma, die sonst mit dem Egerl. stimmt, außer war auch noch Ind. sollt, wollt Wirth § 43.

S. 151 Anm. 3 Z. 7: nach Iglauische DM usw.: auch das Südhess. W. Horn HLZ I 107; in Meiningen woor und dächt Schleicher 51; Pernegg. ist Ind. Prät. verloren gegangen (nur »höfisch« war), echt Ma. wär < wäre (als. Ind. verwendet) Lessiak § 164; altbayr. Impf. u. Plusq. verschwunden, obbayr. war, waren Schwäbl § 82, 1.

S. 152 Z. 1 ff.: über die Gründe des Unterliegens des Konj. Präs. gegen den K. Prät. Behaghel Zeitformen S. 210 f.

S. 152 Anm. 4 v. S. 151 Z. 3 f.: in Leibitz nur noch die Prät.-Präs. Lumtzer II § 193.

S. 152 Anm. 4 Z. 5 f.: alem.-schwäb. vgl. noch Heilig HLZ I 359. Fischer Germ. XXXVI 408. Behaghel Zeitformen S. 6; zum Ganzen Reis PBB XIX 334 ff.

S. 152 Anm. 4 Z. 9 f.: erzählendes Prät. erzgeb. altenburg. Göpfert S. 28. Weise § 17: erzählendes Perf übrigens selbst im Nordd. Wunderlich Satzbau I 220 f.

S. 152 Anm. 1 Z. 1: jetzt Wunderlich Satzbau I 221 f.

S. 152 Anm. 2: dazu Lessiak § 165.

S. 153 Z. 8: Plan. Pass. S. 71 (wofern er) los kommen.

S. 154 Anm. 2: die Inf.-Form selten altenburg. Weise § 291, 2, osterl. Trebs § 43; zum Ursprung jetzt Wunderlich Satzban I 241 ff.; lassen; handschuhsh. los und kslost Lenz S. 29.

S. 154 Anm. 4 Z. 4 f.: dazu Schröer Versuch 31 [281] f. Lumtzer II § 196. Part. (ich hätte konnt, wollt u. dgl.) noch Kerenz. altenburg. osterl. Ruhla, fränk.-henneberg. Winteler S. 224 zu 9, 3. 4. Weise § 291, 2. Trebs § 43 S. 21. Regel 117 f. Spieß 56.

S. 154 Anm. 5 zu lehren = lernen (auch elsäss. Martin-Lienbart I 605 b) und umgekehrt: Hildebrand Z. f. d. U. V I 578 ff. 785.

S. 155 Anm. 1: dazu Matthias Wiss. Beih. 10, 197.

S. 155 § 173 Schl.: über Perf. zur Umschreibung eines negativen Begriffes § 539

S. 156 zu § 174, 3 Schl.: wie Ind. und Imperat. (§ 55, 2 g β) kann auch erzählendes und imperat. Partizip sich dem kondizionalen Sinn nähern: die drei Stück dem andern Vieh eingegeben, so ist selbiges Vieh davon (v. d. Seuche) versichert Rieber Bauernrezepte S. 9 N. 8, vgl. ebda. S. 15 N. 54 57. 60.

S. 157 zu § 176 Schl.: Ein Gegenstück des »abschwächenden« Perf. ist ein ähnliches Futurum in der höheren Umgangssprache: Ich werde die Herren nun bitten = Ich bitte d. H. n. (da hier doch keinesfalls eine Erinnerung an die alte inchoative Bedeutung von werden vorliegt). Über rhein. (Umgangspr.) Prät.-Präs. vgl. Hebel Schatzkästlein N. 255 (W. e.l. Behaghel II 414, Kürschners Nat. Litt. Bd. 142); ähnlich schwed. (Umgangspr.) Fredrik Schmidt Z. f d U. XI 469 f.; Erklärungsversuche Sprenger ebda. XI 206. Steinbauer ebda. XII 214 f. Menges ebda XII 425.

S. 158 Z. 6 ff.: vgl. bes. den häufigen Ausruf No' wenn i dös wäiß! (steigend betont) = Wenn ich das gewußt hätte! § 163 S. 146.

S. 158 Z. 10 v. u.: vgl. auch Wos w(ü)l i (oder w(ü)lst, w(ü)l s) täu'! Was sollte ich (s. du, es) anderes tun wollen! = Es bleibt ja doch mir (dir, ihm) nichts anderes zu t. übrig!

S. 158 Z. 14 v. u. nach § 159: auch altenburg. Weise § 146, 7.

S. 158 Anm. 1: gleiches bald mit Ind. auch (nordböhm.-)sächles. Knothe WB 75 Weinhold Schles. WB 7, 3.

S. 158 Anm. 3: moilales am Ende, auf d'letzt auch altbayr. Schwäbl § 107, 2, das erstere auch els. Martin-Lienhart I 51 a, altenburg. Weise § 20 (vgl. ebda. § 32), handschuhsh. Lenz 8, Ruhla. Regel 150.

S. 159 Anm. 2: altbayr. leicht auch vor Zahlwörtern (leicht 30) Schwäbl § 107, 1.

S 159 Anm. 6: auch altenburg. Weise § 163.

S. 160 Anm. 4: zur Verbreitung von bis (bi) noch Schmeller I 291. MB § 951. Schwäbl § 88. Weise § 163. Göpfert S. 30. Z. f. d. U. VI 575 f. 719 fl. VII 139. 566 f.

S. 161 Z. 5: außer *s Mensch* auch *äins* (auch schles. Tiere Hejmt I 5 Wind.-Kamnitz).

S. 161 Anm. 1 Schl.: ohne diese Pause hat betontes Pronomen nur gegensätzlichen Sinn.

S. 162 Z. 6: nachgesetztes *no* ist einräumend (*Lòch no!* = Lache immerhin!), drohend (*Gāih no nist hàsm!*).

S. 162 § 182 Schl.: Über *jä* beim Imp. § 137, 8 *r β*; über Vorschläge anderer Imp. § 145

S. 162 Z. 6 v. u.: iron. billigender oder warnender Imp. gerne mit dem Pron.: *Tou du no sus nou!*

S. 162 Anm. 3: auch altenburg. *einmal, nur, doch* We se § 165.

S. 162 Anm. 4 Z. 4 f.: zu *fein* noch Göpfert S. 42. Weise § 33. Franke BII II 86. Schleicher 66. Wunderlich Wiss. Beih. 12, 46.

S. 163 § 185 *a* Schl.: ähnl. *sollen* auch alteuburg. Weise § 168, 3.

S. 164 Z. 11 nach *vor*: Noch milderes *müssen* in *Si möin no oĩnemms, dàs* .... Sie müssen nur annehmen, daß = Bedenken Sie doch! oder: Ich bitte doch in Rechnung zu ziehen, daß ....: *nicht durfen*: *Dürfst nist denkn* = Denke nicht etwa ....

S. 164 Z. 15 v. u.: jetzt Wunderlich Satzbau I 387.

S. 164 Anm. 3: über *sollen, wollen, müssen* im Altenburg. Weise § 156, 1. 157. 160. 168, 4: über *müssen* auch Lenz S. 31.

S. 165 Z. 3: Alemann. (Kenzingen), Meining. wird der fehlende Konj. Präs., in beschränktem Maße durch d. Konj. Prät. ersetzt, gewöhnlicher durch *täte* umschrieben: Heilig HLZ I 359. Schleicher 51.

S. 165 § 188, 3: Ähnliche Beschränkung anderwärts: Weise § 147, 1. Lessiak § 161. Lumtzer II § 199: eg. *Helf Gott* gerne mit dem Zusatz *dáß 's wáus* (wahr) *r is!* wenn etwas eben Besprochenes *honoibt* (benießt) wird (dieselbe Formel beim Fallen einer Sternschnuppe: Tieze Hejmt I 98, vgl. 99 Politz).

S. 166 Z. 1: im eigent Egerland auch *G'senglas Gusd* Gesegne es uns Gott: Gradl MW 623. *Gott* ist häufiger als echt ma. *Gusd* Gradl MW 511; *Gschwii Gusd* (Geschweige Gott: Urban Erzg. Ztg. XVIII 247) kenne ich aus meiner Heimat nicht.

S. 166 Z. 2 f.: *sdi* auch im halbschriftl. *Globt sdi s Kristus* (§ 588).

S. 166 Anm. 3: *Waltsgot* = dummer Mensch, in Teplitz: Laube VC 98; obhess. Formel *Gott (Jesus)-wilts*, oder -*wilsi* Crecelius 431. 891.

S. 166 Anm. 6: *pokkiw* auch Pernegg. Lessiak § 161 S. 206 Anm.; über eg. *simĩokks* S. 64 Anm. 2.

S. 167 § 189: *sollen* in Selbstverwünschungen auch in der 1. Pers.: *Dàu sol i gldi in d'Es(d)n dĩ'sinkn, wenn dos nist wàus r is* (gegenüber älterem Konj. *ich sei des Teuffels* bei Fischart: Wunderlich Satzbau I 308).

S. 167 Anm. 2: osterl. ohne Pron.: *wĩln kiis* = laßt uns gehen: Trebs HLZ IV § 19, 5 S. 30.

S. 169 Z. 2 f. v. u.: *dock* nur nach *wenn*, nie (*o*) *dàs dock* (vgl. ebda. Anm. 2), d. d. ebensowenig altenburg. Weise § 147, 3.

S. 171 Anm. 1: bei eg. *I hāit denkt, i hāit nsn gsuuh* (Ich glaube ihn gesehen zu haben) könnte man auch an Assimilation des Modus im ersten Satz denken.

S. 171 Anm. 2 Schl.: Derartige Konj. auch altenburg. Weise § 148, 2 (der sie jedoch anders auffaßt).

S. 171 f.: Zu den § 194 u. 195 behandelten Konjunktiven vgl. K. Tomanetz Z. f. d. U. VII 788 ff. Hildebrand ebda. VIII 690 ff. Wunderlich Wiss. Beih. 12, 62.

S. 173 Z. 16: besonders in der häufigen Phrase *i wollt wĩttu* (auch altenburg. Weise § 156, 2).

S. 173 Anm. 1: altenburg. umschr. *werden* selten: Weise § 150.

S. 173 Anm. 3: auch altenburg. Weise § 156, 2.

S. 173 Anm. 6: altenburg. Weise § 159.

S. 177 § 205, 3 Schl.: auch mit *wollen*: *wíl i ho sesh wolln* um zu sehen.

S. 178 Anm. 5: *möchte* = würde, auch bei Ammann VS II 77, 15 f 31 f.

S. 179 Z. 16 v. u.: vgl. oben zu S. 126 Z. 4.

S 179 Z. 3 f. v. u.: vgl. erstarrtes *mŏck* (*m. imms*) ₰ 146.

S. 180 ₰ 210: Der except. Konj. wohl ursprünglich ein jussiver: Wunderlich Satzbau I 294.

S. 180 Anm. 2: dieses *denn* auch altenburg. Weise ₰ 160.

S. 181 Z. 8 fl. v. u.: Unterscheide *I ho nist gresh, di r ə s' smàl gschlŏgn hšit* (die Tatsache des Schlagens wird angezweifelt) und *dš r ə s' gschlŏgn hàut* (die Tatsache des Schl. kann feststehen).

S. 181 Anm. 3: ähnlich auch nost. Nagl Roanad S. 255 zu V. 295 *guvin* Schl.

S. 187 Anm. 1: vgl. auch Behaghel Zeitformen S. 41. 43 f.

S. 188 Anm. 2 Schl.: auch altenburg. nach Präs. und Prät. Konj. Prät. (soweit überhaupt Konj.) Weise ₰ 148, 1 (Indik. nach Prät. jedoch seltener: Ders. ₰ 146, 6).

S. 191 Z. 3 v. u.: Inf. mit *zu* besonders nordd. bevorzugt: *er hatte eine Pflanze auf dem Fenster zu stehen* Th. Matthias Wiss. Beih. 10, 197.

S. 192 Z. 8: *gehen zum* . . . möglich, geeignet sein: *Dös Schluß* (Türschloß) *gäht nimms zu äfmàchn*; auch (*ald'gnouch zən* (*hiirztn*), neben einem *daß*-Satz.

S. 192 f. zu ₰ 228, 2: *daß*-Sätze auch bei *wert sein, gewohnt s.*, soweit nicht substant. oder pron. Subjekt möglich ist. Sätze mit *wói* (= als) oder *wenn* nach *freuen*; *wenn*· und *daß*-Sätze nach *'s is ə bèit* u. ä., neben formell unabhängigem Satz: *'s is ə bèit, du gähst* (₰ 55, 2 a): *'s bláibt* (*ms*) *nékt ànnes úwrí*, (als:) *i mou dàngäik*; statt *so zu sagen* (neben *s'rechns* S. 193 Anm. 2): *wos ms sus sàgt* (₰ 70, auch altenburg. Weise ₰ 177, 7, steir. *z'heaßu* Khull 339 f., 2).

S. 193 Z. 18 ff. Inf. mit *zu* auch nach *wissen*: *I wàiß ms nist s'helfm.*

S. 193 Z. 11 v. u.: *Oitsə r is 's sən Schlàufmgzik* = Jetzt ist es Zeit schlafen z. g.; ebenso Ammann VS II 13, 9 f. Rosegger Jakob der Letzte°, Leipzig 1900, S. 17 Z. 4.

S. 193 Anm. 4: unbekannt ist bayr.-öst. *einem etw. zu leihen geben* = jem. etw. leihen und *zu l. nehmen* = abprügeln Schmeller I 1465; bei Stifter Waldsteig (W. IV 35) auch *zu schenken* . . . *annehmen*.

S. 194 Z. 1: auch nach *Glfgnst* Gelegenheit. *Sehndid* = Courage.

S. 194 ₰ 229: für *ohne zu* auch Nebenordnung, neben selteneren *oi'stàtts s'* auch *oi'st. dš(s)* . . .

S. 194 Z. 4 v. u.: Ans.uf auch mit *zu*: *N i⁻, sus olws s'ris(à)n!*

S. 196 Z. 7 ff.: dazu *bårzsd* großmäuerisch, stolz: Mannl S. 16 (zu *bfind* Schmeller I 301. Khull 59), *fretssd* in *fretssds Wås* (vgl. Nachtrag zu S. 142 ₰ 161 b), *gàtsd* stotternd, mit überschlagender Stimme sprechend (Schmeller I 882 *gagkern*. 967 *gatsen*), *hurchsd* horchend Gradl MW 635, *schicksd*, etwas *sch. màchti* es so einrichten, daß die Sache erledigt werden kann, *schlaufsd* schlafend Gradl a. a. O., *schrdisd* (oder *bäichsd*), *ə sch. Aind* ein Schreihals, und *ə himmlschrdisds Sünt*, *schwànssd* einherstolzierend, mhd. *rwanzen* (zu *sitzsdrw.iis*: altenburg. dagegen *er las liegends, stehends* Weise ₰ 183 Anm.), *stäußsd* stößig von Rindern, Böcken, *trocksd* stotternd (Schmeller I 647), *údsrsd* zitternd; sonst Adverbia (*dou, furt s i⁻* = an-, abwesend s.) und Verb. finit. (etwas *strengt oš* = ist anstr., ähnlich Weise ₰ 183): über Part. Präs. in den Sechsämtern: Wirth ₰ 48, 2. im Pernegg. Lessiak ₰ 163 b.

S. 196 Anm. 4 v. S. 195: zur Verbreitung von *-endig* (vgl. *lebendig*) noch Lexer Kärnt. Wb 66 *tragen*. Petters III 4 f. Weise ₰ 73, I. 182, 2. Crecelius 341. Lenz 24. H. Hennemann HLZ II 341 ₰ 157. Spieß 57. Schleicher 36. 66. Regel 76 f. K. Hentrich IILZ VI 372 ff.

S. 197 ₰ 233 b dazu: *r*) als Bestimmung vor Adjektiven: *tropfsd nŏß* (S. 196 Anm. 3, vgl. ₰ 437, 2 S. 395: appositives Part. ist ungebräuchlich ₰ 237).

S. 199 zu ₰ 235 a: auch zwei Part. durch *wie* verbunden: *Dos is ghupft wói gsprungs* oder *bid'jlt wói nàu Hràut gangs* = ist einerlei (Mannl S. 18, vgl. Weise ₰ 228): über *kommen, kriegen* mit Part. Prät. ₰ 156, 4. 158, 2.

S. 199 ₰ 235 b: Attributiv stehen auch hier am liebsten Part. mit adjekt. Bedeutung: *ə kiffts* (< gekauftes = Bäcker-) *Brául* (Gegens. zu *Hīus-Br.*), *ə m.ii-, ef(a)-bàchns* (= weiches, hartes) *br.*, *ə gschossns, durchtri(ö)ms* oder *ghàuts, vsteffms* (= unüberlegter, schlauer, trunksüchtiger) *Aerl* usw., keinesfalls *ein entlaufener Junge* (dies altenburg. Weise ₰ 181) u. dgl. Ersatz durch Rel.-Sätze (für sogenannt Nachtrag zu S. 192 f. ₰ 228, 2).

S. 200 nach Z. 3: *c*) als Bestimmung vor Adjektiven *vedämmt* oder *veflucht kold, geräckt vnl*
‡ 437, 2 S. 395.

S. 200 ‡ 236 *c*: nnabh. Satz: *Dés gno i scho zou* = zugegeben.

S. 201 ‡ 237: appos. Part. Prät. am ehesten noch nachgesetzt: *Sno r o pao Schwämmo, slswos putet u schäi̯ ögschmälzn, sénn nist schlest.*

S. 214 ‡ 250 zu *Zeige deinen Mann* vgl. S. 344 Anm. 1.

S. 231 Z. 2: *Schwüre* auch konkret = schwarze Gewitterwolke.

S. 232 Anm. 4 zu *Lebtag*: Vischer Auch Einer S. 423 (Bei den Schwaben ist) *nur der Lebtag von der Gemütlichkeit sehr verdammenswert, erregt Überdruß.* Vgl. S. 234 Anm. 4.

S 238 Z. 1 vor *Bdrw*: O̯ röiors, Sprichw. *Lätto O̯r., kos̯ W'fgföiors* Lauter Anrührer, kein Wegführer, von Liebschaften, die nicht zur Heirat führen (etwas abweichend bei John Sitte 361).

S. 240 Z. 1 *Vreckb*: auch abstrakt = tödliche Seuche unter dem Geflügel: *do Vr. is unti̯n Túunonn, Hennon.*

S. 241 Z. 5 vor *Wächlo*: *Schnürs* Schnurrer = Brummkreisel, dann auch = *Schndú̯o* S, 243 Z. 1; *Schwenks* - Rock mit langen Schößen.

S. 245 Anm. 7: zu *Mato*: *D'Zäit vogäiht, s Läicht vohrennt, do Mato stirbt nist* (iron. Sprichwort) = Die Erben warten ungeduldig auf den Tod des Erblassers; dann überhaupt = = Man wird in verdrießlicher Weise hingehalten. Zu *'s Mátan Hauchzot* verweißt mich Lambel noch auf Z. f. d. Ph. 26, 42 und 30, 429 (»Hochzeit eines armen Schluckers«).

S. 247 Anm. 8: Wien. *Gretl* = Puppe, vgl. *Fetzngreteln* V. Chiavacci Wo die alten Häuser stehen², Stuttgart 1903, S. 78 f.

S. 251 Anm. 2 Schl.: dazu Weise Ästh. S. 99 f. 300, 10.

S. 252 Z. 11: *Löibschaft*, vgl. S. 321 Z. 15 f. v. u.

S. 253 Z. 13 vor *Gàng*: *Bis* m. Biß = die Gebißstange des Pferdes.

S. 271 Anm. 9: auch *s bäiss Éck* = Geschwür im Mundwinkel.

S. 277 Z. 2: wie *s Bittros* auch *s L'nblöichts* Ungebleichter sc. Schnaps.

S. 280 Anm. 1: *s gollos Niksobiksl u s s(u)fwos Wärtrwfö'l* auch egerl.

S. 282 Anm. 3: vgl. S. 482 Anm. 8.

S. 287 Z. 3 ff: s. Nachtrag zu S. 90 Z. 1 v. u.

S. 287 Z. 3 v. u.: dazu *ein X* und *ein L'* ‡ 294, 3.

S. 309 Z. 16 f. v. u.: außer *Färgl* auch *Bürgl* n. (zu mhd. *barch* m.) und die S. 240 Z. 15 genannten: zu den Gebäckformen auch *Köichl* Küchlein, nicht = kleiner Kuchen, sondern in Schmalz gebackene Krapfen (mit Rosinen): J. Hofmann UE X 93 f.

S. 332 f. ‡ 364 *a* 2 *a*: *Mutterdnns* (St. Anna) als Zusammens. und wie *Mutto Gottos* (‡ 368) betont.

S. 342 Z. 6 zur *goldenen Stunde* vgl. noch J. Sattler UE IX 70.

S. 371 zu ‡ 415, 5: vgl. S. 492 Anm. 4.

S. 376 Anm. 6: Zur Bezeichnung der linken Hand verweist mich Lambel noch außerdem auf G. Kisch Zur Wortforschung I *lurz* (Korresp.-Bl. d. Ver. für siebenbürg. Landesk. XXX [1907] Nr. 1 S. 1 f.; siebb-sächs. u. moselfr. *mit der turzer [Hand], Lurs* [der Linkshändige] Familienname; franz. *la main lourde; lurs* < franz. *lourd* < mlt. *lur(i)dus* leichenblaß, verfault, fanl, träge, nichtsnutzig usw.: dazu Parallelen aus andern Sprachen).

S. 380 Anm. 1: Stelzhamer Ma. D. II 198 N. 29, 73 *d reckti Mensch!*

S. 396 ‡ 439 Schl.: natürlich ist auch *zu* - *allzu* gebräuchlich; über umschreibendes iron. *ein wenig* = allzu S. 374 Anm. 7.

S. 396 Anm. 1 Z. 5 v. u.: zu Weise ‡ 76 noch Ders. Ästh. S. 43 ff., 17.

S. 396 Anm. 2: oöst. *dn Taodton Macht koans zwoamol áf* Stelzhamer Ma. D. I 156 N. 9, 118; vgl. S. 125 (‡ 150, 5). S. 396 Anm. 2.

S. 399 ‡ 441, 2 Schl.: vgl. über *einer* ‡ 487.

S. 418 Anm. 1 Schl.: Paul Prinz 196 mit einem Beispiel aus Uhlands Volksliedern.

S. 429: zu § 468 weiß mir Lambel oöst. *sein* auf Fem. Sing. bezogen nach Purschka I
195 f. N. 14, 200 *l los 's df sân* (der Mutter) *Gsicht* (vgl. ebda. S. 262); S. 241 N.
32, 60; S 244 N. 33, 68; analog auch *ihm (eahm)* = Fem. Sing. *ihr* gebraucht: Stelz-
hamer Ma. D. I 154 N. 9, 50 *l schmäiz eahm* (der Resl) *âr a.* S. 244 N. 33, 4 *Ham
eahm* (der toten Mutter) *bet's und ham s' brögnt*, vgl. *D'Âhnl* 1352 Ma. D. II 150.

S. 434 Anm. 4 Z. 7 v. n.: *Driangl* ist auch als Musikinstrument bekannt.

S. 441 § 483: Schwind (11. Mai 1869) *in 14 Tagen oder so was* Baechtold S. 72.

S. 447 Anm. 3: Weise Ästh. S. 44 verzeichnet *steinbeinmutterseelenallein* als öst.

S. 458 Z. 12 (1 Schluß): ungebräuchlich auch alle auf *-seits (meiner- usw., aller-, brüder-.*
vgl. S. 32 *einer-, ander-*).

S. 464 Z. 9 nach vorher: *re n.ii* von neu = in neuem, ungebrauchtem Zustande.

S. 510 Z. 16 Schl.: vgl. § 543 S. 504.

S. 515 § 561 Schl.: aber auch schon ohne sonderliche Betonung des vortretenden Wortes:
l wenn w(ü)l = Wenn ich will.

NEUE ABKÜRZUNGEN.

(Vgl. S. XV—XIX des I. Teiles.)

Ackermann = Der Ackermann aus Böhmen. Herausgegeben und mit dem tschechischen Gegenstück Tkadleček verglichen von Johann Knieschek. (Bibliothek der mittelhochdeutschen Literatur in Bohmen, herausgegeben von F. Martin II.) Prag 1877.

Ammann VS I. II. III. = Volksschauspiele aus dem Böhmerwalde, gesammelt, wissenschaftlich untersucht und herausgegeben von J. J. Ammann. 3 Teile. (Beiträge zur deutschböhmischen Volkskunde. Im Auftrage der Gesellschaft zur Förderung deutscher Wissenschaft, Kunst und Literatur in Bohmen geleitet von A. Hauffen, II. Bd., 1. 2. Heft, III. Bd., 1. Heft. Der abschließende IV. Teil steht noch aus.) Prag 1898—1900.

Andresen Sprachgebranch (vgl. I S. XV) ist im II. Teile durchwegs nach der 8. Aufl. zitiert.

Bachmann-Singer DVB = Deutsche Volksbücher. Aus einer Zürcher Handschrift des fünfzehnten Jahrhunderts herausgegeben von A. Bachmann und S. Singer. (Bibl. d. Literarischen Vereins in Stuttgart Cl.XXXV.) Tübingen 1889.

Baechtold = J. Baechtold Briefwechsel zwischen Moritz v. Schwind und Eduard Mörike. Leipzig 1890.

Behaghel DSpr. = O. Behaghel Die deutsche Sprache 3. Aufl. Wien. Leipzig 1904. (Das Wissen der Gegenwart 54.)

Behaghel Gesch. d. d. Spr. = O. Behaghel Geschichte der deutschen Sprache. (Pauls Grundriß der germanischen Philologie. 2. Auflage. I. Bd. und Sonderausgabe, zitiert nach den §§ der 2. Aufl., die zwischen ( ) beigesetzten Zahlen beziehen sich auf die §§ der 1. Auflage.)

Behaghel Hel. = O. Behaghel Die Syntax des Heliand. Wien 1897.

Behaghel Rez. = O. Behaghel Literaturbl. f. germ. u. rom. Phil. 1900 S. 56 ff.

Behaghel Zeitformen = O. Behaghel Der Gebrauch der Zeitformen im konjunktivischen Nebensatz des Deutschen. Mit Bemerkungen zur lateinischen Zeitfolge und zur griechischen Modusverschiebung. Paderborn 1899.

Braune Ahd. Gr. = W. Braune Althochdeutsche Grammatik. (Sammlung kurzer Grammatiken germanischer Dialekte V.) 2. Aufl. 1891.

BH = Brenner-Hartmann BM (vgl. I S. XV).

Castelli = Ignaz Franz Castelli, Sämmtl. Werke. Ausgabe letzter Hand. Wien 1845.

Cod. Tepl. = Der Codex Teplensis enthaltend 'Die Schrift des neuen Gezenges'. 3 Teile. Augsburg-München 1881—1884.

Crecelius = W. Crecelius Oberhessisches Wörterbuch. Auf Grund der Vorarbeiten Weigands, Diefenbachs, Hainebachs sowie eigener Materialien bearbeitet im Auftrag des Historischen Vereins für das Großherzogtum Hessen-Darmstadt 1890—1899.

Delbrück = B. Delbrück Grundfragen der Sprachforschung mit Rücksicht auf W. Wundts Sprachpsychologie erörtert. Strassburg 1901.

Deutsche Arbeit i. B. = Deutsche Arbeit in Böhmen. Herausgegeben von H. Bachmann mit Unterstützung der Gesellschaft zur Förderung deutscher Wissenschaft, Kunst und Literatur in Böhmen. Berlin 1900.

Dunger = H. Dunger Über Dialekt und Volkslied des Vogtlandes. Plauen 1870.

Eger. Achtbuch I. II. = Das Egerer Achtbuch aus der Zeit von 1310 bis 1668. Von K. Siegl. (I. Mitt. XXXIX 227—271. 375—427, Text von S. 238—425, II. Mitt. XLI 345—386. 524—579; zitiert nach den Mitt.)

Eger. oder Eg. Stadtges. = Die Stadtgesetze von Eger aus den Jahren 1352—1460 von F. Khull (Zwölfter Jahresbericht des II. Staatsgymn. in Graz 1881.)

Elis. Charlotte Briefe = Briefe der Herzogin Elisabeth Charlotte von Orléans aus den Jahren 1676 bis 1706. Herausgegeben von W. L. Holland. (Bibliothek des Literarischen Vereins in Stuttgart LXXXVIII.) Stuttgart 1867.

Erdmann Otfr. Synt. = O. Erdmann Untersuchungen über die Syntax der Sprache Otfrids. 2 Hfte. Halle 1874. 1876.

EV = Egerländer Volkslieder. Herausgegeben vom Verein für Egerländer Volkskunde in Eger. Mit einer literarhistorischen Einleitung von A. John. Musikalische Bearbeitung von J. Czerny. 2 Hefte. Eger 1898. 1901.

Falk. = Das Stadtbuch von Falkenau (1483—1528). Ein Beitrag zur Geschichte des deutschen Stadtrechtes in Böhmen. Von K. F. Rietsch. (Mitt. XXXIII und Sonderabdruck. Prag 1895; zitiert nach d. Sonderabdr.)

Fischer = II. Fischer Schwäbisches Wörterbuch. Auf Grund der von Adelbert v. Keller begonnenen Sammlungen und mit Unterstützung des Württembergischen Staates bearb. Tübingen 1901 ff.

Gebrechen = Das Buch der Gebrechen am Egerer Schöffengerichte. Von H. Gradl. (Archiv für Geschichte und Altertumskunde von Oberfranken XV 1881 S. 214—250.)

Gerbet = E. Gerbet Die Mundart des Vogtlandes. Diss. Leipzig 1896.

Goethe ist nach der Weimarer Ausgabe zitiert. W. = Werke (I. Abt.), Br. = Briefe (IV. Abt.). Die Zahlen beziehen sich auf Band (ev. Abt.), Seite, Zeile.

Goethes M. Br. I = Briefe von Goethes Mutter an die Herzogin Anna Amalia. Herausgegeben von C. A. H. Burkhardt. (Schriften der Goethe-Gesellschaft, herausg. v. E. Schmidt I.) Weimar 1885.

Goethes M. Br. II = Briefe von Goethes Mutter an ihren Sohn, Christiane und August v. Goethe. Herausgegeben von B. Suphan. (Schriften der Goethe-Ges., herausg. v. B. Suphan IV.) Weimar 1889.

Göpfert = E. Göpfert Dialektisches aus dem Erzgebirge (29. Bericht über d. Progymn.- u. Realschulanstalt zu Annaberg 1872).

Gradl MW = H. Gradl Die Mundarten Westböhmens. Lautlehre des nordgauischen Dialektes in Böhmen. München 1895 (zitiert nach den N. der ℳ, sofern nicht ausdrücklich S. vor der Zahl steht, u. zw. ausschließlich nach dem im I. Teil S. VII Z, 3 f. v. u. erwähnten Sonderabdruck).

Gradl Ortsnamen = H. Gradl Die Ortsnamen am Fichtelgebirge und in dessen Vorlanden. (I. Deutsche Ortsnamen, II. Slawische Namen.) Eger 1891. 1892.

Grillparzer W. sind nach der Ausgabe von A. Sauer 5. Aufl. (in 20 Bdn.) zitiert.

Grillparzer Briefe = Briefe von und an Grillparzer. Herausg. v. C. Glossy. Wien 1892.

Grimm Br. = Briefwechsel zwischen Jakob und Wilhelm Grimm aus der Jugendzeit. Herausg. v. Herm. Grimm u. Gustav Hinrichs. Weimar 1881.

Grimm Freundesbriefe = Freundesbriefe von Wilhelm und Jakob Grimm. Mit Anmerkungen herausg. v. A. Reifferscheid. Heilbronn 1878.

Grimm RA = Jakob Grimm Deutsche Rechtsaltertümer. 4. verm. Ausg. bes. d. And. Heusler u. Rud. Hübner. 2 Bde. Leipzig 1899.

Grüner = Sebastian Grüner Über die ältesten Sitten und Gebräuche der Egerländer. 1825 für J. W. von Goethe niedergeschrieben. Herausg. von A. John. (Beiträge zur deutsch-böhmischen Volkskunde. Im Auftrage der Gesellschaft zur Förderung deutscher Wissenschaft, Kunst und Literatur in Böhmen geleitet von A. Hauffen. IV. Band 1. Heft.) Prag 1901.

Hanrieder = N. Hanrieder Bilder aus dem Volksleben des Mühlviertels. (Aus dá Hoamát VI Linz 1895.)

Hausenblas = A. Hausenblas Die Brüxer Mundart I. T. Vocalismus. (Jahresber. d. I. Staats-Gymn. im II. Bez. in Wien 1898.)

Heilig Gramm. = O. Heilig Grammatik der ostfränk. Mundart des Taubergrundes und der Nachbar-Mundarten. (Gramm. deutscher Mundarten, herausgegeben v. O. Bremer V.) Leipzig 1898.

HLZ = O. Heilig und Ph. Lenz Zeitschrift für hochdeutsche Mundarten. Heidelberg 1900 ff.

Helmer = G. Helmer Zur Syntax Hugos von Montfort. Das Verbum. (XXIV. Jahresbericht des Staats-Gymn. in Pilsen 1897.)

H. v. Sachsenheim = Hermann v. Sachsenheim. Herausg. v. E. Martin. (Bibl. d. Lit. Ver. in Stuttgart CXXXVII.) Stuttgart 1878.

Höfer = M. Höfer Etymologisches Wörterbuch der in Oberdeutschland, vorzüglich aber in Österreich üblichen Mundart. 3 Bde. Linz 1815.

Holthausen = Ferd. Holthausen Die Soester Mundart. Laut- und Formenlehre nebst Texten. (Forschungen. Herausg. v. Ver. f. niederdeutsche Sprachforschung I.). Norden und Leipzig 1886.

Jellinghaus Westfäl. Gr. oder Jellinghaus = Hermann Jellinghaus Westfälische Grammatik. Die Laute und Flexionen der Ravensbergischen Mundart mit einem Wörterbuche. Bremen 1877.

John Mus. = A. John Das städtische Museum in Eger. Eger 1901.

John Oberlohma = A. John Oberlohma. Geschichte und Volkskunde eines egerländer Dorfes. (Beiträge zur deutsch-böhmischen Volkskunde. Im Auftrag der Gesellschaft zur Förderung deutscher Wissenschaft, Kunst und Literatur in Böhmen geleitet von A. Hauffen. IV. Bd. 2. Heft.) Prag 1903.

John Sitte = A. John Sitte, Brauch und Volksglauben im deutschen Westböhmen. (Beiträge zur deutsch-böhm. Volkskunde. Im Auftrag der Gesellschaft zur Förderung deutscher Wissenschaft, Kunst und Literatur in Böhmen geleitet von A. Hauffen. VI. Band.) Prag 1905.

Kaltenbrunner I = C. A. Kaltenbrunner Oberösterreichische Lieder. Linz 1845.

Kaltenbrunner A. D. = Karl Adam Kaltenbrunner Ausgewählte Dichtungen. Herausg. unter Mitwirkung seiner Kinder Frau Hedwig von Radics-Kaltenbrunner und Dr. Karl Kaltenbrunner. (Aus dá Hoamát XIV.) Linz 1905.

KHM = Kinder- und Hausmärchen, gesammelt durch die Brüder Grimm. (Zitate nach Band und Seite der Großen Ausgabe. 8. Aufl. 2 Bde. Göttingen 1864.)

Khull = Steirischer Wortschatz als Ergänzung zu Schmellers Bayerischem Wörterbuch, gesammelt v. Th. Unger, für den Druck bearbeitet und herausg. v. F. Khull. Graz 1903.

Kluge Et. WB = Kluge Etymologisches Wörterbuch, ist nach d. 5. Aufl. zitiert.

Köferl Suppl. = J. Köferl Supplement zur Heimatskunde des politischen Bezirkes Tachau. Tachau 1895.

Laube VÜ = G. C. Laube Volkstümliche Überlieferungen aus Teplitz und Umgebung. (Beiträge zur deutsch-böhmischen Volkskunde. Im Auftrage der Gesellschaft zur Förderung deutscher Wissenschaft, Kunst und Literatur in Böhmen geleitet von A. Hauffen. I. Band 2. Heft.) 2. Aufl. Prag 1902.

Lenz = Ph. Lenz Der Handschuhsheimer Dialekt. I. T. Wörterverzeichnis. (Beilage zu dem Progr. des Großh. Bad. Gymn. zu Konstanz 1887.)

Lenz Nachtrag = Ph. Lenz Der Handschuhsheimer Dialekt. Nachtrag zum Wörterverzeichnis von 1887. (Beilage zum Progr. d. Großh. Bad. Gymn. zu Heidelberg 1892.)

Lessiak = P. Lessiak Die Mundart von Pernegg in Kärnten (PBB XXVIII 1—227).

39

Lindemayr = M. Lindemayr Dichtungen herausg. v. P. Schmieder. Linz 1875.

Lumtzer I. II. = V. Lumtzer Die Leibitzer Mundart. I. Allgemeines über den Charakter der Mundart. II. Formenlehre und Syntaktisches (PHB XIX 474 ff. XXI 499 ff.).

Mannl = O. Mannl Die Sprache der ehemaligen Herrschaft Theusing. (Progr. d. Staatsgymn. zu Pilsen 1886.)

Mareta Proben I. II. = H. Mareta Proben eines Wörterbuchs der österreichischen Volkssprache. (Progr. d. Schotten-Gymn. Wien 1861. 1865.)

Martin-Lienhart = E. Martin und H. Lienhart Wörterbuch der elsässischen Mundarten. I. Straßburg 1897.

Maurmann = E. Maurmann Grammatik der Mundart von Mühlheim a. d. Ruhr. (Sammlung kurzer Grammatiken deutscher Mundarten. Herausg. v. O. Bremer IV.) Leipzig 1898.

Meisinger I. II. = O. Meisinger Die Appellativnamen in den hochdeutschen Mundarten, I. T. Die männlichen Appellativnamen. Beil. z. Progr. d. Großh. Gymnasiums und Realprogymn. in Lörrach 1904; II. T. Die weiblichen Appellativnamen III.Z. VI 84—91.

Meyer DVK = E. II. Meyer Deutsche Volkskunde. Straßburg 1898.

Moser = Bilder aus dem Natur- und Volksleben der oberösterreichischen Alpen von Anton Schosser und Jos. Moser. (Aus dá Hoamát III.) Linz 1889.

Paul Mhd. Gr. Die Zitate beziehen sich auf die 5. Aufl. Halle 1900.

Petters I. II. III. = J. Petters Beiträge zur Dialektforschung in Nordböhmen. (Progr. des Gymn. zu Leitmeritz 1858. 1864. 1865.)

Planer Pass. = Das Passionsspiel der Stadt Plan. Herausg. v. M. Urban. (Mitt. XXXVI 1897 S. 48—108.)

Purschka = N. Purschka Bilder aus dem oberösterr. Dorfleben. 2 Bde. (Aus dá Hoamát II. IV.) Linz Stelzhamer-Bund I 1886. 2. Aufl. 1894. (Zitiert nach der 2. Aufl., die Seitenzahl der 1. ist zwischen ( ) beigesetzt.) II 1892.

Regel = K. Regel Die Ruhlaer Mundart. Weimar 1868.

Rieber Bauernrezepte = J. Rieber Alte Bauernrezepte aus der Karlsbader Gegend. (Beil. z. III. Jahresber. d. wissensch. Vereins f. Volkskunde und Linguistik in Prag.) Prag 1895.

Ries = John Ries Die Stellung von Subjekt und Prädikatsverbum im Héliand. Nebst einem Anhang metrischer Exkurse. Ein Beitrag zur germanischen Wortstellungslehre. (Quellen und Forschungen zur Sprach- und Kulturgeschichte der germanischen Völker XLI.) Straßburg 1880.

Saran = Fr. Saran Deutsche Verslehre. (Handbuch des deutschen Unterrichtes an höheren Schulen, herausg. v. A. Matthias. III. Bd. 3. Teil.) München 1907.

Schatz = J. Schatz Die Mundart von Imst. Laut- und Flexionslehre. Straßburg 1897.

Schleicher = A. Schleicher Volkstümliches aus Sonneberg im Meininger Oberlande. 2. Aufl. Sonneberg 1894.

Schmieder s. Lindemayr.

Schosser = Schosser Naturbilder aus dem Leben der Gebirgsbewohner in den Grenzalpen zwischen Steiermark und dem Traunkreise. Linz 1849.

Schosser II. s. Moser.

Schwäbl = J. N. Schwäbl Die altbayerische Mundart. Grammatik und Sprachproben. Herausg. auf Veranlassung und mit Unterstützung des Vereins f. bayerische Volkskunde und Mundartforschung. München 1903.

Seiler Basler Ma. = G. A. Seiler Die Basler Mundart. Ein grammatisch-lexikalischer Beitrag zum schweizerdeutschen Idiotikon, zugleich ein Wörterbuch für Schule und Haus. Mit einem Vorwort von M. Heyne. Basel 1879.

Spieß = B. Spieß Die Fränkisch-Hennebergische Mundart. Wien 1873.

Stalder = F. J. Stalder Versuch eines schweizerischen Idiotikon mit etymologischen Bemerkungen untermischt. 2 Bde. Aarau 1812.

Stifter, zitiert nach der 7bändigen Ausgabe v. Otto Stoeßl. Berlin o. J.

Th. Storm Ges. Schr. = Theodor Storms gesammelte Schriften. Erste Gesamtausgabe. Neunzehn Bände. Braunschweig 1889.

Sütterlin Genitiv = L. Sütterlin Der Genitiv im Heidelberger Volksmund. (In der Festschrift zur Einweihung des neuen Gebäudes für das Großherz. Gymn. in Heidelberg. Leipzig [1894].)

Trebs = E. Trebs Beiträge zur osterländischen Mundart. (Beilage zum Progr. d. Gymn. zu Fürstenwalde a. Spr. 1899.)

Trötscher = J. Trötscher Die ältesten Egerer Familiennamen. (Progr. d. Staatsgymn. zu Eger 1883.)

UE = Unser Egerland. Blätter für Egerländer Volkskunde. Zeitschrift des Vereins für Egerländer Volkskunde in Eger. Herausg. v. A. John. Eger 1897 ff.

Urban Allad. G. = M. Urban Àlladahànd G'schichtla as'n Egbalànd u tschaimstümandüm. Plan 1898.

Urban Volksheilmittel = M. Urban Über Volksheilmittel, als Beitrag zur Volksheilkunde in Deutsch-Böhmen (Prager Medizin. Wochenschrift XXVII 1902; zitiert nach dem Sonderabdruck).

Vischer Auch Einer = Fr. Th. Vischer Auch Einer. Eine Reisebekanntschaft. Volks-A. in 1 Bd. Stuttgart. Leipzig 1904.

Wackernagel = W. Wackernagel Die deutschen Appellativnamen. Pfeiffers Germ. IV 129 ff. V 290 ff. = Kl. Schr. III Leipzig 1874. Zitate nach den Kl. Schr.

Weinhold Dial. = K. Weinhold Über deutsche Dialektforschung. Die Laut- und Wortbildung und die Formen der schlesischen Mundart. Wien 1853.

Weinhold Alem. Gr. = K. Weinhold Alemannische Grammatik. Berlin 1863.

Weise = O. Weise Syntax der Altenburger Mundart. (Sammlung kurzer Grammatiken deutscher Mundarten, herausg. v. O. Bremer. Bd. VI.) Leipzig 1900.

Weise Ästh. = O. Weise Ästhetik der deutschen Sprache. 2. Aufl. Leipzig und Berlin 1905.

Wirth = Chr. Wirth Laut- und Formenlehre der sechsämterischen Mundart. Bayreuth 1898.

Wiss. Beih. = Wissenschaftliche Beihefte zur Zeitschrift des Allgemeinen deutschen Sprachvereins 1891 ff.

Wunderlich Satzbau vgl. I S. XVIII. Die Zitate im II. Teil beziehen sich durchwegs auf die 2. vollständig umgearbeitete Auflage. 2 Bde. Stuttgart 1901.

Wundt = W. Wundt Völkerpsychologie. I. Bd. Die Sprache. 2. Aufl. 2 Teile. Leipzig 1904.

Zimm. Chron. = Zimmerische Chronik. Herausg. v. K. A. Barack. 4 Bde. (Bibl. d. Lit. Ver. in Stuttgart XCI—XCIV.) Stuttgart 1869.

Zingerle = J. v. Zingerle Lusernisches Wörterbuch. Innsbruck 1869.

Wort- und Sachverzeichnis.

Die großen Ziffern beziehen sich auf die Seiten, die in Klammern ( ) stehenden auf die Nachträge des I. und II. Teiles der Arbeit, die kleinen Ziffern (z. B. 78₂) auf die Anmerkungen.

Die einzelnen Wörter sind in der Regel in schriftdeutscher Form gegeben, in mundartlicher nur dann, wenn die genau entsprechende schriftdeutsche Form nicht gebräuchlich oder in ihrem Verhältnis zur mundartlichen nicht ohne weiteres klar ist.

Bruchzahlen s. Pronomina II b.
Brummeisen 257₁.
Brummeltuppe 257.
buhu 551 zu 84₈, vgl. *wu*.
Buchten (Gebäck) s. *Wuchts*.
Bü(d)l, Fü(d)l 305; Lockruf 90.
Blü(r)d 307; s. auch *Bü(r)l*.
bum-bum 14.
Bunderl 253₄.
Büschel 300.
Butter 299.

Charakterzüge des Egerländers 41₁: s. auch
n. Temperament. Mimik.
Chor 297 f.
Christoph appell. 245₁. 249₂.
Chronikenstil (Wortstell.) 503.
Crescentia appell. 248.
cruci- in Flüchen 107₁.

Da und Zus. 450 f., vgl. 543 zu 13 *b β*;
beiordnend 31; mit *drin* u. ä. verbun-
den 45. 472; Präpos.-Verbind. auf-
nehmend 55 f. 426. 473. 535; im
Nachsatz 549 zu 59 Z. 3 f. 69 (550);
kaus. 59 (549); ganze Vordersätze an-
deutend 75; interjekt. (auch flektiert)
112 (556. 551 zu 82 Z. 10 f. v. u.);
Zusammensetzungen: s. auch d. einzelnen
W.; angehängtes deikt. *-da* 50₂ (548);
Formel *Da wäre mir!* 102. 114. 219.
dabei 31. 466.
dá-dá! 14. 91₈ (553). 113; > eg. *dáuds*
451.
dás s. *dar*.
dagegen 33. 450. 466.
da-ig 373₈. 423₂.
Damian appell. 244. 251₇.
damit 60 f. (549). 450. 466.
danachst (dmänst) 450 f. 463.
dann 549 zu 58 Z. 1 v. u.
dar- (*darin* usw.) 426. 450 f., vgl. 45;
Betonung 543 zu 13 *b β*; *wo—drauf*,
drin u. a. 55.
da(r)nach Druckfehler u. Bericht. S. 50
Z. 5.
darum (*eben-d.*) 450. 466. 468; Beton. 543
zu 13 *b β*.
ds- s. *er-*.
dssids s. *sider*.

daß kaus. 59 f. (549); fin. 60 f. (549); in
Heische-S. 61; konsek. 62; *als d.* nach
Kompar. 63; in Subjekt-, Objekt-
(auch *nicht* oder *ja, daß*), Attribut-
S. 70 ff. (550); nach *gut, schade, kaum,
nur* usw. 28 (546); nach *genug* 562
zu 192 Z. 8; im Wunsch 169. 174;
als Fortsetzung anderer Nebens. 56;
als Zusatz: zum Frage-Pron. u. -Ad-
verb 47 f. (548), zu *so* 49. 69, zu
seil, bis, ehe 58 (549); *und daß* 42;
d. = Relativ-Pron. 72₄ (550); statt des
Infin. 192 (562); Nebenordnung statt
d.-Satz 37 f. 44; Modus 176, vgl.
562 zu 181 Z. 8 ff. v. u.; *daß* und
wenn 73 f., vgl. 550 zu 70₄.
Dativ bei Verben 216 ff. (poss. D. auch
416 f.). 222. 406 (eth.), vgl. 540₁;
bei Adjekt. 301 f.; b. Präp. 477 ff.
480 ff. 484; Stellung d. Dat.-Objektes
507₂; adverbial erstarrt s. Erstarrte
Bildungen (Kasusf.); s. auch d. flgde W.
Dativ-Endung Sing. bei Adj. Pron. *-n < -m*
330. 381 f. 407 f. 432; unecht bei
zwei, drei 434; *-n > -s* s. d.: Dat.
Plur. *-no* bei Subst. 327 f.
Datum 292; Ersatz durch pronom. Wen-
dungen 424.
Dáu`dsling 500.
Dauer des Wortes 1.
Definition (mit *wenn*) 68 f.
Demonstrativa s. u. Pronomina I d; -Ad-
verbia (*darin* usw.) 450 ff., vgl. 45.
denken an Stelle bestimmterer Verba 117.
denn 34 (546). 540₁; *d. weil* 43 (548).
486; > *snn* 47 (548). 486; Stellung
520; *denn = als* nach Komp. 550 zu
63₁; in Exzeptiv-Sätzen 180 (562).
dennoch (dennst) 34 (546); beim Imperat.
162; im Wunsch 169, vgl. 486; mit
und. Konj. verbunden 486.
dens (dsms) 419.
Deputat 304.
der s. Pronomina I d.
derswign, -hál(b)m u. ä. s. *-wegen, -halben*.
dergleichen s. *gleich*.
derselbe s. Pronomina I d.
derweil(e), dirweil(s) s. *Weile*.
desto (d.—d.) (62 (550). 420; Stell. 510.
des(f)wegen s. *-wegen*.

gans adjekt. (= steigernd. Adverb) 380;
= *all* 386. 389; adverb. 394; Stel-
lung 510; *gans und gar* 394. 498 f.

gar 387 f.; steigernd (*gar so*) 394. 395;
vor der Neg. 498 f.; Stellung 510.

Gatter 290.

Gau (Gäu) 293.

Gäudi 293.

Gäusl 261.

ge- 467; bei Verbal-Subst. 121. 141. 236 f.
252. 315 f.; b. Nominal-Bildungen 315;
b. Verben 137 (206. 559); beim l'art.
Prät. 197₁.

Gebäcknamen 257₁. 524.

Gebete, Ton des Vortrages 7; s. a. Formeln.

gegen 466. 475; Kasus 482. 483; *g(e)n*
(*geberg, getal*) 457. 475.

gegenüber 477.

gehen als Kopula 131 (206. 562 zu 192
Z. 8); unpers. = sagen 184; interjekt.
(*geh!*) 109. 110 (556).

gehören (mit *mein* usw.) 428 f.

gehörig = bedeutend 375; adverb. Attrib. 369.

Geheim 231.

Geier im Fluch 107₁ₐ.

Geifer (Gäifs) 303.

Gelegenheit konkr. 252 f.; *G. su(e)m* 562 zu
194 Z. 1.

gelt! get! 114. 115 (556).

Gemächte 233₁.

Gemerke 236.

Genitiv: Allgem. 331 f.; als Ergänzung
d. Subst. 335 ff.; in Zus. 335₂ f.
336₁. 339, Nomin. (Übereinstimmung)
an St. d. Gen. part. 331. 314. 377; des
Verbs 223 ff.; d. Adjekt. 192 ff.
(gen. *es*, akk. gedeutet); d. Prono-
mens 446 f. (564), Gen. als Neutr.
Sg. gedeutet (nach *jemand* usw.) 269 f.
271 f. (Gen. von Zahlen in Zus. 434.
436); d. Adverbs 471; b. d. Prä-
pos. 483. 484, vgl. 458. Adverbial
erstarrte Gen. s. Erstarrte Bildungen;
poss. Gen, mit Poss.-Pron. verb. 221 f.
337 f., durch Dat. mit Poss.-Pron.
umschr. 220 f. 337 f.; mit *von* umschr.
221, vgl. 336₁; *wo* = Gen. d. Rel.-
Pron. 55.

Genovefa appell. 251₄.

genug 372. 389. 442. 462; mit *zu* u. Infin.
562 zu 192 Z. 8; mit folg. *daß* 550
zu 62 Z. 11; Stellung 509.

Genus d. Verbs 138 ff. (559); d. Subst.
288 ff.; Mask. 288 ff. 294 f. 296 f.
298. 300 f. 304 f. 306. 307. 308;
Femin. 292 f. 295. 297. 299. 305.
306. 307; Neutra 293 f. 295. 297 f.
299 f. 305. 306. 307; mehrfaches
G. 301 ff.; Eigennamen 308 f.;
Dimin. 309 ff. (563); Analogiewirk.
312 f.; s. außerdem u. d. einzelnen
W.; Kongruenz im G. 486 f.

Georg appell. 245₁. 252₁.

gerade vor Neg. 499; mit folg. Haupts.
(statt *als*) 37: *g.-an*, *-weg* s. *an, weg*.

Geriß 141 (559). 237. 348.

gern (Antwort) 27.

Gerundiv 142.

Gesang 294.

Geschau 236.

Geschick 236.

geschweigens 464, vgl. 32₁ (546), 561 zu
166 Z. 1.

geschwinds Adv. 463.

Geschwisterkind(er) 335. 438.

Gespäße (Gschpäß) 304.

Gestandenes 241. 271.

Gestank 294.

gestern 463.

getrauen, sich 471.

Gewalt 291.

gewiß (ein g.) 187. 442, zur abgeschwächten
Bedeut. vgl. auch 159.

Gift 290.

Gingolingging 552 zu 89 § 132 Schl.

glatt vor d. Neg. 499.

gläu < glaube ich 164. 403. 464.

Glaubengottvater 508₁.

gleich: g. sehen u. ä. 391 f.; *meines gleichen*
usw., *dergleichen* 393.

Gliegl 306.

Glimpfformen d. Fluches 106 ff. 424.

Gmäu's 500.

gockent u. ä. 166₂.

golden 376 (Hand). 342 (563) (Stunde).

Goller 300₁.

Gott (Kött) im Ausruf, Fluch 106 (555).
107 (555), im Wunsch 165 f. (561);
in der Bejah. u. Verneia. 554 zu 100

Herr Titel 333. 334; *H. werden* 379;
= *Hergott* s. d. folgde. W.; *Herrlein*
(*Härl*) 265. 310ₐ.
Herrgott Beton. 13; interjekt. 106 (555).
107 (555).
Herrschaft konkr. 232₁, interjekt. 107(555).
hitschn 93₁ (553).
Hetzrufe f. Tiere 91 f. (552 f.).
Heuschrecke s. *Schnecke*.
heuer 451. 461.
heute 451. 454 f.; *h. ein Jahr* 215₁ f.
heutzutage s. *Tag*.
Hö (*Hebe*) 233.
Hilfszeitwörter 120 ff. (557 f.). 505 f.
Himmel im Fluch 106 f. (555).
hin prädik. 469. 527₂; -*hin, hin-* Adverb.
13. 451 ff.
hintn u. *Zus.* 451. 466.
hinter 451. 466. 475; Kasus 482. 483;
hinterrücks 461.
Hins und Kuns appell. 250. 251.
Hirse 289.
hm, hm-hm, mhm, m-m Beton. 14; Bed.
83. 86 f. (551). 96. 554 zu 101 ₰ 141
Schl.; Stellung 521.
ho 82 (551); *ho-hō* 14. 84; vgl. 553 zu
92ₐ.
hoi 92 (553).
Hō˜chl 246₄.
Höltwintes˜ Fluch 107₁ₐ (555).
Holzbock (als Geldsorte) 243.
Honig 293.
hopp, hoppedätsch 110 (556).
hören Perfekt 154 (560); interjekt. (*hörst?!*)
111 (556), *hör-ich* (erstarrt) 164. 464.
Horn Monatsname 291. 302₄; *Hörnlein* s.
Gebäcknamen.
Hornisse 288.
hō-ruck! 551 zu 82 Z. 6 v. u.
Hosenantwer(er) 242.
hott! u. **.** (*prr, hōuf, wüsto*) s. Befehlsrufe
f. Tiere.
hū, hu-hū 84 (vgl. 553 zu 92₄).
hui huidf 82. 86.
Hummel 294.
hurráxddx 86. 89.
husch 84. 86.
Husten 233. 292.
Hut 234.
hutschn s. *hitschu*.

Hyperbeln in Folgesätzen 41 (547); in
Vergleich. 65 (550); in Haupts. 171.
i 78 f. (551) 100 f.
-*ich(t)* > -*st* Adjekt. 370 (s. auch d. folgde
W.); -*ich(t)*, ahd. -*ahi* > -*i, -H, -ich*
314 f.
-*ig* Adjekt. 370. 372₁. **,**, vgl. 138 (559);
stets flektierte 385.
Ihnen adjektivisch, *Ihnig(er)* s. Pronomina
I b.
immer 157. 453.
Imminutivformen auf -*dl, -sl, -s(r)l* 243ₐ.
Genus 310 f.
Imperativ 160 ff. (560 f., vgl. 540₁);
= konditi. Vordersatz 39 (547), mit
Ellipse d. Verbs 25; als Interjekt.
108 ff. (205. 556); imp. Sinn d. In-
dik. Präs. 111 (556). 148 (559). 159 f.,
d. Fut. 150 f., d. Inf. 111 (556), d. Part.
113 (556), vgl. 156 (560); substanti-
viert 284 f.; Stellung 502. 517; Um-
schreibungen s. d.
Imperfektive u. perfektive Aktionsart d.
Verbs 136 f.
Impersonalia 17 ff. (544 f.). 413.
in (*s*) 466. 475. 527; Kasus 482.
-*in* Femin. (Num.) 320.
Indikativ 158 ff. (560); imperat. 111 (556).
540₁; an Stelle d. Konjunkt. 158 (560).
174 ff. 179 f. (562); im Nebensatz
174 ff. (562 zu 181₅), im logisch ab-
häng. Satz 192 f.; substantiviert 284 f.
Indirekte Fragen s. Fragesätze.
Indirekte Rede 184 ff. (562).
Infinitiv 189 ff.; mit *ohne* 62. 194; ohne
zu 190 f., mit *zu(m)* 191 ff. (562), bes.
193 f. (562; für *sein* auch 120, für
haben, heißen 150); an Stelle des
Partiz. u. *dürfen* u. **.** 154 (560); Ge-
nus 142; absoluter: Ausruf 194 f.
(562), histor. 195, imperat. 111 (556);
substantiviert 281 ff. (als Subj., Prädikat
usw. 281, vgl. 120. 121. 139; mit
Präpos. *in* usw. 281. 282 f.; vgl. 138
(559). 482ₐ; dessen Attribute 227);
Wiederholung oder Ersparung 530.
-*ing, -ling* Adverb 463.
Instrumental *diu* 420, vgl. 26; *wiu* (*wi*)
45 (548). 440. 478; *heuer* 461.

mögen 125 (557). 126 (557), im Perfekt 154 (560), zum konzess. Sinn vgl. 69. 179 (561); in d. Aufford. 164. 185 f. 403; im Wunsch 167. 168. 169; im Kondizional 173 (561). 178 (561); im konjunkt. Nebens. 174 ff. 193; neben Adverb. d. Richtung 471; Stellung u. Beton. 505 f.; erstarrtes *mag* (*möch*) 16. 112 (556). 126.

Monat 293.
Moos (*Mois*) 289; (*Muss*) 295; s. auch *Mux(r)/, Moder.*
mordio (*mordionisch*) 395.
Mordt- s. *Murds-* n. *murs.*
morgen 457.
Moses appell. 250₁.
Mücke 298.
Mux(r)/ 295₂.
Murds- (*Mords-*) 396₁.
murs 281. 339₁. 463.
Musik Beton. 543 zu 13 a β; konkr. 254.
Musikalische Betonung s. Betonung.
Musikinstromente s. Schallnachahmende.
Muß = Zwang 283. 296.
müssen 127, im Perfekt 154 (560); in Exzept.-Sätzen 62. 180 f.; in futur. Sinn 150; in d. Aufford. 159 (560). 164 (561). 403; im Wunsch 167 f.; im Potential 171; kondizional 547 zu 39 ξ 7; in indir. Sinn 186; neben Adverb. d. Richtung 471; Stellung u. Beton. 505 f.

Mutteranna 106. 563 zu 332 f. ₹ 364 a 2 a.
mutterseelenallein s. allein.
Muttergottes 336; interjekt. Formel 555 zu 106 7.. 7 ff.

-n < -m s. Dativ-Endung.
nach 466. 475; prädik. 468; Kasus 478. 480. 483.
nachdem 58. 59₇ (549).
nachs 452. 550 zu 69 ₹ 101.
nachmittag 216.
nächten 457.
nachts (*s' n*) 458.
Nachspritschl 239.
näs s. nur.
näichst s. äichst.
näms (*now-*) 214.
Namen s. Eigennamen.

nämlich(e) (*der, die, das*) 422. 442.
Narr (*sum, für'n N. haben u. ä.*) 353. 367.
Naturlaute s. Interjektionen.
natürlich Satzfragm. 16, Stell. 504.
Näurru(s)schr(r)/ 239.
-ru Dat. Plur. s. Dativ-Endung.
neben 466. 475; Kasus 482. 483.
Nebensätze 44 ff. (548 ff.); Modi 174 ff. (561 f.); Stellung 520 f. 522 f.; s. auch freie Anknüpfung und Unterordnung.
Negation s. u. nein, nicht usw.
nein 94 (553. 554); mit *ja* verbund. 95 (554). 287, mit *no°, nu* 98₁ (554); mit and. Interj. 99 ff. (554); Gebrauch 97 ff. (554, zur Beton. der Verdoppl. 14, Ausruf 554 zu 103 Z. 4); substant. 287; andere Formen d. Verneinung 101 f. (554 zu 102 Z. 18 f.). 149. 200. 272.
Nestscheisserl 239₁.
Neujahr Beton. 14; neues J. 343.
Neutra s. Genus.
nicht 491 ff.; = nihil 491; m. Gen. 446; m. and. Neg. 497; verstärkt 498 f.; Beton. u. Stellung 507; neben einzelnen Satzteilen 545 zu 20 f. ₹ 31 u. zu 27 ₹ 43 Schl.; *nicht* (*ja*), *daß*... 71 (550); von *nicht* gebild. Adjekt. 374₂; *nichts* 442. 453; = nicht 491; mit *nicht, kein* verbund. 497 f.; vor subst. Adjekt. 271. 331; Umschreibungen 499 f.; *nicht* — (*und auch*) *nicht* weder—noch 31 f. (546). 500; nicht-rühr-an 500.

Niederschlagsformen s. Wettererscheinungen.
nie, niemals, nimmer 453. 492; mit *nicht, kein* verb. 497 f.; mit indef. Pron. u. Adv. 498.
nied(er) 465.
nirgends 454. 492; mit *nicht, kein* verb. 497 f.; mit indef. Pron. u. Adv. 498.
noch (*nu°*) 453 (554 zu 103₁₀); Stellung 510 f.; *weder* (*noch*) — *noch* 31 (546). 32 (546); *noch nicht* mit folg. Haupts. (statt *als*) 547 zu 37, 1 b.
nöllar s. etlich(e).
Nomina agentis (u. actionis) s. -er; durch Rel.-Sätze umschr. 40.
Nominalformen des Verbs 189 ff.
Nominativ 330 f.; an Stelle and. Kas. 336; erstarrt 384. 385.

INHALTSVERZEICHNIS.

41*

Druckfehler und Berichtigungen.

S 32 Anm. 2 Z. 4 nach Volksschauspiele l. I 19 (tilge XLVII bis 558).
S. 43 zu 5 l. N. 108 e.
S. 49 Z. 4 v. u. l. ₹ 63, 2. 3.
S. 50 Z. 5 nach fehlen: mit Ausnahme von *dənàu(ch)* darnach (*l vəkùff's* verkaufe es *tdis u b(ū)lli, dənàu sé hàlt sánn*).
S. 50 Z. 9 nach ‚womit‘ füge ein: beim fragenden Pronomen, vgl. ₹ 258 *a*.
S. 50 Z. 19 besser *dō 'n*, vgl. S. 451 Z. 5. 6.
S. 51 Z. 11 v. u. im Paradigma l. *dəmən*.
S. 88 Z. 12 v. u. l.: *pouls* st. *pàuls*.
S. 108 Anm. 5 Z. 2 l.: Anm. 3 (st. 4).
S. 118 Anm. 8 l. Z.: l. Cimbr. WB 147 [209] f., vgl. 152 [214] *Pulal*.
S. 124 Z. 15 v. u. l. Part. Prät. (st. Präs.).
S. 126 ₹ 150, 6 Schl. l. vgl. ₹ 189. 196.
S. 126 Z. 14 v. u. nach ‚des Imperativs‘: (₹ 185).
S. 139 Z. 14 nach ‚Pass.‘: und nur nach Verbis der Bewegung (osterl. auch *e hàm gesungen* Trebs ₹ 42).
S. 164 Z. 16 l. ₹ 164 *b* 1 s u. 3.
S. 168 Z. 12 nach ‚kannt‘: (auch Ind. *kos*).
S. 197 Z. 1 nach ‚Präs.‘: ausgenommen *in wärədn Ring* ₹ 509 S. 475.
S. 198 Anm. 1: *g'wesln* nach Gradl MW 517 auch eg. nicht ungebr.
S. 200 zu ₹ 236 *b*: l. ₹ 147 β u. 186.
S. 203 Nachtr. l. S. 21 ₹ 35 (st. 15).
S. 204 Nachtr. l.: S. 32 füge vor (st. nach) Z. 3 v. u. ein.
S. 217 Anm. 2 Z. 2 l. Lienhart st. Linhart.
S. 217 Anm. 6 Z. 2 l. Andresen st. Andersen.
S. 235 Z. 4 l. *Grötas* st. *Grotœr*.
S. 241 Z. 7 l. *Gstàntnən*.
S. 320 Anm. 3 Z. 5 l. *ens tryggva*.
S. 322 Anm. 2 Z. 4 l. (oder *l.tutt*) von Frauenspersonen.
S. 324 Anm. 3 Z. 2 l. *ich* st. *ch*.
S. 343 Anm. 3 Z. 3 l. II Ges. W. IV 28.
S. 385 Seitenzahl, so st. 38; ebda. Anm. 1 Schl. Lienhart.
S. 398 Anm. 5 nach Dorfgänge II: Ges. W. IV 26.
S. 417 Z. 6 v. u. nach ‚des Satzes‘: und nach Präpos.: *áf sich* u. dgl.
S. 420 Z. 8 füge hinzu: und in der ₹ 41 Schl. angeg. Formel.

42*

S. 465 zu § 501 *a*: dazu *ď* < ein, vgl. *drᶴ* § 494 *b* S. 450, *dins* v. u. ebda. S. 452.

S. 475 Z. 3 nach (*urwr*): über (*iwr*).

S. 482 Z. 13 l. *ďſ*.

S. 484 l. Z. hinter *rdidr*: sowie *ďßr* außer (z. B. *ď*. *wran* u. ä.).

S. 506 Z. 17 l. *kàrmkumm*.

S. 527 Seitenzahl, so st. 52.

S. 543 l. S. 13 zu *a*) *β*) st. *a*) *β*).

S. 563 zu S. 396 Anm. 2 Schl. tilge: S. 396 Anm. 2.